河南省社会科学院

哲学社会科学创新工程试点项目

郑杰祥学术文集

郑杰祥 著

中原学术文库·文集

中原出版传媒集团
中原传媒股份公司

大象出版社
·郑州·

图书在版编目（CIP）数据

郑杰祥学术文集/郑杰祥著.—郑州：大象出版社,2020.12
（中原学术文库.文集）
ISBN 978-7-5711-0798-7

Ⅰ.①郑… Ⅱ.①郑… Ⅲ.①考古学-中国-文集②中国历史-古代史-文集 Ⅳ.①K870.4-53②K220.7-53

中国版本图书馆 CIP 数据核字（2020）第 215466 号

中原学术文库·文集

郑杰祥学术文集
ZHENG JIEXIANG XUESHU WENJI

郑杰祥 著

出 版 人	汪林中
责任编辑	王军敏　宋　伟
责任校对	牛志远　万冬辉　安德华
装帧设计	王晶晶

出版发行	大象出版社（郑州市郑东新区祥盛街27号　邮政编码450016）
	发行科　0371-63863551　总编室　0371-65597936
网　　址	www.daxiang.cn
印　　刷	河南文华印务有限公司
经　　销	各地新华书店经销
开　　本	720 mm×1020 mm　1/16
印　　张	30.5
字　　数	495千字
版　　次	2021年7月第1版　2021年7月第1次印刷
定　　价	120.00元

若发现印、装质量问题，影响阅读，请与承印厂联系调换。
印厂地址　新乡市获嘉县亢村镇工业园
邮政编码　453800　　电话　0373-5969992　5961789

自 序

1937年，我出生于河南省新蔡县城，在抗日战争和解放战争节节胜利的凯歌声中度过了童年时代。1949年随着新中国的建立，我开始了平静的学习生活。1961年9月，我毕业于北京大学历史系考古专业，得知被分配回故乡河南，兴奋不已，立即打好背包，告别母校恩师，到达郑州，我被调入河南省文物工作队（现称河南省文物考古研究院），从此开始了为之献身一生的文物考古工作。

河南文物考古事业内容丰富，门类众多，就时代而论，从石器时代考古到革命文物工作，纵贯古今；就空间而论，地上古建、石刻，地下遗物、遗迹，遍布全省。对于这些，我可说是干一行爱一行，总是努力完成领导交给我的任何一项任务。1961年10月，办完报到手续，我出差到南阳地区，负责南水北调工程沿线的文物调查，对调查所知各类文化遗物、遗迹进行了详细的登记造册，首次把书本所学知识与工作实践密切地结合起来。1962年，全省进行石刻文物大普查，我负责整理登记库存石刻拓片，边工作，边学习，掌握了金石学的一些基本知识。1963年，我为全省文物工作人员培训班讲授石刻学课，同年发表了《南阳新出土的东汉张景造土牛碑》一文，此碑是新中国成立以来我省出土的第一块汉代碑刻。1964年，我参加了农村"四清运动"，回来后遇上"文化大革命"，中断了数年的业务工作。1969年，为配合焦枝铁路建设，我负责主持从焦作至黄河北岸铁路沿线的考古发掘工作。

1970年，精简机构，河南省文物工作队合并于省博物馆（现称河南省博物院），我作为该馆文物工作人员，参加淅川下王岗大型遗址的发掘。回来后我四处奔走，进行抢救性发掘，赴襄城县发掘清理了一座可能是"翟"族的西周贵族墓葬,赴新野县发掘清理了我省唯一的一座春秋时期的曾国贵族墓葬,赴潢川县发掘清理了我省第一座春秋时期番国贵族墓葬,赴永城、中牟、安阳等地发掘清理了汉代和北齐时期的墓葬,并参与和主办了安阳、新乡、周口、商丘四个地区的文物干部培训班工作。1974年,我开始从事革命文物调查工作,在赴永城县调查文物时,根据文献记载,与该县文化馆魏志亮馆长一起多次调查访问,终于找到了我国历史上第一位农民起义领袖陈胜的墓地,在省文物局大力支持下,我们在这里重新修墓建园,广植松柏,以表示对这位古代人民英雄的崇敬和纪念。此事为史学家郭沫若先生得知,他立即题写"秦末农民起义领袖陈胜之墓"碑文,刻石立碑,竖于墓前。现在此墓经过多次修葺,已是高坟大冢,松柏成林,屹立于豫东芒砀山麓,供后人瞻仰怀念。

1977年,我参加了登封王城岗遗址的发掘,在这里首先发现了河南龙山文化晚期的小城堡城墙基槽,并与贾峨、安金槐先生一起调查了附近的春秋战国时期的阳城城址,可知文献所记"禹都阳城"应是有所根据的。为此,国家文物局特在这里召开了我国第一个研讨夏文化的盛会,我在这里参与筹备并参加了会议的全过程,聆听了各位专家的高见,收获甚丰,这些收获成为我日后学习和研讨夏商文化的一个良好开端。

1978年,我调入《河南文博通讯》(现称《中原文物》)做编辑,为在室内学习和研讨夏商文化提供了较多的时间。《战国策·赵策》云:"前事之不忘,后事之师。"为系统地学习夏文化,需要对前人研讨夏文化有所了解,为此我于1985年编撰出版了《夏文化论文选集》,对学术界以往研讨夏文化的过程进行了初步回顾。1986年,我被调入河南省社会科学院历史与考古研究所工作。1988年,根据文献记载,结合考古资料,我出版了我国第一部夏史专著《夏史初探》,对夏王朝的建立和社会形态进行了初步探讨。1994年,根据甲骨卜辞所记约300个地名,结合文献记载,我出版了《商代地理概论》一书,对商代晚期以王都殷墟为中心的区域地理、商王田猎区以及黄河中下游故道等提出一些新的见解。1996—2000年,我参加了"夏商周断代工程——夏及商前期都城文献及考古资料的搜集和整理"的研究工作,按时完成了任务,并以此为基础,应李伯谦先生之约,在"北京大学创建世界一流大学计划"资助之下,编撰出版了《夏文化论集》,此书较前时出版的《夏文化论文选集》扩充了内容,对20世纪学术界探讨夏文化的过程进行了初步总结。大约与此同时,应中华炎黄文化研究会之约,我还编撰出版了《炎黄汇典·文论卷》,对20世纪学术界研究炎黄时代的过程进行了系统整理。2004年,应河南岩画最早发现者刘俊杰先生和《郑州晚报》之约,我对禹州具茨山岩画进行考察,认为具茨山发现的岩画填补了中原地区岩画的空白,且内容丰富,具有鲜明的地区特点,是河南考古工作者接触到的一种全新的考古资料。2005年,应李学勤和范毓周先生之约,以在河南大学讲授的《新石器时代考古学》讲稿为基础,我出版了《新石器文化与夏代文明》,对我国古代从原始社会演进到夏王朝的历史过程进行了探讨。2014年,在郑州中华之源与嵩山文明研究会的资助之下,我出版了《郑州商城与早商文明》,该书在前人研究的基础上,对郑州商城作为商代早期王都的性质作了进一步论述。

综上所述,多年以来,通过不断的学习和研讨,我出版编撰论文集三部、论著四部,发表论文百余篇。特别感谢院领导与科研处的关怀和支持,我选出50余篇已发表过的论文,编辑出版个人学术文集。这些论文虽是早年作品,但却体现着个人对先秦历史、考古学与古文字学的学习过程,限于当时出土的考古资料与个人水平,虽部分有所调整,但仍有不足甚或谬误之处,敬请指正为幸。

2020年10月

目 录

考古篇

002 河南是中国考古学的故乡
011 试论裴李岗文化
014 中原地区仰韶文化的发掘与研究
033 试论大河村类型
047 《鹳鱼石斧图》新论
053 濮阳西水坡发现蚌砌龙的重大学术意义
058 河南龙山文化分析
072 关于河南龙山文化时期的社会性质问题
084 登封王城岗小城基槽发现记
087 屈家岭文化渊源试探
095 建国以来的夏文化探索
107 二里头文化商榷
117 二里头遗址新发现的一些重要遗迹的分析
125 新砦遗址和夏代"启室"
129 辉卫型文化与王亥"服牛"
139 二里岗文化的发现和研究
151 商汤都亳考
158 关于郑州商城的定名问题

- 166 郑州商城的定名及其存在年代新探
- 175 关于偃师商城的几个问题
- 186 郑州商城和偃师商城的性质与夏商分界
- 200 商汤伐桀路线新探
- 207 郑州商城在中国都城发展史上的地位
- 216 郑州商城社祭遗址新探
- 225 二里岗甲骨卜辞的发现及其意义
- 231 郑州商城瓮棺葬死者身份探析
- 237 郑州人民公园地区商代墓地族属试探
- 244 试论郑州小双桥遗址的性质问题
- 250 后李商代墓葬族属试析
- 256 周初铜器铭文"王在阑师"与"王祀于天室"新探
- 263 洼刘遗址族属新探
- 272 清华简《楚居》所记楚族起源地的探讨
- 278 郑韩故城在中国都城发展史上的地位
- 288 河南潢川县发现一批青铜器
- 292 河南新野发现的曾国铜器
- 302 陈胜墓地考略
- 306 南阳新出土的东汉张景造土牛碑
- 312 河南现存的汉碑

文献篇

- 324 伏羲氏的历史地位
- 328 简论炎帝的有关问题
- 331 黄帝与嫘祖
- 335 释"家"兼论我国家庭的起源
- 345 黄帝与夏族的起源
- 356 略论五帝时代

365　中原地区从古国到王国的演进概论

372　论禹、戎禹和九州的关系

380　禹娶涂山氏地望及其历史文化新探

385　甲骨卜辞中的"🦶示"即"禹示"新探

392　夏王朝的建立与我国古代文明的形成

400　"甘"地辨

406　释商

415　释滴

421　古商丘地望在濮阳

427　释亳

435　"丕山"所在与商都亳邑

442　玄鸟新解

450　殷墟新出卜辞中若干地名考释

458　"🜚"族考

462　卜辞所记"🜚"地新探

附录

471　郑杰祥论著目录

考古篇

河南是中国考古学的故乡

河南地处中原大地,是中国古代文明起源和形成的核心地区,也是唯一未曾中断并延续至今的华夏文明地区。若干万年以来,我们的祖先在这里以辛勤的劳动和智慧,创造和遗留了极其丰富的文化遗产,为中国考古学的诞生奠定了深厚的物质基础。考古学以古代遗物与遗迹为主要资料,研究和探讨人类社会形成、发展的真实状况,是历史学的一个重要组成部分。中国考古学有着悠久的历史,大致可分为前后两个发展阶段:前段考古学称为金石学,又称为传统考古学或古典考古学;后段考古学即现今仍在实践中的近现代考古学。

金石学是以铜质和石质遗物为主要研究对象,考释其形状、纹饰,特别是铭刻文字,用以"证经订史",探讨其所反映的社会文化内涵。该学科正式形成于宋代,清人孙星衍《寰宇访碑录·序》云:金石之学"专书则创自宋欧阳修、赵明诚、王象之诸人"。近代学者王国维云:"金石之学,创自宋代,不及百年,已达完成之域。"[1]现代学者马衡也说:"五代以前,无专治金石学者……有宋一代,始有专攻此学者,欧阳修《集古录》为金石有专书之始。自是以后,吕大临、薛尚功、黄伯思、赵明诚、洪适辈,各有著述,蔚为专家。郑樵作《通志》,以金石别立一门,侪于二十略之列。而后金石学一科,始成为专门之学。"[2]金石学科的产生,以出现金石学者群体及众多金石学著作为标志,朱剑心《金石学》云:"综计宋代金石学者及金石著作,李遇孙《金石学录》录六十一人,杨殿珣《宋代金石佚书目》列八十九种。"[3]其学者之众,著作之多,为前世所未有,充分表明金石学作为一门学科,在这个时期已初步形成。

---

[1] 王国维:《王国维遗书·静庵文集续集》,上海古籍书店,1983年。
[2] 马衡:《凡将斋金石丛稿·绪论》,中华书局,1977年,第2页。
[3] 朱剑心:《金石学》,文物出版社,1981年,第28页。

宋代金石学产生于以宋都东京即今河南开封市为中心的区域,这首先是由于北宋王朝崇尚并复兴先秦儒家礼制,重视收藏大量的古代金石礼器等器物资料。宋王朝开国伊始,太祖赵匡胤就下诏重赏"善礼学、通经旨"的太常博士聂崇义,并颁布他所编撰的《三礼图》。《宋史·儒林传》云:"崇义因取《三礼图》再加考正,建隆三年四月表上之,俨为序。太祖览而嘉之,诏曰:'礼器礼图,相承传用……苟有异同,善为商确。'五月,赐崇义紫袍、犀带、银器、缯帛以奖之。"礼制以礼器为载体,宋王朝也大量收集礼器。宋人叶梦得《石林避暑录话》云:"宣和间,内府尚古器,士大夫家所藏三代秦汉遗物,无敢隐者,悉献于上。"又云:"宣和殿后,又创立保和殿,左右有稽古、尚古、博古等阁以储之。"宋人蔡绦《铁围山丛谈》也说:前朝对于出土古器"在上者初不大以为事,独国朝来浸乃珍重……及大观初,乃效公麟之《考古》,作《宣和殿博古图》。凡所藏者,为大小礼器,则已五百有几。……独政和间为最盛,尚方所贮至六千余数。……时所重者三代之器而已,若秦、汉间物,非殊特盖亦不收,及宣和后,则咸蒙贮录,且累数至万余"。储存如此众多器物,当然不是一朝一夕收集而来的,早在宋真宗(998—1022)时期已重视收集金石礼器等遗物。吕大临《考古图》云:咸平三年(1000),好畤令黄郓获是器《仲信父方旅甗》以献。又云:咸平三年,同州民汤善德获《太公缶》于河滨以献。宋人翟耆年《籀史》又云,宋仁宗"皇祐三年(1051),诏出秘阁及太常所藏三代钟鼎器,付修太乐所参较齐量"。在积累礼器的同时,宋王朝还广开言路,鼓励学者对三代礼制、礼器深入研究,各抒己见,以探求儒学真谛。《宋史·儒林传》记宋太祖赵匡胤就曾下诏对"所进《三礼图》,宜令太子詹事尹拙集儒学三五人更同参议,所冀精详,苟有异同,善为商确"。《三礼图》遂行于世。《续资治通鉴长编》卷二也云:"初,周世宗命国子司业兼太常博士洛阳聂崇义详定郊庙器玉,崇义因取《三礼旧图》考正同异,别为新图二十卷。丙寅来上,诏加褒赏。仍命太子詹事汝阴尹拙集儒臣集议,拙多所驳难,崇义复引经解释,乃悉以下工部尚书窦仪裁处至当,然后颁行。"《宋史·舆服志》又记云:"宋自神宗以降,锐意稽古,礼文之事,招延儒士,折衷同异。"从而掀起当时学术界特别是任职于中央政府的官员、学者对礼制、礼器的研究热潮,由此而催生了金石学的形成。

宋代最早的一部金石学著作当为宋仁宗下诏编撰的《皇祐三馆古器图》。翟耆年《籀史》云,宋仁宗皇祐三年,"诏出秘阁及太常所藏三代钟鼎器",令人绘其图像、厘定铭文,编成《皇祐三馆古器图》。不过此书已经失传,现存最早的金石学著作当即欧阳修所著《集古录》。

欧阳修(1007—1072),字永叔,北宋时期政治家、文学家、史学家和金石学家。《宋史·欧阳修传》云,宋天圣八年(1030)考取进士,"遂以文章名冠天下。入朝,为馆阁校勘",并参与倡导古文运动。"庆历三年,知谏院",任职期间,"修论事切直,人视之如仇,帝独奖其敢言"。后"迁翰林学士,俾修《唐书》","《唐书》成,拜礼部侍郎兼翰林侍读学士"。嘉祐"五年,拜枢密副使。六年,参知政事"。"熙宁四年,以太子少师致仕"。又说他"好古嗜学,凡周、汉以降金石遗文、断编残简,一切掇拾,研稽异同,立说于左,的的可表证,谓之《集古录》。奉诏修《唐书》纪、志、表,自撰《五代史记》"。《集古录》又称《集古录跋尾》,清代《四库全书总目》卷八十六介绍此书说:"《集古录》十卷,宋欧阳修撰……修始采摭佚逸,积至千卷,撮其大要,各为之说。至嘉祐、治平间,修在政府,又各书其卷尾……修又自云:凡四百余篇有跋。"且"自书其后,题嘉祐癸卯(1063)"。此书正是欧阳修任翰林学士等官职期间,与奉诏撰著《新唐书》约略同时而写成的。与《集古录》同时成书的金石学著作还有刘敞的《先秦古器记》。刘敞,字原父,宋庆历八年(1048)进士,曾任职于集贤院,管理图书、档案;后为宋英宗侍读,深得宋英宗器重。《宋史·刘敞传》云:"敞侍英宗讲读,每指事据经,因以讽谏……帝固重其才,每燕见他学士,必问敞安否。"因受到北宋中央王朝的影响,刘敞自己也收藏古器,并选出十一器编著成《先秦古器记》。刘氏自序云,将各器"使工模其文,刻于石,又并图其象,以俟好古博雅君子焉。终此意者,礼家明其制度,小学正其文字,谱牒次其世谥,乃为能尽之",可说是开创了当时金石学的体例。此书现已失传,书中所记各器已被《集古录》所采用。

北宋较早的金石学著作还有吕大临的《考古图》与《考古图释文》。吕大临,字与叔,《宋史·吕大临传》介绍他曾就学于理学家程颐,为"程门四先生"之一。又说他"通六经,尤邃于礼","元祐中,为太学博士,迁秘书省正字"。任该职期间,他选皇宫及私人所藏224件古代礼器,编著《考古图》十卷,《释文》一卷。吕氏自序该书云,所见各器"每得传摹图写……非敢以器为玩也,观其器,诵其言,形容仿佛,以追三代之遗风,如见其人矣;以意逆志,或探其制作之源,以补经传之阙亡,正诸儒之谬误,天下后世之君子有意于古者,亦将有考焉。元祐七年(1092)二月"。可知该书完全是遵循宋王朝崇尚并复兴先秦礼制而写作的。吕氏《考古图释文》一卷,是"以《广韵》四声编字,共收八百二十余字,每字各举二三种多至十几种形体",可称之为我国最早的一部"金文字典"①。大约与此同时,还有李公麟所著《考古图》。李公麟,字伯时,熙宁三年(1070)进士,曾任职御史检法。《宋史·文苑传》又记他"好古博学,长于诗,多识奇字,自夏、商以来钟、鼎、尊、彝,皆能考定世次,辨测款识"。绍圣年间(1094—1098),奉诏为宋哲宗辨识玉玺。翟耆年《籀史》云,李公麟"著《考古图》,每卷每器略为图叙,其释制作、镂文、款字、义训及所用,复总为前序后赞,天下传之"。蔡绦《铁围山丛谈》介绍此书云:"元丰后,又有文士李公麟者出,公麟字伯时,实善画,性希古,则又取平生所得及其闻睹者,作为图状,说其所以,而名之曰《考古图》。"此书现已失传,其体例和内容为《宣和博古图》所传承。《宣和博古图》又称作《博古图录》《宣和殿博古图》,为宋徽宗敕撰,王黼编纂,蔡绦《铁围山丛谈》云:"太上皇(宋徽宗)即位,宪章古始,眇然追唐虞之思,因大宗尚。及大观初,乃效公麟之《考古》,作《宣和殿博古图》。"《中国考古学大辞典》介绍此书云:"北宋大观初年始修,宣和五年(1123)后成书。著录宣和殿所藏商至唐铜器菁华839件,依器形立二十目,每目有总说。每器均摹绘器形、款识,记录形制、尺寸、容量、重量,间附考证,所定器名,如鼎、罍、尊、爵等大多沿用至今。"②《宣和博古图》是宋代"专门辑录铜器的最大著作"③。与此书约略同时写成的还有董逌《广川书跋》一书。董逌曾任宋徽宗时期徽猷阁待制,是当时著名的鉴赏考据学家,著有《广川书跋》十卷,明人毛晋序此书云:"董子政和间鉴定秘阁所藏悉三代法物名器……详论精核。"现代学者朱剑心也云:"其《广川书跋》十卷,皆著录古器款识,及汉、唐以来碑帖,论断考证,皆极精当。"④《广川书跋》是主要根据宋王朝秘阁所藏礼器详加考据写成的一部著作。

受当时学术界影响,赵明诚夫妇还著有《金石录》一书。赵明诚,字德甫,宋徽宗尚书右仆射赵挺之之子,少时为太学生,与夫人——礼部员外郎李格非之女李清照久居东京,共同酷爱并收藏金石书画,对其所藏金石2000件拓本,互相切磋,深入研究,以二十年时间,仿照《集古录》体例,编成《金石录》目录十

---

① 高明:《中国古文字学通论》,文物出版社,1987年,第16页。
② 王巍总主编:《中国考古学大辞典》,上海辞书出版社,2014年,第102页。
③ 高明:《中国古文字学通论》,文物出版社,1987年,第16页。
④ 朱剑心:《金石学》,文物出版社,1981年,第23~24页。

卷、跋尾二十卷(502篇跋尾),共三十卷。正如赵氏此书自序所说:"余自少小喜从当世学士大夫访问前代金石刻词,以广异闻,后得欧阳文忠公《集古录》,读而贤之。……于是益访求藏畜凡二十年,而后粗备,上自三代,下讫隋唐五季,内自京师,达于四方……因次其先后为三十卷。"明诚早卒,由夫人李清照整理成书,此书可谓是夫妇合作写成的一部颇有影响的金石学著作。

以上介绍的八部金石著述,都是北宋时期具有代表性的重要金石学著作,这些著作有些是皇帝敕撰,有些则是任职或久居于东京的官员、学者所著。北宋王朝建立后,国家统一,经济发展,文化也迅速繁荣起来。宋王朝开国伊始,就实行重文教、尚古礼的政策,并收藏礼器作为复兴古礼的资料。《宋史·文苑传》云:"艺祖(宋太祖)革命,首用文吏而夺武臣之权,宋之尚文,端本乎此。太宗、真宗其在藩邸,已有好学之名,及其即位,弥文日增。自时厥后,子孙相承,上之为人君者,无不典学;下之为人臣者,自宰相以至令录,无不擢科,海内文士彬彬辈出焉。"可见当时的君臣上下已形成重文氛围,特别是任职于中央政府的官员,多是知名学者,他们集中于政治、经济和文化中心的首都东京,不少人利用这种良好的学术氛围,研究各种金石礼器,写成多部金石学著作。因此,金石学作为一门专门学科产生于宋都东京应是明确无误的。

金石学到了清朝发展到鼎盛阶段,同时也面临着重大的转折。首先是清代金石学扩大了研究范围,即"除了传统的青铜器、石刻外,造像、画像石、题名、墓志、度量衡、钱币、玉器、玺印、砖瓦,甚至明器、陶俑、器范也成为著录和研究的对象",特别是"清朝末年,甲骨和简牍的发现",进一步"扩大了金石学的研究范围"。[①] 其次是西方新兴的近代考古学被介绍到中国,对金石学向近代考古学转化也起到了促进作用。西方近代考古学是借助新兴自然科学地质学的地层学与生物学的类型学加以融合、改进,对地下遗物、遗迹进行调查、发掘、整理,用以研究社会历史的一门学科,大致形成于19世纪中叶,其后不久,即被中国学者所认知。1900年,章太炎所著《中国通史略例》文云:"今日治史,不专赖域中典籍,凡皇古异闻,种界实迹,见于洪积石层,足以补旧史所不逮者。"[②] 这

---

① 陈星灿:《中国史前考古学史研究(1895—1949)》,生活·读书·新知三联书店,1997年,第59页。

② 陈星灿:《中国史前考古学史研究(1895—1949)》引,生活·读书·新知三联书店,1997年,第36页。

里所说的"洪积石层",指的就是考古发掘地下出土的遗迹、遗物。1901年,梁启超所著《中国史叙论》文云:"1847年以来,欧洲考古学会,专派人发掘地中遗物,于是有史以前之古物学,遂成为一学派。"又云:"中国虽学术未盛,在下之层石,未经发现,然物质上之公例,无论何地,皆不可逃者也。故以此学说为比例,以考中国史前之史,决不为过。"①这里所说的"层石",指的亦是地下发掘出土的遗物、遗迹。于是"一些传统的金石学家,受西方近代考古学方法的影响,也由于金石学内在的要求,开始走向田野"②,进行考古调查。金石学家罗振玉通过对出土甲骨卜辞的研究,"于刻辞中得殷帝王名谥十余,乃恍然悟此卜辞者,实为殷室王朝之物";又得知卜辞"发见之地,乃在安阳县西五里之小屯"③,认为这里应是商王朝故都所在地。于是"1915年春天,罗振玉本人也到殷墟考察了甲骨出土情况,在《五十日梦痕录》里他对这些考察有比较详细的记述。罗氏注意到无字甲骨及其他殷代遗物,包括石刀、石斧、象牙、骨管、贝、璧、骨镞等,并于1916年编印了《殷墟古器物图录》一书"④。对此,郭沫若先生高度评价云:"罗氏在中国要算是近世考古学的一位先驱者……这种热心,这种识见,可以说是从来的好古家所未有。"⑤当然,由金石学转化为近代考古学,主要还有赖于西方近代考古学的引进。20世纪初,中国北洋政府为发展工业设立农商部,1914年,特聘请瑞典地质调查所所长安特生为该部矿政顾问,协助中国地质学家寻找铁矿和煤矿。安氏身为著名的地质学家,同时对考古学也有较高的学术素养,他在田野调查矿藏中,也注意收集石器等古代遗物。"1920年,安特生发表了《中国新石器类型的石器》一文,这是目前所知安氏最早的一篇考古学论文"⑥,此文内容就是他在中国几年来所收集的石器遗物的总结。1920年秋

---

① 陈星灿:《中国史前考古学史研究(1895—1949)》引,生活·读书·新知三联书店,1997年,第6页。
② 陈星灿:《中国史前考古学史研究(1895—1949)》,生活·读书·新知三联书店,1997年,第59页。
③ 罗振玉:《殷商贞卜文字考》,玉简斋石印本,1910年。
④ 陈星灿:《中国史前考古学史研究(1895—1949)》,生活·读书·新知三联书店,1997年,第60页。
⑤ 郭沫若:《中国古代社会研究·卜辞中之古代社会》,上海联合书店,1930年,第219页。
⑥ 陈星灿:《中国史前考古学史研究(1895—1949)》,生活·读书·新知三联书店,1997年,第88页。

至1921年1月,农商部地质调查所刘长山奉安特生之命赴河南省渑池县仰韶村调查化石,同时也奉命收集石器600余件,"安氏由此推断仰韶村可能有一个相当大的新石器时代遗址"。于是"安氏回到北京,征得农商部以及地质调查所同意,又同河南省政府以及渑池县政府取得联系并得到他们的支持,于同年10月奔赴仰韶村进行了正式的发掘。发掘从10月27日开始,历时三十多天,于12月1日结束。这是安氏在中国进行的最大最详细的一次发掘",也是在"中国发现的第一个史前村落遗址"。与此同时,"安特生、师丹斯基、袁复礼以及地质调查所的五名中国同事在发掘仰韶村期间,在仰韶村西六公里处的不召寨、仰韶村和渑池县城之间的杨河村、西庄村相继发现三处史前遗址",其后又派助手到今河南荥阳市,在"黄河南岸发现了秦王寨、牛口峪和池沟寨三个遗址","安特生把这些遗址命名为仰韶文化"。① 经过对这些遗址所出遗物的整理研究,安氏认为遗址所出"所有兽骨尽属豕类,也有以猪骨做镞刀环玦者,查其种属,要当属家畜之猪而非野豕。今之汉族固仍以猪肉为食之大宗"。再者,仰韶遗址出土的"陶鬲与周代的铜鬲及周代金文中的'鬲'字如出一辙"。有鉴于此,安氏"认为仰韶遗存是汉族的史前文化。因此他称之为'中华远古之文化'"②,并"强调中国从仰韶文化经过商代直到今天,在人种和文化上是连续发展的"③。仰韶文化,"是中国近代考古学史上出现的第一个考古学文化名称"④,也"是中国第一次以学术研究为目的的正式发掘,对中国新石器时代考古学的建立和中国近代田野考古学的发展,具有开拓性的意义"⑤。因此,正如严文明先生所说,安特生主持"河南渑池仰韶村的发掘,那是在中国考古史上第一次应用近代方法,并且是工作量较大的一次工作,标志着中国近代考古学的

---

① 陈星灿:《中国史前考古学史研究(1895—1949)》,生活·读书·新知三联书店,1997年,第89~91页。
② 陈星灿:《中国史前考古学史研究(1895—1949)》,生活·读书·新知三联书店,1997年,第115~116页。
③ 中国大百科全书总编辑委员会《考古学》编辑委员会,中国大百科全书出版社编辑部编:《中国大百科全书·考古学》,中国大百科全书出版社,1986年,第18页。
④ 中国社会科学院考古研究所:《中国考古学·新石器时代卷》,中国社会科学出版社,2010年,第3页。
⑤ 中国社会科学院考古研究所:《中国考古学·新石器时代卷》,中国社会科学出版社,2010年,第206页。

开始"①。《中国考古学大辞典》也说:"中国考古学是20世纪初在金石学基础上,受到西方考古学的影响而发展起来的。1921年,北洋政府聘请的瑞典考古学家安特生对河南省渑池县仰韶村遗址的发掘,标志着中国考古学的诞生。"②仰韶文化的发现,证明有着悠久历史的中国,和世界其他文明古国一样,也存在着远古的石器时代,因而引起国家与学术界的高度重视,中国近代考古学从此迅速发展起来。1922年,北京大学成立北大研究所国学门考古研究室;1928年,国民政府成立中央研究院历史语言研究所,并派该所成员——毕业于北大研究所国学门的董作宾调查殷墟,董氏认为这里地下仍应存有大量甲骨,于是同年10月,历史语言研究所成立考古组,任命中国第一位独立从事考古发掘的人类学者李济为主任,这是国民政府建立的第一个考古研究机构,考古组就派董作宾赴河南安阳殷墟首先进行考古发掘。1930年,毕业于美国哈佛大学的考古学者梁思永回国参加殷墟发掘。他在安阳后冈遗址的发掘中,改造了安特生所用地质学的水平层位分层法,采用由古人类活动形成的自然文化层分层法,并用类型学的方法,将出土有共同形制特征遗物的一些文化层加以合并,从而分出下层仰韶文化层、中层龙山文化层、上层小屯商文化层三叠层。后冈遗址早、中、晚三叠层的划分,"结束了以往人为的水平层位的发掘,而开辟了以文化层为单位的发掘历史",这不仅为当时发现的古文化遗存初步打下年代学的基础,而且大大提高了近代考古学科学发掘水平,"给殷墟以及后来的发掘者树立了典范"③。正如夏鼐先生对梁思永的评价所说:"他是我国第一个接受过西洋的近代考古学的正式训练的学者。参加过安阳发掘的旧人都知道,自从他加入后,田野考古的科学水平大大地提高了。后来许多田野考古工作者都是在殷墟这工地训练出来的。"④1932年,李济先生代表中央研究院历史语言研究所考古组与河南省政府合作成立河南古迹研究会,培养出以尹达(原名刘燿)为代表的河南省第一批近代考古工作者。尹达先生早年就学于河南大学国学系,毕业后即参加古迹研究会,从事多项考古发掘工作,晚年的他也深有感触地说:"当时

---

① 严文明:《史前考古论集》,科学出版社,1998年,第64页。
② 王巍总主编:《中国考古学大辞典》,上海辞书出版社,2014年,第1页。
③ 陈星灿:《中国史前考古学史研究(1895—1949)》,生活·读书·新知三联书店,1997年,第236页。
④ 夏鼐:《五四运动和中国近代考古学的兴起》,《考古》1979年第3期。

在考古发掘的方法上,思永先生起了积极的推进作用,使中国的青年考古工作者逐渐积累了比较丰富的中国田野考古工作的经验。"①正是以梁思永先生为代表的我国第一代考古学家典范式的辛勤工作,以殷墟为基地,培养出一代又一代的考古工作者,他们在全国各地的考古发掘中,为我国考古事业做出了重大贡献。

综上所述,中国考古学有着悠久的历史,早在北宋时期,我国传统考古学——金石学就形成于当时的国都东京,进入20世纪初,随着仰韶遗址的发掘,诞生了我国近代考古学。1928年,国民政府建立起第一个考古研究机构,以殷墟为基地进行有规模的考古发掘,在其工作实践中,不断提高考古学的科学发掘水平,积累了丰富的学术研究资料,并且培养出新一代的考古工作者,所以从这个意义上说,河南不仅是中国考古学的故乡,而且也是最早培养考古工作者的基地,为我国考古事业培养出众多的考古科学人才。

(原载《华夏文明》2019年第1期)

---

① 尹达:《悼念梁思永先生》,《文物参考资料》1954年第4期。

试论裴李岗文化

裴李岗文化因首次发现于河南省新郑市裴李岗而命名,这是20世纪70年代在中原地区发现的一种新型的考古学文化。从该文化所在的地层关系及对其所作的^{14}C测定表明,它在相对年代上早于仰韶文化,在绝对年代上存在于公元前6600—前5300年之间,比仰韶文化早了一千多年,因此,它是迄今所知中原地区最早的新石器时代文化,它的发现填补了新石器时代文化较早阶段的空白,是中原地区新石器时代考古学上的重大突破。

三十年来,通过考古工作者的不断努力,裴李岗文化遗址现已发现了150余处。其分布范围大致上以古洧水(即今双洎河)流域为中心,西起豫西山区,东达豫东平原,南至大别山麓,北到洹河流域,在这方圆千余里的范围之内,都分布有裴李岗文化的遗存。从这个意义上说,它是河南地区特有的一种考古学文化,与其东方的北辛文化、南方的城背溪文化、西方的老官台文化,特别是与北方的磁山文化之间存在着密切的文化交流,有着不同程度的互相影响。

裴李岗文化的内涵丰富多彩而且具有鲜明的特色。许多遗址中发现有磨制精致的大型石铲、锯齿石镰和加工粮食的石磨盘、石磨棒等,显而易见,当时的人们已经从事以原始农业为主的生产活动,过着以原始农业为主的经济生活。当时人们种植的粮食作物主要是粟和稻,在新郑的裴李岗、沙窝李,许昌的丁庄和郏县的水泉等遗址都发现有粟的遗物,在舞阳贾湖遗址发现有稻的遗迹。粟谷和稻谷长有坚硬的外壳,石磨盘和石磨棒就是主要用来加工这些粮食作物的工具。这些石质工具不见于后世考古学文化,它的源头也有待探索。原始农业的产生,改变了人们的膳食结构,与以往从事游猎活动的人们食肉生活不同,这个时期,粮食已经成为人们的主食。粮食是颗粒状的淀粉物质,需要煮熟以后才可以食用,而煮熟粮米就需要用耐火的容器,这种饮食方式的变化,导致了制陶术的发明。《世本·作篇》说:"神农耕而作陶。"可见人们早已认识到陶器的产生与农业有着密切的关系。裴李岗文化遗存已经发现有陶窑并且出土有众多的陶器,陶器中以泥质红陶为主,夹砂红陶次之,灰陶少见。从碎片的外表特征看,这些陶器一般制作粗陋,烧制火候较低,器型品种较少,装饰也不讲究,显现出比较原始的特色。

农业生产活动从开垦土地到播种收获,需要长年累月的时间,春耕、夏耘、秋收、冬藏,这种循环往复的农业生产活动,要求人们过着定居的聚落生活,现已发现百余座裴李岗文化遗址,大部分就是当时人们定居生活的聚落,这是中原地区出现的最早的聚落。这些聚落遗址中,以新近发现的新郑市唐户遗址最为引人注目,该遗址"其中仅单纯裴李岗文化遗存面积20万平方米,如果包括被仰韶文化等叠压的区域,有可能超过30万平方米,这也是我国目前发现最大的一处裴李岗文化时期的聚落遗址"。遗址内已发现房基47座,灰坑166个,房基分为四组建筑群体,部分灰坑作为当时的窖藏设施,集中分布于房基的周围。房基之间有人工修筑的排水小沟贯穿其间,房基群的东北,有大型的壕沟遗迹相围绕,初步显现出一处原始村落的面貌。这个时期的房基"均为半地穴式,平面有椭圆形、圆形、圆角长方形和不规则形。门向有西南向、南向和东南向几种,大多朝向地势较低的一面"。背阴向阳,坐高面低,是位居于北纬地区人们的科学选择,以后成为我国历代人们选择住地的优良传统。四组房基建筑群体,可能是当时氏族以内分成的四个母系家族的住地。其中第四组房基位于这处"裴李岗文化聚落的核心区域","目前已发现房址27座(F21—F47),灰坑120个。房址分布较有规律,从北向南大致分为三排。……房屋外围分布有较密集的灰坑和窖藏遗迹,并出现多组迹象互相打破",说明它们不是同时建造起来的。在此以北,分布着第三组房基,"共计6座,包括F6—F7、F15—F18。值得注意的是,本区房址面积已经出现较大差别,如F16面积不到5平方米,而F7面积达到20平方米"①。房基面积的大小不同,说明其功能也显然不同,正如严文明先生所说:一座中型房子和若干小房子应是一个家族的住地,这种家族的性质,"可以从云南永宁纳西族的房屋布局上得到启发。那里每个母系家族

---

① 张松林等:《新郑唐户遗址发现裴李岗文化大面积居址》,《中国文物报》2007年7月13日第5版。

住着一所单独的院落,其中有一间较大的房子(主室)和若干小房子(客房)。主室住着女家长、老年人和未婚的青少年,客房则分配给正在过婚姻生活的妇女,让她们在晚上接待自己的男朋友(阿注)"①。这种夜来晨去的婚姻生活,学术界称之为"对偶婚",据此推测,唐户遗址发现的F7,其性质相当于纳西族的"主室",而F16则与纳西族的"客室"相仿,就是说这些房基可能属于母系氏族社会"对偶婚"制的遗迹。②

裴李岗人聚族而居,也聚族而葬,现已发现有不少的裴李岗文化时期的氏族墓地,在新郑裴李岗、沙窝李、密县(今新密市)莪沟,长葛石固,郏县水泉和舞阳贾湖等裴李岗文化遗址都发现有较大的氏族墓地。以裴李岗遗址为例,其下层40余座墓葬中,大致上以M30为界,分为东、西两个小的墓群;上层60余座墓葬中,大致以现在的岗脊为界,也分为东、西两个墓群,这两个墓群应当就是氏族以内两个家族的墓地。下层墓葬中以M15、M27和M38三座女性墓规模最大,而且大致上位于墓地的中心;上层墓葬中以M54一座女性墓规模最大。墓葬规格是社会现实生活一个侧面的反映,裴李岗文化墓地的排列,反映着当时的社会正处于母系氏族制时期。

裴李岗文化的发现,揭开了中原地区新石器时代考古学上新的篇章,把这里新石器文化的时代向前推进了一千多年,为我们探讨中原地区远古历史提供了极其珍贵的实物资料,具有重大的学术意义。今天在这里开会隆重纪念裴李岗文化发现三十周年并进行学术研讨,以便于继往开来,更好地推动裴李岗文化的发掘和研究工作的顺利进行。借此机会,我向原开封地区文物管理委员会、原新郑县文物管理委员会以及所有参与发现裴李岗文化的文物考古工作者表示崇高的敬意,预祝这次纪念会取得圆满成功,并预祝这次研讨会为深入探讨裴李岗文化丰富的内涵、探索古代中原地区社会发展状况取得更大的成绩。

(原载《论裴李岗文化》,科学出版社2010年出版)

---

① 严文明:《仰韶文化研究》,文物出版社,1989年,第172页。
② 郑杰祥:《新石器文化与夏代文明》,江苏教育出版社,2005年,第61~62页。

中原地区仰韶文化的发掘与研究

仰韶文化是在黄河流域最早发现的一种新石器时代文化。1921年冬,瑞典地质学家安特生博士,经过中国政府批准,偕同中国学者袁复礼先生等一行五人,在河南省渑池县仰韶村进行田野考古发掘,从而发现了著名于世的仰韶文化。这是在我国进行的第一次科学的大型田野考古发掘,这次发掘标志着我国考古学从此脱离了金石学的范畴,而进入近代考古学的新阶段,在我国考古学史上,可说是一件具有划时代意义的事情。

其后不久,安特生等学者还在仰韶村附近,调查、发掘了不召寨、西庄村和杨河村遗址,在新安县调查、发现了东杨镇遗址,又在荥阳县调查、发现了秦王寨、池沟寨和牛口峪遗址。在短短的时间内发现这么多的遗址,说明中国也和世界上其他许多国家和地区一样,有着丰富而发达的新石器时代文化,它为我国上古史的研究提供了珍贵的实物资料。1923年,安特生根据他所调查和发掘的资料,出版了《中华远古之文化》[①]一书,他在该书中首次提出了"仰韶文化"这一命名,并对仰韶文化的性质作了初步探讨。他在分析了该文化的遗物特征之后说:"据已发现之各器观之,余以为仰韶遗址,实为未有文字记载以前汉族文化所遗留也。"因此,他认为"仰韶文化之人种,当为现代汉族之远祖,或与汉族极近之一民族。"另外,他还把仰韶遗址出土的彩陶与中亚地区安诺遗址出土的彩陶进行了对比,认为"夫花纹样式,固未必不能独立创作,彼此不连续。然以河南与安诺之器物相较,其图形相似之点既多且切,实令吾人不能不起同出一源之感想。两地艺术,彼此流传,未可知也"。仰韶文化与安诺文化之间的关系,或彼此独立存在,或曾经互相交流,也或许同出一源,既或同出一源,源出何地,在当时的情况下都不可能搞得清楚,安特生以"未可知"作为结论,这应当说

---

① 安特生著,袁复礼节译:《中华远古之文化》,农商部地质调查所印行,1923年。

是一种比较客观的结论。可是,他由于受了"中国文化西来说"的影响,又试图在考古学上找到一个"西来说"的证据。为此,他于1923年和1924年西去甘肃、青海地区进行考古调查并作了一些试掘。1925年出版了《甘肃考古记》①一书,在该书中把在甘肃所调查的考古资料依照他所排列的早晚顺序分为六期:前三期称作齐家期、仰韶期、马厂期,属"新石器时代之末期,与新石器时代及铜器时代之过渡期";后三期称作辛店期、寺洼期、沙井期,属"紫铜时代及青铜时代之初期"。他认为齐家文化早于仰韶文化又位于河南以西,而齐家文化的某些陶器又与中亚出土的某些陶器相近,因此甘肃地区的新石器时代文化当来源于西方,之后才传到河南地区,这就形成了他的"仰韶文化西来说"的理论。安特生的这个分期的理论是不符合事实的,因而其结论也是错误的。

1926年,中国学者李济先生偕同袁复礼先生等在山西省夏县西阴村进行考古发掘,②这是在黄河北岸发现的第一个仰韶文化遗址。李济先生在此次发掘中,在考古发掘方法上较之安特生有了重大改进,安特生原来是用地质学的方法,在不规则的范围内采掘遗物,李济先生则用划分的2米见方的探方为单位,严格地按照三向坐标登记遗物,从而使所发掘的遗物在整个遗址范围内有了具体的位置,这种发掘方法比安特生的发掘方法科学得多,至今仍被考古界所沿用。

1930年,吴金鼎先生在山东历城县龙山镇发现了龙山文化,③这是在黄河流域下游地区发现的第一个新石器时代文化遗存,它的发现,推动了仰韶文化研究的进一步开展。

1931年,梁思永先生在河南省安阳市后冈遗址发掘中,发现了殷墟文化、龙山文化和仰韶文化相继叠压的三个文化层,④并且他认识到这里的龙山文化与山东龙山文化相比具有"区域的特点"⑤,这种"区域的特点"以后在中原地区被普遍地发现,后人就把这种具有"区域的特点"的文化称为龙山时代的"后冈二期"文化,或称之为"河南龙山文化""中原龙山文化"。后冈遗址的发掘,在我

---

① 安特生著,乐森珥译:《甘肃考古记》,农商部地质调查所印行,1925年。
② 李济:《西阴村史前的遗存》,清华学校研究院印行,1927年8月。
③ 傅斯年等:《城子崖》,国立中央研究院历史语言研究所,1934年。
④ 梁思永:《后冈发掘小记》,《安阳发掘报告》第4期,1933年。
⑤ 梁思永:《小屯龙山与仰韶》,《梁思永考古论文集》,科学出版社,1959年。

国考古学史上具有重大意义。其一是在这里发现了小屯、龙山与仰韶文化的三叠层,它不仅证明在中原地区存在着仰韶和龙山两种新石器时代文化,而且至少在当时的豫北地区明确了仰韶文化早于龙山文化的相对年代。其二是梁思永先生在考古发掘方法上的重大改进。作为地质学家的安特生,他是按照地质学上的水平深度来确定遗址中文化层次的早晚,但是考古学上的层位关系,是不可能用水平深度来衡量其早晚的,很晚的文化遗迹打破很早的文化层次是常见的现象,这是众所公认的事实。因此,安特生这样的发掘方法,必然要搅乱原生的文化层次而无法科学地获取田野发掘资料。梁思永先生在发掘后冈遗址中,则根据当时人为造成的土质、土色的不同来划分文化层次,从而正确地分出了依次叠压的文化堆积,正确地解决了多层文化遗址中的文化分期问题,这就为科学地获取田野发掘资料提供了重要依据。梁先生既参加过安阳殷墟的发掘,又参加过山东城子崖龙山文化遗址的发掘,还曾详细地研究过西阴村仰韶文化的资料,对这三种文化的面貌都相当熟悉而且有着丰富的发掘经验,加之他工作精细,富于创造,因此他能够在后冈遗址发掘中,创造出依据土质、土色以及所含遗物的不同来划分地层的方法,首次正确地解决了多层遗址中的文化分期问题,把我国考古学置于科学的层位学基础之上,这是梁思永先生在我国考古学上的一个卓越贡献。

后冈遗址中既发现了河南龙山文化与仰韶文化的相对年代,从而也使人们认识到,安特生以往把仰韶遗址及其周围的文化遗存通通混称为"仰韶文化",是需要重新加以讨论的。1933年,梁思永先生就曾首先指出:"龙山极普通的篮纹、方格纹陶片常出现于仰韶(看安特生:《中华远古之文化》,第15版第1、第7图;第16版第1、第8图;第17版第1图);龙山主要的光面黑色和灰色陶片也屡见于仰韶(看前引书:第7版第3、第4图;第15版第2图;第16版第4图)。"①1937年,尹达先生著文②对安特生的一些论述又进行了比较全面的分析。尹先生指出安特生《中华远古之文化》一书中至少有八件陶器"可以确认其为龙山文化遗存",据此,他认为"我们分析了仰韶遗址中的陶器之后,知其中实

---

① 梁思永:《小屯龙山与仰韶》,《梁思永考古论文集》,科学出版社,1959年,第94页。
② 尹达:《龙山文化与仰韶文化之分析》,《中国新石器时代》,生活·读书·新知三联书店,1955年。

含有龙山和仰韶两种文化遗存"。且"安特生所谓'仰韶文化'实杂有龙山文化遗物,应加以区别,不得混为一谈"。这个分析已成定论,由此可知,安特生把仰韶遗址的文化内涵统称为"仰韶文化"显然是不正确的。

尹达先生还对不召寨遗址的文化性质进行了分析,认为安特生在该书中,"指明其为不召寨所出的陶器共有五件,其中条纹罐形器二件,方格纹罐形器一件,鬲一件,残三足器一件。这五件都明显地带着龙山式陶器的风格,和仰韶文化的遗物大不相同"。因此,"不召寨遗址是纯粹的龙山文化遗存,应从安特生所谓'仰韶文化'中除去,不得混为一谈"。这个分析也已成为定论,不召寨遗址应是一处晚于仰韶文化的龙山文化遗址,安特生所说不召寨遗址"似较仰韶村之遗址为古"①的结论,也是不正确的。

尹达先生在该文中对安特生《甘肃考古记》中的文化分期也提出了异议。如上文所述,安特生把齐家文化期排在仰韶文化期的前面,认为前者早于后者,他的这个分期并没有地层上的证据,正如徐炳昶先生所说:"至于齐家坪的遗址同仰韶期的遗址散见于各处,并无地层上下的关系,不过因为陶器的作风间接的推断,至于直接的证据却是没有。"②安特生的这个分期既没有"直接的证据",他主要就是根据"陶器的作风",也就是所谓"单色陶器早于着色陶器"的假想而间接推断出来的。所谓"单色陶器"就是器表呈灰色或黑色的陶器,也就是龙山文化时期的陶器;所谓"着色陶器"就是器表绘有彩饰的陶器,又称为"彩陶",也就是仰韶文化时期的陶器。安特生说在齐家坪采掘诸处,大部仅见单色陶器。唯在大道之深谷中,亦发现仰韶彩色陶器之破片少许。又说:"吾人于此等事实若欲有所考释,则必信齐家坪之文化较早于仰韶。"③尹达先生则据此指出齐家坪遗址的陶器全是单色,且与河南不召寨及仰韶村的龙山式陶器相似;既知河南龙山式陶器晚于仰韶式的,则齐家坪是否可以置于仰韶期之前,似尚有问题。问题确实存在。1945年,夏鼐先生在甘肃广河县阳洼湾所发掘的齐家文化一号墓葬的填土中,就曾发现有仰韶文化期的彩陶片,夏先生由此认为"这

---

① 安特生著,乐森珣译:《甘肃考古记》,农商部地质调查所印行,1925年,第42页。
② 徐炳昶:《陕西最近发见之新石器时代遗址》,引自尹达:《中国新石器时代》,生活·读书·新知三联书店,1955年,第11页。
③ 安特生著,乐森珣译:《甘肃考古记》,农商部地质调查所印行,1925年,第17页。

次我们发掘所得的地层上的证据,可以证明甘肃仰韶文化是应该较齐家文化为早"①。这可说是一个确定不移的事实,这个事实把安特生所谓齐家期早于仰韶期的误说重新订正了过来。

安特生在文化分期上之所以有误,既有其客观原因,也有其主观原因。客观上说,在整个20世纪20年代,还是中国新石器时代考古学乃至整个中国近代考古学刚刚起步的阶段,所有的人,当然也包括安特生在内,还不认识在黄河流域除存在一种仰韶文化之外,还存在一种新石器时代的龙山文化,而且还不会划分文化层次。因此,安特生在发掘仰韶遗址时,就将其整个文化内涵通通称为"仰韶文化",这是当时整个学术界水平所局限,导致安特生对甘肃地区的文化遗存进行了错误的分期。主观上说,他是在"中国文化西来说"的影响之下,西去甘肃地区进行考古调查的,他的所谓"单色陶器早于着色陶器"的推断与事实完全不符,以此为标准,作出齐家文化早于仰韶文化的分期当然也是错误的。不仅如此,他又把甘肃彩陶片面地与中亚地区出土的某些彩陶相比较,从而得出"仰韶文化西来说"的结论。他在《甘肃考古记》中明确地说:"著者因联想李希霍芬氏之意见,谓中国人民乃迁自中国土尔基斯坦(即新疆),此即为中国文化之发源地,但受西方民族之影响。"②他的"仰韶文化西来说",可说就是李希霍芬"中国文化西来说"的一个翻版。但是后来在新的考古资料面前,特别是他听到中国学者的意见之后,对此说有所改变。1943年,他在其所著《中国史前研究》一书中说:"当我们欧洲人在不知轻重和缺乏正确观点的优越感的偏见影响下,谈到什么把一种优越文化带给中国的统治民族的时候,那就不仅是没有根据的,而且也是丢脸的。"③并且他在该书中承认中国的彩陶有可能自发地产于中原本土而并非受西方影响。1947年,他在其所著《河南史前遗址》一书中又认为不召寨遗址含有"晚期型式"遗物,因此很可能是一处晚于仰韶文化的遗址,④这就从根本上动摇了他的"单色陶器早于着色陶器"的分期基础。

中国学者在努力把仰韶文化和龙山文化加以分别的同时,还对仰韶文化本身

---

① 夏鼐:《齐家期墓葬的新发现及其年代的改订》,《考古学报》1948年第3期。
② 安特生著,乐森珣译:《甘肃考古记》,农商部地质调查所印行,1925年,第36页。
③ 严文明:《仰韶文化研究》引,文物出版社,1989年,第332页。
④ 摘引自尹达:《中国新石器时代》,生活·读书·新知三联书店,1955年,第129页。

进行了初步的分期。首先是梁思永先生根据彩陶纹饰繁简的不同,认为后冈仰韶文化要晚于仰韶遗址的仰韶文化遗存,①吴金鼎先生又认为仰韶遗址的仰韶文化遗存,要早于秦王寨的仰韶文化遗存。② 事实证明,这些分期基本上都是正确的。

总之,在20世纪三四十年代,安阳后冈遗址的发掘,不仅使我国近代考古学在田野发掘方法上进一步走向科学化,而且还在这里发现了小屯、龙山和仰韶文化的三叠层。不少学者以此为标准,对以往发现的仰韶、不召寨和齐家坪诸遗址的内涵重新进行了分析,认识到仰韶遗址应是一处含有仰韶和龙山两种新石器时代的文化堆积,而不召寨和齐家坪则是属于龙山时期的文化遗存。这就初步纠正了安特生对甘肃古代文化的错误分期和他的"仰韶文化西来说"的错误。正如梁思永先生所说:后冈遗址的发掘在我国考古学史上具有锁钥的地位,它标志着我国新石器时代考古学迈上了一个新的台阶。

新中国成立后的50年代,配合大规模的社会主义建设,通过考古工作者的辛勤努力,中原地区的仰韶文化遗址被成批地发掘出来。这众多遗址的发现,特别是通过对陕县庙底沟和洛阳王湾等大型遗址的发掘,大大丰富了人们对仰韶文化的认识,澄清了仰韶文化和龙山文化的关系,也为人们深入探讨仰韶文化本身的性质提供了条件。

关于中原地区仰韶文化和龙山文化的关系,以前只是明确了它们的相对年代,至于二者之间的文化内涵有无联系,不得而知。到50年代初,在对仰韶遗址的第二次试掘中,发现有些文化层内既含有仰韶文化因素,又含有龙山文化因素。对于该层文化的性质,原发掘报告认为它应"是一种仰韶和龙山的混合文化"③。既为"混合文化",显而易见,二者在文化内涵上应有一定的联系。50年代中期,在洛阳孙旗屯遗址的发掘中,原发掘报告称:在这里发现了一批仰韶晚期灰坑,坑内出土"器物的形式较仰韶坑复杂,陶器制法及形状也较进步",因而认为它"可能是受龙山文化的影响"的结果。④ 1956年和1957年,考古工作

---

① 梁思永:《梁思永考古论文集》,科学出版社,1959年,第97页。
② 摘引自杨建芳:《略论仰韶文化和马家窑文化的分期》,《考古学报》1962年第1期。
③ 中国科学院考古研究所河南省调查团:《河南渑池的史前遗址》,《科学通报》1951年第9期。
④ 河南文物工作队第二队孙旗屯清理小组:《洛阳涧西孙旗屯古遗址》,《文物参考资料》1955年第9期。

者通过陕县庙底沟大型遗址的发掘,发现在仰韶文化层次之上,还有一个文化层次,原发掘报告称之为"庙底沟第二期文化"。这期文化的特点,"从陶器的形制以及纹饰等若干因素来看,它上承袭着仰韶文化,下启发着龙山文化,过渡的性质是相当明显的"。因此,该层"很可能为龙山早期或由仰韶到龙山的一种过渡性质的文化"①。据此,以往所谓"仰韶和龙山的混合文化"或受龙山文化影响的仰韶文化,其实,都应是一种龙山早期或由仰韶到龙山的一种过渡性质的文化。这种文化在1959年的洛阳王湾大型遗址发掘中也有发现。在这里,"庙底沟二期文化"叠压在仰韶文化层次之上,又被压在河南龙山文化层次之下,三者的文化内涵之间联系密切,②这就从地层关系上确证了该期文化就是"龙山早期或由仰韶到龙山的一种过渡性质的文化"。"庙底沟二期文化"的发现,是50年代中原地区仰韶文化考古上的重大收获,它明确了这里的仰韶文化最后发展为龙山文化,二者有着一脉相承的关系,它最终解决了这里的仰韶文化的去向问题。

由于所发现的仰韶文化的分布范围逐步扩大,许多遗址中的文化内涵层层叠压,因此各地区仰韶文化的面貌在时代上和地域上都表现着明显的差别。学术界根据这些差别,从50年代末期就开始了对仰韶文化进行分期和划分类型的工作。

三里桥遗址是与庙底沟遗址相近而又同时发掘的又一处新石器时代文化遗址,这里所发现的仰韶文化的面貌与庙底沟仰韶文化的面貌不同,安志敏先生据此首次把仰韶文化划分为"庙底沟类型"和"三里桥类型"(后又将此改称为"半坡类型")。关于二者的相对年代,他说三里桥"陶器上的彩绘多见于口缘上,腹部绘彩者却很少见到,从彩绘的部位以及结构上来观察,很像是一种退化的形式",因此,"以三里桥仰韶层为代表的遗存,虽然彩陶数量少,花纹比较简单,但不代表着原始形态,可能是晚于以庙底沟仰韶层为代表的遗存"。③ 其后不久,安先生通过安阳后冈和大司空村的发掘,又认为"两处的仰韶文化性质迥然不同,可能代表着两种类型"。又说"后冈和大司空村的两种类型的遗存,

---

① 中国科学院考古研究所:《庙底沟与三里桥》,科学出版社,1959年,第118页。
② 北京大学考古实习队:《洛阳王湾遗址发掘简报》,《考古》1961年第4期。
③ 中国科学院考古研究所:《庙底沟与三里桥》,科学出版社,1959年,第114页。

可能代表着仰韶文化的不同发展阶段,而以后冈具有比较进步的特点"①。也就是说后冈类型要晚于大司空类型。

进入 60 年代,学术界在安志敏先生意见的基础上,对仰韶文化的分期和划分类型展开了进一步的讨论。1961 年,张世铨和吴力先生对庙底沟类型早于三里桥类型一说提出了异议,其理由主要是:1."庙底沟彩陶的纹饰复杂而富于变化,数量也多,三里桥彩陶的纹饰简单,数量也少"②,这应是比较原始的表现。2."庙底沟的陶器多使用慢轮修整,这是三里桥没有的,而且庙底沟陶器的种类要比三里桥多"③,它应是一种进步的反映。3. 庙底沟仰韶陶器上饰有少量的篮纹,"比例虽小,但已开了龙山篮纹陶器的先河"④,而三里桥仰韶陶器上并未发现篮纹。4."庙底沟部分的陶器和陶质跟龙山文化有密切的关系,三里桥却缺乏这种迹象。"⑤5. 庙底沟仰韶遗存较之三里桥仰韶遗存中的生产工具,数量、种类较多,质量也较高。所有这些都表现着庙底沟类型比三里桥类型进步,而应当晚于三里桥类型。1962 年,杨建芳先生著文⑥把庙底沟类型的彩绘陶器分为甲、乙两组:甲组彩陶"纹饰繁缛,基本母题为圆点、涡纹、弧线及弧形三角等的结合",和西阴村仰韶遗址的彩陶基本一致,因而应当将庙底沟类型改称为"西阴村类型";乙组彩陶"纹饰种类锐减,图案趋于简单化",和三里桥类型相同,可归之于三里桥类型。另外,他又从庙底沟类型之中分出一个"秦王寨类型",三种类型的相对年代大致是三里桥类型晚于西阴村类型而早于秦王寨类型。以此为准,他将后冈类型和大司空类型与之作了对比,说"大司空村等地的彩陶其数量还是比较多,纹饰仍比较复杂,有些母题多少接近西阴村类型的。但后冈类型则不然,彩陶极少,纹饰至为简单……因此,我们认为后冈类型不只晚于西阴村类型,而且也要比大司空村等地秦王寨类型遗存为晚,可以说真正发展到了'仰韶文化的尾声'"。

---

① 中国科学院考古研究所安阳发掘队:《1958—1959 年殷墟发掘简报》,《考古》1961 年第 2 期。
② 吴力:《庙底沟仰韶遗存应比三里桥的为晚》,《考古》1961 年第 7 期。
③ 吴力:《庙底沟仰韶遗存应比三里桥的为晚》,《考古》1961 年第 7 期。
④ 张世铨:《试谈庙底沟与三里桥仰韶遗存的先后关系》,《考古》1961 年第 7 期。
⑤ 吴力:《庙底沟仰韶遗存应比三里桥的为晚》,《考古》1961 年第 7 期。
⑥ 杨建芳:《略论仰韶文化和马家窑文化的分期》,《考古学报》1962 年第 1 期。

1963年,严文明先生著文以王湾多层次的仰韶文化遗存为标尺,对上述诸文化类型进行了新的分期。洛阳王湾遗址是一处大型而内涵丰富的新石器时代文化遗址,主要含有仰韶和河南龙山两种文化堆积。其中仰韶文化遗存严先生将其分为二期六段:一期一段的文化"特征与三里桥仰韶的部分器物或半坡早期的陶器比较接近";一期二段的文化"特征接近于陕县庙底沟的仰韶器物";二期一段文化面貌独具特征,可能代表着一个新的类型;二期二段文化特征与秦王寨类型相近;二期三段也是一个新发现的文化层次;二期四段的彩陶与庙底沟二期的彩陶完全一致,因此"本段的年代应与庙底沟二期文化相当"①。由此可见,王湾多层次仰韶文化遗存的发现,就从地层关系上首次证明半坡和三里桥类型早于庙底沟类型,而后者又早于秦王寨类型。其后不久,严先生又在这个相对年代的基础上,对三里桥类型和庙底沟类型本身作了进一步的分期。他认为三里桥类型中,彩陶较少而纹饰简单实为早期的特征,不能认为是一种退化现象。因为"早期的简单应当是简朴,晚期的简单则应是草率,三里桥彩陶显然不是草率的作品",而是带有早期简朴的特点。不过该类型"大部分因素接近于庙底沟类型","因此,三里桥仰韶遗存的文化性质,一部分接近于半坡类型的因素,也同时具有不少庙底沟类型的特点,甚至后者表现得更加强烈"。② 这样,该类型实可分为两期,"它的接近半坡类型的因素应当属第一期,而接近庙底沟第一期一段的应当属第二期"③。总的说来,它就像一条重要的纽带,把半坡类型和庙底沟类型联结了起来。对于庙底沟类型,严先生认为庙底沟仰韶遗存是可以进行分期的。但是杨建芳先生把该类型彩陶纹饰分为甲、乙两组,又据此把该类型分为早、晚期"并不符合客观实际情况,因为在庙底沟有许多单位是甲乙两组花纹共存的"④。这两组花纹也都见于西阴村遗址,而且西阴村和庙底沟一期的文化内涵基本上又是相同的。有据于此,也不必把"庙底沟类型"改称为"西阴村类型",维持原"庙底沟类型"名称还是适当的。严先生根据庙底沟遗址复杂的地层关系及其文化面貌的变化,把庙底沟类型分为二期三段,它的一期一段接近于三里桥类型的二期,由此认为它应当晚于三里桥类型。

---

① 严文明:《仰韶文化研究》,文物出版社,1989年,第2~4页。
② 张忠培、严文明:《三里桥仰韶遗存的文化性质与年代》,《考古》1964年第6期。
③ 严文明:《论庙底沟仰韶文化的分期》,《考古学报》1965年第2期。
④ 严文明:《仰韶文化研究》,文物出版社,1989年,第25页。

另外,一直被学术界关注的仰韶文化的渊源问题,也在60年代找到了线索。早在50年代末期,考古工作者通过对陕西老官台遗址的试掘,已经开始认识到这里存在着一种早于仰韶文化的遗存,①60年代初,通过对陕西李家村遗址较大规模的发掘,获得了这种遗存的较为丰富的资料。夏鼐先生据此指出:"1960—1961年在陕西西乡李家村的发掘,确定了这里的文化遗存中有它典型的两种陶器——圈足钵和三足器。……这两种陶器和李家村其他具有特征的陶器,在宝鸡北首岭和华县柳子镇元君庙的仰韶遗址中都曾发现过,但都只发现在最早期的墓葬或最低下的文化层中。李家村遗址也有仰韶文化的圜底钵和夹砂粗陶罐等,但绝未见彩陶。它和典型的仰韶文化有密切的关系,而它所代表的文化可能要较早。从前有人误认为齐家文化比仰韶文化为早,后来的发现证明恰巧相反。……这次李家村的发现,才是探索仰韶文化前身的一个较可靠的新线索。"②

学术界在讨论仰韶文化分期、类型的同时,也对其所反映的社会形态进行了探讨。仰韶文化时期的先民已经从事以农业为主体的经济活动,过着氏族制的定居生活,这早已为人们所公认。但是人们对于当时的婚姻家庭形态则颇有争议。50年代末期,《庙底沟与三里桥》的作者,根据对庙底沟类型文化内涵的分析,认为"当时的社会组织是属于母系氏族的繁荣时期,氏族成员在生产资料公有的基础上,共同生产平均分配,而当时的对偶家族还没有形成独立的经济单位,家庭经济是由数个家庭以共产制的基础来经营的"③。这个观点代表着当时学术界对仰韶文化时期社会性质的普遍看法。60年代初,许顺湛先生首次提出仰韶文化时期已经进入父系氏族社会的新说,他对主张"仰韶文化母系说"的八条论据进行了批驳,另提出三条理由以论证他的"仰韶文化父系说"。这三条理由大致是:1."第一次社会大分工是父系氏族社会的基础",而"从各方面研究的结果,我们可以肯定:'仰韶'时期在中原地区农业已经成为独立的生产领域,处于第一次社会大分工之后"了。2."交换的出现,私有制产生,是父系氏族社会的标志。"仰韶墓葬中随葬品数量悬殊,"在葬具上也有极大的差别"。这些

---

① 张忠培:《关于老官台文化的几个问题》,《社会科学战线》1981年第2期。
② 夏鼐:《我国近五年来的考古新收获》,《考古》1964年第10期。
③ 中国科学院考古研究所:《庙底沟与三里桥》,科学出版社,1959年,第108页。

都是财产私有制已经产生的反映。他又说:"'仰韶'时期产生了财产私有是可以肯定的,但土地、房屋、工具、生产品等,具体的私有制情况还需要今后继续研究探讨。"3."庙底沟第二期文化类型的泉护村遗址、信阳三里店遗址中都发现有陶祖",这是"'仰韶'时期父系氏族社会在意识形态上的反映"。① 其后不久,杨建芳、周庆基先生均对此说提出了异议。他们针对许先生所提出的三条理由认为:1. 第一次社会大分工并不是人类社会由母系社会进入父系社会的唯一途径,"在中原地区,一直就没有发现过畜牧部落的遗址",可能就没有发生第一次社会大分工。因之,"许文认为仰韶时期已处于第一次社会大分工之后,也缺乏可靠的证据"。2. 仰韶墓葬中随葬品虽然多少不同,但是,"这些随葬品绝大多数是一般的日常生活用具,少量的是装饰品,生产工具极其罕见"。这些物品归私人占有,"在较早的时期(例如旧石器时代晚期),可能即已存在,但不能认为其时私有制已经产生了",它"和私有制是截然不同的两回事"。另外,"许文引用了半坡 M152 女孩墓和元君庙 M458 老人墓,这两座墓分别用木'椁'和石'椁'作为葬具,可以说是很罕见的偶然现象。而这两座墓的随葬品无论就数量或质量而言,和无葬具的墓葬完全一样,因此,在前者和后者之间,并不存在差别悬殊的现象"。3."许文说信阳三里店也发现陶祖,但原报告未提及",而且"三里店遗址时代,最早也只能到龙山文化早期,和中原地区的庙底沟二期文化存在的时期相当"。华县泉护村遗存也当属于这个时期,因此,"'仰韶时期出现了陶祖'的说法,是不符合事实的"。②

　　1965 年,苏秉琦先生著文③对仰韶文化的分期、类型及其社会性质等一系列重大问题作了全面论述。他首先对半坡类型和庙底沟类型的含义作了严格的界定,指出所谓"半坡类型"应指为《西安半坡》④发掘报告中的早期,"庙底沟类型"应指为《庙底沟与三里桥》⑤发掘报告中的庙底沟一期。他认为这两个类型"是仰韶文化在其长期发展过程中形成的诸变体中两种主要的变体,而不是'仰韶文化先后发展的两个阶段'"。这两个类型的文化主要分布在西起关中西

---

① 许顺湛:《"仰韶"时期已进入父系氏族社会》,《考古》1962 年第 5 期。
② 杨建芳:《仰韶时期已进入父系氏族社会了吗》,《考古》1962 年第 11 期。
③ 苏秉琦:《关于仰韶文化的若干问题》,《考古学报》1965 年第 1 期。
④ 中国科学院考古研究所、陕西省西安半坡博物馆:《西安半坡》,文物出版社,1963 年 9 月。
⑤ 中国科学院考古研究所:《庙底沟与三里桥》,科学出版社,1959 年,第 118 页。

部,东至晋南、豫西一带,它也是整个仰韶文化分布的中心区。在它的邻境地区形成一个外围地带,分布着仰韶文化的其他类型。"从它的中心地区向外围的推进,先南北,后东西;向西北推进较远",直至和甘肃马家窑文化发生密切的接触,"向东南推进较近",和山东大汶口文化、江苏青莲岗文化有着交流与往来。整个仰韶文化可以分为前后两个大期,两期"之间联系密切,阶段性明显。它们应属于两个不同的社会发展阶段"。"它的前期似乎还处在母系氏族制的繁荣阶段,它的后期则似乎是已经达到了它的顶峰——最后阶段,并孕育着新的变化",出现了与母系氏族制传统习俗相抵触的现象。

苏先生又认为:"仰韶文化诸特征因素中传布最广的是属于庙底沟类型的。庙底沟类型遗存的分布中心是在华山附近。这正和传说华族(或称华夏族)发生及其最初形成阶段的活动和分布情形相像。所以,仰韶文化的庙底沟类型可能就是形成华族核心的人们的遗存;庙底沟类型的主要特征之一的花卉图案彩陶可能就是华族得名的由来,华山则是可能由于华族最初所居之地而得名;这种花卉图案彩陶是土生土长的,在一切原始文化中是独一无二的,华族及其文化也无疑是土生土长的。"

苏先生还在该文中论述了前仰韶文化的问题,他明确指出以北首岭、元君庙下层等为代表的文化遗存,应和半坡类型划分开来。"这类遗存,除见于元君庙、北首岭下层外,在华县老官台和陕南西乡李家村都发现过单独存在的遗址,在河南洛宁洛河沿岸也发现过它的踪迹"。这类遗存"出现的时间要比半坡类型仰韶文化早些","同半坡类型仰韶文化的初期衔接",其文化面貌"同整个仰韶文化面貌相异",而"这类文化遗存无疑同半坡类型的仰韶文化具有一定的渊源关系"。

苏先生的这些精辟论述,可说是对 50 年代和 60 年代仰韶文化的讨论作了一个总结,也启发着广大的考古工作者为探讨仰韶文化的渊源去努力追索,这个追索在 70 年代结出了硕果。

70 年代以来,我国学术界对仰韶文化的发掘和研究都取得了重大进展。就中原地区而论,70 年代初对淅川县下王岗遗址进行了发掘,①这是一处多层次

---

① 河南省博物馆、长江流域规划办公室文物考古队河南分队:《河南淅川下王岗遗址的试掘》,《文物》1972 年第 10 期;河南省文物研究所、长江流域规划办公室考古队河南分队:《淅川下王岗》,文物出版社,1989 年。

的古代文化遗址，包含有自仰韶至西周时期的九层文化遗存，仅新石器时代文化遗存就有六层。其中最重要的是在这里发现了仰韶、屈家岭和龙山文化的三叠层，从而明确了屈家岭文化既晚于仰韶文化而又早于龙山文化的相对年代，这就结束了长期以来关于屈家岭文化和龙山文化早晚关系的争论。下王岗遗址位于豫、陕、鄂交界的丹江沿岸，属于汉水流域地区，这里的仰韶文化和分布于宛襄地区的仰韶文化的面貌比较一致，而与黄河流域地区的仰韶文化有所不同。因此，有些学者据此将这里的仰韶文化又称为"下王岗类型"①。与此同时，考古工作者对郑州大河村遗址进行了发掘。这是一处大型的多层次的文化遗址，包含有六层新石器时代文化遗存。其中最重要的是发现了既晚于秦王寨类型又早于河南龙山文化的大河村第四期文化。② 有的学者把这种新的文化层次称为"大河村类型"③，它把这里的仰韶文化和龙山文化更加密切地联系了起来。另外，在这里还首次正式发掘了属于秦王寨类型的文化层次，即所谓的"大河村三期文化"，它进一步丰富了人们对秦王寨类型文化内涵的认识。70年代末，考古工作者在新郑县裴李岗村发现了"裴李岗文化"④，其后在长葛石固⑤和汝州中山寨⑥等遗址的发掘中，又发现这种新型的考古学文化被压在仰韶文化层次之下，并且二者在文化内涵上有着清楚的传承关系。这说明中原仰韶文化是在裴李岗文化的基础上继承和发展起来的，二者有着一脉相承的关系。因此，裴李岗文化以及大约与它同时而且互相邻近的冀南磁山文化和陕西老官台文化的发现，最终解决了仰韶文化的渊源问题，确证了仰韶文化本是源自中国本土，那些至今仍在兜售"仰韶文化外来"的各种论说都是不符合事实的。

另外，在70年代，还首次公布了一批 ^{14}C 所测定的仰韶文化的绝对年代的数据。⑦ 众所周知，在此之前，关于仰韶文化乃至整个史前考古学文化的绝对年

---

① 丁清贤：《鄂西北、豫西南仰韶文化的性质与分期》，《中原文物》1982年第4期。
② 郑州市博物馆：《郑州大河村仰韶文化的房基遗址》，《考古》1973年第6期；郑州市博物馆：《郑州大河村遗址发掘报告》，《考古学报》1979年第3期。
③ 李昌韬：《试论河南地区的仰韶文化》，《论仰韶文化》，《中原文物》1986年特刊。
④ 开封地区文管会、新郑县文管会：《河南新郑裴李岗新石器时代遗址》，《考古》1978年第2期。
⑤ 河南省文物研究所：《长葛石固遗址发掘报告》，《华夏考古》1987年第1期。
⑥ 中国社会科学院考古研究所河南一队：《河南临汝中山寨遗址试掘》，《考古》1986年第7期。
⑦ 夏鼐：《碳-14测定年代和中国史前考古学》，《考古》1977年第4期。

代,都是凭主观臆测和推论出来的,并没有什么科学的依据。运用^{14}C测定年代法,就把我国史前考古年代学开始建立在现代科学的基础之上,从而为研究我国史前物质文化史的编年提供了科学的依据。

80年代初,考古工作者对仰韶遗址进行了第三次发掘,这次发掘,发现该遗址存在着四层文化堆积,发掘报告称之为四期。第一期的文化内涵"应属于仰韶文化的庙底沟类型,即豫西、晋南和关中东部仰韶文化的中期发展阶段"。第二期与山西西王村类型相同,"是豫西、晋南和关中东部地区仰韶文化的晚期遗存"。第三期与"庙底沟二期文化"相同,属河南龙山文化早期。第四期"应属于豫西、晋南和关中东部地区龙山文化的晚期发展阶段,即河南龙山文化的三里桥类型"①。在此之前,严文明先生根据安特生等人的著作,将其所著录的仰韶遗址出土的陶器照片与王湾一期遗存进行了对比,发现仰韶遗址出土的宽带纹彩纹钵、杯形口尖底瓶、弦纹罐、锥刺纹陶片等与王湾一期相近,在"半坡类型和后冈类型中都是常见的,而绝不见于以后各期的遗存"②。由此可知,迄今为止,仰韶遗址至少已经明确地存在着五期文化遗存。

80年代中期发掘了安阳鲍家堂遗址,这是一处比较单纯而内涵丰富的大司空类型的仰韶文化遗存,更具有代表大司空类型的普遍特征。该遗址出土的主要陶器"以灰陶和篮纹为主要特征,与王湾二期文化的陶器特征相近;而Ⅰ、Ⅱ式高领罐,Ⅱ式花边底碗,Ⅲ式刻槽盆,Ⅴ、Ⅵ式盆等,又同龙山文化中同类器物的形制相似"。据此,发掘报告认为:"仰韶文化大司空类型与后冈类型相比,具有更晚的特征。鲍家堂大司空类型属豫北、冀南地区仰韶文化的晚期,具有向龙山文化过渡的性质。"③从而进一步论定了后冈类型和大司空类型的相对年代。

80年代后期发掘了濮阳西水坡遗址,④这是一处多层次的仰韶文化遗址。其中最重要的是在该遗址下层大约属于后冈类型的遗存中,发现有三座用蚌壳

---

① 河南省文物研究所等:《渑池仰韶文化遗址1980—1981年发掘报告》,《史前研究》1985年第3期。
② 严文明:《从王湾看仰韶村》,《仰韶文化研究》,文物出版社,1989年,第7页。
③ 中国社会科学院考古研究所安阳工作队:《安阳鲍家堂仰韶文化遗址》,《考古学报》1988年第2期。
④ 濮阳市文物管理委员会等:《濮阳西水坡遗址发掘简报》,《华夏考古》1988年第1期。

摆砌而成的龙、虎、鹿、蜘蛛等动物形象作为随葬品的墓葬。这是我国迄今所发现的最早的龙、虎等动物形象,其中的龙被学术界誉为"华夏第一龙"。这些发现,为探索五六千年前当地人们的宗教习俗提供了重要实物资料,也表现出当时的人们具有较高的蚌砌艺术水平。

90年代初发掘了郑州西山遗址,这也是一处内涵丰富的多层次的仰韶文化遗址,其中最重要的是在这里发现了仰韶文化晚期的城址。城址位于西山以南,枯河以北,现已发掘和探明的部分城址平面呈圆角方形。已探明西墙长约64米,北墙自西北城角向东北方向延伸约57米,折而向东114米,再拐向东南。城墙现存最高约3米,宽5~6米,城角处宽约8米,系从两侧挖沟,就地取土,中间筑墙,城墙建筑中采用方块版筑法,并已使用夹板和穿棍。主城墙随着高度的增加而逐渐内收成梯形。城内布局现正在发掘中。① 这是我国迄今所发现的最早的城址,它的发现,对研究仰韶文化时期的建城技术及其所反映的社会形态具有重要的意义。

随着新的田野考古资料的积累,对仰韶文化性质的研究也在逐步深入。70年代末和80年代初,苏秉琦先生、殷玮璋先生首先提出了划分考古学文化的区、系和类型问题,"这里,区是块块,系是条条,类型则是分支"。具体地说,就是应"在准确划分文化类型的基础上,在较大的区域内以其文化内涵的异同归纳为若干文化系统"②。由此可见,对考古学文化进行分期,划分类型,是"归纳为若干文化系统"的前提条件,而归纳出分布于一定区域内产生、发展和变化的一个大型文化系统,则是划分文化类型发展的必然趋势。苏先生所提出的划分区系和类型的理论,正是反映了考古学文化研究中的客观发展的必然趋势。不仅如此,苏先生还从理论的高度,进一步阐述了划分区系类型的重要意义。他指出:古代"人们所在活动地域的自然条件不同,获取生活资料的方法不同,他们的生活方式也应该是各有特色的。这样,表现在他们的产品,即我们今天接触到的生产工具、生活用器以至其他遗存所表现出的差异也就可以理解了。当时,人们以血缘为纽带,并强固地维系在氏族、部落之中。这样,不同的人们共

---

① 《河南发现最古老的城址》,《人民日报》1995年5月17日第3版;《华夏最早城址重见天日》,《光明日报》1995年5月14日第1版。

② 苏秉琦、殷玮璋:《关于考古学文化的区系类型问题》,《文物》1981年第5期。

同体所遗留的物质文化遗存有其独特的特征也是必然的。今天我们恰可根据这些物质文化面貌的特征去区分不同的文化类型,同时,通过文化类型的划分和文化内涵的深入了解以及它们之间相互关系的探索,以达到恢复历史原貌的目的"。"重建中国史前史","复原古代历史的本来面目"①,是考古学的根本任务,而划分考古学文化的区系类型就是完成这个根本任务的必要步骤。

苏先生根据各地所发现的考古学文化内涵的差异,在全国范围内划分了六个考古学文化区,其中"陕豫晋邻境地区"为第一文化区,河南豫西地区就包括在这个区域内。本区是仰韶文化的主要分布区,在这里建立以仰韶文化为主体的从旧石器时代到新石器时代的一脉相承的文化系统是其主要课题。苏先生和殷先生还认为分布于"豫北、冀南地区,被称为后冈类型和大司空类型的两种遗存","与南阳—襄阳地区的仰韶文化遗存"各有特色,"可以推断该地区的古代文化有其源流,并经历了独特的发展过程"。② 80 年代中期,苏先生在上述基础上,根据仰韶文化内涵的不同又将其分为三个区系:即分布于宝鸡—陕县之间的仰韶文化为其中心区系,宝鸡以西分布的以甘肃大地湾为中心的仰韶文化为"西支"区系,陕县以东分布的以洛阳王湾—郑州大河村为中心的仰韶文化为"东支"区系。③ 与此同时,安金槐先生也认为分布于中原地区的仰韶文化,根据其不同特征可以分为四个地区类型,一是以陕县庙底沟为代表的豫西类型,二是以郑州大河村为代表的豫中类型,三是以安阳大司空村为代表的豫北类型,四是以淅川下王岗为代表的豫西南类型。④

在中原地区的仰韶文化划分为地方类型的基础上,张忠培先生进一步认为这些地区类型,不仅分布于一定的区域,有自己独立的本质特征,而且有自己的发展脉络,未必和典型仰韶文化属于一个系统,它们都应该算作一个独立的考古学文化而应当具有自己单独的命名。有据于此,他主张把分布于豫西地区的

---

① 苏秉琦:《关于重建中国史前史的思考》,《中国考古学论丛》,科学出版社,1993 年,第 1 页。
② 苏秉琦、殷玮璋:《关于考古学文化的区系类型问题》,《文物》1981 年第 5 期。
③ 苏秉琦:《纪念仰韶村发现六十五周年》(代序言),《论仰韶文化》,《中原文物》1986 年特刊。
④ 安金槐:《对河南境内仰韶文化的浅见》,《论仰韶文化》,《中原文物》1986 年特刊。

"庙底沟类型"称作"庙底沟文化"①,把分布于豫北地区的"后冈类型"称作"后冈一期文化"②,又把分布于豫中地区的"大河村类型"以最早的发现地秦王寨遗址命名,称为"秦王寨文化"③。张居中先生则认为分布于豫西地区的"庙底沟类型"与关中地区的仰韶文化相近,可以称之为典型的仰韶文化区;而分布于豫中地区的"大河村类型"与此差别较大,可以单独称之为"大河村文化";分布于豫北地区的"后冈类型"和分布于豫西南地区的"下王岗类型",与大河村文化内涵相近,可以称之为大河村文化的"后冈类型"和"下王岗类型"。由于这些文化的内涵不是仰韶文化的概念所能容纳的但又与仰韶文化处于同一历史时代,而且彼此之间有着一定的联系,因此,他主张将同时期具有相似内涵的新石器时代文化统称为"仰韶时代文化"④。这是近年来在研究仰韶文化性质上所出现的一个新的概念。

关于对仰韶文化社会性质的讨论,这个时期的一个显著特点,就是学术界普遍地认为在仰韶文化的后期阶段,社会已经进入私有制的父系氏族阶段。70年代后期,石家庄地区文物普查组根据对渑池仰韶和磁县下潘汪等遗址出土轮制陶器的分析,认为当时"不仅可能正酝酿着社会第二次大分工,出现了商品,而且也似乎意味着两性关系和婚姻状况与以母系社会为中心的时代相较已经发生了显著变化,这个变化可能是超出了母权时代进入父系社会的一个明显象征"⑤。《郑州大河村遗址发掘报告》的作者通过对该遗址出土的连间排房基址的分析,认为这些排房应"是以适应个体家庭为社会经济单位的需要而建筑的"。因此推测当时"很可能出现了私有制和一夫一妻制的新的婚姻关系"。⑥ 80年代初,《洛阳西高崖遗址试掘简报》的作者,通过对该遗址出土众多的盘状研磨器、轮制陶器和有槽石耜的分析,认为当时的手工业已与农业开始分离,男

---

① 张忠培:《研究考古学文化需要探索的几个问题》,《文物与考古论集》,文物出版社,1986年,第177~185页。
② 张忠培:《原始农业考古的几个问题——为纪念〈农业考古〉创刊四周年而作》,《农业考古》1984年第2期。
③ 张忠培:《客省庄文化及其相关诸问题》,《考古与文物》1980年第4期。
④ 张居中:《仰韶时代文化刍议》,《论仰韶文化》,《中原文物》1986年特刊。
⑤ 石家庄地区文化局文物普查组:《河北省石家庄地区的考古新发现》,《文物资料丛刊》(1),1977年,第149页。
⑥ 郑州市博物馆:《郑州大河村遗址发掘报告》,《考古学报》1979年第3期。

子已是农业生产中的主体。据此,他们"初步认为西高崖一、二期文化,已开始进入了父系氏族社会"①。80年代中期,郎树德先生通过对甘肃秦安大地湾仰韶文化晚期遗存的分析,认为遗存中的"大房子"建筑结构复杂,必须有明确的分工,大房子的建筑工程量巨大而浩繁,"需要成百上千的劳动力",这"不是一个母系氏族所能办到的";"大地湾九区发掘中出土了一件仰韶晚期的陶祖",这"是人类社会跨入父权制后才出现的生育崇拜物";大地湾F411房址的白灰地面上发现的一男一女的地画,"应该是比氏族要小的社会细胞——家庭的祖先崇拜";大地湾一个灰坑出土的一件陶瓶上,绘有一男一女和一个小孩的形象,这三位一体的形象,"我们考虑它是父权制家庭的缩影"。以上所有这些都"充分地证实,仰韶晚期处于文明的前夜,社会早已步入成熟的父权制阶段"。②但是与此同时,也有不少学者认为在仰韶文化早期,社会即已进入父系氏族制的阶段。70年代末期,许顺湛先生著文通过对半坡遗址的分析,重申了他的"仰韶文化父系说"。他论述了半坡遗址"每座房子的中心都有一座灶坑,在灶坑附近地面,往往有不少完整的陶器",有些房基地面上还发现生产工具和粮食加工工具,并发现有储存粮食的地窖和陶瓮。显而易见,这些"小房子",应是"经济独立的小家庭"的居室,当时的"农产品和手工业产品都成了私人的财富"。许多"小房子"又围绕着一座"大房子","半坡的大房子,有粗大的梁柱,有长达五六米的门道,并且在房屋建筑时,还异乎寻常地举行了宗教仪式"。这座大房子的主人,应是"氏族酋长、部落酋长或者军事首领"。"总之,是受尊敬的人,或者是有权有势的人居住"的地方。又在"半坡居民的村落周围,环绕以六百多米长的大壕沟,应有它的特殊意义……人们贪婪财富的私欲,随时都会引起部落之间的掠夺战争,这样就迫使半坡的居民,不得不花费巨大的劳动,用简陋的工具挖去约一万多立方米的土方,来营建自己的防卫设施,以保护各个小家庭的生命财产"③。另外,半坡遗址的墓葬中随葬品有多有少,葬式也大不一样。这也反映出当时人们已存在着财产不均和政治上不平等的现象。80年代中期,丁清贤、曹静波先生在上述许氏"仰韶文化父系说"的基础上,进一步认为:"仰韶文

---

① 洛阳博物馆:《洛阳西高崖遗址试掘简报》,《文物》1981年第7期。
② 郎树德:《大地湾考古对仰韶文化研究的贡献》,《论仰韶文化》,《中原文物》1986年特刊。
③ 许顺湛:《再论仰韶时期的社会性质》,《学术研究辑刊》1979年第1期。

化时期,不仅已经进入父系氏族社会,而且还带有军事民主主义的性质"①,已经进入由原始社会末期向文明社会过渡的阶段。90年代初,许顺湛先生又提出仰韶文化时期出现"酋邦王国"的新说。认为"仰韶时期虽然还存在母系,但父系应该是主导的","父系氏族出现,甚至一夫一妻制的小家庭出现,它创造的新的经济形态,动摇了原有的社会基础,同时,也直接影响着部落联盟的性质"。随着掠夺和防御战争的发展,促使这些联盟"发展为部族(小族)或方国",又称为"酋邦王国"。"仰韶时期各个类型文化,实际上都有一个或几个酋邦王国。半坡类型的王国在关中,史家类型的王国也在关中一带,后冈类型的王国在冀南和豫北,大司空类型的王国在后冈类型的范围之内,大河村类型的王国在豫中,庙底沟类型的王国在豫西、晋南和关中,西王村类型的王国在晋南。"它们"都是向国家过渡的组织形式",相当于我国历史上的炎黄时代。②

由上所述,可见70年代以来,中原地区的仰韶文化不仅在田野工作方面取得了重要成果,而且在文化性质和社会形态的探讨方面也呈现出百家争鸣的局面。裴李岗文化的发现,明确地解决了中原地区仰韶文化的渊源问题,大河村单间排房和西山古城的发现,大大更新了人们对仰韶晚期文化面貌的认识,从而推动着学术界对仰韶文化社会性质的探讨进入一个新的阶段。

仰韶文化的发现距今已有75个年头了,75年来,由于以考古工作者为主体的广大学术界同行的持续不断的努力,仰韶文化遗址现已发现了两千多处,在历史唯物主义基本原理的指导下,对仰韶文化的分期、类型及其所反映的社会形态的许多问题,都有了相当深入的研究,取得了丰硕的成果。这些成果正在充实和改写着中国上古时代的历史,以此为基础,我们相信,在建设中国社会主义精神文明的方针指引下,随着探讨我国古代文明起源的不断深入,仰韶文化的发掘和研究,必将取得更大的进展。

(原载《中原文物》1996年第2期)

---

① 丁清贤、曹静波:《仰韶文化社会性质的讨论及我见》,《论仰韶文化》,《中原文物》1986年特刊。

② 许顺湛:《黄河文明的曙光》,中州古籍出版社,1993年,第337~341页。

试论大河村类型

一

大河村类型是分布于中原地区的重要原始文化之一,因郑州大河村遗址而得名。这个类型的文化在20世纪60年代曾被称作"秦王寨类型"。但是由于秦王寨遗址迄今未经正式发掘,出土遗物不多,而大河村遗址不仅经过科学发掘,而且其文化内涵远较秦王寨以及同类型的其他遗址更加丰富和典型,因此1979年安志敏先生即将其改称为"大河村类型"①。我们认为这个改称更能概括该类型的文化特征,所以这里也沿用大河村类型这一名称。

大河村遗址位于郑州市的东北郊,北距黄河约7.5公里,西距秦王寨遗址约36公里,整个遗址正处于黄河南岸冲积而成的漫坡土岗上,总面积约30万平方米。大河村遗址自1972年以来共进行了七次发掘,揭露面积达1500平方米。由于水位较高,每个探方均未能清理到底,已挖掘的有六层文化堆积。这六层文化堆积可称作六期,共包含仰韶和龙山两种新石器文化,即"第一、二期属仰韶文化中期","第三期属仰韶文化晚期","第四期属过渡期","第五期属龙山文化早期","第六期属龙山文化晚期"②。其中第三期和第四期文化层在各探方中分布普遍,堆积较厚,文化内涵也最为丰富;两层文化之间的特征虽有差别,但基本相同,应当同属于一个类型,即仰韶文化晚期类型,也就是我们所

---

① 安志敏:《裴李岗、磁山和仰韶——试论中原新石器文化的渊源及发展》,《考古》1979年第4期。

② 郑州市博物馆:《郑州大河村遗址发掘报告》,《考古学报》1979年第3期。

称作的大河村类型。

大河村类型的文化遗址现已发现约四十处(表一),这些遗址主要分布于今河南省中部,其范围大致包括东至郑州,西迄洛阳,北起黄河以南,南至汝河沿岸的河谷平原以及丘陵地带。郑州大河村、洛阳王湾、偃师高崖西台地等遗址揭露的地层关系表明,大河村类型的文化叠压在仰韶中期(或称庙底沟类型)文化层之上,被压在早期龙山文化层之下,就是说它晚于仰韶中期文化而早于龙山早期文化,这个相对年代是准确无误的。另据 ^{14}C 年代测定,属于大河村类型的大河村三、四期分别在公元前 3685 ± 125 年和公元前 3070 ± 210 年(均为树轮校正值,下同)之间,①而属于仰韶文化中期的大河村二期为公元前 3790 ± 125 年,②陕县庙底沟类型仰韶文化为公元前 3910 ± 125 年,属于龙山文化早期的庙底沟二期为公元前 2780 ± 145 年,③可见大河村类型的绝对年代正在仰韶中期和龙山早期文化之间。

表一　大河村类型遗址简目

遗址名称	位置	面积	滨河	备注
大河村(三、四期)	郑州市东北6公里	30万平方米	贾鲁河南岸	《郑州大河村遗址发掘报告》(《考古学报》1979年第3期)
后庄王	郑州市西北15公里	5.6万平方米	索河南岸	郑州市博物馆同志见告
齐礼阎	郑州市西南4公里	5万平方米	金水河东岸	同上
林山砦	郑州市西5公里	8000平方米	贾鲁河东岸	《郑州西郊仰韶文化遗址发掘简报》(《考古通讯》1958年第2期)
秦王寨	荥阳县西北40公里	3万平方米	黄河南岸	《河南成皋广武区考古纪略》(《科学通报》1951年第2卷第7期)

---

① 夏鼐:《碳-14测定年代和中国史前考古学》,《考古》1977年第4期。
② 郑州市博物馆:《郑州大河村遗址发掘报告》,《考古学报》1979年第3期。
③ 夏鼐:《碳-14测定年代和中国史前考古学》,《考古》1977年第4期。

续表

遗址名称	位置	面积	滨河	备注
青台	荥阳县北13公里	8万平方米	枯河(古旃然水)南岸	郑州市博物馆同志见告
点军台(三、四层)	荥阳县东北13公里	6万平方米	古索水北岸	同上
楚湾	荥阳县南13公里	20万平方米	索河南岸	同上
河王	荥阳县东北6公里	330×300平方米	索河南岸	《河南荥阳河王新石器时代遗址》(《考古》1961年第2期)
唐户	新郑县南10公里	4万平方米	溱水西岸	《河南开封地区新石器时代遗址调查简报》(《考古》1979年第3期)
马鞍河	密县西北2公里	180×150平方米	绥水北岸	《密县古文化遗址概述》(《河南文博通讯》1980年第3期)
苇园	密县东北15公里		溱水西岸	同上
程庄	密县东南25公里	149×217平方米	同上	同上
古郐城	密县东南27公里		溱水东岸	同上
惠沟	密县东2公里		双洎河东岸	同上
赵城村	巩县西南22公里	500×200平方米	休水北岸	《伊河下游几处新石器遗址的调查》(《考古》1964年第1期)
高崖西台地(二期)	偃师县西南12公里	130×250平方米	伊水南岸	《河南偃师伊河南岸考古调查试掘报告》(《考古》1964年第11期)
苗湾	偃师县西南11公里	2万平方米	伊水南岸	同上

续表

遗址名称	位置	面积	滨河	备注
灰嘴	偃师县西南15公里	3万平方米	浏河西南岸	《河南偃师灰嘴遗址发掘简报》(《文物》1959年第12期)
酒流沟	偃师县西南20公里	20万平方米	伊河南岸	《河南偃师酒流沟新石器时代遗址的调查》(《考古》1965年第1期)
汤泉沟	偃师县城南郊	3500平方米	洛河北岸	《河南偃师汤泉沟新石器时代遗址的试掘》(《考古》1962年第11期)
小潘沟	孟津县西南1.5公里	1000×200平方米	黄河南岸	《孟津小潘沟遗址试掘简报》(《考古》1978年第4期)
波罗窑	孟津县西南10公里	700×800平方米	涧河北岸	《一九七五年洛阳考古调查》(《河南文博通讯》1980年第4期)
王湾（二期下）	洛阳市西15公里	8000平方米	涧河右岸	《洛阳王湾遗址发掘简报》(《考古》1961年第4期)
涧滨	洛阳市西郊		涧河东、西岸	《洛阳涧滨古文化遗址及汉墓》(《考古学报》1956年第1期)
孙旗屯	洛阳市西南2公里		洛河西岸	《洛阳涧西孙旗屯古遗址》(《文参》1955年第9期)
南洞	洛宁县西南13公里		洛河南岸	《1959年豫西六县调查简报》(《考古》1961年第1期)
古城村	伊川县南4公里	100×500平方米	伊河西岸	同上

续表

遗址名称	位置	面积	滨河	备注
杨楼	伊川县南 5 公里		伊河南岸	同上
瑶底	伊川县北 7 公里		伊河西岸	同上
上店	汝阳县西南 2 公里		汝河南岸	同上
何堂	临汝县东 14 公里		黄涧河西岸	同上
夏店	临汝县西北 15 公里		荆河西岸	同上
大张	临汝县西北 9 公里	14 万平方米	荆河东岸	《河南临汝大张新石器时代遗址发掘简报》(《考古》1960 年第 6 期)
阎村	临汝县东 13 公里	100×250 平方米	黄涧河西岸	《临汝阎村新石器时代遗址调查》(《中原文物》1981 年第 1 期)
石羊关	登封县东南 17 公里	500×300 平方米	颍水北岸	《1975 年豫西考古调查》(《考古》1978 年第 1 期)
谷水河	禹县东北 13 公里	8500 平方米	颍水西岸	《河南禹县谷水河遗址发掘简报》(《考古》1979 年第 4 期)
丘公城	鲁山县西 13 公里	400×200 平方米	沙河、荡潭河会合口	《河南鲁山丘公城古遗址的发掘》(《考古》1962 年第 12 期)
峨岗寺	舞阳县东北 17.5 公里		澧河北岸	《河南舞阳的几处新石器时代遗址》(《考古》1965 年第 5 期)

  大河村类型的文化特点,首先表现在生产工具虽然仍以石器为主,但其数量、种类较前增多,制作技术也有所提高。如大河村遗址"在生产工具方面,特别是石器的发展变化,表现在数量上是由少到多,每期递增;在制法上,先是打制或打磨兼制,以后是打磨兼制、磨制,磨制的数量逐渐增加,器型规整,制造精致",尤其第四期"生产工具与前三期相比有显著进步,特别是农业工具,不但数

量增加,而且出现了有肩石铲、长方形石刀和石镰等新器形"。① 又如洛阳王湾二期除沿用第一期工具外,还出现了一些新型工具,如为数不多的穿孔石铲、石镰、蚌刀和蚌镰等。临汝大张一层出土的石器,除打制外,还有磨制石器,较工整细致。以作为砍伐器的石斧为例,这个时期的石斧多磨制成规整而扁平的梯形。值得注意的是在临汝阎村②发现的属于大河村四期的陶缸上所画的《鹳鱼石斧图》,使我们对当时石斧的用法有了明确的认识。它是用一根加工过的木棒,在木棒的顶端凿一大孔安装石斧,大孔的上下两侧又各钻两个小孔,用绳索或葛藤将木棒和石斧牢固地捆缚在一起;另在木棒的下端握手处缠上细绳以便于掌握,又将其末端刻成较木棒粗壮的方木块以防握手操作时的滑脱。这幅完整的石斧陶画,充分反映出当时人们已能相当熟练地掌握石斧操作技术。出土的生产工具——有肩石铲也是大河村类型的典型器物。大河村四期,林山砦,后庄王,洛阳孙旗屯,禹县谷水河二、三期以及临汝大张一层等许多遗存中都普遍出有这种工具(图一)。有肩石铲或者就是后世所说的耜,甲骨、金文"耜"写作 ᚠ、ᛋ ,正是这种有肩石铲的象形。有肩石铲是当时一种先进的掘土工具,它的普遍应用,对于进一步开发土地,疏松土壤,扩大农业种植面积具有重要的意义。随着种植面积的扩大,促使收割工具加以改革,这时除继续沿用前期两侧带缺口的石或陶刀外,大河村"四期开始出现石铲和长方形石刀",洛阳王湾二期新出现了"石铲、蚌刀和蚌铲",上述所有这些新出现的生产工具都为河南龙山文化所继承,也标志着大河村类型的农业生产有了进一步的发展。

  大河村类型遗迹中普遍发现长方形连间排房基址,每间面积一般在 6 平方米左右,最大者达 20 余平方米。从遗存的房基来看,墙壁结构多是先用木骨搭架,再内外涂泥成墙,待墙面抹平之后,用大火烧烤而成红色砖质。房内地面多发现有烧土台或火池,并发现有生产工具和生活用具等多种文化遗物,这种连间排房的出现,也是大河村类型建筑遗迹方面的一大特点。这个时期的窖穴也比前期数量增加,如大河村遗址一、二期未发现窖穴(这当和发掘面积较小有关),三期发现八个,四期则发现四十一个;又如王湾遗址一期发现窖穴八个,二

---

① 郑州市博物馆:《郑州大河村遗址发掘报告》,《考古学报》1979 年第 3 期。
② 临汝县文化馆:《临汝阎村新石器时代遗址调查》,《中原文物》1981 年第 1 期。

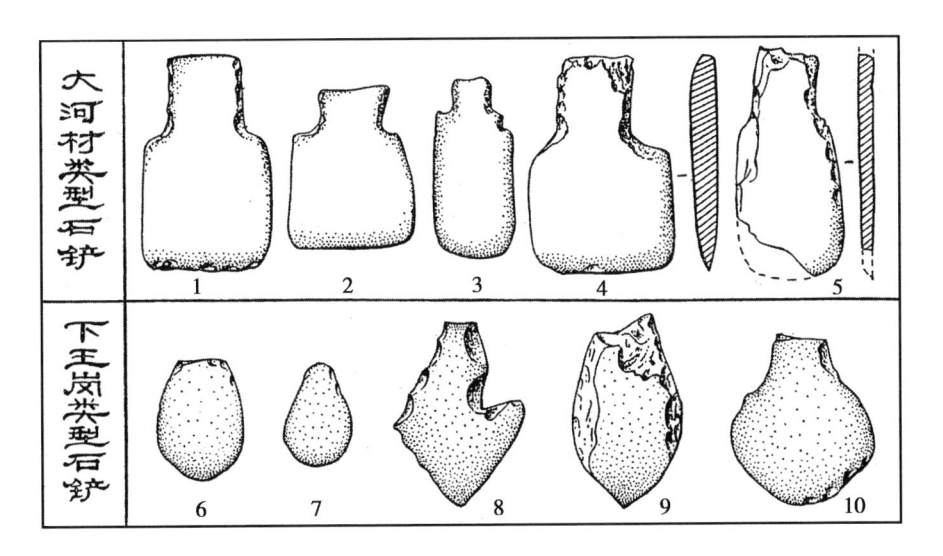

1. 郑州后庄王　2. 临汝大张一层　3. 郑州林山寨　4. 禹县谷水河三期　5. 郑州大河村四期
6. 镇平赵湾　7. 南召二郎岗　8. 南召下店　9. 南阳黄山　10. 淅川采集

图一

期却发现了八十五个,这些窖穴"常三五个或七八个密集一起成为坑群"①,而且大多数窖穴呈圆形袋状,形制比前期也规整得多。这个时期的墓葬和前期基本相同,小儿全为瓮棺葬,成人多为土坑竖穴墓的单人直肢葬,多人合葬墓已经消失,但在废弃的窖穴里往往发现有完整或零碎的人骨架。如大河村四期 H35 以及王湾二期、临汝大张二层的一些窖穴中都有发现,这是以往少见的现象。

大河村类型文化遗物突出的特点,主要表现在它有一套独具特征的陶器群。陶器以泥质为最多,大河村四期、王湾二期、高崖西台地二层以及谷水河二、三期陶色以灰色和褐色陶为主,仰韶早、中期的红色陶已退居次要地位。制陶技术已由以往的手制逐渐发展为轮制;大河村四期已是"多为轮制或手、轮兼制"。轮制代替手制是我国原始社会制陶技术上的一个质变,它的特点是速度快、质量高,因而制作的陶器比例匀称,造型美观。这个质变就仰韶文化来说无

---

① 河南省文物工作队第二队孙旗屯清理小组:《洛阳涧西孙旗屯古遗址》,《文物参考资料》1955 年第 9 期。

疑是从大河村类型开始的。随着轮制技术的产生和人们物质生活的需要,陶器的数量和种类也较前期增加,器型主要有鼎、罐、盆、碗、钵、壶、瓮、缸、甑、杯、器盖以及大口尖底瓶等(图二)。按其用途大致可分为炊器、食器和盛储器三类。炊器中以鼎为最多,大河村类型除发现有前期的釜形鼎外,所出盘形鼎和各种形式的罐形鼎都是这个时期的新器型。罐的出土数量仅次于鼎,分夹砂和泥质两种,夹砂罐应是当时的一种辅助炊器,而泥质罐则应是一种盛储器,整个陶罐的形体由鼓腹向瘦腹演变,有敛口深腹平底罐、敛口折腹平底罐,同时还出有敞

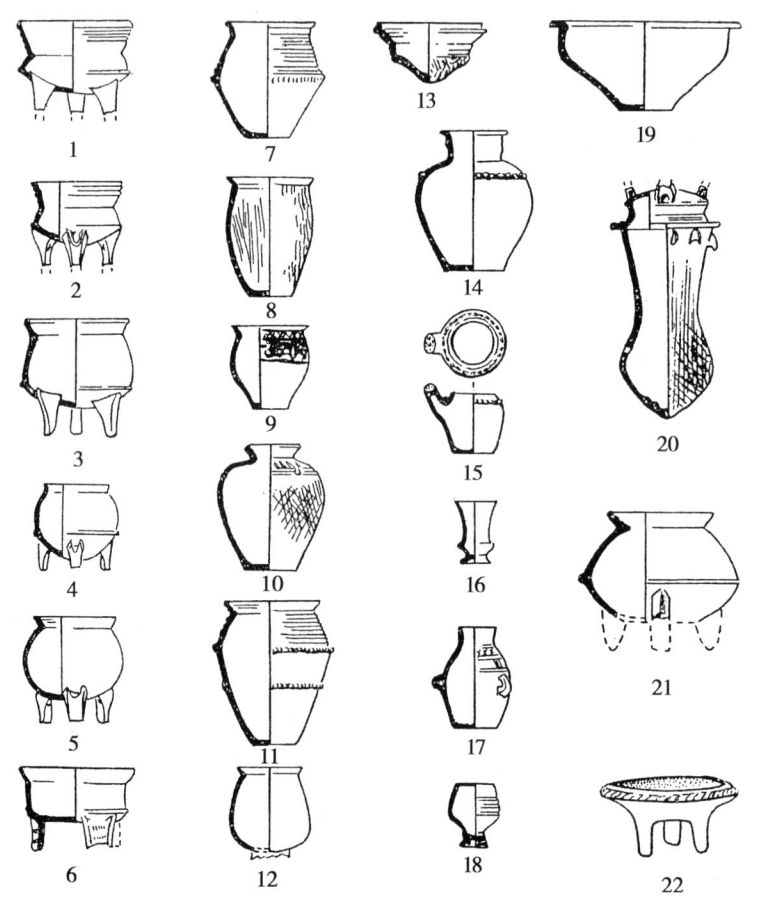

1~5. Ⅰ~Ⅳ式鼎　6. Ⅴ式鼎　7、11. Ⅰ式罐　8. Ⅳ式罐　9. Ⅲ式罐　10. 瓮　12. 尊　13. 锅
14. Ⅰ式壶　15. 盉　16. 杯　17. Ⅱ式壶　18. Ⅰ式杯　19. Ⅲ式盆　20. 大口尖底瓶
21. 釜形鼎　22. 盘形鼎

图二

口直壁罐和圈足罐、带流罐等。盛储器中还有一种瓮和缸，可能是从罐分化而来，瓮作小口、圆肩、深鼓腹、平底，缸则多为敞口、直壁、小平底。另外这时还从前期小口尖底瓶分化出一种大口凹腰尖底瓶，这种尖底瓶已不再用作盛储器，从考古发掘现场来看，一般已用作瓮棺葬的葬具。食器中钵类器逐渐减少，碗类器逐渐增多，所出折腹镂孔圈足豆、圈足杯，小口深鼓腹的圈足壶等，也是这个时期新产生的器型。

大河村类型的陶器纹饰中，白衣彩陶盛极一时，彩陶中所绘太阳纹、日晕纹、星座纹、月亮纹、六角星纹以及所绘的网状方格纹、∽纹、X纹等都是这个时期特有的纹饰。此时所出的《鹳鱼石斧图》，是我国迄今所发现的一幅最大的原始彩陶画。全画内容是一只衔鱼的鹳鸟，旁边放置着一件带柄的石斧；其画法是用白彩绘出一只肥硕的鹳鸟，再用墨笔勾出鱼和带柄石斧的轮廓，然后填以白彩，所绘鹳鸟古朴生动，健劲有力，表现出大河村类型的彩陶艺术已发展到高峰。但是自此以后彩陶艺术由盛而衰，逐渐被新的拍印纹饰所代替，大河村类型中所出少量的篮纹和绳纹，是河南龙山文化发达的拍印纹饰的先声。

二

上述大河村类型的基本特点与其周围相关的原始文化相比，既有密切联系又有明显不同。大河村类型与庙底沟类型文化的关系比较密切，庙底沟类型以往有的同志又称"西阴村类型"，早在20世纪30年代就有人认为它比大河村类型的年代要早，这个论点已被历年来发掘的考古资料不断地证实。王湾一期，高崖西台地一期和大河村的一、二期，与庙底沟类型的仰韶文化有许多共同点；王湾一期房基F11、F15与庙底沟一期301、302号房基形制结构颇为接近。[1] 这些遗存之间所出文化遗物也大致相同，如所出陶器基本上都是手制，只在口部经过慢轮加工；陶质都以泥质红陶为主；纹饰多为线纹、弦纹、附加堆纹和彩绘，彩绘则以圆点、弧线三角、勾叶和带状纹为母题。所出陶器群都以盆、罐、钵、

---

[1] 中国科学院考古研究所：《庙底沟与三里桥》，科学出版社，1959年。（下引庙底沟资料均出自该报告，不再加注）

碗、釜、灶、釜形鼎、尖底瓶和器座为主体。大河村一期的彩陶盆（原报告图七：16）与庙底沟一期的四式盆（原报告图版贰拾叁：3）相近，Ⅱ式罐（原报告图一九）与庙底沟一期五式敛口罐（原报告图三一：D11eH1:92）相同，Ⅱ式钵（原报告图六）与庙底沟一期一式敛口盆（原报告图二六：B5aH325:11）相同，Ⅰ式鼎（原报告图七：17）与庙底沟一期的鼎（原报告图二九：D30:01）相同，器座（原报告图七：15）与庙底沟一期的二式器座（原报告图二五：A20bH2:19）相同，大河村二期的Ⅲ式钵（原报告图一一：23）与庙底沟一期的八式敛口盆（原报告图二十、图版贰拾壹：4）形制花纹均相近；另外，王湾一期的釜和灶（原简报图版贰：3、4）、高崖西台地一期的釜（原试掘报告图二：19）与庙底沟一期二式、三式釜（原报告图二八：D2bHl2:99、D2CH12:112）和灶（原报告图二九：D4H47:34）也完全相同。所有这些共同点都说明大河村的一、二期，王湾一期，高崖西台地一期与庙底沟一期基本上应属同一个文化类型即庙底沟类型，而大河村类型叠压在庙底沟类型文化层之上，其文化内涵也是在后者的基础上脱胎发展而来，因此庙底沟类型与大河村类型应是仰韶文化早晚不同的两个发展阶段，二者有着密切的继承关系。

　　在豫南的南阳盆地也发现不少仰韶文化遗存，这些遗存有的同志把它们归属于大河村类型①，有的同志则认为应属屈家岭文化系统②，我们认为仍应属于仰韶文化，但有其自身特点，可自成一个文化类型。这个类型的遗存在豫南地区发现甚多，现已公布者计有淅川下王岗早二期③，唐河茅草寺上、下层④，唐河寨茨岗⑤，镇平赵湾⑥以及南召二郎岗⑦等，其中以下王岗早二期比较典型，因而暂称为"下王岗类型"。下王岗类型与大河村类型有不少共同点：如生产工具中普遍发现有肩石铲；遗迹中都发现有红烧土的长方形连间排房房基，并且房

---

① 郑州市博物馆：《郑州大河村遗址发掘报告》，《考古学报》1979 年第 3 期。
② 李文杰：《试论大溪文化与屈家岭文化、仰韶文化的关系》，《考古》1979 年第 2 期。
③ 河南省博物馆、长江流域规划办公室文物考古队河南分队：《河南淅川下王岗遗址的试掘》，《文物》1972 年第 10 期。
④ 河南省文化局文物工作队：《河南唐河茅草寺新石器时代遗址》，《考古》1965 年第 1 期。
⑤ 河南省文化局文物工作队：《河南唐河寨茨岗新石器时代遗址》，《考古》1963 年第 12 期。
⑥ 河南省文化局文物工作队：《河南镇平赵湾新石器时代遗址的发掘》，《考古》1962 年第 1 期。
⑦ 河南省文化局文物工作队：《河南南召二郎岗新石器时代遗址》，《文物》1959 年第 7 期。

内有烧土台和火池;墓葬也多为土坑竖穴单人仰身直肢葬;陶器以灰陶为主,器型也以鼎、罐、钵、碗、豆、器盖较多,其中下王岗早二期的直口长颈折肩鼎(原简报图八:1)与大河村三期Ⅰ式鼎(原报告图二〇:2)形制相近,唐河寨茨岗Ⅲ式鼎(原简报图九:1)与大河村三期的Ⅴ式鼎(原报告图二〇:9)基本相同,下王岗早二期的罐(原简报图八:3)与大河村三期的Ⅱ式罐(原报告图一七:15)类似,唐河茅草寺上层的陶豆(原简报图版贰:11)与洛阳王湾二期(早)的陶豆(原简报图版叁:5)大致相同;等等。但是两个类型之间也存在明显差别:如下王岗类型的有肩石铲刃部多尖锐,而大河村类型的有肩石铲刃部多平齐;下王岗早二期还出有大批二次迁骨的多人合葬墓,而这在大河村类型中已经消失。陶器方面,下王岗类型中红陶所占比例较大,陶鼎中的圆锥形高足罐形鼎,足根部多按一圈指窝,也为大河村类型所不见;陶罐多深鼓腹,颇接近大河村二期陶罐的形制;陶器素面较多,部分彩陶为三角纹、弧线三角纹、花瓣纹和回形纹,有半坡晚期和庙底沟类型彩绘的作风。根据这些文化特点,我们认为下王岗类型可能为中原仰韶文化的一个分支,它从庙底沟类型脱胎而来,在周围其他文化影响下发展成为和大河村类型同时并存的一个独立的文化类型。

  这里还需要谈谈大河村类型、下王岗类型和屈家岭文化的关系。大家知道,北起大河村、南至下王岗的许多仰韶文化遗存里都发现有不少屈家岭文化的因素,而且越往南越多。对于这种现象,不少同志认为屈家岭文化起源于川东鄂西的大溪文化,在江汉平原发展起来之后,向北发展而影响到中原地区的仰韶文化。[1] 我们认为屈家岭文化的分布相当广泛,说它起源于某一种文化是值得讨论的。分布于鄂西南地区的屈家岭文化往往叠压在大溪文化层之上(如桂花树、红花套等遗址[2]),与大溪文化的关系比较密切,而分布于鄂西北、豫西南地区的屈家岭文化则往往叠压在仰韶文化层之上(如淅川下王岗、郧县大寺、青龙泉诸遗址[3]),它与仰韶文化的关系比较密切,但与大溪文化却有着较大的

---

[1] 李文杰:《试论大溪文化与屈家岭文化、仰韶文化的关系》,《考古》1979年第2期。
[2] 王劲:《江汉地区新石器时代文化综述》,《江汉考古》1980年第1期。
[3] 王劲:《江汉地区新石器时代文化综述》,《江汉考古》1980年第1期。

区别。如在屈家岭①和青龙泉二期②遗存里发现烘烧过的长方形连间排房的遗迹,在大河村类型和下王岗类型遗存中都有发现(图三),但却不见于大溪文化遗存;又屈家岭早期文化以京山朱家咀遗址③为例,所出陶器以轮制为主,陶色多黑色,灰陶也占很大比例,红陶很少,这和大河村类型、下王岗类型的陶系完全一致,而与以手制为主、红陶居多的大溪文化陶系大为不同。京山朱家咀出土的陶器群以鼎、罐、盆、盘、碗、杯、器盖为主体。其中以鼎为最多,这也与大河村类型的陶器群基本一致,而与以出土高圈足深腹豆和曲腹杯、碗等为主的大溪文化陶器群明显不同。另外,大河村类型常见的敞口罐形鼎与屈家岭早期的鼎相类似,大河村三期的Ⅰ、Ⅱ式杯与屈家岭早期的杯形制相同,大河村四期的锅和京山屈家岭晚一期的锅形制也相同,镇平赵湾出土的三足钵见于屈家岭晚一期地层内;大河村三期出土的Ⅲ式圈足罐与京山屈家岭下层的壶形器也应同属一个类型。由此可见屈家岭文化与大河村类型、下王岗类型的文化特征有许多共同之处,而它又往往压在仰韶文化层次之上,因此我们认为屈家岭文化早期可能是仰韶文化在豫南、鄂西北地区的一个类型,似应从中原地区的仰韶文

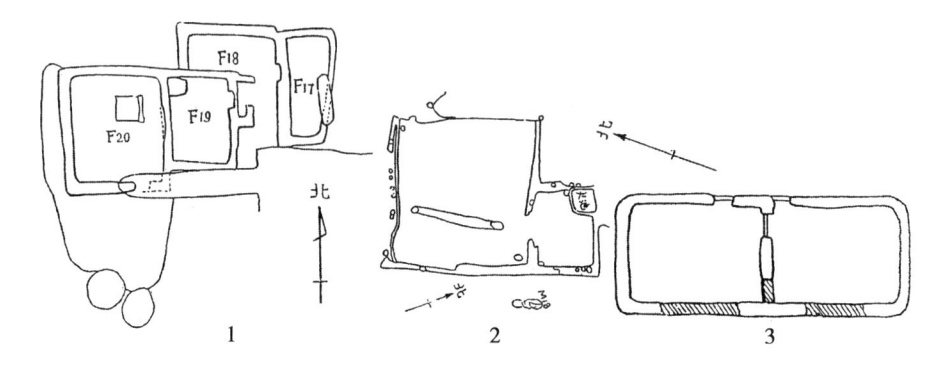

1. 大河村三期房基平面图 2. 唐河茅草寺下层房基(G1)平面图 3. 青龙泉屈家岭文化第六号房基平面图

图三

① 中国科学院考古研究所:《京山屈家岭》,科学出版社,1965年9月。
② 长办文物考古队直属工作队:《一九五八至一九六一年湖北郧县和均县发掘简报》,《考古》1961年第10期。
③ 湖北省文物管理委员会:《湖北京山朱家咀新石器遗址第一次发掘》,《考古》1964年第5期。

化脱胎而来,以后向南发展至江汉平原之上,汇合周围其他类型的文化而形成独立发展的屈家岭文化。

大河村类型和东方大汶口文化之间的关系也比较密切,大河村四期发现有大汶口中期阶段的墓葬(M9),三、四期和谷水河的二、三期以及临汝大张一层等遗存里都发现有大汶口中晚期阶段的遗物,近来已有同志对此作过专文论述。① 这些墓葬和遗物的发现不仅反映大河村类型和大汶口文化之间已有长期的文化交往,同时也说明大河村类型吸取、融合了邻近文化的精华。

三

大河村类型的许多文化因素,如长方形连间排房的遗迹,单人仰身直肢葬的墓葬形制,一部分生产工具及一些陶器的形制和花纹,都是在前期仰韶文化的基础上形成和发展起来的,从这个意义上说大河村类型是前期仰韶文化的直接继承者。而它的基本特征,如圆形袋状窖穴,单人仰身直肢葬的墓葬形制,一整套生产工具,以鼎、罐为主体的灰色轮制陶器群和拍印纹饰等,又为后来的河南龙山文化所吸取。从这个意义上说,大河村类型又是河南龙山文化的直接先驱。因此大河村类型正处于中原地区两大新石器文化——仰韶文化和河南龙山文化的交替时期,显现着过渡性的特征。大河村类型文化所反映的社会经济形态也值得我们注意。大河村类型有肩石铲的普遍应用,标志着当时的农业已进入犁耕农业的前身——耜耕农业阶段。耜耕农业在中原地区的发展产生了两个重要的社会变化:一是农业产品有了较多的剩余;二是男子在生产中逐渐占居主导地位,而且最终也将在家庭中获得支配权。大河村圆形袋状窖穴的大量增加,有的三五个或七八个密集在一起,说明当时一个家族(或家庭)的劳动产品已有了较多的储备。大河村类型遗存中所发现的长方形连间房基,参考近代民族志的资料,至少应是以父系家族为基础的个体家室的遗迹;②大河村三期房基内设有烧土台与火池,并发现有石斧、整瓮的粮食和成批的生活用具,表明

---

① 武津彦:《略论河南境内发现的大汶口文化》,《考古》1981年第3期。
② 汪宁生:《中国考古发现中的"大房子"》,《考古学报》1983年第3期。

这些家族(或家庭)已成为独立起灶的社会最小经济单位,那规整的窖穴储备也应是家族(或家庭)的私有经济。恩格斯说:"这些财富,一旦转归各个家庭私有并且迅速增加起来,就给了以对偶婚和母权制氏族为基础的社会一个有力的打击。"因为"随着财富的增加,它便一方面使丈夫在家庭中占居比妻子更重要的地位;另一方面,又产生了利用这个增强了的地位来改变传统的继承制度使之有利于子女的意图。……这样就废除了按女系计算世系的办法和母系的继承权,而确立了按男系计算世系的办法和父系的继承权"①。上述大河村类型建筑遗迹及其遗物的发现,应当反映着这时以男系为基础的父权制家族已在对偶婚的基础上开始孕育出来。恩格斯又说:一夫一妻制家庭"是在野蛮时代的中级阶段和高级阶段交替的时期从对偶家庭中产生的;它的最后胜利乃是文明时代开始的标志之一"②。综上所述,可见大河村类型正处于我国社会发展史上从母系转入父系、由野蛮走向文明的历史转折时期,因此,深入研究大河村类型的文化内涵,对于探讨我国古代中原地区父系家庭、私有制和文明的起源都具有重要的学术意义。

(原载《中国考古学会第三次年会论文集》,文物出版社 1981 年出版)

---

① 中共中央马克思、恩格斯、列宁、斯大林著作编译局编:《马克思恩格斯选集》第四卷,人民出版社,1972 年,第 50~51 页。
② 中共中央马克思、恩格斯、列宁、斯大林著作编译局编:《马克思恩格斯选集》第四卷,人民出版社,1972 年,第 57 页。

《鹳鱼石斧图》新论

河南省博物馆新近收藏绘有《鹳鱼石斧图》的彩陶缸一件,此缸是1978年11月在河南临汝县阎村以东仰韶文化墓地中出土的①(图二);同时伴出的还有大口尖底瓶、尖底缸、釜形鼎等陶器,均由临汝县文化馆所收集,1981年10月始由县馆将此缸移交河南省博物馆保存。此缸为加砂泥质,手制,仅在口部有慢轮加工的痕迹;器表呈暗红色,敞口、圆唇、直腹、平底,口沿下有六个对称的鹰嘴鼻钮,口径32.7厘米,底径19.5厘米,壁厚1.4厘米,通高47厘米。该类器型曾见于豫中地区的密县程庄、马鞍河、禹县谷水河、巩县赵城、偃师苗湾、伊川土门、鲁山邱公城以及南召二郎岗诸遗址②;与此伴出的大口尖底瓶见于郑州大

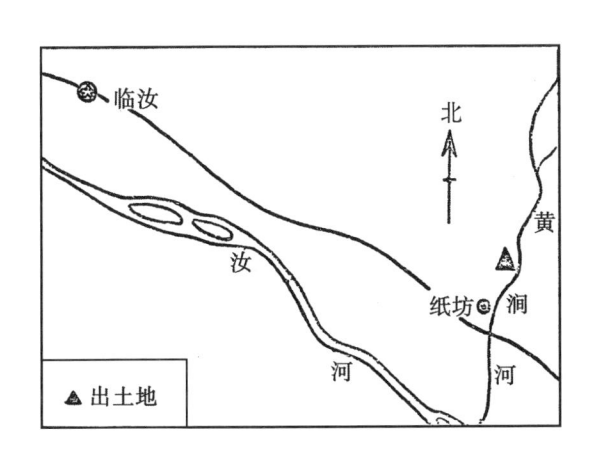

图一 《鹳鱼石斧图》陶缸出土位置图

图二 阎村遗址出土的《鹳鱼石斧图》

---

① 临汝县文化馆:《临汝阎村新石器时代遗址调查》,《中原文物》1981年第1期。
② 严文明:《〈鹳鱼石斧图〉跋》,《文物》1981年第12期。

河村四期①,釜形鼎见于新郑唐户②、禹县谷水河二期等遗存③(图三)。据其器型特点,此缸或当属豫中地区大河村文化类型(原称"秦王寨类型"),时代相当于郑州大河村四期,是中原地区仰韶文化晚期的遗物,其绝对年代距今约5000余年④。

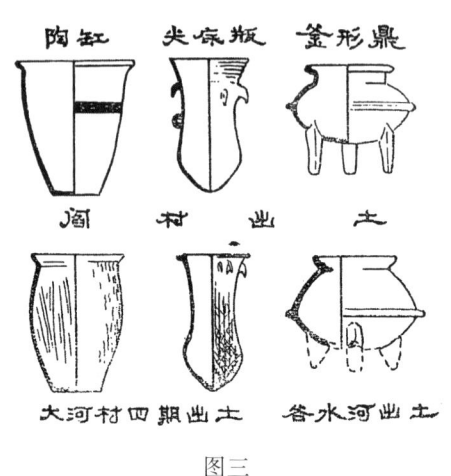

图三

陶缸腹部所绘《鹳鱼石斧图》最为珍贵,整幅画面高 37 厘米,宽 44 厘米,是迄今所发现的我国新石器时代最大的一幅陶画艺术品。全画内容是一只肥硕的鹳鸟,全身灰白,长喙短尾,延颈直立,口衔一尾大鱼;旁侧立着一件带柄的石斧。斧柄是一根加工过的木棒,木棒顶端凿孔以安装石斧,在大孔的上下两侧各钻两个小孔将木柄和石斧牢固地捆缚在一起,又在木棒的下端握手处刻上菱形细纹,将其末端刻成较木棒粗壮的方木块以防握手操作时滑脱。鹳鸟通身由白彩绘成,唯有眼睛用墨笔勾画,显得特别突出;鱼和石斧则是先用墨笔勾出轮廓,然后填以白彩,鹳鸟形象古朴生动,气魄宏大,标志着我国新石器时代白衣彩陶艺术已经发展到鼎盛的阶段。

对于《鹳鱼石斧图》中各种艺术形象及其所反映的社会生活,已有不少同志加以论述,而意见多不一致。比如对于陶画上的鸟,有的同志或以为应是鹭,并

---

① 郑州市博物馆:《郑州大河村遗址发掘报告》,《考古学报》1979 年第 3 期。
② 开封地区文管会:《河南开封地区新石器时代遗址调查简报》,《考古》1979 年第 3 期。
③ 河南省博物馆:《河南禹县谷水河遗址发掘简报》,《考古》1979 年第 4 期。
④ 夏鼐:《碳-14 测定年代和中国史前考古学》,《考古》1977 年第 4 期。

引汉画上的鹭鸟形象加以论证,①我们认为鹳鸟与鹭鸟形象明显不同,此鸟仍当称鹳为是。鹳,原字作雚,《诗经·豳风·东山》:"鹳鸣于垤,妇叹于室。"郑玄笺:"鹳,水鸟也。"《释文》云:"鹳本又作雚。"许慎《说文·萑部》雚字条下引此诗作"雚鸣于垤",是知雚与鹳,古今字,古本《诗经》仍写作"雚",后世加鸟旁才成为现在的"鹳"字。雚,甲骨文多写作"̈",象形字,像一只短尾的大鸟,特突出两眼向前正视之形;又写作"̈",当是其变体;也有个别的写作"̈",②像侧立之鸟向前正视之形,甲骨文的这种"雚"字当是从原始社会的鹳鸟形象脱胎而来。关于鹳鸟的具体形象前人也有描述,《说文·萑部》云:"雚,小爵也。"但《太平御览》卷九二五《羽族部》引许慎古本《说文》释雚作"雚爵也",段玉裁《说文解字注》云:"'雚爵也',三字句,爵当作雀。雚,今字作鹳。鹳雀乃大鸟,各本作小爵,误,今依《太平御览》正。陆机《疏》云:雚,鹳雀也,亦可证。陆云:似鸿而大,《庄子》作鹳雀。"《诗经·豳风》孔颖达疏引"陆机《疏》云:鹳,鹳雀也,似鸿而大,长颈赤喙,白身,黑尾翅……一名负釜,一名黑尻,一名背灶,一名皂裙,又泥其巢,一傍为池,含水满之,取鱼置池中,稍稍又食其雏……",由此可知鹳雀本是一种"似鸿而大,长颈赤喙,白身,黑尾翅"而又善食鱼类的大型水鸟,这和《鹳鱼石斧图》中所绘鸟的形象基本上是相同的。另外,许慎《说文解字》卷四上鸟部又收有"鹳"字,释云:"'鹳'专宣蹂,如鹊短尾,射之衔矢射人。"《尔雅·释鸟》中"鹳"也写作"鹳",而解释与《说文》同。但是此鸟与雚鸟有别,清人徐灏已有辨正,徐氏《说文解字注笺》引"钮(树玉)云:小当为水之讹,《玉篇》雚,水鸟也。灏按:郑笺亦云水鸟,雚、鹳,古今字。《鸟部》无鹳有鹳,云'鹳鶝鶔',乃别为一物也",就是说"如鹊短尾"的鹳鶝与"似鸿而大"的雚应是两种不同的鸟类。

至于鹭的形象,许慎《说文·鸟部》:"鹭,白鹭也。"《尔雅·释鸟》:"鹭,舂鉏。"郭璞注:"白鹭也,头翅背上皆有长翰毛,今江东人取以为睫㰦,名之曰白鹭缞。"《诗经·陈风·宛丘》:"坎其击鼓,宛丘之下。无冬无夏,值其鹭羽。"孔颖达疏引"陆机云:鹭,水鸟也,好而洁白,故谓之白鸟。齐鲁之间谓之舂鉏,辽东乐浪、吴、扬人皆谓之白鹭,青脚,高尺七八寸,尾如鹰尾,啄长三寸,头上有毛十

---

① 牛济普:《原始社会的绘画珍品——临汝仰韶陶缸彩绘》,《美术》1981 年第 9 期。
② 上引甲骨文均见岛邦男:《殷墟卜辞综类》,汲古书院,1977 年,第 232 页。

数枚,长尺余,毣毣然与众毛异好"。可见根据文献记载,古人所说的鹭鸟形象应是白身、青足、腿高、嘴长,尤其是头上长有冠毛是它的一大特点,这个特点和汉画上常见的鹭鸟形象基本一致,而和阎村出土陶画上鸟的形象迥异,由上所述,说明这幅画上的鸟应是鹳而不是鹭,全画仍应称作《鹳鱼石斧图》。

《鹳鱼石斧图》中各种艺术形象都是取材于当时人们的物质生活,但它的主题思想却是反映着人们的精神生活。画的主体是鹳鸟,它几乎占有整个画面三分之二的面积,中间的小鱼则是为了突出鹳鸟的个性,旁侧的石斧也是处于从属的地位。如果认为这幅画是在"忠实地记录着原始社会的物质文化",这对于过着以农业为主要经济生活的仰韶晚期的人们来说则是不符合现实的。因此这幅画应另具有特殊的含义,具体地说它应含有作器者氏族图腾崇拜的意义。民族志资料证明,原始人往往把自己所崇拜的图腾形象刻画在特殊的地方或工具上,以便经常对之顶礼膜拜或作为自己所在氏族的标志或名称,例如南美洲阿兹忒克部落的军事首领梦提马就把本族图腾——鹫的形象放置在自己的住宅上,①"加拿大的不列颠哥仑比亚的海达——印第安人,就常把图腾刻绘在自己工具或器物之上"②,瓦雷尼加地方的原始部族在自己的墓地放置有氏族图腾崇拜物,③等等。在考古资料中这种现象也屡见不鲜,我国商周时代青铜礼器上多铸有族徽图形,这早已是人所共知的事实,而这些族徽图形许多都是古代或当时氏族图腾的遗迹。由此推测,临汝阎村出土的这件彩陶缸上所绘《鹳鱼石斧图》也同样具有图腾的意义。这件彩陶缸与周围出土的其他陶缸不同,它的底部或其旁侧没有发现圆孔,但从缸内所发现的零碎骨片来看,仍然应是一件葬具。与此巧合的是,侧绘的鹳鸟正是表示着死亡。"例如,北美印第安人图画记事中人倒绘即表示死亡,墓柱上则代表死亡者所属图腾的动物亦倒绘。……我国纳西族象形文字也有类似方法。凡动物侧绘或倒绘即表示死亡。"我们参考这些民族志的资料,推知作为墓具的陶缸上侧绘的鹳鸟,正和北美印第安人墓柱上倒绘的动物图腾一样,很有可能就是死者所在氏族所崇拜的图腾。至于鹳鸟旁侧所绘的带柄石斧,是生产工具也或者是一件武器。在原始

---

① 马克思:《摩尔根〈古代社会〉一书摘要》,人民出版社,1978年,第161页。
② 汪宁生:《从原始记事到文字发明》,《考古学报》1981年第1期。
③ 石兴邦:《半坡氏族公社》第五章《半坡氏族公社时期人们的意识形态和精神生活状况》,陕西人民出版社,1979年,第124页。

社会里,同一件工具既可用于生产也可当作武器,二者不易区分。石斧柄上有一"×"形符号是一种有意识的标记,这种符号在西安半坡遗址出土的石铲上以及半坡和姜寨遗址出土的陶器上都有发现,另据有些学者研究,"特别像'×'形,几乎世界上普遍使用。例如,古代巴比仑即以'×'形符号刻在工具上作为所有权标记,巴比仑文中表示'占有'的字,就是画一枝矛(或箭),上有四个'×'形符号"①。与此相同,这件石斧柄上的"×"形符号也当是一种所有权的标记。总之,我们认为阎村出土陶缸上所绘的《鹳鱼石斧图》应是一幅图腾画,画的主题鹳鸟衔鱼应是死者部族所崇拜的图腾,而旁侧的石斧则应表示着死者的亡灵携带着自己的工具或武器安全回归于本氏族图腾神的故地。

如果上述推断不错,那就说明在我国新石器时代的仰韶文化时期,今汝河沿岸的阎村地区曾经生活着一个以鹳鸟为图腾的古老氏族,也称为鹳氏族,这个氏族可能就是我国文献中所记载的驩兜族。驩兜又称驩头(《山海经·大荒南经》《山海经·大荒北经》《淮南子·地形训》)、鹋吺(《尚书大传》注引《古文尚书》),也称欢头或欢朱,《山海经·海外南经》云:"欢头国在其(毕方)南……一曰在毕方东,或曰欢朱国。"郭璞注:"欢头即驩兜。"蘿与欢,古今字,马叙伦《说文六书疏证》卷七引《急就章》云:"蘿,欢之初文也。"是知古代驩兜族又称"欢头族",原本应称作"蘿头族"。关于它的形象,《山海经·海外南经》说:"欢头在其(毕方)南,其为人,人面,有翼,鸟喙,方捕鱼。"同书《大荒南经》说:"驩头,人面鸟喙,有翼,食海中鱼,杖翼而行,维宜芑、苣、穋、杨是食。有驩头之国。"郝懿行《山海经笺疏》云:"案驩兜古文作鹋吺……人面,鸟啄。"《史记正义》引《神异经》云:"南方荒中有人焉,人面,鸟喙,而有翼,两手足扶翼而行,食海中鱼,即斯人也。"这种半人半鸟的形象,正是驩兜族把自己崇拜的鹳鸟图腾加以人格化的反映。

驩兜族和中原地区的原始部族有着密切的亲缘关系。《山海经·大荒北经》云:"颛顼生驩头,驩头生苗民。"同书《大荒南经》又说:"大荒之中,有人名曰驩头。鲧妻士敬,士敬子曰炎融,生驩头。"由此可知驩兜族与生活于嵩山地区的夏部族同源,是颛顼氏或鲧氏族的旁系支族之一。不仅如此,驩兜族还和中原地区原始部族结成过联盟。《尚书·尧典》云:"帝(尧)曰:'畴咨若予采?'

---

① 汪宁生:《从原始记事到文字发明》,《考古学报》1981年第1期。

驩兜曰：'都！共工方鸠僝功。'"《史记·五帝本纪》也说："尧曰：'谁可顺此事？'……灌兜曰：'共工旁聚布功，可用。'"《集解》引孔安国曰："灌兜，臣名。"张华《博物志》卷二又说："驩兜国……帝尧司徒。"可见驩兜族的首领能参与选荐尧的继任人的大事，无疑是中原地区以尧为首的部族联盟的重要成员之一。但是大约与此同时，驩兜族与其他部族逐渐发生了冲突，这种冲突导致了该族南迁，《荀子·议兵》篇说："尧伐驩兜。"《尚书·尧典》和《史记·五帝本纪》都说：舜"放驩兜于崇山，以变南蛮"。《史记集解》引马融曰：崇山"南裔也"。《吕览·恃君》曰："杨汉之南，百越之际，缚娄驩兜之国多无君。"《淮南子·地形训》云："自西南至东南方……驩头国民，裸国民，三苗民。"参考上述文献记载，结合考古资料，可知生活于南方的"驩头国民"，以鹳鸟为自己的图腾崇拜，应起源于中原地区，与居住在嵩山地区的夏部族同源，最早也应活动于嵩山地区，位于嵩山以南的临汝阎村仰韶墓地，以及墓地出土的《鹳鱼石斧图》彩陶缸可能就是古代驩头族留下来的遗物和遗迹。

（原载《中原文物》1982年第2期）

濮阳西水坡发现蚌砌龙的重大学术意义

濮阳西水坡遗址 M45 发现的蚌砌龙的现象,①是我国新石器时代考古学上的重大收获。该墓属于中原地区早期仰韶文化后冈类型的墓葬,后冈类型又称"后冈一期文化",以豫北、冀南为中心,广布于黄河下游地区,②是古代这里一种相当繁荣发达的考古学文化。西水坡遗址正位于后冈类型文化分布的中心地区,M45 是该类型文化中迄今所发现的唯一一座出有龙、虎形象的墓葬,根据 ^{14}C 所测定的年代,该墓的时代距今约 6500 年,③是我国出现的最早的龙的形象,因此,被世人誉为"华夏第一龙"可说是当之无愧的。

龙是中华民族的象征,中国人认为自己是"龙的传人",龙在中国人民的心目中具有至高无上的地位。但是文献记载中的龙在古往今来的宇宙间实无其物,那是人们长期用理想塑造出来的龙,是神化的龙,是属于观念形态的龙。至于这种观念形态的龙是以何物为原型塑造出来的,一直是学术界探讨的热门课题。20 世纪以来,特别是近年来随着殷墟甲骨卜辞和众多的考古资料的出土,学术界对龙的原型的探讨出现了蛇体说、鳄体说、雷电说、云气说以及蜥蜴形诸说,④最近有学者认为殷墟卜辞中的凡(《合集》4035)字才是"龙字造型的最初的标准样本",此龙字的象形字"除张开大口的头部以外,只有一条短而卷曲的蛇身",原是蛇的象形,以前各考古学文化中出土的动物形体与此相近的当称为"原龙",与此相类似的当称为"前龙"。⑤ 此说把龙的形态发展史的研究加以系

---

① 濮阳市文物管理委员会等:《河南濮阳西水坡遗址发掘简报》,《文物》1988 年第 3 期。
② 张忠培、乔梁:《后冈一期文化研究》,《考古学报》1992 年第 3 期。
③ 中国社会科学院考古研究所:《中国考古学中碳十四年代数据集》,文物出版社,1992 年。
④ 何星亮:《中国图腾文化》第十三章,中国社会科学出版社,1992 年。
⑤ 孙机:《前龙·原龙·真龙——中国龙形象溯源》,《中国文物报》1999 年 9 月 29 日第 1 版。

统化,从而推动了这项研究的进一步开展。我认为从原型的龙,到殷墟卜辞中的龙,以至后世文献记载中的龙,各种龙的形象不一,它有一个长期演变的过程。根据现已出土的考古资料,殷墟卜辞中的"龙"字,确实像"一条短而卷曲的蛇身"的象形,但是在此以前的原型的龙即所谓的"前龙",未必就是蛇形。西水坡 M45 出土的龙的形象实不像蛇,而像是鳄,就是一个明显的例证。众所周知,蛇的形象以卷曲而著称于世,更没有肢和爪,但据报道,M45 所出"蚌壳龙图案摆于人骨架的右侧,头朝北,背朝西,身长 1.78 米,高 0.67 米。龙昂首,曲颈,弓身,长尾,前爪扒,后爪蹬,状似腾飞"①。再从现存的图案来看,龙头吻部突出,张口利齿,二肢明显(正面当为四肢),爪长尖锐,曲颈、弓背、长尾。而这些特征颇类似于生物界的鳄,左思《吴都赋》云:"鼋、鼍、鲭、鳄,涵泳乎其中。"刘良注:"鳄鱼长二丈余,有四足,似鼍,喙长三尺,甚利齿,虎及大鹿渡水,鳄击之皆中断。"《现代汉语成语辞典》又云:鳄"大的身体长达三米到六米,四肢短,尾巴长,全身有灰褐色的硬皮。善于游泳,性凶猛,捕食鱼、蛙和鸟类,有的也吃人、畜。多产在热带和亚热带。其中扬子鳄是我国的特产。俗称鳄鱼"。由此可见,西水坡 M45 出土的蚌砌龙形图案除其颈部弯曲以外,全身并无蛇的卷曲之状,而与鳄的形象却很相近,这说明我国最早的龙的造型当取材于鳄,并非取材于蛇的体型。

西水坡 M45 出土的蚌砌龙的图案之所以取材于鳄,究其原因,一是该墓所处的后冈类型文化时期,生态环境温热湿润,而且该地西邻古黄河,东面也有大型的沼泽,这是鳄鱼的最佳生态环境,科学工作者通过调查测定,认为这里"当时水域一定宽阔、水产丰富,周围也一定有茂盛的草原夹杂林木,供野生动物栖息",并且曾在该期文化遗存中"发现有獐、斑鹿、狸和麋鹿等的残骨",并发现有"鱼、鳖、蚌和扬子鳄的遗骨"②,证明当时这里确实生存着不少的鳄鱼。二是鳄鱼不仅体格硕大,而且性情凶猛,至今仍给人一种可怖的印象,在原始人的心目中,也一定认为是水族中最厉害的动物。在当时生产力相当低的情况下,人们控制自然的能力是很低的,这里的人们认为鳄鱼极其凶猛,会对他们造成致命的威胁,在超现实的观念支配之下,他们一厢情愿地与鳄鱼结成亲缘关系,相信

---

① 濮阳市文物管理委员会等:《河南濮阳西水坡遗址发掘简报》,《文物》1988 年第 3 期。
② 王邨:《中原地区历史旱涝气候研究和预测》,气象出版社,1992 年,第 61 页。

结成这种亲缘关系之后,鳄鱼就会转变为他们的保护神,进而演变成为他们假设的祖先,他们反过来也就崇拜和美化自己的祖先和保护神,这种假想的祖先和保护神就是现今学术界广泛称作的"图腾"。现代民族学资料证明,图腾崇拜是原始社会广泛流行的习俗,崇拜某种凶猛的动物是图腾产生的重要途径之一,以西水坡 M45 墓主人为代表的氏族部落最早可能曾以鳄鱼为自己崇拜的图腾,并对这种动物在传说上加以神化,在形象上加以美化,久而久之,就形成 M45 所出现的原型的龙或称作"前龙"的图形。按甲骨文、金文有"龙""蛇"二字,而无"鳄"字,是鳄鱼之"鳄"当为后起之名,鳄鱼最早或当称作"龙"。鳄鱼之所以称龙,或与它的鸣叫声有关。鳄鱼鸣声似雷,汉人把鳄称为"䗪",《说文·虫部》云:"䗪似蜥蜴,长一丈,水潜,吞人即浮,出日南。"段玉裁注:"俗作鳄。"桂馥《说文解字义证》云:"《赤雅》:'鳄鱼一名忽雷。'《经》云:'海有大鱼,其名曰鳄,其骨已朽,其齿三作。'馥按:韩愰制二琵琶,进文宗,名曰大忽雷、小忽雷,言其器音响如鳄鱼之鸣也。"可知古人认为鳄鱼之鸣响如雷的声音。雷的声音为"隆",《诗经·大雅·云汉》:"旱既大甚,蕴隆虫虫。"毛《传》曰:"隆隆而雷。"郑玄笺:"隆隆而雷,非雨雷也,雷声尚殷殷然。"孔颖达疏:"隆隆是雷声不绝之状。"《汉书·五行志》成帝河平二年,"沛郡铁官铸铁,铁不下,隆隆如雷声"。隆与龙音同,古相通用,《左传·成公二年》:"齐侯伐我北鄙,围龙。"《史记·十二诸侯年表》写作"取我隆"。《史记·鲁周公世家》写作"齐伐取我隆"。《集解》云《左传》作"龙"。又《史记·晋世家》云:"齐伐鲁,取隆。"《索隐》引:"刘氏曰:'隆即龙也。'"孔安国《尚书序》有"汉室龙兴",《后汉书·来歙传》又云:"陛下圣德隆兴。"例证甚多,不烦赘举。据此推测,古人最早对鳄鱼或不称鳄,而以其鸣叫声称作"龙",以后龙被崇拜,被神化,在形象上被加工美化,遂与现实中的鳄的形象逐渐隔开,特别是进入龙山文化时期,根据科学工作者的测定,中原地区的气候变得干凉,因此喜暖的鳄鱼逐渐消失而迁徙到长江流域,这里的人们再也看不到鳄,看到的是仍然生存在这一地区的另一凶猛水族动物蟒蛇,于是就用蟒蛇的形象以取代鳄,现已出土的大约属于龙山文化这一时期的襄汾陶寺盘龙、红山文化玉龙、含山大汶口墓地出土的龙,都是一种卷曲的蛇身的形象,都应是取材于当时现实生活中蟒蛇的原型,这是龙的形象发展史上的重大变化,这种变化的结果就形成孙机先生所称作的"原龙",殷墟卜辞中的龙字即所谓"真龙",就是渊源于这种原龙的造型,它与仰韶文化时期"前龙"的形象有所不同。

西水坡 M45 出土的龙、虎形象位于墓主人的左右两侧,龙是水族中最凶猛的动物,被誉为水中之王,虎是山林中最凶猛的动物,被誉为山林之王,古代濮阳地区河流纵横,岗丘林立,原始人在这里开天辟地改造大自然的斗争中,必然更多地与龙、虎相接触,在长期的接触中,有一个始则畏惧,继而斗争、征服,最后使之成为自己保护神的过程。M45 墓主人左右随葬有龙、虎图案,反映着当时这里的人们以龙、虎作为自己保护神的同时,另一方面也可能反映着以往曾经降龙伏虎征服大自然的英雄气概。M45 墓主人既随葬有龙、虎,表明他就是当时这里人们的代表,生前肯定具有显赫的社会地位,正如有些学者所认为的:墓主人左龙右虎,身份非凡,当为部落联盟首领,同时也具有巫师的职能,是神的代表,①这个判断是可信的,在古希腊罗马和南美洲印第安人那里,氏族部落首领往往都兼任着巫师的职能。但是,男性首领的产生,只能具体表明他个人富有才干,德高望重,从而受到众人真诚的拥护被选举出来,并不一定是父子相传的结果,这与父系氏族制度没有必然的联系。男性氏族部落首领早在母系氏族时代即已出现,摩尔根在《古代社会》一书中说,"在世系由女性下传的地方,如在易落魁人中,通常是选出已故酋长的一位亲兄弟来继承其职位",例如"一位特拉华部的妇女告诉作者,她和她的子女都属于狼氏族,而她的丈夫则属于龟氏族;然后她又说:龟氏族的大酋长死后,由他的外甥约翰·康内尔袭位,他是已故首领的姊妹的儿子,他也是属于龟氏族的。这位死去的首领留下一个儿子,但他的儿子属于另一个氏族,所以不能袭位。特拉华人也和易落魁人一样,职位由兄弟传给兄弟,或由舅父传给外甥,因为世系是由女性下传的"。② 在我国古代,也曾存在过"选贤与能"的民主选举制度。西水坡 M45 墓主人大概也是这样,他虽然有龙、虎陪伴,但是除此以外再没有任何具有财富价值的随葬品,也未有人殉现象,就是说既显示不出富有,也显示不出权势,与后世的王公贵族有着本质的区别。由此可见,这位墓主人生前即使是一位首领,也未必是父子世袭或通过暴力篡夺的结果,而很可能是受着众人真诚爱戴民主选举出

---

① 孙德萱、李忠义:《濮阳西水坡蚌壳龙虎图案研究述评》,《河南文物考古论集》,河南人民出版社,1996 年,第 17~23 页。

② 摩尔根:《古代社会》,商务印书馆,1971 年,第 168 页。

来的。

根据考古调查和文献记载，濮阳地区很早就有人类在这里劳动生息，社会经济发达，氏族部落林立，其中最著名的就是颛顼氏族。根据民族志的资料推测，颛顼既为氏族首领的名字，也是氏族的族名，族名和该族首领的名字往往是统一的，只要颛顼族存在，它的许多世代首领也都可称为颛顼。颛顼族是一个很古老的氏族，《大戴礼记·五帝德》记载曰："颛顼，黄帝之孙。"《左传·昭公十七年》："卫，颛顼之墟也，故为帝丘。"杜预注："卫，今濮阳县。"该族是黄帝族一个分支，曾经长期生活于现今濮阳地区，因而在这里留下了许多生动的神话传说。值得注意的是有些文献记载颛顼的传说恰与龙虎有着密切的关系，《大戴礼记·五帝德》云：颛顼"乘龙而至四海"。《拾遗记》云："帝颛顼有曳影之剑……常于匣中如龙虎之吟。"龙虎相配是我国重要的历史传说之一，这种传说与颛顼相联系，颛顼是生活于濮阳地区的古老氏族，随着西水坡 M45 龙虎图案的发现，我国龙虎相配的古老传说，有可能渊源于现今的濮阳地区。总之，濮阳地区曾是我国古代社会经济文化相当繁荣发达的一个地区，正是在这种社会背景下，这里曾经涌现出许多著名的历史人物，作为氏族部落首领的颛顼应当就是最早

濮阳西水坡遗址出土的蚌砌龙虎图案

的一位，也是最有名望的一位，文献记载他对当时社会所进行的重大改革（见《大戴礼记》《史记·五帝本纪》等），推动了我国古代社会的进一步发展，他的伟大的改革精神，是我国古代传统文化中的宝贵精神财富，必将激励后人在新的前进道路上创造出更为辉煌的业绩。

（原载《2000 濮阳龙文化与现代文明学术讨论会论文集》，中国经济文化出版社 2003 年出版）

河南龙山文化分析

探讨夏文化是当前史学界的一个重要课题,在围绕着这个问题的讨论中,有不少同志认为:河南龙山文化或者它的晚期阶段应是夏代初期文化,这种意见引起了很多人的巨大兴趣。但是关于河南龙山文化本身,还有许多问题意见并不一致,尚在讨论之中。为了探索夏代文化,这里仅就河南龙山文化的分期和类型以及该文化的族属问题,作一粗浅的分析,谬误之处,请同志们批评指正。

一、关于河南龙山文化的分期和类型

河南龙山文化原称"后冈二期文化",1931 年春,它以首次发现于河南安阳后冈遗址二层而得名。① 这个文化以前比较普遍地发现于豫北地区,因此有的同志根据这种地域特点,将其称为龙山文化的"豫北区",也有的同志认为它应属于龙山文化的晚期类型,从而又称它为龙山文化的"辛村期"。解放后,伴随着大规模的社会主义建设工程,通过历年来的调查和发掘,"后冈二期文化"的遗存现已发现有将近 200 处。1956 年安志敏同志根据这些新的资料的积累,始将这个文化定名为"河南龙山文化"②;同时安先生考虑到这个文化本身也存在着一定程度的地区差异,因之又将其区分为豫北、豫东和豫西三个不同的地区类型,"河南龙山文化"这一命名遂由此而产生。但是,迄今为止仍然有些同志对于这一命名提出异议。我们认为这个文化上接仰韶文化,下发展为二里头文

---

① 梁思永:《小屯龙山与仰韶》,科学出版社,1959 年,第 91 页。
② 安志敏:《中国新石器时代的物质文化》,《文物参考资料》1956 年第 8 期。

化,具有明确的时代界限;这个文化的分布,根据现有资料,东自豫东,西到豫西,南达淮河、汉水流域,北至河北和山西南部,但其分布范围是以河南地区为中心这是明确无误的。另外,这个文化和山东龙山文化相比,以陶器而论,如夹砂和泥质的灰陶占较大比重,拍印纹饰的发达,平底器较多,以及有着自己的一套陶器群:罐、斝、甗、鬲、瓮、碗、鼎、折腹盆等,而这都是后者所没有或少见的;它和陕西龙山文化相比,如陶器以轮制为主,较多的磨光黑陶的出现,拍印纹饰中篮纹、方格纹的发达以及陶器的形制也和后者有着明显的不同等,所有这些都表明这个文化具有自己的特点,应是一种独立的文化遗存。这种在我国历史上一定阶段内,形成于以今河南地区为中心的独立文化遗存,应该定名为什么文化呢?我们认为还是定名为"河南龙山文化"比较名实相符且恰切可用。

和一切客观事物一样,河南龙山文化也有一个发生、发展和衰亡的历史过程,在这个过程中它本身也发生不小的分化和演变。根据这个客观的发展和变化,我们这里把河南龙山文化分为早、中、晚三个发展阶段,并且认为自中期阶段开始,河南龙山文化向西可能发展为陕西龙山文化,而在洛阳以东的河南地区则演变为豫南和豫北两大地区类型。

(一)早期阶段

早期阶段又称庙底沟二期或称作仰韶向龙山的过渡文化。属于这个阶段的文化遗存,现已发掘的计有河南陕县庙底沟二期①、渑池仰韶村和不召寨②、洛阳王湾二期(上层)③、洛阳孙旗屯④、孟津小潘沟⑤、偃师高崖西台地⑥、临汝

---

① 中国科学院考古研究所:《庙底沟与三里桥》,科学出版社,1959年,第112~115页。
② 安特生:《河南的史前遗址》,瑞典《远东博物馆馆刊》1947年第19期。
③ 北京大学考古实习队:《洛阳王湾遗址发掘简报》,《考古》1961年第4期。
④ 河南省文物工作队第二队孙旗屯清理小组:《洛阳涧西孙旗屯古遗址》,《文物参考资料》1955年第9期。
⑤ 洛阳博物馆:《孟津小潘沟遗址试掘简报》,《考古》1978年第4期。
⑥ 北京大学历史系洛阳考古实习队:《河南偃师伊河南岸考古调查试掘报告》,《考古》1964年第11期。

大张一层①、郑州林山寨②、泌阳三所楼下层③、淅川下王岗晚一期④、信阳三里店下层⑤和阳山灰沟层⑥、河北永年台口一期⑦、山西平陆盘南村⑧、山西万荣荆村⑨、陕西华县柳子镇南台地第一层⑩、陕西华阴横阵村⑪等遗址。该期文化大都叠压在仰韶文化层次之上，从而确凿地证明它晚于仰韶文化，现列下表以示说明：

表一 河南早期龙山文化与仰韶文化地层关系表

文化遗存 层次关系 \ 遗址	陕县庙底沟	洛阳王湾	洛阳孙旗屯	孟津小潘沟	偃师高崖	临汝大张	郑州林山寨	泌阳三所楼	淅川下王岗	信阳三里店	信阳阳山	永年台口	平陆盘南村	华县柳子镇	华阴横阵村
上	龙山早期	龙山早期	龙山早期	龙山早期	龙山早期	龙山早期	龙山早期	龙山早期	龙山早期	龙山早期	龙山早期	龙山早期	龙山早期	龙山早期	龙山早期
下	仰韶层	仰韶层	仰韶层	仰韶层	仰韶层	仰韶层	仰韶层	仰韶层	仰韶层	仰韶层	仰韶层	仰韶层	仰韶层	仰韶层	仰韶层

这个阶段的文化特点主要表现在：生产工具方面除继续沿用仰韶时期的磨制石器斧、锛、刀、凿和两侧带缺口的石刀外，新出现了木耒、有肩石铲等掘土工具和石铲、蚌铲、蚌刀、半月形穿孔石刀等收割工具，这些新型生产工具的产生，

---

① 河南省文化局文物工作队：《河南临汝大张新石器时代遗址发掘简报》，《考古》1960年第6期。
② 河南省文化局文物工作队第一队：《郑州西郊仰韶文化遗址发掘简报》，《考古通讯》1958年第2期。
③ 河南省文化局文物工作队：《河南泌阳板桥新石器时代遗址的调查和试掘》，《考古》1965年第9期。
④ 河南省博物馆、长江流域规划办公室、文物考古队河南分队：《河南淅川下王岗遗址的试掘》，《文物》1972年第10期。
⑤ 河南省文化局文物工作队：《河南信阳三里店遗址发掘报告》，《考古学报》1959年第1期。
⑥ 河南省文物工作队信阳发掘小组：《河南信阳市阳山新石器时代遗址试掘记》，《文物参考资料》1955年第8期。
⑦ 河北省文化局文物工作队：《河北永年县台口村遗址发掘简报》，《考古》1962年第12期。
⑧ 黄河水库考古工作队河南分队：《山西平陆新石器时代遗址复查试掘简报》，《考古》1960年第8期。
⑨ 中国科学院考古研究所：《庙底沟与三里桥》，科学出版社，1959年，第112页。
⑩ 黄河水库考古队华县队：《陕西华县柳子镇第二次发掘的主要收获》，《考古》1959年第11期。
⑪ 黄河水库考古工作队陕西分队：《陕西华阴横阵发掘简报》，《考古》1960年第9期。

表明该时期的社会生产力比仰韶时期有了进一步的发展。在建筑遗存中普遍发现袋形灰坑和白灰面的遗迹,这除了表现出当时人们居住条件有所改善,作为储藏用的小型袋形灰坑的增加,也说明这个时期人们的劳动产品有了一定程度的剩余。陶器的变化比较突出,仰韶时期的红陶、彩陶普遍消失,灰陶、黑陶大量增加,其中以夹砂灰陶居多数,陶器表面所饰篮纹、绳纹和方格纹等拍印纹饰逐渐代替了彩陶纹饰,其中以篮纹为主体。在少量的彩陶中,其纹饰由繁缛而蜕化成仅在口沿下施一周网状方格纹或S、X等纹饰。陶器群形成了鼎、斝、罐、碗、豆、杯、盆等新的器物组合,其中折腹盆、单耳杯和斝则是这个时期的新产品;另外鸭嘴形、凿形足鼎和浅盘而折腹的圈足镂孔豆也是这个时期的标本器型,特别是类似黑薄而光亮的蛋壳陶的出现,标志着这个时期的制陶技术正步入一个新的阶段。但是陶器基本上还是采用手制,仅在某些陶器的口沿部分使用了慢轮加工;一些盆、罐和尖底瓶仍然沿袭着仰韶时期形制,而且继续沿用着少量的仰韶文化类型的彩陶。这些特点明显表现出早期河南龙山文化刚从仰韶文化脱胎而来,因而不可避免地带有许多仰韶文化的痕迹。

在早期阶段的河南龙山文化中,除具有上述共同特点之外,应当承认也表现着某种程度的地区差异。如分布于洛阳以西的该期文化遗存里,发现有使用木耒的痕迹,而未见出土有肩石铲,其他形式的石铲也很少发现,所出陶器以夹砂灰陶的罐、鼎、斝为主要炊具。而分布于洛阳以东的该期文化遗存中,则出土有肩石铲,而从未发现有木耒的痕迹;在陶器群中也从未见有夹砂粗灰质的陶斝的出土。这种文化特点上的地区差别所反映的社会意义如何,限于资料的缺乏,目前我们尚无从知晓,但是至少可以说,它将为我们探讨古代中原地区氏族部落的分布情况,提供一些值得注意的线索。还可值得注意的,就是早期河南龙山文化除表现有地区差别外,在文化内涵中还包含有其他文化的因素。如淅川下王岗晚一期叠压在中期文化即屈家岭文化层次之上,该期所出"方格纹深腹罐、条纹甑、鬶和圈足器就反映了向龙山文化过渡的特点",而从所出"高扁足罐形鼎、深腹罐、喇叭口形器、矮足豆和敞口小罐等陶器的形制特征来看,它和下王岗中期文化仍然有一定的联系"。[①] 其他在信阳阳山灰沟文化层也出有宽

---

① 河南省博物馆、长江流域规划办公室文物考古队河南分队:《河南淅川下王岗遗址的试掘》,《文物》1972年第10期。

扁足鼎,所出圈足碗与屈家岭晚二期的三式碗形制完全相同,而所出高足壶和大汶口Ⅳ式高足杯非常相近。另外,在临汝大张一层所出陶豆和大汶口文化Ⅰ式圈足尊形制并没有什么区别;在永年台口一期所出陶尊也和大汶口Ⅳ式折腹罐形制极其近似(图一)。上述这些材料说明:形成河南早期龙山文化的来源并不那么单纯,而是含有多种文化因素。具体地说,河南龙山文化应是在继承仰韶文化的同时,又和周围的屈家岭文化和大汶口文化彼此影响,从而在所有这些文化营养哺育之下而形成起来的新型文化遗存。

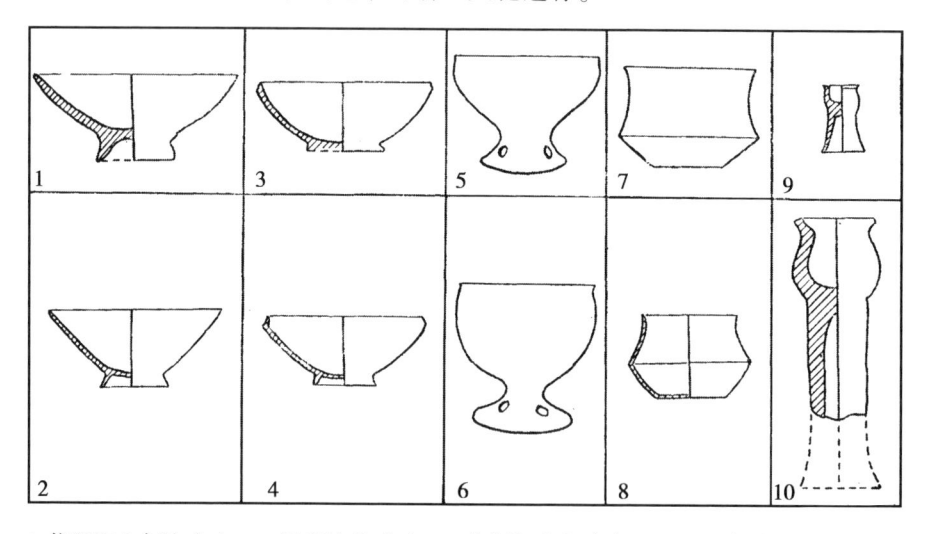

1. 信阳阳山灰沟出土　2. 屈家岭Ⅰ式碗　3. 信阳阳山灰沟出土　4. 屈家岭Ⅲ式碗
5. 临汝大张一层陶豆　6. 大汶口Ⅳ式圈足尊　7. 台口一期陶尊　8. 大汶口Ⅳ式折腹罐
9. 大汶口Ⅳ式高柄杯　10. 信阳阳山灰沟高柄壶

图一

(二)中期阶段

中期阶段又称典型的河南龙山文化,或称后冈二期和王湾三期文化,它是河南龙山文化的繁荣阶段,所谓"河南龙山文化"一词的概念,就是指这个阶段的文化内涵而言。该期文化以往被称作晚期阶段,现在根据新的考古资料,我们把它定为河南龙山文化的中期阶段。这个阶段的文化分布相当广泛,其文化面貌也比较复杂,根据其基本特征,我们认为大致上以黄河为界,可以把它区分为豫南和豫北两大地区类型。

豫南类型包括黄河以南西起洛阳,东至永城,南到信阳、南阳地区。其代表性的文化遗存计有郑州二里岗龙山层①、旭旮王二层②、洛阳矬李二期、洛阳王湾三期③、孟津小潘沟龙山层④、泌阳三所楼上层⑤、信阳阳山上层(灰层)⑥、浙川下王岗晚二期⑦、永城王油坊下层⑧等遗存。这个类型的文化特点,主要表现在生产工具与早期相比"不论在数量、器形和制作技术方面,都有一个飞跃的进步"⑨,在陶器方面所表现的进步性更为明显。陶器制作普遍采用了轮制技术,从而生产出来的陶器胎薄而均匀,整齐而规矩,给人以精致的感觉;由于烧陶技术的提高,陶器的陶质坚硬,陶色纯净,灰色和黑色占绝对多数,另有少量的白陶和棕色陶,蛋壳黑陶也较以前增多。陶器纹饰以拍印篮纹为主,其次是绳纹,方格纹较少;篮纹窄而深,绳纹硬而直,方格纹小而方整,各种纹饰多清晰而有条理。陶器群以罐、斝、甑、碗、瓿、瓮、豆、折腹盆为主体,另外新出现了小口高领瓮、单耳罐以及鬶、盉等。陶罐多敞口、折沿、鼓腹小平底,陶斝多敞口、腹内折、平底附三个垂直袋足;折腹盆的转折处由早期在腹的上部移至腹的下部;鼎的发现很少。另外,除在豫南类型的边缘地区如王湾、小潘沟等遗址可能受外来影响出有少量陶鬲,其他遗址均未发现,不出陶鬲应是豫南类型河南龙山文化的一大特点。

黄河以北的河南中期龙山文化,我们称之为豫北类型。这个类型的文化遗

---

① 安志敏:《一九五二年秋季郑州二里冈发掘记》,《考古学报》1954年第2期。
② 河南省文化局文物工作队第一队:《郑州旭旮王村遗址发掘报告》,《考古学报》1958年第3期。
③ 北京大学考古实习队:《洛阳王湾遗址发掘简报》,《考古》1961年第4期。
④ 洛阳博物馆:《孟津小潘沟遗址试掘简报》,《考古》1978年第4期。
⑤ 河南省文化局文物工作队:《河南泌阳板桥新石器时代遗址的调查和试掘》,《考古》1965年第9期。
⑥ 河南省文物工作队信阳发掘小组:《河南信阳市阳山新石器时代遗址试掘记》,《文物参考资料》1955年第8期。
⑦ 河南省博物馆、长江流域规划办公室、文物考古队河南分队:《河南淅川下王岗遗址的试掘》,《文物》1972年第10期。
⑧ 商丘地区文物管理委员会、中国社会科学院考古研究所洛阳工作队:《1977年河南永城王油坊遗址发掘概况》,《考古》1978年第1期。
⑨ 北京大学考古实习队:《洛阳王湾遗址发掘简报》,《考古》1961年第4期。

存,可以安阳后冈二期①、安阳大寒南岗②、浚县大赉店③、邯郸涧沟早期④、永年台口二期⑤、磁县下潘汪⑥等遗存为代表。这个类型的文化特点与豫南类型相比大同小异,其相异之点主要表现在生产工具中较多地发现骨器、蚌器和细石器,而这在豫南类型中则少见或不见。陶器纹饰以绳纹为主,与豫南类型中以篮纹为主者不同。陶器群以罐、鬲、斝、碗、瓮、盆为主体;鼎的发现不多,但出有鬼脸式鼎足,这显然是受了山东龙山文化的影响;盆类器中普遍地出现大口平底盆,而豫南类型则较多地出现折腹盆。鬲的出现是豫北类型的一个显著特点,这与豫南类型相比也是一个鲜明的对照。

这个时期的文化不论豫南类型或豫北类型,都普遍叠压在早期文化层次之上(表二),两期文化内涵之间有着明显的继承关系。然而如上所述,这期的生产工具和作为生活用具的陶器群,与早期相比要进步得多,它说明河南龙山文化在经历过早期阶段之后,进入这个时期,已经达到一个繁荣发达的阶段。

表二　河南中期和早期龙山文化地层关系表

层次关系＼遗址＼文化遗存	郑州二里岗	郑州旭旮王	偃师高崖	洛阳矬李	洛阳王湾	孟津小潘沟	泌阳三所楼	信阳阳山	淅川下王岗	安阳后冈	安阳大寒南岗	浚县大赉店	邯郸涧沟	永年台口	磁县下潘汪
龙山中期	第四层	第二层	第三期	第二期	第三期	龙山中期	上层	上层	晚二期	二期	三、四层	龙山中期	早期	二期	第三层
龙山早期	××	××	第二期	××	第二期(上层)	龙山早期	下层	下层	晚一层	××	××	××	××	一期	××

---

① 梁思永:《小屯龙山与仰韶》,《梁思永考古论文集》,科学出版社,1959年,第91页。
② 中国科学院考古研究所安阳发掘队:《安阳洹河流域几个遗址的试掘》,《考古》1965年第7期。
③ 刘耀:《河南浚县大赉店史前遗址》,《田野考古报告》第一册,商务印书馆,1936年。
④ 北京大学、河北省文化局邯郸考古发掘队:《1957年邯郸发掘简报》,《考古》1959年第10期。
⑤ 河北省文化局文物工作队:《河北永年县台口村遗址发掘简报》,《考古》1962年第12期。
⑥ 河北省文物管理处:《磁县下潘汪遗址发掘报告》,《考古学报》1975年第1期。

另外,在河南洛阳以西还分布着一种三里桥类型的文化。属于这个类型的文化遗存,可以陕县三里桥和七里铺①、灵宝城东寨②、渑池不召寨和仰韶村③、洛宁禄地④等遗址为代表。其文化特点主要表现在陶器以泥条盘筑法的手制为主,轮制陶器约占全部陶器的1/5。陶质多夹砂和泥质灰陶,由于手制和夹砂灰陶较多,整个陶器群的作风比豫南和豫北类型都显得粗糙。陶器纹饰以绳纹为主,篮纹次之,方格纹较少;陶器中所出夹砂灰陶质粗绳纹的高腰鬲和高腰斝,都为豫南和豫北类型所不见,所出双耳或单耳的罐与杯也多于后者,但是从未发现陶鼎。三里桥类型文化显而易见是从庙底沟二期文化发展而来,因此不少同志把它称作河南龙山文化的一个豫西类型。然而这个意见很值得讨论。三里桥类型龙山文化和豫南、豫北类型的河南龙山文化相比,其陶器群的制法、造型和作风都大不相同,与此相反,却和陕西客省庄二期文化⑤非常接近。如客省庄二期陶器也是多用泥条盘筑法制成,所出较多的带耳罐和杯也和三里桥类型相同,又所出夹砂灰陶斝应是从三里桥类型的陶斝(A5H112:01)发展而来,而带耳高腰鬲,也是对三里桥所出带鋬陶鬲(A4bH244:31)的直接继承。由此可见,三里桥类型与客省庄二期文化和河南中期龙山文化关系的亲疏如此鲜明,我们认为把三里桥类型列入陕西龙山文化系统更为恰当。具体地说,我们认为所谓陕西龙山文化应是从河南庙底沟二期文化发展而来,中间经过三里桥类型阶段,最后发展为客省庄二期文化,从而在今洛阳以西、陕西地区和山西南部形成一个独立的文化系统。当然三里桥类型和河南中期龙山文化并不是互相隔绝、毫不相干的,如三里桥所出折腹盆、单耳罐和郑州旭旮王所出称作"陶钵"和"单耳罐"的器型基本相同,三里桥所出的单耳鬲又和安阳后冈所出单耳鬲形制相近,这说明它们三者之间,由于出自同一文化渊源,处于同一历史时期,而且位于相邻近的地区,因而很自然地存在着互相影响、彼此交流的密切关系。

---

① 黄河水库考古队河南分队:《河南陕县七里铺第一、二区发掘概要》,《考古》1959年第4期。
② 黄河水库考古工作队河南分队:《河南灵宝两处新石器时代遗址复查和试掘》,《考古》1960年第7期。
③ 安特生:《河南的史前遗址》,瑞典《远东博物馆馆刊》1947年第19期。
④ 中国科学院考古研究所洛阳发掘队:《1959年豫西六县调查简报》,《考古》1961年第1期。
⑤ 中国科学院考古研究所:《沣西发掘报告》,文物出版社,1963年,第43~69页。

(三)晚期阶段

河南晚期龙山文化的遗存,目前发掘的还不多。属于豫南类型的,可以临汝煤山一期①、洛阳矬李三期、郑州牛砦②、永城王油坊上层、上蔡田庄③、禹县阎寨和寺岗④等地为代表。矬李三期叠压在属于典型的河南龙山文化的二期之上,从而证明它是晚于二期的一个新的文化层次。这个阶段的文化特点主要表现在陶器方面:陶质仍以泥质和夹砂灰陶为主,但某些陶质较前松软,泥质和蛋壳黑陶显著减少,棕色或橙黄色陶较前增加,如牛砦遗存"一般陶器质料松软,陶器颜色以棕色和橙色为主,灰色和黑色较少",煤山一期也是"磨光黑陶已经不多,蛋壳陶也比较少见"。陶器仍以轮制为主,器表纹饰方格纹显著增加,如王油坊上层"纹饰以方格纹为主",牛砦遗存也是方格纹居多,矬李三期则方格纹和篮纹居于同等数量。这时的篮纹变得宽而浅,方格纹部分变得大而粗糙,甚至出现篮纹、方格纹同施于一件器物上的现象。陶器群仍沿用着中期的器型,但鼎的数量显著加多,鼎多为罐形,敛口宽折沿,鼓腹圜底,最大腹径一般近于底部,器表多饰方格纹或篮纹,鼎足多呈柱状、乳头状或扁三角形状,柱状或乳头状足的圜底方格纹罐形鼎,是这个时期的标本器型。值得注意的是这类鼎在陕西客省庄二期遗存也有发现(《沣西发掘报告》图版贰玖·3,图三七·6),这表明二者应属同一个时期。陶罐仍为这个时期的主要炊具,其形制已由中期的敛口、折沿、鼓腹、小平底向敞口、平沿、收腹、圜底演变。陶碗也由中期的斜壁、小平底向胖腹、平底演变。另外"并出现敛口折腹盆、深腹罐、圆腹罐等新的器型"。这些演变和新的器型开启了二里头文化的先河,为后来的二里头一期文化所继承。

属于豫北类型的河南晚期龙山文化遗存,当以邯郸涧沟晚期和安阳后冈H2⑤为代表,其文化特点与豫南类型的变化大致相同。以安阳后冈H2为例:

---

① 洛阳博物馆:《河南临汝煤山遗址调查与试掘》,《考古》1975年第5期。
② 河南省文化局文物工作队:《郑州牛砦龙山文化遗址发掘报告》,《考古学报》1958年第4期。
③ 河南省文化局文物工作队第一队:《河南上蔡出土的一批铜器》,《文物参考资料》1957年第11期。
④ 中国社会科学院考古研究所洛阳工作队:《1975年豫西考古调查》,《考古》1978年第1期。
⑤ 中国科学院考古研究所安阳工作队:《1972年春安阳后冈发掘简报》,《考古》1972年第5期。

"大多数陶器的颜色是均匀的,但也有一部分不纯,如有的口灰腹红或红灰相间","一部分敛口深腹的夹砂罐,底部微内凹",由平底开始向圜底演变;纹饰仍以绳纹为主,但方格纹明显增加而多于篮纹。在邯郸涧沟晚期遗存中,也是压印方格纹增多,篮纹相对减少,极少磨光黑陶,后冈H2也是磨光黑陶很少。这个类型所出陶罐也是多敞口、收腹,陶鼎则多鼓腹、圜底,下附扁三角足或乳头状足、身饰绳纹或方格纹,中期所出鬼脸式鼎足这时似已绝迹。

当然,由于这个阶段的文化遗存目前发现尚少,我们还不能对其文化特点作进一步的分析,即使现有的分析也可能有谬误之处,今后需要不断地补充和纠正。但是这个阶段的存在应是肯定无疑的。近年来在洛阳和登封的考古发掘就充分证明了这一点。不过从上述材料中,我们已可看出这个阶段的文化面貌和中期相比确有明显不同。以陶器而论,如陶质较为松软,没有中期那样坚硬;陶色驳杂,没有中期那样纯净;纹饰散乱,没有中期那样规整;形制变化颇大而且产生出一批新的器型等。这些新的变化显然给人一种衰退的印象,而另一方面又表明一种新的文化因素正在孕育形成,所有这些都标志着河南龙山文化进入这个阶段,已经走完了自己的历史行程,它正在逐渐地被新的更为先进的二里头文化所代替,作为二里头文化的直接先驱而完成了其历史使命。

二、河南龙山文化族属问题的探讨

以上我们主要根据陶器群的分析,简略地论述了河南龙山文化早、中、晚三个阶段,这三个阶段体现了这种文化产生、发展和衰亡的历史过程。在这个过程中,它演变为陕西龙山文化和河南龙山文化豫南、豫北两个地区类型,从而形成三个不同的古代物质文化共同体。众所周知,任何一个物质文化共同体都是一定社会共同体的人们所创造,因而任何一个古代物质文化共同体的存在,都必然以古代某一部落或部族的存在为前提。那么上述三个不同类型的古代文化遗存,应属于我国古代哪个部族的文化呢?结合古代文献提供的线索,我们认为:陕西龙山文化应属于先周部族的文化(论述从略),豫北类型的河南龙山文化应属于先商部族文化,而豫南类型的河南龙山文化则应属于我国古代夏部族的文化遗存。

《史记·殷本纪》记述商王朝以前商部族的世系为"契、昭明、相土、昌若、曹圉、冥、振、微、报丁、报乙、报丙、主壬、主癸、天乙"共十四世,这个世系大多已为地下出土卜辞所证实。文献记载商人的祖先主要活动于黄河以北的华北平原地带。《史记·殷本纪》说:"殷契……封于商。"郑玄以及李泰《括地志》以为商地在"太华之阳",此论早为前人所否定,兹不赘述。《左传·襄公九年》:"陶唐氏之火正阏伯居商丘……相土因之,故商主大火。"杜预《春秋释例》云:"宋、商、商丘三名一地,梁国睢阳县也。"以为商地在今河南商丘县境。按商丘一地历来地势卑湿,并不适于古代人类居住,而且近年来多次考古调查、发掘尚未发现此地有独立类型的古代文化遗存,因此杜预此说实可怀疑。《太平御览》卷一五五《帝王世纪》引《世本》说:"相土居商丘,本颛顼之虚。"可知战国人已经认为商丘本颛顼氏之故墟。裴骃《史记·五帝本纪·集解》引皇甫谧说:颛顼"都帝丘,今东郡濮阳是也"。又引《皇览》云:"颛顼冢在东郡濮阳顿丘城门外广阳里中。"《水经·瓠子河注》又说:"河水旧东决,径濮阳城东北,故卫也。帝颛顼之墟。昔颛顼自穷桑徙此,号曰商丘,或谓之帝丘,本陶唐氏火正阏伯之所居,亦夏伯昆吾之都,殷相土又都之,故《春秋传》曰'阏伯居商丘,相土因之',是也。"由此可知契所居的商地,其后世相土也曾居此,又称商丘,或称帝丘,原为颛顼故地,其地应在今河南北部的濮阳县境。《尚书正义》引《世本》云:"昭明居砥石。"《荀子·成相篇》也说:"契玄王,生昭明,居于砥石,迁于商。"砥,丁山《由三代都邑论其民族文化》一文释为"泜",古代泜水今名槐河,在今河北省南部元氏、高邑县境。《史记》所载殷之先祖王振,《世本》又称作王亥,《楚辞·天问》云:"该(亥)秉季德,厥父是臧,胡终弊于有扈,牧夫牛羊?"《山海经·大荒东经》云:"王亥托于有易,河伯仆牛。"郭璞注引《竹书纪年》又说:"殷王子亥,宾于有易而淫焉,有易之君绵臣杀而放之。是故殷主甲微假师于河伯,以伐有易,灭之,遂杀其君绵臣也。"《楚辞》所说有扈氏所在,《左传·庄公二十三年》:"十有二月甲寅,公会齐侯盟于扈。"杜预注:"扈,郑地,在荥阳卷县西北。"《水经·河水注》:"河水又东北,径卷之扈亭北。"杨守敬疏:扈亭"在今原武县西北"。清代原武县即今河南省原阳县原武镇,古扈氏当位于今原武镇西北一带。殷人的先祖微,《史记·殷本纪·索隐》引皇甫谧云"微字上甲",史称"上甲微"。《路史·国名纪丙》记上甲微居于邺,即今河南省北部安阳地区。最后是商王朝的创立者天乙即成汤迁居于亳,亳地所在,历来众说纷纭,迄无定论,近来邹衡同志认为汤的亳都就是现在所发现的郑州商城①,其说甚确,今从邹说。

由上所述,商部族自其始祖契以来就一直活动于今河南北部和河北南部地区,直至天乙成汤时期,为着灭夏的需要,始将活动中心迁至今黄河南岸郑州地区;而在夏朝灭亡、商王朝政权巩固起来之后,还是把政治中心辗转迁回祖居故土黄河以北,最后定居于安阳殷墟,"二百七十三年更不徙都"。由此可见,商部族不仅起源于此地,而且这里也是他们的活动中心;商部族在这里进入阶级社会以后,能够创造出高度发达的殷商青铜文化,在进入阶级社会以前他们的文化决不会是一片空白。那么处于原始社会末期的商部族创造了什么文化呢?我们认为应该就是在仰韶文化基础上发展起来的豫北类型的河南龙山文化。

关于夏部族的主要活动地域,文献记载比较明确。《国语·周语上》:"昔夏之兴也,融降于崇山。"韦昭注:"崇,崇高山也,夏居阳城,崇高所近。"《太平御览》卷三九"嵩山"条又引韦昭注:"崇、嵩字古通用,夏都阳城,嵩山在焉。"可知崇山就是嵩山,位于今河南西部密县、登封、伊川县境,地处伊、洛、颍、汝河谷平原之间,主峰屹立在登封县北,古称太室,又称中岳,我国古代夏部族就起源于这里。不仅如此,夏部族还在这里居住了相当长的时间,夏部族的著名部落酋长鲧和禹,史书又称作"崇伯鲧"和"崇禹",说明在进入阶级社会的前夕,夏部族仍然聚居于此地。直至西周初,人们还清楚记得"自洛汭延于伊汭,居易毋固,其有夏之居",认为伊洛平原曾是古代夏人的居留地。由于夏部族久居此地,因而在嵩山周围留下不少有关夏部族的神话传说遗迹。《穆天子传》:"丙辰,天子南游于黄□室之丘,以观夏后启之所居,乃□于启室。"郭璞注云:"疑此言太室之丘嵩高山,启母在此化为石,而子启亦登仙,故其上有启室也。"丁山先生据《文选》改定"黄□室之丘"为"黄□台之丘",以为位于"洧、黄之间,即夏后启故居",其地在密县东北,嵩山以东附近。《汉书·武帝纪》:"元封元年……至于中岳……见夏后启母石。"颜师古注引《淮南子》云:涂山氏化为石,石破生启。所谓"启母石",至今犹存,汉代所建"启母阙",也在此处。以上这些神话传说我们当然不能当作信史,但是它的产生应有一定的历史事实作为根据,这些神话传说,应是居住于嵩山周围的夏部族,处于无文字的历史时期,口头相传的关于自己祖先的活动事迹的一部分。

---

① 邹衡:《郑州商城即汤都亳说》,《文物》1978年第2期。

进入阶级社会以后的夏部族,仍以此地作为自己的政治中心。自战国以来史书多言"禹都阳城",阳城所在虽然历来众说不一,但以记为在嵩山南今登封告成镇者居多。《孟子·万章上》:"禹避舜之子于阳城。"赵岐注:"阳城在嵩山下。"《太平御览》卷三九"嵩山"条下引韦昭注:"夏都阳城,嵩山在焉。"《水经·颍水注》:颍水东合五渡水,经阳城县故城南,"昔舜禅禹,禹避商均,伯益避启,并于此也。亦周公以土圭测日景处……县南对箕山"。这里所说阳城地望和现今告成镇地理环境完全一致。特别是1977年在告成镇东北古代阳城遗址内所发现的"阳城仓器"战国陶文,进一步证明战国人所说的阳城禹都,确应指为今告成镇的阳城。《汉书·地理志·颍川郡》阳翟县下班固自注云"夏禹国",阳翟即今河南禹县,北距嵩山百里左右,距告成镇不过数十里。司马贞《史记·夏本纪·正义》引《汲冢古文》云:"太康居斟寻,羿亦居之,桀又居之。"又引《括地志》曰:"故鄩城在洛州巩县西南五十八里。"地处伊洛河滨,又近嵩山北麓。

综上所述,我们认为古代夏部族最早起源于今嵩山周围,长期活动于伊、洛、颍、汝河谷平原之间,以后以此为中心,逐步向外扩大其范围,直至夏王朝的灭亡,始终没有离开这个地方。而这个地区通过历年来的调查和发掘,正是豫南类型的河南龙山文化分布最为密集的地区。近年来在洛阳、偃师、巩县、登封、禹县、临汝、伊川,总之在嵩山周围地区发现了大量这个类型的文化遗存,决不是偶然的巧合,而应是豫南类型的河南龙山文化属于夏部族文化在地域上的一个坚实证据。

关于夏部族文化的年代,我们认为所谓夏部族文化即指进入阶级社会以前的夏部族所创造的物质文化,因而它的相对年代当然应在夏王朝文化之前,其绝对年代,参考文献提供的线索当在公元前24—前22世纪之间。现在我们所发现的豫南类型的河南龙山文化,普遍叠压在二里头文化层次之下。当前在探索夏文化的工作中,意见比较一致地认为至少二里头早期应属于夏文化(或称夏代即夏王朝文化),如果此说可靠,则豫南类型的河南龙山文化当属夏部族文化无疑。至于这个类型文化的绝对年代,以洛阳王湾三期为例,参考^{14}C的年代测定,经过树轮校正之后,其绝对年代为公元前2390±145年,[①]这个年代恰在文献记载的夏部族活动的历史时期以内,因此,不论从相对年代或绝对年代来

---

① 夏鼐:《碳-14测定年代和中国史前考古学》,《考古》1977年第4期。

看,豫南类型的河南龙山文化都当属于夏部族所创造的物质文化。

值得注意的是,1977年在登封告成镇西颍水和五渡河之间的王城岗上,发掘出一座古代城墙基槽遗址。① 基槽是在生土上面开挖的一条底小口大的沟槽,围绕成一个方形墙圈,每边长90余米,总长约400米。槽内筑以层层夯土,基槽以上夯土已被破坏无余,但从其规模和建筑结构看,它既不是一般房屋建筑的夯土墙基,更不是流水的槽沟,而应是一座城堡建筑的遗迹。基槽上面被二里头早期文化叠压和破坏,基槽夯土内包含有王湾三期和少量的煤山一期陶片,由此可证,这座城堡基槽其时代不会晚于二里头一期,也不会早于王湾三期,它应属于煤山一期,即豫南类型的河南晚期龙山文化遗存。这座城墙基槽的位置正处于文献记载的"禹都阳城"的附近。从时代来说,煤山一期文化经^{14}C测定,其绝对年代(树轮校正)分别为公元前2290年和公元前2005年左右,②这个年代正在文献记载的夏王朝初期年代之内。而且史书记载,城郭是夏部族的伟大发明,《世本》云:"鲧筑城以卫君,造郭以守民,此城郭之始也。"《吕氏春秋·君守》篇:"夏鲧作城。"《淮南子·原道训》也说:"昔者,夏鲧作三仞之城。"城郭的产生,在社会发展史上具有划时代的意义,它标志着原始社会即将结束,阶级社会即将出现,正如恩格斯所说:"在新的设防城市周围屹立着高峻的墙壁并非无故,它们的壕沟深陷为氏族制度的墓穴,而它们的城楼已经耸入文明时代了。"③因此,告成镇出土的这座城堡遗址,从它所处的时代、地理位置并结合文献记载来看,和进入阶级社会的夏王朝初期有着密切的关系,就是说豫南类型的河南晚期龙山文化,应属夏代初期文化,至迟也应属于过渡期的文化,而这座坡堡遗址或者就是"禹都阳城"的遗迹。

(原载《开封师范学院学报(社会科学版)》1979年第4期)

---

① 陈显泗、戴可来:《河南地区的夏文化》,《郑州大学学报(哲学社会科学版)》1978年第2期。按该文认为城墙基槽时代在河南龙山文化中、晚期之间,其说可商。基槽夯土内含有王湾三期陶片,又含有煤山一期类型陶片,以考古学的规则,当以包含的晚期遗物定其时代。据此我们以为城墙基槽当定为煤山一期为确。

② 方孝廉:《对探索夏文化的一点看法》,《中原文物》1978年第2期。

③ 恩格斯:《家庭·私有制和国家的起源》,人民出版社,1972年,第162页。

关于河南龙山文化时期的社会性质问题

河南龙山文化发现于1931年,迄今已有整整70年的历史。70年来,经过几代考古学者的努力,现已发现该文化的遗存有将近1500处,其数量相当于河南仰韶文化遗存数量的2倍和裴李岗文化遗存数量的14倍左右,这些众多的文化遗存,为我们探讨古代中原地区这个阶段的社会形态提供了丰富的实物资料。这些文化遗存有上千处分布于河旁台地之上,就是说当时大部分人仍然生活于河流近旁。但是由于人口的迅速增加和凿井技术的发明,使得部分人口必须也有可能远离河旁台地去开辟新的土地,建立新的聚落,因此现已发现的河南龙山文化遗址已经遍及现今的河南大地以及陕东、晋南和冀南地区。该文化由于分布地域广泛,因而形成不同的文化面貌,学术界据此将其大致分为五个不同的地区类型:分布于豫中地区者,称为"煤山类型"(或称为"王湾类型");分布于豫东地区者,称为"王油坊类型"(或称为"造律台类型");分布于豫南地区者,称为"杨庄类型"(或称为"下王岗类型");分布于豫西地区者,称为"三里桥类型";分布于豫北地区者,称为"后冈类型"(或称为"大寒类型")。根据地层关系和类型学的分析,河南龙山晚期文化叠压在二里头早期文化层次之下,前者的煤山类型文化内涵与后者有着密切的传承关系;参考^{14}C所测定的年代(经过树轮校正),河南龙山文化大约存在于公元前2700—前2000年之间,[1]其终止年代与二里头早期文化的年代相近,[2]与史学界推算的夏王朝的开始年代基本衔接。众所周知,夏王朝是我国历史上第一个奴隶制的国家政权,因此,河南龙山文化所处的时代,正是我国古代中原地区从原始社会向着阶级社会过渡

---

[1] 中国社会科学院考古研究所:《中国考古学中碳十四年代数据集·河南省(1965—1991)》,文物出版社,1992年。

[2] 仇士华等:《有关所谓"夏文化"的碳十四年代测定的初步报告》,《考古》1983年第10期。

的阶段,是我国古代社会发展史上的剧烈变革时代。

河南龙山文化丰富的文化内涵,充分地体现出它所处的时代特点。这个时期的多处文化遗存中出土有冶铜遗物和小件铜器,如在郑州牛砦遗址 C1T31 第三层中出土的炉壁残块,经科学化验分析,"确认这是熔化铅青铜的炉壁"①,在汝州煤山遗址二期"H28、H40 内,发现炼铜用的坩埚残片",经化验分析,"铜的近似值为 95%,属于红铜"②;在淮阳平粮台三期 H15 的灰坑底部"发现铜渣一块"③;在登封王城岗龙山文化四期发现青铜熔器残片 1 件,经化验分析,"证实是锡铜青铜铸件"④;在杞县鹿台岗龙山文化遗存中"发现一件小铜片……疑为小刀削之类的青铜器"⑤。多处冶铜遗物和小件铜器的出现,是前所未有的事情,它标志着这个时期的中原地区从此进入铜石并用的时代。

铜是人类在生产斗争中首先认识和使用的金属,铜器也是人类首先用化学方法制造出来的金属工具,它是人类在长期的生产实践中不断积累和总结经验的结果,也是社会经济特别是原始农业发展到一定阶段的产物。铜器虽然不能全部代替石器,但是铜料特别是青铜合金具有延展性、可塑性、熔点低和质地坚硬等优点,适于制作多种坚固耐用的生产工具、武器和容器等,较之石器有很大的优越性,因而它的产生,无疑是人类生产技术发展史上的一大革命,这个革命推动了生产力的进一步发展,从而也促进了当时社会生产关系的深刻变革。

冶炼和铸造铜器是一项复杂的工艺过程,它需要组织专门的人力去从事采矿和选矿,还需要组织专门的人力进行冶炼和铸造,特别是需要按比例掺入锡铅而得到合金,因此,它必须有一支技术熟练的专业队伍来从事这项专门工作。这支独立的专业队伍只有在农业发展的基础上提供较多的剩余粮食,保证其基本供应时才能建立起来;显而易见,这支独立的专业队伍在河南龙山文化时期已经形成了。这支专业队伍的形成,表明当时的社会经济已经出现了大分工,

---

① 李京华:《中原古代冶金技术研究》,中州古籍出版社,1994年,第 17 页。
② 中国社会科学院考古研究所河南二队:《河南临汝煤山遗址发掘报告》,《考古学报》1982年第 4 期。
③ 河南省文物研究所、周口地区文化局文物科:《河南淮阳平粮台龙山文化城址试掘简报》,《文物》1983 年第 3 期。
④ 河南省文物研究所等:《登封王城岗与阳城》,文物出版社,1992 年,第 99 页。
⑤ 郑州大学考古专业、开封市文物工作队、杞县文物管理所:《河南杞县鹿台岗遗址发掘简报》,《考古》1994 年第 8 期。

即农业和手工业的社会大分工,手工业首先是冶铸铜器手工业从农业中分离出来,成为独立的社会产业。社会大分工加强了各种生产门类的专业化,有利于提高技术水平。分工还必然引起交换,开始是原始的物物交换,从而促进了各类生产部门以及各个地区人们之间的联系和交流,并且加快了私有财富的积累,加剧了社会成员之间的贫富分化。在河南龙山文化许多遗存中出土有大型陶瓮,而且发现有众多的袋状窖穴,这些窖穴大多分布于住房基址的周围,有些分布于住房基址以内;它们大多修建得比较规整,有些窖穴的内壁还涂以草拌泥或石灰面,并加以烘烤。如大河村五期T9H50,呈"圆形袋状,口小底大,口径1.5、底径1.95、深1.15米。穴底平整,壁和底部抹一层厚2—2.5厘米的沙质草拌泥,经烘烤,呈棕红色,表面平整、坚硬"①。又如安阳后冈二期遗存中发现有窖穴16座,"大部分布在房子附近,个别的在室内。坑口比较规整,坑壁和底经加工修整,有的坑底还抹一层草拌泥"。这里还发现有白灰面坑12座,"坑较小,以圆桶状和袋状为主。坑壁和底部抹一层白灰面,厚0.3—1厘米,表面光滑平整。口径一般在0.35米左右,深0.1—0.4米……这类坑大部分在房子内,少数在房子附近。如F29居住面上有三个白灰面小坑"②。这些大型陶瓮和众多的袋状窖穴,特别是分布于房基以内的窖穴,在以前的文化遗存中未曾或很少见到,它们构成河南龙山文化面貌的一大特色。这些窖穴众多而且规整,说明河南龙山文化时期的人们已经非常重视自己的私有财产,同时随着当时社会经济的发展,这种私有财产迅速增多起来。

私有财产的增多,贫富分化的加剧,扩大了人与人之间的社会地位的差别,这些差别从现已发现的河南龙山文化聚落形态中鲜明地表现出来。河南龙山文化时期的人们,承袭着仰韶文化祖先的习俗,适应着农业生产的需要,继续过着定居的聚落生活。现已发现的将近1500处河南龙山文化遗址,其中绝大多数应是当时的聚落。它们大部分成群地分布于同一地区,每个遗址群也就是当时的一个聚落群体,生活在这里的人们应当就是有着共同血缘亲族关系和地缘关系的一个部族或部落。这些聚落大致可以分为三种不同的形态。第一种是

---

① 郑州市博物馆:《郑州大河村遗址发掘报告》,《考古学报》1979年第3期。
② 中国社会科学院考古研究所安阳工作队:《1979年安阳后冈遗址发掘报告》,《考古学报》1985年第1期。

属于大多数的村落形态,其中以孟津妯娌遗址为代表,它位于黄河南岸的河旁台地之上,东、南、西三面环山,面积约 3000 平方米,是当时一个普通的聚落。该聚落由居住区、仓窖及石器加工场区和墓葬区三个部分组成,"居住区位于遗址的北半部,共发掘出房基 15 座。房基均为圆形或扁圆形的半地穴式,大的直径 4 米余,小的直径 2 米余。门道处多设有台阶……室内设有烧灶,其中 F7 内发现 3 个壁灶。房基附近分布有窖穴,窖穴多为圆形袋状,也有少量椭圆形或不规则形灰坑"。这些房基应为个体家庭的住地。F2 内出土大型石璧 1 件,它是礼器的雏形,说明当时个体家庭之间有了不同的等级。仓窖区位于居住区的西南部,中间有一条壕沟将二者隔开。这里发现了 50 多个窖穴,多呈圆形袋状,分布比较密集。其中有 4 座大的圆形袋状窖穴底部又出有小坑,称作"子母坑",在 H153 子坑内出土"陶铙形器" 3 件,可能为当时的贵重器具,另外一些子坑内出土有炭化的谷物。据此推断,如果说房基附近的窖穴为个体家庭的私人仓窖的话,那么仓窖区所储藏的物品则可能属于父系家族或氏族的集体财产。"在仓窖区南部的 4 个灰坑内出土了大批石器和石料,如在 H141 坑内出土石器和石料 500 余件。石料多为黄河岸边的砾石,有的石料可能用作加工石器的石砧和石锤。出土的石器有成品和半成品,成品石器以石网坠较多,另有刀、镰、铲、斧、凿、矛等,还有制作石器后剩下的废石料。这些情况表明,这里是当时一处加工石器的工场"。石器是当时人们的主要生产工具,但其特点是质坚而脆,容易折断和磨损,需要经常加以替换和补充,这里制作和加工的石器,应是供应本聚落的人们所使用的工具。墓葬区位于仓窖区的南部,共发掘清理出墓葬 56 座。墓葬由西北向东南分布,"除西北边缘的 M3 为四人合葬墓外,余皆为长方形竖穴浅坑单葬墓。单葬墓大体可分为六种类型:A 型墓 1 座,位于墓地西南边缘,墓坑长 5.15 米,宽 4.05 米,底部有生土二层台,内置单椁,椁用圆木铺盖,内葬一青年男性,死者手臂上套有象牙镯;B 型墓坑一般长 3 米左右,宽 2 米左右,葬具为木棺,死者头部或棺底有朱砂;C 型墓一般长 2 米余,宽 1.5 米左右,底部或设生土二层台,或设单棺;D 型墓一般长 2 米左右,宽 1 米余,无葬具;E 型墓共发现 4 座,均位于 A 型墓或 B 型墓的一侧,墓坑仅能容身,宽一般为 0.8 米;F 型墓为空墓,共发现 3 座,其形制大小同 D 型墓"。这批墓葬"具有鲜明的等级差别,且以部分男性墓穴居尊"①。另外,该遗址的仓窖区还发现有灰坑葬,这种灰坑葬在河南龙山文化时期多有发现,而且墓主人往往尸骨不全,显然是非正常死亡,他们生前可能是战俘,也可能是凶死,更有可能是奴隶。总之,以孟津妯娌遗址为代表的聚落形态表明,在河南龙山文化时期,中原地区的原始氏族制度正在迅速走向崩溃,社会成员之间已经普遍地形成森严的等级和阶级关系。

这个时期的第二种聚落形态可以汝州煤山遗址为代表。该遗址位于汝州西北洗耳河西岸台地之上,面积约20万平方米,现已发掘清理出约1000平方米。这里的龙山文化分为两期,皆属于晚期。已发现小型房基35座,皆为长方形地面建筑,一般长约4米,宽约3.5米,每室各有1个烧灶,应是一般家庭的住地。这里还发现1座大型夯土台基,台基呈东西向,南北宽约4.5米,东西未清理完毕,已知长度19米。台面距地表约0.7米,台基是用紫、褐、黄、灰白色土层铺垫而成,土质比较纯净,硬如夯土,每层厚3~10厘米。这种大型夯土台基发现很少,因而不可能是一般民用居室,应是一座体现某种社会权威的建筑,就是说它很可能是当地部落联盟或部族首领进行政事和举行重大宗教活动的地方。如上所述,这里还发现有炼铜用的坩埚残片,应有一处炼铜手工业作坊,这些作坊应属部落或部族首领所专有,其产品也应属于他们的私有财产,并非用于商品交换。作坊里的工人应是一些专职的手工业者,也有些是奴隶,H28灰坑内既出土有炼铜用的坩埚残片,也出土有人骨,有可能就是当时奴隶的残骸。由此可见,以煤山遗址为代表的聚落形态,其规模和文化内涵就高出当时一般村落形态,这类遗址发现不多,应是属于当时当地的一处重要聚落,其中大型夯土台基与小型房基之间规模大小悬殊,反映出居室主人之间的社会地位有着巨大的差异。②

比煤山遗址更高层次的第三种聚落形态是城址群的出现,这是河南龙山文化时期聚落形态的突出特点。这个时期的城址现已发现了6座,其中2座位于黄河以北的卫水流域,4座位于黄河以南的颍水流域。早在20世纪30年代,考

---

① 河南省文物管理局等:《黄河小浪底水库文物考古报告集》,黄河水利出版社,1998年,第23~24页。
② 中国社会科学院考古研究所河南二队:《河南临汝煤山遗址发掘报告》,《考古学报》1982年第4期。

古工作者曾在安阳后冈发现1座河南龙山文化时期的夯土围墙的遗迹。① 90年代，又在后冈以南约80公里的辉县孟庄遗址，发现了1座比较完整的河南龙山文化晚期城址，该城位于太行山东麓，卫河的西侧，坐落在孟庄镇以东的高地上。城址平面为正方形，城墙每边长为400米，顶宽5.5米，底宽8.5米，残高2米，夯层厚8~15厘米。② 城的东墙中部发现有门道，城内发现有房基、水井、窖穴、墓葬等，详细布局正在进一步发掘清理中。

位于颍水流域的四座城址计有：淮阳平粮台城址，位于颍水以北豫东平原地带，坐落在淮阳县东南新蔡河西侧的台地上。城址呈方形，面积约5万平方米，方向6°。城墙采用小板筑法筑成，底宽13.5米以上，现存高度3.6米，顶宽8~10米。南墙和北墙中部皆有城门，南门还有用土坯砌成的门卫房，门道中间有路土，路土下面铺设有陶质的排水管道。城内发现有建筑在夯土台上的用坯垒砌的排房，也有圆形房，其中F1位于城东偏南部，平面呈长方形，东西长12.54米，南北宽4.34米，面积约50平方米，方向6°。F4是一座高台建筑，台高0.72米，东西残长15米多，南北宽5.7米，现存面积约90平方米。台上用土坯砌成屋墙，屋内隔出单间。另外，城内还发现有陶窑、水井、幼儿墓葬和炼铜遗迹等。③ 郾城郝家台城址，位于沙颍河的北侧，坐落在郾城县东约3公里的台地之上，东距淮阳平粮台城址约80公里。"城址的平面呈长方形，方向10°，南北长约222、东西宽148米，面积约32856平方米。现存城墙宽5米，高0.80米。"④城内西北发现有长方形连间排房、窖穴和墓葬等。登封王城岗城址，位于嵩山以南的颍水北岸，坐落在登封市东南告成镇西侧的岗地之上。城址平面略呈方形，面积约1万平方米，方向355°。四面城墙仅存基础槽，槽呈倒梯形，槽内用红色黏土层层夯筑而成。城内中部和西南部发现有夯土基址，但均遭后世破坏，不能知其原貌。夯土下面发现有人骨架，可能与当时的"奠基"有关。这里还发现有众多的窖穴以及残铜片等。另据发掘报告称：在该城的东侧还有

---

① 胡厚宣：《殷墟发掘》，学习生活出版社，1955年，第72页。
② 袁广阔：《辉县孟庄发现龙山文化城址》，《中国文物报》1992年12月6日第47期。
③ 河南省文物研究所、周口地区文化局文物科：《河南淮阳平粮台龙山文化城址试掘简报》，《文物》1983年第3期。
④ 河南省文物研究所、郾城县许慎纪念馆：《郾城郝家台遗址的发掘》，《华夏考古》1992年第3期。

一座与此并联的大的城址,但被五渡河水冲毁殆尽,仅残存其南墙西段约 30 米的基础槽。① 新密古城寨城址,位于颍水支流溱水东岸,坐落在新密市东南约 35 公里的河旁台地之上,东南距郝家台城址约 100 公里,西距王城岗城址约 50 公里。城址平面略呈矩形,东西长约 500 米,南北宽约 350 米,面积约 175000 平方米,方向 349°。城墙都是用板筑法层层夯筑而成,南北城墙有相对的缺口,应是当时的城门;城墙以外有护城河。城内现已发现两座大型房基(F1、F2),F1"位于城内中部略偏东北,房基坐西朝东,南、北、东三面有回廊,为夯筑高台建筑,方向 281°,南北长 28.4 米,东西宽 13 米,面积 329.2 平方米"②。F2 位于 F1 以北 7.4 米处,是一座廊庑式建筑基址,现已发现的长度为 60 米,基宽 4 米,方向 281°,与 F1 方向完全一致。

城堡是突起性的防御设施,是当时最先进的防御建筑体系,城堡群的出现,说明当时的中原地区,随着私有制的形成和发展,等级和阶级关系的产生,剥削和被剥削、压迫和被压迫、掠夺和被掠夺之间的矛盾尖锐化起来,为了保卫自己的安全或扩大自己的利益,需要建立一个防御中心,当然这个防御中心同时也是一个权力中心,城堡作为防御和权力中心聚落,正是在这种社会背景下应运而兴建起来的,城堡群的出现就是当时若干个防御和权力中心形成起来的物化表现。因此,从这个角度来说,河南龙山文化时期的社会形态与二里头文化时期的社会形态存在着明显的区别,众所周知,二里头文化时期虽未发现城堡,但是二里头遗址是整个二里头文化中独一无二的一座大型遗址,在这里发现有当时独一无二的大型宫殿基址、大型手工业作坊和青铜器群等,这表明它是当时唯一的一处权力中心聚落,从而表明当时已经建立起一个相对统一的国家政权,这个相对统一的国家政权就是现在学术界所称作的夏王朝。河南龙山文化时期则与此不同,迄今为止,还未发现它有这样一座独一无二的大型遗址,而且同时并存着若干个基本上对等的大型聚落遗址,也就是说在河南龙山文化时期尚未建立起相对统一的国家政权,它同时并存着若干个权力中心聚落,因而正处于一个权力多中心的时代。当然,这个时代是相对统一的国家政权形成前夕

---

① 河南省文物研究所等:《登封王城岗与阳城》,文物出版社,1992 年,第 28 页。
② 蔡全法:《龙山时代考古的重大收获——河南新密发现中原面积最大、保存最好的龙山时代晚期城址》,《中国文物报》2000 年 5 月 21 日。

的准备阶段、过渡阶段,是人类历史从野蛮时代跨入文明时代门槛的必经阶段,但是在我国具体情况下,它和相对统一的夏王朝国家政权时代不可同日而语,为了将二者有所区别,我们这里暂把河南龙山文化时代称为"部族时代"。

部族是人类历史从原始社会向阶级社会过渡的一种社会组织形式,也是原始社会发展到末期阶段的一种社会制度。

从原始社会氏族制度过渡到阶级社会国家政权的建立,这是人类社会发展史上一次伟大的社会变革,变革的内容就是新旧社会制度的交替,它充满着先进和落后、前进和倒退的尖锐而复杂的斗争。这种斗争的最高形式就是战争,战争造就出一批著名的英雄人物,因此,前人曾形象地把这个时期称为"英雄时代"。不过,这些英雄人物充当军事首领,还需要通过一定的民主程序,摩尔根又据此将其称为"军事民主制时代"。频繁的进攻和防御战争对社会造成重大破坏,要求统一和安定成为大势所趋;同时也迫使住地相近的本族或非本族的部落或部落联盟合并起来,组成一个以血缘和地缘关系为基础的新的、规模更大的人们共同体。这种新的、规模更大的人们共同体到底如何称呼,学术界意见颇不一致,我们认为根据中国古代社会的实际情况,应当将其称为"部族",以部族为社会最高组织形式的历史阶段,应当称为"部族阶段"。民主和专权并存,血缘关系和地缘关系相结合,分裂和统一互争雄长,构成部族阶段的时代特点。正是有着这些鲜明的时代特点,而且事实证明完成这个过渡需要经历相当长的时间,因此,它在人类社会发展史上居于重要地位,应当成为一个相对独立的历史发展阶段。

最早注意并指出存在这个历史阶段的是路易斯·亨利·摩尔根,他在《古代社会》一书论述印第安人社会状况时,指出印第安人的氏族制度经历了氏族、胞族、部落和部落联盟四个发展阶段:"一开始是氏族,到末了是部落联盟,部落联盟是他们政府制度所达到的最高水平",但是这种联盟"距离文明的开端还隔着整整一个文化期"。而这个文化期则存在于希腊和罗马的古代社会之中,他认为古希腊和罗马的部落在进入文明时代之前,曾发展为"在一个共同领域内联合诸部落而形成一个氏族社会的集团……这种联合是比联盟更为高级的一个步骤"[①]。这种部落联合他又称作"部落合并",他强调指出:"在氏族社会中,

---

① 摩尔根:《古代社会》,商务印书馆,1971年,第65页。

合并过程的产生晚于(部落)联盟;但这是一个必须经历的、极关紧要的进步阶段,通过这个阶段才能最后形成民族、国家和政治社会。"①马克思肯定了摩尔根这一论点,他把部落合并又称为"部落融合",认为部落融合是"比(部落)联盟更高级的发展形态"②。至于对这个时期的社会组织如何称呼,摩尔根称之为"民族",认为"除用一个'民族'(Nation)的名称来称呼它们以外,在语言中再也没有别的术语来表达这个产物了"③。显而易见,他自己也认为在这里采用"民族"这一称呼是比较勉强的。恩格斯在论述古希腊人的社会组织时,提出了"小民族"(Kleine Völkerschaften)这一概念④,意为"部落融合"应当小于"民族"这一人们的共同体。20世纪60年代初,人类学家塞维斯提出这个时期的社会组织应当称为"酋邦"一说,并认为这个时期已是人们"分层的社会",此说于70年代被张光直先生介绍给中国学术界,⑤很快被许多学者所认可。80年代以来,苏秉琦先生在古代文明起源问题上提出"古文化、古城、古国"三历程说,认为这是"从氏族公社向国家转变的典型道路"。在古代国家形成和发展问题上提出"古国、方国、帝国"三部曲说,接着他又提出"北方原生型""中原次生型"和"北方草原续生型"国家形成中的三模式说。他认为这三说"是中国万年以来历史发展的总趋势,是关于中国文明起源和古代国家形成的一个系统完整概念,也是试对80年代以来关于中国文明起源讨论进行一次总结"。这里所说的"古国",是古代文明起源三历程中的最后一段历程,也是古代国家发展三部曲中的第一部曲,其含义是指"高于部落以上的、稳定的、独立的政治实体",是"早期城邦式的原始国家",其典型的物化代表就是"以祭坛、女神庙、积石冢群和成批成套的玉质礼器为标志"的红山文化遗存。⑥它大致相当于塞维斯所说的"酋邦"阶段,或者稍晚一些。我们认为无论是"酋邦"或者"古国"一词都不能很确切地反映这个阶段社会组织的实际状况。按酋邦一词,其含义是指一位首

---

① 摩尔根:《古代社会》,商务印书馆,1971年,第132页。
② 马克思:《摩尔根〈古代社会〉一书摘要》,人民出版社,1978年,第76页。
③ 摩尔根:《古代社会》,商务印书馆,1971年,第221页。
④ 恩格斯:《家庭、私有制和国家的起源》,人民出版社,1972年,第102页。
⑤ 张光直:《从夏商周三代考古论三代关系与中国古代国家的形成》,《屈万里先生七秩荣庆论文集》,联经出版事业公司,1978年。
⑥ 苏秉琦:《中国文明起源新探》,生活·读书·新知三联书店,1999年,第130~138页。

领管理或统治一片土地,而当时生活于中国特别是中原地区的人们,既是已经分化为阶层和阶级的,但又是聚族而居的,《尚书·尧典》所谓"以亲九族,九族既睦",大致反映的就是这个时期的实际情况,而"酋邦"至少从字面上讲,难以反映这种聚族而居的情况。至于"古国"一词,虽然是"古"的,或者说是"原始"的,但毕竟是一个明确的"国家"概念。而红山文化则是众所公认的一种新石器时代文化,该文化发现的女神庙等祭祀遗迹,在其他新石器时代文化中多有发现,①并不能成为国家出现的标志。比较重要的是在这里一些墓葬中发现有成套的玉器,它可能说明当时的人们已经出现了阶层和阶级的分化,因而与国家的起源有着密切的关系。但是国家的起源和形成,应是两个紧密衔接而又性质不同的历史阶段,这两个历史阶段构成一个从量变到质变的长期而复杂的过程,形成国家的诸多因素早已在新石器文化时代就孕育着、萌生着,这个时代应属于国家形成前夕的历史阶段,红山文化正应处于这样一个历史阶段,"古国"一词不能确切反映这样一个历史阶段。相比之下,我们认为采用"部族"称呼这样一个历史阶段则较为恰当。首先是"部族"一词早已见于文献记载,是我国古代沿用已久的一个社会组织称呼。其次,古代文献记载所记各个部族的社会形态正处于原始社会末期阶段,《旧五代史·外国列传》和《新五代史·四夷附录》所记契丹、吐谷浑、达靼、突厥、氐、羌等族的社会组织均称作"部族",《新五代史·冯晖传》云:冯晖于后晋天福中"拜义成军节度使,徙镇灵武……青冈、土桥之间,氐、羌剽掠道路,商族行必以兵。晖始至,则推以恩信,部族怀惠,止息侵夺"。《新五代史·四夷附录》记契丹族又云:契丹"其部族之大者曰大贺氏,后分为八部……部之长号大人,而常推一大人建旗鼓以统八部。至其岁久,或其国有灾疾而畜牧衰,则八部聚议,以旗鼓立其次而代之。被代者以为约本如此,不敢争。某部大人遥辇次立,时刘仁恭据有幽州,数出兵摘星岭攻之……八部之人以为遥辇不任事,选于其众,以阿保机代之。……阿保机乘间入塞,攻陷城邑,俘其人民,依唐州县置城以居之"。由此可知,这个时期以大贺氏部族为主体的契丹各族,正处于原始社会末期的军事民主制时代。另外,"部族"一词还比较确切地反映了当时的人们仍然是主要以血缘关系为基础结成的一个共

---

① 安志敏:《试论文明的起源》,《考古》1987 年第 5 期。陈星灿:《文明诸因素的起源与文明时代——兼论红山文化还没有进入文明时代》,《考古》1987 年第 5 期。

同体,以血缘关系为基础,聚族而居,不仅是契丹族的社会组织特征,也是我国整个原始社会时期社会组织的显著特征之一。总之,原始社会自进入氏族以后,在一般情况下,大致经历了氏族、胞族、部落、部落联盟和部族五个发展阶段,而后由部族进入文明时代的门槛。

部族阶段是人类历史上由部落联盟向国家政权转变的"必须经历的、极关紧要的进步阶段"。在我国古代中原地区,从考古学的角度观察,河南龙山文化时期正处于这样一个历史阶段。这个时期出现的每座城堡,都应是当时某一部族的权力中心,同时也是这个地区的经济中心和文化中心,在这些城堡里居住着以部族酋长为首的贵族集团和为他们服务的人群,他们通过掠夺战争、接受贡赋、利用各种名目聚敛众多的财富,建立一些手工业作坊以满足他们的生活需要,进行宗教活动以提高部族的凝聚力。而为了对整个部族加强管理,也需要在这里设立一些必要的机构,如需要建立各级首领的议事和决策机构,为执行这些决策而建立的办事机构,为发展生产而建立的经济机构,为进行战争而建立的军事指挥机构,为进行祭祀而建立的宗教机构以及一些管理公共设施的机构,等等,这一整套机构成为未来国家政权的雏形,为未来国家政权的建立创造了经验,奠定了基础。而城堡群的出现(现已发现的只能是原有城堡的一部分),说明当时的中原地区已经形成若干个部族群体。每个部族群体都应是一个独立或相对独立的政治实体,都在努力巩固和扩大自己的势力范围,河南龙山文化形成众多的文化类型,可能与这种社会背景有着密切的关系。河南龙山文化时期是中原地区历史上第一次出现的建城高潮时期,它说明当时战争的频繁,社会正处于剧烈的动荡之中,可说是历史上第一次出现的"中原逐鹿"时期。不过随着经济和文化的发展,各部族之间的接触也日益密切,人们要求统一、要求安定的社会生活的愿望也日益强烈,适应这种社会发展的需要,通过剧烈的社会动荡,最后导致了我国历史上第一个相对统一的国家政权夏王朝的建立。

在河南龙山文化时期形成的诸部族中,夏部族是其中的一个部族,而且也是一个最为强大的部族。根据文献记载,夏部族早期活动于嵩山以南的颍水流域,"禹居阳城"(古本《竹书纪年》)、"阳翟,夏禹国"(《汉书·地理志·颍川郡》阳翟县)、"夏启有钧台之享"(《左传·昭公四年》),这里所说的阳城、阳翟、钧台都位于颍水流域。颍水流域地处黄河和淮河之间,属于暖温带气候区,西部丘陵起伏,东方平原沃野,气候温暖,地形复杂,为人们提供了适宜的生态环境和多种多样的生活资料来源;从人文地理来说,这里位于南北交通的要冲,也是东西方人们频繁接触的地区,在这里发现有众多的石家河文化因素,东方大汶口文化也早已传播到这一地区,从而有利于人们获得丰富的文化信息。环境的优越,人们的勤奋,使这里的经济、文化都比较发达,如上所述,河南龙山文化时期现已发现的6座城址中,有4座分布于颍水流域,发现炼铜遗物的汝州煤山、登封王城岗、郑州牛砦、杞县鹿台岗和淮阳平粮台等诸遗址也都分布于颍水流域及其附近地区,所有这些足以说明黄淮之间的颍水流域,应是当时最为先进的地区。生活于颍水流域的夏部族,正是以这些丰厚的物质条件作后盾,适应时代发展的需要,东伐西讨,征南逐北,终于结束了河南龙山文化时期部族割据的分裂局面,完成了中原地区的统一,建立起我国历史上第一个奴隶制的国家政权夏王朝,开创了我国文明历史的新时期。

(原载《考古学研究》2003年第00期)

登封王城岗小城基槽发现记

1977年年初,我参加了安金槐先生领导的王城岗遗址发掘工作,我们这次发掘的任务就是探索夏文化,而且最好能找到文献所记"禹居阳城"的遗迹。

大约在6月底的一天,我们在T16、T17两个探沟中,发现有一边是熟土、另一边是生土形成南北走向的遗迹,大家被这条遗迹深深吸引,但是弄不清楚它是一种什么现象。这时忽然接到上级通知,指示我们停止现场发掘,回去参加会议。当时正值盛夏雨季,遇上大雨冲刷,整个遗迹就会面貌全非,毁坏殆尽。为尽量避免这个损失,我向领导要求是否能晚回去几天,继续发掘,以期搞清这条遗迹的性质。安金槐先生当场同意了这个要求,经请示上级领导批准之后,就立即留下与中国历史博物馆(现称国家博物馆)董琦先生一起继续发掘工作。

记得那是7月上旬,虽然赤日炎炎,但确是大地充满着生机的季节。我们在T16、T17以南,分别开了T22、T23两个新的探沟,事属偶然,或又联系着必然,经过一个星期的努力,我们果然发现了一段呈南北走向的基槽,原来那条直线遗迹,正是这条基槽的西部边缘。以我所发掘的T23为例,这段基槽大致呈倒梯形,口宽4.4米,底宽2.54米,深约2.3米,槽内填以红褐色黏土,层层夯打而成,为防止粘连,每层之间铺有细沙。夯层厚薄不一,夯窝大小不等,显示着一定程度的原始性。我们将这一发现立即作了汇报,安金槐先生闻此大为振奋,立即带领全体发掘人员回到工地,通过大规模的钻探和试掘,得知这些基槽连成一座大致呈方形的面积约1万平方米的城圈,时代属河南龙山文化时期,T22、T23探沟内所揭露的基槽,乃是属于这座城墙西墙基槽的一段。虽然由于年深日久,城墙已经毁坏殆尽,但是从其规模和现象来看,毫无疑问它应是一座河南龙山文化时期的城墙基槽。这个发现立即轰动了当时的学术界。

同年11月,国家文物局在发掘现场召开了我国第一个研讨夏文化的盛会,到会学者百家争鸣,畅所欲言,充分地阐述了自己对这处遗址的看法。会议最

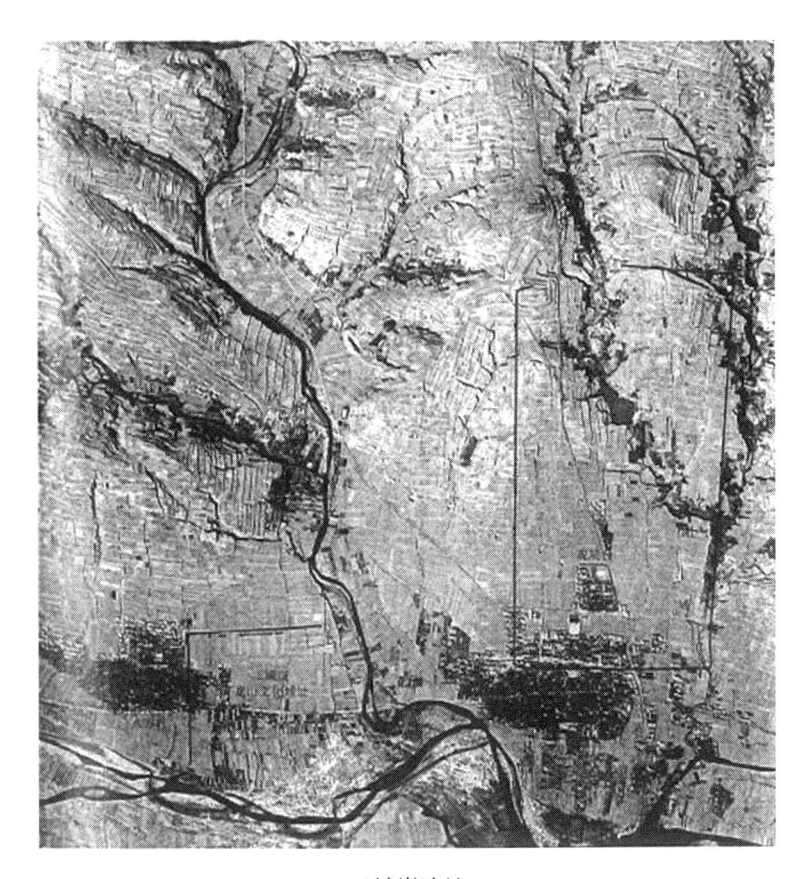

王城岗遗址

后由夏鼐所长作了总结,夏先生指出:"这座基槽是城墙的基槽,基槽也即城墙的年代,可以定为河南龙山文化晚期。"夏先生的总结代表了到会学者的一致看法,这是在我国发现的第一座众所公认的龙山文化城址,为学术界探索夏文化提供了重要资料。

在此发掘期间,我还陪同贾峨先生和安金槐先生调查了阳城遗址。阳城一地,最早见于战国文献记载,古本《竹书纪年》云:禹"居阳城"。《世本》云:"夏禹都阳城。"《孟子·万章上》:"禹避舜之子于阳城。"赵岐注:阳城在"嵩山下"。《史记·夏本纪·正义》又云:"阳城县在嵩山南二十三里。"我们调查所见城址尚存,规模宏伟,从春秋,经战国,到汉代,城墙层层夯土,清晰可见。城址位于告成镇东北隅嵩山南麓,与文献所记古代阳城的位置恰相符合。特别是当时在这里参加实习的辽宁大学的同学们,还在阳城旧址以内发现不少战国和汉代印有"阳城仓器"和"阳城"的陶器文字,进一步确凿地证明这里就是战国和汉代的阳城,也是我国迄今所发现的唯一的一座战国和汉代的阳城城址。新发现的王城岗龙山文化城堡基址正位于古代阳城的西南隅,其相对年代与文献记载的夏禹时代也相符合,而"禹居阳城"的记载也最早见于战国文献,就是说不论夏人认为禹所都居的地方是否就在阳城,但是战国时期的人们已经明确认为禹所都居的地方就在战国时期的阳城,考古工作者既在这里发现了全国唯一的一座明确无误的春秋战国时期的阳城,且在其近郊发现了一座与禹所处时代略同的龙山文化城堡基址,更为重要的是近年来在原小城基址之上,又发现了一座面积 30 余万平方米的大型河南龙山文化晚期城址,足以证明古代文献记载是正确的,这里正是以禹为首的夏部族活动的中心地区。

  根据考古资料,结合文献记载,可知夏部族兴起于嵩山地区,建都于嵩山地区,从这个意义上说,嵩山地区是中原古代文明的摇篮,夏部族就是创建中原古代文明的主体,正是以夏部族为主的各部族,在这里团结合作,艰苦创业,与时俱进,推动着中原地区在广阔的华夏大地上,率先进入古代文明历史的新时期。

(原载《古都郑州》2011 年第 3 期)

屈家岭文化渊源试探

屈家岭文化,是我国新石器时代晚期重要的原始文化之一,它以首先发现于湖北京山县的屈家岭而得名。这种文化主要分布于今湖北的江汉平原地区;另外,西起汉水中游,东达湖北东部,南至湘北,向北越过豫南,直至黄河南岸的大河村遗址,都发现有不少屈家岭文化的因素或遗存,它的分布范围是相当广泛的。通过历年来的考古调查和发掘,我们已经清楚地知道,屈家岭文化大致上经历了早期、中期和晚期三个发展阶段。这三个阶段的文化内涵有着密切的联系,同时也具有各自独立的特点。如以屈家岭下层①、朱家咀②和武昌放鹰台下层③为代表的早期屈家岭遗址中,所出生产工具以磨制比较粗糙的大型柱状石斧、石锛和大型的黑、灰陶纺轮为代表;而以京山上层④和青龙泉中层为代表的屈家岭中期遗存中,所出生产工具则向中小型发展,其中尤以出土小型的手工艺工具和精美彩陶纺轮体现着这个时期生产工具小巧精致的特点。又屈家岭文化早期的生活用具陶器以黑陶居多,而中、晚期则以灰陶为主。早期陶器以圈足器居多,三足器次之,平底器较少,主要器型有罐形或釜形小鼎、盘和碗形高圈足镂孔豆,有彩或无彩的壶形器和曲腹杯,喇叭形杯,矮圈足碗,朱绘黑陶碗、盘、盂、罐等,其中薄胎黑陶矮足罐形鼎和朱绘黑色陶器则是这个时期的代表作品。中期是屈家岭文化的繁荣阶段,此期陶器群在前期基础上又有新的发展,出土的薄如蛋壳的彩陶,突出地表现了当时制陶工艺的高度水平;另外长颈扁腹高圈足壶,高圈足杯,折腹的鼎、豆、碗和大型陶罐、大口锅等也是这个时

---

① 中国科学院考古研究所:《京山屈家岭》,科学出版社,1965年。
② 湖北省文物管理委员会:《湖北京山朱家咀新石器遗址第一次发掘》,《考古》1964年第5期。
③ 王劲:《江汉地区新石器时代文化综述》,《江汉考古》1980年第1期。
④ 中国科学院考古研究所:《京山屈家岭》,科学出版社,1965年。

期的典型器物。晚期所出陶器除沿袭中期以外,又新产生出筒状厚胎红陶杯、折腹罐、喇叭口筒形澄滤器以及小型高足杯等器型。所有这些特点都表现出整个屈家岭文化的发展既存在着阶段性也存在着继承性,它是一种完整而系统的文化遗存。①

关于屈家岭文化的研究探讨,近人已有论述,②但对于屈家岭文化的来龙去脉,特别是屈家岭文化的起源问题,意见多不一致。一种意见认为,"大溪文化与屈家岭文化既有内在的联系,又有明显的差别,是本地区两个先后相承接的文化"③,就是说屈家岭文化应是源于大溪文化;另一种意见则认为,"仰韶文化、屈家岭文化、龙山文化在江汉地区是一脉相承的直系发展着的三个阶段"④。我们认为屈家岭文化的分布范围相当广泛,根据其文化面貌的差异可分成几个不同的地区类型:其中分布于鄂西南地区的屈家岭文化叠压在大溪文化层次之上,二者的关系比较密切;而分布于鄂西北地区的屈家岭文化又往往叠压在仰韶文化层次之上(如郧县大寺、青龙泉和豫西南的淅川下王岗诸遗址),因此它与中原地区的仰韶文化,特别是和豫中、豫西南的仰韶文化似应有着密切的渊源关系。

豫中和豫西南地处秦岭山脉和华北平原的交界地带,南与江汉平原相毗连。此地嵩山和伏牛山横贯全境,伊、洛、颍、汝、唐、白河流域纵横其间,由此切割而成各个大小不同的盆地和河谷平原。通过历年来的考古调查和发掘,得知这里广泛分布着大河村类型和下王岗类型的晚期仰韶文化遗存。⑤ 而这些文化遗存多和屈家岭文化交错在一起。如在淅川下王岗,中期文化遗存叠压在早二期文化遗存之上,"早二期文化仍然含有较多的仰韶文化因素",而中期文化遗存多数陶器则"与湖北京山屈家岭晚期(按:即屈家岭文化类型的中期阶段)的部分器物形制是类同的"。原报告又说:"早二期(仰韶文化层)中已经孕育着

---

① 长办文物考古队直属工作队:《一九五八至一九六一年湖北郧县和均县发掘简报》,《考古》1961年第10期。
② 王劲:《江汉地区新石器时代文化综述》,《江汉考古》1980年第1期。
③ 李文杰:《试论大溪文化与屈家岭文化、仰韶文化的关系》,《考古》1979年第2期。
④ 中国科学院考古研究所:《新中国的考古收获》,文物出版社,1962年,第30页。
⑤ 郑杰祥:《试论大河村类型》,《中国考古学会第三次年会论文集》,文物出版社,1984年,第50~58页。

屈家岭文化的因素。"①该文化层所出的圈足碗(M17:1)、折腹平底碗(M10:2)、彩陶杯(M20:1)、陶器盖(T4:320)就和京山屈家岭下层所出Ⅱ式圈足碗(T134:6〔25〕)、小陶碗(T130:6〔83〕)、彩陶杯(T99:7B〔1〕)、Ⅱ式陶器盖(T140:6B〔4〕)形制相近或基本相同。镇平赵湾遗址,原报告认为"赵湾及南阳地区诸文化遗址的时代较郑州、洛阳诸遗址为晚,同时更显示出它带着浓厚的豫西南的特有风格"②。它的"特有风格",应是指含有屈家岭文化的因素而言。如该遗存所出的陶壶(原报告图六:11、图七:2)应当就是京山屈家岭晚期Ⅲ式盂形器(T92:3〔19〕)的祖型;而所出三足器(原报告图六:2、图七:4)、陶盘(原报告图六:4)则与京山朱家咀所出三足盘(原报告图版贰:16上)、陶盘(原报告图版贰:7)形制基本相同。唐河茅草寺遗址也如原报告所说:"这处遗址和南阳的黄山新石器时代遗址,以及淅川下集的新石器时代遗址的大部出土物较为接近,所以茅草寺遗址的文化性质,仍应属于河南省西南部长江流域的新石器时代文化,它与黄河流域的仰韶文化是有显著区别的。"③这个"显著区别"就在于它含有较多的屈家岭文化因素。如该遗存所出的大型灰色陶纺轮(T5:68)、陶球(T5:58)以及圈足镂孔豆(T3:3)等,都是屈家岭早期文化遗存中常见的遗物。唐河寨茨岗遗址,原报告已正确指出"寨茨岗遗址应属屈家岭文化系统","例如陶鼎(H2:8)、器盖(T2:98)和带有各种镂孔的圈足器,都曾见于湖北京山屈家岭遗址,再如彩陶纺轮与湖北天门石家河遗址出土的基本相同"。④

上述所有这些材料,表明在今南阳盆地,不仅发现有屈家岭文化,而且在所有发现的仰韶晚期遗存中都包含有不少屈家岭文化的因素。不惟如此,其实在地处伏牛山麓的仰韶文化遗存中也存在着类似的情况。如在临汝大张遗址里,第一层所出的鼎(T4:73)与京山朱家咀所出的鼎(原报告图版贰:4)形制相近;第一层所出的盆(H40:6)、器盖(H36:2)与京山屈家岭下层的Ⅰ式碗(T184:7〔6〕)、Ⅱ式器盖(T105:7〔17〕)基本相同;又京山屈家岭晚期所出的Ⅲ式豆

---

① 河南省博物馆、长江流域规划办公室文物考古队河南分队:《河南淅川下王岗遗址的试掘》,《文物》1972年第10期。
② 河南省文化局文物工作队:《河南镇平赵湾新石器时代遗址的发掘》,《考古》1962年第1期。
③ 河南省文化局文物工作队:《河南唐河茅草寺新石器时代遗址》,《考古》1965年第1期。
④ 河南省文化局文物工作队:《河南唐河寨茨岗新石器时代遗址》,《考古》1963年第12期。

(T81:6)也能在大张第一层文化遗物(T3:93)找到它的祖型。① 禹县谷水河遗址位于颖水河谷的南侧,这是一处面积约 1.5 平方公里的大型原始文化遗址。可是它存在着两层仰韶晚期文化堆积,其中包含着不少屈家岭文化遗物。② 如在谷水河二期文化层中所出的深腹盆(H5:5)、镂孔圈足豆(G1:1)以及调查所得的Ⅲ式筲形杯(原报告图八:5)、Ⅱ式器盖(原报告图八:26、28)等都应属于屈家岭文化的早期遗物;而谷水河三期文化层中所出Ⅰ式高圈足杯(T1:13)以及调查所得的Ⅱ式圈足小壶(原报告图八:12)、Ⅲ式觚形杯(48~50)等则应属于屈家岭文化的中期遗物。

但是,地处颖、汝河谷的临汝大张和禹县谷水河仍然不是分布屈家岭文化因素的最北边界。考古发掘表明,直抵黄河南岸的郑州大河村遗址也同样发现有屈家岭文化的遗物。大河村遗址北距黄河约 7.5 公里,是一处较大规模的遗址。根据发掘可知,该遗址包含有六层文化堆积,"第一、二期属仰韶文化中期……第三期属仰韶文化晚期……第四期属过渡期……第五期属龙山文化早期……第六期属龙山文化晚期"③,而屈家岭文化的遗物则多发现于第三、四期遗存之中。例如罐形鼎是屈家岭早期文化最常见的器型之一,而大河村遗址也以出土罐形鼎为大宗。壶形器也是屈家岭颇具特色的器物,京山屈家岭期的壶形器(原报告 T171:6〔1〕)直口、高颈、身作扁球形,下有喇叭口圈足,而大河村第三期遗存出土的Ⅲ式罐(原报告 F20:25)也是直口微外侈、高颈、身基本作扁球形,有带镂孔的喇叭口圈足,二者形制相近,Ⅲ式罐可说是屈家岭壶形器的祖型;另外京山屈家岭晚二期的锅(原报告 T104:2〔10〕)与大河村四期出土的锅(原报告 T1④:34)形制类似,前者也当是后者的继承。圈足碗和平底碗也是屈家岭早期遗存中常见的器物,大河村四期的彩陶碗(H81:36、M19:1)与京山朱家咀出土的平底碗(原图版贰:10〔下〕)形制基本相同。陶杯也是屈家岭文化中的一种代表性器物,大河村三期出土的Ⅰ式杯(F20:22)与屈家岭文化早期的杯形制几乎完全相同。在遗迹方面,京山屈家岭上层和郧县青龙泉二期出土的

---

① 河南省文化局文物工作队:《河南临汝大张新石器时代遗址发掘简报》,《考古》1960 年第 6 期。
② 河南省博物馆:《河南禹县谷水河遗址发掘简报》,《考古》1979 年第 4 期。
③ 郑州市博物馆:《郑州大河村遗址发掘报告》,《考古学报》1979 年第 3 期。

烧烤过的长方形连间排房房基,也同样发现于大河村三、四期,禹县谷水河二期,唐河茅草寺、寨茨岗,镇平赵湾以及淅川下王岗等仰韶晚期诸文化遗存之中。

以上我们简单地介绍了分布于豫中和豫西南地区的仰韶晚期遗存的内涵情况,从而可知在这些文化遗存里普遍含有屈家岭文化的因素这个事实是无可怀疑的。但是如何理解这个客观现象呢？不少同志认为这是仰韶文化深受屈家岭文化影响的结果。我们认为这种意见是值得讨论的。因为:1.屈家岭文化在豫西南和鄂西北地区作为一个完整的文化层次往往叠压在仰韶文化层次之上,它晚于中原地区的仰韶文化这是明确无误的；而晚期只能继承或接受早期文化的影响,但它不可能反转去影响早期文化。2.仰韶文化是当时中原地区一种相当繁荣发达的文化,而屈家岭早期文化根据现有资料比仰韶文化弱小得多；如果二者是同时存在的两个独立的文化,一旦有所接触,仰韶文化就有可能首先施加强大影响于屈家岭文化,而不可能相反。但迄今为止考古发掘资料的事实是:豫中和豫西南地区的仰韶晚期文化遗存中普遍含有屈家岭文化的因素；而早期屈家岭文化遗存中所包含的仰韶文化因素却不曾发现,如果有,那就是早期屈家岭文化本身或主体。基于以上二者,我们认为屈家岭文化至少是它的豫西南、鄂西北的一个地区类型,很有可能是从中原地区的仰韶文化母体中脱胎而来,以后发展至江汉平原地区融合了周围其他类型的文化,进而形成一种独立发达的屈家岭文化。

众所周知,任何一种物质文化共同体都是一定社会共同体的人们所创造,因而任何一种物质文化共同体的存在,都必然以古代某一部落或部族的存在为前提。那么屈家岭文化应属于古代哪个部族的文化呢？根据文献提供的线索,我们认为它应属于古老的先楚部族也即三苗部族的文化遗存,或者是这个古老部族文化的一个组成部分。

古代楚部族,先秦文献又称荆或荆楚。《诗经·商颂》云"挞彼殷武,奋伐荆楚",又说"维女荆楚,居国南乡",可知商人已称楚人为荆楚。荆楚当为地名,荆楚部族即居住于荆楚之地的部族之意。《左传·昭公十二年》云:"昔我先王熊绎,辟在荆山,筚路蓝缕,以处草莽……"荆山在今湖北省南漳、保康等县境,古今无异议。就是说至迟在殷商时期,先楚部族的活动中心仍在江汉地区。但是荆楚并不是该部族原先的名称,其活动地域最初也不在江汉地区；追根溯源,先楚部族当是古老的苗蛮部族的一个分支，最早生活在今嵩山、伏牛山周围的颍、汝河谷平原地区。

关于先楚部族的世系源流，文献记载甚多，而以《世本》《大戴礼·帝系》和《史记·楚世家》记载较详。《史记·楚世家》云："楚之先祖出自帝颛顼高阳。高阳者，黄帝之孙，昌意之子也。高阳生称，称生卷章，卷章生重黎。重黎为帝喾高辛居火正，甚有功，能光融天下，帝喾命曰祝融。共工氏作乱，帝喾使重黎诛之而不尽，帝乃以庚寅日诛重黎，而以其弟吴回为重黎后，复居火正，为祝融。""吴回生陆终。陆终生子六人……六曰季连，芈姓，楚其后也。"司马迁这里把楚人早期世系叙述得如此具体，现在考古资料上尚未得到全部证实；但是楚人出自颛顼高阳，其直系祖先为祝融则相对来说比较可靠。楚人屈原在《离骚》中自述其履历说"帝高阳之苗裔兮，朕皇考曰伯庸"，明确认为自己出自颛顼高阳氏和伯庸氏。伯庸，有的学者以为就是祝融，说"皇考"即"祖考"，"伯庸"即"大庸"。《史记·楚世家·集解》引虞翻曰："祝，大。"而"'融''庸'音同，字通，《路史后纪》（四）'祝融'字正作'祝庸'……观《离骚》伯庸之与高阳并提，其为楚远祖之'祝融'，非无据矣"①。其说可信。又春秋时期的《楚公逆钟》云："八月甲申，楚公逆自作吴雷铸，厥铭曰：□相八荒，□□纯。"吴雷即吴回，殆无疑问。而吴回又名祝融，是知楚人数典颂祖，确认颛顼高阳和祝融都是自己远古的祖先。关于颛顼高阳氏的活动区域，史书记载一致认为在北方。《左传·昭公十七年》："卫，颛顼之虚也，故为帝丘，其星为大水。"帝丘在今河南濮阳县境，这里可能是颛顼氏的活动范围之一。《吕氏春秋·古乐篇》云："帝颛顼生自若水，实处空桑，乃登为帝。"按：若与汝一声之转，音同字通。《史记·齐太公世家》载："五侯九伯，若实征之，以夹辅周室。"而《左传·僖公四年》又作"女（汝）实征之"，故若水当即汝水。《水经·汝水》："汝水出河南梁县勉乡西天息山，东南过其县北，又东南过颍川郏县南……南入于淮。"河南梁县即今河南临汝县，郏县即河南郏县，汝水是发源伏牛山流经河南中部的一条大水，颛顼高阳氏或当起源于这个地区。至于祝融氏的活动地域，《左传·昭公十七年》："郑，祝融之墟也。"《汉书·地理志》："今河南之新郑，本高辛氏火正祝融之虚也。"《后汉书·郡国志·河南尹》："新郑，《诗》郑国，祝融墟。"新郑即今河南新郑，

---

① 饶宗颐：《楚辞地理考》卷上《高唐考附伯庸考》，商务印书馆，1946年，第8~9页。

这里应是古祝融氏的主要活动地域。颛顼氏、祝融氏既为先楚部族的远祖,因此古代的楚部族最早也同样应活动于今河南中部的嵩山和伏牛山地区。随着时间的推移、人口的增殖、部族的冲突等各种社会原因,先楚部族逐渐向南迁徙,跨过伏牛山脉,越过南阳盆地,最后进入江汉平原地区。

文献记载楚人芈姓,又称作"芈蛮""荆蛮"或"楚蛮"。《国语·郑语》云"蛮,芈蛮矣",意即芈姓之蛮;《诗经·采芑》云"蠢尔蛮荆",是指荆地之蛮;《史记·楚世家》"封熊绎于楚蛮……居丹阳",意指楚地之蛮。《史记·楚世家》又记"楚曰:'我蛮夷也'",是知楚人也自称为蛮。"蛮"与"苗"字阴阳对转,音同字通,徐旭生先生论之甚详,①故蛮族实为古代的苗族,楚人自称为蛮,大致上是沿袭了本族原来的称呼;该部族在进入原始部族或者更早一些时候原称作"苗民"或"三苗",称楚或荆楚则是比较靠后的事情。《战国策·魏策》记吴起云:"昔者三苗之居,左彭蠡之波,右有洞庭之水,文山在其南,而衡山在其北。"就是说先楚部族在进入江汉流域之后,其活动范围向南已达到湖南和江西的北部,向北仍保持在伏牛山区的旧地。这个三苗就是后来称作荆楚的部族。不过,文献记述三苗或苗民的世系很简单,且与楚世系多有出入;虽有出入,但都是出自颛顼和祝融这一点确是一致的。《山海经·大荒北经》云:"西北海外,黑水之北,有人有翼,名曰苗民。颛顼生骧头,骧头生苗民,苗民嫠姓,食肉。"这是说苗民出自颛顼氏,又是骧头的子孙。《山海经·大荒南经》又说:"大荒之中,有人名曰骧头。鲧妻士敬,士敬子曰炎融,生骧头。骧头人面鸟喙,有翼,食海中鱼……有骧头之国。"炎融当即祝融。《说文》云"炎,火光上也",即火盛之意。《史记·楚世家》云:"重黎为帝喾高辛居火正,甚有功,能光融天下,帝喾命曰祝融。"祝融又曰炎融,当与其曾为高辛氏火正有关,因此,这里所说骧头为炎融所生,也即为祝融所生,就是说它是祝融氏的子孙;而"骧头生苗民",当是指苗民出自骧头氏族,或者是指苗民以骧鸟作为自己所崇拜的图腾。古代苗民既出自骧头族,故常以骧头为自己命名,它把颛顼作为自己的远祖,说明它的早期活动范围也当在嵩山和伏牛山地区。春秋时期尚存于这里的新城蛮氏、戎蛮子国,可能就是古苗民的后裔。不惟如此,骧头族早期还和中原地区各部族结成过联盟。《尚书·尧典》云:"帝(尧)曰:'畴咨若予采?'骧兜曰:'都!共工方鸠僝

---

① 徐旭生:《中国古史的传说时代·苗蛮集团》(增订本),科学出版社,1960年。

功.'"《史记·五帝本纪》也说:"尧曰:'谁可顺此事?'……谨兜曰:'共工旁聚布功,可用.'"《集解》引孔安国曰:"谨兜,臣名."张华《博物志》卷二更具体指为"驩兜国……帝尧司徒".由此可见,驩兜族曾是中原地区以尧为首的部族联盟的重要成员之一.但是大约与此同时,驩兜、三苗与中原诸部族逐渐发生冲突,这种冲突导致了苗蛮部族的南迁.《荀子·议兵》篇说"尧伐驩兜";《吕氏春秋·召类》篇说"尧战于丹水之浦,以服南蛮";《帝王世纪》也说"诸侯有苗氏处南蛮而不服,尧征而克之于丹水之浦".丹水今称丹江,发源于陕西终南山,流经河南淅川县境,南入汉水.尧与苗蛮发生冲突就在丹江之滨.到了舜的时候,双方冲突有增无减,《左传·昭公元年》说自古诸侯不用王命者"虞有三苗";《吕氏春秋·召类》篇说"舜却苗民,更易其俗";《尚书·尧典》和《史记·五帝本纪》都说舜"放驩兜于崇山,以变南蛮;迁三苗于三危,以变西戎".是知苗蛮部族中这个时期大部分被迫南迁,而另一部分则可能迁到了西方.到了禹的时期,中原地区的夏部族和定居于江汉流域的苗蛮部族发生更剧烈的冲突.这次冲突史书多有记载,而以《墨子·非攻下》记之最详.文云:"昔者三苗大乱,天命殛之,日妖宵出,雨血三朝,龙生于庙,犬哭乎市,夏冰,地坼及泉,五谷变化,民乃大振,高阳乃命玄宫,禹亲把天之瑞令,以征有苗.四电诱祗,有神人面鸟身,若瑾以侍,扼矢有苗之祥.苗师大乱,后乃遂几."这次冲突使苗蛮部族"人夷其宗庙而火焚其彝器,子孙为隶,下夷于民",几乎陷于灭亡的境地.

综上所述,我们认为古代的苗蛮部族,或称三苗、苗民,又称驩头,原是中原地区颛顼高阳、祝融氏族的后裔分支;最早活动于今嵩山和伏牛山地区;他们和中原地区诸部族有着一定的血缘关系,并曾一度共同生活于部族联盟之内.但是由于生产力的发展、人口的繁衍等各种社会原因,大约在尧的时候,旧的部族联盟逐渐分裂,经过一系列的冲突,苗蛮部族逐渐南迁,最后定居于以江汉平原为中心的江汉流域地区.他们在这里和周围的当地部族相融合,共同劳动,开发大片肥沃土地,同时也创造出繁荣发达的物质文化,这就是我们现在所称作的屈家岭文化.正像苗蛮部族是古老的中原祝融族的分支一样,屈家岭文化也带有明显的脱胎于中原地区仰韶文化的痕迹.苗蛮部族在江汉平原地区和周围各部族相融合最后形成强大的荆楚部族,而屈家岭文化则为楚文化的形成奠定了根基.

(原载《楚文化研究论文集》,中州书画社1983年出版)

建国以来的夏文化探索

夏文化又称夏代文化,是夏王朝时期夏部族所创造和遗留下来的物质文化遗存,它是属于考古学范畴的一种文化。由于文献记载的夏代史料甚少,所以研究夏史的学者都希望寻求和利用夏人留下来的实物资料以补充文献记载的不足。这种寻求夏代实物资料的工作,就是我们现在所说的"夏文化探索"。夏文化的探索在我国有着较长的历史,但是由于受时代的局限,在相当长的时间里没有什么进展。进入20世纪30年代,随着中国近代考古学的产生,考古工作者在安阳小屯发现了晚商时期的殷墟文化,继之又在安阳后冈发现了殷墟文化、龙山文化和仰韶文化的三叠层,[1]从而为探索夏文化提供了可资比较的科学资料。当时的学者颇属意于仰韶文化为夏文化,[2]不过这种文化刚被发现,整个文化面貌并不清楚,它虽然比殷墟文化要早,但是早到什么时候还不得而知。因此,在整个30年代和40年代,学术界对于夏文化的探索基本上尚处于初步的推测阶段。

新中国成立以后,随着田野考古工作的大规模开展,在中原地区发现了一系列新型的考古学文化,从而推动夏文化的探索获得突破性的进展。1950年,考古工作者在郑州东南郊的二里岗,首先发现一种新型的古代文化遗存,现今被学术界称作"二里岗文化"[3]。依据可靠的地层关系,以及对该文化内涵的分析,可知二里岗文化存在着上下两层即早晚两期(近年来有些学者又将其分为四期)文化堆积,其上层早于安阳殷墟文化,二者有着一脉相承的关系。众所周

---

[1] 梁思永:《后冈发掘小记》,《安阳发掘报告》第4期,1933年。
[2] 徐中舒:《再论小屯与仰韶》,《安阳发掘报告》第3期,1931年。
[3] 赵全嘏:《河南几个新石器时代遗址报导》,《新史学通讯》1951年第1期。赵全嘏:《郑州二里岗的考古发现》,《新史学通讯》1953年第6期。河南省文化局文物工作队:《郑州二里冈》,科学出版社,1959年。

知,以安阳小屯为代表的殷墟文化,明确无误地属于商代后期,二里岗文化既早于殷墟文化,二者又有着密切的联系,显而易见它应属于商代前期文化遗存,因此,二里岗文化的发现可说是填补了我国商代前期考古学上的空白,它在学术上的重要地位是不言而喻的。二里岗文化相对年代的确定,对于夏文化的探索也有着重要意义。根据文献记载,成汤灭夏之后,商王朝是在夏王朝灭亡的废墟上建立起来的。由此可知,商文化和夏文化,特别是商代早期文化和夏代晚期文化之间,在时代上也应是紧相衔接、极其相近的。现在考古工作者既已明确无误地找到了二里岗文化即商代前期文化遗存,这就使我们在客观上大大接近了正在探索中的夏文化,因此从这个意义上说,二里岗文化的发现,不仅填补了我国商代前期考古学上的空白,而且还进一步缩短了我们探索夏文化的距离。

就在二里岗文化发现不久,考古工作者又在郑州及其附近,相继发现了两种新型的古代文化遗存:其一是1953年在河南登封县玉村发现的古代文化,①这种文化1956年在郑州西郊洛达庙村有较大规模的发现,又曾称为"洛达庙类型"文化,②也即现今所称作的"二里头文化";其二是1956年在郑州南关外所发现的"南关外类型"文化。③ 这两种文化各有自己独特的文化面貌,都叠压在二里岗文化层次的下面,而且又都与二里岗文化有着较多的联系。根据这些特点,当时有些学者认为它们仍应属于商代早期文化,或者属于商王朝建立以前的商族文化即"先商文化"④,也有的学者认为它们"最可能是夏代的"文化。⑤ 因此如果说二里岗文化的发现大大缩短了我们探索夏文化的距离的话,那么这两种新型考古学文化的发现,则有可能使我们接触到了夏文化。

二里岗文化和洛达庙类型等文化的发现,激起学术界探索夏文化的巨大热情。前辈学者徐旭生先生以年逾古稀的高龄,首先率领助手亲赴田野进行夏文化的考古调查,并很快发表了他的《1959年夏豫西调查"夏墟"的初步报告》

---

① 韩维周、丁伯泉等:《河南登封县玉村古文化遗址概况》,《文物参考资料》1954年第6期。
② 河南省文化局文物工作队第一队:《郑州洛达庙商代遗址试掘简报》,《文物参考资料》1957年第10期。
③ 赵霞光:《郑州南关外商代遗址发掘简报》,《考古通讯》1958年第2期。
④ 邹衡:《夏商周考古学论文集》,文物出版社,1980年,第99页。
⑤ 李学勤:《近年考古发现与中国古代社会》,《新建设》1958年第8期。

(《考古》1959年第11期)。徐先生既是一位考古学家,同时又是一位著名的历史学家。作为一位历史学家,他首先详尽地掌握了文献记载的夏史资料,并以此为线索开展他的田野考古工作;作为一位考古学家,他根据文献提供的线索,在现有考古学成果的基础上,运用现代考古学的方法,把夏文化作为一种存在于一定时间、一定地区并且具有一定特征的物质文化实体加以探索。他认为夏文化既为夏族所创造,它就必然集中分布于夏族生活的中心区和夏王朝的政治中心区,这个中心区在何处呢?徐先生根据文献提供的线索,"觉得有两个区域应该特别注意:第一是河南中部的洛阳平原及其附近,尤其是颍水谷的上游登封、禹县地带;第二是山西西南汾水下游(大约自霍山以南)一带"①。徐先生即把重点放在这两个地区,身体力行,首先沿颍水河谷溯流而上,开始了第一个区域的调查,他在这里发现不少仰韶文化和龙山文化遗址。当他由颍水河谷进入洛阳平原上的伊洛河谷地带时,在今偃师县西南洛水南岸的二里头村,发现一处大型洛达庙类型的文化遗址,也就是现在所称作的"二里头文化遗址"。徐先生通过调查,"看见此遗址颇广大",认为"很像古代一大都会",究竟是什么时代的都会呢?说来有趣,徐先生此次调查的本意原是来"夏墟"调查夏文化,但当他最后发现大型的二里头文化遗址时,则根据文献记载,认为这里应是成汤所都西亳的遗迹,就是说找到的是一处"商墟"。考古工作者根据他的调查立即在这里进行了试掘,结果发现这里存在着四层文化堆积:最上层为二里岗文化,下面叠压着洛达庙类型的早、中、晚三期(也称一、二、三期)文化堆积。早期接近于河南龙山文化,中期已基本演变为洛达庙类型文化,晚期则为典型洛达庙类型文化,并且在晚期文化层内发现不少房基和墓葬,文化遗物也比较丰富。至于晚期文化的性质,众说不一,原发掘简报说:"有些考古工作者认为河南龙山文化之后,郑州二里岗商文化之前的这一阶段,时间上大致相当历史上的夏代,因而推测这一类型的文化遗址可能属于夏文化。根据文献记载,传说偃师是汤都西亳,而此遗址内以晚期(即洛达庙类型)文化层分布最广,这是值得注意的,或许这一时期相当于商汤建都的阶段。"②这个见解和徐先生的认识是一致的。

---

① 徐旭生:《1959年夏豫西调查"夏墟"的初步报告》,《考古》1959年第11期。
② 中国科学院考古研究所洛阳发掘队:《1959年河南偃师二里头试掘简报》,《考古》1961年第2期。

二里头文化遗址的发现，是徐先生此次考古调查的重要收获之一，但徐先生此次调查本身也具有重要意义。他在调查中所提出的探索夏文化的两个区域，至今仍为考古工作者所遵循；他把文献记载和实物资料、室内研究和田野工作密切结合，并且运用现代考古学方法，以田野考古工作为主要手段去有目的有计划地探索夏文化，这可说是一个创举。总之，在整个50年代，即中华人民共和国成立后的第一个十年，是我国探索夏文化取得重大成果的十年，一系列新型考古学文化的发现，提供了极其丰富的资料，以田野考古工作为主要手段的科学方法的确定，标志着我国夏文化的探索进入一个新的历史时期。

进入60年代，考古工作者对二里头遗址进行了系统的发掘。清理出大量的陶器和小件青铜器，并发现了成群的灰坑、墓葬和多座房基；晚期文化层内还发现了冶铜、制骨和制陶等手工业作坊基址，而最引人注目的是在遗址的中心发现一处大型夯土台基。台基面积约2万平方米，台基面上有成排的柱洞，显而易见它是一座大型的建筑基址，①这就是现在所说的二里头一号宫殿遗迹。由于二里头遗址所发现的洛达庙类型文化较之洛达庙遗址的文化内涵更加丰富和更具典型性，因之从1962年起就将洛达庙类型文化正式易名为"二里头文化"②。二里头文化晚期丰富的文化内涵和大型宫殿基址的发现引起学术界的强烈兴趣，虽然众说纷纭，但多数学者仍然倾向于徐旭生先生的意见，即宫殿基址的发现，再次表明这里应是商初的西亳都邑所在，而压在基址下边的早期或早中期文化有可能就是夏文化，或者与夏文化有着密切的关系。

60年代后期，夏文化的探索工作处于停顿状态。70年代初，考古工作者首先冲破干扰，在艰苦的条件下重新开始了田野发掘工作。1970年，在河南临汝县煤山遗址发掘出三层文化堆积，上层为二里头文化中期，中层为二里头文化早期，最下层具有新的文化特点，它既早于二里头文化早期，又晚于原来所说河南龙山文化晚期的"王湾类型"，根据其新的特点，学术界把它称为"煤山类型"③。煤山类型文化的发现，把二里头文化和河南龙山文化进一步衔接起来，确定了它们之间一脉相承的关系。1972年和1973年，考古工作者对二里头一

---

① 中国科学院考古研究所洛阳发掘队：《河南偃师二里头遗址发掘简报》，《考古》1965年第5期。
② 夏鼐：《新中国的考古学》，《考古》1962年第9期。
③ 洛阳博物馆：《河南临汝煤山遗址调查与试掘》，《考古》1975年第5期。

号宫殿遗址进行了全面的揭露,"发现基址中部有殿堂、四周有廊庑、南部有大门的痕迹",进一步弄清了宫殿基址的布局。特别是还在基址上面发现了一个新的文化层,即所谓的"二里头四期"①,它具有二里头三期(即晚期)和二里岗下层的双重文化因素,因此这期文化的发现,加强了二里头文化和二里岗文化的密切联系。另外,他们还于1975年在基址以北清理出几座二里头三期的墓葬(如 K3、K4、K5),墓中出土一批精美的玉器和青铜器,青铜器计有铜戈、铜戚、铜爵和镶嵌绿松石的圆形铜器等,铸造复杂、造型精致,是我国当前所发现最早的一批完整的青铜器。② 通过以上发掘,取得的巨大成果,证实了二里头文化已经属于青铜器时代的文化,并且填补了河南龙山文化和二里头文化之间、二里头文化和二里岗文化之间的缺环。这样,在整个豫西地区,从仰韶文化到河南龙山文化、二里头文化到二里岗文化之间便形成了明确的文化序列,以至于我们可以这样说,今后在这里将不再可能发现新的考古学文化穿插于四者之间。豫西地区这种文化序列的发现,对于夏文化的探索非常重要,根据文献记载,豫西地区曾是古代夏人活动的中心,也即徐旭先生所称作的"夏墟";二里岗文化已被公认为商代前期文化,因此,如果文献记载可信,我们就应当在二里岗文化之前的二里头文化、河南龙山文化或仰韶文化中去探索夏文化的踪迹,这无疑使我们能够把主要力量集中投入较小的探索范围。

大约与此同时,考古工作者还在晋南一带,即文献记载的夏人另一个活动中心区进行了考古调查和发掘。1974年,发掘了夏县东下冯遗址,该遗址面积约25万平方米,包含三层文化堆积,上层为二里岗文化,下层为晋南龙山文化,中层则具有新的文化面貌,学术界现称之为"东下冯类型"③。东下冯类型文化与二里头文化中隔黄河南北相望,年代大致相同,二者有着较多的共性,也有着明显的差异。根据二者的共性,不少学者认为是同一种文化,即属于二里头文化,根据存在的差异,有人又称之为"二里头文化的东下冯类型"。但也有学者

---

① 中国科学院考古研究所二里头工作队:《河南偃师二里头早商宫殿遗址发掘简报》,《考古》1974年第4期。
② 中国科学院考古研究所二里头工作队:《偃师二里头遗址新发现的铜器和玉器》,《考古》1976年第4期。
③ 东下冯考古队:《山西夏县东下冯遗址东区、中区发掘简报》,《考古》1980年第2期。李伯谦:《东下冯类型的初步分析》,《中原文物》1981年第1期。

认为晋南地区有着自己的文化序列,东下冯类型和二里头文化各属于两个不同的文化系统。尽管存在不同看法,但有一点可以肯定,即晋南地区东下冯类型文化的发现,进一步开阔了我们的视野,为夏文化的探索提供了新的资料。

70年代后期,我国科学文化事业进入一个新的发展阶段,学术界对夏文化的讨论也重新活跃起来。这里有必要介绍一下1977年11月在河南省登封县王城岗遗址所召开的一次考古发掘现场会,这是我国学者首次聚会一堂讨论夏文化的一次盛会。1977年下半年,考古工作者在文献记载的禹都阳城附近,即今河南登封县告成镇西侧的王成岗,发现了一座河南龙山文化晚期的城堡基址。[①] 城堡基址不算大,周长近400米,面积约1万平方米,但它是当时发现的我国第一座最早的城堡基址,尤其是它发现于文献记载的"禹都阳城"附近,就更为学术界所注目。当时许多学者应国家文物局约请,从四面八方来到这里,参观现场,听取发掘情况介绍,同时也听取了二里头遗址和东下冯遗址发掘情况介绍,然后各抒己见,进行了热烈讨论。讨论主要围绕着三个问题进行:一、王城岗城堡基址的性质问题;二、"夏文化"的定义问题;三、哪种文化应为夏文化的问题。最后由夏鼐先生在讨论的基础上作了初步总结。夏鼐先生指出:王城岗城堡基址属于河南龙山文化晚期遗址明确无误,至于城堡基址是否为夏都则是另一个问题,因为河南龙山文化晚期是否为夏文化意见尚不一致;退一步说,即便是夏文化,这座城堡基址是否为夏都阳城仍然不能确定。夏先生还着重谈到"夏文化"的定义问题,指出应当从四个方面加以规定:一、它必须是夏王朝时期的;二、它必须具有夏族族属特征;三、从总体说它必须与夏王朝时期所属阶级社会属性相符合;四、它应当分布于夏族生活的地域以内特别是夏族生活的中心区域以内。把这几个方面综合起来概括为一句话,那就是夏文化"应该是指夏王朝时期夏民族的文化"。这个概括使夏文化第一次有了明确而且科学的含义,它得到与会者的赞同,并且对以后夏文化的探索也具有重要的指导意义。总结还列举了会上所发表的关于夏文化的四种不同意见:一、认为河南龙山文化晚期和二里头四期文化都是夏文化遗存;二、河南龙山文化晚期与二里头一、二期文化为夏文化遗存;三、二里头一、二期是夏文化,三、四期为商文

[①] 河南省文物研究所、中国历史博物馆考古部:《登封王城岗遗址的发掘》,《文物》1983年第3期。

化;四、二里头一期至四期文化都是夏文化。根据现有材料还不足以证明哪种文化就是夏文化,还需要进一步的探讨。最后他希望大家继续努力,加强合作,多多交换意见,开展百家争鸣,以促进这个问题的早日解决。① 夏先生讲的这些,是对本次会议讨论的总结,实际上也是对新中国成立以来我国学术界探索夏文化成果的总结。总结明确了"夏文化"的含义,论述了探索夏文化的现状,指出了今后的方向,它表达了与会者的真诚愿望,充分体现出这是一次富有成果的会议。

1978年年初,殷玮璋先生首先发表了《二里头文化探讨》一文,②详细论述了他的二里头文化一、二期为夏文化,三、四期为商文化的观点,文章认为"二里头文化是在传说夏人活动的地域内发展起来的一种古代文化"。这种文化在其发展过程中,从第三期起,"出现了鬲、斝、卷沿圜底盆、大口尊等一组新的陶器"。"这组文化因素后来突出地表现于二里冈商代文化中",因此这第三期也"可能便是商文化"。而"早于商代,因商文化的出现而受阻以至被融合的、在传说夏人活动地域内发展起来的具有一定特征的二里头下层文化,有可能就是我们探索中的夏代文化,或可说是夏代后期文化"。殷文的这个观点是在新的考古资料基础上,对前人意见的进一步补充和发挥,在80年代的夏文化讨论中仍具有重要的代表意义。大约与此同时,邹衡先生发表了《郑州商城即汤都亳说》一文,③提出了他的汤都郑亳的著名新说。邹氏此说,后来在他的《夏商周考古学论文集》一书中作了全面而系统的论述,建立起他的夏商周考古学理论体系。众所周知,早在50年代,考古工作者就在今郑州老城区的下面发现一座二里岗文化时期的商代城址,这就是现在人们所称作的"郑州商城"。通过历年的调查和发掘得知,该城城墙周长约7公里,城内面积约300万平方米,城内发现了大型宫殿建筑基址,城外发现了多处手工业作坊遗址和墓葬,还发现了成批的青铜礼器和玉器。④ 郑州商城规模之大和文化内涵之丰富,不仅是前所未有的,而

---

① 夏鼐:《谈谈探讨夏文化的几个问题——在〈登封告成遗址发掘现场会〉闭幕式上的讲话》,《河南文博通讯》1978年第1期。
② 殷玮璋:《二里头文化探讨》,《考古》1978年第1期。
③ 邹衡:《郑州商城即汤都亳说》,《文物》1978年第2期。
④ 河南省博物馆、郑州市博物馆:《郑州商代城遗址发掘报告》,《文物资料丛刊》1977年第1期。

且在迄今发现的所有二里岗文化遗址中也是首屈一指的,显而易见它应是一座商代前期王都的遗迹。至于为何王所都,在此以前的几乎整个学术界,包括邹衡先生自己在内,大都认为郑州商城应是商王仲丁所居的隞都,但是邹氏经过多年研究后认为此说不妥,提出应为商王成汤所居的亳邑才更为合理。邹说意为郑州商城即为众所公认的商代前期王都,以其规模之大,文化内涵之丰富,正与文献记载的商初开国盛世,由成汤开始的十王所都的亳邑相符,而仲丁、外壬居隞不过二十余年,且政局动乱,"弟子争相代立",在此动乱形势之下,是不可能建造起如此规模巨大的郑州商城的。再者根据 ^{14}C 的测定,郑州商城的存在年代(经过树轮校正)为公元前1620年,这与文献记载的商初纪年也是基本符合的。邹文还认为二里岗文化虽与二里头文化有诸多联系,但并非一脉相承,二里岗文化真正的直接来源则是分布于豫北地区的漳河型、辉卫型以及叠压在郑州商城下面的南关外型文化,而这些正是邹氏所说的先商部族所创造的"先商文化";二里岗文化既然是在"先商文化"的基础上继承和发展起来的,因此它就应当属于早商时期的文化,郑州商城当然也应属于早商时期的都邑。另外,历年来考古工作者曾在郑州遗址的上面,多次发现春秋战国时期的"亳"字或"亳丘"二字陶文,邹文据此认为"亳丘"当为地名,所指此地乃是商代亳邑的丘墟,这显然为郑州商城是汤都亳邑提供了又一个重要的证据。汤都郑亳的论定,与邹先生所主张的二里头四期文化为夏文化之说密切相关。如上所述,二里头文化既早于早商的二里岗文化,又与后者紧相衔接,从其相对年代上说它必然应属于夏王朝纪年以内的文化;考古调查和发掘资料表明,二里头文化集中分布于河南豫西地区,而这里正是文献记载的夏人活动的中心区;二里头遗址所发现的大型宫殿基址,是我国目前所发现的最早的一座宫殿基址,这与作为我国历史上第一个国家政权的夏王朝也是恰相对应的。综合以上三点,邹先生认为二里头文化显然应是我们所探索的夏文化,并且进而认为当年徐旭生先生所发现的大型二里头文化遗址,并非汤都西亳,而正是他要寻找的"夏墟"的遗迹。汤都郑亳和二里头四期文化为夏文化一说的提出,引起学术界的强烈反响,并且成为80年代夏文化讨论中的一个重要议题。

  围绕着豫西地区夏文化的讨论,还有两种意见值得注意。一是李民和张文彬先生提出的河南龙山文化晚期和二里头一期文化为夏文化说,①他们认为二里头一、二期之间文化面貌变化甚大,后者与二里岗早商文化关系密切,而前者与河南龙山文化一脉相承,它有可能就是我们所要探索的夏文化,这一观点近年来由郑光先生作了进一步的补充和发挥。② 二是孙华先生提出的二里头一、二、三期为夏文化,四期为商文化说,③他主要认为二里头文化发展至三期达到鼎盛,四期则突然衰落,这可能反映着其时夏王朝已被商王朝所取代,此地的夏都已成为废墟,这一观点近年来由田昌五先生作了系统的阐述和发挥④。这两种意见给我们探索夏文化以新的启示,进一步深化了人们对二里头文化的认识。

80年代初,偃师商城的发现也对夏文化的讨论产生了重大影响。偃师商城在1983年发现于偃师县西南洛水北岸,与二里头遗址隔河相距约6公里,城址周长5000余米,全城面积约190万平方米。⑤ 由于该城与二里头遗址相距甚近,二者的关系就颇为学术界所关注,有些学者认为这座城址应是真正的汤都西亳,二里头遗址应是该城的组成部分,二者是同一时期的文化遗迹。又有些学者根据现已公布的材料,认为这是一座二里岗下层文化时期的城址,与郑州商城约略同时,比二里头文化遗存恰恰晚了一个时期。既与郑州商城同时,又小于郑州商城,因此它不大可能是商初王都亳邑,而应是一座商初别都桐宫或军事重镇,⑥是专为镇压夏遗民反抗而建筑于被灭掉的夏都附近的。这样说来,偃师商城的发现,就更进一步证明二里头宫殿遗址应是夏都的遗迹。偃师商城"西亳"说和"别都"说的对立,关键在于对二里头晚期文化性质的认识存在着分歧。近年赵芝荃先生著文认为二里头宫殿遗址当为夏都所在,而偃师商城又

---

① 李民、文兵:《从偃师二里头文化遗址看中国古代国家的形成和发展》,《郑州大学学报(哲学社会科学版)》1975年第4期。
② 郑光:《二里头遗址与夏文化》,《华夏文明》,北京大学出版社,1987年。
③ 孙华:《关于二里头文化》,《考古》1980年第6期。
④ 田昌五:《夏文化探索》,《文物》1981年第5期。
⑤ 中国社会科学院考古研究所洛阳汉魏故城工作队:《偃师商城的初步勘探和发掘》,《考古》1984年第6期。
⑥ 邹衡:《偃师商城即太甲桐宫说》,《北京大学学报(哲学社会科学版)》1984年第4期。郑杰祥:《关于偃师商城的年代和性质问题》,《中原文物》1984年第4期。

为汤都"西亳",不过他所说的"西亳"具有"重镇"含义,①我们知道,赵先生曾多年主持二里头遗址的发掘工作,现又主持偃师商城的发掘工作,他的意见是很值得重视的。

自50年代以来,学术界对夏文化的探索,都是围绕着分布于豫西地区的河南龙山文化和二里头文化进行分析;但是进入80年代情况有了变化,由于晋南和山东半岛地区的重大考古发现,对夏文化的探索逐渐扩大了范围。80年代初,考古工作者在晋南襄汾县陶寺发掘一处"陶寺类型"的龙山文化遗址,总面积约300万平方米,②遗址西半部发现有住房基址,东南部为族葬墓地,可知是当时的一处大型村落遗迹。遗址包含着早、中、晚三期文化堆积,其中以早期文化遗存最为丰富,该期墓葬发现最多,但其规模大小、随葬品多寡极为悬殊,如大型墓葬M3015出土随葬品多达200多件(包括扰乱部分),所出彩绘陶器、彩绘木器、鼍鼓、特磬都是前所未见的珍品;但与此相反的是大多数小墓则四壁徒空,一无所有,正如有些学者所说这种现象"恰是当时部落内部社会结构的形象写照。贫富分化、等级贵贱、阶级对立在这里已可一览无余"。特别是在一些大墓里还出有带彩绘龙纹的陶盘,这使不少学者立即将其与夏文化联系起来,他们认为传说古代夏族原是以龙为图腾,因此这些彩绘"龙盘在大型墓中的发现,将有助于证明下述推断:陶寺的龙山文化先民,正是活跃于'夏墟',以龙为族徽、名号的部落"③。因而"陶寺遗址、墓地很可能就是夏人的遗存"④。不过也有学者对此提出异议,他们认为根据^{14}C的测定,陶寺早期墓地年代(经树轮校正),其数据为距今4290±130年,即公元前2340±130年;晚期则为距今4130±130年,即公元前2180±130年。这些碳素年代数据,反映出陶寺遗存的年代基本上相当于夏代以前帝尧陶唐氏历史年代,⑤因而认为应属于尧部落时期的文化遗存。认识虽不一,但由于东下冯类型文化和陶寺类型龙山文化的发现,近年来晋南已成为学术界探索夏文化的重点地区之一。另外,山东的考古工作

---

① 赵芝荃:《论二里头遗址为夏代晚期都邑》,《华夏考古》1987年第2期。
② 中国社会科学院考古研究所山西工作队、临汾地区文化局:《山西襄汾县陶寺遗址发掘简报》,《考古》1980年第1期。
③ 高炜等:《关于陶寺墓地的几个问题》,《考古》1983年第6期。
④ 高炜等:《关于陶寺墓地的几个问题》,《考古》1983年第6期。
⑤ 王文清:《陶寺遗存可能是陶唐氏文化遗存》,《华夏文明》,北京大学出版社,1987年。

者曾在鲁东的潍、淄两河流域,发现铸有斟、郭二氏铭文的青铜器和大型龙山文化遗址,据此他们认为早期夏文化可能分布于今山东半岛地区。① 安徽的考古工作者又认为禹曾"娶涂山",而"涂山在寿春东北"(《史记·夏本纪·索隐》),即今安徽怀远县以东地区,夏后和涂山应为睦邻相处的两个氏族,由联盟进展为通婚,因此认为安徽也应是探索夏文化的一个重要地区。②

近年来,由于学术界对夏文化的讨论更加广泛和深入,大量有关论文出现于报章杂志上,并有三本讨论夏文化的论文专集和一本夏史专著相继问世。其一是1985年由中州古籍出版社出版的《夏文化论文选集》,该书选自20世纪30年代我国近代考古学产生以来,历史学者和考古学者发表的具有代表性的26篇探索夏文化的论文,按发表时间为序编纂成书,目的在于揭示我国夏文化探索工作的发展历程,为当代学者"温故而知新",以便总结经验,继续前进。其二是1985年由齐鲁书社出版的《夏史论丛》,其三是1987年由北京大学出版社出版的《华夏文明》。二书可说是《夏文化论文选集》的续编,共收录论文45篇,后者还附录《夏代史料选编》和建国以来《夏史与夏文化研究论著目》索引,方便读者查阅;这二本书全面地反映出当前学术界夏史研究和夏文化探索中的重要成果及其所持的各种观点。其四是1988年由中州古籍出版社出版的《夏史初探》,该书是笔者利用考古资料,结合文献记载,试图对夏代历史作一全面而系统的研究,以揭示我国古代文明起源和形成的过程及其独具的特点。这四种著作的出版,是80年代我国学术界夏史研究和夏文化探索的又一可喜成果,它们必将有助于这些问题研究和讨论的进一步开展。

总之,新中国成立40年以来,在马克思主义基本原理和党的"百家争鸣"方针指引下,由于史学工作者和考古工作者的辛勤努力,我国探索夏文化的工作取得了巨大成绩。中原地区一系列新型考古学文化的发现,特别是豫西和晋南地区相连的考古学文化序列的发现,使我们有理由认为:夏文化客观上可能已经出现于人间,但在主观上人们对它还没有共同的认识,或者说仍处于"相见不相识"的状态。这主要原因就在于夏文化至今还未发现有夏文字的标记,其次就是夏王朝的绝对年代文献所记不是绝对一致的,从而就使许多学者对夏文化

---

① 杜在忠:《山东二斟氏考略》,《华夏文明》,北京大学出版社,1987年。
② 胡悦谦:《试谈夏文化的起源》,《华夏文明》,北京大学出版社,1987年。

的认识仁者见仁,智者见智,存在着不小的分歧。但从总的趋势来看,通过认真讨论,分歧在逐渐缩小,大多数学者已把目标集中到二里头文化、河南龙山文化和晋南陶寺类型龙山文化以及东下冯类型文化,特别是集中到二里头文化和陶寺类型龙山文化上来,这可说是当前夏文化探索的一个重大进展。我们相信随着新的考古资料相继发现,在学术界同行的努力之下,夏文化的真实面目不久将大白于世间。

(原载《中原文物》1989年第3期)

二里头文化商榷

根据文献记载,我国商代之前有个夏代,这个历史阶段是可信的。从考古学的范围来说,我们已经确定无疑地找到了商代文化,夏代文化虽然当前仍在探索之中,但是依据地层上的明确证据及对其文化内涵的分析,二里头文化很可能就是我们所要探索的夏代文化。

一

二里岗文化是商代文化,这在学术界已为众所公认,但是属于早商时期文化还是中商时期文化,目前意见尚不一致。邹衡同志在他的《郑州商城即汤都亳说》①一文中认定二里岗文化为早商时期文化,这个意见我是完全同意的。邹先生在该文中列举四条理由以论证郑州商城即商汤的亳都,其中尤以第四条理由我以为确然无可移易。新中国成立以来在郑州发现了总面积达25平方公里的商代遗址,特别是在遗址中心还发现了一座周长约7公里的商代城墙,而且这座城址并不是空城一座。郑州商城发掘报告说:"郑州商代城址,不但范围广阔,而且在城内外还发掘出不少重要的遗迹。在南城墙外约500米处的南关外和北城墙外约200米处的紫荆山北地,分别发掘出两处冶铸青铜器的手工业作坊遗址。在北城墙外约300米处发掘出一处用人骨和兽骨作原料的磨制骨器的手工业作坊遗址。在西城墙外约1300米处的铭功路西,发掘出了一处烧制陶器的手工业作坊遗址。在西城墙外约300米处的杜岭后街出土了两件大型铜方鼎。在城内东北部还发现了大面积的夯土台基和建筑遗迹(应当是商代

---

① 邹衡:《郑州商城即汤都亳说》,《文物》1978年第2期。

奴隶主居住过的场所,也有可能是宫殿遗址)。所有这些遗迹和遗物证明:这座城址应是商代的重要都邑。"①关于这座城址的相对年代,考古发掘表明,它"晚于洛达庙期和南关外期,更晚于龙山文化,其上限不会早于商代二里岗期下层,下限也不会晚于商代二里岗期下层"②,就是说这是一座商代二里岗下层时期的城址。关于这座城址的绝对年代,参考^{14}C测定(经树轮校正)的年代为距今$3570±135$年(前1620)或$3545±135$年(前1595),③这个年代和文献记载的商代初期年代恰相符合。因此郑州所发现的这座城址,从其规模的巨大和其相对年代、绝对年代来看,都应是商代初年重要都邑无疑。另外邹先生在该文中所举第二条理由也是一个有力的证据。按商汤都亳,虽然文献记载无异词,但亳地地望,却是历来众说纷纭,莫衷一是。1956年在郑州行政区的金水河南岸和白家庄一带,出土不少战国时期带"亳"字的陶器,是一批不可多得的实物资料。④ 这些陶文多发现于陶豆的残柄上,而"陶豆的数量,相当庞大"⑤,仅在一个坑的周围地面上就散存有陶豆残柄二三百件,⑥这些陶豆"因其出土数量甚多,说明带'亳'字的陶器不是从外地运来,应该是在当地烧造"⑦。陶豆残柄上多印有"亳"字单字,其中一件印有"关倉"二字,按"关",从𠃜,从大,或即丘字之别体。丘,金文作"𠃜"(《子禾子釜》),陶文作"𠃜",《说文解字》卷八上引古文丘作"𠃜",《三体石经》古文丘作"𠃜",下皆从土,按"大"与"土"当是形近而讹,如金文"堇"写作"𦰩",也写作"𦰩"⑧,嘆、嘆、鸂、歎所从之"堇",小篆均写作

---

① 河南省博物馆、郑州市博物馆:《郑州商代城址试掘简报》,《文物》1977年第1期。
② 河南省博物馆、郑州市博物馆:《郑州商代城址试掘简报》,《文物》1977年第1期。
③ 河南省博物馆、郑州市博物馆:《郑州商代城址试掘简报》,《文物》1977年第1期。
④ 郑州市文物工作组:《郑州金水河南岸工地发现许多带字的战国陶器》,《文物参考资料》1956年第3期。河南省文化局文物工作队第一队:《郑州白家庄遗址发掘简报》,《文物参考资料》1956年第4期。
⑤ 郑州市文物工作组:《郑州金水河南岸工地发现许多带字的战国陶器》,《文物参考资料》1956年第3期。河南省文化局文物工作队第一队:《郑州白家庄遗址发掘简报》,《文物参考资料》1956年第4期。
⑥ 郑州市文物工作组:《郑州金水河南岸工地发现许多带字的战国陶器》,《文物参考资料》1956年第3期。河南省文化局文物工作队第一队:《郑州白家庄遗址发掘简报》,《文物参考资料》1956年第4期。
⑦ 邹衡:《郑州商城即汤都亳说》,《文物》1978年第2期。
⑧ 容庚:《金文编》,科学出版社,1959年,第461页。

"𦉢"。如果此释不错,则此"𥫣𠕋"(原如此,今仍其旧,下同),当为"亳丘"二字,由此可知这批陶文的出土地点在春秋战国时期尚称为"亳"地或"亳丘"。值得注意的是这批陶文正出土于早商时期夯土台基和建筑遗迹区及其附近,这决不是偶然的巧合。这片大型建筑遗迹应是早商时期的宫殿区,《周礼·考工记》云"匠人营国……左祖右社",古代在宫殿左右两侧又建宗庙和社坛,因而此地也应是早商时期的宗庙、社祭所在。《礼记·郊特牲》郑玄注:"薄社,殷之社,殷始都薄。"《左传·哀公四年》杜预注:"亳社,殷之社。"古代薄、亳一字,从这里出土的许多"亳"字陶文表明,这个地方就是早商时期的亳社所在。当然到春秋战国时期,早商的宫殿、宗庙、亳社建筑早已废毁无存而成为丘墟,因此,陶器文字就称此地为"亳丘"。这个亳地或亳丘地望当在今发现陶文的金水河南岸,即西周管城的东北隅,商代亳社的废墟之上及其附近,《太平御览》卷155《州郡部一》引《左传》云:"邑有先君宗庙之主曰都。"因此这批带"亳"字陶器的发现,进一步证明现在郑州所发现的规模巨大的早商时期城址,应该就是商汤亳都的遗迹。

二

郑州商城即已确定为早商文化,而在商城之下还压着一层洛达庙期遗存,洛达庙类型的文化,后来在偃师二里头遗址发现有更为典型的地层堆积,现已正式定名为二里头文化,由于它早于二里岗下层文化遗存,因此一直成为学术界探索夏文化的主要对象。

关于二里头文化是否为夏代文化,当前学术界百家争鸣,各抒己见,意见颇不一致。分歧主要表现为以下两种意见:1.认为二里头四期文化之中,一、二期属于夏代文化,三、四期应属于早商文化;2.认为二里头四期文化全部属于夏代文化。本文意见基本上倾向于后者,至于前一种意见,最近发表的《二里头文化探讨》①(以下简称《探讨》)一文阐述得比较明确,这里想就《探讨》一文所持的观点交换一些意见。

---

① 殷玮璋:《二里头文化探讨》,《考古》1978年第1期。

根据二里头遗址的地层堆积,现在已经把二里头文化遗存划分为四期,四期的文化内涵,二里头遗址的一些发掘报告已经作了详细介绍。① 二里头四期遗存之间的关系存在着两重性,一是它的继承性,二是它的变异性,正如《探讨》一文所说:"二里头文化不仅给人以持续发展的概念,在文化面貌上还给人以经历着某种变革的印象。"一般地说,二里头一、二期之间和三、四期之间虽有变异,但继承关系表现得比较明显,这是众所公认的事实;但是二、三期之间究竟哪一性占着主导地位,如何看待它们之间的变异性,这是分歧的关键所在,也是探索夏文化争论的焦点之一。这里也着重讨论的是二、三期之间的关系。

首先,正如《探讨》所说,第二期陶器"纹饰为细绳纹为主,篮纹、方格纹明显减少……不见较粗的绳纹",而三、四期陶器也是"绳纹作为主要的纹饰普遍地施于陶器的器身,粗绳纹出现,篮纹、方格纹几乎绝迹",还说"在陶器形制方面,上述一、二期共存的那组陶器这时(指第三期)仍继续使用,保持了原来的形制而仅有局部变化"。由此可见,作为主要分期标准的陶器群,三、四期继续沿用着一、二期共存的那组陶器,而且还"保持了原来的形制",即使有变化,也"仅有局部变化",这就清楚地表明二里头二、三期陶器群之间,共同点还是占着主导地位。其次,《探讨》一文也论述了二、三期遗存之间的一些重大变化,这些变化概括说来有以下几点:1.一批新型陶器群的产生,说在三期时,"鬲、斝、卷沿圜底盆、大口尊、簋、小口直领瓮等器开始出现";2.一些陶器器型及其纹饰有了新的变化;3."三、四期地层中的某些遗迹,也跟二里冈期商代文化的同类遗迹相同或相似"。对于这些变化,《探讨》断然认为它是第三期遗存中"突然出现,显然是外来的因素",而这外来的因素"可能便是商文化",从而《探讨》引用"汤都西亳"的文献记载,最后推断说"二里头三期遗存可能为汤都西亳的遗迹"。我认为《探讨》上述论点有以下几个问题尚需进一步商榷。一、《探讨》所举三期出现的一批新型陶器,事实并不全然如此。如卷沿圜底盆在矬李五期遗存(相

---

① 中国科学院考古研究所洛阳发掘队:《1959年河南偃师二里头试掘简报》,《考古》1961年第2期。中国科学院考古研究所洛阳发掘队:《河南偃师二里头遗址发掘简报》,《考古》1965年第5期。中国科学院考古研究所二里头工作队:《河南偃师二里头早商宫殿遗址发掘简报》,《考古》1974年第4期。中国科学院考古研究所二里头工作队:《河南偃师二里头遗址三、八区发掘简报》,《考古》1975年第5期。中国科学院考古研究所二里头工作队:《偃师二里头遗址新发现的铜器和玉器》,《考古》1976年第4期。

当于二里头二期)已有出土(图五:8)①,原报告介绍说:"盆类器多卷沿、圆唇、圜底近平。"大口尊在原二里头中期遗存(后称为"二里头二期")(图六:5)②和煤山遗址第三期遗存(相当于二里头二期)就有发现(图八:8)③,又如甑在原二里头中期遗存(图七:7)④也有发现,再如小口直领瓮在原二里头早期遗存中(图六:4)⑤已能找到它的祖型,在以后的二期遗存中也同样有所发现。至于陶斝一器,它的主体与一、二期陶斝基本相同,只在一旁附加把手、口沿上加了小柱。另外,某些陶器纹饰也不是新出于二里头三期,如煤山三期出土大口尊(图八:8)⑥的内壁上就已拍印有麻点纹饰。由此可见,《探讨》所举三期出土的这批新型陶器,除陶鬲外,似乎并不新型,它们在三期以前有的已经出现,有的能够找到其祖型,不能认为是在三期以后才突然出现。二里头三期出土陶器群与二期相比确有明显变化,如陶器颜色普遍变为浅灰,陶胎一般加厚,粗绳纹的出现,一些器型口沿由折沿变为卷沿,圜底器和袋足器的加多,等等,其中陶鬲的出现尤其引人注目。但是这些变化是否算作闯入第三期的外来因素呢?显然不是。如陶器的颜色在河南龙山文化的晚期阶段已经以灰陶为主了,二里头早期遗存所出黑陶只占14%,⑦煤山三期和矬李五期遗存已"不见黑陶",因此进入二里头三期"陶色普遍变为浅灰",这完全是一种自然发展的趋势。再如陶胎,如果河南龙山文化晚期遗存出土陶胎还比较薄,那么进入二里头时期陶胎已在逐渐变厚,煤山二期(相当于二里头一期)陶器普遍的特点是"陶胎一般较厚"⑧,煤山三期同样如此,二里头的三、四期陶胎进一步变厚,不也是一种正常

---

① 洛阳博物馆:《洛阳矬李遗址试掘简报》,《考古》1978年第1期。
② 中国科学院考古研究所洛阳发掘队:《河南偃师二里头遗址发掘简报》,《考古》1965年第5期。
③ 洛阳博物馆:《河南临汝煤山遗址调查与试掘》,《考古》1975年第5期。
④ 中国科学院考古研究所洛阳发掘队:《河南偃师二里头遗址发掘简报》,《考古》1965年第5期。
⑤ 中国科学院考古研究所洛阳发掘队:《河南偃师二里头遗址发掘简报》,《考古》1965年第5期。
⑥ 洛阳博物馆:《河南临汝煤山遗址调查与试掘》,《考古》1975年第5期。
⑦ 中国科学院考古研究所洛阳发掘队:《河南偃师二里头遗址发掘简报》,《考古》1965年第5期。
⑧ 洛阳博物馆:《河南临汝煤山遗址调查与试掘》,《考古》1975年第5期。

现象吗？至于粗绳纹的出现，我们知道二里头一期绳纹已逐渐加多，二里头二期纹饰已是以绳纹为主，个别器型如大口尊器表上绳纹已经变粗，进入第三期正式出现了粗绳纹，这也应是一个逐渐演变的过程，并不是什么异常现象。另外，一些陶器型的局部变化，也不是三期时方才开始出现，如卷沿圜底器早在煤山三期（二里头二期类型）已是"盆类器均为卷沿、圆唇、深腹、圜底"①，出现的已经比较多了。当然，陶鬲的出现，可以算作一个新的因素，因为在二里头一、二期遗存中从未发现陶鬲。但是也正如《探讨》所描写的"三期陶鬲的制作粗糙，接裆部位尤其粗厚"，表现着很大的原始性，推其源流，以前就有同志认为："斝的出现无疑是后来陶鬲的前身。"②三期陶鬲的出现可能也是由先前的陶斝演变出来的新器型。综上所述，我们可以看出，二里头三期陶器群出现的这些新变化与一、二期相比，有着很大程度的连续性，也可以说是在继承二里头一、二期文化基础上的一种新的发展，不能认为是突然出现的外来因素。退一步说，即使陶鬲一器是外来因素，也可能是二里头文化的主人在三期阶段吸收了外部族文化营养而丰富了自己文化的具体表现，不可能因为陶鬲一器的出现就改变了二里头三期文化的族属性质。二、《探讨》比较多地把二里岗文化和二里头文化相比，以论证二里头文化属于早商文化，但是二里岗文化比二里头文化晚得多，如果有所继承，它只能是二里头文化的流而不是源，它可以受二里头文化的强大影响，甚至全部接受二里头文化，正如西周初期接受了殷文化一样，但不能证明二里头文化就是早商文化。要证明二里头三期遗存是被抑阻和融合了的早商文化，应该首先弄清楚这个抑阻者和融合者的先商文化到底是个什么样子，但是迄今为止，我们还没有在任何地方找到一个比二里头遗址更早的先商文化遗址，因此我们要问：如果二里头三期的变化是外来因素，这个外来因素从何而来呢？它岂不成了无源之水了吗？三、《探讨》一文最后引用"汤都西亳"这条文献记载，认为"二里头三期遗存可能为汤都西亳的遗迹"。这里且不谈文献记载的可靠与否，就说三期出土的宫殿遗址，论其规模之大、堆积之厚，决不是一朝一夕所能完成，但是正如《探讨》所说"文化面貌上的变化总没有政治变革那么急速"，因此这个宫殿遗址即使属于商代，也不可能就是汤都，而必

---

① 洛阳博物馆：《河南临汝煤山遗址调查与试掘》，《考古》1975年第5期。
② 中国科学院考古研究所：《庙底沟与三里桥》，科学出版社，1959年，第111页。

须把汤灭夏这一政治变革大大提前,才有可能出现三期这样繁荣的商文化,而《探讨》已经把二里头一、二期定为夏文化,汤都实际上还是没有着落。从另一方面说,根据文献记载,二里头遗址地处夏王朝的政治中心区域,汤灭夏后,会不会马上把自己的国都迁于敌对势力的政治中心区域?殊为可疑。因为这种政治、社会的客观条件既不允许,商王朝统治集团也不会那么幼稚,把自己的国都远离本部族的势力范围,建立在敌对势力的政治区域,这在历史上任何一个统治集团,除非它不想维护和巩固自己的政权,否则决然不会蛮干到如此地步。所以仅从这一点考虑,商汤都亳于此实属不大可能。

综上所述,我以为从文化内涵而论,二里头二、三期遗存之间有许多共同的特征,二者之间的继承关系还是处于主导地位。二、三期之间确实出现了一些重要变化,但是这些变化基本上还是处于渐变状态,是一种量变性质,即使三期某些器形及其作风变化突出一些,但也只能说是局部的质变,这种质变也是一、二期发展的必然结果,是三期文化在继承一、二期文化的基础上受内在条件的影响而产生出来的新因素,它体现着二里头文化发展的阶段性,而不是"突然出现"的"外来因素"。因此二里头文化是属于一脉相承的同一类型的文化,应该全部属于夏代文化,《探讨》一文把它分为夏、商两个部族或两代文化,以考古资料而论,似乎还没见到坚实的证据。

二里头文化属于夏代文化。首先,从时代来说,它有着明确的地层上的证据。二里头文化在郑州商城、登封告成①、巩县稍柴②及山西南部东下冯③遗址里普遍叠压在商代二里岗文化层之下,就是说它早于早商二里岗文化,这个相对年代是明确无误的。值得注意的是,二里头四期遗存和二里岗下层遗存之间存在着许多共同的特征,表现着某种程度的继承关系,这自然是早商二里岗文化接受二里头文化强大影响的表现。由于二者存在着密切的关系,我们迄今为止,再也没能找到第三类型的文化叠压在它们中间,这就进一步地证明二里头文化应处于夏王朝的时代范围之内。另外,参考 ^{14}C 测定(经

---

① 陈显泗、戴可来:《河南地区的夏文化》,《郑州大学学报(哲学社会科学版)》1978年第2期。
② 河南省博物馆藏巩县稍柴遗址发掘资料。
③ 北京大学历史系考古专业碳十四实验室:《碳十四年代测定报告(续一)》,《文物》1978年第5期。

过树轮校正)的绝对年代,二里头四期文化为公元前1625±130年,二里头早期文化分别为公元前1920±115年和公元前2010±145年,①这些年代和文献记载的我国夏王朝的末期年代以及其初期年代恰相符合或基本符合,这也是二里头文化在绝对年代上属于夏代文化的一个有力的旁证。其次,依地域而论,根据历年来的调查和发掘,二里头文化遗址现已发现有"百处以上"②,其中在河南地区者就有四十余处。遗址的分布大致以今河南西部的伊、洛、颍河谷平原地带为中心,如在颍河上游的"禹县和登封之间,这种遗址,为数甚多"③,而在伊、洛河下游调查的结果,表明这类遗址分布相当密集,④其他东至豫东,南至豫南,北至豫北及山西南部,西至豫、陕交界,方圆千余里的范围之内都有发现。二里头文化的这个分布范围,和我国文献记载的夏王朝活动范围基本上是一致的。关于夏王朝的活动范围,以前徐中舒、丁山和徐旭生诸先生都作过详细的考证,⑤兹不赘述。丁山先生通过自己的考证认为:夏后氏起自山西省西南隅,渡河而南,始居新郑、新密间,继居洛阳,辗转迁徙,东至河南陈留(按:今河南开封)、山东观城,北至河北濮阳(今属河南省),西至陕西东部,踪迹所至,不越黄河两岸……显然中原固有之民族也。徐旭生先生依据可靠的文献资料"比较探索的结果",认为夏部族活动的中心,"有两个区域应该特别注意:第一是河南中部的洛阳平原及其附近,尤其是颍水谷的上游登封、禹县地带;第二是山西西南部汾水下游(大约自霍山以南)一带"。他们的这些结论,和我们现在所知道的二里头文化的分布范围完全是不谋而合,这种文献记载和遗址分布范围的重合,应是二里头文化在地域范围上属

---

① 夏鼐:《碳-14测定年代和中国史前考古学》(附表),《考古》1977年第4期。中国科学院考古研究所洛阳发掘队:《河南偃师二里头遗址发掘简报》,《考古》1965年第5期。

② 中国社会科学院考古研究所洛阳工作队:《1975年豫西考古调查》,《考古》1978年第1期。

③ 韩维周、丁伯泉等:《河南登封县玉村古文化遗址概况》,《文物参考资料》1954年第6期。

④ 中国科学院考古研究所洛阳发掘队:《1959年河南偃师二里头试掘简报》,《考古》1961年第2期。

⑤ 徐中舒:《再论小屯与仰韶》,《安阳发掘报告》第三期,1931年。丁山:《由三代都邑论其民族文化》,《历史语言研究所集刊》第五本第一分册,商务印书馆,1935年。徐旭生:《1959年夏豫西调查"夏墟"的初步报告》,《考古》1959年第11期。

于夏代文化的一个坚实证据。最后,"夏传子,家天下",文献记载,夏王朝正处于我国历史上由原始社会向奴隶制社会过渡的阶段。这个过渡时期的主要标志,就是随着私有制的发展而产生的阶级斗争的尖锐化,促使我国历史上第一个奴隶制国家政权正式产生和形成起来。与此对照,在二里头的文化遗址中,也反映出奴隶制的某些社会现象。如在相当于二里头二期的东马沟遗址中出土的墓葬群,有两座双人墓葬,其中 M8 出土盆、鬲、豆、罐等随葬品 6 件,而另一座 M10 却没有发现任何随葬品;①又如在二里头遗址所发现的 48 座墓葬中,有些墓的随葬品多达 21 件,而另外一些墓葬不仅没有任何随葬品,就连墓坑也没发现。尤有甚者,有些人骨架发现于灰层或灰坑之中,这些骨架葬式混乱,身首异处而且残缺不全,这些应当"都是当时的受害者,也许是奴隶"的葬坑;②但是在同一个二里头遗址里面所出的大型墓葬却俨然是两重天地,这些墓葬墓坑整齐,大坑之内套有小坑,坑内陪葬有铜爵、圆泡形铜器、铜戈、铜戚、玉戈、玉钺、玉铲形器、玉柄形器和许多绿松石饰片等,这些坑的性质,"据目前情况观察,大坑是墓穴,小坑是棺室,它很可能是奴隶主的墓坑"③。这些墓葬在形制大小、葬式不一及随葬器物多寡等方面如此悬殊,充分地显示出二里头文化时期明显的阶级分化和尖锐的阶级对立。特别应该指出的是二里头三期遗存中所发现的一座大型宫殿遗址,它无疑是当时奴隶主贵族政治活动的中心,这座宫殿遗址坐落"在二里头遗址的中部,面积约 10000 平方米,占地 15 市亩以上。台基中部是一座面阔 8 间、进深 3 间,四坡出檐的殿堂,堂前是平坦的庭院,南面有敞阔的大门,四周有彼此相连的廊庑,围绕中心的殿堂,从而组成了一座十分壮观的宫殿建筑",这座大型宫殿遗址的发现,"为研究我国奴隶制社会提供了极为珍贵的实物资料"④,它标志着凌驾于社会之上的奴隶制国家政权已正式形成。这座大型宫殿遗址所

---

① 洛阳博物馆:《洛阳东马沟二里头类型墓葬》,《考古》1978 年第 1 期。
② 中国科学院考古研究所洛阳发掘队:《河南偃师二里头遗址发掘简报》,《考古》1965 年第 5 期。
③ 中国科学院考古研究所二里头工作队:《偃师二里头遗址新发现的铜器和玉器》,《考古》1976 年第 4 期。
④ 中国科学院考古研究所二里头工作队:《河南偃师二里头早商宫殿遗址发掘简报》,《考古》1974 年第 4 期。

处的时间和地点都与文献记载的夏王朝有着密切的关系,它可能就是夏王朝奴隶制社会形态的真实写照。二里头三期遗存上承二里头一、二期文化,下接二里头四期文化,处于整个二里头文化的繁荣时期,也或许反映着夏王朝自"少康中兴"以后社会政治、经济全面发展的阶段。

(原载《河南文博通讯》1978 年第 4 期)

二里头遗址新发现的一些重要遗迹的分析

二里头遗址的考古工作,迄今已经历了将近半个世纪,以往的发掘成果多以专题考古报告的形式公之于世,引起学术界极大的关注。近年来田野工作上的重大发现,则更使人耳目一新,正如发掘简报所说:"由近年的新发现可知,二里头遗址的中心区有纵横交错的道路网,宫殿区围以方正规矩的城垣,宫城、大型建筑以及道路都有明确的方向性,宫城内至少分布着两组具有明确中轴线的大型建筑基址群。"从而进一步表明:"这是一处经过缜密规划、布局严整的大型都邑。"这种严整的布局开启了"中国古代都城规划制度的先河"①。都城作为王都,伴随着国家政权的产生而产生,是聚落发展的最高形态,二里头文化至少是它的某些时段应当就是夏文化,二里头遗址至少是它的某些时段应当就是夏都的遗迹,这在当前的学术界基本上已经达成了共识。文献记载夏王朝是我国历史上产生的第一个国家政权,科学的考古发掘证实了这个历史事实。孔子曰:"殷因于夏礼,所损益,可知也;周因于殷礼,所损益,可知也。"(《论语·为政》)因此,研究二里头遗址的环境布局及其结构,对于探讨我国后世都城的发展和演变规律,都有着重要的学术意义。以往我们对于这些问题已有初步的讨论,②这里对于新发现的遗迹试作进一步的分析。

二里头遗址位于洛阳盆地的东部,北倚邙山丘陵,南临洛河古道,东西两侧则是平坦的肥沃原野。在遗址的南部和西南部边缘以外,堆积着"以红粘土及灰褐色淤泥(俗称青渍泥)为主"的自然泥土,"这一带系伊洛河故道河床内及近旁的低洼沼泽区,上述灰褐色淤泥应系长期静态积水浸泡所致"。③ 这片低

---

① 中国社会科学院考古研究所二里头工作队:《河南偃师市二里头遗址中心区的考古新发现》,《考古》2005年第7期。
② 郑杰祥:《新石器文化与夏代文明》,江苏教育出版社,2005年。
③ 许宏等:《二里头遗址聚落形态的初步考察》,《考古》2004年第11期。

洼沼泽,可能就是文献所记载的"计素渚"所在地。《水经·洛水》云:洛水"又东过偃师县南"。郦道元注:"洛水东径计素渚,中朝时,百国贡计所顿,故渚得其名。"《说文·水部》渚字下引《尔雅·释水》云:"小洲曰渚。"此释并不全面,《诗经·小雅·鹤鸣》云:"鱼潜在渊,或在于渚。"郑玄笺:"此言鱼之性,寒则逃于渊,温则见于渚。"王先谦《诗三家义集疏》云:"'渚'与'渊'对文,是水深者为'渊',浅者为'渚'。"就是说古代计素渚应是一处较浅的湖沼,杨守敬《水经注图》所示的计素渚,大致就位于今二里头遗址西南地区。由此可知二里头遗址地处肥沃的盆地之上,周围依山傍水,是古代居民比较理想的生活处所。《管子·度地》云:"故圣人之处国者,必于不倾之地,而择地形之肥饶者,乡山左右,经水若泽,内为落渠之写,因大川而注焉。乃以其天材,地之所生利,养其人,以育六畜。"意即贤明的国王所立都邑,必当选建在坚固宽敞的岗原之上,远处有大片肥沃的土地,近处围以山川湖沼,城内还有排水渠道以流注于河川湖沼。这样既有着优越的生态环境,又拥有丰富的自然资源,从而能够供应都邑众多人口生活的需要,并能畜养家畜。《管子》的这段论述是对前人选建都邑经验的正确总结,也可说是对二里头遗址所在环境的真实写照,自此以后我国的多数都邑都有着类似的自然环境,追根溯源,这个选建都邑的经验当来自二里头遗址所建夏都时期。

在二里头遗址的中心区,发现有纵横交错的道路,"4条大路垂直相交,其走向与1、2号宫殿基址方向基本一致,略呈'井'字形,显现出方正规矩的布局。路土一般宽12~15米,最宽处达20米。由发掘可知,这几条大路的使用时间均较长,由二里头文化二期沿用至二里头文化四期或稍晚"[1]。这种宽广而又"方正规矩"的道路也是前所未见,当为夏人所首创。这种道路规划成为制度被后人所继承,《周礼·考工记》云:"匠人营国……国中九经九纬,经涂九轨。"郑玄注:"国中,城内也。经、纬,谓涂也。"《周礼》一书虽系晚出,但是成书年代不会晚于春秋或战国初期。[2] 如上所述,三代礼制,既有损益,也有继承,二里头遗址虽未必会发现有"九经九纬",然而已经发现的这些道路应为当时国中经纬道路

---

[1] 许宏等:《二里头遗址聚落形态的初步考察》,《考古》2004年第11期。
[2] 贺业钜:《〈考工记〉营国制度研究》,中国建筑工业出版社,1987年。闻人军:《考工记译注》,上海古籍出版社,1993年。

的一部分,以后的"九经九纬"和我国古代都城以内的棋盘式道路,都应是在这种"井"字形道路的基础上发展起来的。

纵横交错的道路以内,围绕着一座宫城,"宫城总体略呈长方形,城墙沿着已探明的4条大路的内侧修筑。东、西墙的复原长度分别约为378、359米,南、北墙的复原长度分别约为295、292米,面积约10.8万平方米"①,方向约174°。"宫城东墙和北墙一般无基槽,平地起建。西墙和南墙的部分地段发现较浅的基槽。墙体上宽2米左右,底部略宽,最宽逾3米。残存高度0.1~0.75米……在东墙和北墙的部分地段还发现了夯筑墙体时所用夹板和固定木板的木柱遗痕"②。二里头遗址的宫城建设也被后世所继承,《周礼·考工记》云:"宫隅之制七雉。""宫隅"就是指的宫城之隅,现在的北京故宫,即清王朝的紫禁城,就是我国历史上最后一座宫城的遗存。

二里头遗址宫城并不是空城一座,宫城内现已发现有成群的大型建筑基址。其中二期的3号、5号基址分布于中部偏东地带,基址尚在发掘,布局还不清楚。3号基址内发现一处小型贵族墓地,其中以详细公布的02VM3最为引人注目。该墓为近长方形竖穴土坑墓,方向356°。墓口长2.24米,北部宽1.1米,南部被后期灰坑打破,宽度不明,墓葬残深0.5~0.6米。"墓主葬式为侧身直肢,头朝北,面向东……经鉴定,墓主为成年男性,年龄30~35岁之间。墓底散见零星朱砂,未发现棺痕。""墓内出土随葬品丰富,包括铜器、玉器、绿松石器、白陶器、漆器、陶器和海贝等。铜铃1件,置于墓主腰部、绿松石龙身之上。"这些随葬器物大多都是当时的精品,显然是一座贵族墓葬。其中绿松石龙形器"由2000余片各种形状的绿松石片组合而成",石片"原应粘嵌在某种有机物上,其所依托的有机物已腐朽,仅在局部发现白色灰痕……绿松石龙为巨头,蜷尾,龙身起伏有致,色彩绚丽"。该器"放置于墓主人骨架之上,由肩部至髋骨处。龙头朝西北,尾向东南,很可能是被斜放于墓主右臂之上而呈拥揽状,铜铃则位于手的附近"③。这件龙形器是前所未见的文化精品,闻一多说:"夏人之

---

① 许宏等:《二里头遗址聚落形态的初步考察》,《考古》2004年第11期。
② 中国社会科学院考古研究所二里头工作队:《河南偃师市二里头遗址中心区的考古新发现》,《考古》2005年第7期。
③ 中国社会科学院考古研究所二里头工作队:《河南偃师市二里头遗址中心区的考古新发现》,《考古》2005年第7期。

器物多以龙形为饰。"(《神话与诗·伏羲考》)《礼记·明堂位》云:"夏后氏以龙勺。""夏后氏之龙簨虡。"绿松石龙形器的发现可谓又得一确证。夏人器物之所以多以龙形为饰,是由于传说夏人与龙关系密切,《楚辞·天问》云:"应龙何画?河海何历?"王逸注:言"禹治水时有神龙以尾画地,导水所注当决者,因而治之也"。敦煌抄本《瑞应图》残卷引《神灵记》曰:"禹乘二龙,郭襄为御。"龙由于协助大禹治水有功而被夏人视为圣物和神龙,从而把龙形饰于贵重的器物上,并且借以显示着器物主人的高贵而受到尊崇。传至商周,龙形纹饰演变成为诸侯身份的标志,《诗经·商颂》:"龙旂十乘,大糦是承。"郑玄笺:"高宗之孙子有武功、有王德于天下者,无所不胜服,乃有诸侯建龙旂者十乘、奉承黍稷而进之者。"《诗经·鲁颂》:"周公之孙,庄公之子。龙旂承祀。"《周礼·春官·司常》:"交龙为旂。"《诗经·商颂》孔颖达疏:"交龙为旂,诸侯所建。"以后又演变成为国王身份的标志,《史记·礼书》云:天子"龙旂九斿,所以养信也",意即在上挂响铃、下饰垂带的旗帜上绣着龙纹,显示着国王的身份。由此可知在二里头遗址贵族墓葬内发现的这件龙形器,也应是一种显示墓主身份的礼器。不过这件器物不应是龙旂,而很可能是被后世称作为瑞圭一类的礼器。《尚书·舜典》云:"辑五瑞……班瑞于群后。"孔传曰:舜"敛公侯伯子男之瑞圭、璧,尽以正月中乃日,见四岳及九州牧监,还五瑞于诸侯,与之正始"。《礼记·礼器》:诸侯"以圭为瑞",郑玄注:"瑞,信也。"绿松石龙形器被墓主人所怀抱,应是一种显示贵族身份的标志。

　　在宫城以内的西南和东北隅,分布着早已发现的著名于世的1号和2号大型建筑基址,在两座基址之间隔着百余米的宽阔地带,考古工作者通过钻探资料的分析,推测在1号基址东北一带"应系一广场,其功能和性质还有待于进一步探究"①,在其以南则是二期的建筑基址和贵族墓地,1号和2号基址可能是为避开"广场"和祖先墓地而建造于宫城内的东西两侧地区。对于1号建筑基址,以往我们认为应是夏都的王宫所在,现在看来仍然是合理的。②《周礼·考工记》:"夏后氏世室……殷人重屋……周人明堂。"戴震《考工记图补注》:"王者而后有明堂,其制盖起于古远。夏曰世室,殷曰重屋,周曰明堂,三代相因,异

---

① 许宏等:《二里头遗址聚落形态的初步考察》,《考古》2004年第11期。
② 郑杰祥:《新石器文化与夏代文明》,江苏教育出版社,2005年,第409~411页。

名同实……祀五帝,听朝,会同诸侯,大政在焉。"1号宫殿中的主体殿堂应当就是夏人的"世室",是夏王朝最高统治者行使"大政"的地方。近年在1号基址以南约40米处,又发现了7号建筑基址,该基址跨建于宫城南墙的建筑轴线上,"长31.5、宽10.5~11米。仅在保存稍好的台基东中部发现了3个残存底部的柱坑,均有础石。依此推断其单排柱础数应为8个,柱础间距约4米"①,也是一座颇具规模的建筑基址。"7号基址恰好坐落于1号宫殿基址南大门的正前方,构成宫城内又一组有明确中轴线的大型建筑基址群"②,就是说7号基址应是1号宫殿基址群的一个重要组成部分。《诗经·大雅·绵》:"乃立皋门,皋门有伉。"毛传曰:"王(宫)之郭门曰皋门。伉,高貌。"郑玄笺:"诸侯之宫,外门曰皋门。"高亨《诗经今注》:"周代城的外门、庙与宫的外门都叫做皋门。"7号基址,应是1号宫殿的外门,可能就是后世所称作的皋门的遗迹。在原2号基址的南侧,也发现一座新的夯土基址,命名为4号夯土基址。该基址位于"宫城东部中段偏南、已发掘的2号宫殿基址的正前方。其主殿台基北距2号基址的南庑和南大门约12~14米,东庑东距宫城东墙3米多"。现已揭露出"基址的北半部,也是其主体部分"。揭露出的主殿基址是一座大型夯土台基,"台基平面呈圆角长方形。东西长36.4米,南北宽12.6~13.1米。台基面积达460多平方米"。"从台基两侧的柱础排列情况看,南北两侧边缘应各有柱坑13个,基本上两两对应。横向间距(柱心距)2.9~3米……其中南缘一排为单柱,北缘一排在同一柱坑内埋设南北并列的双柱。双柱中南柱(内柱)为主柱……北柱(外柱)为辅柱……双柱间距在0.4米左右。础石为红砂岩,方正、平整。南北对应的两柱间距约9.8米。在台基中部则未发现有柱础或墙槽的迹象",应是一座大型的厅堂式建筑。主殿台基以东发现有东庑,"与东庑对应的主殿西南方一带遭严重破坏,晚期遗迹中发现有经扰动的础石,或属西庑的残迹。如是,该基址可复原为一座由主殿、东西庑及庭院组成的建筑,复原宽度逾50米。方向与其北的2号基址及其东的宫城东墙相同"。"主殿台基的东缘距宫城东墙(2号基址东墙内侧延长线)的距离,与其西缘距2号基址西缘延长线的距离均为10

---

① 中国社会科学院考古研究所二里头工作队:《河南偃师市二里头遗址宫城及宫殿区外围道路的勘察与发掘》,《考古》2004年第11期。

② 中国社会科学院考古研究所二里头工作队:《河南偃师市二里头遗址中心区的考古新发现》,《考古》2005年第7期。

米左右。即4号基址主殿台基位于2号基址的正前方。由此可知,2号、4号两座基址有共同的建筑中轴线,应属同一组建筑"①。以往我们认为2号建筑应是当时的宗庙,②现在又发现了4号建筑,我国古代宗庙有大、小庙之制,《周礼·夏官司马·祭仆》:"大丧,复于小庙。"郑玄注:"小庙,高祖以下也。始祖曰大庙。"2号基址或即当时的"大庙"遗迹,4号基址或即当时的"小庙"遗迹。当然作为同一组建筑,也可能是同一座宗庙中功能不同的屋室,如是,则2号建筑应即当时宗庙中的太庙,4号建筑应即当时宗庙中太室的遗迹。按古代宗庙模仿王宫建造,因此也称作"宫",《尔雅·释宫》郝懿行疏:"古者宗庙亦称宫室。"它是一组复杂的建筑群体。太庙是放置和祭祀祖先神主的所在,《释名·释宫室》:"庙,貌也,先祖形貌所在也。"《诗经·周颂·清庙》郑玄笺:"庙之言貌也。死者精神不可得而见,但以生时之居,立宫室象貌为之耳。"西周太庙里建有"图室",《无吴鼎》铭云:"王格于周庙,述于图室。"此图室当即太庙里绘有先祖形貌之屋室。《尚书·武成》云:"武王燎于周庙。"此记武王在宗周太庙燎祭祖先。《作册令方彝》铭云:"用牲于京宫,用牲于康宫。"这指的是周公之子明公在京城太庙和康王太庙用牺牲祭祀祖先。"康宫"又称作"康庙"(《师兑簋》)和"康寝"(《师遽方彝》),唐兰先生论述甚详,③兹不赘述。太庙同时也是国王和贵族的居处之地,故庙内有些房间也称作"寝",《诗经·商颂·殷武》:"寝成孔安。"高亨《诗经今注》:"寝,庙也。"王国维《明堂庙寝通考》云:"古者寝、庙之分,盖不甚严。"他举出多例以证之,最后结论说:"以此观之,祖庙可以舍国宾,亦可以自处矣。"后世宗庙以内又分建有寝和室,最早或不如此,二里头2号基址只有一座大型殿堂,因此从现有资料推测,当时的庙、寝是合而为一的。宗庙以内的太室也是祭祀祖先神主的所在,但主要是国王兼任着宗族长的身份处理政务和族务的场所,郭沫若先生认为"王之册命,率于大室行之",杨宽先生也说"宗庙在宗族中具有礼堂的性质","族中的重要礼节和政治上的重大典礼都要在宗庙举行",国家"所有政治和军事上的大事都到宗庙请示和报告",其所以如此,就是"因为宗主不仅是宗族之长,而且是政治上的君主和军事

---

① 中国社会科学院考古研究所二里头工作队:《河南偃师市二里头遗址4号夯土基址发掘简报》,《考古》2004年第11期。
② 郑杰祥:《新石器文化与夏代文明》,江苏教育出版社,2005年,第414页。
③ 唐兰:《西周铜器断代中的"康宫"问题》,《考古学报》1962年第1期。

上的统帅。这样在宗庙举行典礼和请示报告……其目的就在于借此巩固宗族的团结,巩固君臣的关系,统一贵族的行动,从而加强贵族的战斗力量和统治力量"①。这些重大活动多数都应在宗庙太室以内举行。太庙和太室相距甚近,《吴方彝》铭云:"隹(维)二月初吉丁亥,王才(在)周成大(太)室,旦,王各(格)庙。"此记西周共王于某年二月丁亥日早晨,在周成王宗庙从太室到达太庙之事。二里头4号与2号基址南北相连,②近在咫尺,据此推知,二者可能就是当时宗庙以内太室和寝庙的遗迹。

另外,在"位于遗址中、东部的宫殿区北部和西北部一带……集中分布着一些可能与宗教祭祀有关的建筑和其他遗迹。主要包括圆形的地面建筑和长方形的半地穴建筑及附属于这些建筑的墓葬"③。以往我们认为这里的圆形地面建筑可能就是"夏社"的遗迹,④《尚书·汤誓序》云:"汤既胜夏,欲迁其社,不可,作《夏社》。"可知夏都以内应当是有社坛的。

二里头遗址近年来新发现的重要遗迹,进一步丰富了人们对该遗址文化内涵的认识,当然,对于规模宏大的二里头遗址来说,这仍然只是一个阶段性的成果。随着田野工作特别是宫城以内田野工作的继续开展,将对遗址区中心的文化内涵揭示得更加清楚。不过现有的资料已经足以表明,二里头遗址以其规模之大、文化内涵之丰富,在我国考古学文化史上是前所未有的,在所有二里头文化遗址中也是独一无二的,它"拥有目前所知我国最早的宫室建筑群和宫城遗存、最早的青铜礼器群和最早的青铜冶铸作坊。它是当时中国乃至东亚地区最大的聚落,也是迄今为止可确认的中国最早的王国都城遗址"⑤。都城的中心建有大型宫殿,宫殿四周围以城墙和道路,城外分布着为王室服务的手工业作坊和一般聚居区,这种建设布局被后世所继承,郑州商城和安阳殷墟的布局也大致如此。虽然城内的宫殿布局没有后世那样的规整,但这正体现出它的原始性和创新性,实际上,后世都城规整的建设布局正是在二里头遗址的基础上逐步改进和发展起来的,它们之间有着一脉相承的关系。都城作为王都,是国家

---

① 杨宽:《古史新探》,中华书局,1965年,第174页。
② 许宏等:《二里头遗址聚落形态的初步考察》,《考古》2004年第11期。
③ 许宏等:《二里头遗址聚落形态的初步考察》,《考古》2004年第11期。
④ 郑杰祥:《新石器文化与夏代文明》,江苏教育出版社,2005年,第417~418页。
⑤ 许宏:《二里头遗址发掘和研究的回顾与思考》,《考古》2004年第11期。

政治、经济和文化的中心,恩格斯说"国家是文明社会的概括"(《家庭、私有制和国家的起源》),是人类进入文明时代的主要标志,因此,二里头遗址作为迄今所见我国最早的一座典型的王都遗址的发现,在我国都城发展史上乃至我国社会发展史上都具有划时代的意义。

(原载《平顶山学院学报》2006年第3期)

新砦遗址和夏代"启室"

新砦遗址位于河南省新密市东南刘寨镇的新砦村,通过历年来的调查和发掘,已知该遗址规模巨大,内涵丰富,对探讨古代中原地区聚落发展和夏史研究都具有重要的学术意义。发掘表明,该遗址有一座大型城址,面积约100万平方米,城外有护城河,城内西南部有大型建筑基址。根据其所在地层关系判断,该遗址中的"龙山文化晚期城墙打破龙山文化晚期文化层,新砦期城墙叠压龙山文化晚期城墙又被二里头文化早期的壕沟所打破"①,就是说这座城址当始建于河南龙山文化晚期,延续于新砦文化期,而废弃于二里头文化早期,是一座河南龙山文化晚期和新砦文化期的城址。"新砦期"文化是赵芝荃先生发现的一种颇具特征的考古学文化遗存,因首次发现于新砦遗址而命名,该文化内涵具有河南龙山晚期和二里头早期的双重文化因素,显然是一种从河南龙山文化向二里头文化过渡时期的遗存,也可称之为二里头文化一期早段的遗存。我们信从邹衡先生的论断,认为二里头文化就是夏文化,②因此新砦期文化应当就是早期的夏文化,新砦期城址也应当就是夏代早期的城址遗存。

值得注意的是新砦遗址与文献所记夏代的"启室"地望相近,《穆天子传》卷五云:"丙寅,天子南游于黄□室之丘,以观夏后启之所居,乃□于启室。天子筮猎苹泽……"此段"黄"字下空一格,清人檀萃《穆天子传注疏》填补一"太"字,洪颐煊《校正穆天子传》云:"《太平御览》三十四、五百九十二引删,《文选·雪赋》注引此又作'黄台之丘'。"可见"黄"字下当无缺字,檀萃所补不足为据。"乃"字之下也空一格,檀萃补一"入"字,陈逢衡《穆天子传注补正》补一"祭"字,今按:当补"祭"字为妥。夏王启与西周穆王相距已有千余年,按照当时的建

---

① 赵春青:《新密新砦城址与夏启之居》,《中原文物》2004年第3期。
② 邹衡:《夏商周考古学论文集》,文物出版社,1980年,第95~182页。

筑质量,"启室"是不可能保存到穆王时期的,只可能保存有遗迹供后人凭吊和祭祀,因此这段文献记载的文义当为:某年某月丙寅这一天,穆天子南游到达黄台丘岗之上,肃穆远望夏王启曾经居住过的地方,于是对夏启居住的遗迹进行隆重祭祀,并在这里卜问去萍泽田猎是否吉利。关于"启室"所在,前人意见多有分歧,大致有嵩岳太室、山西安邑、河南夏邑和新密新砦等四说,当以新砦说为是。如上所述,"启室"与黄台相近,此黄台所在,其有二说:一说是指南黄台冈,在今河南禹州市东北,《水经·溴水注》:"溴水自枝渠东径曲强城东,皇陂水注之。水出西北皇台、七女冈北……"熊会贞疏:"《魏书·地形志》'黄台县有黄台冈',黄、皇古通,黄台冈盖即黄台。"又引《太平寰宇记》云:"黄台在阳翟县东北四里。"宋代阳翟县即今河南省禹州市。《大清一统志·河南省》开封府古迹条下又云:"黄台在禹州东北,亦曰黄台冈……《水经注》:赤涧水径黄台冈下,又历冈东,东南流注于洧。"清代禹州即今河南省禹州市。二说是指北黄台冈,在今河南省新密市境。《水经·洧水注》:"洧水又东南,赤涧水注之。水出武定冈,东南流径皇台冈下。又历冈东,东南流注于洧。"杨守敬疏:"《魏书·地形志》:黄台县有黄台冈,即《溴水》篇所谓'皇台、七女冈'也,在今禹州东北。北黄台冈在今密县东,中隔洧水,判然各别,《一统志》混而一之,疏矣。"以前的密县即今河南省新密市。丁山先生以为位于新密市以东的北黄台冈应当就是《穆天子传》所记的"黄台之丘",说"黄台之丘可确指其即赤涧水之旁的黄台冈","洧、黄之间即夏后启所居"。① 今按丁氏所说,可信可从,此黄台冈又称台子冈、力牧台,《大清一统志·河南省》开封府山川条下:"台子冈在密县东四十里。"清《密县志》:"力牧台在县东四十里有奇,土人呼为台子冈,又曰黄台冈。"现今则简称作台岗,近年出版的《河南省密县地名志》云:台岗位于密县东南约15千米,"因村西岗上有轩辕黄帝拜力牧为将的土台,称台岗"。又云:"力牧台在密县城东南台岗村西南侧,据《史记》记载,黄帝举风后、力牧、常先、大鸿以治民,得力牧于大泽,进以为将。因黄帝在此台拜力牧为将,称拜将台。后人为感念力牧协助黄帝治国的功绩,易名为力牧台。台高约15米,东西长约20米,南北宽约80米,为夯土筑成的土台。"此台南距洧水4千米,它应当就是《水经注》

---

① 丁山:《由三代都邑论其民族文化》,《历史语言研究所集刊》第五本第一分册,商务印书馆,1935年。

所说的皇台冈和《穆天子传》所说的黄台之丘。而现今考古工作者所发现的新砦遗址正位于黄台之丘东南 3 千米,其时代和规模均与夏王启的都居略相符合,因此该遗址很可能就是《穆天子传》所记的"启室"。

穆天子所筮猎的"苹泽"所在,檀萃《穆天子传注疏》以为"即逢泽也,今开封府城东北逢池"。此说不确。《水经·河水注》引"《穆天子传》曰:天子射鸟猎兽于郑圃,命虞人掠林,有虎在于葭中,天子将至,七萃之士高奔戎生捕虎而献之天子,命之为柙,畜之东虢,是曰虎牢矣"。古"虎牢"即今河南省荥阳市汜水镇近郊。"郑圃"也即"苹泽",今本《竹书纪年》云,穆王十四年"冬,蒐于苹泽,作虎牢"。穆王在苹泽狩猎命人掠得猛虎而畜之于虎牢,是虎牢当在苹泽附近,今开封"逢泽"西距"虎牢"100 千米,穆天子是不大可能在此泽捕到老虎而畜之于百公里之外的虎牢的。我认为这里所说的"苹泽"当即他书所称作的"冯池",按"苹"古音在并纽耕部,"冯"古音在并纽蒸部,二字声纽相同,①"耕""蒸"二韵旁转,②故可相假,故"冯池"很可能是"苹泽"的音变。其地所在,《史记·苏秦传》"邓师、宛冯",《集解》引徐广曰:"荥阳有冯池。"《索隐》云:"宛人于冯池铸剑,故号宛冯。"《汉书·地理志·河南郡》荥阳县下:"卞水、冯池,皆在西南。"《水经·济水注》:砾石溪水"出荥阳城西南李泽,泽中有水,即古冯池也。《地理志》曰:荥阳县冯池在西南,是也"。谭其骧主编的《中国历史地图集》第二册把冯池定位于今河南省荥阳市的西南郊,兹从其说。此地西距虎牢 10 多千米,南距"黄台之丘"30 多千米,距"启室"即新砦遗址 40 千米,与《穆天子传》所记穆王行猎地望正相符合,因此我认为穆王狩猎的"苹泽"应当就是《汉书·地理志》所说的"冯池"。

夏王启迁都于启室即今新砦遗址,在夏王朝发展史上具有重大意义。首先是夏王朝以此为基地,在古荥泽沿岸的"甘"地迅速镇压了有扈氏的叛乱,初步巩固了新生的夏王朝政权。③ 其次是夏王朝通过这场战争扫清了经略北方的通道,从而向北方开始了积极的发展。古本《竹书纪年》云:"启征西河。"此西河当在今河南安阳一带,《史记·孔子世家》:"妇人有保西河之志。"《索隐》云:

---

① 唐作藩:《上古音手册》,江苏人民出版社,1982 年,第 98 页。
② 王力:《同源字典》,商务印书馆,1987 年,第 13~15 页。
③ 郑杰祥:《"甘"地辨》,《中国史研究》1982 年第 2 期。

"此西河在卫地。"《太平寰宇记》卷五相州安阳县下引《隋图经》云:"卜商子夏、田子方、段干木所游之地,以魏、赵多儒学,齐鲁及邹皆谓此为西河……"宋代相州安阳县正位于古黄河以西,因而古称此地为"西河"。"启征西河",说明夏王朝的力量已经伸展到这一地区。夏启在成功经略北方的同时,又沿黄河北岸继续向西发展,王融《曲水诗序》:"至如夏后,两龙载驱璇台之上。"李善注引《易·归藏》曰:"昔者夏后启,筮享神于晋之墟,作为璇台于水之阳。"这里所说的"晋之墟",即指西周晋国的始封地,近年的考古发掘证明,其地就在今山西省南部的翼城、曲沃一带。① 据此可知,从"启室"到"西河"至"晋之墟",中原地区的黄河两岸,基本上已经纳入夏王朝的势力范围。众所周知,这里气候温和,土地肥沃,山林丰富,川泽纵横,可以为人类生存提供多种多样的生活资料。因此自旧石器时代以来,人类已经在这里劳动生息,进入新石器时代,这里更是聚落众多,人口稠密,以原始农业为主的经济迅速发展,是当时我国最为富庶的地区之一。所有这些都为夏王朝决心在伊洛河流域即今二里头遗址建立新都且进一步繁荣发展,奠定了牢固的根基。

(原载《中国聚落考古的理论与实践(第一辑)》,科学出版社 2010 年出版)

---

① 邹衡:《晋始封地考略》,《尽心集》,中国社会科学出版社,1996 年,第 215~221 页。

辉卫型文化与王亥"服牛"

辉卫型文化是商族建立商王朝以前创造和遗留下来的文化遗存,该文化因首次发现于今卫水上游辉县琉璃阁遗址而被邹衡先生命为此名。① 邹先生将其置于他所创建的商族考古学文化体系的第一期第一段第二组,就是说它是属于先商时期晚段的文化。根据现有的考古资料可知,该类型文化的遗址现已发现了 20 多处,其分布范围为东达滑县境,西抵太行山,"北自淇河,南至黄河,包括沁河下游、卫水上游一带,大约都是辉卫型的分布范围"②。该类型文化的内涵也比较丰富,其中辉县琉璃阁遗址发现有镞类小件青铜器。③ 鹤壁刘庄发现有大型墓地,在这里清理出先商文化墓葬 336 座,出土随葬品近 500 件,④墓地可分为东、中南、西三个相对独立的墓群。墓葬呈多为有规律排列,墓圹均为长方形竖穴土坑,单人仰身或俯直肢葬式,有单椁葬具。75% 以上墓葬随葬陶器 1~6 件不等,有鬲、鼎、豆、盘、盆、罐、簋、鬶、爵、甗等,组合差异明显。M35 出土的齿刃石钺异常精美,当为权力与地位的象征。M45 为石棺墓,另有少量墓葬两端竖置石块,为石棺的简化形式,⑤齿刃石钺应是当时的礼器,它在个别墓葬中发现,显示出当时的社会阶层已有明显的分化。辉县孟庄还发现有这个时期的城址,"城址直接叠压在龙山文化城址之上,城址的平面形状同龙山文化城址一样近似梯形,城址的面积也与龙山城址一致"。夯土城墙内侧设有护坡,护坡也

---

① 邹衡:《关于探讨夏文化的几个问题》,《文物》1979 年第 3 期。
② 邹衡:《夏商周考古学论文集》,文物出版社,1980 年,第 119 页。张立东:《论辉卫文化》,《考古学集刊》第 10 集,地质出版社,1996 年。
③ 中国科学院考古研究所:《辉县发掘报告》,科学出版社,1956 年,第 15 页。
④ 秦文波:《河南省南水北调工程 2005 年度控制性考古发掘工作获得显著成绩》,《河南文物工作》2006 年第 1 期。
⑤ 赵新平:《南水北调中线工程鹤壁市刘庄遗址考古发掘概况》,《河南文物工作》2005 年第 3 期。

为夯筑而成……护坡剖面呈三角形。①城内发现有房基、水井、灰坑和墓葬等。城堡是突起性的防御设施，是古代最先进的防御体系，它和青铜器、礼器一样，都是构成古代文明的重要因素。所有这些都说明辉卫型文化时期，商族已经形成一个相对独立的政治实体，它曾经附属于夏王朝，是商族发展史上的一个重要历史时期。关于创造辉卫型文化的族属如何，前人未曾论及，我们认为结合文献记载，很有可能与以王亥为主的商族先公诸人有着密切的关系。

王亥，《史记·殷本纪》称之为"振"，是商族的第七代祖先；王亥之父冥、之子上甲，都主要活动于辉卫型文化的分布地区。今本《竹书纪年》云：夏少康"十一年，使商侯冥治河"。帝杼"十三年，商侯冥死河"。《国语·鲁语上》："冥勤其官而水死。"韦昭注："冥，契后六世孙，粮圉之子也，为夏水官，勤于其职而死于水也。"王国维以为冥就是殷墟卜辞所记的"王季"，是王亥的父亲。②他因防治黄河水患而殉职，是我国历史上一位治理黄河的英雄。古代黄河自西向东流过郑州以北的桃花峪后，即折向东北进入华北大平原，这里靠近夏王朝的东部王畿，也最容易泛滥成灾，因此引起夏王朝的关注，商侯冥所治理的黄河应当就是从郑州折向东北的一段河道，据此可知，此时以冥为首的商族当已迁至今郑州以北的黄河沿岸地区。王亥追随父亲也当活动于这一地区。今本《竹书纪年》云：夏帝芒"三十三年，商侯迁于殷"。王国维云："其时商侯即王亥也，《山海经》注所引真本《竹书》亦称王亥为'殷王子亥'。"③王说甚是。商侯王亥所迁的殷地所在，《水经·沁水》云：沁水"又东过武德县南，又东南至荥阳县北，东入于河"。郦道元注：沁水支流"朱沟自支渠东南，径州城南，又东径怀城南，又东径殷城北。郭缘生《述征记》曰：河之北岸，河内怀县有殷城。或谓楚、汉之际，殷王卬治之，非也。余按《竹书纪年》：'秦师伐郑，次于怀，城殷。'即是城也。然则殷之为名久矣"。郦说至确，商代已有殷地，即殷墟卜辞所称作的"衣"地，卜辞云：

贞：翌己巳步于衣？《合集》11274

---

① 河南省文物考古研究所：《辉县孟庄》，中州古籍出版社，2003年，第180页。
② 王国维：《观堂集林·殷卜辞中所见先公先王考》，中华书局，1959年，第415页。
③ 王国维：《观堂集林·殷卜辞中所见先公先王考》，中华书局，1959年，第421页。

己丑贞：……王宿告土方于五示，在衣，十月卜。《屯南》254

古字"衣""殷"音同相通，王国维《殷礼征文·殷祭》云："按'衣祀'疑即'殷祀'，殷本月声，读与衣同。故《尚书·康诰》'殪戎殷'，《中庸》作'壹戎衣'，郑注：'齐人言殷声如衣。'《吕氏春秋·慎大览》：'亲郼如夏。'高注：'郼读如衣，今兖州人谓殷民皆曰衣。'然则卜辞与《大丰簋》之'衣'殆皆借为殷字。"杨树达《积微居金文说·大丰簋》跋："'王衣祀于王丕显考文王'，铭文作'衣'，《周书》及《史记》作'殷'，通用字，衣、殷一声之转，'衣祀'即'殷祀'。"郭沫若《卜辞通纂》第635片释文云："'衣'当读为'殷'，《水经·沁水注》'又东径殷城北'，注引《竹书纪年》云：'秦师伐郑，次于怀，城殷。'地在今沁阳县。"《元和郡县图志·河北道》怀州下："武陟县本汉怀县地，故殷城在县东南十里。"《大清一统志·河南》怀庆府古迹条下："殷城在武陟县东南。"清代武陟县即今河南省武陟县老城，古殷城当在今武陟县东南约5公里，位于黄河北岸，它应当就是殷王子亥所居的殷地。此殷地应当就是《山海经》中所称作的"因民国"，《山海经·大荒东经》云："有困民国，勾姓而食。有人曰王亥……名曰摇民。帝舜生戏，戏生摇民。""困"与"因"形近而误，《左传·襄公四年》："弃武罗、伯困。"阮元《校勘记》："石经、宋本、淳熙本、岳本、纂图本、毛本作'伯因'，是。"故吴其昌《卜辞所见殷先公先王三续考》正确地认为"'困民'之'困'乃'因'字之误，'因民''摇民''嬴民'，一声之转也"。所以"困民国"也就是"因民国"，"摇民"也就是"因民"。古"因"与"殷"同音通假，《文选·陶潜与晋安别诗》："一遇尽殷勤。"苏东坡《送张中诗》又云："一遇尽因勤。"故"因勤"即"殷勤"。《国语·鲁语上》："商人禘舜而祖契，郊冥而宗汤。"《山海经》所记"因民国""摇民"也正是帝舜的后裔。由此可知，"因民国"也就是"殷民国"，"因民""摇民"也就是"殷民"。商族当是曾居于殷地而被《山海经》记为"殷民"，《竹书纪年》所记王亥为"殷王子亥者"，即"殷民国"王子名亥也。此殷地附近特别在其东北地区，是辉卫型先商文化分布比较密集的地区，正如杨贵金先生所说："沁水下游的先商文化分布在太行山以南、沁水出山口至入黄河口东北这一片三角地带内，东西南北在百里左右，已发现的先商遗址有11处，要比其他地区先商文化分布的密度大。"①说明商族至迟在王亥时期,已经主要活动于古殷地附近的黄河北岸地区。

《世本》云:"胲(亥)作服牛。"王亥继承了先人"相土作乘马"的事业,又驯养牛作为交通工具,广泛地活动于今郑州附近的黄河两岸地区,扩大了与夏人和生活在这里的各部族人们的往来。《易·系辞下》:"服牛乘马,引重致远,以利天下。"孔颖达疏:"服牛以引重,乘马以致远,是以人之所用,各得其宜。"商族正是运用牛、马作为交通工具以从事贸易而著称于中原地区。直至西周初期,周人仍然赞赏并鼓励商族继续发扬"肇牵车牛,远服贾"(《尚书·酒诰》)的传统,以增进各地之间的物资交流,我国历代把从事贸易活动的人们称作"商人",当与此有着密切的关系。文献记载以王亥为首的商族在不断扩大的活动中,曾与附近的有扈氏族密切接触,最后王亥竟被有扈氏族所杀害,这是商族历史上的一个重大事件,先秦文献多见记载,《楚辞·天问》对此记载最早也较为详细,其文云:

　　该秉季德,厥父是臧。胡终弊于有扈,牧夫牛羊?
　　干协时舞,何以怀之?平胁曼肤,何以肥之?
　　有扈牧竖,云何而逢?击床先出,其命何从?
　　恒秉季德,焉得夫朴牛?何往营班禄,不但还来?
　　昏微遵迹,有狄不宁。何繁鸟萃棘,负子肆情?
　　眩弟并淫,危害厥兄。何变化以作诈,而后嗣逢长?

"该",许文靖《管城硕记》、刘梦鹏《屈子章句》、梁玉绳《汉书·人表考》皆以为即商祖王亥之"亥",王国维《殷卜辞中所见先公先王考》②(下引此文不再加注)以卜辞证成此说。"季",许文靖、梁玉绳、王国维以为即王亥之父,也即《史记》等又称之为"冥"者。"厥父是臧",姜亮夫《屈原赋校注》释为言王亥"秉承其父季之德业,为父季之所善也"③。"胡终弊于有扈",闻一多《天问疏证》(下引此书不再加注)释为"弊读为庇"④。"干协时舞",林庚《天问论笺》释

---

① 杨贵金:《商人灭夏的进军路线新探》,《河南文物考古论集(二)》,中州古籍出版社,2000年,第93页。
② 王国维:《观堂集林·殷卜辞中所见先公先王考》,中华书局,1959年,第415~417页。
③ 姜亮夫:《屈原赋校注》,人民文学出版社,1958年,第337页。
④ 闻一多:《天问疏证》,三联出版社,1980年,第85页。

为干戚舞。①"平胁曼肤",闻一多释为健壮、肥硕之意。"有扈牧竖",闻一多引《山海经》《淮南子》所说,以为"王亥为牧竖,故称'竖亥'",意为王亥当时只是一个驯牧牛羊之人。"击床先出",谓王亥幽会扈女被杀,而扈女竟得先行逃出也。"恒秉季德",王国维以为"恒"就是指殷墟卜辞所记的王恒,为王季之子,王亥之弟。"何往营班禄",闻一多以为"营,犹居也","禄疑读为策……班策盖亦地名",此说可信,今按"班"与"版"音同相通,《周礼·夏官·司士》:"掌群臣之版。"郑玄注:"故书'版'为'班'。郑司农云:班,《书》或为'版'。"又"版"与"板"为古今字,《说文·片部》:"版,片也。"段玉裁注:版"今字作板",是《天问》所说的"班禄",或即后世所称作的板城和板城渚,《水经·河水注》:"河水又东,径板城北,有津谓之板城渚口。"《元和郡县图志·河南道》汜水县下:"板渚在县东北三十五里。"唐代汜水县即今河南省荥阳县汜水镇,古板城渚当位于今汜水镇东北约20公里。"不但还来",闻一多释云:"但,读为旦,言恒往居于班禄,常不及旦明而还至有扈之地也。""昏微遵迹,有狄不宁",闻一多释"昏"为深夜,"微"为小径,谓"此盖言时当深夜,有狄女不宁息室中,而潜行微径,以与恒相会也"。"有狄",诸家皆释为"有易"之女,可商。我以为《天问》所说的"有扈",既不是"有易"之讹(说详下文),因此,"有狄"也不可能是有扈之女。这里所说的"有狄"之"有",是个虚词,如"有扈"就是扈族,"有狄"就是"狄人"。这里所说的"狄人"应当指的是一位乐伎,《礼记·祭统》云:"翟者,乐吏之贱者也。"郑玄注:"翟,谓教羽舞者也。"《释文》:"翟,狄也,乐吏也。"孔颖达疏:"翟谓教羽舞者也,羽,翟羽,故《诗·邶风》云:'左手执籥,右手秉翟。'翟即狄也,古字通用。"《广雅·释器》:"狄,羽也。"王先谦《诗三家义集疏》谓"狄,秉狄之人也",也即秉羽之人。从其上下文意可知,《天问》所说的有狄,或是一位低级的乐官,更有可能是一位持羽而舞的扈族舞女,她因感于王亥舞姿优美而情趣相投,倾心而慕,而后又与王恒相恋。"何繁鸟萃棘,负子肆情",闻一多释"繁鸟"为"夜鸮","负子"为"藉草而卧",此句当即王恒与舞女幽会于荒郊草丛之意。"眩",闻一多以为即"胲"之形误,"胲"为"亥"之假借字。"而后嗣逢长",诸家皆释为王恒之后嗣,不确,当为王亥之"后嗣逢长",读殷墟卜辞可知,商王尊称王亥为高祖,且对之举行隆重的祭祀,是商王指认王亥为自己的直系

---

① 林庚:《天问论笺》,人民文学出版社,1983年,第58页。

祖先,而并非王恒。

这里还需要重点讨论关于"有扈"的问题。王国维云:"《山海经》《竹书》之'有易',《天问》作'有扈',乃字之误。盖后人多见'有扈',少见'有易',又同是夏时事,故改'易'为'扈'……是王亥弊于'有易',非弊于'有扈',故曰'扈'当为'易'字之误。"林庚《天问论笺》也云:"'有扈',有易之讹。金文'易'作'㫃',故讹为'扈'。"但是,丁山《商周史料考证》则以为"有扈,即《商颂·长发》'韦顾既伐'的顾国"①。游国恩《楚辞论文集》也说:"王(国维)先生据《山海经》《竹书》断《天问》之有扈当为有易,乃后人所改,或本刘云翼(梦鹏)《章句》之说。然杀王亥者为有易,抑为有扈,此另一事。而古事传闻,不嫌互异。《天问》所称,匪特多违经术,即与《山海经》《竹书》亦不必尽同也。"又说:"据《书序》,启与有扈战于甘之野,作《甘誓》。""盖扈与商并夏时诸侯,其世或相及。《竹书》:少康十年,使商侯冥治河。上距启伐有扈仅百十三年。帝杼十三年,冥死于河,则为百三十八年。亥为冥之子,其继立也,上距启之伐扈不过百数十年,世之相近如此,则屈子谓该弊于有扈,不为无因。宁必《山海经》《竹书》之为是,《楚辞·天问》之为非耶?"有扈"怙其强暴,以拱卫王室为名,荐食异姓诸侯,杀王亥而夺其服牛,意中事尔"。② 今按丁、游所说,可信可从。《天问》与《山海经》《竹书纪年》相比,成书较早,顾颉刚以为《天问》当作于战国早期,刘起釪《古史续辨》云:"顾颉刚先生指出:这篇史诗'问了遂古之后,就问到鲧和禹的事,后来虽也说道尧、舜,但远不及说鲧、禹的热闹,颇有《诗经》以后、《论语》以前之风。篇中称人王曰'后',称天地曰'帝',亦曰'后帝',这也是和'诗''书'相同的称谓。我们可以信它不曾受多大战国人历史观念的熏染。接着指出《离骚》和《九歌》以'皇'称'上帝',而《天问》不这样用,可断定《天问》必非屈原著,其写成时间当在战国早期。"刘先生进一步指出:"我们从它的内容看,既比《国语》《左传》还要略早,更没有战国时期那样多的分歧之说,认为顾先生的意见是可信的,甚至认为它当成于春秋之末,至迟在战国初年。"刘先生又说:《山海经》一书内容分"《山经》《海经》两个部分,《山经》述五方之山还未配五行,又以中国四周皆海,比《禹贡》知道只有东海的观念要早,但其中多说草

---

① 丁山:《商周史料考证》,中华书局,1988年,第22页。
② 游国恩:《楚辞论文集·天问古史证》,古典文学出版社,1957年,第178、179、181页。

木鸟兽矿物而有铁,则又不能太早,大约写于战国前期。《海经》则多叙海外传闻,又有秦汉郡名,当写定于秦或秦汉之际。书中叙神话人物世系的全在《海经》后半的《大荒经》和《海内经》中……可知诸神世系的排成在战国后期到秦汉之际。只是神话内容沿自古代传说"①。刘说甚是。由此可知,《山海经》一书特别是《海经》后半部的《大荒经》部分,最早当成书于战国后期。至于《竹书纪年》的成书年代,《史记·魏世家·集解》引荀勖曰:"和峤云'《纪年》起自黄帝,终于魏之今王'。今王者,魏惠成王子。《太史公书》惠成王,但言惠王,惠王子曰襄王,襄王子曰哀王。……《世本》惠王生襄王而无哀王,然则今王者魏襄王也。"《史记·魏世家·索隐》云:"按:《汲冢纪年》终于哀王二十年。"泷川资言《史记会注考证》又云:"哀王当作襄王,《纪年》时,襄王未卒,故所记,止其二十年。"魏襄王二十年为公元前299年,就是说《竹书纪年》的写成时间也当在战国晚期。由上所述,可知三书写成的时间,当以《天问》成文最早,史料价值也较高,如殷墟卜辞所记商祖王恒,独见于《天问》,足见此书所记更接近于商族史实。因此,与王亥发生密切关系的是"有扈"或是"有易",应当以《天问》所记为准,"有易"实为"有扈"之误。有扈一族,文献所记甚早,《尚书·甘誓》就是记载夏初启伐有扈的战争。有扈族的居地,殷墟卜辞称之为"雇"地,王国维《殷卜辞中所见地名考》云:"'雇'字古书多作'扈',《诗·小雅·桑扈》《左传》及《尔雅》之'九扈',皆借'雇'为'扈',然则《春秋·庄公二十三年》'盟于扈'之'扈'殆本作'雇',杜预云:'荥阳卷县北有扈亭。'今怀庆府原阳县。"②《水经·河水注》:"河水又东北,径卷县之扈亭北,《春秋左传》曰:文公七年,晋赵盾与诸侯盟于扈。《竹书纪年》:晋出公十二年,河绝于扈,即于是也。"杨守敬疏:古扈亭"在今原武县西北"。清代原武县即今河南省原阳县原武镇,古卷县当在今原武镇圈村一带,古扈亭也即有扈族的居地当在今圈村以西古黄河岸边,此地西距商族王亥所居殷地约20公里,西南距王恒所居班禄约20公里,双方往来是比较方便。据此,可将上引《天问》一段文字翻译如下:

> 王亥秉承父之德,其父欣喜颇赞赏。何以愿受有扈庇,且于扈地驯牛羊?

---

① 刘起釪:《古史续辨》,中国社会科学出版社,1991年,第8、18页。
② 王国维:《观堂集林·别集》,中华书局,1959年,第1155页。

他喜持干舞大武,赢得舞女心相许。此女体格健而壮,何以丰满又漂亮?

本当安分勤驯牧,何来幽会舞姑娘?身遭捉杀女逃出,女何抽身得逃亡?

亥弟恒也秉父德,怎又继兄驯牛羊?何以住居班禄聚,凌晨来会舞姑娘。

深夜间道走慌忙,舞女等待心荡漾?鸦鸟宿集荆棘处,情侣相会好欢畅!

兄弟皆曾会扈女,祸降兄长把命丧?何以世事变无常,亡兄后嗣却兴旺?

文献记载商族与河伯也有着密切的关系,由于王亥被有扈所杀,其子上甲微曾借师于河伯讨伐有扈,以报杀父之仇。古本《竹书纪年》云:"殷王子亥宾于有易(扈)而淫焉,有易(扈)之君绵臣杀而放之,是故殷主甲微假师于河伯以伐有易(扈),灭之,遂杀其君绵臣也。"是知河伯居地当与上甲微、有扈居地相近。按文献记载的河伯有两种性质,一是水神名称,二是古代部族名称。正如顾炎武《日知录》所说:"《竹书》:帝芬十六年,雒伯与河伯冯夷斗。帝泄十六年,殷侯微以河伯之师伐有易(扈),杀其君绵臣。是河伯者,因居于河上而命之为伯,如文王之西伯。而冯夷者,其名尔。《楚辞·九歌》以河伯次东君之后,则以河伯为神。"协助上甲微讨伐有扈的河伯,显然是居住于黄河岸边的一位古老部族的首领。古代黄河两岸生活着许多原始部族,以河为名者也不止一个,《水经·河水注》引《穆天子传》曰:"天子西征至阳纡之山,河伯冯夷之所都居,是惟河宗氏……河伯以礼穆王。"这是生活于黄河上游地区的一个以河为名的原始部族。《楚辞·天问》:"帝降夷羿,革孽夏民。胡射夫河伯,而妻彼雒嫔?"《竹书纪年》又云:"洛伯与河伯冯夷斗。"这是生活于黄河中游靠近洛水以河为名的原始部族。依据上文可知,在今郑州以北的黄河下游地区,也当生活着一个以河为名的原始部族。殷墟卜辞记载这里有一座以河为名的邑聚,卜辞云:

癸酉卜,在巳奠河邑,泳贞:王旬无祸?惟来征人方。《合集》41754

根据卜辞所记与"河邑"相联系的地名分析,我们认为此"河邑"当位于今河南省荥阳市汜水镇附近的黄河南岸一带,①它最早应是河部族的居住地,因而在商代仍称为"河邑"。河部族以黄河为自己的宗族神并建有黄河神庙,这种神庙又称为"河宗",商王也曾到这里祭祀河神,卜辞云:

  贞:于南方将河宗?十月。《合集》13532

  "将"有供奉之意,《诗经·商颂·烈祖》:"顾予烝尝,汤孙之将。"高亨注:"将,奉献也。"此辞所记当为商王前往南方祭祀"河宗"之事,而荥阳一带的黄河正位于商都(今安阳殷墟)的南方。商王所供奉的"河宗",可能就是后世所称作的"五龙祠",《水经·河水注》云:"河水又东径五龙坞北,坞临长河,有五龙祠。应劭云'昆仑山庙在河南荥阳县',疑即此祠。"熊会贞疏:"《风俗通》十:河出昆仑山,庙在河南荥阳。河堤谒者掌四渎礼祠与五岳同。"古代四渎为江、河、淮、济四水,五龙祠位于河南荥阳的黄河南岸,应当就是河堤谒者供奉的黄河祠庙,最早可能就是商王祭祀的"河宗",此庙与卜辞所记"河邑"相近,东距古扈地约30公里,应当就是上甲微请求协助讨伐有扈的河伯部族所在地。有扈氏族是与夏王朝同姓的地区方国,也是拱卫夏王朝东方的一支强大力量,商族来这里寻求发展,必然导致双方的矛盾和冲突,王亥被杀,有扈氏被讨伐,都应是这种矛盾和冲突的产物。《山海经·大荒东经》说:"王亥托于有易(扈)、河伯仆牛。有易(扈)杀王亥,取仆牛。河念有易(扈),有易(扈)潜出,为国于兽,方食之,名曰摇民。"郭璞注:"言有易(扈)本与河伯友善,上甲微殷之贤王,假师以义伐罪,故河伯不得不助灭之。既而哀念有易(扈),使得潜化而出,化为摇民国。"冲突的结果,有扈氏战败,所谓"化为摇民国","摇民"即"殷民",这可能意味着部分有扈族人最后归顺了商族而成为商族的一部分。商族首领上甲微与河伯结盟讨伐有扈氏成功,大大削弱了夏王朝在这里的统治,从而增强了商族的力量,其势力迅速扩大到今郑州附近的黄河两岸。当然上甲微的成功都应是先人特别是其父王亥奠定的基础,是王亥为主的商族先公以今豫北平原为基地,勤劳发展,开拓创新,努力吸取夏文化的精华,创造出颇具本族特征的辉卫型文化,王亥更是运用本族实力,"肇牵车牛,远服贾",不断扩大活动范围,从而也不断扩大着商族的势力范围,为商族的发展,及至为后来商王朝的建立,奠定了牢固的根基。商人为此也对王亥特别地崇敬,根据殷墟卜辞所记,王亥是

---

① 郑杰祥:《商代地理概论》,中州古籍出版社,1994年,第383页。

唯一一个商族先公先王名称上冠有图腾鸟的人物,《诗经·商颂·玄鸟》:"天命玄鸟,降而生商。"是商族认为王亥应是本族实际意义上的始祖。王亥也是殷墟卜辞所记商族历史上第一个称王的人,这表明商族在王亥时期由于实力增强,已经形成一个相对独立的政治实体,或者已经建立起一个相对独立的地区方国政权。王亥还是商族唯一一个既被尊称为高祖又被称作王的人物。所有这些都表明王亥在商族历史上具有崇高的地位,这种崇高的地位,显然来自他对发展商族所做出的重大贡献。

(原载《中原文物》2009年第5期)

二里岗文化的发现和研究

二里岗位于郑州市的东南郊,东西长约 1500 米,南北宽约 600 米,高出附近地面 5~10 米,因它距郑州老城约 2 里,故俗称为"二里岗",我国著名的商代前期考古学文化——二里岗文化,就首先发现在这个岗地之上。

新中国成立后的 1950 年,随着郑州市社会主义建设的开展,二里岗地区也呈现出一片欣欣向荣的繁忙景象。是年秋,时任郑州市小学教师韩维周先生首先在二里岗建设工地发现一批磨光石器和绳纹陶片,他认定这是一处古代文化遗址。韩先生是我省第一代现代考古学者,早在 20 世纪 30 年代就曾从事考古工作,他的这个发现,引起文物部门的重视,河南省文管会赵全嘏、安金槐和裴明相等先生闻讯专程前来调查,又分别在郑州老城东郊的凤凰台、南关外以及西关、北门外等地发现多处同类的文化遗址,他们根据所发现的"卜骨、卜龟、白陶和石戈"等遗物的分析,初步意识到郑州古文化遗址"和殷墟文化是直接有着密切的关系"[1]。1951 年春,夏鼐先生率领的中国科学院考古研究所调查发掘团来这里再次进行考古调查,他们根据在南关外地区所采集的标本,确认郑州所发现的这些古文化遗址就是"属于殷代的遗址"[2]。这是在我国黄河以南所发现的第一个商代文化遗存。

为了探讨郑州地区古代文化遗存的内涵,1952 年,全国考古工作人员训练班首先对二里岗遗址进行了试掘。1953 年春,郑州市文物工作组也参加了这里的工作,同时为配合基本建设工程,他们还在今郑州市人民公园等地进行了发掘。考古工作者在这里清理出许多墓葬、窖穴和其他建筑遗迹,并且还发现了大量的陶器、成批的青铜器和少量的"釉陶",文化内涵极其丰富。这里出土的

---

[1] 赵全嘏:《河南几个新石器时代遗址报导》,《新史学通讯》1951 年第 4 期。
[2] 考古研究所河南调查团:《河南成皋广武区考古纪略》,《科学通讯》1951 年第 7 期。

陶器和青铜器与安阳殷墟出土的陶器和青铜器相比,既有联系又颇具特征;"釉陶"也是在中原地区首次发现,它受到学者们的高度评价,著名史学家翦伯赞先生就认为"这种带釉陶器,质坚火候高,简直有些类似最初的瓷器"①。另外,在二里岗遗址还出土有两片甲骨文字,这也是在殷墟地区以外首次发现的甲骨文字。所有这些重要发现,后来都以简报、报告和论文的形式陆续公之于世,它初步展示出郑州地区古老、丰富而新颖的文化面貌。

考古发掘所揭示的地层关系表明,二里岗遗址的商文化遗存叠压在龙山文化层次的上面,同时商文化遗存本身也存在着上、下两层文化堆积;而人民公园遗址所发现的商文化则包含着三层文化堆积,其中、下两层与二里岗的上、下两层商文化相同,其上层则与安阳小屯的殷墟文化相近。众所周知,安阳小屯的殷墟文化,明确无误地属于盘庚迁殷以后的商代后期文化,二里岗遗址所发现的商文化既然被压在殷墟文化层的下面,显然可见它应属于商代前期的文化,因此,人民公园遗址商代文化三叠层的发现,就为判断二里岗遗址所发现的商文化的相对年代提供了坚实的依据。由于二里岗遗址所发现的商文化不仅时代较早,而且内涵丰富,颇具特征,又在郑州及其他地方多有发现,1954 年,东红和张建中先生在他们的文章中就将其称为"二里岗文化"②,以示和安阳小屯出土的殷墟文化相区别,从此,一种沉睡于地下数千年的商代前期考古学文化,就以"二里岗文化"的名称重新出现于世间。

1956 年,邹衡先生根据自己的发掘实践,在已经公布的资料的基础上,对郑州二里岗和人民公园等地所发现的古代文化遗存进行了全面系统的研究,发表了他的《试论郑州新发现的殷商文化遗址》③著名论文。邹衡先生根据可靠的地层关系和出土遗物的分析,认为人民公园遗址所发现的三层商文化之间,其中、下两层的"文化内容非常接近",而上、中两层之间的文化内容差别较大;这中、下层也就是大家所称作的二里岗上、下层文化,因此,通过邹文的分析,就再次证明了二里岗上、下层文化应是一个相对独立的文化实体。为了弄清二里岗文化和小屯殷墟文化的关系,邹衡先生把小屯殷墟文化分作早、中、晚三期,通

---

① 翦伯赞:《考古发现与历史研究》,《文物参考资料》1954 年第 9 期。
② 郑州市文物工作组:《郑州人民公园第廿五号商代墓葬清理简报》,《文物参考资料》1954 年第 12 期。
③ 邹衡:《试论郑州新发现的殷商文化遗址》,《考古学报》1956 年第 3 期。

过对比,认为二里岗文化的上层比小屯殷墟文化的早期要早,但二者的文化内容又有着密切的联系,这就进一步明确了二里岗文化原是小屯殷墟文化的前身,小屯殷墟文化正是在二里岗文化的基础上继承和发展起来的。1959年,《郑州二里冈》考古专题报告出版,①公布了二里岗遗址的全部发掘资料。邹文的发表,报告的出版,是对50年代二里岗文化发掘和研究工作的总结,它填补了商代前期考古学的空白,确立了二里岗文化在整个商文化中的历史地位。

60年代以来,二里岗文化新遗址的发现日益增多,该文化的分布范围也在不断扩大,根据现已公布的资料可知,大致上以今河南省为中心,东到山东济南,西迄陕西扶风,北至河北石家庄,南达湖北江陵,在这方圆千余公里的广阔地区内,都发现有二里岗文化的遗存。不过,该文化分布最为密集而且内涵最为丰富的地区乃是今河南省的中部,具体地说就是现今的郑州市区。考古调查和发掘表明,在郑州市区的25平方公里的范围内,几乎遍布着二里岗文化遗存,特别是在遗址中心还发现了一座商代城址,即学术界所称的"郑州商城"。该城城墙周长达6960米,城内面积约300万平方米,这是迄今所发现的我国商代前期规模最大的一座城址。而且这座城址并不是一座空城,正如《郑州商代城址发掘简报》所说:"郑州商代城址,不但范围广阔,而且在城内外还发掘出重要遗迹。在南城墙外约500米处的南关外,和北城墙外约200米处的紫荆山北地,分别发掘出冶铸青铜器的手工业作坊遗址。在北城墙外约300米处发掘一处用人骨和兽骨作原料的磨制骨器的手工业作坊遗址。在西城墙外约1300米处的铭功路西,发掘出了一处烧制陶器的手工业作坊遗址。在西城墙外约300米处的张寨南街出土了两件大型铜方鼎(今按:1982年在商城的东南角又发现一批窖藏青铜器),在城内东北部还发现了大面积的夯土台基和建筑遗迹(应当是商代奴隶主居住过的场所,也有可能是宫殿遗址)。所有这些遗迹和遗物证明:这座城址应是商代的重要都邑。"②关于该城的相对年代,《郑州商代城遗址发掘报告》③说:该城各条城墙内侧分别叠压在二里岗上、下文化层的下面,城墙本身又坐落在龙山文化层和"南关外期"和"洛达庙期"(即现在所称作的"二

---

① 河南省文化局文物工作队:《郑州二里冈》,科学出版社,1959年。
② 河南省博物馆等:《郑州商代城址发掘简报》,《文物》1977年第1期。
③ 河南省博物馆、郑州市博物馆:《郑州商代城遗址发掘报告》,《文物资料丛刊》1977年第1期。

里头文化")文化层的上面,特别是夯土层内出土有"较多的洛达庙期的陶片,以及一些商代二里岗期下层的陶片,但是,没有发现比这些陶片更晚的陶片",因此,《郑州商代城遗址发掘报告》认为,郑州商代城墙的建造时间应是建造于"商代二里岗期下层",而"一直使用到二里岗期上层"。至于该城的绝对年代,该《报告》根据^{14}C所测定的商城夯土墙(CET7)和二里岗上层灰土层出土木炭,其年代(经过树轮校正)分别为公元前1620年和公元前1595年,显然可见,《报告》明确认为郑州商城应是一座二里岗文化时期的商代前期都邑。

郑州商城的发现,是我国商代考古上的重大收获,城址规模宏大,文化内涵极其丰富,它基本上代表着整个二里岗文化的面貌,因此也成为学术界探讨二里岗文化性质的中心议题。事实上,自60年代以来,对二里岗文化几个重要问题的讨论,诸如二里岗文化的来源问题、二里岗文化的年代问题、二里岗文化的分期问题、二里岗文化的地区类型问题,以及盘龙城、偃师商城和垣曲商城年代和性质等问题,都是围绕着郑州商城的讨论而逐步开展起来的。

郑州商城既为商代的一个重要都邑,但为商代何王所都,首先引起学术界的注意。早在50年代,安志敏先生和邹衡先生开始把郑州商代遗址和文献记载的商王仲丁所居的隞地联系起来;1957年,赵全嘏先生又进一步提出郑州所发现的商城很有可能"就是文献上所说的仲丁迁徙的商代京城"①。60年代初,安金槐先生根据正式发掘的考古资料,写出《试论郑州商代城址——隞都》②一文,明确提出了郑州商城隞都说。安先生认为郑州所发现的商文化应分作早、中、晚三期,他所说的早期即指压在商城下边的洛达庙期文化,中期即指二里岗上下层文化,晚期即指人民公园上层文化,郑州商城既然属于二里岗文化时期的城址,因此就可确定该城应是"属于商代中期的城市遗址"。文献记载,商代第十一位国王仲丁所居隞都在郑州以西的荥阳,与郑州商城时代相符,地域相近,由此他认为郑州商城很有可能就是商代的隞都。

郑州商城隞都说明确地判定二里岗文化为商代中期文化,这一论断由于当时在河南偃师县发现了大型二里头文化遗址而得到加强。这里有必要对二里头文化稍加说明。二里头文化原称"洛达庙类型"文化,它是以1957年在郑州

---

① 赵全嘏:《郑州商代遗址的考古发掘及其时代关系》,《史学月刊》1957年第3期。
② 安金槐:《试论郑州商代城址——隞都》,《文物》1961年第4、5期合刊。

西郊洛达庙首次发现而得名。洛达庙类型文化由于压在郑州商代城址之下，明显地早于二里岗文化，因此它的发现使不少学者立即联想到比商文化更早的夏文化。1959年，前辈学者徐旭生先生以70多岁高龄亲赴豫西进行田野考古调查，徐老这次调查的本意是要寻找夏文化，但是，当他在豫西偃师县二里头发现大型洛达庙类型文化遗存以后，却认为这里应是文献记载的商汤所都的西亳所在。考古工作者根据徐老的调查，经过大规模的发掘，果然在这里发现一处大型宫殿遗迹以及成批的窖穴、墓葬和青铜器等，由于在这里所发现的洛达庙类型文化内涵比洛达庙遗址文化内涵更为丰富和典型，因此洛达庙类型文化也由此改称为二里头文化。当时，很多学者都认为徐老的判断是正确的，即二里头文化遗址应当就是商汤所都西亳的遗址，当然也就是早商文化的遗存。基于此点，在整个60年代，学术界普遍形成这样一个概念，即从偃师二里头，到郑州二里岗，再到安阳殷墟，考古工作者已经在河南省境内找到了完整的商代早中晚三个时期的物质文化遗存。

当然，对商文化的这种分期并未成为定论，它还存在着不少未能解决的问题。例如根据文献记载，今河南豫西一带原是夏王朝的政治中心区，因而也应是夏文化的分布中心区，因此，如果认为二里头文化是早商文化，那么为什么它会主要分布于夏王朝的政治中心区呢？夏王朝时期的夏文化又在哪里呢？再者，二里岗文化与二里头文化有没有密切的承袭关系呢？这些问题在60年代并未解决，直至70年代末，邹衡先生明确回答了这些问题，他的回答就是二里头文化并非早商文化，而正是当年徐旭生先生所要寻找的夏文化，因此偃师二里头所发现的大型宫殿遗迹，也并非汤都西亳，而应是夏代王都的遗迹。那么汤都亳邑在哪里？他认为二里岗文化并非商代中期文化，而应是商代早期文化，因此郑州商城也并非仲丁所居的隞都，而应是商初成汤所都的亳邑。1978年，邹衡先生发表了《郑州商城即汤都亳说》[1]一文，以此说为核心，邹氏在其1980年所著《夏商周考古学论文集》[2]一书中，更加全面地论述了夏商文化问题。邹先生在本书中通过对考古资料的详细对比，认为二里岗文化与二里头文化之间虽有不少联系，但本质上应属两个不同系统的文化，二者并不存在一脉

---

[1] 邹衡：《郑州商城即汤都亳说》，《文物》1978年第2期。
[2] 邹衡：《夏商周考古学论文集》，文物出版社，1980年。

相承的关系。为探讨二里岗文化的来龙去脉及其发展变化,邹先生又把商文化按时代顺序分为三期七段十四组,其中第一期为先商文化,也即商族在建国前所创造的文化遗存,该期包括商文化的第一段第1、2两组,据其地区差别(也含有时代早晚意义)又分为三个类型:分布于今河北漳河流域的先商文化称为"漳河型";分布于豫北卫河上游地区的先商文化称为"辉卫型";分布于郑州地区的先商文化称为"南关外型",该类型与二里头文化的三、四期大约同时并存,地域相邻。第二期为早商文化,也即商族自成汤灭夏前后至武丁以前所创造的文化遗存,该期包括商文化的第二、三、四段第3、4、5、6、7、8组,据其地区差别又分为四个类型:分布于今河南省全部、山东省大部、安徽省西部、河北省南部、山西省南部、陕西省东部地区的早商文化称为"二里岗型",该类型文化是在先商文化"南关外型"基础上,同时融合了大量的二里头晚期文化和其他文化因素而形成发展起来的;分布于河北省中部地区的早商文化称为"台西型",该类型文化是在先商文化"漳河型"的基础上,同时融合了邻近夏家店文化和光社文化的因素形成和发展起来的;分布于湖北省北部地区的早商文化称为"盘龙城型",该类型文化是从"二里岗型"直接发展而来,另外也带有若干地方特点;分布于陕西中部偏西地区的早商文化称为"京当型",该类型文化"初步看来,它大概是从二里岗型中分化出来的"。第三期为晚商文化,也即商人自武丁至武庚时期所创造的文化遗存,该期包括商文化的第五、六、七段第9、10、11、12、13、14组。晚商文化显然是在早商文化的基础上继承和发展起来的,直至最后为西周文化所代替。

对于二里岗上、下层文化,邹文将其重新一分为四,归之于他所称作的早商文化第二、三段3~6组的"二里岗型",而郑州商城的修建,他认为当"开始于第二段第3组,但作为王城的使用则至少延续到第三段第5组"。又说郑州商文化遗址"以早商期第二、三段遗址分布最普遍,内涵最丰富,是最繁盛的时期,商城的修筑和使用主要是这一时期"。如上所述,邹文既把第二段第3组定为早商文化的最早期,则始建于此期的郑州商城当然就是商初的建筑遗迹;该城既为众所公认的当时都邑所在,显而易见,郑州商城理应就是文献记载的商初开国君王成汤所都的亳邑。同时,根据郑州"商城东墙探沟7第三层至第五层出土的木炭据^{14}C测定,其树轮校正年代为公元前1620年至公元前1595年,与古文献所载成汤都亳之年相差不会很远"。上述所有这些,都是邹氏为论定"郑州商城即汤都亳"一说所提供的考古学上的证据。另外,邹衡先生还认为《左传·襄公十一年》所记的"亳城",《后汉书·郡国志·河南尹》荥阳县条下所记的"薄亭",其地望都当在郑州商城一带。新中国成立以来,在郑州商城东北角出土不少东周时期带"亳"字和"亳丘"二字的陶文,说明在东周时期这里仍称作亳地。又《诗经·商颂·长发》所说汤曾以亳为据点,"韦、顾既伐,昆吾、夏桀"之韦,当在今郑州市区;顾,当在今郑州以北原阳县境;昆吾,当在今郑州西南密县、新郑一带。《孟子·滕文公下》所记"汤居亳,与葛为邻"之葛,也当在今郑州市区周围。总之,邹衡先生主要以考古资料和文献上的四条依据,论证了郑州商城断非商代中期的隞都,而实为商代早期的亳邑。邹氏的这个著名论断,引起学术界的强烈反响,从而推动了对郑州商城乃至整个二里岗文化问题的进一步讨论。

石加先生不同意邹说。他认为把原来的二里岗上、下两层文化细分为二段4~5组,还缺乏充分的考古资料的依据;另外,从^{14}C测定的殷墟文化总的年代来看,要比文献所记晚商年代要早,依此推彼,"郑州商城的碳14数据应相当于商代中期"。他还认为《左传·襄公十一年》所记之"亳城",前人已指出当为"京城"之误;《后汉书·郡国志》所记"薄亭"在荥阳,而郑州当时已称作"管",属中牟。他把郑州商城北角出土东周"亳"字陶文释为"亭",从而否定了东周时期这里曾经称为亳地。[1] 杨育彬先生也从讨论二里岗期商代青铜容器的角度对邹说提出异议。他首次把河南出土的二里岗上下层青铜容器区分开来,结论认为"郑州二里岗期的青铜器,向前上溯,是偃师二里头商代早期青铜器的发展,向后延伸,又开安阳殷墟商代晚期青铜器的先河"。因此它本身应属于商代文化的中期。[2] 另外,罗彬柯、李经汉先生则主张所谓"洛达庙期文化""南关外期文化"以及"辉卫型"文化的潞王坟下层其实都应属于二里头三、四期文化的地方类型,他们仍然认为该文化应为商代早期文化,而二里岗文化正是在它的基础上继承和发展起来的商代中期文化。[3]

史学界的刘惠孙先生通过对古文"亳"字的考证,认为商代亳字字义本为社

---

[1] 石加:《"郑亳"说商榷》,《考古》1980年第3期。
[2] 杨育彬等:《近几年来在郑州新发现的商代青铜器》,《中原文物》1981年第2期。
[3] 罗彬柯:《小议郑州南关外期商文化——兼评"南关外型"先商文化说》,《中原文物》1982年第2期。李经汉:《郑州二里岗期商文化的来源及相关问题的讨论》,《中原文物》1983年第3期。

庙,亦即祖庙,以后才"衍化成为有亳社所在的地名"。说古代社庙"既可以作,也可以迁",因此文献所记商代有三亳,大概就是"商汤时期随所都居而迁而建"者。又说任何王都,都有社庙,"然则仲丁之隞也有亳社完全可能"。至于汤始居亳的亳究竟在哪里,他以为从卜辞"王征夷方在亳"(《金璋》584)的记载来看,夷方是在山东徐、淮一带,王在亳指挥,以亳作为司令部大本营,总应离夷方不远。则其地在今天皖北亳县周边的蒙城或豫东的商丘,即四亳中的北亳,较为近理。① 意为郑州商城不大可能为商都亳邑,而应可能是商都隞邑。另外,杨宽先生主要根据金文资料和文献记载,认为郑州商城既不是亳也不是隞,它应该就是殷金文中所称作的管邑,西周时期管城这一名称,正是从商代管城延续下来的。②

但是,陈旭则以为邹说比较合理,其理由有三:1. 郑州所出东周陶文字"亳",仍应释亳为宜。河南所出东周陶文,多属地名印记,如登封告成出土之"阳城仓器"陶文,荥阳出土之"荥阳廪陶"即属此例,郑州出土之陶文"亳",也当是亳地,如然,"则杜预'亳城郑地'之说,当有据"。2. ^{14}C 测定郑州商城的年代(经树轮校正)为公元前 1620 年,它与文献所记商代早期汤都亳邑的年代是基本符合的。3. 根据文献记载,商代早期正是商王朝的强盛时期,而根据考古发掘可知,郑州商城的建筑规模如此之大,商城周围的各种手工业作坊也初具规模,特别是还出土了大量精美的青铜重器和玉器,所有这些都表明二里岗文化时期,正是商代政治昌盛、经济繁荣时期,这种社会状况和文献记载的商代早期社会状况是恰相吻合的。但与此相反,文献记载商王朝到了仲丁时期,则是"废適而更立诸弟子,弟子或争相代立,比九世乱,于是诸侯莫朝"(《史记·殷本纪》)。这种政治动乱局面和考古发掘的郑州商城遗存所反映的社会稳定局面全不相称。由以上三条理由,可证邹衡先生"郑州商城为汤都亳说"是可以成立的。不过,陈旭对郑州商城的始建年代与邹说稍有不同。她认为"据发掘资料,商代夯土层普遍被二里岗期下层文化堆积所叠压,同时,也普遍发现二里岗期下层之房基、窖穴、墓葬等遗迹,直接或间接地压着商代夯土城墙,这就充分表明,商城城墙建成的时间早于二里岗下层文化时期"。早到什么时候?她又

---

① 刘惠孙:《从古文字亳字探讨郑州商城问题》,《考古》1983 年第 5 期。
② 杨宽:《商代的别都制度》,《复旦学报(社会科学版)》1984 年第 1 期。

据《郑州商代城址发掘报告》说：当修筑商代城墙内壁时，破坏了南关外期文化层的一部分，"这一现象说明，建筑城墙时南关外期在当时业已存在，并遭破坏，从而表明商代城墙的建筑有可能始于南关外期"①。就是说她认为郑州商代城址当建于先商，到早商的二里岗下层文化时期，城墙已经建成，该城已被商人居住，充分利用起来了。

80年代中期，随着在河南偃师县又一座商代城址的发现，学术界对于郑州商城的讨论更加热烈起来。1983年，考古工作者在偃师县城西郊发现一座大型古代城址，该城坐落在豫西河洛平原的一片高地之上，北倚邙山，南临洛河，向西南约6公里与著名的二里头文化遗址隔河相望。城址本身作不规则的纵长方形，方向7°，东、西、北三面城墙尚存，南墙迄今未能找到，或已被洛河水所冲毁。城墙周长约5400米，城内面积约190万平方米，在东、西、北三面城墙上已发现七座城门，城内并发现"若干条纵横交错的大道和三处由大面积夯土基址组成的建筑群"。特别是位于城址南部居中的夯土基址建筑群，周围也有一道围墙，很像后世的宫城。由此可知这是一座保存相当完整的大型古代城址。该城被发现之后，很快引起世人的注意，许多报刊及时地进行了报道，黄石林、赵芝荃先生首先著文，对该城的年代和性质进行了讨论。他们推断，这座"城址的年代早于二里岗下层"，而"二里岗文化属于商代前期文化，那么，早于二里岗文化的商代城址（今按：即指偃师商城），就应该是商代早期城址"。我们知道，黄、赵二位先生原是主张二里头三、四期文化为早商文化的，可知他们认为这座新发现的偃师商城应是一座二里头文化晚期即早商文化时期的城址。另外偃师商城的位置与文献记载的"西亳"地望恰相符合，据此，他们进一步认为偃师商城"即是商汤所都的西亳，殆无疑义"②。

邹衡先生不同意此说，他推断偃师商城的年代似亦不早于早商文化的第二段第3组，因而应属于二里岗下层文化即早商最早期的城址，也就是说它和郑州商城的年代是基本相同的。两城既然同属商代早期，但郑州商城的建筑规模要比偃师商城大得多，因此要从考古学的角度探讨汤都亳邑，则必非郑州商城莫属，偃师商城是不大可能成为亳邑的。那么，偃师商城究竟是一个什么性质

---

① 陈旭：《郑州商文化的发现和研究》，《中原文物》1983年第3期。
② 黄石林、赵芝荃：《偃师商城的发现及其意义》，《光明日报》1984年4月4日第3版。

的城址呢？邹氏根据文献记载，认为它应是商汤太子太甲所放处的"桐宫"，此宫原为汤灭夏后以监视夏遗民而建，而后为太甲所居，使之"远离国都"，"不使复知朝政"，由此他提出"偃师商城即太甲桐宫"的新说。①

郑杰祥根据所公布的偃师商城的发掘资料，信从邹说，确认该城应为二里岗下层文化时期的城址，因为这里迄今为止还未发现早于该层文化的任何遗迹。而郑州商城则应始建于"南关外期"和二里头文化的晚期（如陈旭先生所说），大规模地续建于二里岗下层文化时期，因此两相比较之下，郑州商城的始建年代与偃师商城约略同时甚或要早，但其规模要比后者大了许多，据此而论，商初王都理应就在郑州商城而不应在偃师。关于偃师商城的性质，作者认为虽未必就是商初桐宫，但由于处在原夏王朝的政治中心区，因此"显而易见，它应是商人灭夏以后在这里建立的一座重镇，用以巩固商初西部边防并镇压夏人的复辟。它可以称为商王朝的别都，而类似于周人在灭商以后营造的东都洛邑"②。

但是，高炜先生仍然认为郑州商城有可能是商代中期的隞都。他把二里岗原上、下层文化各细分为一、二两段，其中下层文化的第一段约相当于邹衡先生所称作的先商文化的第2组，第二段约相当于邹氏所分的早商文化的第3组；上层文化的第一段约相当于邹文所分早商文化的第4、5组，第二段约相当于邹文所分的早商文化的第6、7组。以此为据，他对郑州所发现的主要商代遗迹进行了全面分期，认为"属二里岗期下层第一段的除商城外，还有商城东北隅的夯土台基。属下层第二段的有C8M32和省中医院家属院的铜器墓、C8G10五层以下的部分基址、紫荆山北的制骨遗址。属二里岗期上层第一段的有紫荆山北和南关外的两处炼铜遗址、铭功路的制陶遗址、C8G10的上面五层基址、铭功路的M2、东里路C8M39等。属上层第二段的有白家庄M2、M3（铭功路的M4，张寨方鼎墓也暂放此段）和东里路打破C8G10的濠沟等，从以上梳理结果来看，商城在二里岗期下层时还处在初创阶段，与其相关的内容还不甚丰富，而到了二里岗期上层则在内容上较前丰富，有大型基址、炼铜、制陶等作坊遗址和较多的铜器墓，等等。这些重要的遗迹现象无疑是商城使用时期形成起来的，并且

---

① 邹衡：《偃师商城即太甲桐宫说》，《北京大学学报（哲学社会科学版）》1984年第4期。
② 郑杰祥：《关于偃师商城的年代和性质问题》，《中原文物》1984年第4期。

是有机的整体"。接着他把二里岗文化与二里头三、四期和殷墟小屯文化进行了对比,认为二里岗下层第一段与二里头三、四期一脉相承,而二里岗上层文化的第二段又与小屯殷墟第一期文化相接近,由此他总结说:"郑州商城似乎是介于二里头遗址三期和殷墟之间的一个都邑。""因而商汤都亳,似与时间较早的二里头遗址三期较合。而郑州商城是继二里头遗址三期之后兴起的商代中早期的都邑。"①

正当学术界对郑州商城和偃师商城展开热烈讨论之际,1985年考古工作者在山西省垣曲县南的古城镇又发现一座古代城址。据报道,这座"城垣平面为平行四边形,城内面积约十二万余平方米"。北墙仍保存在地面之上,"长约三百三十米,高三至五米,宽五至十二米"。其余三面城墙均埋于地面之下,经钻探,西墙长约395米,南墙中段及东段侧被黄河冲毁,东墙也仅存北段45米。城内布局为:"东南部有密集的灰坑和窖穴等遗迹,文化层堆积较厚,可能是居住区。中部偏东有一组夯土建筑基址,分为六块,较大的一块为长方形,长约五十米,宽约二十米,还有的为曲尺形,可能是宫殿区。"该城南墙东段被二里岗上层墓葬所打破,据此可知,该城最晚也是一座二里岗文化时期的城址,②这是在我国黄河北岸所发现的第一座商代城址。关于该城的性质,陈昌远先生撰文"初步断定:此遗址当为'汤始居亳'的最早'亳都'",并且认为以后"随着商族势力不断发展,逐步向东南扩张"才又迁都于偃师西亳,即现今所发现的偃师商城地区。③ 不过这个论断仍显过早,因为垣曲古城与偃师商城在时代上孰早孰晚,目前尚不清楚,无法肯定它就是最早的亳邑。从总体看来,它倒很像地处早商王朝西土的一座西北边防重镇,而类似于地处早商王朝南土的商代"盘龙城"的地位,④总之,垣曲古城的性质也是同样需要进一步展开讨论的。

以上我们概括地介绍了二里岗文化和郑州商城等诸城址自发现以来的大致讨论情况,可知大家虽然都认识到它是商代前期文化,但在该文化的许多问

---

① 高炜:《略论二里岗文化的分期和商城年代——兼谈其与二里头文化的关系》,《中原文物》1985年第2期。
② 刘汉屏、佟伟华:《山西垣曲县古城镇发现一座商代城址》,《光明日报》1986年4月8日。
③ 陈昌远:《商族起源地望发微——兼论山西垣曲商城发现的意义》,《历史研究》1987年第1期。
④ 江鸿:《盘龙城与商朝的南土》,《文物》1976年第2期。

题上仍存在着诸多分歧。二里岗文化是新中国成立以来在中原地区所发现的第一个新型的考古学文化,它的发现填补了我国商代前期考古学的空白,大大丰富了我们对商文化内涵的认识,并且也为我们探索夏文化进一步缩短了距离。因此对二里岗文化进行深入讨论,弄清它的内涵和性质,对于研究商代历史,从而为探索我国古代文明的形成和发展都具有重要的学术意义。

(原载《中原文物》1989 年第 1 期)

商汤都亳考

商汤都于亳,文献记载无异词。《尚书·序》:"自契至于成汤凡八迁,汤始居亳,从先王居。"《墨子·非命上》:"古者汤封于亳。"《孟子·滕文公下》:"汤居亳,与葛为邻。"《荀子·议兵篇》:"古者汤以薄,武王以滈。"王先谦《荀子·集解》:"薄与亳同。"《墨子·非攻下》:"汤奉桀众以克有(夏),属诸侯于薄。"《管子·地数篇》:"昔者桀霸有天下,而用不足;汤有七十里之薄,而用有余。"《逸周书·殷祝解》:"汤放桀而复薄。"《路史·国名纪》引《吕氏春秋》:"汤尝约于郼薄。"又古本《竹书纪年》记自商汤开始,历外丙、仲壬、大甲、沃丁、小庚、小甲、雍己、大戊,凡五世九王(汤太子太丁未立而卒,未计在内)皆都于亳。这些材料皆表明,亳地不仅为商汤所都,而且长期以来也是商王朝早期的政治中心。

但对亳都所在地望,历来众说纷纭,至今未有定论。较早提出这个问题的是司马迁,《史记·六国年表》说:"夫作事者必于东南,收功实者常于西北。故禹兴于西羌,汤起于亳,周之王也以丰镐伐殷,秦之帝用雍州兴,汉之兴自蜀汉。"这里他明确认为"汤起于亳"之地望应在关中地区。其后许慎、徐广承袭此说,并具体指出:"亳,京兆杜陵亭也。"(《说文解字》卷五下)杜陵在今陕西省长安县西南,说者意谓关中商亳就在此地。然而我国古代商部族的发祥地史书多记载在今黄河中下游地区,因此后人多以为司马迁之说非是,而响应者很少。东汉班固等人另立新说。《汉书·地理志·河南郡》偃师县下班固自注云:"尸乡,殷汤所都。"郑玄也说:"亳,今河南偃师县有汤亭。"(《尚书正义》所引)他们认为汤都亳地并不在关中而应在今河南省偃师县境。晋人意见则多不一致。《汉书·地理志》卷二十八注引臣瓒说:"汤居亳,今济阴县是也。"按济阴亳县即今山东省曹县以南。《左传·庄公十二年》杜预注:"蒙县西北有亳城。"《尚书正义》又引杜预云:"梁国蒙县(西)北有亳城,城中有成汤冢,其西又有伊尹冢。"按梁国蒙县即今河南省商丘市以北。《尚书·立政》:"三亳阪尹。"《尚书正义》引皇甫谧云:"三处之地皆名为亳,蒙为北亳,谷熟为南亳,偃师为西亳。"皇甫谧又说:"梁国谷熟县为南亳,即汤都也。"唐李泰《括地志》则进一步申述此说:"宋州谷熟县西南三十五里亳故城,即南亳,汤都也。""宋州北五十里大蒙城为景亳,汤所盟地,因景山为名。""河南偃师为西亳,帝喾及汤所都,盘庚亦徙都之。"汤都南亳,又都西亳,南、西二亳相距数百里,同时建都于两地实不可能,因此张守节《史记·殷本纪·正义》又调和此说:"亳,偃师城也。商邱(今河南省商丘市——笔者注),宋州也。汤即位,都南亳,后徙西亳也。"总之,关于商代亳都地望的讨论,至唐代为止,已经形成了上述五种意见,即关中杜亳说、偃师西亳说、济阴曹亳说、谷熟南亳说和蒙城北亳说,这五种意见各为后人所师承,直至清代仍未超出上述各说范围。

近人岑仲勉先生始打破传统旧说,以为上述各地之亳皆与商代之亳无关,而"以古史勘古迹,认汤都亳在现时内黄,实比其他各说最为可据"①。他主张亳都地望应在今河南省内黄县境。这种说法和上述诸说有一个共同的缺憾,就是没有科学的考古资料的证据。单凭文献记载寻找商亳,事实证明已不可能。这个问题长期以来未获解决,症结就在于此。新中国成立后在中原地区发现的两种新型的考古学文化,为我们探讨商亳地望打开了新的局面。这就是在郑州二里岗发现的二里岗文化和以偃师二里头遗址为代表的二里头文化。有些同志根据二里头遗址的文化内涵并结合文献记载,重新提出了汤都偃师西亳说。②邹衡同志根据二里岗遗址的文化内涵和所处的地理位置,提出了汤都郑亳的新说,③这两说遂成为当前探讨商亳地望意见分歧的焦点。本文以汤都郑亳之说为是,即认为此说在论证方面虽然有某些粗疏之处,但其基本论据是正确的,因为它有坚实的考古资料作依据。

众所周知,新中国成立后在郑州地区发现了一个总面积达 25 平方公里的商代遗址。在遗址中心清理出一座周长约 7 公里的商代城墙,城内东北隅有大型的宫殿遗迹,城外则分布着多处手工业作坊遗址,另外在商城内外还发掘出

---

① 岑仲勉:《黄河变迁史》,人民出版社,1957年,第102页。
② 殷玮璋:《二里头文化探讨》,《考古》1978年第1期。
③ 邹衡:《郑州商城即汤都亳说》,《文物》1978年第2期。

不少大型铜器、精美的玉器以及奴隶主贵族的墓葬等。这些发现表明这座商代城址应是商王朝的一个重要都邑,这几乎是众所公认的。另外,在商城下面叠压着河南龙山文化、南关外类型文化和洛达庙期文化,商城的上面则被二里岗上层文化的灰坑和墓葬所打破。洛达庙期文化现在通称为"二里头文化",就是说这座商代城址从相对年代上说,它晚于二里头文化而早于二里岗上层文化,属于二里岗下层时期的城址,因而是一座商代前期的都邑。这是明确无误的。再者,参考 ^{14}C 的年代测定(通过树轮校正),这座商城的绝对年代为距今 $3570±35$(前 1620)年,这个年代和我国文献记载的商初年代恰相符合。① 由此可知,在郑州市区所发现的这座墓葬规模如此巨大,出土遗物如此丰富,它的相对年代和绝对年代又恰在商王朝的前期和初期范围之内的商城,应是古代商汤都亳的遗迹。

近年来在郑州地区所发现的战国"亳"字陶文,也为我们探讨郑亳所在提供了重要的实物证据。这种陶文出土数量较多,自 1956 年以来已经发现了三批,而且近来还在不断有所发现;② 出土地点也比较集中,都在今郑州市金水河南岸和白家庄一带,可见这些带字陶器应是当地专门手工业作坊所烧造而不是外来品。陶文多为"亳"字单字,"亳"字多印在陶豆的豆把上,字体工整,庄重大方,为流行于三晋地区的战国初期文字无疑。其中一件陶豆上印有"𥬠㝬",我以为当是"亳丘"二字。③ 但是,近来有些同志认为"㝬"未必一定就是"亳"字,也可能是"京"字或"亭"字。④ 看来还是释"亳"为是。许慎《说文》云:"亳,从高省,乇声。"证以甲骨、铜器铭文"亳"字皆与许慎所释相符,郑州所出陶文"亳"字数量众多,结构一致,也与许慎所释相符。而"亭"字,许慎《说文》云:"从高省,丁声。""京"字,《说文》又云:"从高省,丨,象高形。"证以甲骨、金文所见"亭""京"二字结构,绝大多数与《说文》所释相合。由此可见,古亳、亭、京三字所从

---

① 河南省博物馆、郑州市博物馆:《郑州商代城遗址发掘报告》,《文物资料丛刊》1977 年第 1 期。
② 郑州市文物工作组:《郑州金水河南岸工地发现许多带字的战国陶器》,《文物参考资料》1956 年第 3 期。河南省文化局文物工作队第一队:《郑州白家庄遗址发掘简报》,《文物参考资料》1956 年第 4 期。
③ 郑杰祥:《二里头文化商榷》,《河南文博通讯》1978 年第 4 期。
④ 石加:《"郑亳说"商榷》,《考古》1980 年第 3 期。

之毛、丁、｜结构有重要区别,并不混淆。郑州所出陶文"飠"与山东所出陶文相同,当为"亳"字无疑。"亳"字单字当是"亳丘"二字之省文。与此相类,1977年我们在郑州西南百余里,今登封市告成镇古代阳城遗址中,也发现带有"阳城"或"阳城仓器"的战国初期陶文。① 文字多印在豆盘的中心,字体工整,笔法严谨,与郑州所出同一时期的"亳"字陶文虽然艺术风格和在陶器上的部位不同,但其作用应该是一样的。"仓",有的同志又释为"食馆"合文。但不论是"仓"或是"食馆",都是当时阳城官府的印记。它标明这种用具是属于官府专用的官营手工业产品,手工业作坊就设在阳城地区。另外,传世的战国陶文"郻氏"二字,②无疑也是当时当地官府的印章,该陶文出土于今登封市告成镇以西的古纶氏地区。以此类推,我们认为郑州出土的"亳"和"亳丘"等字陶文也应该就是当时官府的印记。这种文字既不是陶工或业主的人名,更不是陶器的器名,而是烧造这种陶器的手工业作坊所在地名的标记。

值得注意的是,这批陶文正出土于商初夯土台基区及其周围,这绝不是偶然的巧合。如上所述,这片大型建筑遗迹应是早商时期的宫殿区。《周礼·考工记》:"匠人营国……左祖右社。"因而这里也是早商的宗庙、社祭所在。《左传·哀公四年》杜预注:"亳社,殷之社。"殷墟卜辞又云:"贞,又尞亳土。"③是知商人常称自己所祭的社为"亳社"。郑州这片大型建筑遗迹即为商初宗社所在,因而也应就是当时的亳社所在。只是到了春秋战国时期,商初的亳社建筑早已成为丘墟,只是名称犹存。郑州这批"亳"字陶文的发现,确证这一地区在春秋战国时期曾称作"亳丘",意思就是当年亳社的废墟。《左传·庄公二十八年》:"凡邑,有宗庙先君之主曰都。"《礼记·郊特牲》郑玄注:"薄社,殷之社,殷始都薄。"可见殷人称自己的社为"亳社",原是来自"汤始都亳"的亳都名号,郑州既有商初亳社所在,这就进一步表明在它周围的同一时期的规模宏大的城址应该就是商汤都亳的遗迹。

汤都郑亳之说虽然不见于文献记载,但也不是绝无踪迹可寻。《左氏春秋经·襄公十一年》:"秋七月己未,同盟于亳城北。"杜预注:"亳城,郑地。"《春秋

---

① 高成:《春秋战国时期古阳城遗址的发现》,《光明日报》1978年1月27日第三版。
② 李学勤:《战国题铭概述(下)》,《文物》1959年第9期。
③ 这类材料在陈梦家同志《殷墟卜辞综述·宗教》(科学出版社,1956年)中引证甚多,兹从略。

公羊传》《春秋穀梁传》于襄公十一年记此事皆写作"同盟于京城北"。阮元《公羊传注疏校勘记》云:"左氏《经》作'亳城北',服(虔)氏之《经》亦作'京城北',《九经古义》云'京城地在荥阳',《隐元年传》谓之'京城大叔'是也。亳城无考,当从《公》《穀》为正。"今按:阮说殆误,春秋郑国既有京城,也有亳城,现今发现的郑州商城遗址以及遗址内发现的战国"亳丘"陶文,证明《左氏春秋经》的记载是正确的,春秋时期郑国亳城应当就是指的此地。

主张汤都西亳说者认为偃师二里头四期文化中,一、二期属于夏文化,而第三期文化则是商汤都亳的遗迹。又说:"关于'仲丁迁隞'的都城所在地,根据过去人们的考证,都认为是在现今的郑州附近。"①意谓郑州商城当是商代隞都的遗迹。这些意见是值得讨论的。

夏族和商族是我国古代两个不同的部族,他们各自生活在一定的地域,有各自的生活方式和习惯,从而所创造的物质文化和精神文化也各有特点。夏文化和商文化应当是两种不同的考古学文化。而二里头四期文化只能是表现该文化发展的四个阶段,并不是两种文化的复合体。二里头四期文化尽管有这样那样的差别,但其继承关系始终占据主导的地位。② 即以争论最多的二、三期为例,虽然三期比二期的遗址堆积厚些,发展范围大些,反映在陶器上陶胎厚些,陶色浅些,甚或出现一两件新型器皿等,但是这些区别毕竟是次要的,因为作为主要特征的即二者共出的陶器群如鼎、罐、盆、簋、豆、瓮、三足皿、大口尊、瓠、爵、盉等,从器型到制作风格基本上是一致的或一脉相承的。这说明二里头文化是一种独立的文化形态,是一个不可分割的整体。如果我们把二里头文化的一、二期看作夏文化,而把三、四期又看作商文化,那么商文化的基本特点是什么呢? 是不是商人原来没有自己的文化,只是在灭夏之后才在夏文化的基础上继承和发展出自己的商文化的呢? 这显然是不可能的。我们认为早商文化是存在的,那就是二里岗下层文化。二里头文化和二里岗下层文化虽然有密切的关系,但又有重要区别,这个区别邹衡先生在他的《关于探讨夏文化的几个问

---

① 河南省博物馆、郑州市博物馆:《郑州商代城遗址发掘报告》,《文物资料丛刊》1977年第1期。
② 郑杰祥:《二里头文化商榷》,《河南文博通讯》1978年第4期。

题》①和《关于探讨夏文化的方法问题——答方酉生同志质疑》②二文中已有论述,兹不赘述。我们这里稍有补充的是二里头文化的炊器以鼎、罐为主,而二里岗文化中的炊器则以鬲、甗为主;二里头文化中的墓葬陪葬陶器以三足皿、豆、盆、鬶(盉)为主,而二里岗文化墓葬中陪葬陶器则以鬲、盆、豆、簋为主;二里头文化中的卜骨多用猪、羊骨,而二里岗文化中的卜骨多用牛骨等。这些重要区别说明二里头文化和二里岗文化应是两种不同性质的文化,从而也是两种不同族属的文化。也就是说,二里头文化应是我们所要探讨的夏文化,而二里岗下层文化则应是我们所要探讨的早商文化,汤都郑亳说就是建立在上述考古资料的依据之上。

所谓文献记载的隞都地望历来意见就不一致,并非"都认为是在现今的郑州附近"。隞,《史记·殷本纪·索隐》亦作"嚻",同书《正义》引《括地志》又作"敖"。《尚书·咸有一德·正义》引李颙曰:"嚻在陈留浚仪县。"浚仪在今河南省开封市境。同书又引皇甫谧曰:"仲丁自亳徙嚻,在河北也,或曰今河南敖仓,二者未知孰是也。"可见历史上对隞都所在也已有河北、河南和陈留三说,究竟在何处,西晋皇甫谧尚且"未知孰是",现在的我们也没有理由根据文献资料认定郑州商城就是隞都。退一步说,即使假定河南一说正确,史书所说隞都也距郑州较远。《水经·济水注》:"济水又东径敖山北……其山上有城,即殷帝仲丁之所迁也。"《左传·宣公十二年》杜预注:"敖、鄗二山在荥阳县北。"《史记·殷本纪·正义》引《括地志》:"荥阳故城在郑州荥泽县西南十七里,殷时敖地也。"乾隆本《荥泽县志》:"县旧治东至郑州治四十里。"据此推算,敖都所在东距郑州商城约35公里,而且其地至今未经考古调查和发掘,是否尚有敖都遗址还不得而知。由此可见,即使结合文献记载,郑州商城为敖都所在并没有什么有力的根据。另外,敖都为商代第十位国王仲丁所居,处于商王朝的中期,至早也是前期偏晚的阶段。如果与考古材料对照,敖都时代与二里岗四期文化颇为相当。二里岗上下层文化虽然一脉相承,但二者又有着明显的区别,这种区别当是长时期发展的结果,它和处于商王朝前期偏晚阶段的敖都时代基本符合。但是从二里岗上层灰坑、墓葬和狗坑打破商城来看,二里岗四期时期,郑州商城作

---

① 邹衡:《关于探讨夏文化的几个问题》,《文物》1979年第3期。
② 邹衡:《关于探讨夏文化的方法问题——答方酉生同志质疑》,《中原文物》1980年第2期。

为国都已废弃不用。所以根据考古材料并结合文献资料,郑州商城为商初亳都较为合理,而敖都所在,或者能在其他二里岗四期文化遗址找到其踪迹。

郑州商城既被认作商汤都亳所在,以后商都虽屡有迁徙,但此地名亳并没有变更。卜辞所记帝辛十年征人方所经亳地,推其地望应当指的就是这个地区。卜辞:"□商贞,□于亳,无灾?"亳地所在,就是现今所发现的郑州商代遗址区。《国语·楚语上》:"昔殷武丁……自河徂亳,于是乎三年,默以思道。"说明亳地距河不远,武丁时商都仍在今安阳殷墟,"自河徂亳",同时也说明亳地在河南。《史记·殷本纪》:"子帝武乙立。殷复去亳,徙河北。"也说明至殷代后期亳地一直在河南。现今所发现的商城位于大河以南不远,自应就是郑州商城故地。

综合以上所述,我们可知,郑州所发现的商城从其规模之大和其相对年代、绝对年代来看,本为商初亳都。自仲丁之后,国都虽迁,故城犹在,名称尚存。卜辞中所记帝辛十年征人方所经历的亳地,依其相邻的地名推断,既不在商丘谷熟,也不在内黄附近,而实应在今郑州市区,就是说郑州商城终商朝一代一直称作"亳邑"。

(原载《中国史研究》1980 年第 4 期)

关于郑州商城的定名问题

20世纪50年代,在郑州地区发现一座规模宏大的古代城址,这就是现今人们所称作的"郑州商城"。该城自发现以来,一直受到学术界的关注,历年来所发表的这方面的报告、论著已不下数百篇。通过研究和讨论,当前学术界对郑州商城至少在以下三个问题上达成了共识:1.郑州所发现的这座古城是一座商代城址;2.它是一座商代前期的城址;3.它是迄今所发现的一座商代前期最大的城址。基于以上三点,郑州商城以其规模之大、历史之悠久及其内涵之丰富,现已被举世公认为我国最古老的历史文化名城之一,可以说是当之无愧的。

郑州商城的发现,填补了我国商代前期考古学的空白,然而它所显示的许多学术问题还有待进一步地深入研究,其中的一个就是关于郑州商城的定名问题,即这座城址究竟属于文献所记商代哪个都邑。对此,学术界各抒己见,当前至少已经形成了四种意见:

一、隞都说。早在50年代,有些学者已将郑州二里岗文化遗址和商王"仲丁迁于隞"的隞地联系起来。[1] 60年代初,安金槐先生著文正式提出:郑州商代城市遗址,很可能就是商代的隞都。[2]

二、亳都说。此说出现于70年代末期。1978年,邹衡先生首次著文提出"郑州并非仲丁所迁之嚣或隞,而是成汤所居之亳;郑州商城就是成汤的亳都"[3]。

三、管邑说。此说出现于80年代中期。早在70年代,于省吾先生曾认为

---

[1] 安志敏:《郑州市人民公园附近的殷代遗存》,《文物参考资料》1954年第6期。邹衡:《试论郑州新发现的殷商文化遗址》,《考古学报》1956年第3期。赵全嘏:《郑州商代遗址的考古发掘及其时代关系》,《史学月刊》1957年第3期。

[2] 安金槐:《试论郑州商代城址——隞都》,《文物》1961年第Z1期。

[3] 邹衡:《郑州商城即汤都亳说》,《文物》1978年第2期。

商周金文中的阑地,应当就是文献所记郑州的管地。1984年,杨宽先生据此把阑地和郑州商城联系起来,著文提出"郑州商城即阑或管,是商代前期的别都"。他并且进而认为"从沿革地理看,郑州商城当是西周初期管叔受封的管国"。而近人"或者以为是仲丁迁都的隞","或者推定为成汤所居的亳都","看来都难以成立"。① 近来栾星先生从不同的角度探讨郑州商城的定名,也得出和杨氏相同的结论。②

四、郑邑说。日本学者白川静先生认为商代王都(指安阳殷墟)的周围居住着众多的商王室同宗大族,郑族是其大族之一,郑州商城应是郑族的所在地,因而当称之为"郑邑"。③

以上四说,笔者以为当以"亳都说"为是。此说笔者以往多有论述,④这里只扼要申述理由如下。1. 郑州商城是迄今发现的规模最大、内涵最丰富的一座商代前期城址,又位于二里岗文化分布区的中心部位,它理所应当就是一座商代早期和前期的都邑。2. 亳邑乃商代开国君主成汤所建,外丙、仲壬、太甲、沃丁、大庚、小甲、雍己、大戊五世九王200余年时间皆都于此,这和考古学上判定的郑州商城属于商代前期建筑的年代是恰相符合的。3. 文献所记商王成汤"十一征而无敌于天下"(《孟子·滕文公下》);又说"昔有成汤,自彼氐羌,莫敢不来享,莫敢不来王。曰商是常"(《诗经·商颂·殷武》);又说汤的长孙太甲在位时,"帝太甲修德,诸侯咸归殷,百姓以宁。伊尹嘉之……"(《史记·殷本纪》);又说汤的五世孙大戊在位时,"殷复兴,诸侯归之,故称中宗"(《史记·殷本纪》)。可见商王朝前期,君臣团结,"百姓以宁",正是处于盛世时期,这个社会政治形势和作为亳都的规模宏伟的郑州商城是互相适应的。4.《左传·襄公十一年》杜预注郑国有亳地,今郑州市东北隅宫殿遗址区出土有战国"亳"字和"亳丘"二字陶文,春秋郑国亳地和战国时期的亳丘,都应指的是商代亳都的丘墟。基于以上四点,笔者以为,郑州商城最有可能就是商代亳都的遗迹,而其他三说我以为都是不足为信的。

比如隞都说,不足为信者有二:(1)时代不符。《史记·殷本纪》说,大戊

---

① 杨宽:《商代的别都制度》,《复旦学报(社会科学版)》1984年第1期。
② 栾星:《说管——为郑州古城正名》,《中州学刊》1994年第2期。
③ [日]白川静:《甲骨金文学论集·商代雄族考——郑》,京都朋友书店,1973年。
④ 郑杰祥:《夏史初探》,中州古籍出版社,1988年,第267~290页。

"中宗崩,子帝中丁立。帝中丁迁于隞。河亶甲居相"。可知商王仲丁乃第十位国王,已进入商王朝的中期,作为商代中期的隞都与属于商代早期或前期的郑州商城时代不符。另外,古本《竹书纪年》说帝仲丁在位十一年。《史记·殷本纪》又云:"自中丁以来,废適而更立诸弟子,弟子或争相代立,比九世乱,于是诸侯莫朝。"试想,仲丁在位只有十一年,且后世又长期政局动荡,社会混乱,在这种形势之下,商王仲丁在这短短的十一年时间内,会有力量去建造这么一座规模宏大的都邑吗?(2)地望不符。《诗经·小雅·车攻》:"搏兽于敖。"郑玄笺:"敖,郑地,今近荥阳。"汉代荥阳在今郑州市西北古荥镇。《左传·宣公十二年》:"晋师在敖、鄗之间。"杜预注:"敖、鄗二山在荥阳县西北。"西晋荥阳仍在今古荥镇,敖地当在今古荥镇西北。古本《竹书纪年》:"仲丁即位,元年,自亳徙于嚣。"《史记·殷本纪》:"帝中丁迁于隞。"《史记·殷本纪·索隐》云:"隞,亦作'嚣',并音敖字。"《穆天子传》:"戊寅,舍于河上,乃致父兄子弟王臣姬□祥祠毕哭,终丧于嚣氏。己卯,天子西济于河、嚣氏之隧。庚辰,舍于茅尺。"丁山先生释云:"此其经行之路,约在大河两岸……茅尺即春秋时攒茅(按:在今河南省修武县境)……自嚣氏之隧济河,至于攒茅,是嚣氏必在河滨,且近于攒茅。考之春秋地理,敖山正与攒茅隔河相望,是《穆天子传》所称嚣氏,即是敖氏,《殷本纪》云:'中丁迁于隞'……本当如《纪年》作嚣也。"①《水经·济水注》:"济水又东径敖山北,《诗》所谓'薄狩于敖'者也。其山上有城,即殷帝仲丁之所迁也。皇甫谧《帝王世纪》曰:'仲丁自亳徙嚣于河上'者也,或曰敖矣。秦置仓于其中,故亦曰敖仓城也。"《元和郡县图志》郑州荥泽县下:"敖仓城,县西十里,北临汴水,南带三皇山,秦所置。仲丁迁于嚣,此也。"唐代荥泽县在今古荥镇,古敖山当在今邙山游览区以北黄河流经处,仲丁所迁的隞都当在这里,此地东南距郑州商城约30公里。由以上两条理由可知,郑州商城不论在时代或者地望上都与文献所记商代隞都不符,把商城认作隞都是不足为信的。

再如"管邑说"。此说的优势在于郑州古代称"管"有着比较明确的文献记载,但它的最大弱点在于缺乏考古资料上的根据。须知,我们讨论的对象是郑州商城,而郑州商城是一座科学发掘出来的古代城址,它属于考古学文化的范

---

① 丁山:《由三代都邑论其民族文化》,《历史语言研究所集刊》第五本第一分册,商务印书馆,1935年。

畴。考古学研究的基本要求是首先需要以该遗物所在的地层和类型特征去判定其时代和性质,因此,我们讨论郑州商城的性质和名称,也同样必须以该城所在的层位关系和出土的器物群的特征为依据,撇开这一点就没有讨论的意义。如上所述,郑州商城从其所在的地层关系及其出土的器物群的特征来看,它应是一座二里岗文化时期的城址,属于商代前期的城邑,这一点是众所公认,已成定论。商城周围发现有零星晚商文化遗存,但未发现晚商时期的城墙,更未发现西周时期的城墙及其任何文化遗迹,据此而论,郑州商城地区不可能有个西周管城。

这里就出现一个问题,即文献记载和考古资料存在着矛盾,如何处理这个矛盾,笔者以为考古资料是当时人们留下来的实物,而文献记载则为后人的追记,相比之下,考古资料要比文献记载更加真实,因此,当二者出现矛盾时,一般地说应当以考古资料为准去验证文献记载的是与非,而不宜反道而行,去削考古资料之足,以适文献记载之履。据此,文献所记郑州商城地区有座西周管城看来是不可靠的。从沿革地理角度来看,上推到商代,这里也不称作"管邑",合理的解释应是终商朝一代,这里一直称作"亳邑"。

如此说来,文献上的这个记载就纯属子虚乌有吗?那当然也未必如是。其实,只要我们不拘于郑州商城一隅,就可以发现古代郑州西侧还有一座管城,这座管城的明确记载见于《魏书·地形志》。《魏书·地形志·广武郡》中牟县下记有管城,同书荥阳郡京县下也记有管城。当时的中牟县即今河南省中牟县,位于今郑州市东30余公里,京县即今河南省荥阳市东南的京襄城,位于今郑州市西南约20公里,这就是说,早在北魏时期,今郑州地区已同时存在着两个管城,即中牟管城和京县管城。古中牟管城所在,文献记载比较明确,就在今郑州市管城回族区,而古京县管城所在,却长期被人忽略,疑莫能明,笔者以为它就是宋代称作的"管乡"。其地位于郑州市西北石佛寺一带,西南距古京县10余公里。两地同名又相距甚近,其中一个当为原生地名,另一个当为派生者,而且其后至少要有一个消亡下去。那么,郑州地区的这两个管城谁早谁晚呢?实际上京县管城比中牟管城可能更早一些,这有以下两个证据:1.文献记载最早。《左传·宣公十二年》:晋师救郑,楚子"次于管以待之。晋师在敖、鄗之间"。杜预注:"荥阳京县东北有管城。"前人多以为杜预所注的管城即今郑州市管城回族区,唯有清人张调元与此见解不同,张万钧《嘉靖郑州志校释》引清代郑州学者张调元所著的《京澳纂闻》一书中说："晋以前之管,在今郑州西北二十里石佛集,代移物换,遗迹罕存,惟石佛集北石佛寺中,有宋庆历八年(1048年)幢子,石刻云:'奉宁军管城县管乡',云云。宋以前此为管乡,其地正在京县城东北,则其为古管国明矣。若唐宋管城县治,即今郑州,与京县城东西相直,不得云在京县东北也。"张氏此说是很有见地的,杜预不仅是一位著名学者,而且也是一位军事家,他不把楚子"次于管"地注为中牟管地,而注为京县管地,这是因为此地西北距晋军所在敖、鄗二山才10余公里,楚军次于此地,更为符合晋、楚两军对垒的军事态势,也符合当时的实际。因此,《左传》上所记的管地应当就是今石佛寺一带的京县管城,也就是说,早在春秋时期这里已称作管地。春秋时期管地当是沿袭了西周管地的名称,《魏书·地形志》荥阳县下说这里有座管叔冢,《水经·济水注》云:"索水又东径虢亭南……城内有大冢,名管叔冢。"杨守敬疏:"亭在今荥阳县东北。"北魏和清代荥阳县即今河南省荥阳市,管叔冢位于今荥阳市东北广武镇南城村东南,此地东南距石佛寺一带数公里,这里既有个西周管叔墓地,那么西周管邑也当距此不远,也当就在石佛寺周围。2.有考古资料为据。近年来,考古工作者在石佛村周围不仅发现有春秋时期文化遗存,而且还在该村以南的道李,以西的堂李、祥营和以北的岳岗等地,发现有多处西周文化遗址。这里也是迄今所发现的郑州地区最为密集的西周文化遗址分布区。其中祥营遗址"东西长近500米,南北宽600余米,文化层堆积2~3米"①,是郑州地区已知的最大西周文化遗址,这些实物资料在郑州商城一带是根本看不到的。由以上两证笔者以为真正的西周管城遗址并不在今郑州商城一带,而应当在今郑州市西北的石佛村周围地区。

西周管地也应是沿袭了商代管地名称而来。殷墟甲骨卜辞记有官地,其辞云:

庚辰卜:贞,在官。《合集》1916

戊戌卜:侑伐父戊,用牛于官。《乙》5321

官与管古音同,相通用,《仪礼·聘礼》:"管人布幕于寝门外。"郑玄注"古文管作官"是其例证。由此可知,卜辞官地可能就是后世的管地。另外,商周金文中又记载有阑地,商代《戍嗣子鼎》铭云:

---

① 张松林:《郑州市西北郊区考古调查简报》,《中原文物》1986年第4期。

>丙午，王商戌嗣子贝廿朋，在阑宗。用作父。
>
>癸宝鼎。惟王宓阑大室，在九月。犬鱼。

周初《利簋》铭文云：

>武王征商，惟甲子朝。岁鼎克昏，夙有商。辛未，王在阑□，易有事利金，用作檀公宝尊彝。

此"阑"字，于省吾先生释为"管"字之初文。① 徐中舒先生也说："辛未是甲子后的第八日……其地必去殷都朝歌不远。于氏以阑为管叔之管，以声韵及地望言之，其说可信。"②这说明商代确有管地，这个管地在商代建有宗庙太室，西周初期又成为周王朝军事据点，称作为"阑□"，这个管地当然也应当位于今石佛寺一带。

商代管地以后又成为周初管国所在地，武王、成王都曾巡视驻足于此地，《逸周书·文政》云："惟十有三祀，王在管，管、蔡开宗循王。"十有三年即武王灭商后的第二年，武王又来到这里。《王奠新邑鼎》云："癸卯，王来奠新邑，□旬又四日丁卯，□自新邑于柬，王□□贝十朋，用作宝彝。"王即成王，新邑即成周，柬即阑，就是管邑，说明成王刚迁都成周，就东巡视察来到这里，管叔发动叛乱被杀身亡，管叔的墓地也修建于这一地区。只是到了管叔发动叛乱被杀之后，管国地位才大为降低，这时就成为虢国的势力范围。管叔的后裔大约自此逐渐南迁。至战国时期，人们又在郑州商城即商代亳邑的废墟上建立起新的管邑，郑州商城上面覆盖的战国城墙，应当就是战国管城的遗迹。《战国策·魏策》："秦攻韩之管，魏王发兵救之。"《韩非子·有度》篇："魏安釐王攻韩拔管，使缩高守之。"这里所说的管地，应当就是指今郑州市管城回族区的管邑。

最后谈谈"郑邑说"。此说不见文献记载，又缺乏必要的考古资料上的证据，因而也不足为信。按殷墟卜辞多记有"奠"地也即郑地，兹略举数例如下：

>贞：今日勿步于奠(郑)？《合集》7876
>
>□丑卜：行……在奠(郑)。《合集》24258
>
>癸丑卜：王在十一月，在师奠(郑)。《合集》41072
>
>……在奠(郑)……王田师东往来无灾？兹御，获鹿、狐十。《合

---

① 于省吾：《利簋铭文考释》，《文物》1977年第8期。
② 徐中舒等：《关于利簋铭文考释的讨论》，《文物》1978年第6期。

集》37410

卜辞所记商代郑地，笔者以为并不在郑州商城，而应在今河南省新郑市境。关于"新郑"的命名，以往学者多以为最早的郑地在今陕西省华县，自春秋初郑桓公东迁于新郑，新郑才称作为郑地。这个说法是不确切的。古本《竹书纪年》云：西周"穆王所居郑宫、春宫"。又云："晋文侯二年，周宣王子多父伐郐，克之，乃居郑父之丘，名之曰郑，是为桓公。"《汉书·地理志·京兆尹》郑县下，颜师古注引臣瓒曰："周自穆王以下都于西郑，不得以封桓公也。"周穆王在郑地建有王宫，也被后世出土的铜器铭文所证实，西周《免尊》铭文云："惟六月初吉，王在郑，丁亥，王格大室……"此器唐兰先生定为穆、共之间遗物，并说此器所说的"郑应是西郑"①，即古本《竹书纪年》所记的穆王所居的郑宫，其地当在今陕西省华县境。《免尊》铭文为西周历史实录自不待言，《竹书纪年》也是地下出土的战国竹简文字，"是不曾经过秦火和汉儒粉饰过的原料，其所纪西周事绩比较《史》《汉》所传述者可信的程度多得多"②。由此可见，郑桓公原来并未封于郑地，也并不称郑，只是东迁到了"郑父之丘"之后才称作郑，这就是说至迟在西周时期，今河南省新郑市已经称作"郑父之丘"了。20世纪70年代，考古工作者曾在今新郑市南郊发现有西周时期大型龙纹青铜方壶，还在城南的唐户村发现有西周贵族墓地和车马坑，墓地出土有成批的铜器、玉器和陶器，其中三号墓出土的铜鬲铭文云："王作亲王姬鼎彝。"③这些西周时期的重要遗物和遗迹，当与"郑父之丘"的郑人有着密切的关系。

西周时期的"郑父之丘"，当是沿袭商代的郑地而来。如上所述，殷墟卜辞记有郑地，这个郑地曾是商王多次来往和驻足之地，因此，它必距商代王畿不远。根据卜辞所记与郑地相联系的地名来看，它应当就在今河南省新郑市地区。历年来，考古工作者在今河南省新郑市的望京楼、小庄王、三里岗、下申河、郭砦、马垌等地发现有多处商代前期文化遗址，这些遗存可能就是商代郑人留下来的遗迹。

本文通过对郑州商城定名的讨论，试图理清以下几个问题：郑州商城应当

---

① 唐兰：《西周青铜器铭文分代史征》，中华书局，1986年，第369页。
② 丁山：《甲骨文所见氏族及其制度》，科学出版社，1956年，第88页。
③ 开封地区文管会等：《河南省新郑县唐户两周墓葬发掘简报》，《文物资料丛刊》1978年第2期。

就是商代前期的亳都;商代隞都当位于今郑州市以北的古黄河岸上,此地作为都邑,时间较短,带有临时性质,故卜辞、金文迄今还未发现隞邑的记录;商代管邑应当就在今郑州市西北石佛寺的古管城,商代郑邑应当在今河南省的新郑市境。

(原载《中州学刊》1994年第4期)

郑州商城的定名及其存在年代新探

二里岗文化及其郑州商城的发现,是我国20世纪50年代考古学上的一个重大收获,它填补了我国商代前期考古学和整个商代城址考古上的空白,对于研究商代历史和我国早期文明发展史都具有重要的学术意义和理论意义。通过半个世纪的考古调查和发掘,我们现已得知,郑州商城大致上位于二里岗文化分布地域的中心区,它有内城和外郭两重城垣,内城略呈长方形,方向6度,东北缺一角,"其中东墙长约1700米,南墙长约1700米,西墙长约1870米,北墙长约1690米,总周长约6960米",城内面积约300万平方米。在城墙以外部分地段已发现有城壕,另在四面城墙上还发现有缺口11处,"有的缺口可能与商城城门有关"①。外郭城现已发现南墙和西墙墙基的一部分,墙的外侧也有护城河,北墙虽尚未发现墙基,但已发现有护城河的遗迹,内城和外城的总面积约13平方公里(图一)。② 这是迄今所发现的商代最大的一座城址,也是我国最早的一座比较规整的建有内城、外郭的大型城址,为商代前期的一座王都,是明确无误的。关于该城的始建年代,当前学术界意见略有不同,《夏商周断代工程1996—2000年阶段成果报告(简本)》③(下引此书皆称作《简本》,不再加注)根据对该城出土的考古资料的^{14}C测年数据,推断郑州商城约始建于公元前1600年,并据此推断该城为"汤所居之亳","具有较强的说服力",此说可信。《史记·殷本纪》说:"汤始居亳,从先王居。"商汤是商王朝的开国君主,郑州商城既为商代最早的都城,显而易见它应当就是商王朝的王都亳邑。

---

① 河南省文物考古研究所:《郑州商城——1953—1985年考古发掘报告》,文物出版社,2001年,第178页。
② 袁广阔、曾晓敏:《论郑州商城内城和外郭城的关系》,《考古》2004年第3期。
③ 夏商周断代工程专家组:《夏商周断代工程1996—2000年阶段成果报告(简本)》,世界图书出版公司,2000年。

《管子·乘马》云:"凡立国都,非于大山之下,必于广川之上,高毋近旱而水用足,下毋近水而沟防省。因天材,就地利。"这是对于我国古代营建国都而如何选择地理环境的一个正确经验的总结。郑州商城背倚黄河,南望江淮,西傍嵩山余脉,东邻圃田古泽,正是建立于大山之下、广川之上的一个理想的地带。根据近年来的考古钻探,已经初步了解到在商城内城的东南郊,南外郭城的东端"在现凤凰台村西的高岗东部结束,再向东便是低地,距地表深2米余,地下水开始涌出,无法继续钻探"。由此向北,"在现城东路至城北路距离内城约200米处,即郑州棉麻厂院内的钻探表明,这里曾经是一处湖泊,探出的青灰色淤泥深13米仍未见底"。再继续向北,"在经五路东部与其平行的花园路、经四路等地钻探时,发现花园路以东地势变低,地下水位明显上升,一般在1.5米以下就出水,无法再向下钻探","依据我们钻探的情况,结合现玻璃厂、皮鞋厂的发掘,我们大致了解到了东部湖泊的西缘"。① 由此可知,郑州商城内城的东郊不可能建有外郭城墙,而是存在一处天然的湖泊,这处"东部湖泊",应当就是文献记载的圃田古泽。《周礼·夏官·职方》:"河南曰豫州,其山镇曰华山,其泽薮曰圃田。"郑玄注:"圃田在中牟。"《左传·僖公三十三年》:"郑之有原圃,犹秦之有具囿也。"孔颖达疏:"中牟县西有圃田泽。"《尔雅·释地》:"郑有圃田。"郭璞注:"今荥阳中牟县西有圃田泽是也。"《汉书·地理志·河南郡》中牟县下:"圃田泽在西,豫州薮。"《水经·渠水注》:渠水"历中牟县之圃田泽北……泽在中牟县西,西限长城,东极官渡……东西四十许里,南北二十许里。中有沙冈,上下二十四浦,津流径通,渊潭相接,各有名焉"。这里所说的长城,即战国时期韩、魏两国所筑的长城,《水经·济水注》云:"济渎又东径阳武县故城北,又东绝长城。按《竹书纪年》:'梁惠成王十二年,龙贾率师筑长城于西边。'自亥谷以南,郑所城矣。《竹书纪年》云是梁惠成王十五年筑也。《郡国志》曰:'长城自卷径阳武到密者是矣。'"据《嘉庆重修一统志》,古卷城在今河南省原阳县西,阳武在今原阳县东南,密即今河南省新密市境,因此战国韩、魏长城当起自今原阳县西,东经阳武镇,又西南过今郑州市东郊,直至新密市境(见《中国历史地图集》第一册)。圃田泽"西限长城",可知它的西部边缘已经到达今郑州市的东郊。《元和郡县图志·河南道》郑州下云,中牟县"西至(郑)州七十里……

---

① 河南省文物考古研究所:《郑州商城外郭城的调查与试掘》,《考古》2004年第3期。

圃田泽一名原圃,(在)县西北七里。其泽东西五十里,南北二十六里,西限长城,东极官渡。上承郑州管城县界曹家坡……"同书郑州管城县下又说:"圃田泽,(在)县东三里。"唐代管城县就是现今郑州市的管城回族区,管城城址就坐落在郑州商城内城的部分城址上。唐代3里约合现今1公里,就是说唐代圃田泽西距郑州商城内城约1公里,而在商代,如上述考古资料表明,它西距商城内城东城墙200米,可见商代的圃田泽比后世面积更大一些。

圃田泽邻近郑州商城,不但优化了商城的生态环境,而且省却了东外郭城墙的修建,因此成为王都东部的天然屏障。运用山川形势以维护都邑的安全,这是我国古代营建都邑的又一个重要的规划思想。《管子·八观》云:"大城不可以不完,周郭("周郭"原文作"郭周",从张佩纶校改)不可以外通……故大城不完,则乱贼之人谋;周郭外通,则奸遁逾越者作。"就是说作为国都的内城城墙建筑不可不坚固,外郭城墙的建筑不可不完备而让人们轻易地进出,内城不坚固,乱臣贼子就会图谋不轨,外城不完备,就会让坏人轻易地逃出,也会让入侵者轻易地跨越进来。焦循《群经宫室图》认为:要使"周郭不可以外通","盖周郭必以山川为之,使其不可逾越……非四面有垣如城然也"。又如《逸周书·作雒解》云:"作大邑成周于土中。城方千七百二十丈,郛方七百里。南系于洛水,北因于郏山……"孔晁于此下注云:郛,郭也;系、因,皆连接也。是故以郏、洛为郭所依也。这些都被考古发掘所证实。由此可见,依山傍水建立都邑,既优化了生态环境,又增强了安全感,这是一个科学的选择。我国古代都邑多在不同程度上具有这样的生态环境,从现有考古资料看,古人的这个选择,至迟应开始于商初的郑州商城时期,以后被历代王朝所遵循,成为我国古代选建都邑的一种传统规划思想。

《尚书序》也说:"汤始居亳,从先王居。"可知郑州商城地区早在作为王都或建城之前,已经称作"亳",亳在这里是一个很古老的地名。这里称"亳"可能与圃田泽有一定的关系。《说文·高部》:"亳,京兆杜陵亭也,从高省,乇声。"此释不确,林义光《文源》云:"亳与乇不同音,亳字当为殷汤所居邑名而制,其本义不当为亭名也。"今按殷墟卜辞亳字写作"𩫞"和"𩫞"(《殷墟甲骨刻辞类纂》第744页),从"高",从"丰"和"丫",丫当为丰字之省写。丰即丰字之初文,丰、亳双声,同属唇音并纽,是亳字当从丰得声。《说文·生部》云:"丰,草盛丰丰也。"可知亳字当是一个形声兼会意字,是一处在草盛丰丰之地有着高层建筑为标志的聚落和王都的名称,故亳也有高大之义,《左传·昭公四年》:"商汤有景亳之命。"《尔雅·释诂》:"景,大也。"郝懿行《尔雅义疏》:"经典,景俱训大。"是景亳也就是大亳。亳与甫音、义俱相近。亳与蒲同音通假,《左氏春秋经·哀公四年》:"六月辛丑,亳社灾。"《公羊传·哀公四年》写作"蒲社灾"。蒲字从甫得声,故蒲又称作"甫",《公羊传·定公八年》:"将杀我于蒲圃。"《释文》云:"蒲本又作甫。"蒲阪一地,战国魏货布文字写作"甫反"是其证。由此推知,亳社也可称作"甫社"。甫有博大之义,《尔雅·释诂》:"甫,大也。"殷墟卜辞甫字写作"囲"(见《殷墟甲骨刻辞类纂》第817、818页),王襄《簠室殷契类纂》云:囲,"古甫字,圃字重文"。罗振玉《殷墟书契增订考释》云:"《御尊》盖有囲字,吴中丞释圃,此作囲,象田中有蔬,乃圃之最初字,后又加口,形已复矣。"甫即圃字之初文,故圃田最早当称作"甫田"。甫田即以生长丰盛茂草而得名,毛本《诗经·小雅·车攻》云:"东有甫草,驾言行狩。"王先谦《诗三家义集疏》:齐、鲁、韩"三家'甫'作'圃'"。毛传曰:"甫,大也。"郑玄笺:"'甫草'者,甫田之草也。郑有'甫田'。"班固《东都赋》云:"丰圃草以毓兽。"李善注:"《韩诗》曰:'东有圃草'。薛君曰:'圃,博也,有博大茂草也。'"吕延济注:"圃,博也,言丰博之草可养兽也。"有据于此,我们认为亳与甫音、义俱相近,郑州商城称作"亳地",当因建于甫田即圃田古泽沿岸而得名。

郑州商城的始建年代虽然已经比较明确,但其作为王都的年代当前学术界意见尚不一致,我们这里在前人研究的基础之上,以文献记载为线索,结合自然科学测定的成果,在考古学已经确定的相对年代的框架之下,对郑州商城作为王都的年代讨论如下。

根据《史记·十二诸侯年表》,我国历史的确切年代可以上推到西周共和元年,这一年为公元前841年。西周灭亡,平王东迁,东周开始的年代为公元前770年,以此为基点,可以首先向上推求西周王朝的开始年代。周武王灭商,标志着商王朝的结束,西周王朝的开始。武王灭商在哪一年?两千多年来,许多学者为此做了不懈的努力,但是仁者见仁,智者见智,迄今为止,推求的结论已达48种之多。[①] 而武王灭商之年事实上只有一个,不可能有两个或两个以上,因此上述结论孰是孰非,或者是另有一个,现在都还没有确切的证据加以论定。

---

① 北京师范大学国学研究所编:《武王克商之年研究》,北京师范大学出版社,1997年。

我们这里暂时采用古本《竹书纪年》一说,因为此书是地下出土的战国文字资料,相对来说比较可信。《史记·周本纪·集解》引《汲冢纪年》云:"自武王灭殷以至于幽王,凡二百五十七年也。"梁启超等先生据此认为西周王朝的开始年代当为:

公元前 770 年+257 = 公元前 1027 年。①

武王克商在公元前 1027 年,还有以下资料可作旁证:

第一,1997 年在西安沣西遗址发掘的 97SCMT1 探方中发现了先周文化晚期的灰坑 H18 以及叠压在该坑之上的西周初期文化层 T1 第四层,"作为先周文化晚期,即商代末期典型单位的 H18 和作为灭商后西周初期文化典型单位的 T1 第四层,为从考古学上划分商周界限,提供了理想的地层依据,武王克商之年应该包含在这一年代范围内"(《简本》第 41 页)。通过对 H18 第一小层出土木炭和骨头的 ^{14}C 测定,其年代为公元前 1052—前 1016 年,又通过对 T1 第四层出土木炭的 ^{14}C 测定,其年代为公元前 1021—前 980 年(《简本》第 42 页),就是说这里所反映的先周晚期年代和西周初期年代在公元前 1052 年至前 980 年之内,上述根据《汲冢纪年》所推定的"武王灭殷"的公元前 1027 年正位于这两个年代之间。

第二,1996 年在北京琉璃河遗址发现了一座西周初期的燕国大墓 M1193,从该墓出土铜器铭文可知,该墓主人"即(燕)召公之'元子',也即第一代燕侯"。"M1193 椁木保存良好,经常规 ^{14}C 测定,年代为公元前 1015—前 985 年,这为西周始年的推断提供了参考"(《简本》第 15 页),公元前 1015 年比武王克商的公元前 1027 年,晚了 12 年。

第三,运用常规测年法,通过对殷墟四期即商代末期墓葬和文化层出土人骨与木炭的 ^{14}C 测定,其年代为公元前 1087—前 1036 年(《简本》第 52 页)。公元前 1036 年应是商王朝末期的年代,它比武王克商的公元前 1027 年早了 9 年。

第四,《左传·宣公三年》:"成王定鼎于郏鄏,卜世三十,卜年七百。"《简本》云:"《左传》预言多为作者根据既有事实而造设,所以较为可信。自武王至显王共 30 世、31 王(不计哀王、思王),自周显王三十三年起,六国次第称王,《左传》此语当指是时。显王卒于公元前 321 年,自此上溯 700 年,为公元前 1020 年。"(《简本》第 39 页)也可为公元前 1021 年,此年即为"成王定鼎于郏

---

① 北京师范大学国学研究所编:《武王克商之年研究》,北京师范大学出版社,1997 年,第 578~660 页。

郏"之年。"郏鄏"又单称作"郏",《左传·襄公二十四年》:"齐人城郏。"孔颖达疏:"《传》称'成王定鼎于郏鄏',周公就而营之,谓之洛邑,亦名王城。其地旧名为郏,故以郏为城名。"此地在西周时期称作"成周",《逸周书·作雒解》,周公"及将致政,乃作大邑成周于土中……南系于洛水,北因于郏山,以为天下之大凑"。《水经·谷水注》:"谷水又径河南王城西北,所谓成周矣……何休曰:名为成周者,周道始成,王所都也。《地理志》曰:河南河南县,故郏鄏地也。京相璠曰:郏,山名;鄏,邑名也。卜年定鼎,为王之东都,谓之新邑,是为王城。其城东南,名曰鼎门,盖九鼎所从入也,故谓是地为鼎中。"成周王城即今河南省洛阳市。鼎为我国古代国家重器,是我国古代国家政权的象征,"定鼎"就意味着执掌国家政权。成王继承王位时,尚在少年,缺乏执政经验,由其叔父周公旦摄政,但是摄政并未摄位,而是辅佐成王处理政务,及至成王长大成人,方才亲自执政,周公也完成了自己的历史使命,告老还乡,安享天年。"成王定鼎于郏鄏",就是指的成王在成周"亲政",开始执掌国家政权这一重大历史事件。《史记·周本纪》太史公曰:"学者皆称周伐纣,居洛邑,综其实不然。武王营之,成王使召公卜居,居九鼎焉。"《史记·鲁周公世家》又云:"周公往营成周雒邑,卜居焉,曰吉,遂国之。成王长,能听政。于是周公乃还政于成王,成王临朝。"成王亲政在何年? 1965 年出土的周初《何尊》铭文云:"佳(维)王初迁,宅于成周……佳(维)王五祀。"铭文中所记的王就是成王,这就确凿地证明"成王定鼎于郏鄏",临朝听政是在成王五年,即公元前 1021 年,因此,成王元年当在公元前 1025 年。成王是在武王死后继承王位的,关于武王卒年,《史记·周本纪》云:"武王已克殷,后二年……武王病……武王有瘳。后而崩,太子诵代立,是为成王。"《史记·封禅书》又云:"武王克殷二年,天下未宁而崩。"武王既在克商后二年而崩,那么武王克商之年,恰恰就是根据《汲冢纪年》所推算的公元前 1027 年。

  根据武王克商之年的天象记录,运用自然科学手段推定其克商年代,也是一条重要途径。但是文献记载有所不同,《国语·周语》下伶州鸠答周景王曰:"昔武王伐殷,岁在鹑火。"韦昭注:"岁,岁星也;鹑火,次名,周分野也。"又云:"岁星所在,利以伐之也。"《荀子·儒效》云:"武王之诛纣也,行之日以兵忌,东面而迎太岁。"杨倞注引《尸子》曰:"武王伐纣,鱼辛谏曰:'岁在北方,不北征。'武王不从。"《淮南子·兵略训》也说:"武王伐纣,东面而迎岁。"岁星又称木星,以其明亮而引人注目,古人观察到它大约 12 年绕行一周天,于是把它绕行的轨道划分为12个区域,又称12次或12舍,每个区次都取一个专有的名称,并且把它与地上的区次相对应,"鹑火"就是一个与春秋时期东周地区相对应的一个区次名称。岁星每年经行一个区次,循环往复,经行不息。文献所记武王伐纣之年,都是后人根据自己的天文知识进行的推算,因此有的说"岁在鹑火",那是周人的分野,有的说"岁在北方",那是商人的分野,岁星所在区次不同,当然武王克商的具体年代也所说不同。1976年出土的《利簋》铭文云:"珷(武王)征商,隹(唯)甲子朝,岁鼎……"文中"岁"字含义诸家所释不同,张政烺先生释此为岁星①,学术界多从其说。不过即使释岁为岁星的意见是正确的,但由于对此铭文的断句不同,因而对当时岁星所在的区次也存在着意见分歧,张政烺先生认为"岁鼎"意即"岁在鹑火",周的分野是鹑火,岁星当鹑火才利以伐人。据此推定武王克商之年为公元前1070年。另有学者则认为"朝岁"应该合成一句,意思应当就是"武王伐纣,东面而迎岁"。因此武王克商之年的岁星经行区次,就不当在鹑火,而应在"寅",即东方析木之次,据此推定武王克商之年当在公元前1111年,成家彻郎先生认为其年当在大火之次,时在公元前1118年②。由此可见,运用武王克商之年的天象记录来推定其绝对年代,目前尚在探讨之中,意见纷纭,还不能作出定论。至于运用铜器铭文所记录的历日资料来推定武王克商的年代现在也是困难重重,这主要是因为人们对商代和西周的历法还不能确知,对月相词语的理解也不一致,从而据以推定的武王克商绝对年代存在着多种意见,在当前条件下,人们还无法对某种意见达成共识。我们认为比较稳妥的办法就是采用古本《竹书纪年》一说,武王克商之年当在公元前1027年。

武王克商标志着商王朝的终结,从而可以此为基点,向上推索商王朝的开始年代。《史记·殷本纪·正义》引《竹书纪年》说:"自盘庚徙殷至纣之灭二百七十三年(原文作'七百七十三年',从朱右曾《竹书纪年存真》改,《史记会注考证》作'二百七十五年',与此相近)更不徙都。"是知盘庚即位年代当为:

公元前1027年+273=公元前1300年。

盘庚至殷纣共历八世、十二王,一直都在今安阳殷墟,"更不徙都",这已为殷

---

① 张政烺:《〈利簋〉释文》,《考古》1978年第1期。
② 北京师范大学国学研究所编:《武王克商之年研究》,北京师范大学出版社,1997年,第47~62页。

墟考古发掘所证实。殷墟出土的宾组卜辞中,记载着当时曾发生过五次月食,《简本》云:"从字体分析,五次月食均属武丁晚期到祖庚之间……天文计算表明,在公元前1500—前1000年间只有一组年代既符合卜辞干支又符合月食顺序:

癸未夕月食:公元前1201年

甲午夕月食:公元前1198年

己未夕向庚申月食:公元前1192年

壬申夕月食:公元前1189年

乙酉夕月食:公元前1181年"(《简本》第57页)。

根据《尚书·无逸》:武丁在位五十九年。《简本》把后两组月食放在祖庚时期,由是认为武丁在位的年代约为公元前1250—前1192年。武丁是盘庚后的第四世国王,盘庚、小辛、小乙三位商王在位时间,《简本》推定为50年,此说可信。据此则盘庚即位时间恰与古本《竹书纪年》相符,即为:

公元前1250年+50=公元前1300年。

至于从盘庚上推商王朝的开始年代,史书未见记载,但记有整个商王朝的存在年代,《左传·宣公三年》:"鼎迁于商,载祀六百。"《孟子·尽心下》:"由汤至于文王,五百有余岁。"《史记·殷本纪·集解》引《汲冢纪年》曰:"汤灭夏以至于受二十九王,用岁四百九十六年也。"兹取《汲冢纪年》一说,但是文献记载商汤至殷纣为三十王,《竹书纪年》少记一王,周鸿翔先生据今本《竹书纪年》所记商王朝存在了508年,而商汤在位12年,认为古本所记当缺记了商汤一王,周氏《商殷帝王本纪》云:"盖此(按:指古本《竹书纪年》)四百九十六年,乃不计成汤在位之'十二年'在内,故文云'二十九王',屏成汤不计也……汤在位'十二年',此十二年自必合于商殷总年之内,故应作'五百有八年'。"①由此推知商王朝的开始年代当为:

公元前1027+496+12=公元前1535年。

众所周知,考古学上的二里岗文化属于商代前期文化,该文化现已分为四期,参考《简本》公布的运用AMS法对郑州商城内出土的二里岗文化资料测得的测年数据,该文化一期的早段年代为公元前1600—前1525年,晚段年代为公元前1533—前1496年;二期年代为公元前1508—前1471年;三期年代为公元前

---

① 周鸿翔:《商殷帝王本纪》,香港大学出版社,1958年,第38页。

1476—前 1436 年;四期年代为公元前 1446—前 1415 年。据此推知郑州商城大致在二里岗文化一期的晚段开始成为王都,发展和繁荣于二期至三期,到了四期,王都可能已经搬迁,这里已经成为商代的故都亳邑。根据这里出土的陶文资料,郑州商城的部分地区在战国时期仍称作"亳丘",秦代称作"亳聚",有些学者释"亳"为"京",但是这里出土的陶文"京"字与"亳"字结构并不相同,①也有些学者释"亳"为"亭",更不可通,难道能把"亳丘"和"亳聚"读为"亭丘"和"亭聚"吗?

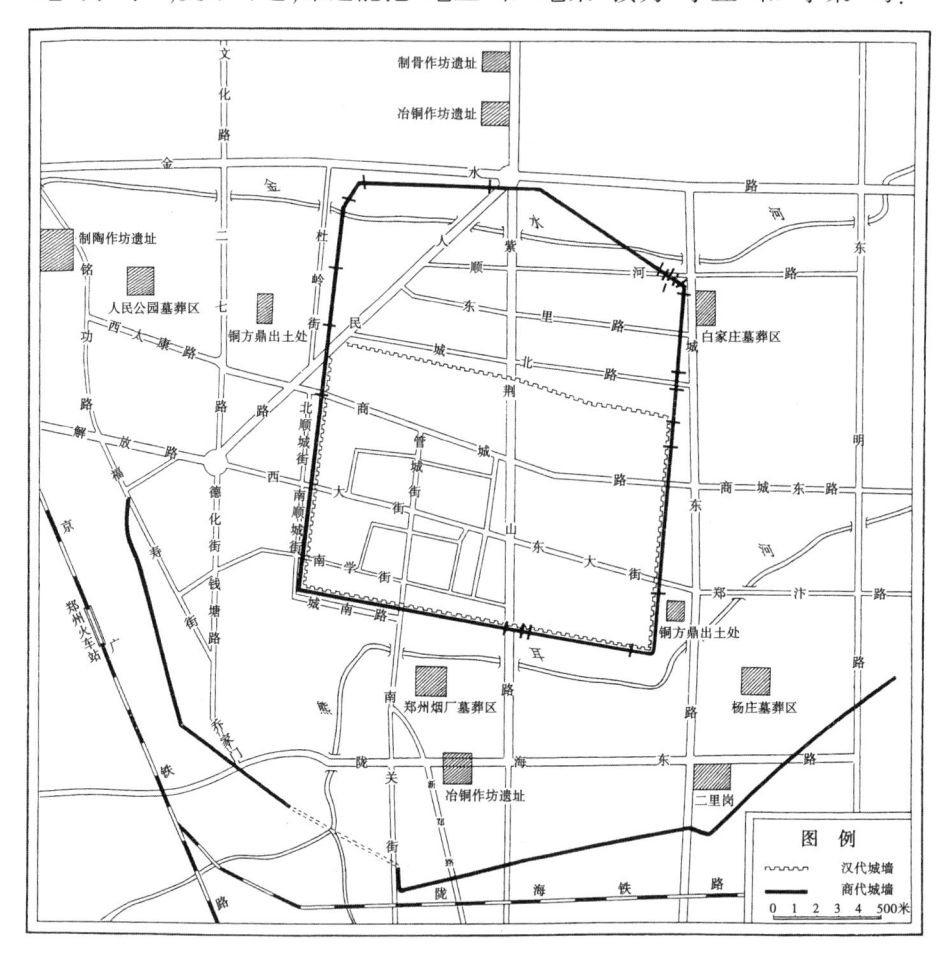

图一 郑州商城及其周围遗迹平面图

(原载《考古学研究》(六),科学出版社 2006 年出版)

① 张松林:《郑州商城内出土东周陶文简释》,《中原文物》1986 年第 1 期。

关于偃师商城的几个问题

偃师商城的发现是我国商代考古上的重大收获,因此也受到学术界的普遍关注。许多学者已先后著文对该城的文化内涵进行了深入的讨论,当前讨论的重点还是集中在该城的年代和性质方面,因为搞清该城的年代和性质,不仅能够正确地判断该城在商代历史上的地位,而且对于探讨二里头文化遗址和郑州商城的性质都具有重要的学术意义。但是对于这个问题学术界意见颇有分歧,以往我们对此曾有论述,现在根据新的资料再略述管见如下。

关于该城的年代,以往我们根据《偃师商城的初步勘探和发掘》[①]提供的资料,曾经认为该城的建造年代和使用年代并不早于二里岗下层时期,而是最早当在二里岗下层时期。现在看来这个结论还是比较笼统的。众所周知,把二里岗文化分为上、下两层,是20世纪50年代的分期水平,自此以后,随着新的资料不断出土和对原有资料的进一步分析,学界对二里岗文化分期的研究有了新的进展。首先是在70年代末,邹衡先生根据自己多年的研究,重新把二里岗文化分为四期,即他所称作的早商文化的第二段第Ⅲ组、第Ⅳ组和第三段第Ⅴ组、第Ⅵ组。[②] 接着在80年代末,安金槐先生也根据自己多年的研究,把二里岗文化"在原来划分的二里岗上、下层两大期的基础上,再划分成四个小期",即他所称作的"二里岗下层一期""二里岗下层二期"和"二里岗上层一期""二里岗上层二期"。[③] 据现有资料而论,这些分期比二里岗文化分为上、下两层更加符合实际,也是更加科学的分期。因此,我们如果以二里岗文化为标准来判断偃师商城的年代,就应当了解二里岗四个期别文化的特征,首先是必须了解二里岗

[①] 中国社会科学院考古研究所洛阳汉魏故城工作队:《偃城商城的初步勘探和发掘》,《考古》1984年第6期。

[②] 邹衡:《夏商周考古学论文集》,文物出版社,1980年,第109~110页。

[③] 安金槐:《关于郑州商代二里岗期陶器分期问题的再探讨》,《华夏考古》1988年第4期。

下层一、二期文化的特征,才能说得明确。为此,这里有必要将邹、安二先生关于原二里岗下层陶器在分期方面的论述摘录如下,以便对照。

邹衡先生论述的早商文化第二段第Ⅲ组陶器特征是:"本组陶鬲、甗的口型主要有3种:最多的仍然是卷缘、圆唇;其次是有榫痕凸起,我们曾命之为 AB 型;另外也有极少量的缘面下陷呈浅沟槽,已接近方唇。……第Ⅲ组线纹似已绝迹,细绳纹也不太多,多半是中绳纹,也有少量的粗绳纹。足根外表一律没有绳纹。……第Ⅲ组的大口尊都是口径稍大于其肩径,但脖子一般仍较短。"①

第Ⅳ组陶器特征是:"本组陶鬲、甗的口型以上述的 AB 型为主,卷缘不多,开始出现翻缘方唇。细绳纹少见,中绳纹和粗绳纹居多,并出现了同心圆纹。本组大口尊,口径都大于其肩径,脖子已开始伸长。本组出现敛口罨。"②(图一)

安金槐等先生论述的二里岗下层一期陶器特征是:"陶鬲和陶甗皆为卷沿圆唇;陶斝的颈部较长而瘦细,颈与腹相接处似显有折线;陶豆仅见圈足部分,细高,且中部内凹;陶爵椭圆形口近平,其腹部瘦细、平底;陶盆仅见敛口、鼓腹的圜底盆和大敞口深腹斜壁平底盆两种,大敞口浅腹圜底盆很少见;陶簋也仅见残片,其形制为敛口、深腹圆鼓,下附圈足;陶大口尊的肩部凸起、口径略小于肩径,在肩部的附加堆纹条带之间,多加有对称的兽面形握手,有的腹部还加饰几周附加堆纹带条。"

二里岗下层二期陶器特征是:"陶胎较一期稍厚,器表绳纹也较一期稍粗……卷沿圆唇者外,新出现一种数量较多的卷沿双唇鬲,即在唇面中部有一折棱,形成内厚外薄的双唇沿;陶甗……除少数类似二里岗下层一期的卷沿圆唇外,新出现了卷沿双唇或唇沿加厚的方唇陶甗;陶斝……颈部皆加粗变短,呈弧形内凹,并且袋状足也较前稍直而略鼓;陶爵的腹部多变矮而稍胖;陶豆的圈足中部稍向内收,圈足底部稍外侈,并且在圈足中部多刻有对称十字镂孔装饰;陶盆中除有少量和二里岗下层一期类同的敛口、圆鼓腹的圜底盆外,新出现了较多的直口、腹近直的圜底盆和大敞口、卷沿、浅腹圜底盆;陶簋为敛口、鼓腹、圜底、下加矮圈足,但部分簋的颈部有加饰弦纹或方格纹带条的;陶大口尊的颈

---

① 邹衡:《夏商周考古学论文集》,文物出版社,1980年,第109页。
② 邹衡:《夏商周考古学论文集》,文物出版社,1980年,第109页。

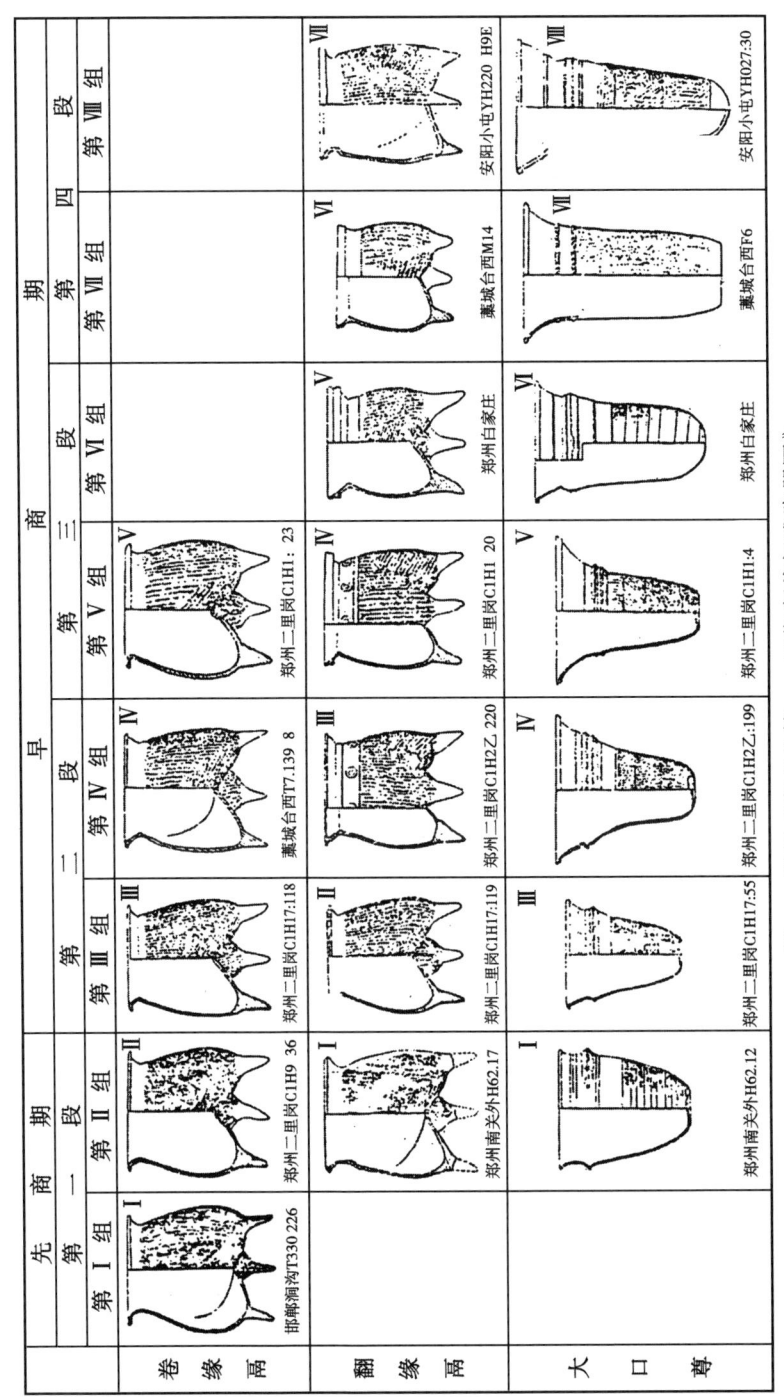

图一 邹衡《商文化第一、二期断代标准陶器图》

考古篇

较二里岗下层一期加长,肩部凸起部分变低,口径一般大于肩径或与肩径相等,不过,在肩部多是只饰一周附加堆纹带条,很少在附加堆纹之间加饰对称兽面形握手(图二)。

依据以上论述,再将现已公布的反映偃师商城最早年代的考古资料与之比较,就可以清楚地看出该城的始建年代和使用年代。偃师商城现已正式公布了三批考古发掘资料,第一批资料为《偃师商城的初步勘探和发掘》①,该报告以公布的西城墙探沟(T1)夯土出土的陶片时代为最早,但是"夯土内出土的陶片,既少且碎",不易进行比较,作出推断。今暂依原报告所说:"这些陶片晚的稍晚于二里头四期。"我们知道,二里头四期文化和二里岗下层一期文化之间,不仅文化内涵联系密切,而且地层关系也经常叠压在一起,迄今为止,还没有发现一个新的文化层穿插于二者之间。因此,偃师商城城墙夯土中所出的部分陶片既晚于二里头四期,而判断地层的年代总是以该层出土最晚的陶片为依据,可知这段夯土的年代最早也当在二里岗下层一期。第二批资料为《1983年秋季河南偃师商城发掘简报》(以下简称《简报》)②,该《简报》公布了该城门 X2 附近的地层关系和一批墓葬。该《简报》云:"这批小墓虽开口于不同的层位,但都叠压或直接打破城内的路土,这就从地层上表明,城墙的建造年代早于这批小墓,城址应当是商代早期兴建的。""商代早期"早到什么时候,由于路土以内未发现陶片无由得知,但可从叠压其上面的墓葬加以推断,这批墓葬中时代最早者为 M7 和 M18,《简报》云:"M7 和 M18 出土的六件陶器与二里岗下层大约相当,M18 又似早于 M7。"M18"随葬陶器五件,计有深腹盆、敛口盆、小口罐、瓮、斝各一件"。可资比较的有陶斝和深腹盆两件,其中陶斝"形体瘦长,口外侈,尖唇,窄沿上有一周凹槽,颈粗长,腹浅瘦,实足尖较长……薄胎,腹部着交错绳纹"。此陶斝从整体来看,类似于安先生所说二里岗下层一期陶斝,但从其"窄沿上有一周凹槽,颈粗长"的形制特征来看,又与二里岗下层二期陶斝接近。又此墓所出深腹盆(M18:1),口微敛类似于直口,腹微鼓又接近于直腹。由此二件陶器形制特征可知 M18 的时代可晚至二里岗下层二期,最早也当在二里岗下

---

① 中国社会科学院考古研究所洛阳汉魏故城工作队:《偃师商城的初步勘探和发掘》,《考古》1984 年第 6 期。
② 中国社会科学院考古研究所河南第二工作队:《1983 年秋季河南偃师商城发掘简报》,《考古》1984 年第 10 期。

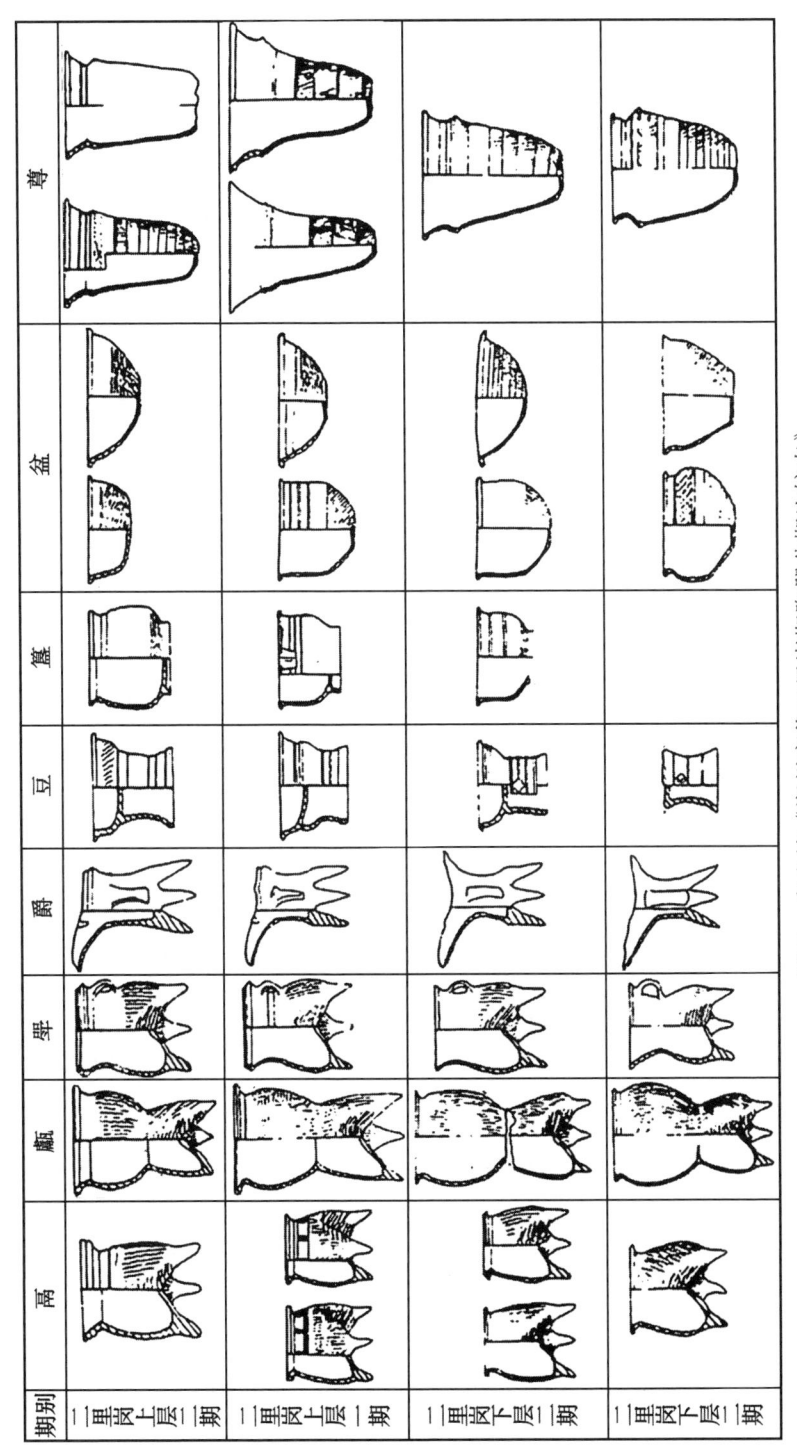

期别	鬲	甗	斝	爵	豆	簋	盆	尊
二里岗上层二期								
二里岗上层一期								
二里岗下层二期								
二里岗下层一期								

图二 安金槐《郑州商代二里岗期陶器分期比较表》

考古篇

层一、二期之间,而被打破的路土可能早于 M18,但也可能为同期打破,有待将来出土遗物之后才能作出准确判断(图三)。第三批资料为《河南偃师尸乡沟商城第五号宫殿基址发掘简报》(以下简称《简报》)①。该《简报》公布了城内五号宫殿上下层基址地层关系及其文化内涵,"基址出土的文化遗物全部属于商代二里(岗)期系统","上层基址上面叠压的商代层应定为二里(岗)上层的偏

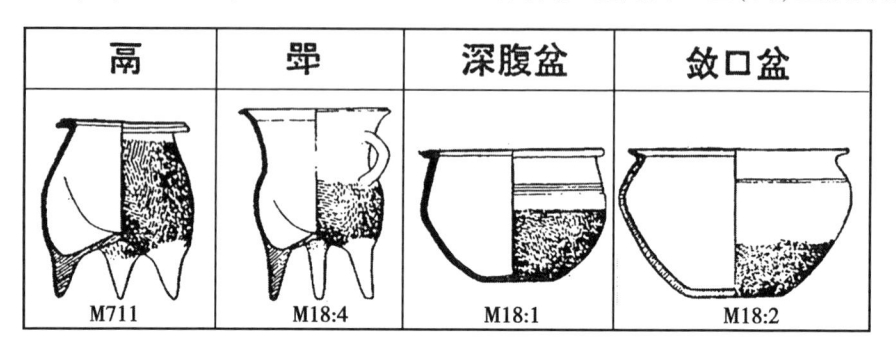

鬲	斝	深腹盆	敛口盆
M711	M18:4	M18:1	M18:2

图三　偃师商城西城门附近下层墓葬部分陶器图

晚阶段",下层基址中两口水井下层出土的 50 余件陶器时代最早,其中可资比较的有陶鬲、大口尊和敛口盆三种。陶鬲共出土 22 件,分 3 式,1 式陶鬲 2 件,"口沿微卷";3 式陶鬲 7 件,"口沿半折半卷";另有 2 式 13 件,为"折沿,双层唇,圆腹下广,款袋足,足尖微外撇,分裆角度较大,通体饰细绳纹"。这 3 式陶鬲的形制与邹衡先生所述早商文化第Ⅳ组"口型以上述的 AB 型为主,卷缘不多"的陶鬲特征形制相同,也和安金槐先生所述二里岗下层二期"新出现一种数量较多的卷沿双唇鬲"的陶鬲特征是完全相同的。水井下层出土大口尊一件,其形制是"大敞口,厚缘唇,颈微束,小折肩,腹上部内收,向下逐渐减瘦,凹圜底"。这种形制的大口尊与邹衡先生所述第Ⅳ组大口尊"口径都大于其肩径,脖子已开始伸长"的特征形制相同,也和安先生所述二里岗下层二期"陶大口尊的颈较二里岗下层一期加长,肩部凸起部分变低,口径一般大于肩径或与肩径相等"的特征是完全相同的。水井下层出土敛口盆一件,其形制是"宽平沿,圆腹……"这种形制的陶盆与安先生所述二里岗下层二期"新出现了较多的直口、

---

① 中国社会科学院考古研究所河南第二工作队:《河南偃师尸乡沟商城第五号宫殿基址发掘简报》,《考古》1988 年第 2 期。

腹近直的圜底盆"形制基本相同,兹附图如下,以供参考(图四)。

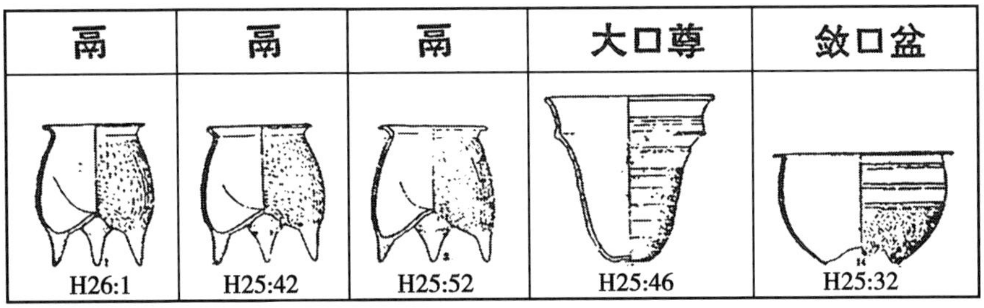

鬲	鬲	鬲	大口尊	敛口盆
H26:1	H25:42	H25:52	H25:46	H25:32

图四　偃师商城五号宫殿基址井下部分陶器图

从以上所述三种陶器的形制特征可知,水井下层的年代当属二里岗下层二期。这样,结合西城墙夯土(T1)出土的陶片和西城门附近 M18 随葬陶器加以综合分析,可见偃师商城的建造年代不会早于二里岗下层一期,最早当在二里岗下层一期,或在二里岗下层一、二期之间,而使用到二里岗上层的最晚期,说它是一座二里岗文化时期的城址也是明确无误的。

偃师商城年代既定,以此为基础,再来讨论它的性质问题。讨论偃师商城的性质,就不能不与郑州商城相比,因为二者存在着密切的内在联系。通过历年来的考古调查和发掘,现已得知,郑州商城位于整个二里岗文化分布区域的中心,城址面积约 300 万平方米(还不包括新发现的"外城"),城内发现有大型宫殿基址和成批的窖藏青铜礼器,城外发现有众多的冶铜、制陶和制骨手工业作坊遗址。它是一座现已发现的文化内涵丰富、规模最大的商代城址。关于该城的年代,普遍认为"郑州商城应建于商代二里岗下层偏早时期,其使用时间应是从商代二里岗期下层开始,一直延续到商代二里岗期上层时期"[①]。就是说它也是一座二里岗文化时期的城址,同样是明确无误的。参考 ^{14}C 的测定(经过树轮校正),该城的绝对年代为公元前 1620 年左右,这个年代和文献记载的商代初期年代相近,由此可知,郑州商城也是一座迄今所发现的商代最早的城址。

偃师商城东距郑州商城 80 余公里,当前有些学者认为它就是商汤所都的

---

① 河南省文物研究所:《河南考古四十年》,河南人民出版社,1994 年,第 185 页。

"西亳",①但是文献所记的西亳,是指商初的王都,从这个意义上它只有一个,而且也是商代最早、规模最大的一座城址。而偃师商城和郑州商城相比,第一,它远没有郑州商城文化内涵丰富;第二,它的规模比郑州商城要小得多;第三,它的时代与郑州商城约略同时甚或稍晚,即使同时并存,商初的亳都也应建在郑州商城,而不可能设在偃师商城。试想,商人为什么舍弃规模宏大的郑州商城而不用,偏偏要在较小的偃师商城去建立王都呢?有据于此,我们认为偃师商城并非商初的亳都所在,当然它又是一座商初的重要城址,要全面探讨该城的性质,还须将它与二里头文化遗址相比较才能说得清楚。

通过历年来的考古调查和发掘,现已得知,二里头文化遗址位于整个二里头文化分布区域的中心,也是该文化遗存中最大的一处文化遗址。二里头文化既与二里岗文化有着密切联系又早于后者,因此,二里头文化遗址也是一处早于郑州商城和偃师商城的大型文化遗址。多年来,考古工作者在这里发现有我国最早的也是最大的宫殿基址,这种宫殿基址应当就是我国最早出现的王权的主要标志;在这里还发现有我国最早的青铜礼器群,这种青铜礼器群也应是我国最早出现的王权标志之一;另外,在这里还发现有我国最早的冶铜、制陶和制骨手工业作坊遗址,它们都应是为王权服务的手工业作坊。仅从以上三点而论,就足以说明,二里头文化遗址应是我国最早的王都的遗迹。结合文献记载,它应当就是我国夏代王都的遗迹。这座王都随着夏王朝的灭亡而逐渐沦为废墟,但是夏朝虽亡,许多夏遗民仍然聚居在这里,为防止夏遗民的反抗,商人有必要在这里设立一座据点以镇抚之。偃师商城西南距二里头文化遗址约6公里,相距如此之近,显而易见,它应是商人在这里设立的一座重镇,用以巩固商初西部边防并防止夏遗民的复辟,它可以称为商王朝的别都,而类似于周人在灭商以后营建的成周洛邑。

偃师商城性质既定,现在继续讨论它的名称问题。根据文献记载,偃师商城一带称作亳地,晚自东汉以后,东汉以前没有称作"亳"者。《汉书·地理志·河南郡》偃师县下班固自注:"尸乡,殷汤所都。"他称此地为"尸乡",是他尚不知这里有个亳地。班固此说盖源于西汉董仲舒,董氏在其所著《春秋繁露·三代改制质文》中云:"故汤受命而王……作宫邑于下洛之阳……文王

---

① 黄石林、赵芝荃:《偃师商城的发现及其意义》,《光明日报》1984年4月4日第3版。

受命而王……作宫邑于丰……武王受命,作宫邑于鄗……周公辅成王受命,作宫邑于洛阳。"这里文王作"丰",武王作"鄗",周公作"洛阳",所指地名皆具体而明确,唯汤所作的宫邑所在,却泛指为"下洛之阳"一带,可见他也不知道这里有个亳地。而"汤都亳邑"之说,远在先秦时期几已成为定论,董氏岂能不知,若尸乡一带果真有个亳地,他径可写作汤"作宫邑于亳",乃是顺理成章的事,但他毕竟是一代学术大师,他没有证据,仍不好说这里有个亳邑。班固承袭于此,遂明确提出"尸乡,殷汤所都"的新说。事实上,东汉以前这里有座商代城址可能久为人知,但此地并不称亳,而一直称作尸乡、尸氏和尸,《史记·田儋列传》:"田横乃与其客二人乘传诣洛阳。未至三十里,至尸乡厩置。"《集解》引应劭曰:"尸乡在偃师。"同书《樊哙列传》:"东攻秦军于尸。"《正义》云:"在偃师南。"又同书《曹相国世家》:"还击赵贲军尸北,破之。"《集解》引徐广曰:"尸在偃师。"孟康曰:"尸乡北。"《正义》云:"破赵贲军于尸乡之北也。"《括地志》云:"尸乡亭在洛州偃师县。"《左传·昭公二十六年》:"五月戊午,刘人败王城之师于尸氏。"又云:"冬十月丙申,王起师于滑。辛丑,在郊,遂次于尸。"尸即尸氏,杜预注:尸氏"在巩县西南偃师城"。又尸与夷古本一字,故后世相通用。《周礼·天官冢宰》:"大丧共夷盘冰。"郑玄注:"夷之为言尸也。实冰于夷盘中,置之尸床之下,所以寒尸。尸之盘曰夷盘,床曰夷床,衾曰夷衾,移尸曰夷于堂,皆依尸而为言者受也。"《礼仪·士丧礼》:"士有冰,用夷盘可也。"又云:"床笫夷衾,馔于西坫南。"郑玄注:"夷盘,承尸之盘。夷衾,覆尸之衾。"吴大澂《字说》云:"凡此夷字皆当读尸,或故书本作尸,而汉儒误释为夷,或当时尸、夷二字通用,古文尸字隶书皆改作夷……然则汉初去古未远,必有知尸字即夷字者,故改尸为夷也。"郭沫若《两周金文辞大系》释文云:"古金文凡夷狄字均作尸,卜辞屡见尸方即夷方,揆其初意,盖斥异族为死人,犹今人之称为鬼也,后乃通改为夷字。"故徐中舒先生认为偃师县古尸氏应当就是金文《师酉敦》所记夷族的所在地。① 此说是可信的。殷墟卜辞也多记有夷族、夷地,陈梦家《殷墟卜辞综述·方国地理》认为分布于商王朝西方的夷族当生活于今山西省南部一带,②我们认为其中有一部分

---

① 周法高主编:《金文诂林》卷十引,香港中文大学,1975 年,第 169 页。
② 陈梦家:《殷墟卜辞综述》,科学出版社,1956 年,第 285 页。

夷族当生活于今偃师尸乡一带。卜辞、金文夷字多写作⺒，隶定作尸，当为夷字之初文，后世借尸为尸体之尸，因此人们又造出夷字以代之。《说文·大部》云："夷，东方之人也，从大，从弓。"《论语·宪问》："原壤夷俟。"刑昺疏："夷，踞也。"又引《说文》云："踞，蹲也。蹲即坐也。"谓夷字如人蹲坐之形。这些说解均非夷字本义。按⺒字实像人低首、躬身、屈膝之形，应是商人对敌对部族的贬称。《尚书·太誓》曰："纣有亿兆夷人，亦有离德。"孔传曰：夷人，"平人，凡人也"，即有贬义。卜辞所记商王征伐夷族活动甚多，兹略数例如下：

　　……侯告征夷。《合集》6457

　　□寅卜：王今来……辰出征夷……月。《合集》6458

　　壬午卜：宁贞：王叀妇好令征夷？《合集》6459

　　辛巳卜：叀生月伐夷方？八月。《合集》33038

　　乙卯卜：贞王其征夷方无灾？《屯南》2370

商人也曾将夷方战俘或奴隶用作牺牲贡献于祖先神灵，如卜辞云：

　　庚午贞：翌甲……彭夷方于上甲……《屯南》4530

夷族也曾臣服于商王朝，商王也曾驻足于夷地，如卜辞云：

　　□寅卜：……令夷方。《合集》20249

　　隹夷方受祐？《合集》20612

　　戊寅，子卜：丁归在白夷？

　　戊寅，子卜：丁归在川夷？《合集》21661

商人对夏人或不称夏，而贬称作"夷"，即卜辞中所记的⺒。夏人被称作夷，也见于后世文献的零星记载，《史记·六国年表·集解》引皇甫谧曰："《孟子》称：禹生于石纽，西夷人也。"《太平御览》卷八十二引《帝王世纪》云："伯禹夏后氏，姒姓也……长于西羌，夷人。"《孟子·滕文公下》："汤始征，自葛载，十一征而无敌于天下。东面而征西夷怨，南面而征北狄怨，曰：'奚为后我？'民之望之，若大旱之望雨也。归市者弗止，芸者不变……民大悦。"《吕氏春秋·慎大览》又云：汤伐桀，"逐之至大沙……汤立为天子，夏民大说，如得慈亲，朝不易位，农不去畴，商不变肆，亲郼如夏。"这两段文字内容相同，显而易见，《孟子》所说的"西夷"，就是《吕氏春秋》所说的"夏民"。也就是说，到了战国时期，人们仍称夏人为"西夷"，这大致是沿用了商人的习语。

　　早在20世纪40年代，郭沫若先生曾认为商人对夏人并不称"夏"，而是称作卜辞所记的"土方"。我们以为卜辞中的土方当位于商王朝北方的今燕山南北一带,此地距夏人的聚居地相隔悬远,难以为信,而比较大的可能是商人将夏人贬称为"夷",也就是后世称作的"西夷",它应位于文献所记夏人所聚居的伊洛平原之上,具体地说,当位于今河南省偃师西的尸乡一带。这大致是由于商人灭夏,在"始屋夏社"的同时,又在夏都旁侧建立新邑,迁夏遗民以居之,商人称夏人为"夷",故新邑当称作"夷邑",夷的本字为"尸",后世就称此地为尸地。如果此释不误,是尸地一名当源于商初,偃师商城最早当称作"尸氏"或"尸邑"。

(原载《中原文物》1995 年第 3 期)

郑州商城和偃师商城的性质与夏商分界

偃师商城的发现是我国商代考古学上的重大收获,明确它的年代和性质,对于研究早商文化、探索夏文化和夏、商分界问题都具有重要的学术意义。因此,从它发现之日起,就一直受到学术界的关注。近年来,随着国家重大科研项目"夏商周断代工程"的启动和新的考古资料的出土,学术界对该城的年代和性质问题展开了进一步热烈的讨论并形成多种不同的意见。我们早已指出:偃师商城"不是汤都亳邑,而应是二里岗时期的一座重要城址,时代属于商代早期。该城位于灭亡了的夏王朝的政治中心区,且与二里头宫殿遗址隔河(据现今河道而言)相望,其性质显而易见,它应是商人灭夏以后在这里建立的一座重镇,用以巩固商初西部边防并镇压夏人的复辟。它可以称为商王朝的别都,而类似于周人在灭商以后营造的东都洛邑"①。近年来随着新的考古资料的出土,进一步坚定了我们的这个意见,现在这里略加申述如下:

要讨论偃师商城的年代和性质,特别是要确定它是否为当时的王都,就必须将它与郑州商城相对比,这不仅是因为二者东西相距较近(约90公里),而且是因为它们都是属于二里岗文化性质的城址,只有以二里岗文化的分期为标准,将它与郑州商城相对比,才能说明它的年代和性质问题。郑州商城位于郑州市内,就现有资料所知,它正处于整个二里岗文化分布的中心区。城址有内、外两城,内城城址略呈长方形,城垣周长约7公里,城内面积约300万平方米;外城面积不详。仅以内城而论,郑州商城已是迄今所发现的我国商代前期规模最大的一座城址。该城不仅规模宏大,而且文化内涵也非常丰富,在城内中部及东北部约50万平方米的范围内,"先后发现了20多处商代夯土建筑基

---

① 郑杰祥:《关于偃师商城的年代和性质问题》,《中原文物》1984年第4期。

址……表明这里是商代宫殿遗址区"①。在南城墙外发现有铸铜作坊基址,在北城墙外也发现有铸铜作坊基址和制骨作坊基址,在西城墙外则发现有制陶作坊基址;在东城墙外的南端和西城墙外的南北两侧,发现有三处大型的青铜器窖藏坑;在东城墙外的今二里岗和白家庄,在西城墙外的今人民公园、北二七路和铭功路以及城内一些地区,都发现有随葬青铜器的贵族墓葬等等;所有这些都说明郑州商城是当时的一座王都,这是没有疑问的。当然像这样一座规模宏伟的王都,不是短时期内所能形成的,它有一个长期营建的过程。近年来,不少学者对郑州商城文化遗存进行了详细的分期。首先是高炜先生,他在邹衡先生分期的基础上,把二里岗文化分作四期:第一期以 C1H9 为代表,称之为二里岗期下层一段;第二期以 C1H17 为代表,称之为二里岗期下层二段;第三期以 C1H2 乙和 C1H1 为代表,称之为二里岗期上层一段;第四期以白家庄下层为代表,称之为二里岗期上层二段,也就是现在所称作的白家庄期。以此为标准,他通过对东城墙 CET7 和西城墙 VWT15 探沟资料以及诸多二期墓葬、灰坑打破城墙现象的分析,认为这"反映了商城的兴建和启用并不排斥在下层第一段的可能性"。就是说该城有可能兴建和启用于二里岗文化一期。另外,他还认为"属二里岗期下层第一段的除商城外,还有商城东北隅(被 C8G10 所叠压)的夯土台基。属下层第二段的有 C8M32 和省中医院家属院的铜器墓、C8G10 五层以下的部分基址、紫荆山北的制骨遗址。属二里岗期上层第一段的有紫荆山北和南关外的二处炼铜遗址、铭功路的制陶遗址、C8G10 的上面五层基址、铭功路的 M2、东里路 C8M39 等。属上层第二段的有白家庄 M2、M3(铭功路的 M4、张寨方鼎墓也暂放此段)和东里路打破 C8G10 的壕沟等"②。与此同时,陈旭先生通过对郑州商城文化遗存的分析,把宫殿遗址区的建筑基址分为三组。她认为第一组的 C8T93 夯土, C8T43、C8T45 夯土, C8G9、C8G15、C8T55、C8T60、C8T61、C8T62 夯土,其"始建年代当在南关外期",也就是我们所称作的二里岗文化一期;第二组的 C8T63、C8G8、C8G10、C8G11、C8G12、C8G13、C8G14、C8G16,"这几座房址的夯土层内,包含的陶片,时代最晚的是二里岗下层,因此它们的建筑

---

① 河南省文物研究所:《河南考古四十年》,河南人民出版社,1994 年,第 184 页。
② 高炜:《略论二里岗期商文化的分期和商城年代——兼谈其与二里头文化的关系》,《中原文物》1985 年第 2 期。

年代也当在二里岗下层",也就是我们所称作的二里岗文化二期;第三组的 C8T42、续建的 C8G10,其"建筑年代属二里岗上层"①,也就是我们所称作的二里岗文化三期。在此之前,她也认为郑州商城城墙"始建的时间,定在二里岗期下层文化时期……城墙已经建成,这时人们已经居住下来了"②,此后她又对铸铜遗存进行了分期,认为南关外铸铜基址遗存可以分为四组:"第一组,包括 5 个窖穴,即 C_5:H43、H49、H50、H51 和 C_5:$3H_{313}$……这组窖穴所出的陶器,皆属南关外期",因而所出铸铜遗物也应属于该期,即我们所称作的二里岗文化一期;"第二组,包括 C_5T_{301} 下层文化层及各探方相应的下层文化层……该组文化层和窖穴所出的陶器,其形制和纹饰特征,与二里岗下层常见的陶器相同……据此推断第二组遗存的年代属二里岗下层偏晚",所出铸铜遗物也当属于该期,即我们所称作的二里岗文化二期;"第三组,包括 C_5:$3T_{301}$ 中层文化层及各探沟、探方相应的中层文化层和 17 个窖穴,即 C_5H32、H33、H36、H37、H40、C_5:$3H_{301}$、H303、H305、H307~H311、H315~H318。该组文化层和窖穴所出的陶器标本……与二里岗 C_1H_1 所出同类器相近,其年代属二里岗上层",所出铸铜遗物也当属于该层,即我们所称作的二里岗文化三期;"第四组,有 C_5:T_{21} 文化层中层及熔铜炉残迹……T_{21} 中层的年代当属白家庄期",即我们所称作的二里岗文化四期。她还认为北城墙外紫荆山北铸铜作坊基址所出器物可分为两组,一组属二里岗上层,二组属白家庄期,从而"推定这座铸铜作坊的兴建和使用年代是从二里岗上层开始,延续使用到白家庄期止"③,即我们所称作的二里岗文化的三期和四期。其后不久,张文军等先生也著文对郑州商城遗址进行了分期,认为"郑州商城城墙及近年发现的南、西外城墙"与两座"小型宫殿即 C8G9 和 C8T62 夯土台基"都应始建于二里岗文化一期;二期则是"该城的繁荣期,城墙继续使用,以 C8G15 和 C8G16 为代表的一批大型宫殿在城内建成并投入使用。近年来在黄河医院、黄委会水文局、郑州变压器厂家属院等地新发现的夯土基址也都属于这一时期的,城外的南关外铸铜遗址、铭功路制陶遗址、紫荆山北制骨遗迹等手工业作坊中均有属于这一阶段的遗存,杨庄墓区中也有此时的墓

---

① 陈旭:《郑州商城宫殿基址的年代及其相关问题》,《中原文物》1985 年第 2 期。
② 陈旭:《郑州商文化的发现与研究》,《中原文物》1983 年第 3 期。
③ 陈旭:《郑州商代铸铜基址的年代及相关问题》,《中原文物》1992 年第 3 期。

葬";三期"为该城持续繁荣的时期,城内宫殿以 C8G10 为代表,城外有南关外铸铜遗址、紫荆山铸铜遗址和制骨遗址、铭功路制陶遗址等作坊,可能与祭祀有关的张寨南街大铜鼎、向阳回族食品厂铜器窖藏均属此期,城外的白家庄、人民公园、铭功路、北二七路、杨庄、郑州烟厂等六处墓区都有这一时期的墓葬";四期"此城经历了自始建到兴盛之后在本期开始衰落且不久便被废弃"。① 至于郑州商城外廓城墙的建造年代,发掘者认为根据城墙"夯土的结构,和夯土中包含的陶片特征,与郑州商代城墙情况相同",其"年代应不晚于二里岗下层时期"。② 他们又认为"郑州商城应建于商代二里岗期下层偏早时期,其使用时间应是从商代二里岗期下层开始,一直延续到商代二里岗期上层时期"③。

总之,上述诸位先生虽然对郑州商城某些遗存的时代意见不同,但是对该城整体的始建和兴衰的过程认识则是一致的,他们都认为该城当始建于二里岗文化一期,繁荣和持续繁荣于二期和三期,而衰落于第四期。

郑州商城的存在年代已如上述,现在来谈谈偃师商城。偃师商城东距郑州商城约 90 公里,西南距二里头遗址仅 6 公里,正处于二里头文化分布的中心区。虽然与二里头遗址相距甚近,而且又处于二里头文化分布的中心区,但是"对两遗址陶器群作一全面考察,便可看出:二里头文化一至四期有其一脉相承的自身特征,而偃师商城文化遗存中占主导地位的因素并不是二里头文化的自然延续。由之可鉴别两个遗址文化内涵的主体应分属不同的系统。相反,偃师商城和郑州商城的陶器群明显属于同一系统"④,即二里岗文化系统。根据新近公布的资料可知,该城存在着宫城、内城和外城三重城垣,最早兴建的是宫城和宫殿,其次是内城,最后建造起来的是外城。外城又称大城,城垣周长 5500米,城址面积约 200 万平方米。近年来考古工作者对该城东北隅进行了发掘,"计发掘出商代早期城墙、城壕、道路、车辙、排水沟、墓葬、夯土围墙、陶窑、灰坑和与铸铜作坊有关的遗存,出土有陶器和铜器等遗物"(《河南偃师商城东北隅发掘简报》,以下简称《简报》)。据此认为"关于该段城址的始建年代:城内时

---

① 张文军等:《关于郑州商城的考古学年代及其若干问题》,《郑州商城考古新发现与研究》,中州古籍出版社,1993 年,第 38 页。
② 河南省文物研究所:《郑州商城外夯土墙基的调查与试掘》,《中原文物》1991 年第 1 期。
③ 河南省文物研究所:《河南考古四十年》,河南人民出版社,1994 年,第 185 页。
④ 高炜等:《偃师商城与夏商文化分界》,《考古》1998 年第 10 期。

代属商代早期的路土层次清楚、明确,它叠压着城墙护坡土等;开口于路土L1、L2之下的两组墓葬,时代属偃师商城商文化第二期晚段;开口于城墙护坡之下的3个灰坑,时代属偃师商城商文化第一期晚段。城墙和护城坡夯土内所出时代最晚的陶片的特征与开口于城墙护坡下的灰坑内的陶片相同,二者时代应相近。根据这些地层关系,我们可以比较准确地将这段城墙的建造及初始使用年代限定在较小的时间范围内,即这段城墙的建造及初始使用时间早于偃师商城商文化第二期晚段,而不早于偃师商城商文化第一期晚段,我们倾向于认为应在偃师商城商文化第二期早段"①。这里所说的"第一期晚段",时代相当于以C1H9为代表的二里岗文化一期,"第二期晚段"则相当于以C1H17为代表的二里岗文化二期,那么《简报》认为城墙所属的"第二期早段",显然当在二里岗文化一期和二期之间。但是,我们认为判断这段城墙的时代,还应当参考城壕的时代,因为根据《简报》所说:"城墙的外侧有城壕,墙与壕之间是宽约12米的平坦之地。城壕的走向与城墙基本平行。"可见城壕与城墙存在着有机的联系,它们应当建造和使用于同一时期。城壕底部出土的陶片正如《简报》所说"具有典型的偃师商城商文化第二期晚段陶器的特征",就是说城壕的时代应属于"第二期晚段",因而城墙也当属于此一时期。再者,打破城墙附属堆积的墓葬时代也值得商榷,如M29出土的陶鬲(图一〇:5,M29:1),其形制接近于藁城台西1式陶鬲(H39:8)②,M19出土的陶豆(图一〇:4,M19:1),其形制接近于郑州二里岗Ⅱ式陶豆(C15T3:33)③,而后者都属于二里岗文化三期的典型器物。另外,城墙附属堆积中出土的陶盆残口沿(CP:6),其形制接近于二里岗Ⅱ式陶盆(H3:37)④的口沿,后者则是二里岗文化二期的典型器物。由此可见,应当把这段城墙及其附属堆积定在以C1H17为代表的二里岗文化二期,将打破附属堆积的墓葬定在以C1H2乙为代表的二里岗文化三期才是比较符合事实的。

内城又称小城,位于大城内的西南部,"大致呈长方形,南北长1100米、东西宽740米,面积约80万平方米……建筑方法同大城城墙基本一致。其南墙、

---

① 中国社会科学院考古研究所河南第二工作队:《河南偃师商城东北隅发掘简报》,《考古》1998年第6期。
② 河北省文物研究所:《藁城台西商代遗址》图版一六:1,文物出版社,1985年。
③ 河南省文化局文物工作队:《郑州二里冈》图六,科学出版社,1959年。
④ 河南省文化局文物工作队:《郑州二里冈》图六,科学出版社,1959年。

西墙和东墙的南段同大城城墙重合。通过南墙和西墙的发掘证明,小城的修建早于大城"①。由于小城的发掘资料尚未公布于世,所以小城与大城的关系如何还无法探讨,这里只能姑置不论。

宫城位于小城中部偏南,"初建时的宫城大体呈正方形,面积约4万平方米,四周有宽约2米的宫墙。宫墙建筑群密集分布于宫城的中、南部"。"以往的发掘已证明,宫殿群不是一个时期的建筑,如5号宫殿就叠压在6号殿址上。而修建6号殿时已利用宫城南墙的一部分(即"南条夯土")做基础,显示宫城已开始被改造。同时,鉴于4号殿东侧宫墙与上述'南条夯土'连为一体,暗示4号殿应早于6号殿,前者可能是宫城内最初的建筑物之一。""大城(甚至包括小城)城墙的修筑年代,并不代表该城的始建年代。只有最初的宫殿和宫城,才是该城始建年代真正的标志性建筑物",也就是说4号宫殿的始建年代即偃师商城的始建年代。另外,判断该城始建年代的还有一条位于宫城北部的灰沟,根据高炜等先生的论断,灰沟"底层堆积在偃师商城陶器编年序列中位列第一期早段,是偃师商城中已知最早的商文化遗存"。"因此,可断定灰沟底层堆积所代表的第一期早段,是该城出现于洛阳平原接近实际的年代。于是,城址始建年代这一关键性课题得到了解决",而"经与郑州商城和二里头遗址相关典型单位出土陶器比较,可判明偃师商城第一期遗存的年代,大致同郑州二里冈H9一类遗存为代表的二里冈下层文化一期相当;又同二里头遗址五区H53以及三区H23等单位为代表的二里头四期(晚段)遗存相当"。② 高氏认为偃师商城也当始建于以C1H9为代表的二里冈文化一期阶段。但是众所周知,无论是4号宫殿基址还是这条灰沟的发掘资料均未公布于世,因此论断确当与否,只能有待公布资料之后加以判明了。不过《简报》还公布了大城东北隅被城墙叠压的三个灰坑(H8、H9、H10)资料,这为我们探讨该城的始建年代提供了重要线索。《简报》认为灰坑的"时代属偃师商城商文化第一期晚段。……郑州二里冈H9所出商文化器物之特征和上述3个灰坑的陶器比较接近,时代或应相当"③。而灰坑中所出陶片纹饰多为"粗细适中"和"中等偏细"的绳纹,真正的细绳纹

---

① 高炜等:《偃师商城与夏商文化分界》,《考古》1998年第10期。
② 高炜等:《偃师商城与夏商文化分界》,《考古》1998年第10期。
③ 中国社会科学院考古研究所河南第二工作队:《河南偃师商城东北隅发掘简报》,《考古》1998年第6期。

已经不多;H8 出土的陶鬲(H8:2)口沿唇部已经开始下垂,所出陶甗(H9:3)已是"翻卷沿,斜方唇"。所有这些都是以 C1H9 为代表的二里岗文化一期遗存中见不到的,它初现了以 C1H17 为代表的二里岗二期文化特征的端倪。因此,我们认为这三个灰坑的时代当在二里岗文化的一期和二期之间,如果把宫城的始建年代与三个灰坑的年代视为同时的话,那么宫城也应始建于二里岗文化一至二期之间,也就是当始建于偃师商城商文化第一期晚段和第二期早段之间。

以上我们根据近年来出土的新的考古资料,讨论了偃师商城和郑州商城的始建年代和规模,据此可知,偃师商城的始建年代应当约略晚于郑州商城,其规模也远远小于郑州商城。两座城址的建造过程大致是:在二里岗文化一期,郑州商城开始建造城墙,并在城内东北隅建起 C8G9、C8G15 等大型住房。在南关外建造铸铜作坊的一个阶段之后,偃师商城也开始在"宫城"区建造住房或者同时建造"宫城",也或者同时在其东北隅建造铸铜作坊。到了二里岗文化二期,郑州商城建起了规模宏伟的内城和外廓城,并在城内东北隅建起了大型宫殿区,在城外建起了众多的手工业作坊;与此同时,偃师商城也建起了"宫城"区,并向北扩建了城址,两城同时进入了各自的繁荣时期。到了二里岗文化的三期和四期,两城大约同时继续繁荣,最后也同时进入衰落时期。

明确了偃师商城和郑州商城的始建年代、兴衰过程及其规模,显然有助于我们判断这两座城址的性质,具体地说,有助于我们判断这两座城址中,哪一座城址是作为商王朝"国都"意义上的亳邑。当然,我们注意到高炜等先生在其探讨偃师商城的最新论文中,说要"摆脱开郑、偃二城孰为汤之亳都、孰主孰从、孰早孰晚的争执与成见"[①],但是,该文在实质上,正是在力争求证偃师商城不仅是商代的一座最早城址,而且更是一座"具一国政治中心性质的都城遗址",其目的正是在说明这座城址就是商都亳邑,这是作者不言自明的。其实偃师商城自发现之日起,学术界主要关注的就是它是否为商都亳邑,迄今所发表的所有讨论偃师商城性质的论文中,绝大多数都是围绕着该城是否为商都亳邑进行的。商代最早的国都就是亳邑,文献记载非常明确,这个名称是摆脱不开的。我们认为探讨商都亳邑所在,从考古学的角度说,应当首先注意的就是该城址的建造年代及其规模,当然还要注意到它所处的地理位置,如果把一座不是属

---

① 高炜等:《偃师商城与夏商文化分界》,《考古》1998 年第 10 期。

于商文化的、远离商文化分布中心的小小城址认作商都亳邑,那是不可理解的。众所周知,当前学术界不论是"郑州商城亳都说"(简称"郑亳说")者,或是"偃师商城亳都说"(简称"偃亳说")者,都承认二里岗文化是商文化而且是商代前期文化,从而属于二里岗文化的郑州商城和偃师商城也理所当然地被称为"商城";而且,又都承认二里头文化是夏文化,因此二里头遗址也应当就是夏朝都城。正如高炜等先生所说:"无论从陶器群所标识的物质文化面貌,还是从建筑朝向所反映的观念来看,都表明二里头遗址和偃师商城不是同一文化共同体早晚相承的两个发展阶段。换句话说,只能把它们看作两个不同族属的文化遗迹。昔伊、洛地带本为有夏所居,偃师尸乡的城址既与郑州商城、安阳殷墟同属商文化,那么,早于偃师商城并繁盛多年的二里头二、三期遗址,只能是夏代晚期至夏末的都址。二里头文化的创造者,只能是以夏族为主体的人群。"①这个论断基本上是正确的。夏、商两族都是古老的黄帝族的后裔,以后才分化成两个不同的部族,从而创造出不同的文化共同体。基于这个事实,显而易见,偃师商城与郑州商城即同时属于早期商城,商都亳邑应当是郑州商城而不应当是偃师商城。这是因为郑州商城的建造比偃师商城的建造时间要早,而亳邑正是商代最早的都邑。同时,郑州商城与偃师商城虽然同时走向繁荣又同时走向衰落,但是其规模要比偃师商城大了许多,仅以面积达 300 万平方米的郑州商城内城而论,就比面积约 200 万平方米的偃师商城外城还大了三分之一。试想,如果商人舍弃规模宏伟的郑州商城而不用,偏偏要在规模小得多的偃师商城建立王都,那是违背情理的。另外,还须注意的是郑州商城从建成到繁荣,一直处于二里岗商代前期文化分布的中心区,它明显地反映着这里也应是商代前期的政治中心区,郑州商城作为商都亳邑,建于本王朝的政治中心区,乃是顺理成章的;偃师商城则是建于二里头夏文化分布的中心区,而且该城从建成到繁荣从来就没有成为二里岗商文化分布的中心区,也就是说,这个地方从来就没有形成商代前期的政治中心区。因此,从这个角度来说,偃师商城就不应当成为商代的王都亳邑。

以上我们从考古学的角度论述了偃师商城不应当是商都亳邑,而如果结合文献记载,就进一步说明偃师商城更不可能是商都亳邑。《尚书序》和《史记·

---

① 高炜等:《偃师商城与夏商文化分界》,《考古》1998 年第 10 期。

殷本纪》都说："汤始居亳，从先王居。"这说明商人在灭夏以前，已经居住和营建了亳邑，当然也必然在这里创造和遗留下不少的先商文化遗迹。而据高炜等先生所说，偃师商城乃是"商人攻占夏都，扫灭夏王朝，在亳阪一带择地营建新都"，是"平地崛起"的一座新都，既没有先商文化遗迹，当然也不存在"从先王居"的问题。这样，虽然该"城址始建年代这一关键性课题得到了解决"，但它与文献记载形成的矛盾却无法得到解决。

文献记载商汤定居亳邑之后，以此为基地积极向外发展，对周围敌对方国进行了一系列的征讨，为推翻夏王朝作了充分的准备。商人的所有这些活动都不可能在偃师商城进行，因为一则文献记载商汤所征伐的方国都与偃师商城相距甚远，二则正如高炜等先生所说"偃师商城与二里头近在咫尺"，可说正位于夏王朝的天子脚下，所谓"卧榻之旁，岂容他人酣睡"，夏王朝是不可能容忍商人坐大于自己王畿以内的，仅仅这一简单事实，就足以说明偃师商城不可能是商人的亳邑。

商汤灭夏之后虽然在今偃师尸乡一带建起了城堡，但是，它未必就是一座"具一国政治中心性质的都城遗址"。正如现已公布的发掘资料所说，初时的偃师商城规模甚小，只有几座大型住房，或者已经建造了"宫城"，但也只是一座约4万平方米的城堡，不可能容纳得下庞大的商王朝统治集团。并且根据文献记载，商王朝自成汤至太戊，凡九世国王皆都于亳邑，历时百余年，邦畿扩千里，这是商王朝的第一个强盛时期。作为当时政治中心的王都亳邑及其周围，必然人口众多，建筑设施至少要像郑州商城那样规模宏伟。但是据现有资料所知，偃师商城周围的二里岗文化遗址不多，可见当时这里居住的人口并不稠密；城址规模比郑州商城要小得多，城内除发现有几道城墙和一些大型住房建筑以外，并未有其他大型遗迹，所有这些都和作为商王朝强盛时期的王都不能相称。因此，根据现有资料并结合文献记载分析，偃师商城不可能是一座"具一国政治中心性质的都城遗址"，就是说它不可能是当时的王都亳邑。

偃师商城一带称作"亳"虽然多见于文献记载，但是我们早已指出，那是东汉以后的事情，①东汉以前的《史记》以及先秦诸书对这个地方的记载甚多，但都称这个地方为"尸乡""尸氏"或"尸"，从未有称此地为"亳"者。可见晚至西

---

① 郑杰祥：《关于偃师商城的几个问题》，《中原文物》1995年第3期。

汉，人们尚不知道这里有个亳地。溯至商代，人们当更不会知道这里有个亳地。

殷墟卜辞记有不少的亳地和亳社，是知商代后期确实有个亳地。我们通过对卜辞所记与亳地相关联的地名的考证，认为卜辞中的亳地应当就在郑州商城。① 邹衡先生根据考古资料并结合文献记载，提出"郑州商城就是成汤的亳都"说。② 郑州商城是夏商时期的亳地，与文献记载基本上是符合的。大致上商人在灭夏以前已经来到亳地，在这里创造出先商文化即二里岗一期文化，这个时期相当于上述文献所说"汤始居亳，从先王居"的时期。

商汤以亳邑为基地积极向外发展，开始对周围敌对方国进行了一系列的征伐战争，根据邹衡先生考证，这些敌对方国的地望大都位于郑州商城的周围。③ 另外，今本《竹书纪年》云：商汤"二十六年，商灭温"。温地所在，《左传·隐公三年》："郑祭足帅师取温之麦。"杜预注："温，今河南温县。"《大清一统志·河南省》怀庆府古迹条下："温县故城在今怀庆府温县西南三十里。"清代温县即今河南省温县，古温地当在今温县西南10余公里，此地东南距郑州商城约60公里。

商汤在消灭周围敌对方国之后，即开始向夏王朝发动了进攻。晋张华《博物志》云："夏桀之时，费昌之河上，见二日：在东者烂烂将起；在西者沉沉将灭，若疾雷之声。昌问于冯夷曰：'何者为殷？何者为夏？'冯夷曰：'西夏东殷。'"今偃师二里头遗址为夏都遗址，几已被众所公认，它正位于郑州商城以西九十余公里。商汤西向进攻夏王朝，首先与夏人迎战于郕地。《吕氏春秋·简选》云："殷汤良车七十乘，必死六千人，以戊子战于郕，遂禽推移、大牺。"郕地所在，按：成与郕，古今字，郕之原字当作"成"。此成地当指成皋，在今河南省荥阳市境。成皋古代曾称作"虎牢"和"制"，又简称作"成"，是古代一处战略要地。《左传·隐公元年》郑庄公曰："制，岩邑也，虢叔死焉。"杜预注："虢叔，东虢君也……虢国，今荥阳县。"《左传·隐公五年》："燕人畏郑三军，而不虞制人。"杜预注："北制，郑邑，今河南成皋县也。一名虎牢。"《战国策·韩策》："三晋已破智氏，将分其地。段规谓韩王曰：'分地必取成皋。'……王曰：'善。'果取成

---

① 郑杰祥：《商代地理概论》，中州古籍出版社，1994年，第277、359页。
② 邹衡：《郑州商城即汤都亳说》，《文物》1978年第2期。
③ 邹衡：《夏商周考古学论文集》，文物出版社，1980年，第192~203页。

皋。"《大清一统志·河南省》开封府古迹条下:"成皋故城在汜水县西北。"清代汜水县即今河南省荥阳市汜水镇,古成皋当在此镇西北一带。成皋古代时又简称作"成",西周《小臣单觯》铭云:"王后坂(返),克商,在成师。"唐兰《西周青铜器铭文分代史征》释云:"'成师'疑即成叔武所封之郕,与殷都相近,在汉时为济阴郡郕阳县,是现在的山东省鄄城县地。"郭沫若《两周金文辞大系》释云:"此武王克商时器……成乃成皋,一名虎牢,在古乃军事重地。"今按:当以郭释为是。武王克商之后返回周地,商邑在今河南省淇县,周地在陕西省境,成皋正位于商邑和周地之间,而鄄城县郕阳则位于商邑以东,武王克商返周当路过成皋,而不会路过郕阳。可见成皋在西周初期原称作"成",这个地名当是沿袭夏商地名而来,此地东距郑州商城约40公里,西距二里头夏都遗址约50公里,它应当就是商汤与夏王桀战于成的成地。成地为夏王朝的东方门户,形势险要,夏王桀在此一战失败,门户洞开,遂使商汤乘机进入伊洛平原直逼夏王朝的政治中心。《逸周书·史记解》:"昔者有洛氏宫室无常,池囿广大,工功日进,以后更前,民不得休……成汤伐之,有洛以亡。"有洛氏族当居于洛水沿岸而得名,在夏王都邑附近,距偃师商城不远,成汤灭掉有洛氏,可说是已经兵临夏朝王都城下,并以偃师商城为据点,很快推翻了夏王朝。

《史记·殷本纪》云:"汤既胜夏,欲迁其社,不可,作《夏社》。"成汤推翻夏王朝以后,不可能把夏朝王室贵族斩尽杀绝,甚至不敢摧毁夏人的社稷,可见这里夏遗民力量还是比较强大的。面对这种形势,成汤一方面把夏人社稷保存下来,以安抚人心;另一方面又在被推翻的夏朝亡都以北,"作宫邑于下洛之阳",作为军事据点,以镇压夏人反抗,这座"宫邑"应当就是现存的偃师商城。从这座城址的规模和布局来看,"多重城垣显示出较浓厚的军事色彩",特别是最初出现的小小宫城,俨然是一座军事堡垒,其西南隅的"'第二号建筑群基址',面积4万多平方米,四周也有围墙,内部是成排的长条形建筑基址,共6排,每排16座。每座基址南北长20多米,东西宽6米余。室外有廊,室内由纵向隔墙等分成三部分。基址的形状、大小、间隔整齐划一"。① 从这座建筑群体的性质和布局来看,很像是一座军营式的建筑。偃师商城距二里头夏都遗址约6公里,相距如此之近,其规模和布局的军事色彩又如此浓厚,作为商人震慑夏遗民的

---

① 高炜等:《偃师商城与夏商文化分界》,《考古》1998年第10期。

一座军事重镇,则是完全可能的。

商汤推翻夏王朝处理善后事宜之后班师回亳,路过泰卷陶。《尚书序》云:"汤归自夏,至于大坰。"《史记·殷本纪》云:"汤归至于泰卷陶。"大坰和泰卷陶应是指的一个地方,《尚书序》孔颖达疏以为即今山东省定陶市,其说不确。《史记·殷本纪·集解》引徐广曰:"一无此'陶'字。"《索隐》又引邹诞生云:"'卷'作'坰',又作'泂',则卷当为'坰',与《尚书》同……其下'陶'字是衍耳。"钱大昕《史记志疑》云:"卷、坰声相近,泰与大古文通。余按:《书序》亦无陶字,《索隐》是。"可知"泰卷陶"一地原当称作"泰卷"或"大卷",泰、大为形容词,也可单称作"卷"。此卷地当指古卷县。其地所在,《史记·秦本纪》记载,昭襄王三十三年"客卿胡伤攻魏卷",《集解》引《汉书·地理志》曰:"河南有卷县。"《正义》引《括地志》曰:"故卷城在郑州原武县西北七里。"《水经·河水注》:"河水又东径卷县北。"杨守敬疏:故卷县"在今原武县西北七里"。《大清一统志·河南省》怀庆府古迹条下:"卷县故城在原武县西北。"清代原武县即今河南省原阳县原武镇,古卷地当在今原武镇西北隅,此地南距郑州商城约30公里,商汤应是沿着古黄河的南岸东行而到达此地的。(见附图)

商汤在卷地大概稍事停留即回到亳邑。《尚书·汤诰》云:"王归自克夏,至于亳。"《史记·殷本纪》云:"汤归至于泰卷陶,中垒作诰。既绌夏命,还亳,作《汤诰》:'惟三月,王自(克夏)至于东郊……'"东郊显然是指郑州商城亳邑的东郊。根据考古发掘资料所知,郑州商城的东北隅,正是当时的宫殿区,商汤在东郊发布诰令,也就是在宫殿门前发布诰令,商汤从东郊进入王宫显然是比较便当的。

商汤回归亳邑之后,"乃践天子位,代夏朝天下",建立起商王朝政权。他在这里大规模地扩建商都亳邑,郑州商城二里岗文化二期的城墙、大型宫殿和手工业作坊基址,大约就是在这个时候扩建起来的。值得注意的是,商汤为了争取民心,声称所建立的商王朝政权,乃是奉行上天的旨意,继承大禹的基业,因而居处的地方也曾经是大禹所经营的土地。春秋齐器《叔夷钟》铭云,商汤"剪伐夏祀……咸有九州,处禹之堵(土)。"《诗经·商颂·殷武》云:"天命多辟,设都于禹之绩。"有些学者据此认为商人设都的"禹之绩"所在,应是以二里头夏都遗址为中心的伊、洛河流域,从而认为汤都亳邑是偃师商城而不是郑州商城。但是,实际上商汤所说的"禹之绩"所在,并不在伊、洛河流域,而恰恰是指以郑

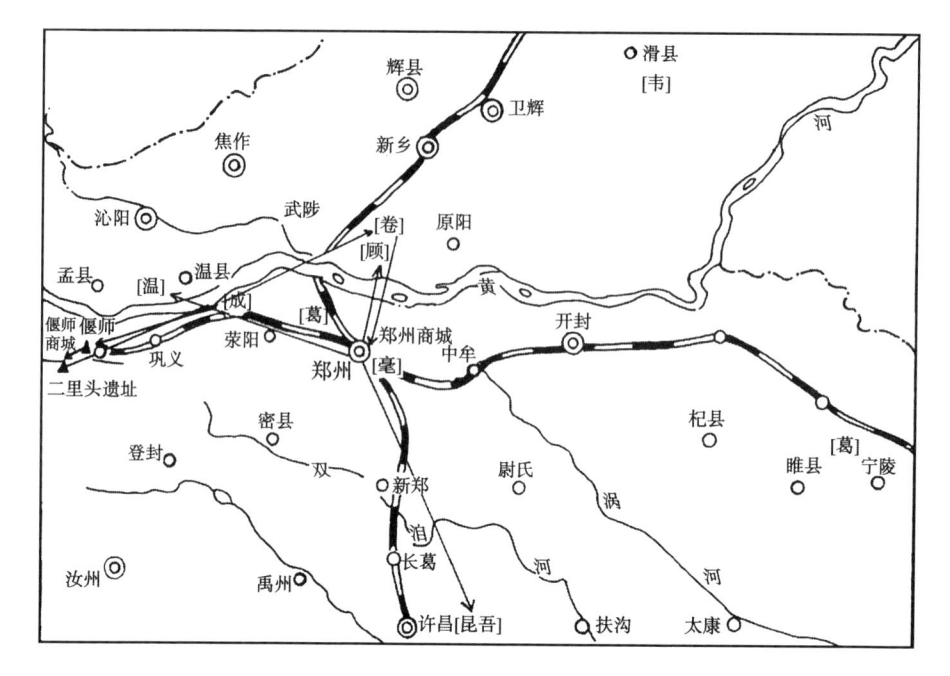

商汤伐夏路线示意图

州商城为中心的地区。《史记·殷本纪》引成汤所作的《汤诰》云:"古禹、皋陶久劳于外,其有功乎民,民乃有安。东为江,北为济,西为河,南为淮,四渎已修,万民乃有居。"由此可见,《汤诰》所说的"禹之绩"范围乃在江、河、淮、济之间。众所周知,以二里头为中心的伊、洛河流域,南面既无淮水,北面也无济水,而郑州商城却正位于黄河以东(古黄河由郑州以北折向东北流去)、济水以南和淮河以北。至于《汤诰》所说的"东为江",不能确指,按"江"与"鸿"同音相假,《左传·文公十八年》:"帝鸿氏有不才子……天下之民谓之浑敦。"《山海经·西次三经》天山条下:"有神焉,其状如黄囊,赤如丹火,六足四翼,浑敦无面目,是识歌舞,实为帝江也。"毕沅《集解》云:"江读如鸿,《春秋传》云:'帝鸿氏有不才子'……此云'帝江',犹言'帝江氏子也'。"徐旭生先生又以为"'鸿'从'江'音,古字义符常常省减,径作'江'"①。因此,《汤诰》所说的"东为江",也可称作"东为鸿","鸿"应指为鸿沟,《史记·河渠书》以为是夏禹所开,实际上原是古代分流黄河的一条自然水道,从郑州以北黄河南岸溢出,东经今中牟、开封等

---

① 徐旭生:《中国古史的传说时代》(增订本),文物出版社,1985年,第74页。

地,向东南流去,正位于郑州商城以东。由此可见,商汤在《汤诰》中所说禹治理的四水,都是在郑州商城的周围,他在这里建立王都说是"设都于禹之绩",旨在希望这座王都不仅为商人所拥戴,而且也争取为夏人所承认,这显然是为在今郑州建立的王都亳邑制造理论上的依据。

  以上我们根据考古资料并结合文献记载,讨论了郑州商城和偃师商城的年代和性质问题,据此认为郑州商城是迄今所发现的最早的一座商代城址,从其规模大、文化内涵丰富并且处于二里岗早商文化分布的中心来看,应当就是商初王都亳邑。在郑州商城的以西、以北,近年来考古工作者曾发现有偃师商城、垣曲商城①、沁阳商城②、焦作商城③和辉县孟庄商城④,它们都是环绕商初边疆建造的一系列军事重镇,用以防御西逃的夏遗民及其他敌对部族的侵袭。其中偃师商城比郑州商城始建年代稍晚,而比其他几座商城始建年代要早,规模要大,并且从其处于靠近二里头夏都遗址来说,显然是一座非常重要的军事重镇。偃师商城建于商初,应当是一个夏商王朝分界的界标点,但它不是唯一的一个界标点,而且不是一个主要的界标点,主要的界标点应是郑州商城。具体地说,夏商王朝分界在考古学上的主要界标点,应是在二里岗文化二期扩建起来的郑州商城,所谓"商初王都亳邑",正是在这个时期形成起来的。

(原载《中原文物》1999 年第 1 期)

---

① 刘汉屏等:《山西垣曲县古城镇发现一座商代城址》,《光明日报》1986 年 4 月 8 日。
② 承蒙沁阳市文物保管所提供资料,特此感谢。
③ 杨贵金、张立东:《焦作市府城古城遗址调查报告》,《华夏考古》1994 年第 1 期。
④ 杨育彬、袁广阔:《20 世纪河南考古发现与研究·夏商时代》,中州古籍出版社,1997 年,第 291~404 页。

商汤伐桀路线新探

商汤征伐夏桀,这是决定夏、商两个王朝命运的一场战争。关于这场战争的经过,以往的文献记载很少,《上海博物馆藏战国楚竹书》(二)《容成氏》一文,①记有商汤伐夏经过的部分地名,为我们研究这场战争提供了一份新的重要资料。《容成氏》简文云,汤"狀(然)句(后)从而攻之,陞(升)自戎(?)述(遂),内(入)自北门,立于中□。傑(桀)乃逃之鬲(鬲)山是(氏)。汤或(又)从而攻之,壁(降)自鸣攸(条)之述(遂),以伐高神之门。傑(桀)乃逃之南巢(巢)是(氏)。汤或(又)从而攻之,述(遂)逃,迲(去)之桑(苍)虐(梧)之埜(野)"。有些学者据此对商汤伐桀的路线作了论述,②但是对于其中一些地名地望的考证多有可商之处,兹结合文献资料系统地讨论如下。

要探讨商汤伐桀的路线,首先需要明确双方所在的相对位置。现在考古学上发现的河南偃师二里头文化遗址,应当就是文献记载的夏王桀所居斟鄩的遗迹,这在当前的学术界已经基本上达成了共识。那么商汤从何地开始、向何方征伐夏桀呢?《尚书·序》云:"汤始居亳,从先王居。"《墨子·非攻下》:"汤奉桀众以克有(夏),属诸侯于薄。"《管子·轻重甲》:"夫汤以七十里之薄,兼桀之天下。"《荀子·议兵》:"古者汤以亳。"杨倞注:"薄与亳同。"《尚书·伊训》:"造攻自鸣条,朕哉自亳。"孔传曰:"汤始攻桀,伐无道,由我始修德于亳。"孔颖达疏:"(汤)既受天命诛桀,始攻从鸣条之地而败之,天所以命我者,由汤始修德于亳故也。"由此可知,商汤是从亳地出发去征伐夏王朝的。关于亳地与夏都斟鄩即二里头遗址的相对位置,《礼记·缁衣》引古逸文《尹吉》曰:"惟尹躬天见

---

① 马承源主编:《上海博物馆藏战国楚竹书》(二),上海古籍出版社,2002年。
② 许全胜:《容成氏篇释地》,《上博馆藏战国楚竹书研究续编》,上海书店出版社,2004年。马保春:《由楚简〈容成氏〉看汤伐桀的几个地理问题》,《中国历史文物》2004年第5期。

于西邑夏。"郑玄注:"《尹吉》亦《尹诰》也。'天'当为'先'字之误……伊尹始仕于夏,此时就汤矣。夏之邑在亳西。"这说明亳地位于夏都以东,商汤伐夏当是由东向西。关于汤都亳邑的地望,历来众说纷纭,20世纪70年代末,邹衡先生根据考古学的成果,结合文献记载,认为郑州商城就是商汤所都的亳邑。① 随着新的考古资料的积累,愈益证明这个意见是正确的。郑州商城西距偃师二里头遗址约90公里,商汤正是从此亳邑出发西向征伐夏王桀的。

明确了商都亳邑和夏都斟郭的相对位置,也就明确了商汤伐桀的大致方向,从而才可能进一步讨论商汤伐桀所经过的地名地望。商汤伐桀所征战的地点次序,文献记载略有不同,我们认为应当依次有以下几个地方。

郕:《吕氏春秋·简选》云:"殷汤良车七十乘,必死六千人,以戊子战于郕,遂禽(擒)推移、大牺。"《路史·后记十四》注引《吕览》《周书》云:商汤"戊子战桀于郕"。按:成与郕,古今字,二者常相通用,《说文·邑部》郕字下段玉裁注:"今《春秋》三经、三传皆作成。"《风俗通义·愆礼》:"由郕人失兄。"《礼记·檀弓下》又云:"成人有其兄死而不为衰者。"《广韵》下平声卷二第十四清韵成字条下:成姓"本自周文王子成伯之后"。《姓氏急就篇》引《姓苑》又写作"郕氏,周文王子所封",是其证。因此商、夏之战的郕地本作成地。此成地当即后世所称作的"成皋",在今河南省荥阳市境。成皋在古代曾称作"虎牢"和"制",是古代一处战略要地。《左传·隐公元年》郑庄公曰:"制,岩邑也,虢叔死焉。"杜预注:"虢叔,东虢君也……虢国,今荥阳县。"《左传·隐公五年》:"燕人畏郑三军,而不虞制人。"杜预注:"北制,郑邑,今河南成皋县也。一名虎牢。"《战国策·韩策》:"三晋已破智氏,将分其地。段规谓韩王曰:'分地必取成皋。'……王曰:'善。'果取成皋。"《大清一统志·河南省》开封府古迹条下:"成皋故城在汜水县西北。"清代汜水县即今河南省荥阳市汜水镇,古成皋当在今汜水镇西北一带。成皋在古代又单称作"成",西周初期的《小臣单觯》铜器铭文云:"王后坂(返),克商,在成师。"郭沫若《两周金文辞大系》释云:"此武王克商时器……成乃成皋,一名虎牢,在古乃军事重地。"郭说甚是,可知成皋在西周时期原称作"成",这个地名当是沿袭夏商时期地名而来。此地东距郑州商城亳邑约40公里,西距夏都即偃师二里头遗址约50公里,它应当就是夏、商两军战于成的成

---

① 邹衡:《郑州商城即汤都亳说》,《文物》1978年第2期。

地。成地是夏王朝的东方门户,形势险要,夏王桀在此一战失败,门户洞开,遂使成汤一路势如破竹,北灭温国,西灭有洛(见今本《竹书纪年》),迅速进入伊洛平原,直逼夏王朝的政治中心,兵临夏都城下,以现今发现的偃师商城为据点,经过反复斗争,终于推翻了夏王朝。

莘墟:夏王朝政权垮台之后,王族统治集团四散逃亡,其中以夏桀为首的大多数人向西逃至今豫西和山西南部、陕西东部一带。商人乘胜追击,双方首先在莘地遭遇,进行了战斗。《元和郡县图志·河南道》汴州陈留县下引《国语》云:"汤伐桀,桀与韦、顾之君拒汤于莘之墟,遂战于鸣条之野。"该书认为此"莘之墟"当在汴州陈留县即今河南省开封县陈留镇,未必如是。因为今豫东地区早已是商族的势力范围,仓皇逃亡的夏人不可能自投罗网逃向这里,所以此"莘之墟"当在西方,它可能即该书所称作的"莘城",在今陕西省合阳县境。《元和郡县图志·关内道》同州夏阳县下:"古有莘国,汉部阳县之地……乾元三年改为夏阳县。县南有莘城,即古莘国,文王妃太姒,即此国之女也。"《史记·夏本纪》:"禹为姒姓,其后分封,用国为姓,故有夏后氏……辛氏、冥氏、斟氏、戈氏。"秦嘉谟辑补《世本》云:"辛氏,夏启封支子于莘,莘、辛声相近,遂为辛氏。"《水经·河水注》:"河水又径郃阳城东……故有莘邑矣,为太姒之国。"杨守敬疏引《括地志》:"'古莘国城在河西县南二十里。'《世本》云:'莘国,姒姓,夏禹之后。'《郃阳县志》:'县东南有莘里。'"清代郃阳县即今陕西省合阳县,唐代河西县在今合阳县东黄河西岸,古"莘里"、"莘城"、姒姓"莘国"当在今陕西省合阳县东南一带,这里应当就是夏桀逃亡的"莘之墟"。夏桀逃到这里本是投靠同姓莘国共同抵御成汤,但是仍然遭到失败,于是渡过黄河向东进入今晋南一带。

戎遂:《容成氏》简文云:汤"然后从而攻之,陞(升)自戎遂"。古字偏旁形符有时省略,"戎遂"当即文献所记的"有娀之虚",《史记·殷本纪》云:"桀败于有娀之虚,桀奔于鸣条。"娀墟所在,《史记·殷本纪》又云:"殷契,母曰简狄,有娀氏之女。"《史记·殷本纪·集解》引《淮南子》曰:"有娀在不周之北。"《史记·殷本纪·正义》:"按:《纪》云'桀败于有娀之墟',有娀当在蒲州也。"唐代蒲州于开元元年和乾元三年改称河中府,州治在河东县,即今山西省永济县境。文献中又有成汤在陑地伐桀的记载,《尚书·汤誓序》云:"伊尹相汤伐桀,升自陑。"其义与《容成氏》简文成汤伐桀"陞(升)自戎遂"相同。陑地所在,《尚书·汤誓》孔传曰:"陑在河曲之南。"《太平寰宇记》云:"尧山在河东县南二十八里,即雷首山,汤伐桀,升自陑,即此。"《元和郡县图志·河东道》河中府河东县下:"雷首山,一名中条山,在县南十五里。"唐宋时期的河东县,即今山西省永济县,中条山今仍名中条山,在永济县南。由此可知,陑山就是雷首山,也就是中条山。"戎遂"就是戎山的通道,许全胜先生《容成氏篇释地》云:"上古音'戎'属日母冬部,'陑'属日母蒸部,二字声母相同,而冬、蒸二部字音有关,例如《左传》昭公四年'夏桀为仍之会'之'仍',《史记·楚世家》作'有仍',《韩非子·十过》作'有戎','仍'即属蒸部。尤可注意者,'仍'与'陑''陾'古通。《诗·大雅·绵》'捄之陾陾','陾陾'《诗考》引《说文》作'仍仍',引《玉篇》手部作'陑陑'。据此可推知'戎''陑'二字亦可相通,故《汤誓序》之'陑遂'即简之'戎遂'。"许说可从,因此戎山应当就是文献所称作的陑山,也即后世的雷首山和中条山。此山位于黄河由南向东的拐角以内,因此又称为河曲之地,与黄河西岸的"莘之墟"隔河相望,由此可知,夏桀东渡黄河首先逃入中条山区。

鬲山氏:《容成氏》记载夏桀在戎遂失败之后,"乃逃之鬲山氏"。鬲山氏当位于鬲山一带。鬲山,有些文献误写为"章山",《山海经·大荒西经》:"故成汤伐夏桀于章山,克之。"章与鬲形近而误,章山当即鬲山。鬲山,有些文献又误写作"亭山",《荀子·解蔽》云:"桀死于亭山。"杨倞注:"本作鬲山。"王念孙《集解》曰:"作鬲山者是也。鬲读与历同,字或作历,《太平御览·皇王部》七引《尸子》曰:'桀放于历山。'"鬲与历音同相通,鬲山故又称作"历山",《淮南子·修务训》:汤"乃整兵鸣条,困夏南巢,谯以其过,放之历山"。古代历山也就是陑山,即雷首山和中条山,《史记·五帝本纪》:"舜耕历山。"《史记·五帝本纪·正义》引《括地志》云:"蒲州河东雷首山,一名中条山,亦名历山……此山西起雷首山,东至吴坂,凡十一名,随州县分之。历山南有舜井。"就是说,历山和陑山、戎遂一样,都是中条山的一名或其一段,夏桀既败于戎遂、陑山,又"逃之鬲山氏",说明他仍然流亡于中条山区。

鸣条:《容成氏》简文云:成汤伐桀"降自鸣条之遂",与文献记载略同。《史记·夏本纪》云:"汤遂率兵以伐夏桀。桀走鸣条。"鸣条所在,《史记·夏本纪·集解》引孔安国曰:"地在安邑之西。"《史记·殷本纪》:"桀败于有娀之虚,桀奔于鸣条。"《史记·夏本纪·正义》引《括地志》云:"高涯原在蒲州安邑县北三十里南阪口,即古鸣条陌也。鸣条战地,在安邑西。"《尚书·汤誓序》又云:"伊尹相汤伐桀,升自陑,遂与桀战于鸣条之野。"孔传曰:鸣条"地在安邑之西"。《大清一统志·山西省》解州山川条下:"鸣条岗在安邑县北,与夏县接界。"清代夏县即今山西省夏县,安邑县即今夏县西南的安邑镇,古鸣条今称鸣条岗,位于今夏县西北和安邑镇以北地带,此地西南距历山也即鬲山约70公里,这里应当就是夏王桀向东北败走的鸣条之地。

三㚇:文献记载商汤在鸣条击败夏桀的同时,还讨伐了三㚇。《史记·殷本纪》:"桀奔于鸣条,夏师败绩。汤遂伐三㚇,俘厥宝玉。"三㚇可能即豢夷氏,因居于豢水附近而得名,是古豢龙氏的后裔。《左传·昭公二十九年》:"昔有飂叔安,有裔子曰董父,实甚好龙,能求其嗜欲以饮食之,龙多归之。乃扰畜龙,以服事帝舜。帝赐之姓曰董,氏曰豢龙。封诸鬷川,鬷夷氏,其后也。"杜预注:"鬷水上夷,皆董姓。"鬷与董声纽相同,鬷川可能即后世的董泽,《左传·宣公十二年》:"董泽之蒲,可胜既乎?"杜预注:"董泽,泽名,河东闻喜县东北有董池陂。"《水经·涑水注》:"涑水西径董池陂南,即古董泽,东西四里,南北三里。《春秋·文公六年》:'搜于董。'即斯泽也。"《大清一统志·山西省》解州山川条下:"董泽在闻喜县东北四十里,古豢龙氏董父所居,故名董池,亦曰董泊。"清代闻喜县即今山西省闻喜县,位于该县东北的董泽,当即古豢龙氏的故地。此地南距古鸣条约30公里,当即商汤征伐三㚇的所在地。

高神之门:《容成氏》简文云:成汤追逐夏桀"降自鸣条之遂,以伐高神之门"。是知高神之门当距鸣条不远。此高神之门或即《山海经》所记的丰沮玉门山与灵山,《山海经·大荒西经》云:"大荒之中有山,名曰丰沮玉门,日月所入。有灵山,巫咸、巫即、巫盼、巫彭、巫姑、巫真、巫礼、巫抵、巫谢、巫罗十巫,从此升降,百药爰在。"毕沅《集解》:"此是释《海外西经》巫咸国也。"同书《海外西经》云:"巫咸国在女丑北,右手操青蛇,左手操赤蛇。在登葆山,群巫所从上下也。"毕沅《集解》:"巫咸山在今山西夏县。《淮南子·地形训》云:'巫咸在其北方立登保之山。'《地理志》云:'安邑,巫咸山在东。'"《水经·涑水注》云:盐水"西北流径巫咸山北。《地理志》曰:'山在安邑县南。'《海外西经》曰:'巫咸国在女丑北……'《大荒西经》云:'大荒之中有灵山……从此升降,百药爰在。'盖神巫所游,故山得其名矣"。灵山可能因传说古为"神巫所游"之地,故又名为"高神之门"。此山与鸣条,一在安邑县南,一在安邑县西,它当即成汤继鸣条战后又在高神之门伐桀的所在地。

南巢:《容成氏》简文云:夏桀在鸣条失败之后,"桀乃逃之南巢氏"。文献对此也多有记载,《国语·周语上》云:"桀奔南巢。"《太平御览》卷八十二引《竹书纪年》云:"汤遂灭夏,桀奔南巢氏。"南巢所在,自西汉以来,不少学者认为在今安徽省巢湖一带,但是如上所述,南巢与鸣条相近,鸣条既在今山西省夏县一带,南巢也当距此不远。今按:巢与焦音同相通,故巢地又称作焦地。《淮南子·本经训》:"于是汤乃以革车三百乘,伐桀于南巢。"同书《主术训》又云:"汤革车三百乘,困(桀)之鸣条,擒之焦门。"高诱注:"焦或作巢。"庄逵吉疏:"按:焦与巢,古字通。"可知南巢也就是南焦,又称作焦门。此地当距鸣条不远,它应当就是古焦国所在地。《左传·僖公三十年》:"许君焦、瑕,朝济而夕设版焉。"杜预注:"焦、瑕,晋河外五城之二邑。"《史记·周本纪》:"武王追思先圣王,乃褒封神农之后于焦。"《史记·周本纪·集解》引《汉书·地理志》曰:"弘农陕县有焦城,故焦国也。"《史记·秦本纪》:惠文君八年"与魏王会应。围焦,降之"。《史记·秦本纪·正义》引《括地志》云:"焦城在陕州城内东北百步,因焦水为名。周同姓所封。"《水经·河水注》:咸阳涧水"至陕津注河,河南即陕城也……其大城中有小城,故焦国也,武王以封神农之后于此"。《大清一统志·河南省》陕州古迹条下:"焦城在州城南。"清代陕州即今河南省三门峡市陕州区,故焦城当在今三门峡市陕州区南郊。此地北距古鸣条岗约50公里,它应当就是夏王桀所逃的"南巢氏"又称"焦门"一地。

苍梧之野:《容成氏》简文云:夏桀在南巢溃败之后,又逃"之苍梧之野"。这是夏桀逃亡路线上新出现的一个地名。今按豫、陕、晋交界地区古代有两个"苍野"。其一在今陕西省东南部,《左传·哀公四年》:"(楚)司马起丰析与狄戎,以临上雒。左师军于菟和,右师军于仓野。"杜预注:"仓野在上雒县。"《续汉书·郡国志·京兆尹》:"上雒有苍野聚。"《水经·丹水注》:"丹水自苍野,又东历菟和山,即《春秋》所谓'左师军于菟和,右师军于仓野'者也。"杨守敬疏:"菟和山在今商州东一百十里……苍野聚在州东南一百四十里。"《大清一统志·陕西省》商州古迹条下:"苍野聚在州东南。《旧志》:在州东南一百六十里。"清代商州即今陕西省商县,苍野聚当在今商县东南武关一带,此地北距南巢即古焦国约150公里。其二在今山西省南部,许全胜先生引今本《竹书纪年》云:"鸣条有苍梧之山,(舜)帝崩,遂葬焉。"当以《竹书纪年》所说为是。《左传·定公四年》:"分唐叔以大路、密须之鼓……命以《唐诰》而封于夏虚。"《史记·晋世家·正义》引《括地志》:"故唐城在绛州翼城县西二十里。"唐代绛州翼城县即今山西省翼城县。《史记·吴太伯世家》:"周武王克殷……乃封周章弟虞仲于周之北故夏虚。"《史记·吴太伯世家·集解》引徐广曰,夏虚"在河东大阳县"。《史记·吴太伯世家·索隐》又云:"虞仲都大阳之虞城,在安邑南,故曰夏虚。"总之,以今山西省夏县为中心的晋南地区古称"夏虚",可说是夏王朝统治集团的最后归宿。

(原载《中原文物》2007年第2期)

郑州商城在中国都城发展史上的地位

都和邑在我国古代有着多种不同的含义,作为国都的都邑,是国家政治、经济和文化生活的中心,是聚落发展的最高形态。恩格斯说:"国家是文明社会的概括。"(《家庭、私有制和国家的起源》)都邑伴随着国家的产生而产生,因而也是人类进入文明时代的一个重要标志。都邑作为古代国家的政治中心,在这里设有国家的最高权力机构,居住着掌握这种权力的最高统治集团,同时也居住着服务于统治集团的庞大人群;作为经济中心,这里是农业、手工业和商业发达或比较发达,交通便利的地区;作为文化中心,这里设有国家最高文化机构和宗教机构,并且聚集着众多代表当时文化发展水平的精品。因此,都邑的布局和规模,体现着当时国家政权的形态面貌,也在一定程度上反映着当时国家的整体发展水平。商王朝是我国历史上继夏王朝之后出现的第二个中央王朝,郑州商城规模宏大,文化内涵丰富,是当前学术界众所公认的一座商代前期都城遗址。因此,研究郑州商城的文化内涵,对于研究我国都城发展的历史规律,进而探讨我国古代早期文明的繁荣和发展,都有着重要的学术意义和理论意义。

郑州商城自 1953 年发现以来,迄今已经过了半个世纪,通过 50 年的考古调查和发掘,已经揭示出它的大致轮廓。我们现在所看到的郑州商城有内城和外郭两重城垣,内城略呈长方形,方向 6 度,东北缺一角,"其中东墙长约 1700 米,南墙长约 1700 米,西墙长约 1870 米,北墙长约 1690 米,总周长约 6960 米",城内面积约 300 万平方米。在城墙以外部分地段已发现有城壕,另在四面城墙上还发现有缺口 11 处,"有的缺口可能与商城城门有关"[①]。该城的外郭城环绕在商城的南、西和北郊三面,城墙外侧也有护城河,现已发现南墙和西墙基槽

---

① 河南省文物研究所:《郑州商城——1953—1985 年考古发掘报告》,文物出版社,2001 年,第 178 页。以下引此书不再加注。

的一部分,它们位于郑州商城南城墙外 900~1200 米处和西城墙南段外 700~900 米处,大致上起自郑州商城东南郊今凤凰台北,西南经二里岗西、紫荆山路南段,然后向西北经郑州五中、德化街与陇海路交叉口,至铭功路与商城路交叉口消失,总长约 6000 米。而外侧护城河继续向北延伸经今铭功路西,至省红十字血液中心一带又折而向东,经今郑州八中,至花园路一带,再向东可能就是古代的圃田泽,内城和外城的总面积约为 13 平方公里。① 这是迄今所发现的商代最大的一座城址,也是我国最早的一座比较规整的建有内城、外郭的大型城址。关于该城的始建年代,它牵涉到该城所属的二里岗文化的分期问题。当前学术界已经把二里岗文化分为四期,各期名称说法不同,我们这里将其简称为二里岗文化一期(有的学者称作二里岗文化下层一期或下层一段、南关外期)、二期(有的学者称作二里岗文化下层二期或下层二段)、三期(有的学者称作二里岗文化上层一期或上层一段)、四期(有的学者称作二里岗文化上层二期或上层二段、白家庄期)。随着近年考古工作的进展,《夏商周断代工程 1996—2000 年阶段成果报告(简本)》(以下简称《简本》)又将一期分为早、晚两段,其中原来所定的一期遗存称为早段,新发现的以 T203H56 为代表的文化遗存称为晚段,这个分段是符合实际的。根据该城城墙夯土出土的陶片和地层叠压关系,《郑州商城——1953—1985 年考古发掘报告》认为该城当始建于"二里岗文化下层二期";陈旭先生"认为郑州商代城墙的始建时间……应确定在南关外期"②;邹衡先生也认为该城在南关外期已开始筑城,而且可能已初具规模;③杨育彬等先生认为郑州"商代夯土城墙本身包含最晚的陶片,为二里岗下层一期;商代夯土墙下面所叠压的有二里岗下层一期的小灰沟或更早一些的文化层、灰坑和灰沟。由此可知,郑州商城的相对年代,是介于二里岗下层一期和二期之间……其始建年代约在二里岗下层一期偏晚阶段"④。我们认为郑州商城夯土城墙本身包含最晚的陶片既"为二里岗下层一期"遗物,因此,该城最晚应当始建于二里岗下层一期,也即二里岗文化一期的早段。二里岗文化就是最早的商文化,郑州商城既然始建于二里岗文化一期的早段,由此可知,郑州商城不仅是迄今所知

---

① 袁广阔、曾晓敏:《论郑州商城内城和外郭城的关系》,《考古》2004 年 3 期。
② 陈旭:《郑州商文化的发现与研究》,《中原文物》1983 年第 3 期。
③ 邹衡:《西亳与桐宫考辨》,《纪念北京大学考古专业三十年论文集》,文物出版社,1990 年。
④ 杨育彬等:《郑州商城的考古学研究》,《杨育彬考古文集》,科学出版社,2011 年,第 186 页。

商代最大的一座城址,而且也是现已发现的商代最早的一座城址。根据《报告》公布的测年数据,运用常规法 ^{14}C 测年结果,二里岗文化一期早段的年代为公元前1580年;运用 AMS 法 ^{14}C 测年结果,二里岗文化一期早段的年代为公元前1600年。两种测年方法测的结果相近,这里采用《简本》的结论,郑州商城的始建年代为公元前1600年。《简本》据此认为郑州商城推断其"汤所居之亳","具有较强的说服力",《史记·殷本纪》说:"汤始居亳,从先王居。"(此说也见于《尚书·商书序》)商汤是商王朝的开国君王,郑州商城既为商代最早的都城,显然它应当就是商王朝的王都亳邑。

《礼记·礼运》云:"城郭沟池以为固。"城郭沟池配套建筑,组成我国古代最先进的防御体系。郑州商城相对规整的城郭沟池的产生,说明这种防御体系首先出现于商代初期。城墙作为一种突起性的防御设施,应有一定的高度,并且在城墙上还应建有防御工事,不过这些都被后世破坏,已经不得而知,现在只能根据一些残存的遗迹加以推测。《墨子·备城门》云,"凡守围之法,城厚以高"(原文作"凡守围城之法,厚以高",兹从孙诒让《墨子闲诂》校改),意即城墙的厚度与高度应当大致相等。今知郑州商城四面城墙的底宽在19~22米之间,由此推测商城城墙的原来高度至少也当在10米以上。不过城墙的四角更宽一些,现已发掘的西北墙角底宽为32米(CWT3),东北墙角底宽为33米。[①] 墙角之所以加宽,应是因为在上面建有防御工事,这种防御工事俗称"角楼",古代又称作"角浮思"。《周礼·考工记》:"城隅之制九雉。"郑玄注:"城隅,谓角浮思也。"孔颖达疏:"郑以浮思解隅者,按汉时云:'东阙罘思灾。'言灾,则'浮思'者小楼也。"焦循《群经宫室图·城图三》云:"角即四隅之谓浮思者,《广雅》《释名》《古今注》皆训为门外之屏,角浮者,城之四角为屏以障城,高于城二丈。盖城角隐僻,恐奸宄逾越,故加高耳。"《广雅·释宫》:"复思谓之屏。"王念孙疏证:从上"诸文参之,则复思,小楼也,故城隅、阙上皆有之,然则屏上亦为屋以覆屏墙,故称屏曰复思,今本《考工记·匠人》注作'浮思'"。《周礼》一书,虽系晚出,但是"周因于殷礼""殷因于夏礼"而有所损益,《周礼》一书含有夏、商时期的礼制内容,应是无可置疑的。《说文·土部》云:"墉,城也。"殷墟卜辞墉字又

[①] 宋国定:《1985—1992年郑州商城考古发现综述》,载《郑州商城考古新发现与研究》,中州古籍出版社,1993年,第50页。

写作"𡊣"(《合集》13514),正像城墙角上有小楼之形,郑州商城城角墙基如此宽厚,上面应建有小楼作为瞭望哨所,殷墟卜辞"墉"字可能就是取材于郑州商城城墙建筑形式的象形。

《初学记·居处部》引《吴越春秋》云:"鲧筑城以卫君,造郭以守民。"郑州商城就是根据这种社会需要建造起来的。现在郑州商城的内城以内,特别是内城东北部一带,已经发现了数十座大型夯土建筑基址和蓄水池、排水管道等,可知这里显然应是以商王为首的统治集团处理政务和日常生活的聚居区。由于后世的损毁,这些大型建筑基址都已残缺不全,在此只能择其重要者略作介绍。现存比较早的夯土基址当为 C8F15,该房基位于郑州商城的中部偏北,其建筑方法是先从"当时的商代地面向下挖掘了一个东西长约 65 米(东端因被紫荆山路所压未发掘到头)、南北宽约 13.6、深约 1 米的东西长方形基础槽,然后在基础槽内分层填土夯实。在夯土层超过基础槽后,则夯筑范围略扩大与加高,形成较大的夯土基址"。基址的总体面积约 1000 平方米,这是一座大型的宫殿基址。在基址面上的南北边缘处,发现"各挖有一行南北相对称的东西成行的柱础槽",槽内多保留有圆形木立柱的痕迹,正是这些木立柱支撑着原来的殿堂屋顶。"在每根木立柱的外侧又各立两根较细的擎檐木柱",这些擎檐柱支撑着低于原来屋顶的第二层屋檐,后世简称为"重檐",古代又称作"重屋",《周礼·考工记》:"匠人营国……国中九经九纬,经涂九轨,左祖右社……夏后氏世室……殷人重屋……周人明堂。"郑玄注:"王宫所居也。祖,宗庙;面,犹乡(向)也。王宫当中经之涂也。"贾公彦疏:"王宫所居也者,谓经左右前后者,据王宫所居处中而言之。"意即营建国都的制度,王宫应建于都城的中轴线上,左边建筑宗庙,右边建筑社稷。这种王宫夏人因其规模大而称作"世室",商人因其有双重屋檐而称作"重屋",周人因其是处理国事大政的场所而称作"明堂"。C8F15 大致位于郑州商城的中轴线上,又是重檐式建筑,因此,它应是商人最早的"重屋",很有可能就是商人最早的王宫建筑基址。另外,在 C8F15 基址的东部偏南 10 余米处,还发现一座东西宽约 26 米、南北长约 16 米的夯土台基,在基址的西部偏南 10 余米处,发现一座边长约 16 米的正方形台基。这两座夯土台基上面的建筑应当就是后世所称作的东、西厢房,古代又简称作"厢"和"序",《玉篇》:"厢,东西序也。"《后汉书·虞诩传》:"趋就东箱。"李贤注:"《埤苍》云:'箱,序也。'字或作厢。"厢房是王府官吏办公和等待国王召见之所,《仪礼·公食大夫礼》:"公揖退于箱。"郑玄注:"箱,俟事之所。"《仪礼·觐礼》:"俟于东箱。"郑玄注:"东箱,相翔待事之处。"这三座基址呈"品"字形布局,构成一处大型的宫殿建筑群体。

在 C8F15 以东约 500 米处,发现有与其时代相近的 C8F9,这座"残存的夯土基址南北长约 37、东西宽约 13 米",基址面上出土的两块柱础石,较之 C8F15 出土的柱础石大而规整,可知也是一座大型的建筑基址。该基址被后世的建筑层层破坏,叠压在最上面的是二里岗文化三期的 C8F10。它坐落在 C8F9 的废墟之上,"夯土基址略呈南北长方形……南北残长 34、东西残宽 10.2~10.6 米",基址的"东西两侧边各有一行南北排列的 13 个料姜石柱础窝",中部"还发现有 7 行作东西向排列的柱窝",可知应是一座隔成多间的大型建筑基址。在 C8F10 的东侧发现有 C8F8,基址"南北长 21~29、东西宽 6 米",西侧发现有 C8F11,基址"南北残长 12~15、东西残宽 8.5 米",还发现有 C8F13,基址"南北残长 11~14、东西宽 9 米"。这几座基址组成一处大型的建筑群体。值得注意的是在这片"夯土基址之上的相当于二里岗期上、下层的文化层和壕沟中,出土了一些青铜簪、玉簪、残玉器和一件较完整的玉铲"①,仅在三期文化层中,就出土了较完整的 10 余件青铜簪、20 余件玉簪。这在郑州商城其他地区是未曾见到的。关于这处大型建筑基址的性质,参考《考工记》王宫两侧"左祖右社"的记载,它可能就是商都亳邑宗庙的遗迹。按古代宗庙必有寝室,故庙、寝多联称,《左传·襄公四年》引《虞人之箴》曰:"民有寝庙。"《诗经·小雅·巧言》:"奕奕寝庙,君子作之。"《周礼·隶仆》:"隶仆掌五寝之扫除粪洒之事。"郑玄注:"五寝,五庙之寝也……《诗》云:'寝庙绎绎。'相连貌也,前曰庙,后曰寝。"《礼记·月令》仲春之月"寝庙必备"。郑玄注:"凡庙,前曰庙,后曰寝。"孔颖达疏:"庙是接神之处,其处尊,故在前;寝,衣冠所藏之处,对庙而卑,故在后。"蔡邕《独断》也云:"宗庙之制,古者以为人君之居,前有朝,后有寝,然则前制庙以象'朝',后制寝以象'寝',庙以藏主,列昭穆;'寝'有衣冠、几杖、象生之具,总谓之宫。"就是说庙内放置的是先祖的神主牌位,寝内所放置的则是先祖生前的衣冠、仪仗及生活用具,当然也包括先祖生前用过的铜簪、玉簪等生活用品。再者,宗庙也是国王就寝作息的处所,王国维《明堂庙寝通考》云:"古者寝、庙之分,盖不甚严,庙之四宫后,王亦寝处焉,则其有室也必矣。请举其证,《望敦》

---

① 河南省文物研究所:《郑州商代城内宫殿遗址区第一次发掘报告》,《文物》1983 年第 4 期。

云:'……王在周康公新宫,旦,王格太室。'《寰盘》云:'……王在周康穆宫,旦,王格太室。'《颂鼎》云:'……王在周康邵宫,旦,王格太室。'此三器之文,皆云'旦,王格太室',则上所云王在某宫者,必谓未旦以前王所寝处之地也。"宗庙既为"王所寝处之地",也必当存放一些生活用品,由此推知,C8F10等基址文化层中出土的铜簪、玉簪、玉铲等遗物,可能就是宗庙毁坏以后流落于地面上的贵族生活用具和礼器。另外,在这处大型建筑基址的附近还发现有同一时期随葬青铜器的贵族墓葬,如在其东侧的今黄河医院院内、南侧的今河南省中医学院家属院内、西侧的今东里路与顺河路之间,都发现有随葬青铜器的墓葬,在其东北隅的白家庄一带则是一处贵族墓地。我国古代的宗庙与墓地往往相连或相近,如二里头夏都遗址二号宫殿(应即宗庙)基址的北部,就发现有当时最大的一座贵族墓葬(VD2M1),殷墟妇好墓的上面也有宗庙基址。宗庙在殷墟卜辞中简称作"宗",卜辞屡记有商王用人和动物做牺牲在宗庙祭祀祖先的活动,如"□亥卜:在大宗,侑升伐三羌……"(《合集》34047)"癸亥卜:宗成侑羌三十? 岁十牢?"(《合集》32052)"……于宗用羌?"(《合集》32121)现在殷墟西北岗的商王室贵族墓地已发现数以百计的人祭葬坑,由此推断商王室的宗庙必当在墓地以内或其附近。宗庙与墓地相连或相近的习俗也流传到后世,《史记·楚世家》:"秦将白起遂拔我郢,烧先王墓夷陵。"北宋苏辙《古史·白起王翦列传》引《战国策》记范雎指责白起说:"君前率数万之众入楚,拔鄢郢,焚其庙,东至竟陵。"吴师道《战国策校注》云:"焚其庙,即所谓烧夷陵先王之墓也。"杨宽先生据此认为"这样把楚的先王陵墓直称为'庙',可知楚的先王庙必然和先王的陵墓相近"①,这是完全正确的。郑州商城以C8F10为主的大型建筑基址附近出土有多座贵族墓葬,从一个侧面也说明它应当就是当时宗庙的遗迹。

与位于城内东北隅的C8F10等宗庙遗迹相对应,在C8F15的西侧也发现有重要的建筑遗迹,即位于今河南油田驻郑办事处的第12夯土建筑基址区。② 在建筑基址以西的CWT2探方以内,还"发掘出一个东西残长约2.6、南北宽约2.31、残深约0.75米的近方形竖穴土坑(CW狗坑1)。坑的西壁、南壁与北壁,还各挖筑有二层台。在二层台内的坑底四角,各埋狗一只"。另外,在城内西北

---

① 杨宽:《中国古代陵寝制度史研究》,上海古籍出版社,1985年,第25页。
② 袁广阔、曾晓敏:《论郑州商城内城和外郭城的关系》,《考古》2004年第3期。

角还"发现了一个东西残长约25.5、南北残宽约8.8米的夯土台子,夯土台的夯窝形状与商代城墙的夯窝类同。同时在修筑夯土台的原地坪上,挖了一条十字沟,这条沟显然是为了夯土台的坚固而设置的"①。结合《考工记》王都两侧"左祖右社"的记载,这些基址很有可能是当时人们祭社的遗迹。

《国语·周语上》:"古者先王既有天下,又崇立上帝、明神而敬事之,于是乎有朝日夕月以教民事君。"《周礼·春官·小宗伯》又云:"掌建国(都城)之神位,右社稷,左宗庙;兆五帝于四郊,四望、四类亦如之。"郑玄注:"兆为坛之营域。"即立坛祀神之意。又注云:"四望、五岳、四镇、四窦、四类、日、月、星、辰……兆日于东郊,兆月与风师于西郊,兆司中、司命于南郊,兆雨师于北郊。"郑州商城既发现有上述的宗庙、社坛基址,在内城的四郊也发现有众多的祭祀遗迹。例如在郑州商城东南郊的今二里岗地区,"就发现埋有人骨架的乱葬坑(C5.1H145)","另在二里岗附近一些探方的二里岗上层一期灰层内也发掘出一些堆填人骨架坑和殉牛坑等,这些都可能与举行祭祀后的杀殉有关"。也有可能就是商人"兆日于东郊"的遗迹。在郑州商城南郊的铸铜遗址附近,发现有掷弃的人祭、牛祭、猪祭和狗祭的乱葬坑,其中C5.3H307坑内"填埋了两只躯体完整的猪骨架……从这两具猪骨架放置的情况看,显然是有意埋入的,因此,这两具猪骨架很可能与在铸铜遗址附近的祭祀杀殉有关"。它可能就是商人"兆司中、司命于南郊"的遗迹。在郑州商城西郊今人民公园西部一处"较高地带的25平方米的范围内,较有规律而又密集地排列着四个殉牛坑,我们认为这些可能与商代二里岗上层一期时祭祀宰杀的牛有关系"。它也可能就是商人"兆月与风师于西郊"的遗迹。在郑州商城北郊今新华社河南分社院内,"发现了一些非正常死亡的人骨架,有的有身无首,有的与猪骨架掷埋在一起,很可能是商代中期祭祀的遗存"②,它也许与商人"兆雨师于北郊"有一定的关系。另外,在郑州商城东南郊今向阳回族食品厂院内、西城墙外侧今南顺城街和张寨南街一带,发现了三座大型的青铜器窖藏坑,③有些学者认为应是商王朝统治集团在这里举行大型祭祀以后存放礼器的窖藏坑,④此说是可信的。当然,古人选择祭祀对象是有一定

---

① 安金槐:《试论郑州商代城址——隞都》,《文物》1961年第Z1期。
② 河南省文物研究所郑州工作站:《近年来郑州商代遗址发掘收获》,《中原文物》1984年第1期。
③ 河南文物考古研究所等:《郑州商代青铜器窖藏》,科学出版社,1999年。
④ 安金槐:《再论郑州商代青铜器窖藏坑的性质与年代》,《华夏考古》1997年第1期。

条件的,《礼记·祭法》云:"夫圣王之制祭祀也,法施于民则祀之,以死勤事则祀之,以劳定国则祀之,能御大灾则祀之,能捍大患则祀之。……及夫日月星辰,民所瞻仰也;山林、川谷、丘陵,民所取材用也。非此族(类)也,不在祀典。"郑州商城众多祭祀遗迹的发现,说明当时商王的这些祭祀活动都是在王都亳邑进行的。

在郑州商城的郊区,还发现了多处手工业作坊遗址,在城南发现有铸铜作坊遗址,城西发现有制陶作坊遗址,城北发现有制骨和铸铜作坊遗址。这些手工业作坊,特别是铸铜手工业作坊生产出来的成品,不可能进入市场,而是归王室贵族所有,所谓"庶人工商各守其业以供其上"(《国语·周语》),属于王府手工业。从事生产的手工业者,在殷墟卜辞中称作"百工"(《屯南》2525)和"多工"《合集》19433),管理他们的官吏称作"司工"(《合集》5628),生活资料也由官府供应,即所谓"工商食官(《国语·晋语》),他们以家族为单位聚居于从事生产的手工业作坊区,即所谓"工不族居,不足以给官"(《逸周书·程典》)。这些手工业者大多数属于平民百姓,即国人阶层,也有一部分是奴隶,他们在族长统领之下组成一族。《左传·定公四年》云:分鲁公"殷民六族,条氏、徐氏、萧氏、索氏、长勺氏、尾勺氏,使帅其宗氏,辑其分族,将其类丑……是使之职事于鲁,以昭周公之明德"。分康叔"殷民七族,陶氏、施氏、繁氏、锜氏、樊氏、饥氏、终葵氏……而封于殷墟"。其中索氏即制绳工之族,陶氏即制陶工之族,施氏即制旗工之族,等等,"类丑"则是奴隶,他们都是商代以族为单位的专职手工业者群体,郑州商城发现的铸铜、制陶和制骨作坊的生产者,都应是这样一些以族为单位的专职手工业者群体。当时的手工业者由于聚族而居,世代相传,在当时的历史条件下,促进了生产技艺的迅速进步,因此到了二里岗文化晚期,制陶、制骨,特别是铸造青铜器等各种手工业产品质量空前提高,成为商代前期经济、文化繁荣的重要标志之一。

郑州商城既聚居着众多的手工业者,也生活着一定数量的从事农业生产的人们。在郑州商城南郊今郑州市木材公司院内,发现有储藏石镰的窖藏坑,"坑内有一件折沿大口绳纹罐,罐内放置石镰19件,刃部均较锋利"①。《周礼·地官·闾师》:"闾师掌国中及四郊人民、六畜之数……凡任民,任农以耕事,贡九谷。"郑州商城南郊发现的这批石镰,就是当时居住在这里的农民从事农业收割

---

① 杨育彬等:《郑州商城的考古学研究》,《杨育彬考古文集》,科学出版社,2011年,第130页。

的工具。我国古代农民多聚族而居,在家族长统领下集体从事农业生产,《诗经·周颂》云:"载芟载柞,其耕泽泽。千耦其耘,徂隰徂畛。侯主侯伯,侯亚侯旅,侯强侯以。"毛传曰:"主,家长也;伯,长子也;亚,仲叔也;旅,子弟也;强,强力也;以,用也。"郑玄笺:"父子余夫俱行,强有力者相助……已当种也。"他们在家族长统领下集体从事着农业生产。商人从事农业生产也应如此,《孟子·滕文公下》云:"汤使亳众往为之耕。"就是派遣亳地农民集体去从事农业生产,这些成批存放的石镰,应当就是当时农民从事集体农业生产的工具。

在郑州商城的内外,现已发现了130余座二里岗文化时期的墓葬,它们主要分布于郊区五处墓地以内,分布于郑州商城东北郊今白家庄一带的称作"白家庄墓地",分布于郑州商城东南郊今杨庄一带的称作"杨庄墓地",分布于郑州商城南郊今烟厂一带的称作"烟厂墓地",分布于郑州商城西郊今铭功路一带的称作"铭功路墓地",分布于郑州商城西北郊今杜岭街一带的称作"杜岭墓地"。由此看来,当时的商人聚族而居,也聚族而葬,实行着族葬制度。每处墓地都发现有随葬青铜器者、单纯随葬陶器者以及无任何随葬品的墓葬,可知每个家族中的墓主人生前社会地位大不相同,有着明显的贫富贵贱的区别。随葬有青铜礼器的贵族墓葬,现已发掘出约二十座,约占发掘墓葬总数的百分之十五,约占百分之八十五的随葬陶器和无任何随葬品墓葬的墓主人当属于平民百姓。据此可知,在二里岗文化时期,经常生活于郑州商城的广大人群的主体应当是平民百姓和奴隶,正是这些居住于郑州商城的以平民百姓为主的广大人群,在商初空前统一的政治局势下,利用居住于中原地区优越的地理位置,以他们的辛勤劳动和智慧,吸收周围各地文明的精华,在继承着夏代文明的基础上,努力进取,开拓创新,从而建造出郑州商城——王都亳邑和灿烂的早期商代文化。王都亳邑是迄今所知我国商代最早而且最大的一座王都,也是当时世界上最大的王都之一。它的以王宫为中心"左祖右社"的严整布局,内城外郭的宏大气派,开创了我国历代都邑建筑的先河,把我国都邑建筑推向一个全新的历史阶段。该城丰富的文化内涵,特别是该城出土的成群的青铜礼器,其数量之多,形制之大,花纹铸造之精美,都是前所未有的。所有这些都标志着在郑州商城时期,我国古代文明已经开始进入初现辉煌的时期。

(原载《郑州商都3600年学术论文集》,中州古籍出版社2004年出版)

郑州商城社祭遗址新探

郑州商城现已发现有众多的二里岗文化时期的祭祀遗址,它和该城作为王都亳邑的性质是完全符合的。《礼记·祭法》云:"有天下者祭百神。"这些众多的祭祀遗址,正是商王朝最高统治集团祭祀"百神"留下来的遗迹。其中较为引人注目的是在郑州商城东北隅发现的一处祭石遗迹,这处遗迹背倚郑州商城北城墙,南临宗庙区,位于一片平坦的高地上。曾经参与郑州商城发掘的裴明相先生,首先著文公布了该遗址的详细资料,并指出"这是郑州商城里面的一座颇为壮观的祭祀遗迹"①。这些资料后来编入《郑州商城——1953—1985年考古发掘报告》②(以下简称《报告》)中,《报告》说:在现已发掘的"100余平方米范围内,共发掘出排列有序埋在地下的石头6块、烧土坑1个、烧土面1片,并有殉狗坑8个,无随葬器物的单人坑12座,以及随葬很少陶器与其它遗器物的小墓2座"(第494页)。6块石头"均为不甚规整的扁平状红色砂石块。其中有3块红砂石埋于这片祭祀场地的靠西南部空地中间,其中较大的一块高约30、宽约45、厚约15厘米。石的上面较平滑,并略朝西南方向,石的下部埋入地下,另有3块较小的红色砂石块散布在祭祀场地的东南部"(《报告》第494~496页)。"在祭祀场地残存的遗迹中,除有以'埋石'为中心作为祭祀标志外,围绕着中心石的北侧、东侧和南侧则有排列有序的烧土坑2个(郑按:其中一个即上文称作的'烧土面'),殉狗坑8个,殉狗100余只,还有无任何随葬器物和有很少随葬器物且仅能容下人身的单人坑14座。这些人与狗的埋葬于此,显然是与祭祀时的杀殉有关,特别是两个殉狗坑内还埋有三具人骨架,进一步证明这些死者

---

① 裴明相:《略谈郑州商代祭祀遗迹》,《中原文物》1983年第2期。
② 河南省文物考古研究所:《郑州商城——1953—1985年考古发掘报告》,文物出版社,2001年。

都是奴隶。"(第505页)这处祭祀场地所祭祀的对象显然就是6块埋石,特别是埋于场地中心的大石。

关于商人祭石的遗迹,以往在江苏省的铜山丘湾已有发现,俞伟超等先生以为实际应是商人祭社的遗迹。俞伟超先生文云:丘湾"遗址的中心是矗立于地上的四块天然大石,周围有人骨架20具、人头骨2个、狗骨架12具……而全部人架和狗架的头向又都对着中心大石"。这些现象"应是社祀遗迹",其根据有二:一是商周时期有立石为社神的习俗,《周礼·春官·小宗伯》:"若大师,则帅有司而立军社,奉主车。"郑玄注:"社之主盖用石为之。"《吕氏春秋·贵直论》:晋文公"围卫取曹,拔石社"。《淮南子·齐俗训》:"殷人之礼,其社用石。"高诱注:"以是为社主也。"二是祭社之法,古用"血祭",即用牺牲的血来祭祀神灵,《周礼·春官·大宗伯》:"以血祭祭社稷、五祀、五岳。"丁山先生认为"血祭即人牺"。"春秋时代用俘虏于社,正是殷周野蛮风俗的遗存"。① 今按俞说可从,郑州商城所发现的这处祭石遗址,也应当是商人祭社的遗迹。《礼记·郊特牲》:"天子大社,必受霜露风雨,以达天地之气也。"孔颖达疏:"达,通也。风雨至则万物生,霜露降则万物成,故不为屋,是天、地气通也,故云达天地之气也。"这处祭石遗址周围未发现房基,正是一座露天的"大社"遗迹。裴明相先生首先注意到这个问题,他将二者联系起来,指出郑州商城(祭石遗址)和江苏铜山丘湾的祭祀遗迹都是以主石为中心进行祭祀的。② 郝本性先生明确认为郑州商城这处祭石遗址"不是一般的祭祀遗址,而是商城亳社的所在地"③。我们以往根据郑州商城东北部发现的众多"亳"字陶文以及"亳丘"陶文也曾经推断:"这个地方就是早商时期的亳社所在。"④因此以后称之"亳丘"即亳社的丘墟,祭石遗址的发现及其以后公布的详细资料,说明这个推断是符合事实的。

《周礼·春官·小宗伯》云:"小宗伯之职,掌建国之神位,右社稷,左宗庙。"同书《考工记》也说:"匠人营国……国中九经九纬,经涂九轨,左祖右社,面朝后市。"郑玄注:"王宫所居也……王宫当中经之涂(途)也。"贾公彦疏:"'王宫所居也'者,谓经左右前后者,据王宫所处中而言之。"意即古人营建

---

① 俞伟超:《铜山丘湾商代社祀遗迹的推定》,《考古》1973年第5期。
② 裴明相:《略谈郑州商代祭祀遗迹》,《中原文物》1983年第2期。
③ 郝本性:《试论郑州出土商代人头骨饮器》,《华夏考古》1992年第2期。
④ 郑杰祥:《二里头文化商榷》,《河南文博通讯》1978年第4期。

国都的布局是王宫居中,把宗庙、社稷分别建置于王宫的左、右两侧。我也曾根据这个记载,在郑州商城西侧今杜岭街一带寻找亳社所在,但是资料薄弱,不足为据。从现有考古资料来看,楚都纪南城发现有王宫居中、左宗庙、右社稷的建置布局。① 此为春秋早期遗址,就是说这种布局大致开始出现于春秋早期,以后继续沿用到清王朝,而在此以前特别是夏、商时期,尚不存在这种建置布局。众所周知,偃师二里头遗址是我国迄今所发现的最早的一座王都遗址,即夏代后期王都遗址。该遗址的中心区发现有一座宫城,其周围有城墙和道路围绕,城外分布着手工业作坊和一般聚落遗址;城内西侧有以一号宫殿为主的大型建筑基址群,应为当时的王宫所在,东侧有以二号宫殿为主的大型建筑基址群,应为当时的宗庙所在地;"宫殿区北部和西北部一带……集中分布着一些可能与宗教祭祀有关的建筑和其他遗迹"②,其中有一部分当为夏人祭社的遗迹,③从而形成一座以宫殿、宗庙、宗教祭祀包括社祭为核心的大型王都基址区,并未发现左祖右社的建筑布局。郑州商城是在二里头遗址即夏人王都建置制度的基础上,继承和发展起来的迄今所见我国第二座王都遗址。该遗址有内、外两重城墙,内城以外外城以内分布着手工业作坊、一般聚落和多处墓地,内城东北隅发现有大型建筑基址群,应是商初王宫和宗庙的所在地,其北侧就是祭石遗址也就是商人祭社的遗迹。由此可见,我国古代最早的王都建筑布局并非王宫居中、左祖右社,而是三者相距邻近,不大规则地并存于一个地区。我国古代聚族而居,以农业为经济基础,因此盛行对祖先和作为土地神象征的社坛的崇拜与祭祀,为方便这些活动,古人特别是商人应是将祖庙和社坛建造在虽非左祖右社但却是彼此邻近的地区。这种建置也见于文献记载,《吕氏春秋·诚廉》云:"召公就微子开于共头之下,而与之盟曰:'世为长侯,守殷常祀,相奉桑林。'"高诱注:"相犹使也,使奉桑林之乐。"同书《慎大》又云:武王胜殷,"立成汤之后于宋,以奉桑林"。高诱注:"桑山之林,汤所祷也,故使奉之。"陈奇猷校注:"'桑林'既为祀神之所,亦为乐舞之名。《墨子·明鬼下》云:'燕之有祖,当齐之社稷,宋之有桑林。'以'桑林'比之'祖'与'社稷',其为祀神之所甚明。"这里

---

① 杨鸿勋:《宫殿考古通论》,紫禁城出版社,2001年,第125~126页。
② 许宏等:《二里头遗址聚落形态的初步考察》,《考古》2004年第11期。
③ 郑杰祥:《新石器文化与夏代文明》,江苏教育出版社,2005年,第418页。

所指商人在"桑林"所祀之神就是祖先神。《礼记·郊特牲》云:"天子存二代之后,犹尊贤也。"孔颖达疏:"天子继世而立,子孙以不肖灭亡,见在子孙又无功德,仍须存之。所以存二代之后者,犹尚尊其往日之贤所能法象。"孙希旦《集解》:"存二代之后,谓周存夏、殷之后,使得用天子之乐,以祭其先世,所谓'修其礼物,作宾王家'也。犹尊贤,言犹尊其先世之贤也。尊贤不过二代……夏、殷之后,谓之二代,此言'存二代之后'是也。《乐记》:'武王克殷,未及下车,而封黄帝之后于蓟,帝尧之后于祝,帝舜之后于陈',所谓三恪也;'下车而封夏后氏之后于杞,投殷之后于宋',所谓二代也。杞、宋皆郊,而黄帝、尧、舜之后未闻有此,则三恪之礼杀于二代矣。郑氏驳许叔重《五经异义》云:'存二代之后者,命之郊天,以天子之礼祭其始祖受命之王,自行其正朔服色。'"可知周人命微子"守殷常祀",就是让商人"以天子之礼祭其始祖受命之王",故《史记·宋微子世家》云:周公"乃命微子开代殷后,奉其先祀,作《微子之命》以申之"。意即周公乃命微子开代替武庚,作为殷人的后嗣,建立宋国,供奉殷人先祖宗庙的祭祀,并作《微子之命》以申述其事。因此文献所记"守殷常祀,相奉桑林""立成汤之后于宋,以奉桑林",就是要殷人继续供奉自己祖先宗庙的祭祀,"桑林"在这里已成为商人祖先宗庙的代名词。而"桑林"同时也是商社所在,《左传·襄公十年》:"宋公享诸侯于楚丘,请以桑林。"孔颖达疏引《尚书大传》曰:"汤伐桀之后,大旱七年……自以为牲而祷于桑林之社。"《帝王世纪》也说:汤"祷于桑林之社"。是知桑林之地既有商庙,又有商社,也就是说二者同位于一个地区,郑州商城现已发现的祭石即社祭遗址,与南侧的宫殿宗庙区相距甚近,证明上述文献记载是符合史实的。

　　早期的社多建于丛树密林之中,《说文》"社"字古文写作"𥑽",从示、从木、从土。《墨子·明鬼下》:"昔者虞夏、商、周三代之圣王,其始建国营都日,必择国之正坛置以为宗庙;必择木之修茂者,立以为菆位。"孙诒让注引王念孙曰:"菆与丛同,位当为社。""丛社"即丛林中的社。《白虎通》云:"社稷所以有树何?尊而识之,使民人望见敬之,又所以表功也。"商社当建于桑林之中,故又称"桑林之社",郑州商城所发现的祭石遗址或即商代的"桑林之社"。此社因位于王都亳邑以内,故又称作"亳社",《礼记·郊特牲》郑玄注:"薄(亳)社,殷之社,殷始都薄(亳)。"殷墟卜辞多记有"亳社",可能就是指的此社。社本是古人所祭的土地神,又称"后土",《尚书·武成》云:"告于皇天、后土。"孔传曰:"后土,社也。"《礼记·月令》郑玄注:"社,后土也,使民祀焉,神其农业也。"殷墟卜辞多记有商王祭"土",也即祭社的活动,首先是祭社以祈求农业丰收,如卜辞云:"……其求于亳土(社)?"(《屯》59)"贞:勿求年于邦土(社)?"(《合集》846)"……贞……土(社),受年?"(《合集》5158乙)其次是祭社以祈求风调雨顺,如卜辞云:"丙辰卜:于土(社),宁风?"(《合集》32301)"己未卜:宁雨于土(社)?"(《合集》34088)另外,商王也祭社以祈求消灾免祸,如卜辞云:"壬辰卜:御于土(社)?癸巳卜:御于土(社)?"(《合集》32102)"于亳土(社)御?"(《合集》32675)杨树达先生《释御》云:御"为祭祀之名……甲文用此字为祭名者,往往有攘除灾祸之义寓于其中"。又云:"御为攘灾之祭……甲文记御祀,往往具攘疾之义。"[1]卜辞"御于土",即御祭于社以祈求社神消灾免祸之意。社神在商王心目中的地位如此重要,因此商王也对之进行隆重的祭祀,殷墟卜辞记商人主要用"燎"祭方式祭祀社神(见《殷墟甲骨刻辞类纂》,第463页),如卜辞云:"贞:燎于土(社)?勿燎于土(社)?"(《合集》14398)"辛巳贞:雨不既,其燎于亳土(社)?"(《屯》665)《吕氏春秋·季冬纪》:"收秩薪柴,以供寝庙及百祀之薪燎。"高诱注:"燎者,积聚柴薪,置璧与牲于上而燎之,升其烟气。"郑州商城祭石遗址内发现有"烧土坑2处。坑的平面形制一处略呈一头近尖、一头较直,两侧边斜直的'圭'形。坑的中部下凹,坑壁与坑底均被烧成坚硬的红色"。其中一坑"纵长0.7、中宽0.6米,坑内堆积有深灰色油腻灰烬,坑壁上存留有灰黄色的薄层,手触异常光滑"[2],"这种异常现象,应为坑内牲体于焚烧时,浸及坑壁所致"[3]。据此可知,这两处烧土坑显然应是当时人们"燎"祭社石的遗迹。《说文·火部》:"寮,柴祭天也。"同书《示部》又云:"祡,烧柴寮祭天也。"段玉裁注:"柴与祡同'此'声,故烧柴祭曰'祡'。《尔雅·释天》曰:'祭天曰燔柴。'《礼记·祭法》曰:'燔柴于泰坛,祭天也。'……《郊特牲》曰:'天子适四方,先祡。'注:'所到必先燔柴有事于上帝。'"朱骏声《说文通训定声》云:寮,"《经》《传》皆以'燎'为之。《白虎通·封禅》:'燎祭天,报之义也。'""燎"祭本是古人用来祭

---

[1] 杨树达:《积微居甲文说·释御》《卜辞琐记·御妇好》,中国科学院出版社,1954年,第17、70页。

[2] 河南省文物考古研究所:《郑州商城——1953—1985年考古发掘报告》,文物出版社,2001年,第496页。

[3] 裴明相:《略谈郑州商代祭祀遗迹》,《中原文物》1983年第2期。

祀天神和祖先举行的仪式,商人也用来"燎"祭于社,说明社神在商人心目中与天神和祖先神同样处于重要的地位。祭石的周围发现有 8 座殉狗坑,"这八座殉狗坑的布局,显然是围绕着中间最大的'埋石'而挖筑的"①。殉狗坑从西北向东南,分三横行有序地排列着,方向与中间最大的"埋石"一致,向着西南宫殿区。《尔雅·释天》云:"祭地曰瘗埋。"商人常用埋犬的方式祭祀神灵,如殷墟卜辞云:"辛巳卜,㱿贞:埋三犬、燎五犬、五豕、卯三牛?一月。"(《合集》16197)这里祭石遗址发现的殉狗坑即其实例,其中 M30 号坑内殉狗达 23 只之多,这在商代也是少见的。坑内"从有些狗骨架的姿态形状看,埋葬时有些狗腿似被捆缚着,并有挣扎的样子"②,可见这些狗是被活着埋祭于此的。当然,商人也杀犬祭祀神灵,如卜辞云:"贞:五……岁一犬……年?"(《合集》28208)"辛巳卜:毛羊百?犬百?……百?"(《屯》917)卜辞"岁"读如"剐",祭名,指割裂牲体祭祀神灵。③ "毛"即"磔",也指割裂牲体祭祀神灵。④ 这里发现有些殉狗坑内狗骨架破碎凌乱,应"是在处死以后扔进坑内的"⑤,即是肢解以后祭祀神灵的。在 M15 和 M18 殉狗坑内还发现有人牲,殷墟卜辞记有商王用羌方俘虏祭社者,如卜辞云:"乙丑卜:有燎于土(社),羌宜、小牢?"(《合集》32118)"庚申卜:侑土(社),燎羌?宜小牢?"(《屯》961)殉狗坑内发现的人牲,也应是当时的战俘或奴隶。殉狗坑的近侧发现有 14 座单人墓葬,其中 M16 墓底铺有朱砂,M26 人头骨处铺有朱砂,M10 随葬有残陶豆柄和陶爵,M13 随葬一件玉柄形饰,⑥这些墓的墓主人生前不像是奴隶,而可能是后世文献所称作的"犬人"及其从属人员,《周礼·秋官·犬人》云:"犬人掌犬牲,凡祭祀,共(供)犬牲,用牷物,伏、瘗亦如之……凡相犬、牵犬者属焉。"郑玄注:"郑司农云:'牷,纯也;物,色也;伏谓伏犬……瘗谓埋祭也。……相谓视,择知其善恶。"贾公彦疏:"案《尚书·微子》

---

① 河南省文物考古研究所:《郑州商城——1953—1985 年考古发掘报告》,文物出版社,2001 年,第 496 页。

② 河南省文物考古研究所:《郑州商城——1953—1985 年考古发掘报告》,文物出版社,2001 年,第 496~497 页。

③ 唐兰:《天壤阁甲骨文存》,辅仁大学出版社,1939 年,第 30 页。

④ 于省吾主编:《甲骨文字诂林》,中华书局,1996 年,第 3308 页。

⑤ 裴明相:《略谈郑州商代祭祀遗迹》,《中原文物》1983 年第 2 期。

⑥ 河南省文物考古研究所:《郑州商城——1953—1985 年考古发掘报告》,文物出版社,2001 年,第 502 页。

云:'牺、牷牲用。'注云:'牺,纯毛;牷,体完具。'……此无牺,故以牷兼纯也。……犬有三种:一者田犬,二者吠犬,三者食犬。若田犬、吠犬,观其善恶,若食犬,观其肥瘦,故皆须相之。牵犬者,谓呈见之。"意即"犬人"担负掌管犬牲的职责,祭祀需要时,负责供应体格完整、毛色纯正的犬牲,用来伏祭和埋祭的犬牲,也以同样的标准加以供应。用于祭祀的犬牲分为三类:一类用于田猎,一类用于鸣叫示警,第三类则用于食用。这些都由负责"牵犬"者送上,由"相犬"者负责鉴定。《墨子·明鬼下》也说,古代圣王祭祀庙、社,"必择六畜之胜腯肥倅毛以为牺牲",意即必定要选择体格肥胖、毛色纯正的"六畜"作为牺牲,来祭祀祖先、社神。商王埋葬"犬人"等人员,可能是要这些人向社神证明,所殉之犬都是经过慎重挑选出来的牺牲。特别是在 M24 埋狗坑中,还"出土了一件扭成一个圆团的夔纹形薄金片装饰品 C8T27M24:1,面呈金色黄壳。净重 18.5 克。它不仅是八座埋狗坑中出土的一件很珍贵的金制艺术品,而且也是郑州商代二里岗遗址中仅有的一件金器"①,也可说是我国迄今所见最早的一件金质夔龙纹装饰品。所有这些都说明商王朝统治集团对祭祀社神的虔诚和崇敬之心。

另外,在这座社祭遗址西南约 100 米处,还发现一条扔弃有人头骨的壕沟,此沟位于 C8F10 大型建筑的废墟之上,残长 15 米,"形制呈上大下小的两层壕沟套接而成",壕沟的西部"地面低下",壕沟的东部,"好像在商代二里岗上层一期时进行过平整,从而使壕沟东部的东西宽约 20 米左右的地带比较平坦","壕沟内的商代二里岗上层一期文化堆积层,呈东高西低的倾斜状堆积,说明壕沟内的商代二里岗上层一期文化堆积层都是从壕沟东部向壕沟内填入的"。沟内"发掘出的近百个人头骨,都是从人头骨的眉部和耳部上端处横截锯割开后保留下来的头盖骨部分,而眼部和耳部之下部分的人头骨,在壕沟内则很少发现","这些人头骨的性别多属男性,年龄多在青壮年"。② 郝本性先生认为这些人头骨应是当时统治者所用的饮器,与商人祭祀"东北方向的亳社有关系"③。今按:这些人头骨与商人祭社有关一说可信,而作为饮器一说可商,我以为它应

---

① 河南省文物考古研究所:《郑州商城——1953—1985 年考古发掘报告》,文物出版社,2001年,第 500 页。
② 河南省文物考古研究所:《郑州商城——1953—1985 年考古发掘报告》,文物出版社,2001年,第 477~481 页。
③ 郝本性:《试论郑州出土商代人头骨饮器》,《华夏考古》1992 年第 2 期。

是当时的祭品。古人有用牲头祭神的习俗,《诗经·大雅·皇矣》:"执讯连连,攸馘安安,是类是祃,是致是附。"郑玄笺:"讯,言也,执所生得者而言问之,及献所馘,皆徐徐以礼为之,不尚促速也。类也、祃也,师祭也。"《释文》云:"馘,古或反,字又作聝,《字林》:'截耳则作耳傍,截首则作首傍。'"此文意即文王征伐崇国,俘虏甚众,斩首也多,献祭敌人首级于军社,并且安抚四方民心。《周礼·夏官·小子》曰:"掌珥于社稷。"郑玄注引郑司农曰:"'珥社稷',以牲头祭也。"同书《羊人》又云:"羊人掌羊牲。……祭祀,割羊牲,登其首。"郑玄注"升首于室",以祭神灵。《礼记·郊特牲》也云:"用牲于庭,升首于室。"孙希旦《〈礼记〉集解》:"用牲于庭,谓纳牲于庭而杀之……升首于室,谓杀牲而升其首于室中北墉下。"《论语·为政》曰:"周因于殷礼,所损益,可知也。"周人用牲头祭祀神灵,可能是继承了商人的礼制,殷墟卜辞多记有商王举行"伐"祭的活动(见《殷墟甲骨刻辞类纂》第 889~895 页),如卜辞云:"……申贞:有伐于土(社),羌一……"(《合集》32119)"庚寅卜:辛卯有伐于父丁,羌三十?卯五牢?"(《合集》33055)"伐"字卜辞写作"⿱戈人","象以戈斩人首……卜辞'伐'为用牲之法,即斩人首以祭祀神祖"①。郑州小双桥遗址和安阳殷墟祭祀坑内发现有不少人头骨,都应是商人"伐"祭,即用人首祭祀神祖的遗物。商人还多用人的头盖骨祭祀神灵,这种头盖骨在古代称为"囟",《说文·囟部》:"囟,头会脑盖也。"《礼记·内则》:"男角女羁。"郑玄注:"夹囟曰角。"孔颖达疏:"囟是首脑之上缝。"就是儿童头顶上的囟门,专指头盖骨正前方的部位,引申为人的整个头盖骨。囟字卜辞写作"⊗",正像人的头盖骨之形,又引申"为'头颅'之义"②。殷墟卜辞记载商人多用囟来祭祀神灵,如卜辞云:

  囟蕽……《殷墟花园庄东地甲骨》468

  女囟五……《合集》7023

  囟御三牢周妣庚《合集》22246

  乙卯卜:囟御用?囟先御用?《合集》22294

  ……用古方囟于妣庚,王宾?《合集》28092

  其用羌方……于宗,王受有佑?……

---

① 于省吾主编:《甲骨文字诂林》,中华书局,1996 年,第 2344 页。
② 于省吾主编:《甲骨文字诂林》,中华书局,1996 年,第 1035 页。

羌方囟其用？王受有佑？《合集》28093

其用兹……祖丁册？羌囟,其暨？

其用囟在妣辛必,至母戊？《屯》2538

"菁"为祭名,"囟菁"即用头盖骨"菁"祭神灵。"女囟""古方囟"和"羌方囟"就是指女性的头盖骨、古方战俘或奴隶的头盖骨、羌方战俘或奴隶的头盖骨,它们被商王作为祭品用来祭祀祖先和其他神灵。《尔雅·祭天》云:"祭地曰瘗埋。"郭璞注:"既祭,埋藏之。"郑州商城发现的这条壕沟埋藏的人头盖骨,可能即商人在壕沟东侧平坦的场地上祭社或祭祀其他神灵以后埋藏在这里的,就是说这条埋藏着众多人头盖骨的壕沟,也应是商王朝前期商人祭社或祭祀祖先神灵留下来的遗物和遗迹。

(原载《中原文物》2010 年第 5 期)

二里岗甲骨卜辞的发现及其意义

1953年,考古工作者在郑州二里岗发现和发掘出土了两片刻着文字的字骨,其中一片在牛肱骨的正面上刻着一个"乇"字;另外一片更为引人注目,这是一片牛肋骨,骨的两端残缺,现存"骨片长7.3,宽3.8,厚0.3厘米"①。骨片"有十四处经过刻工,刻字较小屯甲骨文字稍浅而略粗"②,表现出比较原始的契刻特点。关于这片字骨的发现以及当时人们对其研讨情况,赵全嘏先生首先著文介绍云:"这片甲骨文的发现,是四月中旬,河南文管会的张建中同志在二里岗黄河水利委员会建筑区的西部发掘时,在一个发掘坑的旁边地面,随手捡得的。这里的地面,曾经用铲土机铲去了厚约一公尺许的表土,同时并用铲土机从东边较高的地方推土,把铲过的地面加以平铺过了的。根据这样的情况,这片甲骨的原来存在地,应该是在发现地东南约一百公尺,距原始地面约一公尺的地方。"③

关于这片字骨的性质,当时的发掘组曾请陈梦家先生进行鉴定,陈先生发表意见云:"这是在一片牛肋骨上刻着练习契刻卜辞的十个字。占卜只用肩胛骨,不用肋骨。在肋骨上习刻,从前小屯发掘中也出过一片。安阳出卜用甲骨的区域并不限于小屯,但只有小屯侯家庄所出的牛胛骨和龟腹甲背甲刻了卜辞。小屯周围附近出了很多不刻卜辞的甲骨和少数习刻的卜骨。这片肋骨所刻的字,和小屯的殷代晚期的卜辞相似,可能也属于这个时期。"④

陈先生释出的这10个字,为"又土羊乙中贞从受十月"。1959年出版的《郑州二里冈》考古发掘报告摘录了陈先生所释的这10个字,重述了陈先生对

---

① 河南省文化局文物工作队:《郑州二里冈》,科学出版社,1959年,第38页。
② 赵全嘏:《郑州二里岗的考古发现》,《新史学通讯》1953年第6期。
③ 赵全嘏:《郑州二里岗的考古发现》,《新史学通讯》1953年第6期。
④ 陈梦家:《解放后甲骨的新资料和整理研究》,《文物参考资料》1954年第5期。

这片字骨所在时代的判断,说是其"字迹和安阳小屯殷墟出土的甲骨文很相近"①,并首次发表了这片牛肋骨的照片和摹本,但是摹本中增加了一个"乇"字,因此全文当为11个字。1984年,参与当时发掘二里岗遗址的裴明相先生,对这片字骨的时代提出了新的看法。裴先生首先著文回忆这两片字骨的发现情况云:"1953年4月,在配合郑州二里岗黄河水利委员会的建设中,于被推土机翻动的土层内,捡到牛肋字骨一块。被翻动的土层深约半米,内含有较多的商代二里岗期陶器碎片和唐、宋瓷片等,在铲平后的地面上,暴露出许多边沿清楚的二里岗期窖穴、灰层和汉、唐、宋时期的瓷片。捡到的那块牛肋字骨,骨块略呈圆弧形,在其鼓起的弧面上,刻有10字:'……又土羊,乙丑贞,从,受……十月。'同年九月,又在该工地开挖的探沟T30东端深50公分的商代二里岗期灰层内,发现第二块字骨,该灰层被宋代墓葬所扰动。这块字骨,经中国科学院古脊椎动物研究所鉴定,认为是被锯下来的牛肱骨的关节部分,上刻一'屮'字。"关于这两片字骨的时代,裴先生认为它不应属于殷代晚期,而应是二里岗文化时期的遗物。其理由有三:一是字骨所在的发掘区发现有"二里岗期和汉、唐以后的遗物,但绝无郑州商代人民公园期及安阳殷墟晚期的遗存";二是"两块字骨所用的骨料皆为牛骨,一为未经整治的肋骨残段……另一是肱骨上关节面锯下来的骨片,锯齿的印痕历历可见。这种骨料的形制,与殷墟小屯字骨都经过精心整治的牛肩胛骨和龟腹甲相比,显然带有较多的原始性";三是骨文的刻道纤细,行款不整齐,反映着书刻者稚拙的技艺。裴文由是得出结论:"依据上述三点,我们认为郑州字骨的时代,应属于郑州二里岗期。"②

近年,李学勤先生著文"认为裴明相的见解是可信的,字骨应该属于早于殷墟的商代二里岗期"。并且进一步申述裴说云:"肱骨上的'屮'字,屡见于殷墟较早的自组、宾组等卜辞。肋骨的文字,在结构上、风格上,接近自组卜辞的一种,而'乙丑贞'的前辞形式,又类于历组卜辞。……现在知道自组、宾组、历组都是较早的,其在若干因素上有似二里岗期卜辞,是不足怪的。"③

---

① 河南省文化局文物工作队:《郑州二里冈》,科学出版社,1959年,第38页。
② 裴明相:《略谈郑州商代前期的骨刻文字》,《全国商史学术讨论会论文集》,《殷都学刊》增刊1985年。
③ 李学勤:《郑州二里岗字骨的研究》,载于《中国社会科学院历史研究所学刊》(第一集),社会科学文献出版社,2003年,第3~4页。

今按裴、李所说,论据扎实,可信可从。不过现在二里岗文化已经分为四期,这件肱骨出土于距地表50厘米的二里岗期灰层内,肋骨发现于距地表50厘米被翻动的土层内,参考《郑州二里冈》考古发掘报告多举T51为例的地层叠压关系,距地表50厘米左右的深度,正是二里岗三期文化层所在的深度,这两片字骨的文字结构和风格又接近于殷墟早期卜辞,由此推测,它很可能属于二里岗文化三期的遗物。

字骨的内容决定着字骨的性质,正如李学勤先生所说:"牛肱骨不是卜骨,上面的字不是卜辞,是很清楚的。"肱骨上"'屮'字的意义自然可以有种种理解。一种猜想是地名或族氏名"。若此猜想正确,现知殷墟早期卜辞有"子屮"(《甲骨文合集》672正)、"屮侯"(《合集》20061)、"屮伯"(《合集》20078),这些氏族或与肱骨所记"屮"族有一定联系。屮族当以居于屮地而得名,殷墟卜辞"屮"与"又""有"相通用,故"屮"地也即"又"地和"有"地。卜辞记有"㕛水",其辞云:"……灾……在㕛。"(《合集》20569)"㕛水"当即后世的洧水。洧水所在,《诗经·郑风》云:"溱与洧,方涣涣兮。"毛传曰:"溱与洧,郑两水名。"《水经·洧水注》:"洧水又东径新郑县故城中。"《诗经》中的郑国和《水经注》中的新郑县即今河南省新郑市,此地北距郑州商城约40公里,当即肱骨所记商代"屮"族的故地。

牛肋骨上的文字则是真正的卜辞。这片肋骨据赵全嘏先生上文介绍,上面有14处经过刻工,《郑州二里冈》发掘报告已经摹出11个字,但是该报告和上述诸家仍据陈梦家先生说,释为10个字,漏掉一个"乇"字。近年李维明先生首先注意于此,著文补出此字。① 不过有些学者对此尚有不同意见,以为摹本有误,原字骨并无此一"乇"字。② 然而正如葛英会先生所说:《郑州二里冈》发掘报告摹本(原文称作"摹本甲")"完整地摹出列于第二行首字的'乇'字,相信这是作者对原骨刻辞审慎观察、分析的结果。1985年出版的《河南考古》刊出的通过扫描技术分辨的影像,其显现的该字的构形,与摹本甲完全一致,证明该字的摹写是可信的,同时也说明二里岗牛肋骨刻辞中确有此字。摹本是依据原骨

---

① 李维明:《郑州出土牛肋骨刻辞新识》,《中国文物报》2003年6月13日第7版。
② 孙亚冰:《对郑州出土商代牛肋骨刻辞的一点看法》,《中国文物报》2006年1月6日第7版。

做出的"①,因而是不宜否定的。根据《郑州二里冈》发掘报告摹本可知,牛肋骨刻辞全文分上下两辞,下面一辞7字,文为:

乙丑贞:从受……十月。

这里的"从"是动词,"受"可能是人名。"从受"应用的是动词使动用法,即占卜者使"受"随从自己或率领"受"的意思。这种语法也见于我国古代文献,《史记·项羽本纪》云"沛公旦日从百余骑来见项王",意即沛公率领百余骑来见项王。因此这片卜辞的大意应是某年十月乙丑日卜者贞问:带领受……受字以下骨面残缺,所记何事已不能确知,或为去进行"乇土"的活动。上面一辞4字,文为:

又,乇土,羊。

卜辞中"又"字大致有六种含义,即左右之"右"、有无之"有"、福佑之"佑"、侑祭之"侑"、再又之"又"以及作为语助词的"有",这里当作为祭名,读作"侑"。"ナ"字,李维明从于省吾说,释为"乇",于先生文云,ナ乃"乇字的初文"。"甲骨文的乇字孳乳为舌、秳,均应读为祇……典籍通作磔,是就割裂祭牲的肢体言之。"今按此说甚是。于文又云:"又甲骨文亳字所从之乇,与宅字从乇形同(后来亳字则变作从屮或𡳿)。"②李维明先生进一步认为"乇"当为早期的"亳"字,李先生文云:"'乇'与'亳'上古音同为铎韵。汉代许慎《说文解字》五下记:'亳……从高省,乇声。'于省吾《甲骨文字释林》言'甲骨文亳字所从之乇,与宅字从乇形同'。据此判断,郑州出土牛肋骨刻辞上出现的'乇土(社)'与殷墟卜辞中的'亳土(社)'具有内在的联系。依时代判断,郑州牛肋骨刻辞出现的'乇'字,应是殷墟卜辞'亳'字较早的写法,或者说是殷墟卜辞'亳'字的早期省文。"③今按:此说可商。殷墟卜辞亳字特别是早期亳字,多写作从"高"、从"屮"、从"𡳿"或从"𡴆",没有写作为从"ナ"者。(只有三期《合集》28109片所记亳字与此类似)卜辞多记有单独的"乇"字,皆写作"ナ""ヒ"或"十",没有写作为"屮""𡳿"或"𡴆"者。卜辞宅字所从之"乇",皆写作"ナ"或"ヒ",也没有写作从"屮""𡳿"或"𡴆"者。由此可知,卜辞特别是早期卜辞的"ナ"与"𡳿"和

---

① 葛英会:《读郑州出土商代牛肋刻辞的几种原始资料与释文》,《中原文物》2007年第4期。
② 于省吾:《甲骨文字释林》,中华书局,1979年,第168~169页。
③ 李维明:《郑州出土商代牛肋骨刻辞补识》,《中国文物报》2006年1月6日第7版。

"丫",乃判然两字两形,并不混淆。后世亳字所从之"才",乃"丫"字之讹变,它当开始流行于东周时期。汉人许慎大致根据东周文字说解"亳"字,《说文·高部》云:"亳,京兆杜陵亭也。从高省,乇声。"按亳与乇同韵而不同声纽,故林义光《文源》云:"亳与乇不同音,亳字当为殷汤所居邑名而制,其本义不当为亭名也。"实际上如上所述,殷墟卜辞早期亳字并不从"才",而是从"丫"和"丵","丫"为"丵"字之省文,"丵"即"丰"字之初文。"丰""亳"双声,同属并纽;又丰属东韵,亳属铎韵,东、铎二部韵尾发音相同,王力《同源字典》认为此二部上古音属于同类,可以旁对转,韵部相近。是古亳与丰声同韵近,亳字当从"丰"得声,亳字读音与现存最早的作为形声字的卜辞亳字构形,是完全一致的。据此判断,郑州二里岗出土牛肋骨上的"才"字,不当释为"亳",应为"乇"之本字,是一种"割裂祭牲的肢体"而祭祀神祖的祭名。"乇土"即"乇社",殷墟卜辞"社"字皆写作"土",王国维《殷礼征文》云:土,"卜辞假为社字,《诗·大雅》:'乃立冢土。'传云:'冢土,大社也。'《商颂》:'宅殷土茫茫。'《史记·三代世表》引作'殷社茫茫'。《公羊·僖公二十一年》:'诸侯祭土。'何注:'土谓社也。'是古故以土为社矣"。这片卜辞的"土"也当释为"社",此辞大意就是用割裂的羊的牲体侑祭于社。殷墟卜辞也记有商王乇牲祭社的活动,如卜辞云:

癸丑卜:其侑亳社,惟牿?《合集》28106

戊申,其乇于社,牛?《合集》24190

以羊为牺牲献祭于社,也是古人常有的祭社活动,《诗经·小雅·甫田》云:"与我牺羊,以社以方。"郑玄笺:"与我纯色之羊,秋祭社与四方,为五谷成熟报其功也。"周人此举当是继承了商人的遗俗,郑州二里岗牛肋骨卜辞的发现,说明商人乇羊祭社的活动,至迟已开始于二里岗文化时期。

《说文·示部》云:"社,地主也。"《风俗通·社神》引《孝经》云:"社者,土地之主,土地广博,不可遍敬,故封土以为社而祀之,报功也。"《白虎通》也说:"人非土不立,非谷不食。土地广博,不可遍敬也……故封土立社,示有土。"卜辞社、土一字,写作"𤊀",正像平地上封土为社之形。社神就是土地神,我国古代以农业为经济基础,故上自国王,下至平民,皆立有社坛,定期举行隆重的祭祀,以报答土地神的功德。《礼记·祭法》云:"王为群姓立社曰大社,王自为立社曰王社。诸侯为百姓立社曰国社,诸侯自为立社曰侯社。大夫以下成群立社曰置社。"可见古代立社祭祀土地神是相当普遍的。郑州商城作为王都亳邑,无疑也建有社坛,二里岗遗址应是其中一处商都亳邑社坛的所在地,这里不仅发现有上述祭社的卜辞,而且还发现有众多的卜骨、动物和人的肢骨,在这里已出土卜骨400余件,在有些"灰坑中,还常发现有完整的人骨架埋入坑内,也有人骨架和猪骨架重叠埋在一个灰坑"的现象。例如在被称作M1的一座乱葬坑内埋着三层人和动物的骨架:一层的"同一平面上共埋人骨3架",二层共埋"人骨和猪骨各1架",三层"共有人头骨四个"。① 这些众多的卜骨和埋有动物与人的肢骨乱葬坑,与上述牛肋骨卜辞一样,都应是商人在这里祭社时留下来的遗物和遗迹。

《礼记·祭法》孔颖达疏引崔氏云:"大社在库门(按:王宫的南大门)之内右……王社在藉田。"古代藉田是国王举行亲耕仪式以表重视农业之田,藉田的收入也是国王用来祭享祖先神主以示孝道。既为国王亲耕之地,藉田必在王都近郊,文献多记在王都的东郊,也记有位于王都的南郊者。《公羊传·桓公十四年》何休注:"《礼》:天子亲耕东田千亩。"《白虎通·耕桑》引古逸礼《曾子问》曰:"天子耕东田而三反之。"《礼记·祭统》又云:"是故天子亲耕于南郊以共齐盛。"二里岗遗址位于郑州商城的东南郊,正在商王的藉田范围之内,出土卜骨的场所应当就是商代早期王社的遗迹。二里岗出土的牛肋骨卜辞,是我国迄今所发现的最早的甲骨卜辞,它对研究我国商代甲骨的源流乃至我国汉文字的发展史都具有重要的学术价值;这片甲骨卜辞的祭社内容,也为我们探讨郑州商城早期王都的性质提供了又一个重要的证据。

(原载《中原文物》2008年第3期)

---

① 河南省文化局文物工作队:《郑州二里冈》,科学出版社,1959年,第39页。

郑州商城瓮棺葬死者身份探析

郑州商城发展到二里岗文化三期已经进入繁荣和鼎盛的阶段,这个时期不仅居住着稠密的人口,同时也相应地分布着多处墓地。考古工作者在商城内城以外、外郭城以内已发现了约五处大型墓地:一、分布于商城东北郊今白家庄一带的称之为"白家庄墓地",二、分布于商城东南郊今杨庄一带的称之为"杨庄墓地",三、分布于商城南郊今郑州烟厂一带的称之为"烟厂墓地",四、分布于商城西郊今杜岭街一带的称之为"杜岭墓地",五、分布于商城西郊今铭功路一带的称之为"铭功路西侧墓地"。[①] 商人聚族而居,也聚族而葬,现已发现的这五处墓地,应当就是当时的族葬墓地。

文献记载古代的族葬墓地分为两种:一是埋葬国王的王陵墓地,称之为"公墓";二是埋葬国人的墓地称之为"邦墓"。这些墓地都是由专职人员进行管理,王陵墓地由后世称作的"冢人"管理,《周礼·春官·冢人》曰:"冢人掌公墓之地,辨其兆域而为之图,先王之葬居中,以昭、穆为左右。"郑州商城迄今尚未发现王陵"公墓",现在所发现的这五处墓地当属于"邦墓"一类。邦墓由后世称作的"墓大夫"管理,《周礼·春官·墓大夫》曰:"墓大夫掌凡邦墓之地域,为之图。令国民族葬而掌其禁令,正其位,掌其度数,使皆有私地域。"郑玄注:"凡邦中之墓地,万民所葬地";"族葬,各从其亲";"位,谓昭、穆也";"度数,爵等之大小";"私地域"即"分其地,使各有区域,得以族葬"。贾公彦疏:"凡万民墓地,亦如上文豫有昭、穆为左右。"又云:"爵等之大小:而见有爵者,谓本为庶人设墓,其有子孙为卿大夫士,其葬不离父祖,故(邦墓)兼见卿大夫士也。"孙诒让《周礼正义》云:"古者自公卿以下至于齐民,葬地皆官授之。"又云:"凡邦国都

---

① 河南省文物考古研究所:《郑州商城——1953—1985年考古发掘报告》,文物出版社,2001年,第573~574页。

邑，各有广阔之墓地数区，合万民皆葬于其处，是为公地域……公地域之中，分别区界，为某族之墓地，使合族同葬，足以相容，是为私地域也。"周人的族葬墓制当是沿袭着商人的墓制，郑州商城发现的这五处墓地，可能就是某族商人被授予的族葬墓地。

在族葬墓地以内，墓主人都是按亲疏关系不同、身份地位高低有序地排列在一起的。现在所见到的这五处墓地的墓葬，以铭功路西出土的 M146~M153 排列得比较有序，这八座墓均是南北长方形的竖穴土坑墓，分布于约 100 平方米的前期 F121 房基面上，大致呈东西向排列在一起，组成一个小型的墓葬群体（图一）。其中以 M146 和 M148 为最大，二者左右位置对称，相距约 2 米，基本上处于墓群的中间地位，可能就是按照"昭、穆"的位置排列的。位于右侧的是

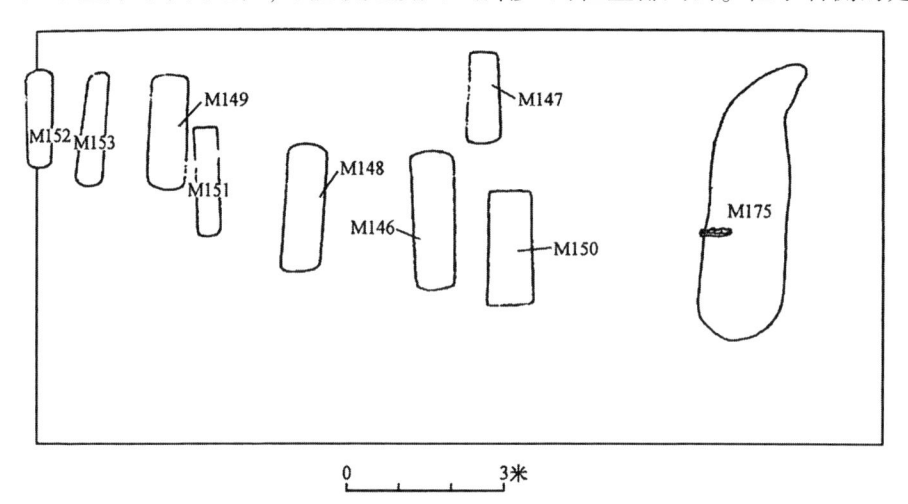

图一　铭功路西墓地 M146~M153 平面图

M146，该墓方向 5 度，"墓室南北长 2.26、宽 0.7、残深 0.65 米。有腐朽木板痕，死者身下铺有朱砂。墓地中间挖有一个腰坑，腰坑内随葬一狗。墓内死者身旁随葬有铜鼎、陶鬲、陶罍、陶瓿、陶爵各一件，并有圆陶饼、玉柄形饰各一件"。其东侧有 M150，二者相距约 0.5 米，墓室南北长 2 米、宽 0.63 米、残深 0.58 米，方向 182 度；墓室内有一个南北长 1.6 米、宽 0.4 米的长方形木棺腐朽灰痕迹。在木棺的墓室底部中间，还挖有一个南北椭圆形腰坑，腰坑内殉葬一狗，狗呈趴卧状。死者的葬式为仰身直肢，随葬有铜斝、陶鬲、陶罍、陶纺轮、圆陶片、玉柄形器各一件，陶深腹盆 2 件。从其随葬有陶纺轮来看，此

墓或即一座女性墓葬。M146 的北侧还有 M147，二者相距约 0.3 米，此墓南北长 1.52 米、宽 0.6 米、残深 0.5 米，方向 185 度。无棺痕，无腰坑，随葬陶鬲、陶盆各一件。这三座墓的墓主随葬品不等，身份当有区别，但是相距甚近，根据"坟墓相近，民乃有亲"（《逸周书·大聚解》）的古代习俗，可能是族内一个小家庭的葬地。位于 M146 左侧的是 M148，该墓"墓室南北长 2.32、宽 0.7、残深 0.65 米。墓底有木板痕和铺垫朱砂。中间挖一腰坑，坑内殉一狗。墓内死者为仰身直肢"，方向 5 度。"墓内随葬有铜爵、陶鬲、陶斝、陶觚和陶盆各一件，并有骨饰、玉柄形饰、骨匕、蚌饰各一件。"①其西侧有 M151，二者相距约 1.2 米。M151 西侧相接有 M149，该墓墓室南北长 1.9 米、宽 0.58 米、残深 0.85 米，方向 185 度；葬式仰身直肢，随葬陶鬲、玉簪各一件。M149 西侧有 M153，二者相距约 0.8 米；该墓南北长 2 米、宽 0.5 米、深度不详，方向 5 度；随葬器物有陶鬲、陶爵、陶簋、陶斝、盆各一件。M153 西侧有 M152，二者相距约 0.5 米，该墓墓室为椭圆形竖穴土坑，方向 185 度。中长 1.64 米、中宽 0.52 米、残深 0.3 米。随葬器物有陶鬲、陶斝、陶簋、陶豆、陶罍、陶盆各一件。以 M148 为首的这五座墓葬，由东向西呈"一"字形排列，其中 M149 与 M151 相近，M152 和 M153 相近，其墓主人之间当有着更为密切的关系。总的来看，上述的这八座墓葬，以 M146 和 M148 形制较大，随葬品较多而且档次也较高，而且位于该墓地的中心，显而易见，这里应是一处以 M146 和 M148 为主的家族葬群体。

值得注意的是，这八座墓中的 M151，该墓"墓室南北长 1.64、宽 0.44、残深 0.68 米。墓内死者葬式比较特殊，它是把死者尸体经过火烧后装入由一个陶瓮和一个陶尊相扣组成的瓮棺内埋入墓坑的，并在墓底中部挖一腰坑殉一狗"（图二）。按我国古代中原地区自新石器文化以来，没有发现尸体火化的习俗，周围的少数民族则有之。《荀子·大略》云："氐羌之虏也……而忧其不焚也。"杨倞注："氐羌之俗，死则焚其尸。"《吕氏春秋·义赏》也说："氐羌之民，其虏也，不忧其系累，而忧其死不焚也。"《墨子·节葬下》又云："秦之西有仪渠之国者，其亲戚死，聚柴薪而焚之，熏上，谓之登遐，然后成为孝子，此上以为政，下以为俗。""登遐"，《礼记·曲礼》写作"登假"，郑玄注："登，

---

① 河南省文物考古研究所：《郑州商城——1953—1985 年考古发掘报告》，文物出版社，2001 年，第 437 页。

上也;假,已也。上、已者,若仙去云耳。"《释文》云:"假音遐。"是"登遐"即认为灵魂升天成仙之意。孙诒让《墨子闲诂》:"仪渠在秦西,亦氐羌之属。"又引毕沅云:"仪渠,戎国之地,今甘肃庆阳府。"20世纪40年代,考古工作者曾在甘肃临洮寺洼山史前文化遗址中,发现有存放人体火化成骨灰的陶罐,①证明甘肃地区在上古时期确有将尸体火化的习俗。那么,郑州商城所发现的M151,其墓主人是否就是一位少数民族呢?这不大可能。因为如上所述,这是一处族葬墓地,八座墓中唯独此墓为罐装烧骨,其他七座皆为中原地区传统的土葬,此墓只是唯一的例外。而且此墓墓底还发现有殉狗的腰坑,按墓底挖有腰坑殉狗的习俗,为二里岗文化时期商人所首创,它主要流行于当时随葬青铜器的贵族墓葬中,随葬陶器的平民墓葬中尚不多见,总之这是商部族中流行的葬俗,就是说这是一处商族的族葬墓地。而现有的考古资料表明,商族不存在烧骨瓮棺葬的葬俗,那么在商族墓地内为何会有这种现象呢?我认为M151陶罐所盛放的烧骨可能不是尸体火化的结果,它很可能是墓主生前自焚或者被焚而死后埋葬的遗迹。按我国古代有焚人祈求天神降雨的习俗,《后汉书·谅辅传》:谅辅"仕郡为五官掾。时夏大旱,太守自出祈祷山川,连日而无所降(雨)。辅乃自暴庭中,慷慨咒曰:'……今敢自祈请,若至日中不雨,乞以身塞无状。'于是积薪柴聚荚茅以自环,拘火其傍,将自焚焉。"《左传·僖公二十一年》:"夏,大旱,公欲焚巫尪。"杜预注:"巫尪,女巫也,主祈祷请雨者。"《太平御览》卷十引《庄子》曰:"昔者,宋景公时大旱,卜之:以人为祠。公下堂顿首曰:'吾所求雨者,为人,杀人不可。'将自当之。言未毕,天大雨,方千里。"宋景公此举,应是模仿先人商王成汤,《吕氏春秋·顺民》云:"昔者汤克夏而正天下,天大旱,五年不收。汤乃以身祷于桑林,曰:'余一人有罪,无及万夫,万夫有罪,在余一人,无以一人之不敏,使上帝鬼神伤民之命。'于是剪其发,磿(原文作"磨",从陈奇猷《吕氏春秋校释》改)其手,以身为牺牲,用祈福于上帝。民乃甚悦,雨乃大至。"《文选·思玄

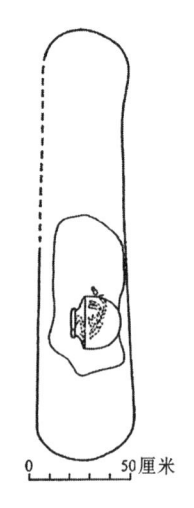

图二 铭功路西墓地C11M151平面图

---

① 夏鼐:《临洮寺洼山发掘记》,《考古学报》1949年第4期。

赋》注引《淮南子》佚文也说:"汤时大旱七年,卜用人祀天。汤曰:'我本卜祭为民,岂乎自当之!'乃使人积薪,剪发及爪,自洁居柴上,将自焚以祭天……"殷墟卜辞记有商王焚人祭神以求雨的活动,兹略举数例如下:

贞:炆,有雨?勿炆,无其雨?《合集》12842 正

辛卯卜:其狩,炆,擒?《合集》10402

勿惟炆,无其雨?《合集》12851

贞:炆牢,有雨?勿炆㚔,无其雨?《合集》1121

壬辰:其炆,雨?《合集》33317

戊戌卜:炆,雨?于乩炆,雨?于舟炆,雨?《合集》34483

乙卯卜:今日炆,从雨?《合集》34485

卜辞"炆"字,从"火",从一交胫之人形,罗振玉《殷虚书契考释》释为"炆",其文云:"《说文解字》:'炆,交木然(燃)也。'《玉篇》:'交木然(燃)之,以燎(上此下示)天也。'此字从交,下火,当即许书之'炆'字。"①罗说甚是。叶玉森《殷虚书契前编集释》云:此字"象投交胫人于火上"之形,又云:"《尸子》曰:'汤之救旱也,素车白马布衣,身婴白茅,以身为牲。'是殷初祈雨以人代牲之证。后世变而加厉,乃投罪人于火,示驱魃意。"②陈梦家《殷墟卜辞综述》云:炆,"象人立于火上之形","'炆'与雨显然有着直接的关系,所以卜辞之'炆'所以求雨,是没有问题的。由于它是以人立于火上以求雨,与文献所记'暴巫''焚巫'之事相同"。又云:"卜辞'炆'以求雨之㚔、婞等,系女字,乃是女巫,其他有可能是男巫。"③姚孝遂云:"按:'炆'象以火焚人之形,乃祈雨之祭。《说文》以为'交木然(燃)',非其本意。文献所记之'暴巫',犹炆之遗风。"④由此推知,郑州商城出土的M151墓主人,生前很可能是一位巫者,他(她)因为祈求上天降雨而自焚献身,死后用陶罐盛装烧骨埋葬于本家族墓地,墓底挖有殉狗腰坑,应是当时人们对他(她)的一种礼遇。因为巫者在古代被认为能够通达神灵,素被人们所尊重,《说文·巫部》:"巫,祝也。女能事无形以舞,神者也……古者巫咸初作

---

① 罗振玉:《殷虚书契考释》增订本中册,东方学会石印本,1927年,第50页。
② 叶玉森:《殷虚书契前编集释》第五卷,上海大东书局,1933年,第35页。
③ 陈梦家:《殷墟卜辞综述》,科学出版社,1956年,第602~603页。
④ 于省吾主编:《甲骨文字诂林》,中华书局,1996年,第1236页。

巫。"段玉裁注:"《书序》曰:'伊陟赞于巫咸。'马云:'巫,男巫名咸,殷之巫也。'"《尚书·君奭》:"巫咸乂王家。"巫咸,既是商代巫者,又是一位名臣。当然,M151 墓主人生前不大可能有巫咸那样尊贵,但是从其墓底挖有殉狗腰坑来看,至少也是一位商族"国"人的墓葬。

(原载《考古学研究》(八),科学出版社 2011 年出版)

郑州人民公园地区商代墓地族属试探

进入商代后期,随着商王"盘庚迁殷",郑州商城作为故都亳邑处于商王朝王畿南端地带,继续承担着保卫商王朝南部安全的作用,仍是商王朝的一处重地。作为商王朝的重地,这里居住着众多的人口,因而在郑州商城的周围留下了丰富的商代后期的文化遗物和遗迹。郑州商城西侧的今人民公园商代遗址,就是其中重要的一处。20世纪50年代初,考古工作者首先在今人民公园内彭公祠和青年湖一带发现了商代后期的灰坑、水井和墓地并出土大量的文化遗物,虽然"由于发掘面积不大或受发掘地区的局限"①,遗迹显得分散,且未发现大型房基,但是总的看来,这里应是一处大型的聚落遗址。根据其出土遗物的形态及其所在的地层关系,《郑州商城——1953—1985年考古发掘报告》将其分为一、二两期,两期时代大约相当于殷墟文化一期晚段和二期早段,即相当于商王武丁时期。一期发现有灰坑11个、水井和窖藏5个、祭祀坑2个。其中位于青年湖的H34,是该期最大的一个灰坑,该"坑的南壁为直壁,壁长2.6米,而其它三壁为半圆形,南北径2.01、深0.36米。值得注意的是,坑的底部中间则有一个类似半圆形坑形制的较高半圆形凸起部分,并在半圆形凸起部分中间放置着一块东西长0.5、宽0.24~0.26、厚0.2米的红色砂石。同时在坑的西南角处又向下挖去一个东西长0.96、南北宽0.8、深0.4米的近长方形平底坑。发掘时坑内所填灰土中,除有少量厚胎粗绳纹矮袋足陶鬲片与其它陶片外,还有石刀1件、有灼有钻有凿的龟卜甲3块、铜钉1件和陶杵1件"。此坑可能是一座小型半地穴式住房的遗迹。H34周围分布有零星的灰坑,其南侧20余米处发现有水井1眼(H5)和祭祀坑1个(H13),此"坑的一端圆鼓,另一端较直。坑口

---

① 河南省文物考古研究所:《郑州商城——1953—1985年考古发掘报告》,文物出版社,2001年,第875~951页。以下引文未加注者皆引自本报告。

东西长 2.1、南北中宽 1.6、残深 2.7 米。坑底西部中间有一个椭圆形凹窝;坑底东端有一完整的猪骨架,头朝北脊向上,四肢屈折于身下,作俯卧状……就此坑的形制和坑内埋有完整的猪骨架来看,可能与祭祀后填埋有关"。另外,在青年湖西北 200 余米的彭公祠一带,也发现有零星的灰坑、水井和祭祀坑 1 个(H106),该坑"是一个圆竖井形深坑,口径 1.4~1.45 米,挖掘深至 3.5 米时见水未再下挖……在距坑口深 0.5 米处填埋有一具完整的狗骨架,头北尾南、四肢平伸向东作躺卧状。另在距坑口深 3.45 米处,又填埋一具完整的猪骨架,头东尾西、四肢向南作躺卧姿态"。其祭祀对象已不可得知。一期发现有墓葬 24 座,皆分布于青年湖一带,半数零星无序地分布于这里各处,半数集中而有序地分布于 H34 的西北侧,形成一处小型家族墓地。它们"均为长方形竖穴土坑墓。其中有的墓室底部中间挖有腰坑,腰坑内殉葬一狗。大多数墓室底部铺垫有朱砂。少数墓内的木棺腐朽痕迹还很清楚,有的墓内四壁有熟土二层台……从墓内残存人骨架的情况看,头向东者居多,有个别朝北的。葬式多为仰身直肢,个别为俯身直肢"。其中 M54 位于 H34 的北侧,墓室"长 2.13、前宽 0.8、后宽 0.64、深 1.2 米。方向 11°……墓内随葬器物……计有铜戈 3 件、玉戚 1 件、石铲 1 件、玉柄形器 6 件、玉凿 1 件、玉璧 1 件、玉饰 1 件、蚌壳 1 件、玉器 1 件、卜骨 1 件共 17 件,为商代人民公园一期出土随葬品最多的一座墓"。M7 位于小型墓地的南部,"墓底东西长 3.1、前宽 1.4、后宽 1.3、深 1.9 米,方向 90°。墓室内中部有腐朽的白色椁灰痕迹……椁内有木棺灰痕迹……墓室内四周有熟土二层台……墓室底部中间有一东西长 1.43、宽 0.46、深 0.48 米的腰坑,但在腰坑内未见狗骨,而在棺上则发现有肢解的狗头与狗腿骨。墓内的随葬器物除一件陶簋是放在死者头部一侧的二层台上外,其它的铜戈 2 件、铜矛 1 件、铜钺形器 1 件、骨镞 2 件、石斧 1 件、玉柄形器 1 件和骨簪 2 件均放置在棺内死者附近及腰坑内"。这是一期所发现的最大的一座墓葬。M9 位于小型墓地的北部,"墓室长 3.1、前宽 1.4、后宽 1.1、深 0.25 米,方向 98°。由于发掘时仅剩墓底,所以不知是否有椁与棺。但发现墓室底部不但铺有朱砂,而且中间还有一个长 1.44、宽 0.64、深 0.25 米的腰坑……墓内随葬的一件青铜壶就是位于墓室中部的死者腰部一侧作倒卧状,其它的铜戈 1 件、铜镞 3 件、铜饰 1 件、石戈 1 件、石斧 1 件、玉柄形器 2 件、蚌器 1 件和贝 1 件等随葬器物,则分别放置在靠近死者周围与腰坑中"。其中的一件青铜壶(C7M9:4)呈"扁圆体,直口微外侈,长颈,深扁圆腹斜直,下部圆鼓并向内收敛成平底,下附扁圆体高圈足。颈部两侧各有一个竖长形贯耳,每个耳面上饰有双角和双目以及鼻和嘴等相当清晰而精美的牛首浮雕图案。颈部与圈足上除饰弦纹外,还在颈部饰有二组细线云雷纹地与粗线饕餮纹相结合的宽图案带条……而在圈足中部则饰有细线云雷纹地与粗线夔纹相组合图案带条……口径长15.6、圈足径长17.6、通高31.6厘米"。这是"商代人民公园中惟一发掘随葬有青铜容器——铜壶的一座墓葬"。M15位于M9的西侧,"墓口东西长3.05、前宽1.4、后宽1.35、深1.05米。在墓内有一个前宽后窄的东西长方形椁木痕迹……墓室内四周有熟土二层台。棺木的底部下面还有腰坑已残损,仅见少量零乱的狗骨和1件残石铲。位于椁室内东南部的墓主人骨架,大部保存尚好,呈仰身屈肢状,头向东。死者身下铺有朱砂。在椁室内东北部还殉葬一青年女性,女青年骨架保存也比较好,作侧身屈肢,面向南朝着墓主人"。这是这里所发现的唯一的一座有殉人的墓葬。但是在这块墓地里有些墓却没有任何随葬物,如M22,死者为俯身直肢葬,既无腰坑也无随葬品,这反映着墓主人之间生前的社会地位有着重大差别。综观这里所发现的该期墓葬,其有着以下两个特点:一是极少随葬有作为礼器的青铜器,二是凡随葬有青铜兵器的墓葬多共同随葬有石质生产工具。这说明埋葬于此地的墓主人,生前并不是显赫的贵族,而是一些既从事生产劳动又随时准备参加战斗的人员,就是说这里发现的一期墓地,应是一处商代"众"人的墓地。

二期发现灰坑12个,有些制作得相当规整,如C7T6H2,"灰坑呈口部小于底部的圆袋形。口径2.75~2.9、底径3.15~3.4、坑深2米"。坑内除出土有较多的陶片外,"还出土一些骨簪、骨镞、骨针等骨器,并有龟甲、龟卜甲、石器和陶纺轮等……此坑有可能是当时储藏东西的窖穴"。二期墓葬发现有19座,大多零星地分布于青年湖和彭公祠一带,只有M102、M103、M108、M109和M110集中地分布于彭公祠T101内外,大小、方向基本一致,可能是一处小型的家族墓地。该期"墓葬都为长方形竖穴土坑墓","死者头向除一个头向南者外,多数头向东",即向着故都商城。部分墓底铺有朱砂,朱砂下面挖有腰坑,坑内随葬一狗,其中以M6为最大,该墓"是一座有棺有腰坑的墓葬。墓室呈前宽后窄的东西长方形,中长2.42、前端宽1.08、后端宽1、深1.12米"。墓室底部周围有生土二层台,二层台中间为棺室,棺室底部中间有腰坑,从棺室东宽西窄的形式来看,墓主人应是头向着东方。墓内随葬器物计有铜戈1件、石戈1件、玉璜1件、玉饰 1 件和特殊玉器 2 件,是该期随葬品最多的一座墓葬。值得注意的是,在该墓出土的铜戈内部,两面均铸造有图像。一面铸有火焰纹图像,唐兰先生释为"囧字形图案而没有外面的圆框"①,但是由于此图案未有"外面的圆框",与殷墟卜辞"囧"字不类,仍当理解为火焰纹饰为妥。另一面图像唐兰先生释为"铭文'⊕'字",说这是城墉的"墉"的象形字,本来画出四方的城墙上都有楼,写作"⊕",这把戈上把代表楼墙的两竖并成一竖,所以成为"⊕"了。由于中国文字后来主要是直行,不适宜于横处太阔,所以把两边的城楼省去不画,只有上下两座楼,就变为"⊕"字。② 今按唐说甚是,殷墟卜辞有"⊕"(《前》八·一○一)字,像四面城墙上各有城楼之形,应是"墉"字之最早的原始文字,以后演变简化为"⊕"(《合集》13514)字,作上下两边有城楼之形。《说文·郭部》:"郭,度也,民所度居也。从回,象城郭之重,两亭相对也,或但从囗。"《说文·土部》又云:"墉,城垣也。从土,庸声。'⊕'古文墉。"段玉裁注:"《诗经·皇矣》:'以伐崇墉。'《传》曰:'墉,城也。'《诗经·崧高》:'以作尔庸。'《传》曰:'庸,城也。'庸、墉古今字也。"又注云:郭字"字音古博切,此云'古文墉'者,盖古读如庸,秦以后读若郭"。《诗经·鄘风》又写作"鄘",是知古鄘、墉、郭当为一字,其义都是指的城墙;而人民公园 M6 出土铜戈上的"墉"形图像,与殷墟卜辞原始的"墉"字类同,应当就是最早的"墉"字。

关于此戈所铸"墉"字的性质,唐兰先生释云:"《诗·桑中》说'美孟庸矣',毛苌《传》说'姓也'。周初有鄘国,就写作⊕,古代常以国为氏,可证⊕是氏族徽号。"③据此可知 M6 持有铜戈的墓主人当属商代墉族人士。古代族人特别是氏族首领常以本族族名作为自己的名称,因而 M6 墓主人当也命名为"墉"。该墓是该地该期最大且随葬品最多的一座墓葬,其墓主人生前也很可能是当地墉族的一位首领。《通志·氏族略》云:"庸氏,商时侯国。"丁山先生说:"墉,亦殷商巨族"。④ 殷墟卜辞多记墉族首领受商王之命处理事务并受着商王的关怀,是

---

① 唐兰:《从河南郑州出土的商代前期青铜器谈起》,《文物》1973 年第 7 期。
② 唐兰:《从河南郑州出土的商代前期青铜器谈起》,《文物》1973 年第 7 期。
③ 唐兰:《从河南郑州出土的商代前期青铜器谈起》,《文物》1973 年第 7 期。
④ 丁山:《殷商氏族方国志》,《甲骨文所见氏族及其制度》,科学出版社,1956 年,第 139 页。

商王朝后期常在商王左右的重要人物,例如卜辞云:

  丁未卜,争贞:令墉以有族尹□有佑? 五月。《合集》5622

  乙亥贞:畢令墉以众春,受佑?《合集》31981

  ……令墉曰:犬延田。《英》835

  辛丑卜,贞:墉……祸?《合集》4860

  贞:墉无祸?《合集》4861

  癸酉卜,贞:墉其有疾? 贞:墉无疾?《合集》13731

  贞:墉以众田,有灾?《合集》31970

古代聚族而居也聚族而葬,其墓地皆位于本族居地范围以内或其附近,而且族名往往与所居地域同名,因此 M6 所在的今人民公园一带,很有可能曾是商代的墉族聚居地,又称为墉地。墉地也见于殷墟卜辞,如卜辞云:"……入二,在墉。"(《合集》9282)"墉"与"京"地见于同版卜辞,其辞云:"癸卯卜,宾贞:令墉系在京奠?"(《合集》6)"系",罗振玉《殷虚书契考释》释为"系",于省吾先生进一步认为"契文祀典曰'系',谓以品物系属以交接于神明也"①。是"系"也为祭名,此辞意谓:商王令墉在京地郊区系祭神灵。京地也是商王关心农业生产、来往田猎和祭祀神祖的地区,如卜辞云:

  贞:王勿往于京?《合集》8078

  丁亥卜:庚卯雨? 在京丘。《屯》2149

  京受黍年?《合集》9980

  丙戌卜,贞:令犬延于京?《合集》4630

  贞:勿令犬延田于京?《英》834

  ……卯侑……父丁岁……羊……三十……在京。《屯》2097

京地所在,《左传·隐公元年》云,武姜为共叔段"请京,使居之,谓之京城大叔"。杜预注:"京,郑邑,今荥阳京县。"《史记·项羽本纪》:"楚起于彭城,常乘胜逐北,与汉战荥阳南京、索间。"《正义》引《括地志》云:"京县在郑州荥阳县东南二十里,郑之京邑也。"即今河南省荥阳市东南的京襄故城所在地。京地与龙地见于同版卜辞,商王也关心着龙地的农业生产,如卜辞云:"乙丑贞:王令垦田于京? 于龙垦田?"(《合集》33209)此"龙"地当即后世陇城和垂陇城,《左氏春

---

① 于省吾主编:《甲骨文字诂林》,中华书局,1999 年,第 3202 页。

秋经·文公二年》:"盟于垂陇。"杜预注:"垂陇,郑地,荥阳县东有陇城。"《水经·济水注》引京相璠曰:"垂陇,郑地,今荥阳县东二十里有陇城。"汉荥阳县即今郑州市西北古荥镇,古陇城当在今古荥镇东约10公里处。卜辞京地距今郑州市人民公园即古埔地、古陇地各20余公里,商王令埔前往京地系祭神灵,又令人前往京、陇二地垦田都是比较便当的。

"埔"族与"依"族也见于同版卜辞,其辞云:"贞:依敦埔?"(《合集》7047)《国语·晋语》:"凡黄帝之子,二十五宗。其得姓者十四人,为十二姓……僖、姞、嬛、依是也。"《世本》也说:"依姓,黄帝轩辕氏后。"《国语·郑语》史伯对郑桓公云:"邬、弊、补、舟、依、𪓟、历、华,君之土也。"可知在春秋时期郑国境内仍有依族存在,依、埔两族、两地同位于春秋郑国境内,当相距不远,两族发生冲突,影响地区安定,因而受到商王的关注。总之,在今郑州市人民公园一带发现随葬有"埔"族铜戈的墓葬,其地又与卜辞所记与"埔"地相关联的几个地名相近,所以我们认为这里应当就是殷墟卜辞所记的"埔"地。近年来考古工作者又在这里"发现晚商墓葬7座,东西向长方形竖穴土坑,均有腰坑,有的底部有朱砂痕迹。这类墓葬均被盗扰,只有一座出土有铜器、玉器和陶器随葬品,陶器放置在墓室的东部和东南部,组合为鬲、尊和鬲、簋。玉器有戈、琮、斧等"①。从其公布的个别器物形制来看,这批墓葬当属于殷墟文化二期晚段的遗迹,可能也属于"埔"族的墓地。不过随着商朝王都迁至今安阳殷墟,埔族的一支也当迁居于新的王都周围地区,《汉书·地理志》云:"河内本殷之旧都,周既灭殷,分其畿内为三国,《诗·(国)风》邶、庸、卫国是也。"颜师古注:"自纣城而北谓之邶,南谓之庸,东谓之卫。"顾栋高《春秋大事表》:"今河南省新乡县西南三十二里有鄘城。"埔族新迁或在此地,《诗经》中的《鄘风》当是流传于这个地区的诗歌。西周灭殷以后,周王曾将部分埔族赏赐予邢侯,西周《井侯簋》云:"匄井侯服,赐臣三品:州人、重人、埔人。"唐兰先生说:"井侯是邢国之侯。"②《左传·宣公六年》:"秋,赤狄伐晋,围怀及邢丘。"杜预注:"邢丘今河内平皋县。"《续汉书·郡国志·河内郡》下:"平皋县有邢丘,故邢国,周公子所封。"王先谦《集解》引清

---

① 索全星等:《河南金岸住宅工程考古:为研究郑州商城和郑州商文化序列提供重要实物资料》,《中国文物报》2008年7月4日第5版。
② 唐兰:《西周青铜器铭文分代史征》,中华书局,1986年,第161页。

《一统志》云,平皋"古城在今温县东二十里",即今河南省温县平皋镇。此地东北距郮城地约50公里,两地相近,邢侯故得受封墉人为自己服役。墉族首领也有任职于西周王朝者,《墉伯捱簋》铭文云:王"燎于宗周,赐墉伯捱贝十朋"。"墉伯"当是西周王朝的重要官员。但是墉族虽迁,今人民公园一带"墉"地名称尚存,西周初期的"郭邻"或"郭凌"可能就是指的此地,《尚书·蔡仲之命》云:"惟周公位冢宰,正百工,群叔流言,乃致辟管叔于商,囚蔡叔于郭邻……"孔传曰:"郭邻,中国之外地名。"孔颖达疏:"'郭邻,中国之外地名',盖相传为然,不知在何方。"疑为传说,不足为信。《逸周书·作雒解》云:"周公立,相天子,三叔及殷,东、徐、奄及熊盈以略……降辟三叔,王子禄父北奔,管叔经而卒,乃囚蔡叔于郭凌。"孔晁注:"郭凌,地名;囚,拘也。"黄怀信等《逸周书汇校集注》引陈逢衡云:"郭凌,《(尚)书·蔡仲之命》作'郭邻'。惠氏《礼说》曰:《周书》囚蔡叔于郭邻,幽之也。叔卒而立其子仲于蔡,则郭邻乃空埠之地名,明在蔡之境内矣。'衡案:《周礼·六遂》'五家为邻。'《左传·定(公)四年》:'蔡蔡叔,以车七乘、徒七十人。'是盖予以五家五百亩之入以养此七十人,故谓之'邻';以其附近城郭仍在蔡境内,故谓之郭邻。惠氏谓亦不离其国内,是也。"①"凌"与"邻"同声相假,"郭凌"也就是"郭邻"。"郭邻"意即邻近于蔡邑或邻近于蔡国的郭地,古"郭"与"墉"同字,郭地也即邻近于蔡邑或邻近于蔡国的墉地。蔡国始封地当在今郑州市古荥镇北郑庄一带,此地东南距今郑州市人民公园即古墉地约20公里,蔡叔被囚禁的"郭邻"或"郭凌"应当就在这个地区。

(原载《考古学研究》(十),科学出版社2012年出版)

---

① 黄怀信等:《逸周书汇校集注》,上海古籍出版社,2007年,第518页。

试论郑州小双桥遗址的性质问题

小双桥遗址位于郑州市西北郊区小双桥村一带,其"范围呈西北—东南向纵长方形",南北长约 1800 米,东西宽约 800 米,"总面积在 144 万平方米以上",遗址的中心区域约为 15 万平方米。① 该遗址中心区域发现的"商代遗存极为丰富,发现的重要文化遗迹有:宫城墙基槽遗迹、规模宏大的高台型夯土建筑基址、宫殿基址、居住址、祭祀坑群、奠基坑、壕沟、灰坑,以及与冶铸青铜器有关的遗存。出土器物以陶器为主,同时也有青铜器、原始瓷器、玉器、石器、骨器、蚌器、牙器、金箔和卜骨等",在所出土的一些陶缸上还发现有朱书文字。考古工作者根据工作需要,又将中心区自南而北、由西向东划分为 15 个小区,所发现的遗迹、遗物集中地分布于四、五、八、九四个小区之内,宫城墙基以内发现有多座夯土建筑基址,现存基址以四区一号基址(95ZX 四区 HJ1)为最大。该基址"南北残宽 12 米",东西"现存长度 50 米以上,夯基系用褐色黏土逐层铺垫并夯打而成","夯基总厚度在 1.5 米左右"。② 根据以往群众在此"取土时发现大量大型柱础的情况,可以肯定此处夯土基址规模宏大,建筑规格较高"③。另外,在这座夯土基址附近壕沟以内,还发现有两件青铜釭器建筑构件,可能就是这座大型建筑上的青铜饰器。

一号基址的南侧为祭祀场地,现知该场地东西宽 50 米,南北长 30 米,面积约 1500 平方米。场地内发现有多牲坑、牛头丛葬坑、牛角坑、牛角器物坑和青

---

① 河南省文物考古研究所:《郑州小双桥——1990—2000 年考古发掘报告》,科学出版社,2012 年,第 722 页。

② 河南省文物考古研究所:《郑州小双桥——1990—2000 年考古发掘报告》,科学出版社,2012 年,第 630 页。

③ 河南省文物研究所:《郑州小双桥遗址的调查与试掘》,《郑州商城考古新发现与研究(1985—1992)》,中州古籍出版社,1993 年。

铜容器遗存等。多牲坑以 H29 为代表,"坑内出土的动物骨骼有大象、牛、猪、狗、鹿等数种……初步推算该坑葬入的牛牲在 30 头以上"。牛头丛葬坑以 H100 为代表,"坑内中北部叠放带双角牛头骨 60 多个……共发现完整牛头骨、折合牛角及零星散乱的牛角 133 个"。该场地发现的"出土遗物有金箔残片、长方形穿孔石器、有朱书文字的陶缸残片、原始瓷尊……绿松石嵌片牙饰及各种动物骨骼",还有与铸造青铜有关的遗物等。"综合各种考古材料可以看出,这一区域是一处专门用来举行祭祀礼仪活动的相对比较固定的场所。"

在四区的北侧五区发现有四座夯土建筑基址(95ZX 五区 HJ1、95ZX 五区 HJ2、95ZX 五区 HJ5、2000ZX 五区 HJ6),五区的西侧八区发现两座夯土建筑基址(96ZX 八区 HJ1、96ZX 八区 HJ2),两区"建筑基址之间也形成了一个祭祀场,场地南北长 60 余米,东西宽 50 米左右,面积在 3000 平方米以上"。其特点是"'瘞埋'以人牲为主,少有动物牺牲祭祀坑或其他类型的祭祀坑"。"其中有两个人骨丛葬坑,一个四人葬坑和三人葬坑,还有四个双人合葬坑;单人坑数量较多,但一部分可能与奠基有关。"五区北侧宫城墙以外的九区,也发现有人牲祭祀场,可能属于五、八区祭祀场。① 现发现的人骨架已超过 160 具,"其中 3 个'丛葬坑'内埋葬人骨架近百具,人骨均肢解零散,分层叠置,一般上层多为头颅,下层多为肢骨,这些人骨暴力致伤的痕迹较明显,如在头部多发现有锐器击穿的孔洞或被钝器击打的凹痕,有的肢骨也有外力导致的断裂和损伤。……这 3 个'丛葬坑'的成因估计与用战俘作为'人牲'而举行某种仪式后集中葬埋有关"②。在宫城墙基西北侧"发现有石块铺地的烧土遗存,该遗址平面近方形,分东、西两部分,结合该遗迹东南部、北部的人牲遗存,初步推测该遗迹可能为当时祭祀时烧之以火的燎祭遗存"③。

在建筑基址群的东侧约 100 米处,还有一座俗称"周勃墓"的高台建筑,高台下部为"一座长方形的夯土台基……台基东西长 50 米,南北宽 40 米,面积 2000 平方米,从现在保留的高度看,夯土台基的高度至少应在 9 米以上"。台基上面有用"黄色细腻沙质土掺黏土夯打而成"的封土,"夯土质地坚硬,结构紧

---

① 河南省文物考古研究所:《郑州小双桥——1990—2000 年考古发掘报告》,科学出版社,2012 年,第 70 页。
② 宋国定:《郑州小双桥遗址出土陶器上的朱书》,《文物》2003 年第 5 期。
③ 宋国定、李素婷:《郑州小双桥遗址又有新发现》,《中国文物报》2000 年 11 月 1 日第 1 版。

密,层理分明,夯痕清晰,夯层厚度在0.08~0.12米之间,夯痕的形状均为圜形圜底,直径较小,有3、4、5厘米等几种"。"在封土冢上部发现有大面积的烧土堆积,烧土中还发现有许多夯土块和草拌泥块,在一些较大的夯土块上还留有小圆形夯痕……(据此)我们认为'周勃墓'实际上应是一座夯土台基。""'周勃墓'之上有大量与商代建筑有关的堆积,其南侧的灰土堆积中有商代白家庄期的陶片,而且夯土的夯层、夯窝形状结构均与郑州商城的夯土建筑相近"①,因此,它至迟应是一座不晚于二里岗文化四期的商代前期夯土台基。"小双桥遗址文化内涵特征较单纯,文化堆积前后延续时间较短……繁荣期与郑州商城前后衔接。"②"该遗址文化堆积的主体应该是以具有大型宫殿基址、大批祭祀遗存及冶铜遗存为主的白家庄期文化遗存。""从测年结果可知,小双桥遗址的绝对年代大致相当于距今3400年前后"③,大约相当于文献记载的商王朝仲丁执政时期。

小双桥遗址位于文献记载的商代隞都的南侧。有关隞都所在地的相关文献如下。《尚书·商书序》:"仲丁迁于嚣。"《史记·殷本纪》:"帝中丁迁于隞。"《史记·殷本纪·索隐》:"隞,亦作'嚣',并音敖字。"《左传·宣公十二年》:"晋师在敖、鄗之间。"杜预注:"敖山在荥阳西北。"西晋荥阳县即今郑州市古荥镇。《水经·济水注》:"济水又东径敖山北,《诗》所谓'薄狩于敖'者也。其山上有城,即殷帝仲丁之所迁也。皇甫谧《帝王世纪》曰'仲丁自亳徙嚣于河上'者也,或曰敖矣。秦置仓于其中,故亦曰敖仓城也。"这说明商王仲丁所迁的隞都,当在临近古黄河岸边的敖山之上,北魏郦道元写《水经注》时此城尚在,郦道元是曾经见到过此城的。不过商王仲丁所居隞都的规模,由于后世被黄河冲毁,我们已不得而知,但是作为王都,在它的周围还应当分布着众多的遗迹及其附属建筑。近年来考古工作者在古敖山以南的今古荥镇郑庄村西、沟赵乡堂李村南、祥营村东、赵村西、石佛乡陈庄村南、兰寨村东、关庄村西南、小双桥村西

---

① 河南省文物考古研究所等:《1995年郑州小双桥遗址的发掘》,《华夏考古》1996年第3期。
② 宋国定:《郑州小双桥遗址出土陶器上的朱书》,《文物》2003年第5期。
③ 河南省文物考古研究所:《郑州小双桥——1990—2000年考古发掘报告》,科学出版社,2012年,第723页。

南等地,发现了多处商代前期文化遗址,①其中以小双桥遗址规模最大,文化内涵最为丰富,应是隞都南侧一处重要的附属建筑。根据对其文化内涵的分析,我们认为它很可能是一处当时商王朝的祭祀场地。这处祭祀场地突出的一座俗称"周勃墓"的高台型夯土建筑基址,应是当时一座祭坛遗迹。按我国历代王朝多有在王朝南郊设坛祭祀天地神祖的活动,北京天坛就是一处保存于现今的清王朝祭天场地。商周时期不仅在此祭天,也祭祀神祖,《逸周书·作雒解》记周公"乃设丘兆于南郊以(祀)上帝,配□后稷,日月星辰,先王皆与食"。孔晁注:"设,筑坛域(原注为'城',从孙诒让《周书斠补》改),南郊,南郭也。先王,后稷。"黄怀信等《集注》引卢文弨曰:"'日月星辰',《御览》作'农星'。赵(曦明)云:'此注非后稷已配上帝,此先王当自太王而下。'"②《论语·为政》云:"周因于殷礼,所损益可知也。"周人在郊区设坛祭礼当是继承殷人礼制而来,殷人称郊坛为"单",古本《竹书纪年》云:"武王亲擒帝受辛于南单之台。""南单之台"即位于商都南郊之坛台。"南单之台"又称"鹿台",《水经·淇水注》:"南单之台,盖鹿台之异名也。"但郦道元等以为鹿台在纣都朝歌即今淇县城中,其实未必如是。唐《括地志·卫州》"卫县"条下:"鹿台在卫州卫县西南三十二里。"又云:"朝歌故城在卫县西二十三里。"可知鹿台当位于朝歌故城即纣都南郊一带。《史记·殷本纪》:纣王"厚赋税以实鹿台之钱"。同书《周本纪》:武王"命南宫括散鹿台之财"。《尚书·武成》:"散鹿台之财。"孔颖达疏:"《新序》云:'鹿台其大三里,其高千尺。'则容物多矣,此言鹿台之财,则非一物也。"可见鹿台不仅是当时重要的军事据点,也是一处储存物资财富的基地,因而应是一处以鹿台为中心的大型建筑群体。古本《竹书纪年》云:"武王亲擒帝受辛于南单之台,遂分天之明。"《礼记·祭法》"男有分",郑玄注:"分,犹职也。"此文意谓西周武王正是在南单之台擒杀了殷纣帝辛,并在这里宣布职掌上天授予的明命即统治全国的权力。可知南单之台也是当时的一处政治重地。殷墟卜辞记有"东单"(《合集》28115)、"南单"(《合集》6473)、"西单"(《合集》9572)等地名,饶宗颐先生云:卜辞南单、西单,"疑即南坛、西坛"。于省吾先生又云:卜辞"单"字"应读作'台',单、台双声,故通用,台乃后起字,古本《竹书纪

---

① 张松林:《郑州市西北郊区考古调查简报》,《中原文物》1986年第4期。
② 黄怀信等:《逸周书汇校集注》,上海古籍出版社,2007年,第533页。

年》称'南单之台',是由于东周以来已出现了'台'字,而《纪年》作者不知商人以'单'为'台',遂于'南单'之下,误加'之台'二字。……总之,商之四单即四台,是在以商邑为中心的四外远郊"①。此说甚是,南单即商都南郊之坛,是以坛台为主体的大型建筑群体,是商代王都地区的一处祭祀神祖与经济、军事重地。今本《竹书纪年》:帝辛"五年夏,筑南单之台"。专记商王令筑南单之台,可见商人对于修筑"南单之台"的重视。现已出土的殷墟卜辞中,记有商王在南单的活动最多,并在这里祭祀神祖,如卜辞云:

　　庚辰卜,争贞:爰南单?《合集》6473

　　……入,从南单。《合集》28116

　　……南单……不吉?《英》754

　　乙卯卜:于南单立岳,雨?《屯南》4362

　　岳于南单?《合集》34220

第一辞"爰南单",饶宗颐先生释云:"爰,于也。《诗·卷阿》'亦集爰止',笺'爰,于也'。又《广韵》:'爰,行也,为也。'"②是"爰南单"当即前往南单之义。第四辞"于南单立岳",陈梦家先生释云:"'立'即(《礼记》)《明堂位》之'位',《周礼·小宗伯》注云:'位,坛位也。'《肆师》:'用牲于社宗则为位。'"③于省吾先生又云:"按位、立古同字,金文'位'字皆作'立'……《周礼·小宗伯》:'掌建国之神位。'注:'故书'位'作'立',郑司农云:'立读为位。古者立、位同字。'"④此辞当与第五辞"岳于南单"意思相同,即前往或在南单祭祀岳神之义。小双桥遗址正位于商都隞邑的南郊,其中俗称"周勃墓"的高台型夯土建筑基址当是商人的祭天之坛。《礼记·祭法》云:"燔柴于泰坛,祭天也。"郑玄注:坛,"封土为祭处也"。孔颖达疏:"'燔柴于泰坛'者,谓积薪于坛上,而取玉及牲置柴上燔之,使气达于天也。"考古工作者在这座"高台型夯土建筑基址"之上虽然尚未发现玉器和烧骨,但如前文所述,已"发现有大面积的烧土堆积"⑤,

---

① 于省吾主编:《甲骨文字诂林》,中华书局,1996年,第3071页引。
② 于省吾主编:《甲骨文字诂林》,中华书局,1996年,第968页引。
③ 陈梦家:《殷墟卜辞综述》,科学出版社,1956年,第462页。
④ 于省吾:《泽螺居诗经新证》,中华书局,1982年,第47页。
⑤ 河南省文物研究所:《郑州小双桥遗址的调查与试掘》,《郑州商城考古新发现与研究》,中州古籍出版社,1993年。

表明它应是商王的燔柴祭天之处。与此相对,位于"高台型夯土建筑基址"西侧的"宫殿基址""祭祀坑群",则应是商王祭天时"先王皆与食"的祖庙遗迹。根据文献记载,我国古代在克敌凯旋以后,有向天地神祖举行献俘庆功的活动。《逸周书·世俘解》记西周武王克殷归来以后举行献俘庆功活动,云:"越六日庚戌,武王朝至燎于周。……武王乃废于纣矢恶臣人百人,伐右厥甲小子鼎大师;伐厥四十夫家君鼎师,司徒、司马初厥于郊号。……用小牲羊、犬、豕于百神水土,于誓社。……用牛于天、于稷五百有四。"黄怀信等《集注》引陈逢衡云:"'初厥于郊号',郊,南郊也,祭天于南郊,答阳也。"又引顾颉刚曰:"按《殷墟书契前编》:'丁酉卜,贞:王宾文武丁,伐三十人,卯六牢,鬯六卣,亡尤?'(1·18)……象以戈临于人颈,即是杀也。牢云'卯'者,'卯'即'刘',亦杀也。杀人以祭,本商、周间通常事。……'四十夫家君',当即四十个小氏族的领袖。按此似总结上文,谓纣共恶臣百人、小子、大师、四十夫家君等,皆为豫定行献俘礼时杀戮之对象,令司徒、司马执行之。"①另外,牛牲也是我国重要的祀神祭品,《周礼·地官·封人》云:"凡祭祀,饰其牛牲。"同书《牛人》又云:"牛人掌养国之公牛,以待国之政令。凡祭祀共其享牛求牛。"郑玄注云:"享,献也。献神之牛,谓所以祭也。""求牛",郑玄注云:"祷于鬼神,祈求福之牛也。"周人的这个礼制当是继承商人礼制而来。

如上文所述,小双桥遗址大型建筑基址群的周围发现有大面积的人牲坑、牛牲坑等祭祀场地,可能就是商人行献俘礼时的场地。据此推测,小双桥遗址大约应是商王仲丁迁居隞都时期所建祭祀天地神祖或在这里向天地神祖行献俘礼的"南单"遗迹。

(原载《古代文明(十)》,上海古籍出版社2010年出版)

---

① 黄怀信等:《逸周书汇校集注》,上海古籍出版社,2007年,第436~442页。

后李商代墓葬族属试析

1979年4月,河南罗山县东南后李村发现大型商代墓地一处,这是豫南地区商代考古上的一个重要收获。几年来信阳地区文管会和罗山县文化馆的同志们在这里进行了两次发掘,现已清理出商墓17座,其中有10座已经公布于世,①另外7座尚在整理之中。根据所发表的资料,正如原报告所说:"这处商代墓地的墓葬形制、器物特征、纹饰图样等,都与安阳殷墟的晚商文化相类似"②,可知其时代应属商代晚期无疑。这批商代墓葬的形制大小各不相同,但是10座墓葬中有9座随葬有铜器,其中M1、M8、M28等随葬有成组的青铜礼器,M8还发现有殉葬人多个,显然这里不是埋葬一般平民的地方,而应是一处商王朝贵族的墓地。

值得注意的是,在该处墓地出土的一些大件铜器上,铸有族徽铭文多种,其中㞢字徽铭最为突出,"在7座商代中型木椁墓中,发现23件铜器上铸有㞢的铭文"③,几占全部有铭铜器的百分之八十;不仅如此,铸有此字徽铭的铜器往往成组地出土于一座墓中,如M6出土铜器18件,其中有6件铸有㞢字族徽,M28出土铜器12件,其中有8件铸有㞢字族徽,这表明它是该墓地最为常见的族徽,铸有这种族徽的铜器也是该墓地出土数量最多的有铭铜器,和该墓所出铸有其他徽铭的少量铜器不同,这批铜器不可能是由于战争、婚嫁等原因由外

---

① 信阳地区文管会、罗山县文化馆:《河南罗山县蟒张商代墓地第一次发掘简报》,《考古》1981年第2期;信阳地区文管会、罗山县文化馆:《罗山县蟒张后李商周墓地第二次发掘简报》,《中原文物》1981年第4期。

② 信阳地区文管会、罗山县文化馆:《河南罗山县蟒张商代墓地第一次发掘简报》,《考古》1981年第2期。

③ 信阳地区文管会、罗山县文化馆:《罗山县蟒张后李商周墓地第二次发掘简报》,《中原文物》1981年第4期。

族得来,而只能是墓主人自己或其后人为随葬死者而铸造的。原发掘报告说:
㊀形族徽"可能是这个家族墓地的共同族徽",这个推断是正确的,就是说后李墓地应该就是商代晚期居住在该地的㊀族墓地。

族徽㊀字,曾见于殷墟甲骨和西周金文,铸于商代铜器者此属首次发现。

殷墟甲骨如骨臼刻辞云:

"戊申帚㊀示二屯 永"《续》6·9·4

西周金文如《退簋》云:

"公史(使)退事右(佑)㊀用乍(作)父乙宝障彝 ㊁"《三代吉金文存》卷六·47

又《㊀伯卣》云:

"隹王八月㊀白(伯)易(锡)贝于姜用乍(作)父乙宝障彝"《三代吉金文存》卷十三·36

骨臼刻辞中的"帚㊀",胡厚宣先生《武丁时五种记事刻辞考》以为乃武丁后妃之一,①丁山先生《甲骨文所见氏族及其制度》认为㊀是氏族徽号,②则"帚㊀"自系㊀族之妇适于商王者。《退簋》《㊀伯卣》中的㊀即㊀国之君,同样也是一种氏族徽号,所有这些都和后李商墓铜器上的㊀字字义是完全一致的。但是此字在甲骨刻辞和西周金文中的字体结构略有不同,甲骨文此字作"㊀"或作"㊀"(《佚》430)、"㊀"(《前》5·28·1),其下左右各一撇或两撇,中间没有一竖画;后李 M6Ⅲ式鼎上此字与甲骨文相同,而 M5 鼎铭、M6 瓿铭、M11 爵铭、M12 爵铭、M28 鼎铭直至西周金文中此字均作㊀,下面两撇之间多一竖画,因此我们认为甲骨刻辞及后李部分铜器铭文㊀,应是该字的原始形态,另外后李部分铜器铭文以及迄今所发现的西周金文中的㊀当是其繁体或变体,就是说后者乃是前者的发展形态。

㊀字,《说文》所无,后世诸家的解释众说纷纭,意见多不一致。阮元③、唐

---

① 胡厚宣:《武丁时五种记事刻辞考》,《甲骨学商史论丛》初集第三册,1944 年,第 514 页。
② 丁山:《甲骨文所见氏族及其制度》,科学出版社,1956 年,第 22 页。
③ 阮元:《积古斋钟鼎彝器款识》卷五《周彝》,商务印书馆,1937 年,第 302 页。

兰①释㬎，徐同柏②释皋，刘心源③释泉，方浚益④释㲆，吴式芬⑤释泉，吴闿生⑥释皋，于省吾⑦释皋，柯昌济⑧、林义光⑨、高鸿缙⑩等人释息，今按：当以释息为是。《说文·心部》："息，喘也。"徐锴《说文解字系传》释"息"云："自，鼻也，气息从鼻出，会意，消式反。"段玉裁《说文解字注》："（《说文》）口部曰：'喘，疾息也。'喘为息之疾者，析言之；此云息者喘也，浑言之。人之气急曰喘，舒曰息……《诗》曰：'使我不能息兮'，《传》曰：'忧不能息也'；《黍离》：《传》曰：'噎忧不能息也'，此息之本义也。……许书：'𩑶，卧息也'；'呬，息也'；'眉，卧息也'；'歑，咽中息不利也'；'𣅱，饮食芛气不得息也'……皆本义也。"又《论语·乡党》云："屏气似不息者。"皇侃疏："屏藏其气，似无气息者也。"杨伯峻《论语译注》译为："憋住气好像不呼吸一般。"《战国策·齐策》："宣王太息。"高诱注："长出气也。"《汉书·高帝纪》："喟然大息。"颜师古注："大息言其叹息之大。"是知息字本义即为喘息、叹息、呼吸出气。甲骨文"𪙢"从"自"，从"八"，"𪙢"即鼻子之象形，《说文·自部》："自，鼻也，象鼻形。"又曰："白，此亦自字也，省自者，词言之气，从鼻出，与口相助也。"《说文·王部》释皇云："自，读若鼻。"段玉裁《说文解字注》："《说文》自下曰鼻也，则自、鼻二字为转注；此曰自，读若鼻……此可知自与鼻不但义同，而且音同，相假借也。"其实自与鼻形、音、义皆相同，二者古今一字，后起的鼻字当从古自字分化而来。𪙢为鼻子之象形，历来说者无异议，而𪙢下所从之"八"，上述诸家以往则释为氶、本、水、丰、半等，但这些字形仅据商周金文字形"𪙢"下所从之"小"立说，而与原始形态的甲骨文所从之"八"形体结构相距甚远，恐非本义，我们认为甲骨文"𪙢"下所从之"八"实

---

① 唐兰：《论周昭王时代的青铜器铭刻》，《古文字研究》第二辑，中华书局，1981年，第14页。
② 徐同柏：《从古堂款识学》卷一·A 五，光绪三十二年石印本。
③ 刘心源：《奇觚室吉金文述》卷十八·A 三。
④ 方浚益：《缀遗斋彝器考释》卷十二·A 六。
⑤ 吴式芬：《攈古录金文》卷二六二·B 三十九。
⑥ 吴闿生：《吉金文录》四·十五。
⑦ 于省吾：《双剑誃吉金文选》卷下六三·A 十一。
⑧ 柯昌济：《韡华阁集古录跋尾》庚编上·A 七。
⑨ 林义光：《文源》卷五·A2。
⑩ 高鸿缙：《中国字例》二·二八四—二八五，转引自周法高等编《金文诂林》附录，第1644页。

与鼻子的功能有关,而酷似鼻呼吸出气之形。高鸿缙《中国字例》云:"按:息,鼻呼吸也,字原倚自(古鼻字)画有气出入之形,由文自生意,故托以寄呼吸之意,动词;秦时,文字声化变作息,从自,心声。"高说甚是,按图察意,㒸与息其义相同,甲骨文无息字,㒸实为息字之初文。

㒸字在晚商和西周时期发展为㒸,至春秋时期又演变为息(或鄎)①,其演变原因,正如高鸿缙所说,应"文字声化"的结果。高明先生在论述汉字发展规律时也说:"有些本来已独立存在很久的象形字和会意字,因受形声结构的影响,中途又在原来字体中增添声符或形符,转化为形声字"②,并举出其、凤、宝、糟等字的前后字形变化为例加以论证。㒸字的变化也当是其一例,《说文·心部》:"息,喘也,从心,从自,自亦声。"是知息古又有自音;又鼻子的主要功能是呼吸,因此自与息本义也相同,二者音义相同,字形相近,故可互相通用。王符《潜夫论》将息姓又写作自姓,后人或以为误写,不确,我们认为实应是二者互相通用的遗证。但是随着客观发展的需要,古人于自或㒸下复加心形声符,于是息由会意字一变而为形声字,其后息行而㒸废。据目前见到的资料,至少到西周中晚期,金文中就不见㒸字了。

如果㒸字释息不误,那么随葬铜器上多以此字为族徽标记的后李商代墓地便应是商代息国贵族的墓地。由甲骨刻辞可知,早在武丁时期,息国就是商朝之重要附属国,息族且与商王室通婚,双方关系是相当密切的;后李墓地出土商代铜器表明,这个息国至商代末期依然存在,进入西周初期,该国或徙或亡,始由西周姬姓贵族所代替,《世本·氏姓篇》中"息国,姬姓",就是指的周代姬姓息国,姬姓息国当是姬姓贵族因袭居商代息国故地而得名。周代息国地望,文献记载在今河南省息县境。许慎《说文·邑部》:"鄎,姬姓之国,在淮北。从邑,息声,今汝南新鄎。"《汉书·地理志·汝南郡》下云:"新息,莽曰新德。"颜师古注引孟康曰:"故息国,其后徙东,故加新云。"又《左传·隐公十一年》:"郑、息有违言,息侯伐郑。"杜预注:"息国,汝南新息县。息,一本作鄎。"是知汉、晋新息县,属汝南郡,原为周代息国故国所在。汉、晋新息县治与周代息国都邑地望

---

① 湖北随县出土有春秋早期的"鄎子盆"为证。见程欣人:《随县涢阳出土楚、曾、息青铜器》,《江汉考古》1980年第1期;图像见《江汉考古》1980年第2期图版壹。

② 高明:《略考汉字形体演变的一般规律》,《考古与文物》1980年第2期。

同,《水经注》卷三十《淮水经》云:"(淮水)又东过新息县南。"郦道元注:"淮水东径故息城南。《春秋左传》:'隐公十一年,郑、息有违言,息侯伐郑,郑伯败之'者也。……淮水又东径新息县故城南。应劭曰:'息后徙东,故加新也。'王莽之新德也。光武十九年封马援为侯国。外城北门内有新息长贾彪庙,庙前有碑。"杨守敬疏:"郦氏分故息、新息为二,则息在新息地非即新息治也。淮水东流先径故息,后径新息,则故息在新息之西与下应(劭)说合,在今息县西南十五里……(新息)今息县治。"按杨氏所说甚是,唐《元和郡县志》卷九云:"新息县……贾君祠在县北一里。……新息故城在县西南一十里。"贾君祠即《水经注》所说的"新息长贾彪庙",新息故城即《水经注》所说的故息城,可知唐代新息仍袭汉代新息县县治,息国故邑当时尚存。清《嘉庆一统志》光州古迹"新息故城"条以为新息故"在息县东",但又引《元和志》等说:"新息故城,在县西南十里,《县志》:'今为新息里,又有古息里,在县西南十五里,即息侯国,为楚所灭者。'"清《光州志》卷四:"息县:古息城在县西南七里。"清《息县县志·古迹》云:"古息城,县西南七里,故息国。"又同书"建置"条:"古息铺,县西南十里。"以上这些文献记载与杨氏所说相符。另外,今据信阳地区同志们的调查,①在今息县城西南约5公里处的青龙寺附近,发现古代城址一座,古城址面积约0.25平方公里,时代最晚也在春秋时期,这座古城址的所在地清代又称古息铺或古息里,显然是因位于古息城而得名,其地望正与《水经注》及上述文献记载相符合,因此很有可能就是周代息国都邑的故墟;而今据息县北郊清代尚存贾君祠可知,今县城仍是两汉新息县县治的所在地。但是顾祖禹《读史方舆纪要》却说:"息城,县北三十里。"清人徐松《新斠注汉书地理志集释》更说古息城在汝州(今河南省临汝县)天息山附近。这些推断根据不足,因而是不可信的。总之,周代息国在今河南省息县县境是明确无误的,当然周代息国并不一定就是商代息国所在,商代息国都邑也许要在今罗山县境内寻找其踪迹,但是息县、罗山二县相邻,古息城南距后李商代墓地不过30余公里,因此周代息国之名必是沿袭商代息国故地而来,同时周代息国的确定也从侧面为我们考证后李商代息国墓地提供了重要依据。

商代息国地处华北大平原的南部边缘地带,从这里向北跨过淮河,即进入

---

① 承蒙信阳地区文管会提供资料,详细情况正在调查中。

商王朝的中心黄河中下游地区,向南通过大隧关穿越大别山脉,可达肥沃的长江流域,这个特定的地理位置,使它作为商代南方之重要方国与中央商王朝保持着密切关系,同时也与长江流域诸部族方国有着一定的联系。这种种关系表现在息国文化特征上,就是基本上与中原商王朝文化相一致,但又有明显的地方特点。如通过后李商代墓地的发掘,我们看到,使用头箱放置随葬器物,以青膏泥涂抹墓壁以及用石铲随葬等葬俗和随葬品中的"凹"字形铜锸、铜锥、半空足的凹凹形纹铜鼎、铜内木援戈、漆木器、几何印纹硬陶等都不见或少见于中原地区,而与南方地区文化有着相近或相同之处。这种现象表明,息国所在的今河南省东南部,应是中原文化与南方文化相互交汇融合的地区之一,这种交汇融合的文化对于我们分析商文化的地域类型,应有着重要的意义。

(原载《中原文物》1981年第4期,与李伯谦先生合作)

周初铜器铭文"王在阑师"与"王祀于天室"新探

一

《利簋》和《天亡簋》是迄今所见西周最早的两件铸有铭文的青铜器。其铭文记述了西周武王伐纣等若干历史事件,这对于研究西周初期历史具有重大的学术意义。这两件铜器铭文以往学者多有讨论,但是对二者进行综合研究的不多,兹在前人研究的基础上,对这两件铜器铭文所记述的有关问题探讨如下。

《利簋》铭文云:

> 珷(武王)征商,隹(惟)甲子朝。岁鼎,克闻(昏),夙又(有)商。辛未,王才(在)阑㠯(师),易(赐)又(有)事(司)利金,用作𣲳(檀)公宝尊彝。

铭文大意是:武王征伐商王朝,是在甲子日的早晨开始大举进攻的。此时岁星当空,当天就推翻了商王朝并攻占了王都商邑。第八日辛未,武王率师到达阑地,赏赐有司利铜料,利用此作了这件纪念祖先檀公的珍贵礼器。

从《利簋》铭文可以看出,周武王是在一天之内推翻商王朝的,其速度之快超出人们预料。为巩固此胜利果实,他迅速采取了以下几项措施:一是派出多路大军继续剿灭商王朝的残余力量,正如《逸周书·世俘解》所说,在当天斩杀商王纣的同时,"太公命御方来",晋人孔晁注"太公望受命追御纣党方来"也,太公望即领其中一路进剿大军;对于新占领的地区,派遣亲信重臣前往治理。二是向世人宣布商王朝的结束、周王朝的建立。《史记·周本纪》云:周人在占领商邑的第二天,即"除道,修社及商纣宫",做了清扫道路、修整社坛和商纣王宫的工作。在周官尹佚历数商王纣的各种罪行之后,"武王再拜稽首,曰:'膺更大命,革殷,受天明命。'"向世人正式宣告改朝换代,革除商王朝,建立周王朝,说这是执行上天英明的旨意。三是任命投顺于周的纣王儿子禄父按照新的制度继续管理前商王朝的王畿地区,武王则派自己的弟弟"管叔鲜、蔡叔度相禄父治殷",即从旁加以监督。另外,还下令释放被商王朝囚禁的贵族、平民,并且"散鹿台之财,发巨桥之粟,以振(赈)贫弱萌隶",等等。周武王通过采取这一系列的重大措施,从而安定了人心,使局势初步稳定下来。

在初步稳定局势之后,武王又于灭殷后的第八天,立即率师到达阑地。这是一处军事重镇,其地所在,诸家说解不同,或说在安阳殷墟,①或说在河南偃师,②或说在郑州古代的管地。我们认为当指古代管地为是。于省吾先生最早提出此说,他说"阑"字"后来又省化为'柬',成王时器新邑鼎的'〔王〕自新邑于(训往)柬',是其证",又说"阑"或"柬""均应读为管蔡之管。古文无管字,管为后起的借字……后世管字通行而古文遂废而不用。管之称管自,犹'成周'金文也称'成自'。管为管叔所封地,《括地志》谓在'郑州管县'"③。徐中舒先生认为"于氏以'阑'为管叔之'管',以声韵及地望言之,其说可信"④。杨宽先生也说于、徐二氏的考释,"很是正确",又云:"《史记·管蔡世家》说武王克殷以后,'封叔鲜于管'。管这个地名该早就存在,只是'管'是后起字,原来不写作'管'。在《墨子》一书中,不作'管'而作'关',曾两次提到管叔作关叔。"并认为,在商代、西周金文中,这个字作"阑","'阑'与'关',音义俱近,更足以证明'阑'即是'管'"⑤。以上诸家所说甚是,《逸周书·大匡解》云:"惟十有三祀,王在管,管叔率(原文作"自",从潘振《周书解义》改)作殷之监。"武王十三年即武王克殷之年,⑥此记"王在管",当与《利簋》所记"王在阑师"为同一事件。但是诸家所说管叔所在的管地在郑州管城(即今郑州市管城回族区)一说,则未必如是。《左传·宣公十二年》载,晋师救郑,楚师"次于管以待之。晋师在敖、鄗之间"。杜预注:"荥阳京县东北有管城。"清人张调元《京澳纂闻》释云:"晋以

---

① 黄盛璋等:《关于〈利簋〉铭文考释的讨论》,《文物》1978年第6期。
② 蔡运章:《周初金文与武王定都洛邑——兼论武王伐纣的往返日程问题》,《中原文物》1987年第3期。
③ 于省吾:《〈利簋〉铭文考释》,《文物》1977年第8期。
④ 徐中舒等:《关于〈利簋〉铭文考释的讨论》,《文物》1978年第6期。
⑤ 杨宽:《中国古代都城制度史研究》,上海人民出版社,2003年,第36~37页。
⑥ 唐兰:《西周青铜器铭文分代史征》,中华书局,1986年,第2页。

前之管,在今郑州西北二十里石佛集。代移物换,遗迹罕存,惟石佛集北石佛寺中,有宋庆历八年(一〇四八年)幢子,石刻云:'奉宁军管城县管乡'云云,宋以前此为管乡,其地正在京县城东北,则其为古管国明矣。"①我们认为张氏的这个论断是正确的,因为根据历年来的考古调查和发掘,今郑州市管城回族区一带并未发现西周时期的文化遗址,更未发现这一时期的城墙,此足以证明这里并不是西周管国所在地;而在今郑州市西北郊的石佛镇一带,却发现有众多的西周文化遗址。近年来,考古工作者在石佛镇及其周围老鸦陈、须水镇、沟赵乡和古荥镇等地,已"发现有典型西周遗存的遗址7处。7处西周遗址规模均较大,多在10万~30万平方米,个别遗址超过50万平方米,这些遗址集中分布于50平方公里之内,形成一个集中的西周早期文化遗址群区"②。由此可见,这里应当就是管叔封国的中心区,也应当就是《利簋》所说的"阑师"所在地。《逸周书·文政解》又云:"惟十有三祀,王在管,管、蔡开宗循王。"意即武王到达管地以后,管叔和蔡叔开启宗庙迎接武王,并宣布遵照王命办事。是知蔡叔始封地当距管地不远,其地所在,当即《中国历史地图集》所记西周时期的"祭"地,③位于今郑州市郑庄一带,东南距石佛镇即管地约15公里。这两个地方背倚黄河,西接嵩山余脉,东南临黄淮平原,是周初镇守东方的战略要地。武王在克殷以前已经占据此地,并从这里北渡黄河,北向灭殷(见《荀子·儒效》),又把自己的兄弟管、蔡二叔封于此地,而且在克殷后的第八天就来这里视察,足见周人非常重视这处战略要地。

二

《利簋》的作器者利,唐兰先生以为应是文献记载的檀伯达,这是可信的。《左传·成公十一年》曰:"昔周克商,使诸侯抚封,苏忿生以温为司寇,与檀伯达封于河。"这里所说的"河",应指为黄河两岸,温地所在,杜预《左传·隐公三

---

① 张万钧校注:《嘉靖郑州志校释》,郑州市地方史志编纂委员会编印,1988年,注释第1页。
② 张松林等:《西周管邑管城与管国》,郑州市文物考古研究所编著:《郑州文物考古与研究》(一),科学出版社,2003年,第1496页。
③ 郑杰祥:《卜辞所记祭地新探》,《中国国家博物馆馆刊》2013年第1期。

年》注:"温,今河内温县。"即今河南省温县境。檀地所在不详,或不在河内而在黄河南岸。按:今荥阳市古有旃然水,《水经·济水注》曰:"济水又东,索水注之,水出京县西南嵩渚山,与东关水同源分流,即古旃然水也。"唐兰先生以为:"亶字就是《说文》旃字的或体'嬗'字,此处应读为'檀'。"①另外,旃然水以北还有檀山岗,《水经·济水注》又称之为坛山冈,其文云:器难之水"又北径京县故城西,入于旃然之水……城北有坛山冈"。熊会贞疏引《一统志》:"檀山冈在荥阳县东十里,山多檀木,绵亘三十余里,《水经注》之坛山冈即此。"古檀氏家族或因封于此地而得名。《路史·国名纪》一说"檀"为姜姓国。春秋时期这里属于郑国,檀氏族人仍有任职于郑者,《左传·桓公十五年》曰:"郑伯因栎人杀檀伯。"杜预注:"檀伯,郑守栎大夫。"此檀伯或即周初檀伯达的后人。若此释不误,则《利簋》所记武王之所以在管地赏赐檀利,当因檀国位于管地附近,武王前来视察,檀利殷勤接驾,颇得武王好感,同时为了鼓励檀氏协助管、蔡二国维护地方治安,因而对其进行了封赏,以示嘉勉。

西周武王急速来到管地的主要目的有二:一是帮助管、蔡二叔加强这里的治安;另一个是前来祭祀太室山,此事最早见于《天亡簋》铭文。其铭文云:

乙亥,王有大豊。王凡(同)三方,王祀于天(太)室,降,天亡又(佑)王。衣(殷)祀于王,丕显考文王,事喜(糦)上帝。文王德在上。丕显王作眚(省),丕肆王作赓,丕克乞衣(殷)王祀。丁丑,王飨大宜,王降。亡勋爵复囊,佳(惟)朕有蔑,每(敏)扬王休于尊白(簋)。

铭文大意是:武王于辛未日来到管地后的第四日乙亥,举行了盛大祭礼。这次祭礼就是武王率领西方诸侯,会同南、北和东方诸侯,在太室山上祭祀天帝。祭毕武王下山,由天亡奉陪护卫。武王在宗庙又遍祭了先王,特别对陪伴于天帝左右的显赫父亲文王,用酒食举行了隆重祭礼。文王德高闻于天帝。显赫的文王在天之灵看得清晰,杰出的武王继承其大业,推翻商王朝,终止了商王祭天的权力。第六日丁丑,武王还举行了祭社大礼。回营以后,天亡护卫有功被赏赐爵囊礼器,(天亡)为此永久感激,因而造出这件尊簋,刻下铭文,以颂扬王的美德。

"天室"一名在文献中最早见于《逸周书·度邑解》,其文引武王曰:"我图

---

① 唐兰:《西周时代最早的一件铜器〈利簋〉铭文解释》,《文物》1977年第8期。

夷兹殷,其惟依天室……自洛汭延于伊汭,居阳无固,其有夏之居。我南望过于三涂,我北望过于有岳,丕顾瞻过于河,宛瞻于伊洛,无远天室。"前人多以为此"天室"是指宗庙里的"太室"。邹衡先生首先认为应是指的太室山,即位于今河南省的中岳嵩山。他说,此天室"即《左传·昭公四年》的'大室',《淮南子·地形训》的'太室'。杜预谓'在河南阳城县西北'。《山海经·中次七经》叫作'泰室之山'。郭传:'即中岳嵩高山也,今在阳城县北。'郝懿行案:'今在河南登封县北。'(《山海经笺疏》卷五)"①刘晓东先生认为《天亡簋》铭文所记与武王东土度邑有关,即记载了承度邑而后的定宅仪式,所说"天室"就是《逸周书·度邑解》中的"天室",位于所度之邑(郑按:即今河南省洛阳市)以东。②蔡运章先生赞同邹、刘意见,具体指出《天亡簋》铭文记的"天室",就是指的今嵩山主峰太室山。又说"周人常自称为夏",而嵩山周围原是"有夏之居"地,周人作为夏人在"天室"祭祀天帝,意在表明周王朝在这里的统治是合法而又合理的。③林沄先生进一步认为"把'天室'解释为太室山是唯一正确的解释"。"嵩山位于中国文明产生地的中心地区。中国历史上第一个王朝兴起之际,就有'夏之兴也,融降于崇山(郑按:即今嵩山)'的说法。因此,可以推想太室山在古代有通天的神圣性质,这座山古称'天室'或许正表明了这种性质。"④今按以上诸说,论据充分,《天亡簋》所记"天室"指的是现今的嵩岳太室山,基本上可以成为定论。太室山北距周初管地即今石佛镇约50公里,武王当是从管地出发,登上太室山祭祀天帝的。

三

关于这次"王祀于天室"的性质,上述几位先生皆云当与武王"度邑"有关,这是可信的,但更重要的还具有封禅和巡守的意义。周初《何尊》铭文云:"隹(惟)珷(武)王既克大邑商,则廷告于天,曰:'余其宅兹中或(国),自之辥(乂)

---

① 邹衡:《夏商周考古学论文集》,文物出版社,1980年,第220页。
② 刘晓东:《〈天亡簋〉与武王东土度邑》,《考古与文物》1987年第1期。
③ 蔡运章:《周初金文与武王定都洛邑——兼论武王伐纣的往返日程问题》,《中原文物》1987年第3期。
④ 林沄:《林沄学术文集》,中国大百科全书出版社,1998年,第168页。

民。'"此是成王追述武王在太室山祭祀天帝时当众说过的话语,这里所说的"中国",意思就是"国中",即指当时国家的中心地区,也即以"天室"即太室山为中心的地区。西周武王称此为"中国",这是当时人们的共识,也是这里的先民们与四方各地先民长期地共同劳动创造的结果。众所周知,这里东为黄淮平原,西为山丘,地形复杂,可为人们提供多种生活资源,而且气候温和,土地肥沃,河流纵横,物产丰富,极适于人们的生活起居,因此,自新石器时期早期李家沟文化以来,人们已经定居于这个地区,在这里开发原始农业,建造聚落住室。以后历经裴李岗文化、仰韶文化、龙山文化和二里头文化各个时期,人们不断地努力,这里不仅经济繁荣、文化先进,而且建立起我国历史上第一个统一的国家政权即夏王朝国家政权,从而成为当时众所仰慕的经济、文化和政治中心地区。太室山周围在全国范围内居中心地位,被后来的商王朝进一步巩固和发展,从"西土"而来的周武王根据民心所向,尊重现实,于是会同各方诸侯登"天室",祭天帝,行"巡守",告"封禅",在"惟依天室"之地即成周洛邑建新都,宣布西周王朝的正式建立。林沄先生认为"天亡簋铭是目前所知先秦封禅典礼的唯一实录",又"无疑是周初的一次封禅之举",①此说是正确的。《白虎通·封禅》云:王者"始受命之日,改制应天,天下太平功成,封禅以告太平也"。《续汉志》引袁宏《后汉书》云:"夫揖让受终,必有至德于天下;征伐革命,则有大功于万物。是故王者初基,则有封禅之事,盖以其成功告于神明者也。"《天亡簋》所记此次"王祀于天室",在一定程度上可说是具有"以其成功告于神明"的意义。不过武王的这次祭祀活动,也具有"巡守"的意义,而"巡守"与"封禅"既有相同之处也有不同之处。《礼记·礼器》云:"因名山升中于天。"郑玄注:"名,犹大也;升,上也;中,犹成也。谓巡守至于方岳,燔柴祭天,告以诸侯之成功也。"孔颖达疏:"大山,谓方岳也,巡守至于方岳,'燔柴祭天,告以诸侯之成功也',此谓封禅也。太平乃封禅,其封禅必因巡守而为之;若未太平,但巡守而已。其未太平,巡守之时,亦燔柴以告至。"如上文所述,周人刚刚推翻商王朝,还有相当一部分残余势力需要剿灭,武王就是在这种背景下来到太室山祭天的。所以说当时的"征伐革命",只是取得了初步的成功,天下远未"太平功成",武王来此的目的,就是向四方诸侯宣告周王朝取代商王朝的合法性、必然性,借以推动周革殷命

---

① 林沄:《林沄学术文集》,中国大百科全书出版社,1998年,第169页。

迅速取得成功,为建立以嵩岳太室山为中心的统一的西周王朝奠定了坚实的政治基础和理论基础。从这个角度上说,显而易见,《天亡簋》铭文所记武王"祀于天室"活动当更具有巡守的意义。林沄先生曾举《诗经·周颂》中的《时迈》和《般》两首诗,认为可与《天亡簋》铭文互相说明,观其内容,确实如此。而这两首诗原注者都明确指出是赞颂武王巡守的乐歌,其中《时迈》诗云:"时迈其邦,昊天其子之,实右序有周。薄言震之,莫不震叠。怀柔百神,及河乔岳。允王维后,明昭有周,式序在位。载戢干戈,载櫜弓矢;我求懿德,肆于时夏。允王保之。"全文意谓:及时巡守众封邦,天帝爱其如儿郎,佑我大周国运昌。大军声威震四方,震慑叛逆莫张狂。社会安定敬百神,大河高山皆祭享。周王诚是有道君,昭示天下美名扬,在位众臣皆贤良。干戈入库不再用,弓矢包装亦收藏;推行文德与和平,遍及华夏大地上。国运昌盛保久长。关于周人创作这首诗的背景,毛诗序曰:"巡守告祭柴望也。"郑玄笺:"巡守告祭者,天子巡行邦国,至于方岳之下而封禅也。"孔颖达疏:"《时迈》诗者,巡守告祭柴望之乐歌也。谓武王既定天下,而巡行其守土诸侯,至于方岳之下,乃作告至之祭,为柴望之礼。柴祭昊天,望祭山川,巡守而安祀百神,乃是王者盛事。"可知这首诗应是赞颂武王巡守至太室山兼行封禅的乐歌。又《般》诗云:"于皇时周,陟其高山,隋山乔岳,允犹翕河。敷天之下,裒时之对,时周之命。"全文意谓:大周王朝好辉煌,登上高山远瞭望,小山横卧大山傍,众水入河畅流淌。普天之下皆王土,序祭山川百神忙,祈保周朝得久长。此诗毛诗序云:"《般》,巡守而祀四岳河海也。"孔颖达疏:"《般》诗者,巡守而祀四岳河海之乐歌也。谓武王既定天下,巡行诸侯所守之土,祭祀四岳河海之神,神皆缯其祭祀,降之福助。至周公、成王太平之时,诗人述其事而作此歌焉。"可知此诗也应是一首赞颂武王巡行至太室山祭天的乐歌。由此说明,西周武王在推翻殷商王朝之后,于戎马倥偬之际,即来到太室山巡守、封禅和度邑,这是周初一次重大的政治事件,它不仅见于后世文献记载,也不止一次地见于当时的铜器铭文,足见周人对这一事件的重视。武王通过此次"祀于天室"的活动,在一定程度上巩固了灭殷的成果,推动了统一的西周王朝的迅速建立,从而也促进中原地区的古代文明进入一个历史的新时期。

(原载《中原文化研究》2013 年第 4 期)

洼刘遗址族属新探

洼刘遗址位于郑州市西郊石佛镇洼刘村北的岗地之上,遗址东西宽约 400 米,南北长约 600 米,总面积 20 余万平方米。文化层堆积 2~3 米;遗存有房基、灰坑、墓葬等,是一处商周时期的大型遗址。① 该遗址的西北部居住区已被后世破坏殆尽,唯东南部西周墓地尚存,考古工作者在这里清理出西周墓葬 70 余座,其中 ZGW99M1 已公布于世。该墓"为长方形竖穴土坑墓,方向 6°","墓坑宽 2.2 米、长约 3.5 米"。"墓坑内置一棺一椁,椁高 0.9 米、宽 1.2 米、长约 2.5 米……青铜礼器主要摆放于椁上北端土台上,有鼎 3 件,扁体卣 2 件,簋、甗、罍、觚、盉、尊、圆体卣各 1 件……另外,还有戈 3 件,车马饰一批,以及蚌饰、贝币等。"其中青铜礼器上多铸有一到七字不等的铭文,铭文内容以"陌作父丁宝尊彝"为最多,当为墓主家族所做的祭器。从该墓"出土的青铜礼器带有明显的商代遗风,又有明显的西周早期风格和特征"来看,该墓是一座西周早期的贵族墓葬。"应为西周早期武王灭商后至成王时期的遗存。"②

关于该墓的族属问题,当前学者意见尚不一致:一说为殷遗民墓葬,理由是"陌"是"舌"孳乳字,意即墓主应为商代舌族的后裔;③再者墓主"父丁",以天干为名"属典型的殷人特征"④,"为商人特有的日名称谓"⑤。二说为周初管国

---

① 张松林:《郑州市西北郊区考古调查简报》,《中原文物》1986 年第 4 期;张松林等:《郑州市洼刘村西周早期墓葬(ZGW99M1)发掘简报》,《文物》2001 年第 7 期;刘彦锋等:《郑州地区西周遗址与封国》,《古都郑州》2016 年第 1 期。
② 张松林等:《郑州市洼刘村西周早期墓葬(ZGW99M1)发掘简报》,《文物》2001 年第 6 期。
③ 汤威:《郑州出土舌铭铜器考》,《中国国家博物馆馆刊》2011 年第 10 期。
④ 雷晋豪:《金文中的"阑"地及其军事地理新探》,《历史地理》第二十六辑,上海人民出版社,2012 年,第 215 页。
⑤ 苗利娟:《郑州地区出土商周金文的整理与研究》,《嵩山文明研究通讯》2016 年第 5 期。

贵族墓地。① 三说为西周东虢贵族墓地。② 以上三说皆有可商。首先是在西周初期,仍发现铸有舌族铭文的青铜礼器,③字形并未有改变,而且荥阳小胡村④与郑州高庄⑤出土的商代晚期舌族铜器与洼刘村出土的周初"陷"氏铜器,时代紧相衔接,三地位置相近,舌族之"舌"字也不可能有所变化,因此"舌"与"陷"应是两个不同的字体、字义。笔者以往也认为"陷"是"舌"字繁体,字义相同,⑥此解释不准确,应予纠正。再者,商人虽有"以日为名"的习俗,但并非商人所特有,《史记·齐太公世家》:"太公之卒百有余年,子丁公吕伋立。丁公卒,子乙公得立。乙公卒,子癸公慈母立。"王梓材《世本集览·通论》云:"夏商之世,多以甲名为号,盖起于夏之中叶,夏有孔甲,有履癸。商则始于上甲微……至周之初,宋有丁公,齐有丁公、乙公、癸公,犹存其号。"⑦唐兰先生也说:"周初,很多人还用商代人的习惯,祖或父死后,排定祭的日子,就以祭日的甲乙作为死者的称号,如祖甲、父乙等。"又如西周成王时期的《宾卣》铭文记有"用作文父癸宗宝尊彝",《卿簋》铭文记有"用作父乙宝彝"等。⑧ 因此,不宜据洼刘遗址出土的"陷作父丁宝尊彝"铭文,从而定为殷遗民的墓葬。其次,关于管国贵族墓地之说。众所周知,管地虽然多见文献记载,但是西周管国在历史上犹如昙花一现,来去匆匆,管叔鲜后人也不见于先秦史书。唯有秦嘉谟《世本辑补·氏姓篇》记有"管氏,周文王子管叔之后",但前人已指"秦本过于务博,以'与其过而弃之,毋宁过而存之'为宗旨……未免失之于泛。……注欠分晓,多与《世本》原文相泪(乱)"⑨。可知秦嘉谟辑补《世本》所记此说并不可信。《史记·管蔡世家》云:"管叔鲜作乱,诛死,无后。"管叔鲜因叛乱可能遭到"灭国绝嗣"的下场,这里也不会出现随葬丰厚的管国贵族墓地。至于东虢贵族墓地所在,当即现今发

---

① 张松林等:《郑州市洼刘村西周早期墓葬(ZGW99M1)发掘简报》,《文物》2001 年第 6 期。
② 周书灿:《关于郑州市洼刘村西周早期墓葬(ZGW99M1)的两点认识》,《考古与文物》2004 年第 4 期。
③ 王文强:《鹤壁市辛村出土四件西周青铜器》,《中原文物》1986 年第 1 期。
④ 贾连敏等:《河南荥阳胡村发现晚商贵族墓地》,《中国文物报》2007 年 1 月 5 日第 5 版。
⑤ 刘青彬等:《河南郑州高庄遗址发现晚商遗存》,《中国文物报》2017 年 1 月 27 日第 8 版。
⑥ 郑杰祥:《郑州商城与早商文明》,科学出版社,2014 年,第 283 页。
⑦ 〔汉〕宋衷注,〔清〕秦嘉谟等辑:《世本八种》(王梓材本),商务印书馆,1957 年,第 61 页。
⑧ 唐兰:《西周青铜器铭文分代史征》,中华书局,1986 年,第 87、64、68 页。
⑨ 〔汉〕宋衷注,〔清〕秦嘉谟等辑:《世本八种·出版说明》,商务印书馆,1957 年,第 4~5 页。

现的荥阳官庄遗址,说详下文,兹不赘述。总之,关于洼刘遗址 M1 的族属问题,以上三说均不可作为依据。下文试图通过对该墓出土铜器铭文的考释,加以新的探讨。

值得注意的是,该墓出土的 10 余件青铜礼器上有 10 件铸有一到七字不等的铭文,其中将近一半铜器的铭文内容皆铸为"陆作父丁宝尊彝",显而易见,该墓应是一座西周贵族"陆"父名"丁"者的墓葬,同时这里也应是一处贵族名"陆"者的家族墓地。"陆"字不见字书记载。按:"陆",从"阝""舌"声,"括",从"扌""舌"声,"阝"与"扌",形相近可以混用,①如"阵",金文写作"阴"(《子阵簋》,《金文编》943 页),"扶"金文写作"扥"(《扶卣》,《金文编》776 页),"阵"之形符"阝"与"扶"之形符"扌"甚相近,故后世多相混用。如"陒"又写作"挽",《汉书·杜周传·赞》"业因是而抵陒",颜师古注:"陒,毁也……陒音诡。"《康熙字典·手部》引《集韵》:挽音"诡,毁撤也"。"陒"与"挽"二字音义相同,互为或体。又如"陷",马王堆帛书《阴阳脉死候》"舌掐卵卷",王辉先生引"影本读'掐'为'陷'"。又如"措",战国竹简又写作"階",《说文·手部》:"措,置也。"上博楚竹书《子羔》第十一简"(有娀氏)游于央(瑶)台之上,又(有)嫛监(衔)卵而階(错)者(诸)兀(其)前",王辉先生释云:"影本读階为错,今通作措,放置也。"②与此相类,"陆"与"括"形近音同,"陆"应为"括"字之异体,二字当可通用。如果此释不误,该墓出土铜器铭文中的贵族名"陆"应即文献记载的"括",即"南宫括",也称作"南宫适"。南宫括是周初文王、武王时期的两代重臣,《尚书·君奭》:"惟文王尚克修和我有夏,亦惟有若虢叔,有若闳夭,有若散宜生,有若泰颠,有若南宫括。……武王惟兹四人,尚迪有禄。"孔传曰:"闳,氏。虢,国;叔,字,文王弟。夭,名。散、泰、南宫皆氏,宜生、颠、括皆名。凡五臣佐文王为胥附、奔走、先后、御侮之任。……文王没,武王立,惟此四人,庶几辅相武王,蹈有天禄。虢叔先死,故曰四人。"孔颖达疏:"凡言人之名氏,皆上氏下名,故闳、散、泰、南宫皆氏,夭、宜生、颠、括皆名也。"《史记·周本纪》记载,武王克殷之后"命南宫括散鹿台之财,发巨桥之粟,以振(赈)贫弱萌

---

① 古字"形近而混用"之说,见于杨树达:《积微居金文说》,科学出版社,1959 年,第 14~15 页;高明:《中国古文字学通论》,文物出版社,1987 年,第 122~159 页。
② 王辉:《古文字通假字典》,中华书局,2008 年,第 294 页。

隶;命南宫括、史佚展九鼎宝玉"。《墨子·尚贤下》:"武王有闳夭、泰颠、南宫括、散宜生而天下和,庶民富。"《国语·晋语四》:"(文王)度于闳夭而谋于南宫。"韦昭注:"南宫,南宫适。"《说文·辶部》:"适,读若括。"朱骏声《说文通训定声》:"适,假借为括。"《汉书·古今人表》"南宫适"条,颜师古注:"太颠以下,文王之四友也。"梁玉绳《汉书人表考》又云:"适,本作括。"《论语·微子》云:"周有八士:伯达、伯适、仲突、仲忽、叔夜、叔夏、季随、季䯄。"《逸周书·和寤解》"王乃厉翼于尹氏八士",孔晁注:"厉,奖励也,武王贤臣也。"朱右曾《逸周书集训校释》:"尹氏八士,或云即达、适、突、忽、夜、夏、随、䯄也。王以作为翼佐之任。"《逸周书·克殷解》:"乃命南宫忽振鹿台之财、巨桥之粟;乃命南宫百达、史佚迁九鼎三巫。"卢文弨校订《逸周书》引谢墉云:"观此文南宫忽、南宫百达,则《论语》八士皆南宫氏也。百当与伯同。"①明代廖用贤《尚友录》:"南宫,姬姓。"以南宫括为代表的姬姓南宫氏家族,为文王出谋划策,并辅佐武王推翻商王朝,建立西周王朝政权,功劳卓著,故受到西周武王的丰厚奖励,M1 出土的数量可观的青铜礼器,与南宫氏家族的身份是完全相应的。《尚书·洪范》云:"武王既胜殷,邦诸侯,班宗彝,作《分器》。"孔传曰:"赋宗庙彝器酒樽,赐诸侯。"《礼记·明堂位》:"崇鼎、贯鼎……天子之器也。"郑玄注:"古者伐国,迁其重器,以分同姓。"《左传·昭公十五年》:"诸侯之封也,皆受明器于王室。"该墓出土铜器近半数为南宫括所做的祭祀父亲的礼器,另有多半铸有其他铭文的铜器,应是南宫氏家族因功受周王赏赐的"彝器"。

当然,南宫氏家族受周王最大的封赏还是封土赐邑,《尚书·洪范》孔颖达疏:"武王既已胜殷,制邦国,以封有功者为诸侯。"《周礼·春官·巾车》:"同姓以封。"郑玄注:"谓王子母弟率以功德出封。"《礼记·礼运》:"天子有田以处其子孙。"孔颖达疏:"谓子孙若有功德者,封为诸侯。"《左传·成公十一年》:"昔周克商,使诸侯抚封,苏忿生以温为司寇,与檀伯达封于河。"杜预注:"苏忿生,周武王司寇苏公也,与檀伯达俱封于河内。"陈逢衡《逸周书补注·克殷解》:"案檀伯达既与司寇苏公同时,则即此南宫伯达矣;盖檀是其封邑,故又曰檀伯达。"不过《左传》这里所说的"河",当指黄河沿岸,并非专指"河内",南宫伯达受封的檀地封邑,未必位于河内,而应在与河内相对的黄河南岸一带,因为这里

---

① 黄怀信等:《逸周书汇校集注》(修订本),上海古籍出版社,2007 年,第 358 页。

不仅发现有众多的西周文化遗址,而且有着文献记载的檀地。《利簋》铭文云:

珷(武王)征商,隹(惟)甲子朝,岁鼎,克昏,夙又(有)商。辛未,王才(在)阑𠂤(师),易(赐)又(有)事(司)利金,用作䢋(檀)公宝尊彝。

唐兰先生释此铭文云,䢋"就是𪧟字,在《说文》里,𪧟字是旜字的或体……当即檀伯达之檀"。又云,作器者"利为檀公之后,因受赐铜而作簋,在西周铜器中是最早的。……他显然是武王身边的重要人物之一,因此,他可能就是檀伯达,也很可能就是迁九鼎的南宫伯达"。"檀是封国之名,而南宫为氏族名。"① 今按唐说可从,在与古河内地区相对的黄河南岸,文献记载有旃然水和檀山岗。《左传·襄公十八年》:"楚师伐郑,次于鱼陵,右师城上棘,遂涉颍,次于旃然。"杜预注:"旃然水出荥阳成皋县,东入汴。"高士奇《春秋地名考略》:"旃然水即索水也。"《后汉书·郡国志·河南尹》:"成皋有旃然水。"汉晋成皋县,在今郑州荥阳市境。《水经·济水注》:"济水又东,索水注之,水出京县西南嵩渚山,与东关水同源分流,即古旃然水也。"杨守敬疏:"旃然水即索水。"史念海先生释云:"旃然水就是索水,发源于嵩山,经荥阳县入于济水,这是见于《济水注》的记载的。"② 谭其骧先生主编《中国历史地图集》也把春秋时期的索水称为旃然水。③《水经·济水注》:"索水又东北流,须水右入焉……(须水)又或谓之小索水。"此水属于索水支流也即旃然水支流,故称小索水,也可称为旃然水。《汉书·地理志·河南郡》荥阳下:"卞(汴)水、冯池,皆在西南。"《郑州古今地名词典·卞水》:"汉以为汴水上源称卞水,亦称旃然水,或称鸿沟水,即今荥阳市境之索河与郑州北境之须索河。"④ 总之,古旃然水是荥阳地区纵贯南北的一条比较大的河流,以其所流地段不同,或随着时代变迁,而有着不同的名称。在古旃然水的旁侧,还有一座土岗称作檀山岗。《水经·济水注》,器难之水"又北径京县故城西,入于旃然之水……城北有坛山冈"。熊会贞疏引《一统志》:"檀山冈在荥阳县东十里……绵亘三十余里。《水经注》之坛山冈即此。"檀山岗东临须水,右傍索河,当以地处古旃然水沿岸而得名。此岗周围特别是东北一侧分布着众多的西周文化遗址,如在这里现已发现有贾寨、朱寨、祥营、师新庄、洼刘、

---

① 唐兰:《西周青铜器铭文分代史征》,中华书局,1986年,第10~11页。
② 史念海:《论济水与鸿沟(下)》,《陕西师范大学学报(哲学社会科学版)》1982年第3期。
③ 谭其骧:《中国历史地图集》第一册,中国地图出版社,1982年。
④ 转引徐海亮:《郑州古代地理环境与文化探析》,科学出版社,2015年。

斜刘等遗址。① 它们组成以洼刘遗址为主的西周文化遗址群。洼刘遗址 M1 是迄今所见郑州地区随葬青铜礼器最多的西周贵族墓葬,从而突出地显示着南宫氏在这个地区的重要地位。虽然该遗址的居住区已被破坏,但"墓地一般不会距国(城)太远"②。正如王恩田先生所说,根据历来田野考古发掘所见,可知"先秦墓地距都城甚近,甚至就在城内。例如殷王墓地就在与殷都安阳小屯仅一河之隔的西北岗。齐国西周和春秋时代的国君墓地位于大城内东北角河崖头一带",春秋郑国高等贵族墓地位于都城以内,战国韩国王陵则位于郑韩故城都城郊区,这些"例证不胜枚举"③。因此,洼刘遗址也应存在当时的居住区,也就是说,洼刘遗址 M1 南宫氏家族墓地的发现,可证该遗址也应是南宫氏受封的檀邑所在地。

"檀公"之"檀"是"旃"字之或体,故古代"檀"地又称作"旃"地。西周甲骨卜辞记载,西周武王曾在这里举行接受殷人箕子的投降活动,卜辞云:

唯衣(殷)鸡(箕)子来降,其执逐毕吏,在旃,尔卜曰:南宫辝其乍。H31:2

陈全方等先生释云:"'衣'读殷商之殷。……'鸡'疑假'箕'……然则'鸡子'即商纣诸父,名胥余,文献称'箕子'其人也。……'其执逐毕吏',言且拘因与其同来之官吏也。'旃',地名。'尔',人名,主卜事者。'南宫',人名,有姓,略名,或即南宫括其人。'辝',从'台'得声,于此读'治'。"④"乍"即后世"作"字,《尔雅·释言》:"作,为也。"郝懿行注:"为者,行也、成也、施也、治也、用也、使也。"此辞全文意谓:殷商箕子率部属前来降顺周王朝,武王在南宫氏族受封的旃地拘囚箕子随行人员,并命尔进行占卜,卜卦认为应让南宫(或即南宫括)安排受降事宜。此辞进一步表明南宫氏不仅身为西周武王的重臣,而且该族受封的檀地即旃地也即现今发现的洼刘遗址一带,也是西周初期的重地,西周《中方鼎》云"惟王命南宫伐反荆方之年"⑤,应当就是从这里出发的。

---

① 郑州市文物考古研究院等:《河南省郑州市索、须、枯河流域考古调查报告》,《古代文明》第 10 卷,上海古籍出版社,2016 年。
② 张松林等:《郑州市洼刘村西周早期墓葬(ZGW99M1)发掘简报》,《文物》2001 年第 7 期。
③ 王恩田:《鹿邑微子墓补证——兼释相侯与子□寻(腊)》,《中原文物》2006 年第 6 期。
④ 陈全方等:《西周甲文注》,学林出版社,2003 年,第 32~34 页。
⑤ 唐兰:《西周青铜器铭文分代史征》,中华书局,1986 年,第 283 页。

洼刘遗址及其西侧的贾庄、祥营,北侧的大里,南侧的瓦屋李①、陈庄②、泉舜流体控制有限公司③等地也发现有众多的商代文化遗存,可知这里也是殷商时期人们聚居的地区,此地可能就是商代称作的"丹"地。按:旃,从"㫃""丹"声,古人用字往往省去形符,单用声符,如"伯",卜辞、金文皆写作"白","作",卜辞、金文多写作"乍",等等。由此推知,西周卜辞中的"旃"地,殷墟卜辞又称作"丹"地。殷墟卜辞记有"丹伯",其辞云:"乎从丹伯?勿乎从丹伯?"(《合集》716)"丹伯"当即居住于丹地的贵族首领;殷墟卜辞还有记"妣丹"(《合集》1623),说明丹族与商王室有着姻亲关系;商王还曾多次到丹地视察,如卜辞云:"贞亡……在十月。在丹。"(《合集》24385)"己卯卜,王在丹"(《合集》24386)等。丹地所在,饶宗颐先生认为卜辞丹地即文献记载的春秋郑国的丹地,说"丹为地名,《郑语》:'鄢、蔽、补、丹',地在虢、郐之间"④,此说可信。《国语·郑语》史伯答郑桓公曰:郑若东迁,可选"其济、洛、河、颍之间乎!是其子男之国,虢、郐为大……若克二邑,鄢、蔽、补、丹、依、䵣、历、华,君之土也"。韦昭注:"二邑,虢、郐。言克虢、郐,则此八邑皆可得也。"《史记·郑世家》:"桓公曰:'善。'于是卒言王,东徙其民雒东。而虢、郐果献十邑,竟国之。"此虢国所在,《左传·隐公元年》:"(郑庄)公曰:制,岩邑也,虢叔死焉。"杜预注:"虢叔,东虢君也。……虢国,今荥阳县。"《汉书·地理志·河南郡》荥阳县下颜师古注引应劭曰:"故虢国,今虢亭是也。"《后汉书·郡国志·河南尹》荥阳县下:"有虢亭,虢叔国。"两汉荥阳县即今郑州市古荥镇。《水经·济水注》:"索水又东,径虢亭南。"杨守敬:"亭在荥阳县东北。"清代荥阳县即今郑州荥阳市。近年考古工作者在位于荥阳市东北古荥镇西南的后王庄发掘出唐代开元年间墓葬一座。该墓出土墓志记有该墓位置云"东接荥阳,西际虢邑"⑤,这里所说的荥阳即指古荥镇,古虢邑当在此墓所在即后王庄的西侧。考古工作者在后王庄西约6公里的官庄村西,发现一处两周时期的大型遗址,现称之为"官庄遗址"。该遗址由

---

① 郑州市文物考古研究院等:《河南省郑州市索、须、枯河流域考古调查报告》,《古代文明》第10卷,上海古籍出版社,2016年。
② 郑州市博物馆:《郑州市陈庄遗址发掘简报》,《中原文物》1986年第2期。
③ 刘彦锋等:《郑州地区西周遗址与封国》,《古都郑州》2016年第1期。
④ 于省吾:《甲骨文字诂林》,中华书局,1996年,第2851页引。
⑤ 郑州市文物考古研究院等:《荥阳后王庄唐墓发掘简报》,《中原文物》2007年第6期。

外壕以及壕内的大城、小城组成,总面积约130万平方米。城内已清理出灰坑330余座、墓葬13座,个别墓葬(如M1、M2)出土有青铜器和玉器等,上述遗迹、遗物的时代属于西周中晚期至春秋时期。① 根据该遗址主要文化内涵的年代及其所在位置判断,刘彦峰等先生认为"官庄遗址为东虢国城址的可能性极大"②。此说可从,以现有资料而论,官庄遗址应当就是文献记载的东虢国所在地。郐地所在有两说:一说在今新郑市东北苑陵故城一带,③二说在今新密市东南古城寨一带。今按:第一说见于唐代《括地志》《元和志》,文献记载较晚、较少,考古工作者在这里发现有西周与东周时期遗迹,当为先秦文献所记"制"地遗迹(《左传·成公十六年》)。相比之下,第二说文献记载较早、较多,且发现有众多的古代遗迹,支持此说。《诗经·桧风·桧谱》陆德明《经典释文》云:"桧本又作郐。"郑玄笺:"桧者,高辛氏之火正祝融之后,妘姓之国也。其封域在古豫州外方之北、荥波之南,居溱、洧之间祝融之故墟。"《左传·僖公三十三年》:"文夫人敛而葬之郐城之下。"杜预注:"郐城,故郐国,在荥阳密县东北。"西晋密县即今郑州新密市,当时县治在今新密市大隗镇。《史记·郑世家》太史伯答郑桓公曰:"独雒之东土,河、济之南可居……地近虢、郐。"《集解》引徐广曰:"虢在成皋,郐在密县。"《水经·洧水注》:"洧水又东南径郐城南……刘祯云:'郐在豫州外方之北,北邻于虢,都荥之南,左济右洛,居两水之间,食溱、洧焉。'徐广曰:'郐在密县,妘姓矣,不得在外方之北也。'"杨守敬疏:"《括地志》:'(郐)在新郑东北二十二里',《元和志》:'(郐)在新郑东北三十二里',二《志》东北疑西北之误,在今密县东北五十里。"又云:"外方在密县西,郐在密县,则在外方之东,以为在北,误。刘氏承用郑说,未遑深考,故郦驳之。"按:郦说甚是,"外方"即今嵩山,密县郐城,当位于嵩山以东,言"在外方之北"是错误的。根据文献记载,考古工作者在大隗镇东北今新密市东南的古城寨村发现一处大型遗址,现称之为"古城寨遗址"。该遗址的主体是一座龙山文化城址,城址呈矩形,方向349°,面积17万余平方米。城外有壕沟围绕,城内发现有"宫殿基址、

---

① 郑州大学历史学院等:《河南荥阳市官庄西周城址》,《中国文物报》2013年3月15日第5版;刘彦锋:《郑州地区西周遗址与封国》,《古都郑州》2016年第1期;郑州大学历史文化遗产保护研究中心等:《河南荥阳官庄遗址M1、M2发掘简报》,《文物》2017年第6期。

② 刘彦锋等:《郑州地区西周遗址与封国》,《古都郑州》2016年第1期。

③ 寇玉海等:《西周时期的郐国故城在哪里》,《中原文物》2001年第2期。

廊庑基址、奠基坑,及其他遗存构成的龙山文化古城址"。城外有仰韶文化遗存,"城内还有较厚的二里头文化遗存与堆积,夏代,这里当为方国郐的都城。商代,早期与晚期遗存都比较多,并对城墙做过修补,或继续作为方国的城邑使用。西周时期,周王分封妘姓后裔郐"①,说明这里是一处历史悠久的古代文化遗址。该遗址与文献记载的祝融氏故墟基本相符,《史记·楚世家》:"陆终生子六人……四曰会人。"《诗经·桧风·桧谱》孔颖达疏引《世本》云:"会人即郐之祖也。"是桧族、郐族古称之为会族。殷墟卜辞记有"会"地,卜辞云:"戊申贞:王己步于会?"(《合集》27435)此地在商代仍是一处重地。郐人祖先祝融氏以负责观测和祭祀大火星宿、管理农业生产而著称于世。《左传·昭公二十九年》:"火正曰祝融。"《汉书·五行志》:"古之火正谓火官也,掌祭火星,行火政。"《管子·五行》又云:"祝融辨乎南方,故使为司徒。"刘向校:"谓主徒众,使务农也。"悠久的历史造就出悠久的文化,古城寨遗址现已发现的从仰韶时代到商代的各期文化遗存,应是郐族历代祖先创造出来的,因而也应是郐国故地。当然,这里暂未发现西周文化遗存,有待考古工作者进一步解决此类问题。

总之,洼刘遗址西北距官庄遗址即虢国故地约15公里,南距古城寨遗址即郐国故地约40公里,正位于文献记载的虢、郐之间,应即商代及东周时期的"丹"地。该遗址地处古檀山岗附近与古旃然水流域,而且发现有南宫括家族墓地,因此也应是西周南宫氏家族受封的旃地即檀地。

(原载《华夏文明》2018年第6期)

---

① 蔡全法:《新密古城寨龙山文化晚期城址论介》,《古都郑州》2016年第1期。

清华简《楚居》所记楚族起源地的探讨

根据文献记载，楚部族是古老的黄帝族的后裔，《史记·楚世家》云："楚之先祖出自帝颛顼高阳。高阳者，黄帝之孙，昌意之子也。高阳生称，称生卷章，卷章生重黎。重黎为帝喾高辛居火正，甚有功，能光融天下，帝喾命曰祝融。共工氏作乱，帝喾使重黎诛之而不尽，帝乃以庚寅日诛重黎，而以其弟吴回为重黎后，复居火正，为祝融。吴回生陆终，陆终生子六人……六曰季连，芈姓，楚其后也。"黄帝族裔祝融氏后来又分化为八个姓族，史称祝融"八姓"（《国语·郑语》）。季连所创建的"芈姓"就是其中的一个姓族。《国语·郑语》云："融之兴者，其在芈姓乎。"以他为首的芈姓，以后就发展为著名的楚部族。关于楚部族的起源地，历来众说纷纭、莫衷一是。① 清华简《楚居》②一书记述有楚人始祖季连活动的若干地名，为我们探讨楚人起源地提供了新的重要资料。这些地名地望当前学者多有论述，本文在前人研究的基础上提出一些新的认识，不当之处，请批评指正。

《楚居》原文云：

> 季连初降于騩山，抵于穴穷。前出于乔山，宅处爰波。逆上汌水，见盘庚之子，处于方山，女曰妣隹，秉兹率相，詈胄四方。季连闻其有聘，从，及之泮，爰生䋁伯、远仲，游徜徉，先处于京宗。

《说文·刀部》云："初，始也。"同书《阜部》云："降，下也。"《楚居》一文整理者释为"降，特指神的降临"。不过楚人也以"降"为诞生之义，屈原《离骚》云："摄提贞于孟陬兮，惟庚寅吾以降。"闻一多《离骚解诂》云："庚寅宜为楚俗最吉之日，故真人自称以此日降生。"③故"季连初降于騩山"，也可释为季连最初降生于騩山。騩山所

---

① 周宏伟：《楚人源于关中平原新证——以清华简〈楚居〉相关地名的考释为中心》，《中国历史地理论丛》2012年第2期。
② 李学勤主编：《清华大学藏战国竹简·楚居》，中西书局，2010年。以下引此书不再加注。
③ 闻一多：《离骚解诂》，上海古籍出版社，1985年，第2页。

在,《楚居》一文整理者以为"郙山,疑即騩山",李学勤先生认为应"即(山海经)《中次七经》的大騩之山,就是今河南新郑、密县(郑按:今称新密市)一带的具茨山"①。其说甚是。"騩"字从马,鬼声,古畏、鬼二字音近相通,王国维论之甚详。② 大騩山原名具茨山,《水经·溱水》:"溱水出河南密县大騩山。"郦道元注:"大騩即具茨山也。"此山又称作大隗山,《庄子·徐无鬼》:"黄帝将见大隗乎具茨之山。"王先谦《庄子集解》云:"大隗,神名。司马(彪)云:'具茨,在荥阳密县东,今名泰隗山。'"泰、大二字相通用,"泰隗山"也就是"大隗山"。郭庆藩《庄子集释》云:"亦言大隗,古之至人也。"大隗确是一位传说中半人半神式的人物,实际上很可能是一位居住于具茨山的原始部落首领,具茨山又因他的名字而被命名为大隗山。《山海经·中次七经》云:"又东三十里,曰大騩之山。"郭璞注:"今荥阳密县有大騩山。"毕沅《山海经集解》云:大騩之山"《说文》作'大隗山',在今河南新郑县西南四十里。……《新唐书》云:'许州阳翟有具茨山。'"密县、新郑县、阳翟即今河南省新密市、新郑市和禹州市,具茨山正位于此三市之间,应当就是《楚居》一文中的"騩山"。文献记载黄帝不仅会晤过大隗其人,而且两族还有着密切的姻亲关系。秦嘉谟辑补《世本》云:"吴回氏生陆终,陆终娶于鬼方氏之妹,谓之女嬇,生子六人……六曰季连,是为芈姓。"宋衷注:"季连,名也,芈姓,诸楚所出,楚之先。"陈梦家先生云:后世"隗、隗、媿、怀都是鬼姓"③。据此推知女嬇很可能是居住于大隗山一带的鬼姓大隗部族后人,她与黄帝族后人陆终结为夫妇,生下季连等六个儿子,既为季连生母,从而也可以推知《楚居》所记季连降生于騩山应是合乎情理的。"穴穷"一地,李守奎先生释为"穴熊",④兹从其说。"穴熊"一地当即文献记载中的"有熊",《史记·五帝本纪》云:"黄帝者,少典之子。"《集解》引"谯周曰:'有熊国君,少典之子也。'皇甫谧曰:'有熊,今河南新郑是也。'"《后汉书·郡国志·河南尹》新郑县下刘昭注补云:"皇甫谧曰:'古有熊国,黄帝之所都。'"《水经·洧水注》:"洧水又东径新郑县故城中……《帝王世纪》云:'或言县故有熊氏之墟,黄帝之所都也。郑氏徙居之,故曰新郑矣。'"春秋时期的郑国,即今考古工

---

① 李学勤:《论清华简〈楚居〉中的古史传说》,《中国史研究》2011年第1期。
② 王国维:《王国维遗书·观堂集林·鬼方昆夷猃狁考》,上海古籍出版社,1983年。
③ 陈梦家:《殷墟卜辞综述》,科学出版社,1956年,第275页。
④ 李守奎:《论〈楚居〉中季连与鬻熊事迹的传说特征》,《清华大学学报(哲学社会科学版)》2011年第4期。

作者发现的郑韩故城,位于今河南省新郑市区,黄帝所都的"有熊氏之墟"就在此地,故新郑市现又称作"黄帝故里"。此地西南距大隗山约20公里,是楚人的祖根地,应当就是《楚居》所说季连长大成人以后"抵于穴穷"之地。

《楚居》所记的乔山,或即鄗山。按乔与高音近义同,可相通假。乔,古音属群纽宵部,高,古音属见纽宵部,群、见旁纽,同属牙音。《尔雅·释诂》:"乔,高也。""《诗经·周颂·般》:'隋河乔岳',《玉篇·山部》引'乔'作'高'。"①又高与鄗声同相通,《说文·邑部》:鄗"从邑,高声"。"《史记·燕召公世家》:'栗腹将而攻鄗',《集解》引徐广曰:'鄗在常山,今曰高邑'。"②据此而论,季连所处的乔山,可能即文献中的鄗山,其山所在,《左传·宣公十二年》云:"晋师在敖、鄗之间。"杜预注:"敖、鄗二山在荥阳县西北。"西晋荥阳县即今郑州市古荥镇,鄗山位于黄河南岸,南距新郑市即"穴穷"约60公里,《楚居》记云:"前出于乔山,宅处爰波。"意即季连由穴穷前往乔山即鄗山,居处于波涛滚滚的黄河岸边。

《楚居》又记云:"逆上汌水,见盘庚之子,处于方山,女曰妣隹……先处于京宗。""汌水"疑即"汜水","汌"字,《康熙字典·水部》引《玉篇》云:"汌,尺恋切,音钏。水也。一曰水名。"当是从水,川声。"汜"字,《说文·水部》:汜,"从水,巳声"。川,古音属舌音穿纽文部,巳,古音属齿音邪纽之部,王力先生说:属于"舌与齿"二音的声纽"为邻纽",之、文,二部可以"通转",③因此"川"与"巳"二字古音相近,当可相假。如果此释不误,则《楚居》所记汌水可能就是文献记载的汜水。汜水所在,《山海经·中次七经》云:"又东三十里,曰浮戏之山……汜水出焉,而北流注于河。"《水经·河水注》云:"河水又东,合汜水。水南出浮戏山,世谓之曰方山也。"熊会贞疏:"故《寰宇记》引《郡国县道记》称:汜水出方山。"《水经·洧水注》又云:"洧水东流,绥水会焉,水出方山绥溪,即《山海经》所谓浮戏之山也。"是浮戏山又称方山,位于荥阳市南与新密市交界之间。清代汜水县即今河南省荥阳市汜水镇,以位于汜水沿岸而得名,汜水源出的方山,应当就是季连"逆上汌水"即逆汜水而上会见"盘庚之子"的方山。至于"盘庚之子",杜勇先生以为"有可能就是武丁"④,此说可信。史载商王武丁曾经较长时

---

① 高亨:《古字通假会典》,齐鲁书社,1989年,第786页。
② 高亨:《古字通假会典》,齐鲁书社,1989年,第786页。
③ 王力:《同源字典》,商务印书馆,1987年,第20、16页。
④ 杜勇:《清华简〈楚居〉所见楚人早期居邑考》,《中国国家博物馆馆刊》2013年第11期。

期活动于今郑州地区,《尚书·无逸》云:"其在高宗(武丁),时旧劳于外,爱暨小人。"孔颖达疏:"旧,久也。"武丁"久劳于外"的外地就在今郑州地区,《国语·楚语上》云:"(白公)对曰:'昔殷武丁,能耸其德,至于神明。以入于河,自河徂亳,于是乎三年,默以思道。'"意即古有商王武丁努力提高道德水平,以求能够通达神明,为此他居于河邑,又自河邑前往故都亳邑,在这里居住三年,默不作声,专心思考治理国家的大政。"河邑"见于殷墟卜辞,其辞云:"癸巳卜,在巳奠河邑,泳,贞:王旬无畎,隹(惟)来征人方。"(《合集》41754)卜辞也记有"巳"族,其辞云:"壬寅卜:令巳复出?"(《合集》22048)巳族所居的巳邑当以位于汜水沿岸而得名,"河邑"当位于巳邑郊区黄河南岸一带,①武丁应是从这里前往故都亳邑即今郑州市商城地区"默以思道"的。季连可能也就是在这个时期逆汜水而上,到达方山,与"逊于荒野"(《尚书·君奭》孔颖达疏引《孔命篇》)、体察民情的武丁相遇,彼此产生好感,结下友谊,后又娶武丁之女为妻,夫妇二人居住于京宗,从此两族结下更为亲密的关系。"京宗"当即文献称作的"京"地,其地所在,《左传·隐公元年》云:姜氏为共叔段"请京,使居之,谓之京城大叔"。杜预注:"京,郑邑,今荥阳京县。"《史记·项羽本纪》:"楚起于彭城,常乘胜逐北,与汉战荥阳南京、索间。"《正义》引《括地志》云:"京县城在郑州荥阳县东南二十里,郑之京邑也。"《水经·济水注》:器难之水"又北,径京县故城西"。杨守敬疏:"两汉、魏,(京)县属河南(郡);晋、后魏属荥阳(郡)。《方舆纪要》:在今荥阳县东南三十里。"明清时代荥阳县即今河南省荥阳市,京县故城今称京襄城村,位于荥阳市东南10余公里,西南距浮戏山即方山约20公里,故址尚存,应当就是《楚居》所记的"京宗"所在地。《楚居》又云:"穴酓迟徙于京宗。……至酓狂亦居京宗。"《楚居》一文整理者释为"穴酓即穴熊,亦即鬻熊",是季连之孙;"酓狂"即《史记·楚世家》中的"熊狂",是季连的五世孙。可知京地又是芈姓氏族较长时期的居住之地。

京地之所以称为"京宗",可能是因为它是芈姓氏族聚居的中心聚落又是楚人最早的宗庙所在地,殷墟卜辞多记有京地,②还记有商王令融族人来这里祭祀神祖,其辞云:"癸卯卜,宁贞:令庸烝在京奠。"(《合集》6)"庸""墉"与"融"相

---

① 郑杰祥:《商代地理概论》,中州古籍出版社,1994年,第383页。
② 郑杰祥:《商代地理概论》,中州古籍出版社,1994年,第265页。

通用,"兹",罗振玉《殷墟书契考释》释为"系",于省吾先生进一步认为"契文祀典曰'系',谓以品物系属以交接于神明之义也"①,奠,祭名。此辞意即商王令融族首领用系属之物品前往京地奠祭神祖,这与此地称作"京宗"应有着密切关系。《史记·楚世家》云:季连之孙穴熊"其后中微,或在中国,或在蛮夷"。又云:熊狂之子"熊绎当周成王之时,举文、武勤劳之后嗣,而封熊绎于楚蛮,封以子男之田,姓芈氏,居丹阳"。是知芈姓氏族到季连六世孙熊绎之时,其主要的一支开始南迁到江汉流域,而在此之前,芈姓氏族整体一直居住在以京邑为中心的地区。

以上我们简略地论述了《楚居》一文所记楚族始祖季连活动的几个地名,这些地名地望都位于黄河以南大隗山以北的今郑州附近地区。文献记载这里在春秋时期属于郑国,既是黄帝所都的"有熊氏之墟",又曾是祝融族的活动地域。《左传·昭公十七年》:"郑,祝融之虚也。"杜预注:"祝融,高辛氏之火正,居郑。"孔颖达疏:"虚者,旧居之处也。"又云:"先王先公尝居此地,谓之虚可矣。"《汉书·地理志》:"郑国,今河南之新郑,本高辛氏火正祝融之虚也。"颜师古注:"虚读曰墟。"《后汉书·郡国志·河南尹》下:"新郑,《诗》郑国,祝融墟。"《元和郡县图志·河南道》下:"新郑县,本有熊氏之墟,又为祝融之墟。于周为郑武公之国都。"如上文所述,春秋时期郑国国都即今新郑市郑韩故城。文献记载今新郑市以西、新密市境的古郐地也是祝融族的故地,《诗经·国风·桧风》郑玄笺:"桧者,古高辛氏祝融之墟。"陆德明《经典释文》云:"桧本又作郐。……桧者,高辛氏之火正祝融之后,妘姓之国也,其封域在古豫州外方之北,荥波之南,居溱、洧之间,祝融之故墟。"孔颖达疏:"《楚世家》云:……陆终生子六人,四曰会人。案《世本》:'会人'即桧之祖也。"又云:"桧是祝融之后,复居祝融之墟。"殷墟卜辞记有"会"地,其辞云:"戊申,贞:王已步于会?"(《合集》27435)此"会"地当即古会人所居的"会"地。其地所在,《水经·洧水注》云:"洧水又东南径郐城南。"杨守敬疏:"《左传·僖(公)三十三年》杜(预)注:'郐城故郐国,在荥阳密县东北。'《括地志》:'在新郑东北二十二里。'《元和志》:'在新郑东北三十二里。'二《志》东北疑西北之误,在今密县东北五十里。"今按:二《志》"东北"确为"西北"之误。杜预说"郐城在荥阳密县东北"是正确的,而杨守敬说故郐城"在今密县东北五十里",则"东北"应为"东南"之误。这

---

① 于省吾主编:《甲骨文字诂林》,中华书局,1996年,第3202页。

是因为西晋密县县城在今新密市东南大隗镇,故郐城正位于大隗镇东北,而清代密县县城已向北迁至故郐城西北的今新密市区,所以《河南省密县地名志》说郐国"故城邑在今密县城东南曲梁乡古城寨"①,东与新郑市相邻。考古工作者在这里发现有龙山文化时期的城址以及二里头文化、二里岗文化、殷墟文化等各个时期的文化遗存,②当是妘姓会族在祖先祝融氏故地创造和遗留下来的文化遗迹。《楚居》记载以季连为首的芈姓氏族作为祝融氏族的一支,最早所活动的地名地望,皆位于文献所记祝融氏族的居住区域,由此证明楚部族与妘姓会人相同,都是继承着祖先祝融氏族的基业,产生和形成于祝融氏族的故地。该地位于商王朝故都亳邑的近侧,显而易见融、商两族关系密切,和睦相处。史载祝融氏族曾为商王朝的建立做出过重大贡献,《国语·周语上》云:夏"其亡也,回禄信于聆隧"。韦昭注:"回禄,火神。"《墨子·非攻下》:成汤攻夏,"天命融隆火于夏之城间西北之隅,汤奉桀众以克有夏(原文无'夏'字,从孙诒让《墨子闲诂》引苏时学《刊误》增补)"。孙诒让《闲诂》云:"《左》昭十八年传:郑灾,'禳火于玄冥、回禄',孔疏云:'楚之先吴回为祝融,或云回禄即吴回也。'是融即回禄,此与《周语》所云即一事也。"至季连时期,两族又结下姻亲,因此融族就成为商王朝的名门望族,《通志·氏族略》云:"庸氏,商时侯国。"丁山先生也云:"庸,亦殷商巨族。"③朱骏声《说文通训定声》引《方言》一云:"融,长也。宋、卫、荆、吴之间曰融,又为庸。"是"庸氏"、"墉"族,皆当读为融族。该族也长期效忠于商王朝,居住于亳都近郊保卫着王畿南侧的安全。王玉哲先生认为"楚民族在商末以前,大致以河南为其活动的范围"④。清华简《楚居》一文所记楚族始祖季连活动的地名地望,正位于今河南省,即中原的腹心地区,也就是说,楚部族应当起源于这个地区。

(原载《中国国家博物馆馆刊》2015 年第 1 期)

---

① 密县地名志编纂委员会:《河南省密县地名志》,陕西人民出版社,1991 年,第 365 页。
② 河南省文物考古研究所等:《河南新密市古城寨龙山文化城址发掘简报》,《华夏考古》2002 年第 2 期。
③ 丁山:《甲骨文所见氏族及其制度·殷商氏族方国志》,科学出版社,1956 年,第 139 页。
④ 王玉哲:《古史集林·楚族故地及其迁移路线》,中华书局,2002 年,第 262 页。

郑韩故城在中国都城发展史上的地位

城址是突起性的防御建筑,是古代最先进的防御体系。我国春秋战国时期,"五霸强,七雄出",互相征战,纷纷未已。在这种形势之下,各个国家特别是在都邑地区竞相建立起高城深池以保卫自己的安全,形成了我国历史上继龙山时代之后第二次建城高潮,现存的郑韩故城就是其中一座重要的都邑性质的城址。

郑韩故城位于今河南省新郑市区,是郑国贵族东迁以后新建的一座都邑。该城始建于春秋初期或更早一些,《左传·隐公十一年》郑庄公曰:"吾先君新邑于此。"杜预注:"此,今河南新郑。"西晋时期的新郑即今河南省新郑市。郑庄公所说的"先君"当指其祖父郑桓公,《左传·昭公十六年》子产曰:"昔我先君桓公,与商人皆出自周,庸次比耦,以艾杀此地,斩之蓬蒿藜藿,而共处之。"《史记·郑世家》又云:郑桓公"于是卒言王,东徙其民雒东,而虢、郐果献十邑,竟国之"。可知早在公元前770年以前的西周末期,郑桓公已在今新郑市区率其族众"斩之蓬蒿藜藿",开始营建新都。但是两年以后,郑桓公死于犬戎之难,这座新都实际上是其子郑武公建造起来的。这里在古代为有熊氏之墟,《通鉴外纪》卷一注引皇甫谧云:"新郑,古有熊国,黄帝之所都。"商代仍然称作有熊,《史记·周本纪》,闳夭之徒乃求"有熊九驷,他奇怪物,因殷嬖臣费仲而献之纣"。《正义》引《括地志》云:"郑州新郑县,本有熊氏之墟也。"此地在商代以出名马而著称于世。不过在商代早期,这里因位于郑州商城即商都亳邑的南郊,又被殷墟卜辞称为"南奠"和"奠","奠"与"郑"相通,故又称作"郑"地。① 西周时期称此地为"郑父之丘",意即商代郑族的丘墟,桑钦《水经》:洧水"又东过郑县南,潧水从西北来注之"。郦道元注:"洧水又东径新郑县故城中。"(郑按:古洧

---

① 郑杰祥:《商代地理概论》,中州古籍出版社,1994年,第257页。

水最早当流经郑县城南,《左传·庄公十四年》:"内蛇与外蛇斗于郑南门中。"《左传·昭公十九年》又云:"郑大水,龙斗于时门之外洧渊。"顾栋高《春秋大事表》云:"洧水在郑城南,时门知是郑南门也。"北魏时期洧水当已从城南改道流经城内。)古本《竹书纪年》:"(晋文侯)二年,周宣王子多父伐郐,克之,乃居郑父之丘,名之曰郑,是为桓公。"于是这座新建的郑国国都乃沿袭"郑父之丘"一名而称为"郑"城。公元前375年,韩"(哀侯二年)灭郑,因徙都郑"(《史记·韩世家》),此地仍称为"郑",新郑出土的战国铜兵器上多刻有"郑令"铭文,①"郑令"即指主管韩国国都的首长。但同时也出现了"新郑"一名,考古工作者在这里出土的战国晚期的陶罐上,发现刻有"新郑"二字,②这是迄今所见最早的"新郑"地名,说明当时此地至少在民间已经出现了"新郑"一名。"(韩王安)九年(公元前230年),秦虏王安,尽入其地,为颍川郡,韩遂亡。"(《史记·韩世家》)秦人灭韩以后,降韩都郑城为县,属颍川郡,为与以往作为韩都的"郑"城有所区别,也为了有别于秦内史所设的"郑"县城,遂采用民间流行的名称,正式称之为"新郑"县。不过虽然改称为县,而故都遗迹尚存,这座故都遗迹就是现今学术界所称的"郑韩故城"。

郑韩故城地处今双洎河(古称洧水)和黄水河(桑钦《水经》称之为溍水和溱水)的交汇处,隔双洎河西南就是著名的大隗山,隔黄水河向东就是广阔的豫东平原,城址正坐落于西部山区向东部平原过渡的地带。适于农业,依山傍水,是我国古代人们选建聚落城邑所在的优良传统,《国语·周语》云:"国必依山川。"《管子·度地》云:"故圣人之处国者,必于不倾之地,而择地形之肥饶者,乡山左右,经水若泽,内为落渠之写,因大川而注焉。乃以其天材,地之所生利,养其人,以育六畜。"郑人选择在这里建都立邑,也是由于这里能够"主芣隗而食溱洧"(《国语·郑语》),正是继承了古人选建都邑的优良传统。故城城址依两河附近的地势筑成,因而呈不规则的长方形,东西长约5000米,南北宽约4500米,总面积约16平方公里。"城墙分层夯筑而成,保存在地面以上部分,残高15~18米、底宽40~60米。城墙的下部,有的还保留有春秋时期的夯基,夯层厚10厘米左右。每层夯面上布满密集的圆口圜底夯痕,夯窝口径3~4厘米,夯层

---

① 郝本性:《新郑"郑韩故城"发现一批战国铜兵器》,《文物》1972年第10期。
② 河南省文物考古研究所:《新郑郑国祭祀遗址》,大象出版社,2006年,第934页。

内夹有春秋时期的陶片;春秋夯土城墙上面是战国时期的夯土城墙,夯层厚10~19厘米。每层夯面上布有圆形平底的夯痕,夯窝口径5~6厘米。调查试掘表明,这座古城的城墙是先后经过春秋和战国两个历史时期构筑的。"①北城墙外还发现"有护城河,现宽20~50米"②。其城墙之既高且厚,护城河之既宽且广,在现已发现的春秋战国城址中是仅有的,这是由于当时的郑、韩两国位于中原四战之地,易攻难守,且常受强邻侵逼,正如王应麟《诗地理考》引林氏所说:"春秋战争之多者莫如郑,战国战争之多者莫如韩。"频繁的战争,迫使郑人、韩人修筑高城深池以维护自己的安全。

《管子·乘马》云:"凡立国都,非于大山之下,必于广川之上,高毋近旱而水用足,下毋近水而沟防省。因天材,就地利,故城郭不必中规矩,道路不必中准绳。"郑人正是根据当时政治、经济发展的需要,打破了夏、商以来大城套着小城、宫庙置于城的中央、四周围以手工业作坊的重城布局,在城址中部筑起一道南北向的隔墙,将其分为东、西两城,建起了两城相联的双城布局。考古发掘表明,西城是郑国王宫所在的统治中心区,"郑城西城至今保存众多春秋时的大型夯土建筑遗存,但大部分都在地下,仅一座在地面之上,俗称'梳妆台'"。城内西南部今李家楼一带"1923年就发现郑公大墓,出土青铜礼乐器102件之多,两件莲鹤方壶都是春秋时期体量极大、艺术性很高的文物",表明这里是郑国王陵和贵族墓葬区。"在东城现新郑市政府后院一带,在地下发现有大面积的夯土台基,部分经过发掘,发现有大型磉墩(柱础),和马、猪以及其他动物骨骼的祭祀坑,疑是郑宗庙的所在",也就是文献记载的"大宫",③此说可信。《左传·隐公十一年》:"郑伯将伐许,五月甲辰,授兵于大宫。"《左传·宣公三年》:"盟于大宫而立之。"《左传·襄公三十年》:"郑伯及其大夫盟于大宫。"《左传·昭公十八年》:"使子宽、子上巡群屏摄,至于大宫。"杜预皆注云:"大宫,郑祖庙。"此处大面积的夯土台基,可能就是文献所记的大宫宗庙基址。在这处夯土台基的"正南方向,今中华路与新华路交界处,发现中行(按:今中国银行新郑支行,简称"中行")社稷祭祀遗址"。祭祀遗迹"分布在近4000平方米的范围内","重

---

① 河南省博物馆新郑工作站等:《河南新郑郑韩故城的钻探和试掘》,《文物资料丛刊》第3辑,文物出版社,1980年,第57页。
② 河南省文物考古研究所:《新郑郑国祭祀遗址》,大象出版社,2006年,第934页。
③ 河南省文物考古研究所:《新郑郑国祭祀遗址》,大象出版社,2006年,第934~935页。

点有三部分遗存,第一部分建筑遗存主要是社壝……仅有数十米的墙基,分布于祭祀区的东南部。……第二部分是祭祀后瘗埋祭器的土坎,这种祭坎又分青铜礼器坎和青铜乐器坎两类。第三部分是瘗埋祭祀用牲的土坎,所埋主要是马匹,也正是这些遗存构成了祭祀遗址重要的物化载体"。其中礼器坑已发现 7 座,出土青铜礼器 142 件和一些礼器残片,"这些礼器形体较大、器壁很薄、花纹精美、制作考究,是不可多得的郑国铜器精品"。乐器坑已发现 11 座,出土青铜编钟 206 件,"这批编钟数量之大,为郑韩故城考古发掘所罕见,也为全国所仅有"。殉马坑已发现 45 座,"分布在夯土墙基以西祭祀遗址的区域,平面上大致分为南北 8 列"。"坎的形制方向大体一致,每坎殉马成双数,有 2 匹、4 匹、6 匹等,成行成列排列得很有规律。"出土完整马骨 112 匹,"头均向西,臀向东",同坑中"一般马匹的摆放次序是与其脊背的朝向相反的"。"殉马坎和青铜礼乐器坎关系密切。礼乐器坎除 K17 乐器坎在西北角外,其余 17 个坎都集中分布在祭祀区的东部,尽量选择在殉马坎之间的空挡"。各坑之间大致上配套成组,形成一处大型祭祀场地。"这一祭祀遗存使用的时间有先后之别,所以出现了个别礼乐器坑有打破马坑的现象",然而"通过对中行青铜礼乐器物形态、纹饰、铸造工艺等多方面的观察,各坑礼器造型纹饰并无太大的差异,所以,其时代也不会有太大的悬殊"。该祭祀遗址的时代从地层礼乐器坑和殉马坑都排列有序,方向也大体一致,再加之器物形态与纹饰的情况,它的上限不会到春秋早期,而下限不会过春秋晚期。① 就是说这是一处春秋中期的祭祀场地。

《周礼·春官·大祝》云:"国有大故、天灾,弥祀社稷,祷祠。"郑玄注:"大故,兵寇也。天灾,疫疠水旱也。"同书《小祝》又云:"有寇戎之事,则保郊,祀于社。"郑玄注:"郊社皆守而祀之,弥灾兵。"如上所述,"春秋战争之多者莫如郑",频繁的战争,使郑人多对社稷神举行隆重的祭祀以祈求弭灾兵,保平安。当时人们习惯于用马祭祀神祖,以求消灾弭祸,《左传·襄公九年》:宋人"祝宗用马于四墉,祀盘庚于西门之外"。孔颖达疏:"祀盘庚不别言牲,明其祀亦用马也。"吴静安疏证:"沈钦韩曰:《校人》'凡将事于四海山川,则饰黄驹。'注:'王巡狩过大山川,则有杀驹以祈沉礼。'与《汉书·沟洫志》:'上自临决河,湛白马

---

① 河南省文物考古研究所:《新郑郑国祭祀遗址》,大象出版社,2006 年,第 40~43、113~115、215 页。

玉璧。'然则祈禳之事,皆用马牲。"郑国祭祀场地大批殉马坑的发现,进一步证明春秋时期祭祀神祖多用马牲。马是当时用于战争和运输的重要工具,人们常以"万乘之国""千乘之国"表示国家的强弱,郑人用马作为祭品反映出对于神祖的虔诚和崇敬。

与西城相对,东城主要是郑国工商业分布区。这里发现有众多的手工业作坊基址,在中行祭祀遗址的东南部,发现铸铜作坊遗址,这里出土有"大量的青铜礼乐器铸范",祭祀场地出土的青铜礼乐器,可能就是从该作坊铸造出来的。在东城东部的今大吴楼村也发现有铸铜作坊基址,面积10余万平方米。这两座铸铜遗址都出土有相当数量的镢、铲、锛、斧等生产工具范,足见郑人重视发展农业生产。在大吴楼村的西北今张龙村以南还发现有制陶、制骨和制玉等手工业作坊基址。在这些作坊基址的东侧东城墙下,"发现一个有古代路基通过的城墙缺口,可能是城门遗迹"①。这座城门应当就是文献记载的郑城东门,"古代路基"应当就是文献记载的"大逵",也即宽广的大道。《左传·隐公四年》:"宋公、陈侯、蔡人、卫人伐郑,围其东门。"《左传·襄公十一年》:"诸侯之师观兵于郑东门。"《左传·昭公十八年》:"子产辞晋公子、公孙于东门。"当指此门。此门又称作"渠门",《左传·桓公十四年》:"宋人以诸侯伐郑,报宋之战也。焚渠门,入,及大逵。……以大宫之椽归,为卢门之椽。"杜预注:"渠门,郑城门。大宫,郑祖庙。卢门,宋城门。"高士奇《春秋地名考略》:"此渠门,盖东门也。"宋人攻占并焚毁渠门,即进入郑都东城,沿着"大逵"这条宽广大道向西直抵"大宫"即上述郑人宗庙建筑群,拆取大宫梁椽,建造起自己的城门。大逵横贯东城手工业作坊区,也是商业市场所在地,文献称之为"逵市",《左传·庄公二十八年》:楚人"众车入自纯门,及逵市"。杜预注:"逵市,郭内道上市。"当指此地。这是现知我国最早的一座有着具体名号的市场。有城有市,方为城市,郑国都城应是中原地区较早的一座具有典型意义的城市。逵市规模较大,有时充作兵营,《左传·成公十三年》:郑公子班入大宫未遂,乃"反军于市",当即驻扎于此地。文献记载的"羊肆"也可能设在这里,《左传·襄公十三年》:郑"伯有死于羊肆"。杜预注:"羊肆,市列。"可能是逵市一处专供买卖羊肉的场

---

① 河南省博物馆新郑工作站等:《河南新郑郑韩故城的钻探和试掘》,《文物资料丛刊》第3辑,文物出版社,1980年,第56~57页。

地。市内分布着众多的手工业作坊,也居住着众多的手工业工人,所谓"百工居肆,以成其事"(《论语·子张》),各种手工业工人居住在这里,生产各种手工业产品,这些产品随即被投入市场,进行商业贸易。郑国的手工业比较发达,《国语·晋语》记载:"郑伯嘉来,纳女、工、妾三十人。"即一次就把30位技术人员赠送给晋国。《考工记》记载郑国生产的刀更是闻名于列国。《国语·齐语》:"处商,就市井。"郑国商人也应居住于市场区。如上文所述,郑国商人曾与郑桓公一起从关中来到这里,"斩之蓬蒿藜藿",共同开发了这片土地,建立起郑国政权,因而享有较高的社会地位。国家对商业实行保护政策,《左传·昭公十六年》记载,早在郑桓公时期,就曾与商人约法三章:"尔无我叛,我无强贾,毋或匄夺;尔有利市宝贿,我勿与知。"意即你们不要背叛国家;国家与你们买卖公平,不会强夺你们的货物;你们有奇货可居,国家不闻不问。这可说是我国最早的一部保护商业的法条。所有这些都促进了郑国工商业的发展,使以逵市为中心的郑都东城成为繁荣的工商业经济区。郑国地处中原,物产丰富,交通便利,像东周王城一样,"街居在齐、秦、楚、赵之中",有着良好的往来贸易的天然条件。郑国商人经商爱国,他们以东城逵市为中心,"东贾齐、鲁,南贾梁、楚",促进了郑国与周围各国之间的物资交流与往来。他们为了国家的利益,曾经试图解救被楚人俘获的盟国晋将荀䓨(《左传·成公三年》),特别是弦高在西往成周经商的途中,得知秦军前来偷袭郑国,立即派人回国报告,并以国君使者的名义向秦军送礼周旋,明示郑国已有准备,从而阻止了这次偷袭(《左传·僖公三十三年》),使郑国避免了一场灾难。由此可见,郑国商人在经济和政治上都对国家做出过重大贡献。

把国都分作东、西两城,这是郑人的新创,①也是当时政治、经济形势发展下的必然产物。西城为国家最高权力中心,北有高城深池,西、南有宽广的洧水作为天然屏障,东接东城区,从而进一步加强了最高统治集团的安全。另外,根据杨宽先生的考证,我国古代从西周到汉代有着"西向为上"(应劭《风俗通义》引《礼记》)的迷信思想,他引王充《论衡》说:"夫西方,长老之地,尊者之位也。尊

---

① 《登封王城岗与阳城》认为王城岗龙山文化城址有东、西两城,"东城"资料太少不足据。杨宽《中国古代都城制度史研究》认为周公建成周王城已有东、西二城,迄今的考古发掘仍无法证实。

者在西,卑幼在东。"①郑国统治集团以西城为居住区,也可能与当时流行的这种习俗有关。东城比西城面积广大,这里集中分布着手工业作坊和商业市场,它有利于国家对工商业的统一管理,方便了产品供应和销售市场的合作,使之互相促进,也为工商业的继续发展提供了广阔的空间。春秋时期战争频繁,战争要消耗大量物资,需有强大的经济力量保证后勤供应。发展城市工商业在一定程度上提供了这种保证,《尉缭子·武议》云:"夫出不足战,入不足守者,治之以市。市者,所以给战守也。万乘无千乘之助,必有百乘之市。"就是说发展市场经济,是支持战争经费的重要来源之一。《墨子·杂守》又云:"凡不守者有五:城大人少,一不守也;城小人众,二不守也;人众食寡,三不守也;市去城远,四不守也;畜积在外,富人在虚(墟),五不守也。"他认为城内没有市场为战争提供物资供应,要防御敌人的进攻是很困难的。郑人在东城集中建置工商业市场区,促进了工商业的繁荣,这在一定程度上支持了郑国相当长的时期内在列国中的有利地位。郑人把都城分作功能不同的东、西两城的做法,被工商业同样发达的齐国所效法,齐都临淄在战国初期,开始建立西城作为宫殿集中分布区,而把面积大的东城作为工商业市场区。《管子·侈糜》中说勿移"周郑之礼",把都邑分作东、西两城,应是沿用这种礼制的重要内容之一。

进入战国时期,韩哀侯灭郑,并迁都于郑城,继续沿用该城的双城布局。为适应规模更大的战争的需要,韩人对郑城进行了加固和改造,"从考古发掘所见其东西两城的北墙和东城的东墙都从外部加宽、在顶部加高约三分之一以上。特别东西两城的北墙,在加宽过程中增添了马面设施,为其他列国城垣所不具备"。为进一步维护自己的安全,韩人在郑国宫殿区的废墟上新建起宫城,"在新郑褚庄村发现宫城西墙和通往宫城的道路"。在宫城内的东北部,发现有窖藏遗迹,"这一地下室南北长 8.7 米,东西宽 2.8~3 米,残深 2.24~3.35 米,出入地下室有南高北低的 13 层台阶。室底部南北排列用陶井圈叠砌而成的 5 个井形地窖。室壁与地坪残留有带米字形花纹的凹槽铺地砖和贴墙砖"②,"在地下室和五眼井的填土中,包含有大量战国时期的陶盆、陶釜、陶罐、陶壶、陶甑和陶钵等及少量残破的铁器、骨器。在陶器上发现许多刻划符号和陶文,如'廑

---

① 杨宽:《中国古代都城制度史研究》,上海人民出版社,2003 年,第 184 页。
② 河南省文物考古研究所:《新郑郑国祭祀遗址》,大象出版社,2006 年,第 939~941 页。

公'刻于陶碗内底,'吏'刻于陶钵外壁,'官'刻于陶盆口沿,'左脒'刻于陶豆盘外底……此外,还出土有大量猪、牛、羊、鸡等骨骼,约占所含遗物总数的三分之二。根据地层叠压关系和出土遗物证明,这座地下建筑遗存应是战国时期修筑和使用的,大约是一所储藏食品的大型窖穴"①,并认为这就是文献记载的"凌阴",此说可信。这里出土陶文"脒"字,何琳仪释为"厨"字异文,他又引《广雅·释宫》云:"㢉,仓也。"②兹从其说。由此可知,这里应是一处韩国王宫内储藏肉类食品的地下厨仓。食品储藏于地下,还需要加以冰镇冷藏,才不致腐败,因此这种地下室又是藏冰之所,被称为"凌阴""冰室"和"凌室"。《诗经·豳风·七月》:"二之日凿冰冲冲,三之日纳于凌阴。"毛传云:"凌阴,冰室也。"孔颖达疏:"纳于凌阴,是藏冰之处,故知为冰室也。"又云:"凌、冰一物。""此言凌阴,始得为凌室。"《汉书·惠帝纪》:四年"秋七月乙亥,未央宫凌室灾"。颜师古注:"凌室,藏冰之室也。《豳·七月》之篇曰:'纳于凌阴。'"古代凌室设"凌人"专职管理,《周礼·天官》:"凌人掌冰政,岁十有二月,令斩冰,三其凌。春始治鉴,凡外、内饔之膳羞,鉴焉;凡酒浆之酒醴亦如之。"郑玄注引"郑司农曰:'掌冰政,主藏冰之政也。'"鉴为盛冰、食品和酒类之器,随时供应贵族饮食和祭神之用。据此推测韩国宫城内发现的地下室既用来藏冰,又用来冷冻食品,应为当时的"凌阴""冰室"和"凌室"的遗迹。

在这座宫城以南,还"发现一座东西长方形小城,东西长500米,南北宽320米,四面墙基都埋于地下,宽10~13米。1997年对城内大型夯土台基中部进行发掘,查知这处夯土基址长114米,宽97米,面积11058米"③。特别是在这座台基上还"发掘出一通石碑,碑高3.25米,宽0.45米,厚0.25米,上为等腰三角形的圭首,下为长方柱体,中下部一圆孔,碑上半部两侧有半扁平翼状的珥,就是在侧边又凸出一窄长的与圭身平行的长石片。该碑下部较宽,原是埋于土中的部分"④。《仪礼·聘礼》云:"上当碑,南陈。"郑玄注:"宫必有碑,所以识

---

① 河南省博物馆新郑工作站等:《河南新郑郑韩故城的钻探和试掘》,《文物资料丛刊》第3辑,文物出版社,1980年。
② 何琳仪:《战国古文字典》,中华书局,1998年,第893页。
③ 河南省文物考古研究所:《新郑郑国祭祀遗址》,大象出版社,2006年,第938页。
④ 郝本性:《黄帝故里故都在新郑·从郑韩故城韩国宗庙碑说起》,中州古籍出版社,2005年,第87页。

日景(影)、引阴阳也。凡碑,引物者,宗庙则丽牲焉,以取毛血。其材,宫庙以石。"《礼记·祭义》云:"祭之日,君牵牲……既入庙门,丽于碑。"郑玄注:"丽,犹系也。"孔颖达疏:"君牵牲入庙门,系著中庭碑也。王肃云:'以纼贯碑中,君从此待之也。'"所谓"以纼贯碑中",即将牵牲之绳穿系于碑中圆孔之义,这种圆孔俗称作"碑穿"。这是迄今发现的最早的石碑。这通石碑的发现,表明这座夯土台基应当就是韩国宗庙基址,它的周围以小城相围绕,形成一处完整的韩国宗庙建筑群体。

东城也是韩国工商业集中分布的地区,这里的铸铜、制陶、制玉、制骨等手工业作坊,都在原有的基础上有了进一步的扩建和发展。"1971年11月,在郑东城的白庙范村北,发现了战国兵器窖藏坑,出土戈、矛、剑各种青铜兵器180件,其中170余件上带有铭文,铭文多者33字,少者1字,其中涉及有地名、职官、府库等。据铜兵器铭文纪年在公元前310年至公元前231年的韩襄王至韩王安时期可知,这些兵器属于战国晚期韩国的兵器"。[1] 根据发掘《简报》资料[2],这座兵器坑叠压在战国晚期灰坑之上,兵器中有韩王安八年(公元前231年)遗物,韩王安九年韩国即被秦所灭,而且坑中近半数兵器都是比较完整的兵器,不像是用来回炉重铸的废料。据此推测此坑兵器可能是秦王朝派人收集起来的,《史记·秦本纪》云:秦始皇二十六年"初并天下","收天下兵,聚之咸阳,销以为钟鐻,金人十二,重各千石"。就是说新郑发现的这座兵器坑有可能是秦坑,其中的兵器是秦初"收天下兵"时收藏的以韩国兵器为主的一批战国铜兵器。

这里还新出现了铸铁手工业,考古工作者在东城以内的今大吴楼村、仓城村和原中行祭祀区,都发现了铸铁作坊遗址。中行铸铁作坊遗址出土的铁器材料,"是一批经过柔化处理(退火脱碳)的可锻铸(韧性铸铁)和脱碳钢(是当时高强度的钢铁材料)的新材料。韩国是较早掌握铁料柔化处理,使之成为可锻铸铁和铸铁脱碳技术的国家"[3]。这种铁材耐磨损,有韧性,可以用来普遍制造农业生产工具,使之"耕者且深,耨者熟耘"(《韩非子·外储说》),从而推动了

---

[1] 河南省文物考古研究所:《新郑郑国祭祀遗址》,大象出版社,2006年,第939页。
[2] 郝本性:《新郑"郑韩故城"发现一批战国铜兵器》,《文物》1972年第10期。
[3] 河南省文物考古研究所:《新郑郑国祭祀遗址》,大象出版社,2006年,第941页。

农业生产的发展。先进的冶铸技术也提高了兵器的制造质量,苏秦说"天下之强弓劲弩皆从韩出"(《史记·苏秦列传》),遂使韩国一时成为军事强国。

韩国迁都郑城以后,昭侯以此为中心,起用申不害为相,大力进行改革,申氏"内修政教,外应诸侯",使韩国迅速"国治兵强"(《史记·老子韩非列传》),成为战国七雄之一。郑城作为郑、韩两代国都,经过数百年的建设,城池坚固,市场繁荣,是当时公认的一座矗立于中原大地上的名城。郑韩故城划分为东、西两城的双城布局,既是空前的,也是绝后的,它是郑、韩两国特殊历史背景下的产物,也是春秋战国时期中原地区特殊历史背景下的产物。都城的规模和布局,是国家政治、经济和文化总体面貌的反映,深入研究郑韩故城的规模和结构布局,对于探讨郑、韩两国以及春秋战国时期中原地区的社会历史状况,具有重要的学术意义。

(原载《河南博物院建院八十周年论文集》,大象出版社 2007 年出版)

河南潢川县发现一批青铜器

1978年1月6日,潢川县彭店公社刘砦大队砖瓦窑厂院内出土青铜器数件,送交县文化馆保存。河南省博物馆派我偕同县文化馆的同志对出土地点进行了发掘清理。

刘砦大队位于潢川县西南约20余公里,砖瓦窑厂北靠庙子岗,南临郑家冲,青铜器出土地点位于庙子岗南山坡上(图一)。青铜器出土于距地表约1.5米深的黄白色花土中,五件铜器由东向西呈"一"字形排列,计有鼎、簋、方壶(缺盖)、罍和盘各一件。铜器南边为灰白色原生土,推测此地原为一座古墓。现将铜器简介如下。

图一　潢川出土青铜器位置图

鼎　通高23.5厘米、腹径24厘米、壁厚0.3厘米。鼎口微敛,腹部微凸,立耳,三蹄足。耳外有粗线纹间以圆点纹,腹部饰带状蟠螭纹(图二、三)。

图二 铜鼎　　　　　　　　图三 铜鼎花纹拓片

簋　通高24.5厘米、腹径22.5厘米、壁厚0.4厘米。子母口,带盖。鼓腹,平底,圈足,圈足下附有三个兽首足。盖顶有捉手,周围饰瓦纹。盖的边缘为窃曲纹,每组窃曲纹之间界以兽首纹。簋的腹部纹饰与簋盖同,两耳呈龙首形,上有螺丝状双角,下垂两珥,圈足饰垂鳞纹。

方壶　通高24厘米、口宽9.5厘米、长11.5厘米、壁厚0.3厘米。子母口,腹下凸出,平底,圈足。壶腹部以云雷纹为地,上饰鸟纹。两鸟之间有高浮雕牛首,下部有兽首纹一对。圈足为折线纹(图四、五)。

罍　通高20.7厘米、腹径25厘米、壁厚0.3厘米。直口,平沿,短颈,深鼓腹,小平底,素面无纹饰,肩部有两个对称的绚索状耳(图六)。

盘　通高12厘米、口径31.5厘米、壁厚0.3厘米。敞口,附耳,浅腹,平底,圈足,圈足下附有三个兽首足。盘腹及圈足分别饰窃曲纹和垂鳞纹。盘内底周围饰兽纹带,中心为蟠龙纹,其间有铭文一周,共十八字:"隹番君白龖用其赤金自万年子孙永用之享。"文中"自"字之下按文例当有"作宝盘"三字,可能在制作时漏掉了(图七、八)。

以上介绍的五件铜器中,鼎和《两周金文辞大系》(以下简称《大系》)著录的邓伯氏鼎、酥㝬妊鼎二器形制近似。簋和《大系》著录的鲁士商戲簋、郜遣簋二器形制、花纹均相似。壶和《商周彝器通考》图七四窃曲纹壶形制近似。因此,我们认为潢川县出土的这批铜器应当是春秋早期的遗物。

图四 铜方壶  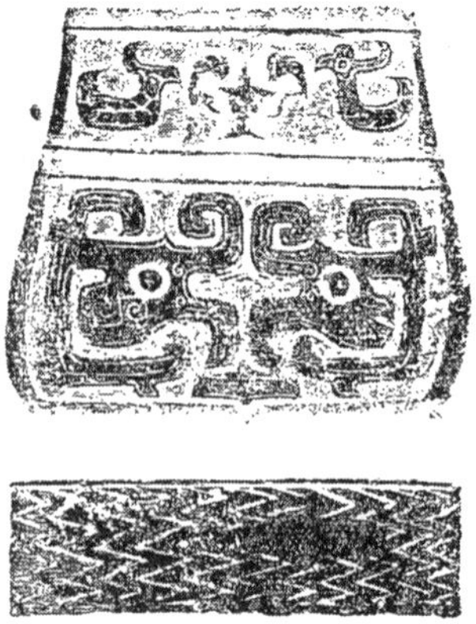　　　　　　图五 铜方壶花纹拓片

图六 铜罍 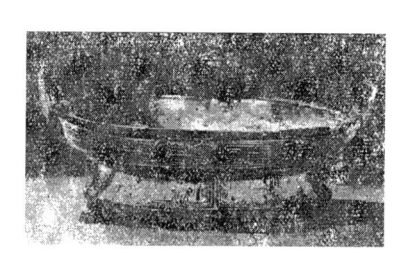　　　　　　　图七 铜盘

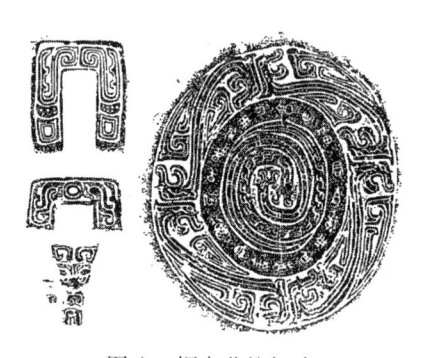

图八 铜盘花纹拓片

以往出土的番国铜器见于著录者,计有番生毁、番匊生壶、番妃鬲、番君鬲、番壶等数种,但都不详其出土地点。潢川县番伯盘等器的出土,为我们探讨以往番器的出土地点提供了重要的线索。关于今潢川县及其附近地区古代曾称作番地的记载,文献中可以找到一些线索。《吕氏春秋·异宝》篇:"孙叔敖疾,将死,戒其子曰:……为(按王念孙以为是'如'字之讹)我死,王则封汝,必无受

利地。楚越之间,有寝之丘者,此其地不利而名甚恶。……可长有者,其唯此也。孙叔敖死,王果以美地封其子,而子辞,请寝之丘。"《史记·滑稽列传》:"于是庄王谢优孟,乃召孙叔敖子,封之寝丘四百户。"《集解》引徐广曰:"在固始。"《正义》:"今光州固始县,本寝丘邑也。"《汉书·地理志·汝南郡》"寖县"注引应劭曰:"孙叔敖子所邑之寖丘是也。"《后汉书·郡国志·汝南郡》"固始县"注云:"侯国,故寝也,光武中兴更名,有寝丘。"由此可见,今河南省固始县东汉以前称寝县,春秋、战国时期属楚,乃楚相孙叔敖之封邑。又宋洪适《隶释》著录之东汉延熹三年(160)楚相孙叔敖碑云:"……父有命,如楚不忘亡臣社稷……而欲有赏,必于潘国,下湿墝埆,人所不贪,遂封潘乡,即固始也。"由此碑可知,寝丘在春秋时曾被称作潘,而潘与番古今一字,《诗小雅·十月之交》下《释文》云"番本或作潘",是其证。今固始与潢川二县相邻,这批铜器的出土地点东北距今固始县城不过百里,因此这一发现证明此地应该是古代潘国即番地的封地所在。

(原载《文物》1979年第9期,与张亚夫先生合作)

河南新野发现的曾国铜器

1971年8月,河南省新野县城关镇小西关(村)群众在生产劳动中发现了一座古墓。当地党政领导和广大群众非常重视,立即保护好现场。同年8月10日至20日,河南省博物馆派我进行了发掘。

该墓位于小西关(村)西南寨沟内。墓坑呈长方竖穴形,方向北偏东21°。墓口被汉代土层(有不少汉代绳纹陶片)打破。现存墓口距地表0.5米、长3.6米、宽2.44米,墓深2.3米、底长3.8米、宽2.5米。墓坑北壁有二层台,宽30厘米、高25厘米。墓底有一层厚约2厘米浅灰色朽木灰层,其间掺有红色朱砂遗迹。

墓内葬死者二人,头向北,骨架腐朽过甚,不能辨出性别,但还可看出西边一具人骨架是仰身直肢葬(图一)。其西一棺一椁,其东一棺无椁,棺椁皆已腐朽,仅存木灰痕迹。根据现存木灰痕迹测定:西棺长2.28米、宽0.66米,椁长2.5米、宽1米;东棺因一端已毁,不能知其长度,宽为0.6米。棺椁周围有不少碎薄铜片,可能是镶于棺椁上的铜饰。

墓内随葬物有铜器、玉器、骨器等数十件。现分别介绍如下:

铜器

范铸,鼎足内尚存有范土。全为实用器。按用途可分为生活用具、武器、车马器三种:

一、生活用具

鼎 1件。口径22.5厘米、腹径24厘米,三足和腹部皆残,不能测出高度。口微敛,唇外折,鼓腹,圜底,贯耳。颈饰重环纹一周,腹部饰垂带纹(图四:9)。器壁较薄,厚约0.2厘米。

敦形鼎 1件(图二二)。通高29厘米,口微敛,唇外折,深腹,圜底,三矮蹄足。颈部附有二兽首形环耳,颈下饰窃曲纹一周(图四:5)。此鼎形制古朴,比较

图一

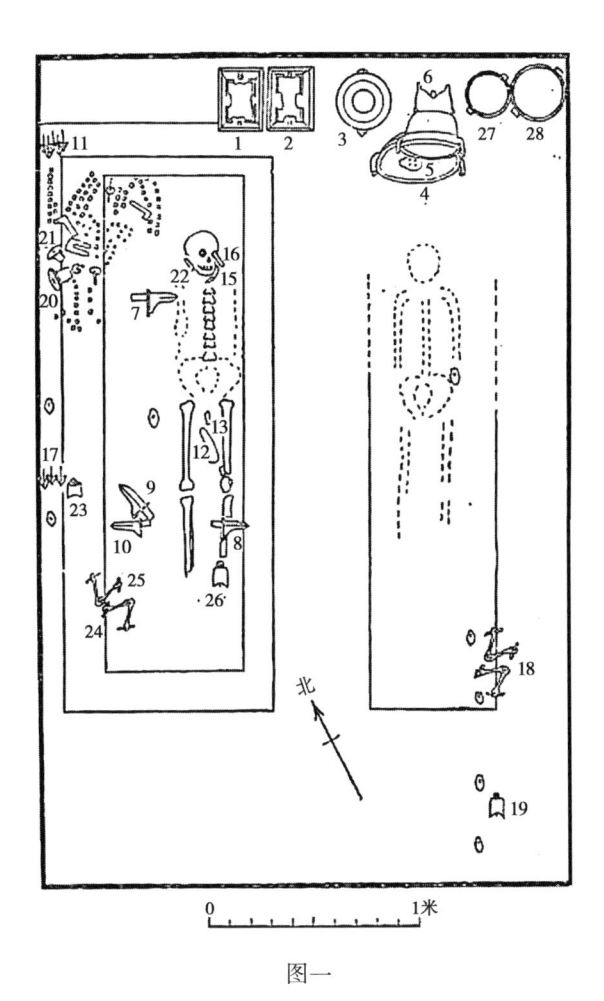

1、2. 铜簠 3. 铜豋 4. 铜盘 5. 铜匜 6. 铜甗 7—10. 铜戈 11、17. 铜镞
12. 骨匕 13、14. 玉管 15、16. 象牙玦 18. 铜马衔、镳 19、23、26. 铜铃
20、21. 铜车軎、辖 22. 玉饰 24、25. 铜马衔 27、28. 铜鼎

少见。它和《商周彝器通考》收录的鸟兽纹敦、三角云纹敦①形制相似,但敦都有盖,因此有人又把敦叫"异形盒样铜器"②,因敦呈球状,也有人把它叫作"西瓜鼎"③,可见敦与此类鼎形状是相近的;但此鼎无盖,因而暂命名为"敦形鼎"。

---

① 容庚:《商周彝器通考》下册,图三八四、图三八五,哈佛燕京学社,1941年,第204页。
② 郭沫若:《金文丛考》,人民出版社,1954年,第388页。
③ 郭沫若:《金文丛考》,人民出版社,1954年,第386页。

鬳　1件(图二一)。通高36厘米。甗、鬲分铸,但已锈结在一起。甗敞口,唇外折,直腹,平底,底部有长条状和十字形箅孔八个,两个方形附耳,耳内外饰重环纹(图三:6),颈饰窃曲纹一周(图四:4)。鬲为直口,鼓腹,三款足(一足残缺),附两耳,素面无纹饰。甗的内壁铸铭文廿一字,铭云:"隹曾子中□用其□□自乍旅獻子子孙孙其永用之"(图二)。此獻字即献字,也即甗字,古代鼎、鬲皆为炊具,二字可以通假。

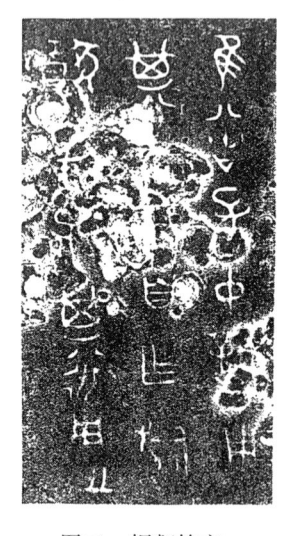

图二　铜甗铭文

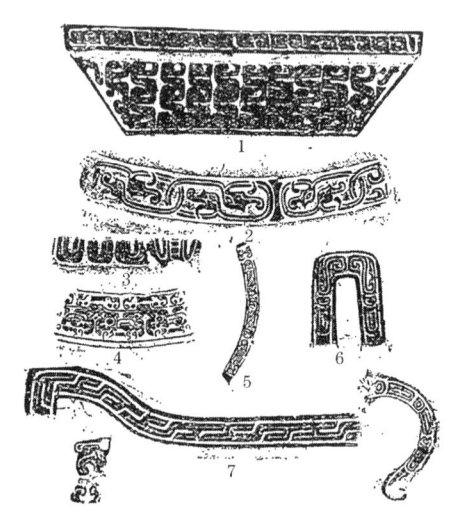

图三

1. 铜簠花纹　2. 铜盘腹部花纹　3. 铜盘圈足花纹
4. 车軎花纹　5. 铜镰花纹　6. 铜甗耳部花纹　7. 铜匜花纹(上:口部;左下:足部;右:鋬部)

簠　2件。为同范铸成(图版叁:2·3)。器身长29厘米、宽22厘米、高19厘米。口呈矩形,腹部下收为平底,底附有外扩的圈足,圈足四边中间各有一缺口。簠侧腹部各有一兽首形环耳。颈部饰窃曲纹一周。腹及底部均饰蟠螭纹(图三:1)。此簠器、盖形制相同,可合成一器。

盨　1件(图二三)。带盖,通高22厘米。盖呈覆盘状,顶端有圈形捉手,缘饰蟠螭纹(图四:2、3)。器口微敛,唇外折,折肩,腹下收成小平底。两兽首环耳(图四:7)。颈部饰窃曲纹(图四:6),腹部饰蟠螭纹(图四:1)。

同类铜器近年来曾发现于今河南省新郑市、郏县、洛阳市以及陕西省宝鸡市等地,传世品也不少。文献著录,定名不一,有称敦者,①也有叫作𰻝、盆、錡、毁者,②郭沫若同志根据晋邦𥂴和伯戈𥂴铭文定名为𥂴,③今从郭说。

盘　1件(图五)。口径37.5厘米、通高11厘米。敞口,唇外折,两附耳,浅腹,平底,圈足。圈足下原有三足,已缺。腹部饰蟠螭纹(图三:2),圈足饰垂带纹(图三:3),耳部饰重环纹(图四:8)。

匜　1件(图版叁:1)。器身呈椭圆形,深腹,平底,底附四个兽首形矮足。前端有流,尾有兽首形鋬,颈饰重环纹一周,腹部通体饰瓦纹(图三:7)。

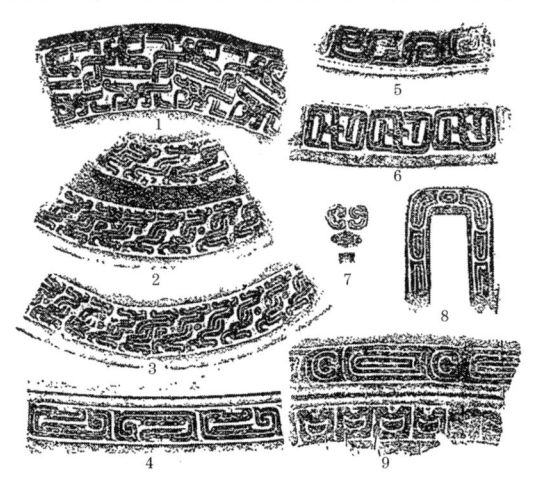

图四

1、2、3、6、7.铜𥂴花纹　4.铜甗花纹　5.铜鼎花纹

8.铜盘花纹　9.铜鼎花纹

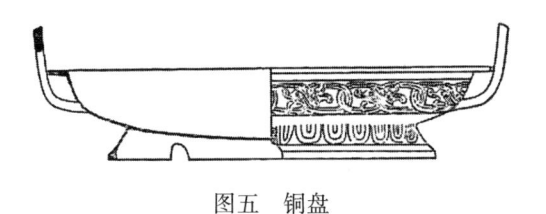

图五　铜盘

---

① 中国科学院考古研究所宝鸡发掘队:《陕西宝鸡福临堡东周墓葬发掘记》,《考古》1963年第10期。
② 中国科学院考古研究所:《洛阳中州路》,科学出版社,1959年,第93页。
③ 郭沫若:《殷周青铜器铭文研究》,科学出版社,1961年,第114页。

二、兵器

戈 4件。援上下刃平直,锋呈三角形,胡较短,栏部有三穿,内呈长方形,中间有一穿用以固柲(图一三、图一四)。

镞 Ⅰ式,5件。双翼,中央有脊,翼与脊向前聚成锐锋,向后距离渐宽成倒刺形后锋,翼与脊有铜片相连,镞体呈三角形(图六)。

Ⅱ式,7件。镞身较长,呈柳叶形,两翼与脊基本相连在一起,向前聚成锐锋,向后分开成倒刺,后面镞铤尚遗存有箭杆木的痕迹(图七)。

图六　Ⅰ式铜镞 　　　　图七　Ⅱ式铜镞

三、车马器

车軎 Ⅰ式,2件。车軎呈圆筒形,一端有外折宽缘,缘上饰环带纹。筒部近缘处有长方形穿,穿中插有兽首形车辖(图八),辖尾端也有一长方形穿。軎长9厘米、直径5厘米、辖长9厘米(图一九、图二〇)。

Ⅱ式,2件。车軎呈圆筒形。筒的前半部通体饰精致的蟠螭纹(图三:4、图一七),筒的一端饰人面图形(图一八);筒的近缘处有长方形穿,穿中插有兽首形车辖(图八),辖尾端也有一个长方形穿。軎长9厘米、直径5厘米、辖长9厘米。

图八　铜车辖纹饰

铜车饰 和车轴头堆放一起,多是圆形小窄圈,节约呈十字形窄圈,圈的十字架面饰兽面一个。这些窄圈原来是贯串在一起的,以作车马装饰品之用(图九左、中)。

铜马衔 共6件,皆为实用器物。每件都由两根铜棍一端链环互套而成,另一端铜环各穿铜或骨角马镳一件(图一五、一六)。

图版叁　河南新野发现的曾国铜器

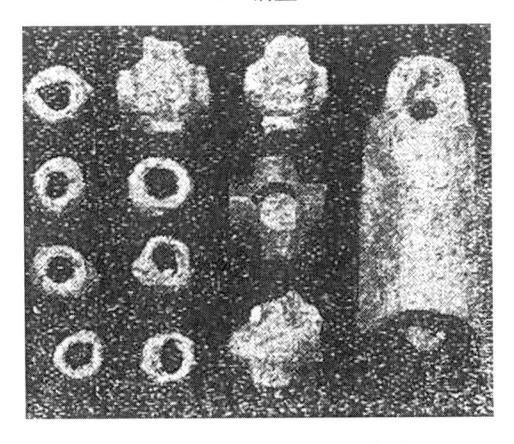

1　铜匜　　　　　　2　铜簋

3　铜簋

图九　铜车饰（左、中）　铜铃（右）

铜马镳　Ⅰ式,4件。整体弯曲似璜形,一端有龙首,身正面饰夔龙纹(图三:5),背面中间有半环状铜钮两个,以作系马辔穿绳之用。

Ⅱ式,4件。形状与Ⅰ式相似,但稍大。一端有龙首,身正面无纹饰,背面铸半环状铜钮两个,以作系马辔穿绳之用(图一六)。

Ⅲ式,4件。为两对兽角磨制而成。形状稍弯曲,素面无纹饰,通体呈青绿色,中间刻有两个长方形穿孔,以作系马辔穿绳之用(图一五)。

铜铃 呈椭圆筒形。平顶,上有中空銎钮,铃舌即系于顶部,下部口外张呈弧形。通高5.5厘米。这些小铜铃当属马颈上的装饰品(图九右)。

玉器

玉饰 共18件。发现于死者口内。形制多样,小巧玲珑,雕刻精致,有刻作兽形、鱼形、三角形者,是制作较好的工艺品(图一〇)。

玉管 2件。乳白色,长短不一,长者3.5厘米,短者2厘米,置于死者腰部,不知何用。

象牙玦

2件(图一一)。象牙雕刻,发现于死者耳部。直径4.5厘米、厚0.3厘米。牙白色,形似玉璧带一缺口。一件正面线刻兽纹,另一件线刻草云纹,雕刻也很精致。

图一〇 玉饰 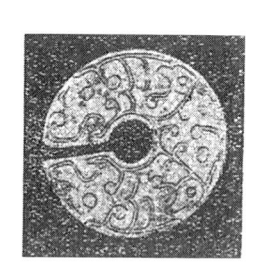　　图一一 象牙玦

骨器

骨匕 1件。发现于死者腰部,腐蚀过甚,现已残断为三截。

骨贝 散布于墓坑底部,磨制而成贝形,一端有一穿孔,可能为装饰品(图一二)。

新野春秋墓所出铜器在形制和纹饰方面同河南郏县太仆乡(简称"郏县")、新郑郑韩故城(简称"新郑")、洛阳中州路(简称"中州路")、陕县上村岭虢国墓地(简称"上村岭")等地出土铜器以及《两周金文辞大系图录考释》(简称《大系》)、《商周彝器通考》(简称《通考》)所收西周晚期至春秋早期铜器都很相似。例如此墓所出铜鼎与郏县所出江小仲母生鼎①,上村岭所

图一二 骨贝

---

① 唐兰:《郏县出土的铜器群》,《文物参考资料》1954年第5期。

出墓 1692:7 Ⅳ式鼎①,《大系》所收单鼎、邓伯氏鼎②,《通考》所收雍作母乙鼎③等相近似。此墓所出铜簠与郏县④、新郑⑤所出铜簠以及《大系》所收曾伯黍簠⑥相近似。盨与郏县所出日禾盨⑦、新郑所出弦纹敦(《新郑彝器图录》又称鍨,名异实同)、中州路所出 M2415:7 号殷⑧相近似。铜盘和郏县、新郑出土铜盘以及中州路所出 M12415:9Ⅰ式盘⑨相近似。匜和郏县、新郑出土铜匜,上村岭所出 1602:150Ⅰ式匜⑩,《大系》所收史颂匜⑪相近似。铜戈和上村岭所出虢国太子元徒戈⑫相近似。这些铜器的形制和花纹虽然保留有不少西周晚期风格,但更多地表现出春秋早期的特征,从整体看和郏县铜器以及湖北京山出土的曾国铜器⑬风格尤为相近,因此此墓的时代当属春秋早期。

此墓所出铜、玉、骨器等生活用具,尤其是小件物品,雕刻精致,形制美观,反映出春秋早期我国劳动人民的工艺发展的新水平。毫无疑问墓主人是当时的贵族。

此墓出土的铜甗铭文,为我们了解古代曾国历史提供了新的重要资料。《国语·郑语》:"申、缯、西戎方强,王室方骚。"韦昭注:"缯,姒姓,申之与国也。"《郑语》又云:"公曰:'谢西之九州,何如?'"韦昭注:"谢,宣王之舅申伯之国,今在南阳。"顾祖禹《读史方舆纪要》引《括地志》云:"南阳县北有申城,周宣王舅所封。"又云:"谢城,在故湖阳城北(今唐河县境),相传周申伯徙封于此。"上述文献记载说明古申国地在今南阳唐河地区。缯即曾国,为"申之与国",是知南阳附近必然有个曾国。此墓出土于新野城郊,北距南阳唐河不过 50 公里

---

① 中国科学院考古研究所:《上村岭虢国墓地》,科学出版社,1959 年。
② 郭沫若:《两周金文辞大系图录考释》图编第四页,图 31、32。
③ 容庚:《商周彝器通考》下册,图六〇、图三八五,哈佛燕京学社,1941 年,第 40 页。
④ 《河南郏县发现的古代铜器》,《文物参考资料》1954 年第 3 期。
⑤ 关百益:《新郑古器图录》图 48,上海商务印书馆,1929 年。
⑥ 郭沫若:《两周金文辞大系图录考释》图编第十五页,图 132。
⑦ 唐兰:《郏县出土的铜器群》,《文物参考资料》1954 年第 5 期。
⑧ 中国科学院考古研究所:《洛阳中州路》图六二:2,科学出版社,1959 年,第 94 页。
⑨ 中国科学院考古研究所:《洛阳中州路》图版肆伍:4,科学出版社,1959 年,第 93 页。
⑩ 中国科学院考古研究所:《上村岭虢国墓地》图版拾柒:3,科学出版社,1959 年。
⑪ 郭沫若:《两周金文辞大系图录考释》图编第一七页,图 145。
⑫ 中国科学院考古研究所:《上村岭虢国墓地》图版叁伍:2、3,科学出版社,1959 年。
⑬ 湖北省博物馆:《湖北京山发现曾国铜器》,《文物》1972 年第 2 期。

左右,与文献记载恰相符合,说明春秋初期新野地区当在曾国境内,或者就是曾国的一个重地。

图一三 铜戈

图一四 铜戈

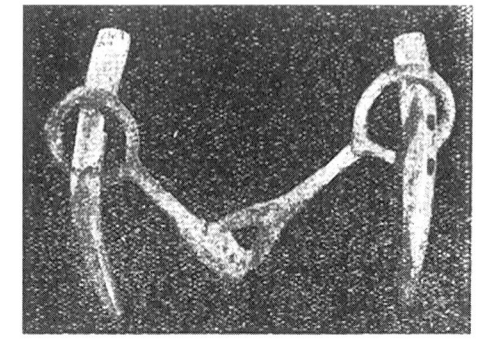

图一五 铜衔、角镳

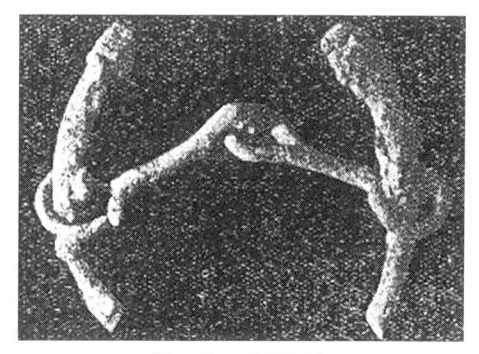

图一六 铜衔、镳

图一七 铜车害

图一八 铜车害

图一九　铜车軎

图二〇　铜车軎

图二一　铜甗

图二二　铜敦形鼎

图二三　铜盨

（原载《文物》1973年第5期）

陈胜墓地考略

陈胜又名陈涉，是我国秦朝末年农民起义的著名领袖之一。秦二世元年（前209）七月，他和吴广等人首次点燃起我国农民大革命的熊熊烈火，这次农民大革命最终摧毁了秦王朝的统治，促进了社会的发展，在我国农民革命战争史上写下了第一页光辉篇章。对于我国历史上这样一位著名的农民革命英雄，过去封建史学家虽然有所记载，但多语焉不详，以至于有关陈胜的一些重要史迹至今仍不很清楚或者很不清楚，这需要我们参考文献资料结合考古调查加以认真解决。关于陈胜的生地阳城地望，当前史学界已经展开深入讨论，①而对于陈胜的葬地所在尚须进一步明确。笔者前些时曾对陈胜墓地作过初步调查，现在结合文献材料将此次调查结果略加论述以供同志们参考。

据史书记载，秦二世二年（前208）十二月，陈胜在秦王朝军队的疯狂进攻之下，率领农民起义军由汝阴（今安徽省阜阳县）转战至下城父（今安徽省涡阳县）时，不幸被叛徒庄贾杀害，从而结束了自己的革命生涯。陈胜牺牲之后，战斗在新阳地区（今河南省正阳县）的农民军将领吕臣闻讯率军东向，重新攻克陈县，在这里俘获并处决了叛徒庄贾；与此同时，农民起义军为永远纪念自己敬爱的领袖，遂将陈胜遗体安葬在陈县东北的芒砀山下。

芒砀山，古称砀山，位于河南省永城县北约30公里，以出产彩色文石而得名。芒砀山周围方圆约10公里，地当黄河和淮河之间南北交通要冲，山峦起伏，形势险要，是豫东平原上突兀而起的唯一的一座高山，也是古代这个地区的一个重镇。这里在春秋时期为宋国砀邑，战国时期属楚，秦始皇统一六国，分全国为三十六郡，这里又是秦朝砀郡郡治所在。秦朝末年，封建统治阶级残酷的经济剥削和政治压迫，造成"天下愁怨""群盗满山"，这里遂成为农民起义军的

---

① 杨国宜：《陈胜生地阳城再考》，《安徽师范大学学报》1979年第1期。

重要据点。汉高祖刘邦早年反抗秦王朝,就曾经常活动于"芒、砀山泽岩石之间"①,参加农民大起义之后,又被任命为砀郡长,驻守此地,公元前208年9月,刘邦率军直捣秦都咸阳,也是首先"自砀取道而西",从这里誓师西进。由此可见,当时的芒砀山区已成为农民起义军的根据地之一,农民起义军把陈胜遗体安葬在这里,正是希望陈胜的革命精神能与青山长存,从而鼓舞劳动人民在与封建统治者所进行的英勇斗争中继续前进。

陈胜遗体安葬于芒砀山,最早见于司马迁《史记》一书,《史记·陈涉世家》:"陈胜葬砀",唐张守节《正义》:"今宋州砀山县是。"唐代宋州州治在今河南省商丘县,砀山县旧称砀县,两汉属梁国,晋归下邑,隋始设砀山县,属宋州,至唐循而未改,今县属安徽省。芒砀山区旧属砀山县,今属永城县,永城、砀山二县相邻。值得注意的是司马迁还在同一书中记述了公元前195年11月,汉高祖刘邦为巩固新兴封建地主阶级政权,争取人民群众的支持,承认享受了农民起义的胜利果实,尊重陈胜首举革命义旗的功劳,曾下令"为陈胜置守冢三十家砀",专门派三十户人家在砀山守护陈胜墓地,而且每年还在这里为陈胜举行隆重的祭祀。司马迁是西汉前期进步的地主阶级史学家,他比其他许多封建史学家敢于正视一些历史事实,他写《史记》一书距陈胜牺牲不过百余年的时间,而且汉高祖为陈胜颁布的《守冢令》终西汉一朝都在执行,因此,作为太史令的司马迁的这些记载应该是确实可信的事实。以后东汉班固著《汉书·陈胜传》,三国人荀悦写《前汉纪》,南朝宋人刘昭补注《续汉书·郡国志》,直至北宋司马光撰《资治通鉴》等书都承袭了司马迁这一记载,一致认为陈胜墓地就在现今的芒砀山区。北魏郦道元《水经注》对陈胜墓地周围的环境有着比较具体的记载,这对我们调查陈胜墓地提供了重要的参考资料。《水经·获水注》:"获水又东径砀县故城北。应劭曰:'县有砀山,山在东,出文石。'秦立砀郡,盖取山之名也。王莽之节砀县也。山有梁孝王墓。……获水又东,谷水注之,上承砀陂。陂中有香城,城在四水之中。承诸陂散流,为零水、灅水、清水也,积而成潭,谓之砀水……陂水东注,谓之谷水,东径安山北,即砀北山也,山有陈胜墓。"这里所记陈胜墓"砀北山",郦道元称之为安山,实即现今芒砀山的主峰,海拔156.8米,现在群众直称此山为芒砀山。此山向南1公里处就是应劭所说的砀山,但

---

① 司马迁:《史记·高祖本纪》,中华书局,1959年,第348页。

实际应是砀山的南岭,宋乐史《太平寰宇记》云:"梁孝王墓,在(永城)县北五十里,高四丈,周回一里,砀山南岭上。"①按乐史所记甚是,西汉梁孝王刘武墓石室至今尚存,可作证明。该墓以山凿室,东西长约50米,南北广约30米,高约7米。墓门向东,墓室结构由墓道、甬道、前室、后室及两侧耳室组成,各室地面四周又凿有散水沟池,与河北满城刘胜墓室结构颇为近似,为西汉早期墓葬无疑。此山比北山低,现在当地群众俗称此为凤凰山或保安山,也就是乐史所说的砀山南岭。南北两山之间是一片开阔的盆地,盆地西部最凹处地下经常出土腐朽的苇根,这在古代应是沼泽区,也可能就是郦道元所说的砀陂。盆地东部有一故城,现称保安镇,又称山城集。故城略呈矩形,南北长约0.7公里,东西宽约1公里;故城残垣尚存片段,城墙用黄花土层层夯筑而成,夯土内发现有战国至西汉时期的陶片,这可能就是郦道元所说香城的遗迹,此城地势稍高,《水经注疏》引熊会贞之说,以为就是西汉时为梁王墓地守冢居民的聚居地,此说可信,香城即供应香火祭祀者所居城堡之意。由上所述,可知郦道元时代陈胜墓地的环境,周围群山环抱,面临砀陂池沼,东面与香城相近,西距秦代砀郡郡治不远,是一处环境幽静而又庄严肃穆的地方。

继郦道元之后,还有不少人对陈胜墓地有所记述。北宋陈刚于大中祥符七年(1014)游览芒砀山,曾在山的摩崖石壁上留下"狐鸣陈涉孤坟坏"的诗句,这证明他在当时是亲眼见到过陈胜墓的。清朝人所修的《永城县志》《砀山县志》都记载陈胜墓"在芒砀山前";特别是清朝末年有个叫刘广朝的地方官吏,还曾为陈胜墓培土封墓,这件事当地老人至今仍留有深刻的印象。但是由于我国封建社会制度逐渐变得腐朽,封建地主阶级日益走向反动,对于劳动人民遗留下来的革命遗迹也必然进行破坏,陈胜墓也不可避免地遭到同样的厄运。史书记载,陈胜墓到了西汉末期已是"王莽败,乃绝"其祭祀和守卫,彻底取消了汉高祖刘邦为陈胜墓地"置守冢三十家"的制度。从此以后,陈胜墓益遭破坏,难怪陈刚发出"陈涉孤坟坏"的感叹。特别是在民国,当地土豪劣绅在国民党反动政府的包庇纵容之下,更随意进行盗掘,使这处重要革命历史遗迹遭到空前浩劫,成为一片废墟。但是陈胜的革命精神却永远活在劳动人民心目之中,因此陈胜墓地这处革命历史遗迹也永远深藏当地广大群众的记忆里。中华人民共和国成

---

① 乐史:《太平寰宇记》卷十二亳州永城县,中华书局,2007年,第236页。

立,党和人民政府颁布了一系列文物法令,河南省各级文物部门根据这些文物法令在当地人民群众大力支持之下,对陈胜墓地进行了认真调查并加强了保护。现据调查,陈胜墓——当地群众称作"陈王墓"或"陈隐王墓",位于芒砀山的西南麓。墓地背靠芒砀山主峰,左右山峦环绕,向南则是一片开阔的原野。墓东距保安镇约0.5公里,南距保安山约1.5公里,墓的西南约半里处有一丁窑村,据该村老人讲,他们世代自认就是当年为陈胜守冢人的后代。现在的陈胜墓冢已进一步培土封墓,广植松柏,高坟大冢巍然屹立,墓地周围松柏成林,我国著名历史学家郭沫若生前所题"秦末农民起义领袖陈胜之墓"的丰碑肃然静立在墓前,来往参观者络绎不绝,以示人们对这位古代农民英雄的永远怀念。

(原载《河南文博通讯》1980年第2期,与魏自亮先生合作)

南阳新出土的东汉张景造土牛碑

1958年春天,河南省南阳市群众在整修街道时,于南城门里路东挖出一通东汉时代的石碑。碑文所记,主要是有关"男子张景"的事迹。碑文隶书,且刻有"延熹二年"字样。按"延熹"为东汉桓帝刘志的年号。该碑被发现后,即移至市文化馆保存,1959年迁至南阳市西南卧龙岗南阳市文物管理委员会,现存卧龙岗汉碑亭内。

碑身四周皆残,顶部碑穿尚隐约可见,穿内有晕弦痕迹。现存通高1.25米、宽0.54米、厚0.12米。碑文字体宽扁,点、画、波、尾显明;笔画从容秀雅,端正而不板滞,与现存乙瑛碑(汉永兴元年)、史晨碑(汉建宁二年)书体相近,为成熟的汉代隶书的典型。兹录碑文如下:

"府　　告宛:男子张景记言,府南门外劝农土牛□□□
调发十四乡正,相赋敛作治,并土人、犁、耒、艹、薦、屋,功费六十
十万,重劳人功,吏正患苦。颜以家钱,义作土牛,上瓦屋、栏楯、
什物,岁岁作治。乞不为县吏、列长、伍长、征发小繇。审如景言,
施行复除,传后子孙。明检匠所作,务令严事。毕成,言。会廿四
府君教。大守丞印。延熹二年八月十七日甲申起□
八月十九日丙戌,宛令右丞憎告追皷贼曹掾石梁写移,□
遣景作治五驾瓦屋二间。周栏楯拾尺,于匠务令功坚。奉□
毕成,言。会月廿五日,他如府记律令。　　掾赵述□□
府　　告宛:言男子张景,以家钱义于府南门外,守□□□
瓦屋,以省赋敛,乞不为县吏、列长、伍长小繇□掾……"

碑文第一行第一字仅留左上一角,与第六、第十行的"府"字左上角相似,可能是个"府"字;第四字仅留左侧部分,此与第七、第十行的"告"字左侧相似,可

南阳新出土的东汉张景造土牛碑

能是个"告"字；第五字当是个"宛"字；第六字当是个"男"字；第十七字当是个"农"字。碑文第三行的"十"字当为第二行最后一字的重复。第四行最后一字当为"言"字的上半部分。第五行最后一字仅存右上一角，与下文"会月廿五"联系起来看，当是个"四"字。第十行"府"字垂笔长过两格，这种现象在现存其他汉碑中也可见到，如汉石门颂中"高祖受命"的"命"字，李孟初碑中"永兴二年"的"年"字，其垂笔都长过两格。第十一行第十九字似为"掾"字，以下均磨泐过甚，不可识。由上可知，该碑存字十一行，满行二十三字，全文可识者共二百二十五字。

碑文的文体属于汉代公文体裁。文中"告宛"，"告追皷贼曹掾"，凡三言

"告"。按"告"字在汉代公文中多为上级官吏对所属下级官吏的指示用语。《敦煌汉简》:"(上阙)尉融使告部从事移。"王国维跋:"此所告之部从事,盖即部敦煌郡从事也。凡汉时文书云告者,皆上告下之辞,若他都尉对刺史属官,非其所属,不得云告"。① (按《居延汉简》(三一)二三七·一五:"☐府事丞信敢告部☐☐。"②简中"敢告"与他简"敢言之"意思相同,皆下属对其上司的恭敬用语,可见,"凡汉时云告者",并非"皆上告下之辞"。)文中"如府记律令",也是汉代公文中的常用语,《史记·三王世家》:"四月戊寅朔,癸卯,御史大夫汤下丞相,丞相下中二千石,二千石下郡太守、诸侯相,丞书从事下当用者。如律令。"汉碑韩仁铭:"当用者如律令。"《居延汉简》(五〇)五六二·三:"日雨,必诣肩水候官,移行,毋留止,如律令。"③例子甚多。此词也多数用于上告下的公文中,大意是说凡此公文中没写到者,皆依原定规章制度办理。

碑文的部分名词解释如次:

"**告宛男子张景**":宛,即今之南阳县,东汉称宛县,属南阳郡。④《后汉书·光武帝纪》:"光武避吏新野,因卖谷于宛。"注引《东观记》曰:"宛,县,属南阳郡。"据河南省文物工作队调查,汉宛城故址位于今南阳县城偏北。男子,《后汉书·孝明帝纪》:"其赐天下男子爵,人二级。"注引《前书音义》曰:"男子者,谓户内之长也。"又《后汉书·乐成靖王党传》:"有故掖庭技人哀置,嫁为男子章初妻。"李贤注:"称男子者,无官爵也。"由此可知,男子即汉代对一般居民户主的称呼。张景,人名,史书无征,当是当地一名士绅。

"**记言**":《文心雕龙》:"公府奏记,而郡将奏笺。记之言志,进己志也。"⑤《居延汉简》(二四三)八九·七:"今隧食盛,愿君哀到为封符,遣叩头,谨☐☐取记。"陈槃释云:"记之称,无论奏闻公府,官事往还,抑或寻常书问,并得通用。"⑥

---

① 王国维:《观堂集林》卷十七,"敦煌汉简跋六",中华书局,1959年,第848页。
② 劳榦:《居延汉简考释》释文卷一,商务印书馆,1943年,第8页。
③ 劳榦:《居延汉简考释》释文卷一,商务印书馆,1943年,第15页。
④ 范晔:《后汉书·郡国志》,中华书局,1965年,第3476页。
⑤ 刘勰:《文心雕龙·书记》,贵州人民出版社,1992年,第309页。
⑥ 陈槃:《汉晋遗简偶述》,《历史语言研究所集刊·第十六本》,商务印书馆,1947年,第330页。

"乡正":《续汉书·百官志》:"乡置有秩,三老、游徼。"注引《风俗通》曰:"国家制度,大率十里一乡。"正,《续汉书·百官志》"亭长"条下注引《汉官仪》曰:"民年二十三为正。"由此可知,乡正即指一乡的服徭役的民工。

"府南门外劝农土牛……并土人、犁、耒、艸、廧、屋":劝农,即劝勉农事之意。土牛、土人、犁、耒,《盐铁论·授时篇》:"发春而后,悬青幡而策土牛,殆非明主劝耕稼之意,而春令之所谓也。"①又《续汉书·礼仪志》:"立春之日,夜漏未尽五刻,京师百官皆衣青衣,郡国县道官下至斗食令史皆服青帻,立青幡,施土牛耕人于门外,以示兆民。"②又《太平御览》引"《论衡》曰:立春为土象人,男女各二,秉耒鉏,或立土牛象人。"③另《续汉书·礼仪志》所述:"是月也(十二月),立土牛六头于国都、郡县城外丑地,以送大寒。"由上可知,史书记载土牛等有两种不同的用途。而碑文中所记土牛等设施,当是为举行立春仪式所用的东西。艸,当为草的简写。《说文》:"艸,百芔也,从二屮。"段注:"俗以草为艸。"廧,当是簹字,古艸、竹通用。簹,即符簹,就是用竹编的粗糙席子。扬雄《方言》五:"符簹,自关而东,周、洛、楚、魏之间,谓之倚佯;自关而西,谓之符簹;南楚之外谓之簹。"郭璞注:"似蓬蒢,直文而粗,江东呼筀。"按东汉南阳郡属荆州,其方言与楚地也应相近,故称符簹为廧。艸、廧与土牛等用途相同。碑文云立春仪式在府南门外举行。按此碑出土于今南阳南城门里,汉代宛城在今南阳城偏北,则此处正当古宛城南门外。

"县吏、列长、伍长":县吏指一般县府官吏。伍长为东汉最小社会组织单位中的头目。《续汉书·百官志》:"里有里魁,民有什伍,善恶以告。"本注曰:"里魁掌一里百家。什主十家、伍主五家,以相检察。民有善事恶事,以告监官。"可见很像旧时五家连坐的组织。列长之名,百官表与百官志皆不见记载,可能指县以下乡长、亭长、里长的总称。

"征发小繇":繇即徭役。《魏略》:"颜斐……为京兆太守。……又起文学,听吏民欲读书者,复其小繇。"④

---

① 桓宽著,王利器校注:《盐铁论校注·授时篇》,中华书局,1992年,第423页。
② 范晔:《后汉书·礼仪志》,中华书局,1965年,第3102页。
③ 李昉:《太平御览·时序部》五"立春"条,中华书局,1960年,第99页。
④ 陈寿:《三国志·魏志》卷十六《仓慈传》注引,中华书局,1959年,第513页。

"审如景言":官府决定同意张景的要求。

"复除":免除徭役,《后汉书·光武帝纪》:"诏复济阳二年徭役。"注引《前书音义》曰:"复谓除其赋役也。"①

"会廿四":会下当缺一"月"字,原文应为"会月廿四"。汉碑韩仁铭:"讫成表言,会月卅日,如律令。"会月即当月、是月、本月的意思。

"大守丞":太守丞,古大、太通用。太守丞为东汉郡级官吏。《续汉书·百官志》:"每郡置太守一人,二千石;丞一人。"

"右丞":《后汉书·百官志》:"县万户以上为令,不满为长……丞各一人。"《居延汉简》(一五五)三四〇·二〇:"印曰,阴安右丞。"②可知汉大县设右丞。

"追皷贼曹掾":汉官名,史书缺载,唯望都一号墓有追皷掾,位于前室,而与一贼曹图像两两相对,可知官职相类似,主案察奸宄之事。

"石梁写移":石梁,人名。写移,汉代拟定和发出文件,《居延汉简》文书类中,这一词甚多。

"五驾瓦屋二间":此就屋顶而言,即进深为五驾椽的瓦屋二间。驾即架字的假借,《说文》有驾字无架字。

"周栏楯拾尺":栏楯即栏杆,纵者为栏,横者为楯。拾,不识,权作为"拾"的别体,"拾"为"十"的大写,文书中常用到。此句大意是:于屋周围安装上拾尺长或拾尺高的栏杆。

"毕成,言":工竣之后向官府作报告。

综上所述,碑文内容大约分为三个部分:第一段为郡太守丞"告宛"人的公文,即同意张景"愿以家钱"承包举行立春仪式所需一切用具的要求,并为此免除他世世代代的劳役。第二段为宛令右丞指使追皷贼曹掾写移文件,遣张景作治"五驾瓦屋二间,周栏楯拾尺"等什物的公文。第三段文字残缺过多,从现存文字看,大概是掾赵述"告宛"人文告。

张景碑的发现,为我们研究汉代历史提供了重要资料。碑文反映出东汉徭役的苛重,仅为举行立春仪式就需"调发十四乡正"进行准备,结果弄得"吏正患苦",其他劳作就可想而知了。西汉人晁错批评统治者对人民"急政暴赋,赋敛

---

① 范晔:《后汉书·光武帝纪》卷一,中华书局,1965年,第41页。
② 劳榦:《居延汉简考释》释文卷一,商务印书馆,1943年,第133页。

不时",直到东汉,这种情况应该说是有增无已的。另外,碑文所记右丞官名及官名的统称列长一词,汉书皆不见记载,因此就可补史书之不足。

另外,张景碑在研究我国书法艺术方面也有着重要价值。碑文书体,不仅完全摆脱了篆书的意味,而且和无点、画、波、尾的秦隶也大为不同。从它整体看,显得端正工细,而从其笔画来说,又表现出秀丽多姿,与现存之史晨碑、乙瑛碑、曹全碑、朝侯小子残石等都能代表成熟的汉隶书体的一大流派。

《文心雕龙》说:"自后汉以来,碑碣云起。"但历至近两千年的今天,由于自然的损毁,特别是历代统治者人为的破坏,留存于今的汉碑,已所剩无几了,因此,张景碑的发现,也应该是金石学上的一个可喜的收获。

(本文曾经西北大学陈直先生和北京大学俞伟超先生审阅,承蒙两位先生对本文提出许多宝贵意见,这些意见大部分已被作者采纳,在此对两位先生致谢。)

(原载《文物》1963年第11期)

河南现存的汉碑

我国石刻文字起源甚早,而碑刻的产生当始于东汉。欧阳修《集古录》说:"至后汉以后,始有碑文,欲求前汉时碑碣,卒不可得。"《文心雕龙》说:"后汉以来,碑碣云起。"当时的河南地区,为东汉国都所在,不仅为全国政治中心,而且经济也相当繁荣,因此立碑树碣之风当更为盛行。东汉至今,已近两千年,其间自然损毁,以及历代人为破坏,使河南留存至今的汉碑已所剩无几了。中华人民共和国成立后,在党和政府领导下,河南省文化局文物工作队对这些现存的汉碑进行了详细调查,并请当地文物保管部门进行了妥善保护。兹将各碑现况介绍如下:

(一)袁安碑(图一)。此碑当立于东汉和帝以后。原出土地不详。明万历二十六年(1598)三月被人移置于偃师县西南约 30 里辛村东牛王庙中做供案,因字在下面,无人知为碑刻。1928 年初庙改为辛村小学,供案仍置原地未动。1930 年夏,村中一儿童仰卧案下乘凉,忽然发现上有刻文,遂起而走告村中,不久村人任继斌更以拓本流传,至此袁安碑才被世人所知。1934 年 4 月此碑移置于偃师县教育局。1938 年 12 月此碑为当地豪绅组织的所谓"战时文物保管委员会"所劫持。其后辗转迁徙,不久即不知下落。中华人民共和国成立后党和政府对此碑甚为关切,河南省文化局文物工作队和偃师县文化馆曾多次进行寻访。1961 年 8 月中共偃师县委书记处马达同志到该县猴氏区扒头公社工作,在社委院内重新发现了此碑。

现存袁安碑上下皆残。大概原有碑首,后被人作神案时毁去,下端一列文字也同时被毁。现存碑高 1.39 米、宽 0.73 米、厚 0.21 米。碑中部有穿。文字为小篆体,凡十行,计一百三十九字,每字皆有细线方格为栏。碑侧有明万历二十六年的题字。

该碑自发现以来,学者曾作过许多考证,所阙文字皆已考出,即第一行末当

图一　袁安碑

是"喜"字，第二行末当是"年"字，第四行末当是"任"字，第五行末当是"太"字，第六行末当是"建"字，第七行末当是"月"字，第九行末当是"三"字。唯第三行"乙"下一字，按永平五年(62)正月系乙字者有"乙亥""乙酉""乙未"三天，此"乙"下一字因而也必是"亥""酉""未"其中的一个。碑文所述袁安，《后汉书》有传，传与碑文大致相同，但有些地方还可以补史书之缺。如碑文所记，袁安曾拜郎中、给事谒者二职以及袁安所葬月日等，史书皆不见记载。另外碑云："永平三年十二月丙辰拜楚郡太守，十七年八月庚申征拜河南尹。"中间相隔四年之久，而史书则记为"岁余"。又碑云"四年六月己卯拜司徒"，而《后汉书·孝章帝纪》则为"六月癸卯"。

(二)李孟初碑(图二)。碑立于东汉永兴二年(154)，清道光年间白河水涨冲出，咸丰十年(1860)金梁移于南阳府署，其后时没时出，文字磨损甚多。1953年时即存于南阳市西南卧龙岗汉碑亭内。

碑长方形，圭首，无额，碑身上中部有穿，下部磨损处有清咸丰十年金梁的

图二　李孟初碑

跋语。现存碑高1.94米、宽0.7米、厚0.16米。碑文隶书,文右题"故宛令益州刺史□□字孟初神祠之碑"。全文凡十五行,尚能辨其字形者共八十二字。

碑为当时人给李孟初建祠庙所立,故对李孟初本人生平事迹记述不多。碑文中"劝农贼捕掾"一职,史书不见记载。文中"年"字垂笔长过两格,这与汉石门颂中的"命"字、张景碑中的"府"字相同,在汉碑中较为少见。

(三)张景碑。碑立于东汉延熹二年(159),1958年发现于南阳市南城门里路东,现置于南阳市西南卧龙岗汉碑亭内。

碑身四周皆残,首部碑穿尚隐约可见。现存碑高1.25米、宽0.54米、厚0.12米。存文字十二行,满行二十三字,计剩二百二十九字。字体隶书。碑文内容是一篇公文,记述地方政府同意张景包修土牛等一切设施以免其本家世代劳役的事件。它反映出当时徭役的苛重,也记录下当地的一些风俗习惯。(详

见《文物》1963年第11期)

(四)淮源庙碑(图三)。碑立于汉延熹六年(163),《水经注》曾有记载。其后久经风雨剥蚀,文字多漫灭不可辨识,后人曾用正书摹刻一石,但错字很多。元至正四年(1344),书法家吴炳以隶书重书碑文,其子嗣昌填摹上石,这就是现在的淮源庙碑。该碑现存于桐柏县招待所东院。

图三　淮源庙碑

碑高1.68米、宽0.9米、厚0.18米。字体隶书,凡十六行,满行三十三字,全文计四百五十三字,碑右刻"前翰林待制吴炳重书男嗣昌填摹",碑左刻有元至正四年吴炳的跋文。碑文内容是颂扬南阳太守中山卢奴君修淮源庙的功绩,在一定程度上反映出汉代当地的一些风俗习惯。

(五)韩仁铭(图四)。碑立于汉熹平四年(175),金正大五年(1228)为荥阳令李辅之发现。清康熙年间曾一度亡失,后又重新发现,移置于荥阳县署,1925年迁置今荥阳第六初级中学校内。

图四　韩仁铭

碑身长方形,圭首,中间有穿,碑的右下角残缺。全高1.88米、宽0.99米、厚0.2米。题额小篆体,书:"汉循吏故闻憙长韩仁铭。"碑文隶书,凡八行,满行十八字,全文计剩一百四十九字,碑文左侧刻有金正大五年(1228)赵秉文和正大六年(1229)李天翼的跋语。

碑文记述韩仁做官有"政绩",不幸短命,因而上级官下令地方"以少牢祠之",以示褒扬。碑文字体疏朗,行笔遒劲,与上述张景碑字体风格不同,为汉隶书体的另一流派。

(六)尹宙碑(图五)。碑立于汉熹平六年(177)四月。元皇庆元年(1312)正月二十四日,鄢陵县达鲁花赤阿八赤为修孔子庙到各地寻求石材,在洧川发现此碑。后移置于孔庙内,其后不久即没于土中。明万历年间因洧水泛涨岸崩而重新出土,遂重置于鄢陵县孔庙,现此庙改为县立第二初级中学。

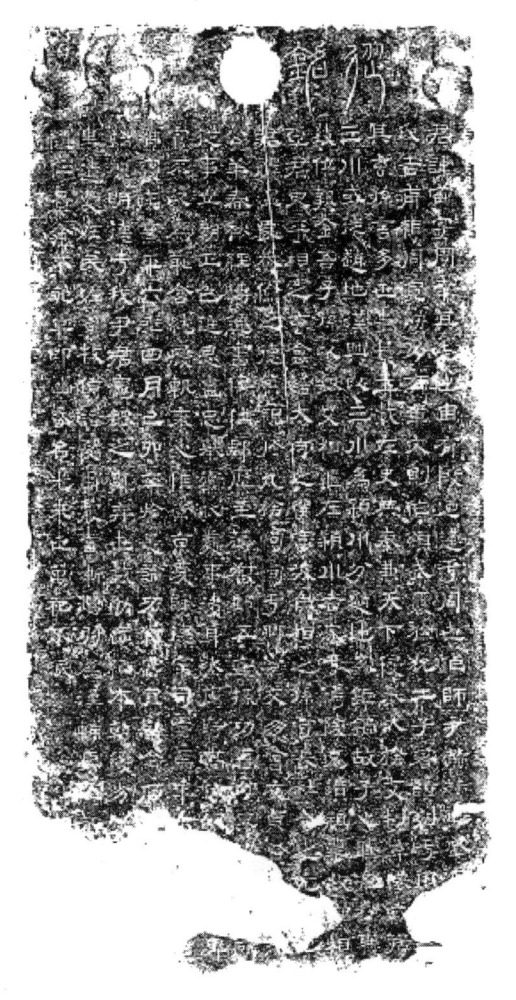

图五　尹宙碑

碑长方形,碑身顶部有穿。现存碑高 2.5 米、宽 0.95 米、厚 0.24 米。小篆书题额,额仅存"从铭"二字。碑文隶书,凡十五行,满行二十七字,左下部文字已磨损,现存文字三百三十九字,碑阴有元皇庆三年(1314)跋语。碑文主要为赞颂尹宙的"功德",对尹宙生平作了详尽的叙述。

（七）甘陵相尚府君碑（图六）。此碑于1923年偃师人挖掘北魏皇室古墓时发现，当时碑已断为三截，其第三截已佚，留存的两截，现存偃师县人民文化馆。

图六　甘陵相尚府君碑

现存残碑，第一截长1.4米、宽0.23米、厚0.17米，第二截长1.85米、宽0.26米、厚0.17米。第一截残存文字五行，上部第一列文字、第一行第二十九字、第二行第二字已泐，现存一百四十三字；第二截残存文字六行，满行三十字，计有一百七十二字。

该碑所立年代已毁，前人对此曾作过许多考证。王国维说："此碑额署甘陵相，其人必在东汉桓帝建和元年改清河国为甘陵之后；而立碑又在其后，当在后汉末矣。"此说较为合理。此碑所述甘陵相其人,碑文只记有"讳博,字季智",而不具姓氏,前人曾考为袁博,后又有人考为王博,未知孰是。碑文字体浑厚,笔法雄健,可说是开了魏书体的先河。

（八）赵菿残碑（图七）：立碑年月因残缺而不可考,1937年出土于南阳,现存南阳市西南卧龙岗汉碑亭内。

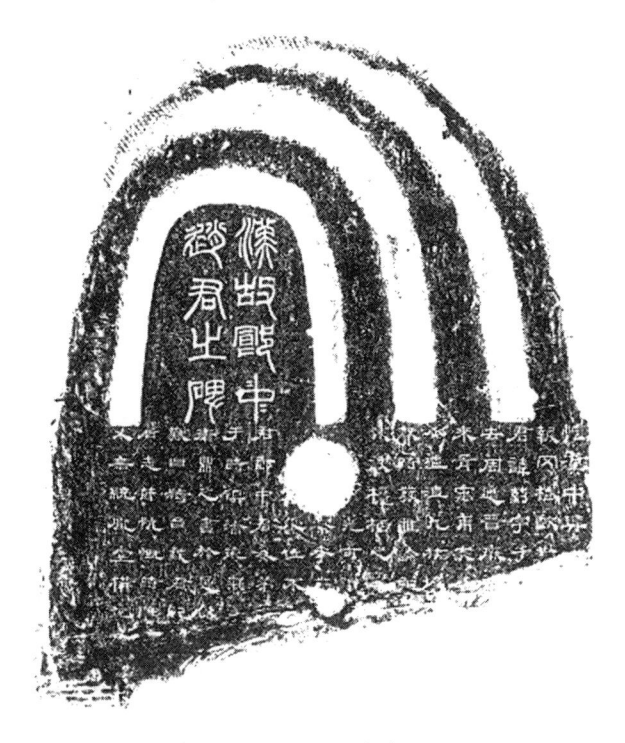

图七　赵菿残碑

现存残碑,仅留碑首及上半部碑身,计高0.85米、宽0.79米、厚0.19米。碑首呈半圆形,饰有三条弧线。碑身上中部有穿。小篆书题额："汉故郎中赵君之碑。"碑文隶书,存字十七行,九十二字。碑文是赞颂赵菿的"功德"的。

（九）刘熊残碑（图八）。此碑仅存碑阴。不能断定立碑年代（按原碑全文最早见于宋洪适《隶释》,不具立碑年代）。原石久佚,1915年顾燮光重新访得碑阴残字,现存延津县文化馆。

现存残碑长0.65米、宽0.43米、厚0.25米。字体隶书,存字八行,二十二字,碑侧有后人跋语。

图八　刘熊残碑阴

（十）安阳残石四种。原出安阳的汉刘君残碑、子游残碑、正直残碑、元孙残碑，金石家合称为安阳残石四种。

刘君残碑（图九）：原置西门豹祠大门两边作门关，后为添仕麟所发现，置于安阳孔庙。此碑存二石，一石存十五字，一石存二十字，字体隶书。关于该碑年代，碑侧仅存"岁在辛酉三月十五"八字。《安阳县志》说："碑侧岁在辛酉三月十五，东汉辛酉凡三见：明帝永平四年、安帝建光元年、灵帝光和四年，明帝太远，疑在安帝灵帝时也。"

图九　安阳残石四种之刘君残碑

子游残碑(图一○、图一一):原置西门豹祠内,清嘉庆三年(1778)徐方访得,置洛阳存古阁,后被人窃去。此碑也断为两截,一截存"贤良方正……"等九十三字,一截存"允字子游……"等七十九字,字体隶书。关于此碑年代,《安阳县志》根据碑文记载和《后汉书·孝安帝纪》考证为:"……子游之没,盖于元初之后。"可作参考。

图一○ 安阳残石四种之子游残碑

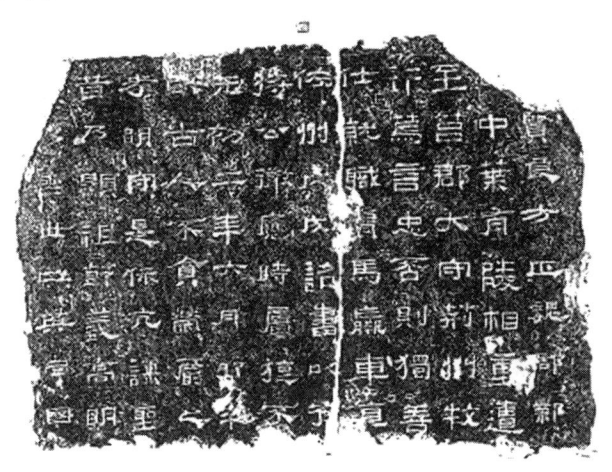

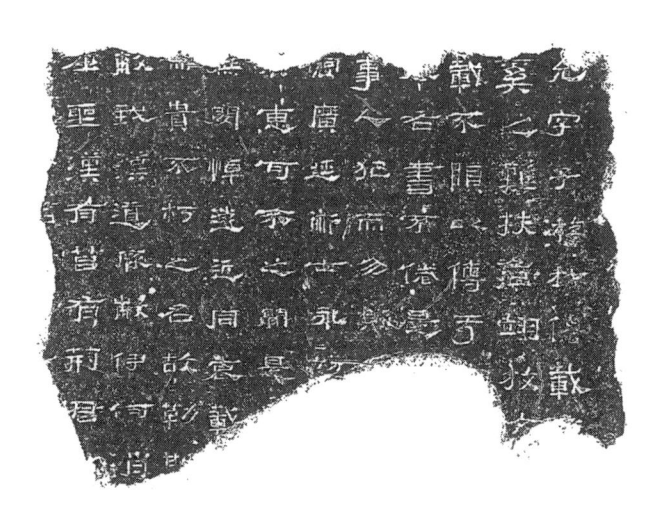

图一一 安阳残石四种之子游残碑

元孙残碑(图一二):原石存西门豹祠墙田间,清嘉庆三年徐方访得。石存"元孙……"等十四字,字体隶书。

正直残碑(图一三):原石埋于西门豹祠内颓坊下,清康熙年间建枋毁为柱石,嘉庆三年徐方等访得。石存"正直……"等四十五字。

图一二　安阳残石四种之元孙残碑　　　图一三　安阳残石四种之正直残碑

以上四种残石,因残毁过甚,且不规则,故不能记其尺寸大小。原石曾弃置于安阳孔庙,以后全部遗失。后被一郭姓购得藏置其家。中华人民共和国成立后,郭姓将此石刻全部捐献给国家,现存安阳市文化馆。

(本文所附拓本,其中除部分为中华人民共和国成立前旧拓外,皆为中华人民共和国成立后新拓)

(原载《文物》1964年第5期,与吕品先生合作)

文献篇

伏羲氏的历史地位

伏羲氏,又称炮牺氏、庖牺氏、包牺氏、宓羲氏和太昊伏羲氏,伏羲氏既是族名,也是一位著名的部落首领。作为原始部落首领,他的传说渊源甚古,有的学者认为在殷墟卜辞中已有关于伏羲、女娲的记录(刘渊临《甲骨文中的"虫"字与后世神话中的伏羲女娲》)。文献记载,《左传·昭公十七年》云:"大皞氏以龙纪,故为龙师而龙名。"杜预注:"大皞伏牺氏,风姓之祖。"《管子·封禅》云:"古者封泰山、禅梁父者七十二家,而夷吾所记者十有二焉,昔无怀氏封泰山,禅云云;虙羲封泰山,禅云云;神农封泰山,禅云云……"《汉书·律历志》云:"《易》曰'炮牺氏之王天下也',言炮牺继天而王,为百王先,首德始于木,故为帝太昊。"《汉书·古今人表》把太昊伏羲氏列为"上上圣人"之首,排在炎、黄二帝之前,可知早在汉代,他已被认为是中国远古时期一位很重要的历史人物。

关于太昊伏羲氏的活动地域,《太平御览》卷七十八引《诗含神雾》云:"大迹出雷泽,华胥履之生宓羲。"雷泽所在,《史记·五帝本纪》云:"舜耕历山,渔雷泽。"《集解》引郑玄曰:"雷夏,兖州泽,今属济阴。"《水经·瓠子河注》:"瓠河又左径雷泽北,其泽薮在大城阳县故城西北十余里,昔华胥履大迹处也。其陂东西二十余里,南北十五里,即舜所渔也。"杨守敬疏:雷泽"在今菏泽县东北六十里,已涸"。清代菏泽县即今山东省菏泽市,因而在古雷泽以东也分布有不少太昊伏羲氏的后裔,《左传·僖公二十一年》:"任、宿、须句、颛臾,风姓也,实司大皞与有济之祀。"杜预注:"四国,伏羲之后。……任,今任城县也;宿,东平无盐县;颛臾在泰山南、武阳县东北;须句在东平须昌县西北。"任城县在今山东省济宁市南,无盐县在今山东省东平县东,武阳即今山东省平邑县,须句即今山东省东平县。《左传·昭公十七年》又云:"陈,大皞之虚也。"杜预注:"大皞居陈。"《水经·渠水注》:沙水"又东南径陈城北,故陈国也,伏羲、神农并都之。

城东北三十许里,犹有羲城实中"。杨守敬疏:"陈县,汉为淮阳国治;后汉为陈国治;魏为陈郡治;宋省;今淮宁县。"清代淮宁县即今河南省周口市淮阳区。由此可知,远古时代的伏羲氏原始部落,最早当生活于今豫东和鲁西一带的淮阳、菏泽地区。傅斯年《夷夏东西说》也认为:"太皞族姓之国部之分配,西至陈,东括鲁,北临济水,大致当今河南东隅、山东西南部之平原,兼包蒙峄山境,……古代共认太皞为东方之部族,乃分配于淮济间之族姓"①,应当是正确的。

太昊伏羲氏对当时社会的发展做出了重大贡献,这主要表现在以下几个方面:《易·系辞传下》云:"古者包牺氏之王天下也……""作结绳而为网罟,以佃以渔。"《古史考》云:"伏羲氏观蒙而作网。"《抱朴子》也说:"太昊师蜘蛛而结网。"伏羲氏生活于原始社会前期的渔猎时代,网罟是猎取水产、鸟兽最重要的工具,他发明了网罟,从而大大促进了渔猎经济的发展,使猎获物有了剩余,人们有可能把野生动物驯养为家畜。驯养家畜需要更多的饲料,为此,人们必须了解作为饲料的野生植物的生根、发芽、成熟、结籽的过程,这就为原始农业的产生奠定了基础。《易·系辞传下》又曰:"包牺氏没,神农氏作。"正是伏羲氏的发明创造,推动着采集性的渔猎经济过渡到生产性的农业经济时代。

渔猎经济的发展,促使当时的人口迅速增加起来,原有的氏族不断地分化出一些新的氏族,他们或沿河上下,或深入原野,去寻找新的居住点。人们的频繁接触,使当时的社会组织和人际关系尤其是婚姻关系发生了重大变化。《古史考》说:"伏羲制嫁娶,以俪皮为礼。"在此以前,人们"男女杂游,不媒不聘"(《列子·汤问》),过着近亲通婚的血缘婚姻生活。经过许多世代的实践,到了伏羲氏的时代,人们已经明显地认识到"男女同姓,其生不蕃"(《左传·僖公二十三年》)的科学道理。伏羲氏首先根据这个实践经验,改革婚姻制度,禁止近亲通婚,实行族外婚制。氏族的增多,为族外婚的产生提供了更为有利的条件,由族内的近亲婚制转变为族外的非血缘婚制,这是人类婚姻发展史上的重大变革,在人类社会发展史上也具有重大意义。摩尔根在《古代社会》一书中说:"把没有血缘关系的人带入婚姻关系之中,这种新的做法的影响,必然给社会带来

---

① 傅斯年:《夷夏东西说》《庆祝蔡元培先生六十五岁论文集》下册,国立中央研究院出版,1935年。

巨大的冲击。它有利于创造一种在体力和智力两个方面都更为强健的种族。"①马克思也据此推论说:"彼此没有亲属关系的人们之间的婚姻,生育出身心更为健壮的后代;当两个进步的部落合而为一时,头骨与脑量必然扩大起来,而相当于两个部落的总和。"②我国古人也说"同姓不婚,恶不殖也"(《国语·晋语》),就是说之所以不让同一血缘关系的人通婚,正是不愿看到下一代在体力和智力上发生退化。由此可见,族外婚提高了人类的生理和智力素质,极大地推动了当时社会的发展,这是太昊伏羲氏在中国社会发展史上做出的又一个重大贡献。

族外婚必须以至少有两个不同血缘关系的氏族同时并存为前提,而原始氏族之间区别不同血缘关系的唯一因素,就是他们源自不同的始祖先,这位始祖先就成为他们氏族存在的标志、名号和姓氏,这种标志、名号和姓氏在世界其他一些原始氏族中又称作"图腾"。《左传·隐公八年》云:"天子建德,因生以赐姓。"杜预注:"因其所由生以赐姓。"就是说每一个原始氏族,都是或主要是由其始祖先而得姓。同一姓氏的原始氏族都是生自一个共同的始祖先,不同的始祖先繁衍出不同姓氏的原始氏族。因此,族外婚一旦形成制度并成为人们自觉遵守的风俗习惯,姓氏的重要性就突出起来,姓氏的形成与族外婚的产生有着密切的关系。《白虎通·姓名》云:"人所以有姓者何?所以崇恩爱、厚亲亲、远禽兽、别婚姻也。故纪世别类,使生相爱,死相哀,同姓不得相娶者,皆为重人伦也。"族外婚产生以后,姓氏就在区别婚姻关系中起着关键作用,伏羲氏实行族外婚制,中国最早的姓氏大约就在这个时期产生。

《易·系辞传下》云:"古者庖牺氏之王天下也,仰则观象于天,俯则观法于地,观鸟兽之文与地之宜,近取诸身,远取诸物,于是始作八卦,以通神明之德,以类万物之情。"随着生产与生活实践经验的积累,人们对客观世界的认识越来越广,也越来越深入,于是,以伏羲氏为代表的先进人物,运用自己不断提高的智力,开始把这些认识加以总结,发明了八种符号记录人们所认识的客观世界中以天、地、山、泽、风、雷、水、火为代表的多种自然物质,并且试图寻求它们与人类之间以及它们相互之间的关系,这些符号就是后世所说的"八卦"。八卦符

---

① 摩尔根:《古代社会》,商务印书馆,1977年,第464页。
② 马克思:《摩尔根〈古代社会〉一书摘要》,人民出版社,1978年,第34页。

号是中国古代文明起源的一个重要因素,伏羲氏发明八卦,是他对中国文明起源的又一个重大贡献。

综上所述,伏羲氏是中国远古时代重要历史人物之一,《汉书·古今人表》把他列为"上上圣人"之首,虽未必确切,但是他对推动中国古代社会前进所做出的伟大贡献,永远值得我们崇敬和纪念。

(原载《伏羲与中华姓氏文化》,黄河水利出版社2004年出版)

简论炎帝的有关问题

根据文献记载,在我国古代社会发展史上有一个以炎帝和黄帝为代表的历史阶段,这就是当前学术界所称作的炎黄时代。这是一个从原始氏族制向着古代文明过渡的社会大变革时代,变革的主要内容就是新旧社会制度的交替,它充满着先进和落后、前进和倒退的尖锐而复杂的斗争。以炎黄二帝为代表的历史人物群体,适应当时社会发展的需要,积极参与和推动了这场社会变革,从而把我国古代社会迅速推进到文明时代的门槛;他们的丰功伟绩被当时的人们讴歌赞美,称颂不已。由于当时还没有文字记录,这些事迹只能口耳相传,传于后世,因此这个时代又称为传说时代。传说中显然会有一些夸张的地方,这是不可避免的,也是正常的。原始人总是把自己的首领歌颂为半人半神的人物,这是迄今所知世界上所有原始首领人物的一般特征,炎帝等历史人物也是如此。对于传说时代人物的事迹,我们固然不可全信,但也不能完全否定,因为这个时代是客观存在的,在这样一个历史大变革的时代,只有通过当时的广大部族群众特别是首领人物的英勇奋斗,才能完成这个变革,人类也才有可能健康地步入文明时代。炎黄二帝正是我国传说时代历史人物的典范,给这个时代冠以炎黄二帝的名称,可以说是名正言顺的。

炎黄二帝既为人名,也是族名,出自同一个古老的少典氏族,这个氏族以后分化、发展为两个不同的强大部族,在历史上分别做出过重大贡献。炎帝族主要活动于黄河中上游地区。《水经·渭水注》:"岐水又东,径姜氏城南为姜水,按《世本》:炎帝,姜姓。《帝王世纪》曰:炎帝,神农氏,姜姓。母女登游华阳,感神而生炎帝,长于姜水。是其地也。"徐旭生先生云:"秦岭古代通称华山……现在宝鸡县城南门外就临着渭水,过渭水南一二里,在黄土原边上有一村,叫做姜城堡。堡西有一小水,从秦岭中流出,叫做清姜河。堡的东面约一里地的光景有一个很大的神农庙,庙前面有一个泉,叫做九圣泉,俗传为神农皇帝洗三的地方。这一个姜城堡,《宝鸡县志》说它就是《水经注》所说的姜氏城。"虽未必如文献所记,但这里"是姜姓所居旧地,可能性也很大"①。就是说现在的宝鸡地区,应是古代炎帝族主要生活地区之一。炎帝族以发明和发展原始农业而著称于世,因此被后人尊称为神农氏。刘歆《世经》云:"以火承木,故为炎帝;教民耕农,故天下号曰神农氏。"《春秋纬》云:"炎帝号大庭氏,下为地皇,作耒耜,播百谷,曰神农。"班固《白虎通·号》云:"谓之神农何?古之人民皆食禽兽肉,至于神农,人民众多,禽兽不足。于是神农因天之时,分地之利,制耒耜,教民农作。神而化之,使民宜之,故谓之神农也。"《陆贾·新语》云:"民人食肉饮血,衣皮毛,至于神农,……教人食五谷。"《管子·轻重戊》又云:"神农作,树五谷淇山之阳,九州之民,乃知谷食,而天下化之。"考古资料表明,黄河流域最早出现的五谷就是粟,在老官台文化和裴李岗文化等早期新石器文化遗存中多发现有粟的遗物,而文献记载正是神农氏首先发现并栽培了粟谷。《齐民要术》卷一引《逸周书》云:"神农之时,天雨粟,神农遂耕而种之。"粟的栽培成功,标志着黄河流域原始农业的出现。原始农业的出现,是人类从适应自然到利用自然、改造自然所取得的第一个伟大成果,所谓"劳动创造世界"这一科学论断,只是到了人类发明农业,才赋予它真正的含义。在这以前,人类只是以采集天然产物来维持自己的生存,而到了这时,人类则是通过自己的劳动来增加物质生产,这是社会经济的一大变革,它标志着人类从此由采集经济进入生产经济时代。在产生农业的过程中,人类首先需要了解作物本身的生根、发芽、开花、结果的一般规律,因而就必须初步掌握生物学方面的知识,以及与此相关的气象学和土壤学方面的知识,而随着科学知识的积累,也进一步增强了人类了解自然和改造自然的信心,从而也不断地改造着人类自身。因此,正是原始农业的出现,为人类进入文明时代奠定了基础,各种文明因素正是在这个基础上逐渐萌生出来的。在我国黄河流域,应是以炎帝为首的原始部族发明和发展了原始农业,从而为我国古代文明的形成奠定了坚实的基础。

当然,发展原始农业是一个艰苦的劳动过程,《淮南子·修务训》说神农"尝百草之滋味,水泉之甘苦,令民知所辟就。当此之时,一日而遇七十毒"。这正反映了炎帝族发展农业所经历的艰苦斗争过程,同时也体现出我们祖先的不畏

---

① 徐旭生:《中国古史的传说时代》,文物出版社,1985年,第41~42页。

困难、艰苦创业、开拓进取的精神。作为炎黄子孙,我们应当学习、继承和发扬这种伟大精神,正是这种伟大精神,激励着我们在建设当代社会主义文明的道路上勇于革新、与时俱进。

(原载《炎帝与民族复兴》,陕西人民出版社2006年出版)

黄帝与嫘祖

炎黄时代涌现出许多先进人物,他们形成一个宏大的历史人物群体。在这个群体内,有老有少,有男有女,有多谋善断者,有驰骋疆场者,有精于管理者,更有创造发明者,其中黄帝、嫘祖夫妇就是这个群体的一对主要代表人物。

《史记·五帝本纪》云:"黄帝者,少典之子,姓公孙,名曰轩辕。"《索隐》引皇甫谧曰:"居轩辕之丘,因以为名,又以为号。"又云:"有熊,今河南新郑是也。"西晋时期的河南新郑县,即今河南省新郑市。黄帝族大致上就是以今河南新郑地区为中心,适应着社会发展的需要,首次展开了统一中原的伟大斗争。《史记·五帝本纪》又云:"轩辕之时,神农氏世衰,诸侯相侵伐,暴虐百姓,而神农氏弗能征。于是轩辕乃习用干戈,以征不享,诸侯咸来宾从。而蚩尤最为暴,莫能伐。炎帝欲侵陵诸侯,诸侯咸归轩辕。轩辕乃修德振兵,治五气,蓺五种,抚万民,度四方,教熊、罴、貔、貅、䝙、虎,以与炎帝战于阪泉之野。三战,然后得其志。蚩尤作乱,不用帝命。于是黄帝乃征师诸侯,与蚩尤战于涿鹿之野,遂禽杀蚩尤,而诸侯咸尊轩辕为天子,代神农氏,是为黄帝。天下有不顺者,黄帝从而征之,平者去之。披山通道,未尝宁居。东至于海,登丸山,及岱宗;西至于空桐,登鸡头。南至于江,登熊、湘。北逐荤粥,合符釜山,而邑于涿鹿之阿。"意思是说:当黄帝族发展壮大起来的时候,原来的部族盟主神农氏迅速衰落下去,当时的中原大地,一时处于群龙无首的状态。于是各个部族首领集团之间互相攻伐,伤害百姓,而神农氏首领无力加以制止。在此混乱形势下,轩辕黄帝组织武装,讨伐无道,各部族首领于是纷纷前来表示顺从。但是蚩尤族首领仍然恃强凌弱,黄帝暂时还无力讨伐他;炎帝族首领也想控制周围部族,而这些部族却都愿意接受轩辕黄帝的统领。轩辕黄帝不负众望,实行德政,加强武装,调顺五行季节,发展农业生产,安抚各部族众,规划四方土地。他训练出以熊、罴、貔、貅、䝙、虎为组织名号的精兵强将,首先与炎帝战于阪泉之野,经过反复较量,终于炎帝俯首听命。蚩尤挑起战乱,不听黄帝规劝,轩辕黄帝只得征调各族武装,与蚩尤战于涿鹿之野,最后擒杀蚩尤,抚其族众,于是各部族拥戴轩辕黄帝为盟主,代替以往的神农氏。由于他成为生活于广大黄土地上各族共同的盟主,因此被尊称为黄帝。黄帝为巩固这种新建立的秩序,率领各部族继续奋斗,对于掀起叛乱者,他立即加以讨伐,平息以后就收兵回营;并且发展四方交通,以加强与各地的联系,他不辞辛劳,巡狩各地,未曾在一个地方苟安闲居。他曾向东至于海,登上丸山和岱宗;向西到达崆峒并且登上鸡头山;向南到达江北,登上熊山和湘山;向北则驱逐荤粥族的骚扰,并与各族首领会盟于釜山,并在涿鹿的旁边建立起行宫别邑。这里所说的岱宗,就是现今的山东泰山;丸山,据《括地志》载,在今山东临朐县境。这里所说的海当与泰山相近,或不指现今的东海,而可能指春秋时期的海陉。《左传·襄公十六年》:"秋,齐侯围郲,孟孺子速徼之。齐侯曰:'是好勇,去之以为之名。'速遂塞海陉而还。"杜预注:"海陉,鲁隘道。"此海陉当在今山东曲阜东北、泰山南侧一带,黄帝"东至于海",或在此地。而向西到达的崆峒,是在河南省的西部。南边的熊、湘也并不太远,大概就是后来被称为熊山的,即现在的河南熊耳山。釜山大概就是现在的河南灵宝市南又名荆山的覆釜山。山西"解县西南二十五里有浊泽,一名涿泽,就是古时的涿鹿"①。由此可见,《史记》所记轩辕黄帝所到的这些地方,大致都在以河南新郑为中心的中原地区,从这个意义上说,以轩辕黄帝为首的部族联盟,促进了古代中原地区的统一,而古代中原地区的统一,正是我国古代文明特别是中原地区古代文明形成的一个前提条件。

我们在论述轩辕黄帝丰功伟绩的同时,就不能不提到他的妻子嫘祖对社会做出的重大贡献。《世本》云:"黄帝娶于西陵之女,谓之嫘祖,产青阳及昌意。"《史记·五帝本纪》也说:"黄帝居轩辕之丘,而娶于西陵之女,是为嫘祖。"嫘祖是一位女性发明家,以发明养蚕取丝而著称于世,且被后世敬为蚕神。《隋书·礼仪志》云:"皇后乘翠辂,率三妃、三妗、御媛、御婉、三公夫人、三孤内子至蚕所,以一太牢亲祭,进奠先蚕西陵氏神。"刘恕《通鉴外纪》云:"西陵氏之女嫘祖,为黄帝元妃,始教民养蚕,治丝茧以供衣服,后世祀为先蚕。"关于嫘祖的故里,《史记·五帝本纪》正义云:"西陵,国名也。"古国名多与族名相同,是知嫘

---

① 钱穆:《黄帝》,胜利出版社,1944年,第12页。

祖故里当即古西陵国所在地。但是古西陵国所在地,文献记有多处,因此对于嫘祖的故里,当前学术界意见也颇不一致,主要有湖北宜昌说、四川绵阳说、山西夏县说、山东费县说和浙江杭州说等。① 其实这些意见均未必准确,我认为嫘祖故里当在今河南省西平县境更为有据,其主要理由有四:一、西平县古有西陵,《水经·沅水》:沅水"又东过西平县北"。郦道元注:"县,故柏国也。……汉曰西平。其西吕墟,即西陵亭也,西陵平夷,故曰西平。"杨守敬疏:"(西陵)亭当在今西平县西。"清代西平县即今河南省西平县,西平县古代曾经称作西陵。二、西平古有房国,当即西陵氏的后裔。《国语·晋语》:"青阳,方雷氏之甥也。"韦昭注:"方雷,西陵氏之姓。声,雷、嫘同也。"是知古西陵氏本姓"方雷"。方雷一姓后世又简称为方姓,应劭《风俗通·佚文》云:"方,方雷氏之后。"按房,从户,方声,方与房音义相同,故相通用。《仪礼·大射礼》:"左右曰方。"贾公彦疏:"方,旁出也。"同书《公食大夫礼》:"宰夫筵出自东房。"贾疏云:"天子诸侯左右房。"《释名》:"房,旁也,室之两旁也。"《诗经·小雅·大田》:"既方既皁。"郑玄笺:"方,房也。"《尚书·商书序》,伊尹"复归于亳,入自北门,乃迁汝鸠、汝方,作《汝鸠》《汝方》"。《史记·殷本纪》又云:伊尹"复归于亳,入自北门,遇女鸠、女房,作《女鸠》《女房》"。是方姓后世又称作房姓,即古代的房族和房国。房国所在,《汉书·地理志·汝南郡》吴房县下颜师古注引孟康曰:"本房子国,楚灵王迁房于楚。吴王阖闾弟夫概奔楚,楚封于此,为堂溪氏。以封吴,故曰吴房,今吴房城堂溪亭是也。"《元和郡县志》西平县下云:"即春秋时柏国也,古韩地之分。苏秦说韩王曰:'韩有剑戟,出于棠溪。'今此县西界有棠溪村。"《大清一统志·汝宁府》古迹条下:"棠溪城在西平县西北百里,古房国也。"此城与古西陵同在一个地区。古房国当即古方姓即方雷氏的后裔,古房国位于西平西陵,显然西平西陵应是方雷氏族即嫘祖母家西陵氏的故居。三、西平西陵与黄帝族所居的新郑南北相距约120公里,两族居地相近,互通婚姻是符合情理的。四、黄帝与嫘祖所生之子的居地皆当在今河南新郑地区,南距西平也不太远。《世本》云:"黄帝娶于西陵之女,谓之嫘祖,产青阳及昌意。"《山海经·海内经》云:"黄帝妻雷祖,生昌意,昌意降处若水。"《史记·五帝本纪》云:"嫘祖为黄帝正妃,生二子,其后皆有天下,其一曰玄嚣,是为青阳,青阳降居

---

① 刘守华:《嫘祖传说考辨》,《中华民族之母嫘祖》,中国三峡出版社,1995年。

江水;其二曰昌意,降居若水。"江水所在,按江与鸿同音通假。《山海经·西次三经》:"又西三百五十里曰天山……有神焉,……浑敦无面目,是识歌舞,实为帝江也。"毕沅《集解》曰:"江读如鸿。"徐旭生先生也认为"'鸿'从'江'音,古字义符常常省减,径作'江'。《左传·文公十三(八)年》传内说:'帝鸿氏有不才子……天下之民谓之浑敦。'《山海经·西次三经》天山下说:'有神焉……浑敦,无面目,是识歌舞,实为帝江也。'……'帝鸿氏之子'应当仍称帝鸿,所以说'实为帝江'"。① 由此可见,黄帝之子青阳所居的"江水"后世可能已改称"鸿水",如果此说不误,此鸿水当即古代的鸿沟,《史记·河渠书》记载夏禹治水"荥阳下引河,东南为鸿沟"。古代鸿沟正位于今河南新郑以北和以东地区。至于昌意降居的若水所在,按"若"字从艹从右,殷墟卜辞"右"与"有"同字,后世文献"右"与"有"也常相通用。《诗经·周颂·雝》:"既右烈考,亦右文母。"《后汉书·皇后纪》以及同书《何敞传》等李贤注引此诗"右"字皆作"有",《史记·扁鹊仓公列传》:"右口气急"。《集解》引徐广曰:"右一作有。"据此我以为昌意所居的若水,当即后世的洧水,《水经·洧水》:"洧水出河南密县西南马岭山,东南过其县南,又东过郑县南……"郦道元注:"洧水又东径新郑县故城中……皇甫士安《帝王世纪》云:'或言县故有熊氏之墟,黄帝之所都也。郑氏徙居之,故曰新郑矣。'"所有这些都进一步说明,黄帝及其妻子嫘祖,都应是中原地区的当地人,他们率领本部族和周围地区各部族群众一起艰苦奋斗,努力进取,开拓创新,推动着我国古代社会尤其是中原地区迅速迈向文明历史的新时期。

(原载《黄帝故里故都在新郑——〈黄帝故里故都历代文献汇典〉学术研讨会论文集》,中州古籍出版社 2005 年出版)

---

① 徐旭生:《中国古史的传说时代》,文物出版社,1985 年,第 74 页。

释"家"兼论我国家庭的起源

家庭或称个体家庭,是以婚姻关系以及血缘关系为基础组织起来的最小的社会共同体。每个家庭或上有老,或下有小,又或有其他亲属为其成员,但家庭则是以一对合法夫妇为核心建立起来的,否则,从普遍意义上说就不成家庭,《周礼·地官·小司徒》郑玄注:"有夫有妇,然后为家。"这是古人对家庭所下的一个恰当的定义。

家庭是文明社会的细胞,但它萌生于原始社会后期,因此家庭的形成与文明的起源有着密切的关系。我国家庭的起源甚早,但"家庭"一词则出现得较晚,《后汉书·郑均传》:"常称病家廷,不应州郡辟召。"廷与庭同字,这可能是"家庭"一词的最早的文献记载。在此之前则单称作家,《墨子·号令》:"某县某里某子,家食口二人,积粟六百石。某里某子,家食口十人,积粟百石。"《孟子·梁惠王上》:"百亩之田,勿夺其时,数口之家可以无饥矣。"这里所说的家就是指的个体家庭。不过先秦诸书所说的家除指个体家庭之外,还具有其他含义,因此,家字本义是否指个体家庭?如果不是,我国个体家庭最早是怎样称呼的?这都是我国学术界尚在讨论中的问题。而弄清这些问题对于探讨我国家庭的起源和文明的起源都具有重要意义,本文也试图在前人的基础上对此加以粗略分析。

一、释"家"

许慎《说文·宀部》云:"家,居也。从宀,豭省声。"又云:"宀,交覆深屋也,象形。"《说文·豕部》又云:"豭,牡豕也。"他认为"家"本是一个形声字,象一座人字架屋顶的房屋,内置一豭为其声符,本义则是人们居住的场所。今按许氏对家字构形的解释是正确的,迄今所见甲骨文、金文中最早的家字作🔲(《前》7·38·1)、🔲(《颂壶》),皆从宀、从牡豕或豕就完全证明了这个事实。但许氏以为家字本义单纯为人们居住之所则未必确切。按汉字"省声字必兼意"①,而且"每一个形声字的声符,原来总是有意义的"②,并非单纯起着声符的作用。据此而论,家字本义若单纯是人们居住的场所,本当从宀、从人,兹则从豭,意不可通,是许氏所释自清代以来就成为"一大疑案"而议论纷纭。清人段玉裁《说文解字注》不同意许说,他认为家字本义为"猪圈",说家字"本义乃豕之居也,引伸假借以为人之居",因"豭豕之生子最多,故人居聚处借用其字,久而忘其字之本义,使引伸之义得冒据之"以为人之居也。但段氏此说也未必如是,因为古文已有豕圈,其字作圂。《说文·囗部》:"圂,厕也。从囗,象豕在囗中也,会意。"严章福《说文校议议》据此驳段说云:"或云恐家字本训为豕圈,借以言人,积习久而本义废。余谓本义果属豕圈,当从囗,不当从宀。豕圈重阑不重屋,则为圂字,……而非家字。"圂字也见于殷墟卜辞,其字作🔲(《前》4·16·7)或作🔲(《后》2·3·15),罗振玉《增订殷墟书契考释》云:圂"从豕在圂中,乃豕笠也"。其说甚是,圂字当为古代豕圈无疑。此字与家字并见于甲骨文,构形又判然有别,且甲骨文、金文乃至先秦文献所记家字皆无含有豕圈意义者,可知段氏所谓家字本义为豕圈一说,乃属望文生义,是不足为据的。清人吴大澂另辟新说,他认为家字本义乃古人"陈豕于屋下而祭"祀祖先的场所。③ 其后刘克甫④、郑慧生⑤等又根据甲骨文、金文资料申述此说,以为古代的家就是王室贵族祭祀祖先的宗庙。按甲骨文、金文所记家字确有不少是含有宗庙意义者,但正如张永山和罗琨所说,宗庙是阶级社会的产物,而祭祀祖先的活动早在原始社会时期就已经产生了,因此卜辞所记作为宗庙的家,充其量只是家字之引申义,而不可能是其本义,其本义应当从原始社会中去探讨。他们探讨的结果,认为家字本义应"是指房屋和家畜",这是原始社会最早出现的私有财富的标志,家字之产生正表示着当时已经占有这些私有财富,"打破氏族公有制而产生的新社会

---

① 苗夔:《说文解字系传校勘记》,中华书局,1985年。
② 唐兰:《中国文字学》,上海古籍出版社,1977年,第107页。
③ 吴大澂:《说文古籀补·父庚卣》,商务印书馆,1936年。
④ 刘克甫:《西周金文"家"字辨义》,《考古》1962年第9期。
⑤ 郑慧生:《释"家"》,《河南大学学报(哲学社会科学版)》1985年第4期。

机体",这种新的社会机体就是"家族"。① 我们认为探讨家字本义溯源于原始社会这是正确的,但是把家字本义理解为私有财富的标志则是值得商榷的。众所周知,所谓财富标志应是当时整个社会财富的代表者和象征,必是众所公认的所有财富种类中的主要者和贵重者才具备这种特征。但家字却产生于原始社会末期以农业为主要经济生活的中原地区,社会的主要财富应当是粮食和土地,或是作为交换手段和价值尺度的某种实物货币,而不应是房屋和家畜。即以房屋而论,房屋作为私有财产时,依然是非常简陋的。《韩非子·五蠹》说:"尧之王天下也,茅茨不翦,采椽不斫。"这大致反映了中原地区原始社会末期房屋建筑的实际情况。考古发掘表明,在中原地区的龙山文化时期,最好的房屋建筑也只是土坯垒墙、木椽草顶,一般的房屋则仍然是木骨泥墙或半地穴式建筑,而且房基重叠,破损严重,可见倒塌重建的工作是经常进行的。因此,这样简陋的房屋,虽然是人们必备的居住场所,却很难说就是家族财富的标志。再以作为家畜的猪而论,我们知道,猪的饲料以农作物为主,野猪被驯养为家畜只是农业发展到一定阶段时的产物,而在久已以农业为主要经济的中原地区,猪肉虽然早已是人们生活中的美味佳肴,但作为家畜来说在经济上却始终是一种副业,从来都是依附于农业而存在的,它不可能成为社会的主要财富。虽然我们在大汶口文化墓葬中发现随葬有不少的猪头,②但我们还发现随葬猪头的多少未必就是墓主人生前贫富的标志。以大汶口遗址为例,在该遗址可以分期的118座墓葬中,属于早、中期的93座墓共随葬了86个猪头,最多的一墓(M13)随葬了14个猪头;而属于晚期的25座墓共随葬了7个猪头,最多的一墓(M10)只随葬了2个猪头。可见,如果猪头已成为大汶口文化时期人们财富的标志,那么这些墓葬所揭示的事实岂不表明当时人们的私有财富观念随着社会的发展越来越淡薄了吗?再以同期墓葬相比,大汶口中期规模最大的M9、M98并未随葬猪头,而同期规模最小的M44却随葬了3个猪头。考古发掘表明,历来墓葬规模的大小,一般是墓主生前贫富贵贱的标志,大汶口墓葬随葬猪头的多少与墓葬规模大小无关,显而易见,它不可能就是当时人们贫富贵贱的标志,而很

---

① 张永山、罗琨:《"家"字溯源》,《考古与文物》1982年第1期。
② 山东省文物管理处:《大汶口——新石器时代墓葬发掘报告》,文物出版社,1974年。

有可能是某种原始宗教观念的反映。① 而且在大汶口文化以后,在各种类型的龙山文化墓葬中,用猪头随葬的现象已属少见。近年来在山西陶寺龙山文化墓地所发掘的 405 座墓葬中,随葬猪骨者不到 20 座。以其中最大的 M3015 为例,该墓出土遗物达 200 件以上,绝大多数是礼器、乐器、武器和生活用具,而只发现一具完整的猪骨架,②显然这具猪骨架绝不是作为私有财富标志而应是作为祭品葬入墓穴里的。在其后的二里头文化和商代大型墓葬中,比较突出的发现则是成批的精美的铜器和玉器,很少发现有猪骨的遗迹。上述所有这些考古资料表明:大汶口文化墓葬用猪头随葬,不过是古代人们一时一地的习俗,而在整个商代乃至商代以前的广大中原地区,却很少发现这种习俗。因此,用猪头随葬的现象,证明原始社会晚期中原地区的猪已成为私有财富的标志,看来还缺乏充分的证据。文献记载,至迟在商代,人们是把贝、玉特别是粮食和土地看作主要财富以及财富的标志。殷墟卜辞常发现有商王"取贝"(《铁》104·4)、"赐贝"(《南访》38·1)以及用玉祭神的记载(见岛邦男《殷墟卜辞综类》第 408 页),《尚书·盘庚》也记载商王谴责大臣"总于货宝""具乃贝、玉",孔疏"贝、玉是物之最贵者",可知贝和玉已是商人的财富标志之一。当然商人最重视的还是粮食和土地,卜辞多记有商王"求禾""求年"以及令众人"垦田""协田"的活动(见岛邦男《殷墟卜辞综类》第 195 页、173 页)。《尚书·盘庚》也记载商王一再要求农民"服田力穑,乃亦有秋",不要"不服田亩,越其罔有黍稷"。可知商人在经济上最关心的还是农业生产和粮食的丰歉。其实这也是中原地区人们久已有的传统观念,正因为如此,在我国古代所举行的各种祭祀活动中,以对于宗庙和社稷的祭祀最为隆重,其原因就在于宗庙是自己的祖先神主所在,而社、稷则是土地神和谷物神的象征,古人认为这三者是人们赖以生存的根本保证。由此可见在我国古代中原地区,由于农业生产在整个社会经济中长期处于主导地位,人们也深深体会到只有土地和粮食才是他们赖以存在的基础,从而也必然把土地和粮食看作他们的主要财富,从来没有以某种家畜作为主要财富和财

---

① 王仁湘:《新石器时代葬猪的宗教意义——原始宗教文化遗存探讨札记》,《文物》1981 年第 2 期。

② 中国社会科学院考古研究所山西工作队等:《1978—1980 年山西襄汾陶寺墓地发掘简报》,《考古》1983 年第 1 期。

富标志的。因此,在这样的社会背景下产生的"家"字,虽然是指房屋和家畜,但其本义是不可能具有私有财富标志之义的。

家字本义既非"豕之居",又非私有财富的标志,究竟应当作何解释呢?我认为我国最早的家应当产生于父系氏族社会时期,它本是古代父系家族供奉祖先的主室,进入阶级社会以后,这种主室就演变为人民群众住宅中的堂屋,继而演变为王公贵族祭祖宗庙的庙堂。供奉祖先祭品繁多,但在古代中原地区,习俗以"飨大高者而豕为上牲",即认为猪肉是祭祀祖先的上等祭品。因此,家字从宀、从豕,本象古人用猪这种上等祭品置于主室供奉祖先之形,它是祖先崇拜的产物,家字构形充分反映着古人对自己祖先的尊崇之意。

根据殷墟卜辞所记,商人已把祭祖的宗庙称为宗,又称为家。这是商人继承传统,把祭祀祖先场所仍称为家的明确证据。周人继承商人遗制,虽有庙名,但有时仍称宗庙为家。

但是如上所述,宗庙是阶级社会的产物,在宗庙祭祀祖先是贵族统治阶级的特权,所谓"持手而食者不得立宗庙"(《荀子·礼论》),一般劳动人民是不能建庙祭祖的。根据文献记载,我国古代人民群众是在自己的居室内祭祖,这种居室称为寝。《礼记·王制》云:"天子七庙……诸侯五庙……大夫三庙……庶人祭于寝。"郑玄注:"寝,适寝也。"《仪礼·士丧礼》:"死于适室。"郑玄注:"正寝之室也。"《仪礼·既夕礼》又云"士处适寝",贾公彦疏:"适寝者寝、室一也……将有疾,乃寝卧于适室,故变室为寝也。"是知古代庶人祭祖的寝,又称适寝、正寝和适室,也即住屋中的主室,是家族老人的"寿终正寝"之所。寝祭是我国古代最为普遍的祭祖方式,贵族统治者的庙祭实际上是在寝祭的基础上发展演变而来的,作为宗庙主室的庙、王宫主室的朝和作为庶人住屋主室的寝应是一脉相承的。

古人住屋中的主室既称为寝,同时又称为家。《礼记·郊特牲》:"家主中霤而国主社。"郑玄注"祭社于都鄙",都鄙即邑。社与中霤皆土地神之象征,国祭社既在都邑,则祭中霤之"家"也必是住屋中的主室。《公羊传·哀公六年传》:诸大夫"于是皆之陈乞之家坐。陈乞曰:'吾有所为甲,请以示焉',诸大夫皆曰:'诺。'于是使力士举巨囊而至于中霤,诸大夫见之,皆色然而骇"。何休《解诂》"中央曰中霤",徐彦疏引郑玄云:"中霤犹中室也。"中室即主室。诸大夫所在陈乞之家屋,既有中霤,又称中室,是知春秋时代人们住屋中的主室又称作"家",从而可知古代庶人祭祖的寝也称作"家",就是说寝祭也可称作家祭。

在住屋的主室内祭祀祖先,既是我国古代最为普遍的一种祭祖形式,也应是我国最为古老的一种祭祖形式,这种祭祖形式可以溯源于原始社会,根据民族志资料,我国不少民族至今仍保留着这种习俗。例如:生活于我国东北地区的鄂温克人,就把自己的祖先神"舍卧克"放置在家族长老居住的"仙人柱"的东北角或西北角,经常举行隆重的祭祀。① 生活于云南永宁加泽乡的纳西族,每年都定期带着祭品"聚集到同姓中辈分最高一家祭祀"祖先,平常各家的祭祖活动也都在家长居住的主室内举行。② 云南宁蒗地区的普米族,是在家长居住的正室火塘的上方"供奉着历代的祖龛"③;生活于广西盘村的瑶族,"认为盘王是自己的祖先",因此都在各家堂屋内供奉一个"盘王神位",每年举行定期的祭祀;④等等。由此可见,在自己住屋主屋内,特别是在家族长老居室内祭祀祖先,在处于原始社会末期或阶级社会初期阶段的人们中间是广泛流行的,它和我国史书记载的寝祭祖先颇为相似,可以推想我国史前时期的中原地区,也存在过这种原始的祭祖习俗,我国古代的寝祭祖先形式大致是由此发展而来的。

显然,"家"字本义是指以猪作为主要祭品在主室祭祀祖先的场所,以下我们再谈谈古代以猪祭祖的问题。

根据文献记载,我国古代曾经流行以猪殉祭祀祖先的习俗。《淮南子·氾论训》云:"世俗言曰:飨大高者而彘为上牲。"说明古人曾普遍认为猪肉是祭祀祖先的上等祭品。故王公贵族祭祀祖先所用的"太牢""少牢",猪肉都是其重要祭品,而士、庶人等祭祀祖先则又以猪肉为其主要祭品(见《礼记·王制》)。《说文·犬部》云:"猓,宗庙之田也。"是知古人曾有专门为祭祀祖先而去猎猪的习俗。《礼记·王制》又云:"士无故不杀犬豕。"郑玄注:"故,谓之祭飨。"就是说犬豕是祭祖的珍贵物品,不为祭祖是不得随意乱杀的。《礼记·杂记》云:"凡宗庙之器,其名者成,衅之以豭豚。"孔颖达疏:"杀豭豚血涂之也。"首先用猪血涂抹新做成的宗庙之器以祭祀祖先,这也表明猪在我国古代祭祀祖先的祭品中确实占有特殊的地位。用猪祭祀祖先不仅见于文献记载,还可溯源于史前

---

① 秋浦:《鄂温克人的原始社会形态》,中华书局,1980年。
② 詹承绪:《永宁纳西族的阿注婚姻和母系家庭》,上海人民出版社,1980年。
③ 王树五:《普米族的文化习俗》,《云南省历史研究所研究集刊》1982年第1期。
④ 胡起望、范宏贵:《盘村瑶族——从游耕到定居的研究》,民族出版社,1983年。

期的原始社会。我国新石器时代墓葬中曾经发现有随葬的猪骨,如上所述,在中原地区唯一发现的大型龙山墓地——山西陶寺墓地中,就发现有用整猪随葬的现象,这可能就是《淮南子》所说的"飨大高者而豕为上牲"的写照,同时也说明至迟在龙山文化时期,中原地区已存在着用猪祭祀的习俗。我国古代如此,迄今在一些少数民族地区也仍然保留有这样的习俗。例如生活于我国东北地区的满族认为鸟是自己的始祖先,因此在祈神时将猪肉置于竿上以食于天空飞来之鸟。① 又如生活于云南永宁地区的纳西族,习惯于每年"十月杀年猪祭祖","正式祭祀前,先杀猪,用猪血染红白杨树枝,在十二粒石子上涂一些猪血……据说用猪血染红树枝、石子,是表示对祖先的崇敬"②。这个习俗和上述我国古代用猪血涂抹宗庙祭器的习俗大致是相同的。还有生活于广西盘村的瑶族在祭祀祖先盘王时,"'还盘王愿'的人家要宰杀一二头猪,祭祀始祖盘王"③。生活在我国宝岛台湾的阿美人祭祀祖先时,也以猪骨作为祭品。所有这些都生动表明,用猪在居室内祭祀祖先,曾经普遍流行在处于原始社会末期或阶级社会初期的许多民族中间,它应是一种比较原始的祭祖习俗。人们最早祭祀祖先,之所以要用猪为主要祭品,其原因正如《淮南子·氾论训》所说:"夫飨大高者而豕为上牲者,非豕能贤于野兽麋鹿也,而神明独飨之,何也？以为豕者家人所常畜而易得之物也,故因其便以尊之。"就是说在我国古代中原地区以及现今的一些少数民族地区,由于过着以农业为主的经济生活,猪就成为当地人们最早普遍饲养的家畜。猪肉以味道鲜美、营养丰富而著称,而且人们养猪的唯一目的就是供人食用,因此古人特别是广大人民群众也就理所当然地因其方便而普遍地以猪作为供奉祖先的主要祭品;并且认为用猪作为供品就是表达着自己对祖先的无比崇敬,因此人们也就根据这种心理状态创造出一个陈豕屋下的"家",以作为祭祀祖先主室的专有名称。根据甲骨文、金文资料,我国最早家字从宀、从牡豕,这大概和云南班洪佤族常用公牛或公猪祭祀男性神"莱姆",又常用母牛或母猪祭祀女性神"莱松有"一样,用牡豕作祭品似乎有强调祭祀父系祖先之意;牡豕在我国古代被称为豭,家字从豕正是从豭省声而来,家的概念大致

---

① 周信:《清初东北土人的生活》,《禹贡》第 3 卷第 5 期。
② 詹承绪等:《永宁纳西族的阿注婚姻和母系家庭》,上海人民出版社,1980 年。
③ 胡起望、范宏贵等:《盘村瑶族——从游耕到定居的研究》,民族出版社,1983 年。

形成于原始社会晚期父系氏族时代。

在古代,祭祀祖先是每个家族存在的标志和象征,某个家族"灭宗废祀"也就意味着该家族的毁败和灭亡。因此,某个家族祭祀祖先的"家"实际上就代表着这个家族,"家"在则家族在,"家"毁则家族亡,"家"与家族是密切联系在一起的。现实生活如此,反映在人们的概念里,作为祭祀祖先的"家"就具有了家族的含义。把家族称为家已见于殷墟卜辞,它和作为宗庙的家是同时并存的,如卜辞云:"贞我家旧老臣无灾我"(《合集》3522),"我家祖辛弗佐王"(《合集》13584),"……其……王家"(《合集》34192)。这里所说的"我家""王家"显然是指商王族而言。卜辞又云:"……自西,告牛家"(《合集》6063),"从宋家"(《甲》208)。这里"宋家""牛家"显然是指统治某地的方国家族而言。西周金文所记与卜辞类同,如《康鼎》"王命尸司王家",《蔡簋》"王若曰:蔡,昔先王令汝作宰,司王家",《叔向父簋》"奠保我邦我家"。这里所谓"王家""我家"皆当指为王族而言。唯《令鼎》所云"余其舍臣十家",《不嬰簋》"易女……臣五家"等,有的同志释此为个体家庭,其实仍当释作家族为是。郭沫若《甲骨文字研究·释臣宰》云"周金文中之臣字,均象一竖目之形,入首俯则目竖",臣原是一个忠顺于主人的奴隶的形象。主人因其忠顺就让他"宰治其同族",久而久之才演变为后世权重位尊的大臣。汪宁生根据民族志资料发挥此说云:新中国成立前西双版纳傣族统治者"召片领"因广占田产,无暇兼管,"而指定其中某一村寨的头人负督耕之责"。这种督耕者傣族称为"陇达","'陇达'直译起来就是'眼睛大爹'或'眼睛爷爷'"。它和我国古代臣字含义正相符合,因此他认为最初的臣原是"充当监工的奴隶头子,终日在田野中张目四望,监视其他奴隶的活动,为奴隶主充当耳目,故假用意为瞋目望视的臣以名之"①。值得注意的是傣族中的督耕者为村寨头人,而头人大多为本村寨家族长或氏族长,由此推知我国最早的臣也当是家族长或氏族长充任,就是说西周金文的"臣十家""臣五家",即是作为臣的家族长或氏族长所带领的充当集体奴隶的十个家族或五个家族之意。

---

① 汪宁生:《释臣》,《考古》1979 年第 3 期。

二、关于我国家庭的起源

家字本义既指家祭和家族,可知它最初并不具有个体家庭含义。个体家庭称为家,应是在父系家族逐渐解体而分化为许多独立的个体家庭之后,这个过程大约开始于两周之际。① 至于原始的个体家庭应当怎样称呼,这应当根据当时个体家庭存在的特点加以探讨,因为事物的名称总是根据事物的特点而产生出来的。原始的个体家庭紧紧依附于父系家族而存在,对外没有独立的社会地位。但是它在父系家族内部则有相对的独立性,这主要表现在:1. 它是以一对合法夫妇连同其子女组织起来的一个稳固的小集体;2. 它有自己的居室;3. 它有自己的一份生活资料,因而可以独立起灶。总之它是一个以男性为核心的小集体并且以吃住在一起为其特点,原始个体家庭当以这些特点而形成自己的名称。我国早期的个体家庭可能称为"室"。《易·系辞下》:"上古穴居而野处,后世圣人易之以宫室,上栋下宇,以待风雨。"这里宫室与穴居相对,可知宫室是我国最早出现的地面建筑。《尔雅·释宫》:"宫谓之室,室谓之宫。"宫和室在最初指的是同一种建筑。宫字从宀、从吕,是一座两间相连的住房形象,古代人们住房皆可称作宫室,和后世指为宫殿含义是大不相同的。《说文·宀部》:"室,实也。从宀、至声,室屋皆从至,所止也。"意谓室是人们到此停下休息居住的场所。《诗·豳风·七月》:"十月蟋蟀,入我床下。穹窒熏鼠,塞向墐户,嗟我妇子,曰为改岁,入此室处。"这生动地说明西周时期劳动人民个体家庭住所还是被称为室。《诗·豳风·东山》:"我徂东山,慆慆不归。……鹳鸣于垤,妇叹于室。洒扫穹窒,我征聿至。"《诗·唐风·葛生》又云:"夏之日,冬之夜。百岁之后,归于其居。冬之夜,夏之日。百岁之后,归于其室。"这些诗所说的室,都明确地表示是一对夫妇的居室。《礼记·曲礼》上:"人生……三十曰壮,有室。"郑玄注:"有室,有妻也,妻称室。"也暗示着室就是一个小家庭的住所。

室作为我国个体家庭的最早称谓,在反映王室贵族生活的甲骨卜辞和金文里是难于找到记载的,但在田野考古工作中却发现有相当多的连间排房的遗

---

① 赵世超:《战国时期家长制家庭公社的衰落和演变》,《史学月刊》1983 年第 4 期。

迹。近年来考古工作者在黄河中下游的仰韶文化遗存、在江汉流域的屈家岭文化遗存、在杭嘉湖地区的河姆渡文化遗存里都发现有连间排房基址。这些排房有两间连在一起者(如大河村三期 F17、F18),有四间连在一起者(如大河村三期 F1—4),也有 20 余间连在一起者(如淅川下王岗)。以河南郑州大河村三期 F1—4 为例,①它可能是一处小型的父系家族的住地。中间 F1 较大,它当是这座房的主室,为祭祀祖先之所,亦即这个家族的"家",中有套间当为家族长居室。两侧 F2—4 房间较小,应是围绕主室逐间扩建而成。各房内都发现有生产工具、生活用具,F2 内还发现整瓮的粮食。显而易见这些小房间(F4 除外)都应是一个个独立的生活单位,它和云南基诺族的连间长房颇为相似,应是个体小家庭的住室,这些住房紧密连接在一起,它可能表示着当时的个体家庭仍是紧紧依附于父系家族而存在的。

综上所述,我们认为我国最早的个体家庭可能称为室,它是在母系氏族对偶婚制的基础上形成和发展起来的。家庭的产生标志着私有制的出现,人类由母系社会正式进入父系社会,这"是一个伟大的历史进步","它的最后胜利乃是文明时代开始的标志之一"。② 根据考古资料推断,我国原始的个体家庭在黄河流域当产生于仰韶文化的晚期,如果此释不误,则我国古代文明的曙光至迟在五千多年以前已经出现于广阔的中原地区。

(原载《中州学刊》1987 年第 2 期)

---

① 郑州市文物考古研究所:《郑州大河村》,科学出版社,2001 年,第 167~168 页。
② 《马克思恩格斯选集》(第四卷),人民出版社,1997 年,第 57 页。

黄帝与夏族的起源

中原地区的西部,山陵起伏,森林茂密;向东则是平原沃野,河流纵横,极适宜于古代人类的劳动和生息。田野发掘的大量考古资料表明,古代的中原地区早已是氏族部落林立,文献记载这些部落后来结成以黄帝族为主体的部落联盟,而夏部族就是黄帝族后裔的一个分支。

黄帝是我国原始社会传说中著名的英雄人物,他的出现标志着我国原始社会已经进入晚期的英雄时代。关于黄帝的事迹,文献记载颇少。其原因正如司马迁所说:"百家言黄帝,其文不雅驯,荐绅先生难言之。"①就是说生活于原始社会时期的黄帝族和黄帝本人的活动事迹,由于带有显著的原始时代的特点,并具有某些神话传说的性质,多为后世封建史学家所不理解或不相信,因而未能加以系统的整理。司马迁又说:"西至空桐,北过涿鹿,东渐于海,南浮江、淮矣,至长老皆各往往称黄帝、尧、舜之处,风教固殊焉,总之不离古文者近是。"他根据零星的文献资料,并参考自己调查所得的丰富的传说资料,首次撰写出系统的《五帝本纪》,这是难能可贵的。虽然《五帝本纪》的用词和语言不可避免地带有作者所处时代的烙印,但它在一定程度上仍然揭示出黄帝所处的原始部落时代的实质,因而对研究我国原始社会晚期的状况仍具有重要的价值。

传说中的黄帝族,姬姓,与古老的炎帝族同源于少典氏族。《国语·晋语四》云:"昔少典娶于有蟜氏,生黄帝、炎帝。黄帝以姬水成,炎帝以姜水成。成而异德,故黄帝为姬,炎帝为姜。"秦嘉谟辑补《世本·帝系》云:"少典生轩辕,是为黄帝。"《史记·五帝本纪》又云:"黄帝者,少典之子,姓公孙,名曰轩辕。"这里所记黄帝为少典所生,意即为少典族的后裔或其分支,并不是父子关系,前人对此已说得比较明确。如司马贞《史记·五帝本纪·索隐》云:"少典者,诸侯

---

① 司马迁:《史记·五帝本纪》,中华书局,1959年,第46页。

国号,非人名也。……黄帝即少典氏后代之子孙……故《左传》'高阳氏有才子八人',亦谓其后代子孙而称为子是也。"晋人郭璞也早就认为:"诸言生者,多谓其苗裔,未必是亲所产。"①这可说是真知灼见。

像一切原始氏族都有自己的图腾崇拜一样,黄帝族最早曾以熊为自己崇拜的图腾。茆泮林辑《世本·帝王世本》云:"黄帝。"宋衷注:"号有熊者,以其本是有熊国君之子故也,亦号轩辕氏。"裴骃《史记·五帝本纪·集解》引"徐广曰'(黄帝)号有熊'"。张守节《史记·五帝本纪·正义》云:"按:黄帝有熊国君,乃少典国君之次子,号曰有熊氏,又曰缙云氏,又曰帝鸿氏,亦曰帝轩氏。"这里所谓"号有熊""有熊国君",实际上当是指黄帝族最早是以熊为图腾的氏族。《史记·五帝本纪》又云:"(黄帝)教熊、罴、貔、貅、貙、虎,以与炎帝战于阪泉之野。"《列子·黄帝》也说:"黄帝与炎帝战于阪泉之野,帅熊、罴、狼、豹、貙、虎为前驱,雕、鹖、鹰、鸢为旗帜。"这十种不同的鸟兽,实际上就是十个氏族所崇拜的图腾,也是他们的姓氏或名号,他们结成以有熊氏族为主体的部落联盟或部族,而黄帝则是这个部落联盟或部落的首领。

根据民族学的资料我们知道,在原始社会里曾经普遍流行着图腾崇拜的习俗。许多氏族或部落都以自然界里某种生物或非生物体作为自己所崇拜的图腾,并以此作为自己的祖先、姓氏和名号。摩尔根说:"在美洲各地的土著中,所有的氏族都以某种动物或无生物命名,从没有以个人命名的。……在某些部落中,如在新墨西哥的摩基村的印第安人中,氏族成员声称他们就是本氏族命名的那种动物的子孙,大神把他们的老祖宗由动物变成了人形。"②马克思对此又进一步补充说道:"(阿吉布洼部落)在他们的方言中,'图腾'一词表示氏族的标志或符号。例如,狼是狼氏族的图腾。"又说:"在许多氏族中和在摩基人中一样流行着一种传说,根据这种传说,他们的第一个祖先是转化成为男人和女人的动物或无生物,它们就成为氏族的象征(图腾)。"③摩尔根和马克思所介绍的美洲印第安人的图腾崇拜情况与我国古代黄帝族的图腾崇拜情况是相近的。《左传·隐公八年》云:"因生以赐姓。"杜预注:"因其所由生以赐姓。"黄帝既为

---

① 郭璞注:《山海经·大荒东经》,上海古籍出版社,1980 年。
② 摩尔根:《古代社会》,杨东莼等译,商务印书馆,1977 年,第 83 页。
③ 马克思:《摩尔根〈古代社会〉一书摘要》,人民出版社,1965 年,第 144 页。

"有熊国君之子",实质上可以解释为该族以熊为自己的祖先和图腾。史载黄帝姓姬也与熊有关。按:姬,《史记·周本纪》曰:"(舜)封弃于邰,号曰后稷,别姓姬氏。"裴骃《集解》引《礼纬》曰:"祖以履大迹而生。"是姬即大迹之意。近人考证,"大迹"就是熊的足迹,①如果此释不误,则黄帝族为姬姓,也就是以其所崇拜的熊图腾为姓的氏族。至于缙云氏、帝鸿氏、帝轩氏则可能是黄帝族的别称,正如恩格斯所说:"随着时间的进展,往往一个部落被邻近各部落取了另外的名称,与该部落给自己取的名称不同。"②缙云氏等称号也可能是当时的外族给黄帝族取的另外的名称。

但是,我国古代黄帝族与上述印第安人所处的社会状况又有着重大的不同,这就是黄帝族已以黄帝的个人名字为族名,这标志着当时我国原始氏族制度较之上述印第安人的氏族制度已有了进一步的发展。正如马克思所说:"当世系按女系推算被按男系推算代替以后,极可能是由动物的名称借来的氏族名称,就让位于个人的名字了。氏族传说史中的任何杰出人物,便成为他的名祖。"③摩尔根也认为:"古老的氏族姓氏很可能取自动物或无生物,当世系改由男性下传之后,就改用人名作为姓氏了。在氏族史上著名的某人即成为该氏族以之命名的祖先。"④我国历史上的黄帝族既称"有熊氏",又号曰"黄帝",这就是既以图腾作为本族的姓氏和名号,又以著名首领作为本族的姓氏和名号。明显可见,其时的黄帝族已发展到由母系氏族社会转入父系氏族社会的阶段了。

关于黄帝族最早的活动地域,文献记载颇少,历来说法不一。《史记·五帝本纪·索隐》引皇甫谧云:"黄帝生于寿丘,长于姬水,因以为姓。居轩辕之丘,因以为名,又以为号。"《史记·五帝本纪·正义》云:"生黄帝于寿丘。寿丘在鲁东门之北,今在兖州曲阜县东北六里。"兖州曲阜即今山东曲阜市。又引《舆地志》云:"涿鹿本名彭城,黄帝初都,迁有熊也。"彭城即今徐州市。但是,多数史料表明,今山东地区乃是我国古代东夷族的活动中心。黄帝族与该族虽然有着密切的接触,但不可能发祥于东方地区,这正如徐旭生先生所说:"鲁国本为

---

① 孙作云:《周先祖以熊为图腾考》,《开封师范学院学报》1957年第2期。
② 恩格斯:《家庭、私有制和国家的起源》,《马克思恩格斯选集》第四卷,人民出版社,2004年,第89页。
③ 马克思:《摩尔根〈古代社会〉一书摘要》,人民出版社,1965年,第206页。
④ 摩尔根:《古代社会》,杨东莼等译,商务印书馆,1977年,第291页。

'少皞之虚',是东夷集团的大本营,华夏集团的黄帝绝不能生在那里。"①此说是可信的。不过他又认为:"看古代关于姬姓传说流传的地方,可以推断黄帝氏族的发祥地大约在今陕西的北部。"②这一说法却值得讨论。我们认为姬姓周族原是发祥于今山西南部地区,大约自古公亶父时期始迁于今陕西岐山的周原地区,因此,假设姬姓周族与黄帝族有着一定的血缘关系,也并不能证明黄帝族就发祥于那里。况且周人并不认定黄帝就是自己的远祖,《国语·鲁语上》曰:"周人禘喾而郊稷,祖文王而宗武王。"可见周人认为喾为本族的始祖,与黄帝族并没有什么必然的血缘关系。比较可信的说法是黄帝族最早活动在今河南嵩山东麓新郑市境及其周围地区。《白虎通义·号》曰:"黄帝有天下,号曰有熊。"《史记·五帝本纪·集解》引皇甫谧曰:"有熊,今河南新郑是也。"《续汉书·郡国志·河南尹》新郑条下刘昭注也引皇甫谧曰:"古有郑国,黄帝之所都。"《括地志》也说:"郑州新郑县,本有熊氏之墟也。"新郑即今河南新郑市,正位于嵩山东麓的丘陵地区,这里至今仍保存有传说中的黄帝族的活动遗迹,古代黄帝族最早活动于此地应当是可信的。后来该族以此地为中心不断扩大其活动范围,因而在嵩山周围留下了不少关于黄帝的神话和传说。《庄子·徐无鬼》曰:"黄帝将见大隗乎具茨之山……至于襄城之野。"大隗所在,《山海经·中次七经》云:"苦山之首……又东三十里,曰大騩之山。"郭璞注:"今荥阳密县有大騩山。"毕沅《山海经集解》又云:"《说文》作'大隗山',在今河南新郑县西南四十里。"《汉书·地理志·河南郡》密县下班固自注云:"有大騩山,溱水所出。"《水经》曰:"溱水出河南密县大騩山。"郦道元注:"大騩即具茨山也,黄帝登具茨之山……即是山也。"王先谦《庄子集解》注曰:"司马(彪)云:'具茨在荥阳密县东,今名泰隗山。'"又曰:"成云:'汝州有襄城县,在大隗山南。'"大隗山在今河南新密市东南四十余里,位于嵩山的东麓;襄城一地现名仍旧,属河南省,位于嵩山以南。《庄子·在宥》又说:黄帝"闻广成子在于空同之上,故往见之"。广成所在,《续汉书·郡国志》新城县条下云:"有广成聚。"《魏书·地形志·汝北郡》梁县条曰:"有广城泽。"《水经·汝水注》曰:"汝水又东与广成泽水合,水出狼皋山北泽中。"杨守敬疏云:"在今汝州西北。"顾炎武《天下郡国利

---

① 徐旭生:《中国古史的传说时代》,科学出版社,1960年,第41页。
② 徐旭生:《中国古史的传说时代》,科学出版社,1960年,第43页。

病书》卷五十三引范守己《豫谭》云:"崆峒山在汝、禹二州境……上有广成子庙及崆峒观,下有广成墓及城,即黄帝问道处。"崆峒即空同,汝州即今河南汝州市,禹州即今河南禹州市,二市都在嵩山以南。过去述及黄帝所至空同一地,多认为在今甘肃境内,实际上那是汉代以后的说法,从先秦《庄子》一书把广成子与空同相连来看,古空同当在今河南境内嵩山以南。

以上这些神话传说,我们当然不能当作信史,但是,它的产生应有一定的历史事实作为素材,因此,它多少也能反映出一些历史真相,就是说从这些神话传说中,我们可以窥见古代黄帝族的活动中心,最早当在今河南新郑市境内以及嵩山周围地区。

父系氏族制度是在原始社会生产力较前发展、社会财富成为私有的基础上建立起来的,私有制的产生导致各氏族部落间的掠夺战争不断加剧,从而促进了各氏族部落间的密切接触与融合。史载黄帝族曾与西方的炎帝族"战于阪泉之野。三战,然后得其志"。黄帝族又与东方的蚩尤族"战于涿鹿之野,遂禽杀蚩尤"①。炎帝族又称神农氏,是与黄帝族同源但又早于黄帝族的一个古老氏族。《国语·晋语四》云:"昔少典娶于有蟜氏,生黄帝、炎帝。黄帝以姬水成,炎帝以姜水成。"说明炎、黄二族共同出自少典氏族。《世本·氏姓》云:"炎帝,姜姓。"姜,从羊,从女,说明此族远在母系氏族时期即以羊为自己的图腾。关于该族最早的活动地域,《史记·五帝本纪·正义》引《帝王世纪》云:"神农氏,姜姓也。母曰任姒,有蟜氏女,登为少典妃,游华阳,有神龙首,感生炎帝。人身牛首,长于姜水。"古牛、羊二字形近易讹,牛首或即羊首之误。华阳所在,《史记·秦本纪》曰:昭襄王"三十三年,客卿胡伤(阳)攻魏卷……击芒卯、华阳,破之"。《集解》引司马彪曰:"华阳,亭名,在密县。"《正义》:"《括地志》云:'故华城在郑州管城县南三十里。《国语》云:史伯对郑桓公,虢、郐十邑,华其一也。华阳即此城也。'按:是时韩、赵聚兵于华阳攻秦,即此矣。"1975 年,湖北云梦县睡虎地出土秦简云:"(昭王)三十四年,攻华阳。"整理者注云:"华阳,韩地,今河南新郑北。"新郑、新密二市相邻,杨国勇据此认为炎帝族既与黄帝族同源,华阳又地近新郑古有熊氏之墟,因而炎帝族最早当形成在这里。② 此说是可信的。以

---

① 司马迁:《史记·五帝本纪》,中华书局,1959 年,第 4 页。
② 杨国勇:《黄炎华夏考》,《山西大学学报(哲学社会科学版)》1982 年第 4 期。

后炎帝族逐渐脱离母族西徙进入秦岭山区,并在今华山周围发展壮大起来,而向外逐渐扩大势力范围。炎帝族的一支向西曾到达岐山附近,《水经·渭水注》曰:"岐水又东,径姜氏城南,为姜水。按《世本》:'炎帝,姜姓。'《帝王世纪》曰:'炎帝,神农氏,姜姓。母女登游华阳,感神而生炎帝,长于姜水,是其地也。'"这些当是炎帝族后人留下的传说。该族的另一支则沿丹江进入汉水流域。《后汉书·郡国志·南阳郡》随县下刘昭注引《帝王世纪》曰:"神农氏起列山,谓列山氏,今随厉乡是也。"随即湖北随县,以后该族在今河南南阳盆地建立了一些姜姓方国。当炎帝族主体沿秦岭东下进入伊洛平原地区时,与黄帝族发生了激烈的冲突,黄帝"与炎帝战于阪泉之野。三战,然后得其志"。阪泉所在,诸说不同。今从杨国勇说,当在今河南伊洛河滨。① 经过这场冲突,炎帝族的一部分融合于黄帝族,大部分则散居于豫、陕、晋一带黄河和渭水两岸,形成后来的姜戎部族。

蚩尤可能是东夷族的著名首领,《逸周书·尝麦解》曰:"命蚩尤于宇少昊,以临四方。"《史记·鲁周公世家》曰:"封周公旦于少昊之虚曲阜。"即今山东省曲阜市。《史记·五帝本纪·集解》引《皇览》曰:"蚩尤冢在东平郡寿张县阚乡城中,高七丈。"《汉书·地理志·东郡》寿良县条云:"蚩尤祠在西北涑(原书作涑,从王先谦改)上。"寿良县又称寿张县,即今山东东平县。东平、曲阜二地东西相距百余里,可知蚩尤族最早当活动于古济水以南、泰山以西地区。当黄帝族跨过黄淮平原向东发展时,与蚩尤族就发生了冲突,双方"战于涿鹿之野"。涿鹿所在,《史记·五帝本纪·集解》引服虔曰:"涿鹿,山名,在涿郡。"即今河北涿州市境内。又引张晏曰:"涿鹿在上谷。"即今河北省最北部。按二说均与黄帝、蚩尤二族活动地望无涉。《史记·五帝本纪·正义》引《舆地志》云:"涿鹿本名彭城。"即今江苏省徐州市。此地北距曲阜约三百里,涿鹿之战可能发生在这一地区。徐旭生先生又认为涿鹿可能在今河北南部的巨鹿县境内。② 此也可备一说。总之,通过这些激烈的斗争和长期的融合,于是"诸侯咸尊轩辕为天子",生活于中原地区的许多氏族部落,遂结成以黄帝族为主体的部落联盟,而黄帝则被推举为这个联盟的首领。

---

① 杨国勇:《黄炎华夏考》,《山西大学学报(哲学社会科学版)》1982年第4期。
② 徐旭生:《中国古史的传说时代》,科学出版社,1960年,第95页。

但是,随着经济的发展和人口的增加,黄帝族本身也在不断地扩大,同时也在不断地分化而"裂变"出许多新的氏族。这些新的氏族在脱离母族之后便逐渐采用新的姓氏和名号。正如马克思所说:"当世系按女系推算被按男系推算代替以后……氏族传说史中的任何杰出人物,便成为他的名祖,可以设想,经过长久的时期以后,他同样为其他人物取而代之。如果一个氏族由于(其各部分)在地域上的疏远而分离,那么个别部分就可能采用新的名字,但是名字上的这种变化并不能破坏成为氏族基础的血缘关系……"①摩尔根也说:"当一个氏族由于分处两地而分为两部分时,其一部分很容易取一个新姓氏;但像这样的姓氏变更并不打乱该氏族所依据的亲属关系。"又说:"在我们设想氏族改为以人命名之后的长时期内,其命名的祖先也会改换他人,前一位祖先的事迹逐渐模糊了,消失在迷茫的历史印象中,于是在氏族历史上某位后出的名人便取而代之。"②我国历史上的黄帝族正是经历了这种变化。《国语·晋语四》说:"凡黄帝之子,二十五宗,其得姓者十四人,为十二姓。"《史记·五帝本纪》也云:"黄帝二十五子,其得姓者十四人。"这些新的姓氏实际上应该就是从黄帝族分化出来的一些新氏族,他们从黄帝族分化独立出来以后,或者随着时间的变迁,或者由于分居在新的地域,久而久之,便采用新的姓氏来命名。根据史书记载,在黄帝族的后裔中,以颛顼为首的高阳氏族对后世影响最大,而颛顼氏族以后就发展为夏部族。

《大戴礼记·帝系》云:"黄帝产昌意,昌意产高阳,是为帝颛顼。……颛顼产鲧,鲧产文命,是为禹。"《世本·帝系》云:"黄帝生昌意,昌意生高阳,是为帝颛顼。……颛顼五世而生鲧,鲧生高密,是为禹。"古本《竹书纪年》也云:"黄帝至禹,为世三十。"《史记·夏本纪》又云:"禹之父曰鲧,鲧之父曰帝颛顼,颛顼之父曰昌意,昌意之父曰黄帝。禹者,黄帝之玄孙而帝颛顼之孙也。"对于上述这些资料,只要我们首先剥去封建史家所强加给这些古老氏族之间的帝王家谱式的外壳,就可以看出它实际上反映的是黄帝族在长期的发展过程中,由于"前一位祖先的事迹逐渐模糊了,消失在迷茫的历史印象中,于是在氏族历史上某位后出的名人便取而代之"这样一个历史真相。所以我们无须去争论黄帝至禹

---

① 马克思:《摩尔根〈古代社会〉一书摘要》,人民出版社,1965年,第206页。
② 摩尔根:《古代社会》,杨东莼等译,商务印书馆,1977年,第344页。

之间"为世三十"还是为世二十,颛顼"五世而生鲧"还是二世而生鲧,他们之间根本不存在如后世封建史家所描绘的子孙相传的关系。从社会发展史的角度看,禹应是黄帝族一位"后出的名人",作为新形成的夏部族的祖先而出现于历史舞台之上。

当然,如前所述,"像这样的姓氏变更并不打乱该氏族所依据的亲属关系",夏部族的姓氏、名称虽与以前的黄帝族不同,但他们数典念祖,一直没有忘记黄帝是自己最早的祖先。《国语·鲁语上》曰:"夏后氏禘黄帝而祖颛顼,郊鲧而宗禹。"《礼记·祭法》曰:"夏后氏亦禘黄帝而郊鲧,祖颛顼而宗禹。"这里所谓"禘""郊""祖""宗",都是古代一种祭祖拜神的仪式,其中"禘"祭则"不王不禘,王者禘其祖之所自出,以其祖配之"(《礼记·大传》),是一种专为王者祭祀始祖而设立的祭典,夏后氏禘祭黄帝,足见夏人认定自己出自黄帝族,与古老的黄帝部落有着悠久的血缘关系。

颛顼族作为黄帝族的主要分支,因世袭着黄帝族的故地,也主要活动在新郑或其附近地区。古本《竹书纪年》、《大戴礼记·帝系》和《史记·五帝本纪》都云:"昌意,降居若水。"《吕氏春秋·古乐》曰:"帝颛顼生自若水,实处空桑。"皇甫谧《帝王世纪》又云:"帝颛顼高阳氏,黄帝之孙,昌意之子,姬姓也。母曰景仆,蜀山氏女……生颛顼于若水。"是知夏人远祖昌意与颛顼均曾生活在若水流域。若水所在,《史记·五帝本纪·索隐》以为在蜀地,即今四川雅砻江。近人或以为即今汝水。① 我们认为古若水当即今河南的洧水。又甲骨文"右"与"有""又"字无别,罗振玉《增订殷虚书契考释》释右云:"卜辞中左右之右,福祐之祐,有亡之有皆同字。"王襄《簠室殷契类纂》也曾云:"古又字,与右、有、侑并通。"此说甚是,甲骨文此例甚多,兹不赘述。甲骨文所记无若水,但有洧水,此字甲骨文写作,如卜辞云:"贞,𣲘不其……"(《库》641),"丁卯……𣲘其……"(《续》6·13·9)。此字从水,又声,实际应当就是古洧水②。有与右古既同字,是洧水也当即若水。《楚辞·离骚》云:"夕归次于穷石兮,朝濯发乎洧盘。"王逸注:"洧盘,水名。《禹大传》曰:洧盘之水,出崦嵫之山。"《山海经·西山经》云:"崦嵫之山……苕水出焉。"郭璞注:"苕或作若。《禹大传》曰:洧盘之

---

① 田昌五:《夏文化探索》,《文物》1981年第5期。
② 丁山:《甲骨文所见氏族及其制度》,科学出版社,1956年,第66页。

水,出崦嵫山。"《淮南子·地形训》云:"弱水出自穷石。"闻一多云:"按若水即弱水,据此似洧盘之水即弱水。"①洧盘之水或即洧水,既称弱水也即若水,二者虽异名而实为一水。若水出自穷石,又出自崦嵫之山,可见崦嵫山即穷石山。穷石所在,诸说各异。王隐《晋书地道记》云:"河南有穷谷,盖本有穷氏所迁也。"西晋时,河南郡即今以洛阳为中心,东至登封、新密地区一带,文献记载的古代洧水也发源在这里。洧水所在,《诗风·郑风·溱洧》云:"溱与洧,方涣涣兮。"郑玄笺:"溱、洧,郑两水名。"《汉书·地理志·颍川郡》阳城条班固自注:"阳城山,洧水所出,东南至长平入颍。"《水经》曰:"洧水出河南密县西南马领山,东南过其县南,又东过郑县南。"郦道元注:"亦言出颍川阳城山,山在阳城县之东北,盖马领之统目焉。……洧水又东径新郑县故城中……皇甫士安《帝王世纪》云:'或言县故有熊氏之墟,黄帝之所都也'。"阳城即今河南登封市告成镇,新郑即今河南新郑市,洧水现称双洎河,发源于新密市西南、新郑市西北的山区,东流经今新郑市境,又东入于颍水。洧与若二字同源,洧水与若水应是一水而异名。因此昌意、颛顼所居若水实即新郑市和新密市之间的洧水沿岸,这里正是相传的黄帝族的故墟。如视若水为千里以外的四川雅砻江,从各方面讲都是不大可能的。

随着时间的推移,颛顼族也发展出若干支族。其中一支沿洧水东下到达今豫东平原的虞城县和周口市淮阳区境。《左传·昭公八年》曰:"陈,颛顼之族也。"春秋时期的《陈侯因𬯀敦铭》云:"其惟因𬯀扬皇考,绍緟高祖黄帝。"《国语·鲁语上》云:"有虞氏禘黄帝而祖颛顼,郊尧而宗舜。"古陈国在今河南周口市淮阳区,古有虞氏在今河南虞城县,二地相近。他们都自认为是黄帝和颛顼族的后裔,但有虞氏也认尧和舜为直系祖先,由此说明他们不是夏族的一支,因为他们是妫姓,不是姒姓,但可说明他们与夏人同源,或者有密切的亲缘关系。颛顼族的另一支沿着古黄河南岸东达今濮阳市境。《水经·瓠子河注》云:"河水旧东决,径濮阳城东北,故卫也,帝颛顼之虚。昔颛顼自穷桑徙此,号曰商丘,或谓之帝丘。""颛顼之虚"可能就是古颛顼族的一支留下的遗迹。

但是,颛顼族的主要一支夏部族,仍然留居于嵩山地区,并且在这里发展壮大起来。《国语·周语上》云:"昔夏之兴也,融降于崇山。"韦昭注:"崇,崇高山

---

① 闻一多:《天问疏证》,生活·读书·新知三联书店,1980年,第60页。

也。夏居阳城,崇高所近。"《太平御览·地部四》嵩山条又引韦昭注云:"崇、嵩字古通用,夏都阳城,嵩山在焉。"崇山古称外方山,后称嵩山,属于秦岭支脉,位于今河南西部的登封市、新密市和伊川县之间,西接熊耳山脉,东临豫东平原,北近伊洛盆地,南对颍汝河谷,主峰在登封市北,古称太室,又称中岳,我国古代夏部族就兴起在此山周围。夏部族的祖先鲧和禹,史书又称"崇伯鲧"和"崇禹",这说明他们曾是崇山即嵩山地区的部族酋长,他们所在的部族当然也是居住于崇山即嵩山地区的主人。因此,在嵩山周围流传着许多夏族祖先鲧和禹等人的神话和传说。《左传·昭公七年》曰:"昔尧殛鲧于羽山,其神化为黄熊,以入于羽渊。实为夏郊,三代祀之。"《楚辞·天问》云:"阻穷西征,岩何越焉？化为黄熊,巫何活焉？"王逸注:"言尧放鲧羽山,西行度越岑岩之险,因坠死也。"鲧化为黄熊所在,《山海经·中山经》云:"茋山之首……又东十里,曰青要之山……南望墠渚,禹父之所化。"毕沅《集解》云:青要山,"在今河南新安县西北二十里"。《水经注》又称作疆山。《水经·伊水注》又云:"(涓水)又东南,左会北水,乱流左合禅渚水。水上承陆浑县东禅渚,渚在原上,陂方十里,佳饶鱼苇,即《山海经》所谓'南望禅渚,禹父之所化'。郭景纯注云:'……鲧化羽渊,而复在此,然已变怪,亦无往而不化矣。'"陆浑县即今河南嵩县北陆浑镇,是知鲧化黄熊的神话就发生在嵩山以西一带。《随巢子》云:禹"治洪水,通轘辕山,化为熊"。轘辕山位于嵩山北麓,《大清一统志·河南府·山川》引《旧志》云:轘辕"山在偃师县东南五十五里,巩县西南七十里,登封县西北二十八里,当太室之西,少室之北,一名崿岭"。值得注意的是这些资料都提到鲧、禹化为黄熊的神话,自魏晋以来有些学者以为"熊"当为"能"字之误,"能"是一种三足鳖类的水族动物。然而这种修订未必正确,因为先秦诸书都记为黄熊,而且这种神话正和原始社会关于人死以后其灵魂回归于图腾的观念相符合,它表明夏部族到鲧和禹的时代可能还保留着崇拜黄帝族熊图腾的残余习俗。《山海经·中次七经》云:"苦山之首,曰休与之山。……又东三十里,曰泰室之山……上多美石。"郭璞注:"即中岳嵩高山也……启母化为石而生启在此山。"《汉书·武帝纪》云:"元封元年……'至于中岳,获驳麃,见夏后启母石。'"颜师古注引:"应劭曰:'启生而母化为石。'文颖曰:'在嵩高山下。'"启母在此化石的神话,到汉代仍广为流传,所谓启母石至今犹存于嵩山南麓,汉代特在此建启母庙以作纪念,其庙门石阙已成为该地区重要的文物古迹。《穆天子传》云:"丙辰,天子南游于黄□室之丘,以观夏后启之所居,乃□于启室。"黄台所在,《水经·洧水注》云:"洧水又东南,赤涧水注之。水出武定冈,东南流径皇台冈下。"丁山先生以为古黄、皇相通,"意者洧、黄之间,即夏后启故居"①。其地在今新密市境内,西距嵩山仅数十里。

上述这些神话故事,应是处于原始社会时期的夏部族关于自己祖先的一些口头传说,这些口头传说发生在嵩山及其周围,说明这里正是夏部族最早活动的中心区域。

总之,夏部族原是古老的黄帝族的后裔,到了鲧和禹的时期,在今嵩山地区逐渐发展成为一个强大的部族,姓姒氏。后来南迁至夏地,因居夏地而冠以夏名,成为我国历史上著名的夏部族。

(原载《炎黄汇典·文论卷》,吉林文史出版社 2002 年出版)

---

① 丁山:《由三代都邑论其民族文化》,《历史语言研究所集刊》第五本第一分册。

略论五帝时代

根据文献记载，我国古代历史上曾经存在着一个五帝时代，《周礼·春官》：外史"掌三皇、五帝之书"，《孔子家语》引孔子云"五帝用说""五帝用记"就是指的这样一个时代。"五帝"所指何人？文献记载略有不同，一说为少皞、颛顼、帝喾、尧、舜，《尚书序》："少昊、颛顼、高辛、唐、虞之书，谓之《五典》。"《帝王世纪》也云："少昊、高阳、高辛、唐、虞为五帝。"又释云："少昊帝名挚，号曰金天氏"，"帝颛顼高阳氏"，"帝喾高辛氏"，"帝尧陶唐氏"，"帝舜即有虞氏"。二说为太昊、炎帝、黄帝、少昊、颛顼，《周礼·春官·小宗伯》："兆五帝于四郊。"郑玄注此五帝即指太昊、炎帝、黄帝、少昊、颛顼。《礼记·月令》：季秋之月"是月也，大飨帝"。郑玄注："大飨者，遍祭五帝也。"也是指此五帝。三说为包牺、神农、黄帝、尧、舜，《易·系辞下》云："包牺氏没，神农氏作……神农氏没，黄帝、尧、舜氏作，通其变，使民不倦。"即指此五帝。四说为黄帝、颛顼、喾、尧、舜，此说最早可能出自《国语》，《国语·鲁语上》："黄帝能成命百物，以明民共财，颛顼能修之；帝喾能序三辰以固民；尧能单均刑法以仪民；舜勤民事而野死……故有虞氏禘黄帝而祖颛顼，郊尧而宗舜。"韦昭注："有虞氏出自黄帝、颛顼之后，故禘黄帝而祖颛顼，舜受禅于尧，故郊尧。《礼·祭法》'有虞氏郊喾而宗尧'，与此异者，舜在时则宗尧，舜崩而子孙宗舜，故郊尧也。"此"五帝"之说被后世《大戴礼记》《世本》与《史记·五帝本纪》所继承，《大戴礼记·五帝德》记孔子弟子宰我问五帝德政云："请问黄帝……请问帝颛顼……请问帝喾……请问帝尧……请问帝舜。"秦嘉谟辑补《世本》卷二云："黄帝、颛顼、帝喾、唐尧、虞舜为五帝。"《史记·五帝本纪》："太史公曰：学者多称五帝，尚矣！……孔子所传宰予（郑按："宰予字子我"，见《史记·仲尼弟子列传》，"宰我"即"宰予"）问《五帝德》及《帝系姓》，儒者或不传……予观《春秋》《国语》，其发明《五帝德》《帝系姓》章矣！……余并论次，择其言尤雅者，故著为本纪书首。"《史记·太史公自序》：

"维昔黄帝,法天则地,四圣遵序,各成法度……作《五帝本纪》第一。"《集解》引徐广曰:"四圣:颛顼、帝喾、尧、舜。"张守节《史记·五帝本纪·正义》也云:"太史公依《世本》《大戴礼》,以黄帝、颛顼、帝喾、唐尧、虞舜为五帝。"当前学术界多认同此说,本文也信从此说。

以"五帝"命名的五帝时代的出现,是当时已经进入父系社会的标志,正如摩尔根所说:"古老的氏族姓氏很可能取自动物或无生物,当世系改由男性下传之后,就改用人名作为姓氏了。在氏族史上著名的某人即成为该氏族以之命名的祖先。"①马克思也明确指出:"当世系按女系推算被按男系推算代替以后,极可能是由动物名称借来的氏族名称,就让位于个人的名字了。氏族传说史中的任何杰出人物,便成为他的名祖。"②以黄帝为首的五帝都是各自所在族群的族名。《淮南子·齐俗训》:"帝颛顼之法,妇人不辟(避)男子于路者,拂(放)之于四达之衢。"说明当时已进入典型的父系社会阶段。至于这个时期的社会组织状况,前人众说纷纭,莫衷一是。最早注意这个问题的是摩尔根,他在《古代社会》一书论述美洲印第安人社会组织时,指出印第安人的氏族制度经历了氏族、胞族、部落和部落联盟四个发展阶段:"一开始是氏族,到末了是部落联盟,部落联盟是他们政府制度所达到的最高水平。"但是这种联盟"距离文明的开端还隔着整整一个文化期",而这个文化期则存在于希腊和罗马的古代社会之中,他认为古希腊和罗马的部落在进入文明时代之前,曾发展为"在一个共同领域内,联合诸部落而形成一个氏族社会的集团……这种联合是比联盟更为高级的一个步骤"③;这种部落联合又称作"部落合并"。他强调指出:"在氏族社会中,合并过程的产生晚于联盟;但这是一个必须经历的、极关紧要的历史阶段,通过这个阶段,才能最后形成民族、国家和政治社会"④。马克思肯定了摩尔根这一论点,他把"部落合并"称为"部落融合",认为"部落的融合(是)比联盟更高级的发展形态"⑤。20世纪60年代,人类学家埃尔曼·塞维斯提出这个阶段的社会

---

① 摩尔根:《古代社会》,杨东莼等译,商务印书馆,1977年,第291页。
② 马克思:《摩尔根〈古代社会〉一书摘要》,人民出版社,1965年,第206页。
③ 摩尔根:《古代社会》,杨东莼等译,商务印书馆,1977年,第65页。
④ 摩尔根:《古代社会》,杨东莼等译,商务印书馆,1977年,第132页。
⑤ 马克思:《摩尔根〈古代社会〉一书摘要》,人民出版社,1965年,第76页。

组织应当称为"酋邦"①。20世纪80年代,前辈学者苏秉琦先生在古代文明起源问题上提出了"古文化、古城、古国"三历程说,这里所说的"古国",是"指高于部落以上的、稳定的、独立的政治实体",是"早期城邦式的原始国家"②。我们认为这个时期的社会组织应当称为"部族"或"部族方国"比较恰当。首先,"部族"一词早已见于文献记载,是我国古代沿用已久的社会组织名称;再次,文献记载各个部族的社会形态正处于原始社会的末期阶段。《旧五代史·外国列传》和《新五代史·四夷附录》所记当时的契丹、吐谷浑、党项、突厥、氐、羌等族的社会组织均称作部族,《旧五代史·冯晖传》:"党项拓拔彦昭者,州界部族之大者,晖至来谒,厚加待遇。"《新五代史·冯晖传》云:冯晖于晋天福中"拜义成军节度使,徙镇灵武……青冈、土桥之间,氐、羌剽掠道路,商旅行,必以兵。晖始至,则推以恩信,部族怀惠,止息侵夺"。《四夷附录》记契丹族又云:契丹"其部族之大者曰大贺氏,后分为八部……部之长,号'大人',而常推一'大人'建旗、鼓,以统八部。至其岁久,或其'国'有灾疾而畜牧衰,则八部聚议,以旗、鼓立其次而代之。被代者以为约,本如此,不敢争。某部'大人'遥辇次立,时刘仁恭据有幽州,数出兵摘星岭攻之……八部之人以为遥辇不任事,选于其众,以阿保机代之"。由此可见,这些部族的社会状况,正处于原始社会末期的军事民主制阶段。另外,部族一词还比较确切地反映出当时的人们主要是以血缘、亲族关系为基础聚族而居的,《辽史·营卫志·部族》:"部落曰部,氏族曰族,契丹故俗,分地而居,合族而处。……《旧志》曰:契丹之初,草居野次,靡有定所,至涅里始制部族,各有分地。"这种以血缘、亲族为纽带聚族而居的共同体,是我国整个原始社会时期社会组织的显著特征之一。总之,原始社会自进入氏族制以后,大致经历了氏族、胞族、部落、部落联盟和部族五个发展阶段,由部族而进入文明时代的门槛。部族社会组织是由部落联盟向着国家政权转变的"必须经历的、极关紧要的历史阶段",我国历史上的五帝时代应是处于这样一个部族社会组织阶段。

---

① 张光直:《从夏商周三代考古论三代关系与中国古代国家的形成》引,《屈万里先生七秩荣庆论文集》,联经出版事业公司,1978年。

② 苏秉琦:《中国文明起源新探·三部曲与三模式》,生活·读书·新知三联书店,1999年,第119页。

《列子·杨朱》云:"三皇之事,若存若亡;五帝之事,若觉若梦;三王之事,或隐或显。"可知五帝时代正处于远古三皇之后,近古夏、商、周王朝建立之前,即由原始社会向以建立国家政权为标志的文明社会过渡的时代。这是一个社会大变革的时代,变革的内容就是新旧社会的交替,它充满着先进和落后、前进和倒退、统一和分裂的尖锐而复杂的斗争,斗争的最高形式就是战争,频繁的进攻和防御战争造就出众多的英雄人物,因此这个时代又被西方学者称为"英雄时代";当然,这些英雄人物作为军事首领,还得通过部落联盟或部族议事会的选举认可,因此又称之为"军事民主制"时代。以五帝为代表的部族首领,适应社会形势发展的需要,率领广大部族群众艰苦奋斗,开拓创新,努力推动着这次变革,从而促进我国古代原始社会及时进入文明时代。关于五帝时代的史料,文献记载甚多,这里择其要者略述以下几点:

一、维护统一局面,安定社会秩序。《国语·晋语》:"昔少典娶于有蟜氏,生黄帝、炎帝。"韦昭注引"贾侍中云:少典,黄帝、炎帝之先"。是知黄帝与炎帝同祖,原是由古老的少典氏族发展分化而来的两个部族。《史记·五帝本纪》:"黄帝者,少典之子,姓公孙,名曰轩辕。"《集解》:"谯周曰:'有熊国君,少典之子也。'皇甫谧曰:'有熊,今河南新郑是也。'"以黄帝命名的黄帝部族出自以动物图腾命名的有熊氏族,以后就在今河南新郑地区发展壮大起来。《史记·五帝本纪》又云:"轩辕之时,神农氏世衰,诸侯相侵伐,暴虐百姓,而神农氏弗能征。于是轩辕乃习用干戈,以征不享,诸侯咸来宾从。而蚩尤最为暴,莫能伐。炎帝欲侵陵诸侯,诸侯咸归轩辕。轩辕乃修德振兵,治五气,蓺五种,抚万民,度四方,教熊、罴、貔、貅、䝙、虎,以与炎帝战于阪泉之野。三战,然后得其志。蚩尤作乱,不用帝命。于是黄帝乃征师诸侯,与蚩尤战于涿鹿之野,遂禽杀蚩尤。而诸侯咸尊轩辕为天子,代神农氏,是为黄帝。天下有不顺者,黄帝从而征之,平者去之。披山通道,未尝宁居。"意即当轩辕黄帝成为本族首领之时,统领各族事务的神农氏族日益衰败,于是多族首领为争权夺利互相攻伐,各族"百姓"也备受其害(郑按:"百姓"一词,古文献多记为氏族首领或骨干,这里"百姓"与"诸侯"相对,释为氏族成员为妥),神农族首领对此却无力制止。值此混乱之际,轩辕乃挺身而出,动用武力,征服侵扰别族的氏族,受害氏族的首领敬从轩辕,深表感激。但东方的蚩尤族仍以暴力横行于世,炎帝族也继续恃强凌弱,受害的各族首领都来归附轩辕,望求庇护,共同御敌。轩辕乃不负重望,提高道德修养,加强武装力量;根据气候变化,种好五谷杂粮;安抚广大群众,恩及四面八方。轩辕率领以熊、罴、貔、貅、䝙、虎为旗帜的军队与炎帝族战于阪泉一地,经过反复战斗,终于取得胜利;接着又率领前来归附的各族武装,与施暴作乱的蚩尤族战于涿鹿一地,战胜并擒杀了蚩尤首领,暴乱暂告平息。这时的轩辕可说是众望所归,他被推举为各族共同首领,取代神农氏,从此成为统领各族事务的黄帝。但对于仍然称雄一方不愿归顺的少数部落首领,黄帝继续讨伐,直到他们愿意归顺为止;另一方面他又开山修路,发展交通,不曾安居一地,辛勤巡视四方,以加强各部落之间的联系。炎、黄二族本即同源,炎帝族战败之后即融合于黄帝族,继续经营着中原大地。东方蚩尤族战败之后,其族众归附于黄帝族,并受到黄帝的重用,《韩非子·十过》云:"昔者,黄帝合鬼神于西泰山之上……蚩尤居前,风伯进扫,雨师洒道",负责护卫黄帝的安危。黄帝以后,帝颛顼等又继续经略北方和南方,《淮南子·天文训》:"昔者,共工与颛顼争为帝。"同书《兵略训》又云:"颛顼尝与共工争矣……共工为水害,故颛顼诛之。"《汉书·地理志·河内郡》共县下班固自注:"故国。"今河南省辉县市境,徐旭生先生以为即古共工氏所在地。①《吕氏春秋·召类》:"尧战于丹水之浦,以服南蛮;舜却苗民,更易其俗。"高诱注:"丹水在南阳。"同书《上德》也云:舜"行德三年,而三苗服"。高诱注:"三苗,远国,在豫章之彭蠡也。"即在今江西省鄱阳湖一带。至帝舜时,为巩固扩大的领域,进一步任贤除害,加强社会事务管理,《史记·五帝本纪》云:"昔高阳氏有才子八人,世得其利,谓之'八恺';高辛氏有才子八人,世谓之'八元'。此十六族者,世济其美,不陨其名。……舜举八恺,使主后土,以揆百事,莫不时序。举八元,使布五教于四方,父义,母慈,兄友,弟恭,子孝,内平外成。昔帝鸿氏有不才子,掩义隐贼,好行凶慝……少皞氏有不才子,毁信恶忠,崇饰恶言……颛顼氏有不才子,不可教训,不知话言……此三族世忧之。……缙云氏有不才子,贪于饮食,冒于货贿……天下恶之,比之三凶。舜宾于四门,乃流四凶族,迁于四裔,以御魑魅,于是四门辟,言毋凶人也。"意即昔时高阳氏部族的后裔有八位贤明的氏族首领,常为群众谋利,被人们赞扬为八位"和乐"楷模;高辛氏部族的后裔也有八位贤明的氏族首领,被群众誉为八位"良善"之人。这十六位氏族首领,传承美好族风,不败族名,舜于是重用号称"八

---

① 徐旭生:《中国古史的传说时代》,文物出版社,1985年,第48页。

恺"的氏族首领,令其管理土地,处理各种事务,结果都办得有条有理,有秩有序。舜又重用号称"八元"的氏族首领,令其在各地传布伦理道德,使其父讲道义,母亲慈爱,兄长友爱,弟弟恭敬,子女孝顺,结果到处都是内部和谐、外人为之向往的社会风气。但是帝鸿氏部族的后裔有些不道德的子弟,他们掩盖道义,包庇奸贼,逞凶积恶,群众称他们为"浑沌",即野蛮无理。少昊氏部族也有些不善子弟,他们毁坏信义,仇恨忠直,花言巧语,颠倒是非,群众称他们为"穷奇",即言行怪僻。颛顼氏部族也有些不良子弟,他们顽固不化,无法教育,群众称他们为"梼杌",即愚昧无理。缙云氏部族后裔也有些不道德子弟,他们喜欢吃喝玩乐,贪财求利,群众称他们为"饕餮",即贪婪至极。这些无德无义的四个凶恶族群,受到社会的厌恶唾弃。执政的帝舜于是打开四面城门,将其流放于边远地区,令其抵御野兽侵袭。广大群众为之拍手称快,认为再无行凶作恶之人了,从而维护了统一局面,稳定了社会秩序。

二、克服自然灾害,安定群众生活。文献记载在五帝时代的尧舜时期,中国大地曾发生严重的水灾,《尚书·尧典》云:"帝(尧)曰:'咨!四岳,汤汤洪水方割,荡荡怀山襄陵,浩浩滔天。下民其咨,有能俾乂?'佥曰:'於!鲧哉。'……帝曰:'往!钦哉。'九载,绩用弗成。"意即尧对部落首领四岳说:"唉!现今洪水波涛汹涌,泛滥各地,包围高山,淹没丘陵,人民痛苦不堪,谁能去治理水灾呢?"四岳认为夏部落首领鲧治水比较合适。尧听从四岳建议,对鲧说:"你去全力以赴治理洪水吧。"但鲧治理洪水九年,未能成功。《孟子·滕文公上》云:"当尧之时,天下犹未平,洪水横流,泛滥于天下,草木畅茂,禽兽繁殖,五谷不登,禽兽逼人。……尧独忧之,举舜而敷治焉。……(舜使)禹疏九河,瀹济、漯而注诸海,决汝、汉,排淮、泗而注之江,然后中国可得而食也。当是时也,禹八年于外,三过其门而不入。"《史记·夏本纪》又云:"于是舜举鲧子禹,而使续鲧之业。……禹乃遂与益、后稷奉帝命,命诸侯百姓兴人徒以傅土,行山表木,定高山大川。禹伤先人父鲧功之不成受诛,乃劳身焦思,居外十三年,过家门不敢入。薄衣食,致孝于鬼神。卑宫室,致费于沟淢。……左准绳,右规矩,载四时,以开九州,通九道,陂九泽,度九山……于是九州攸同,四奥既居,九山刊旅,九川涤原,九泽既陂,四海会同,六府甚修,众土交正,致慎财富,咸则三壤成赋……天下于是太平治。"意即舜又推举鲧的儿子禹继承鲧的治水事业,禹乃与益和后稷三人遵从首领命令,发动各部落首领、群众充当民工,掘土治水,登山勘察,刻木标记,测定高山、大河的位置。禹伤感于父鲧治水失败受到惩罚,乃总结经验,吸取教训,深思熟虑,身体力行,奔走四方,全力治水;十余年来,虽几次路过家门,皆不愿回家稍事休息。他节衣缩食,将美好食品用来祭祀祖先神灵;住房简陋,将建筑材料用于维护水道沟减。他外出工作时,总是携带着测量水平的绳子、规划方圆的方尺和圆规,还带着测定四季变化的仪器。终于使各地统一,疏浚了各地的河道,修筑起湖泊的堤防,测度出各地的山岭高低。于是各地的经济、文化初步统一,边境的居民得以安居,各地的山岭得到开发,各地的大河得到疏通治理,各地的湖泊也有了围堤。既已统一,各地的生产、生活资料可互相交流,各地土地共同划了等级,可以据此慎重征收租税,以划定的土地三个等级为标准,把赋税上交于尧舜所在的中心地区。总之,禹治理洪水成功,安定了群众生活,整个社会得到妥善治理。

三、革新各项制度,推动社会发展。《商君书·画策》云:"神农之世,男耕而食,妇织而衣,刑政不用而治,甲兵不起而王。神农既没,以强胜弱,以众暴寡。故黄帝作为君臣上下之义,父子兄弟之礼,夫妇妃匹之合,内行刀锯,外用甲兵,故时变也。"可知我国古代社会进入五帝时代,随着生产力的发展,私有制的形成,原始的氏族社会制度正在发生深刻的变革,以黄帝为代表的五帝适应这种变革的需要,制定出多项新的制度以稳定秩序。《史记·五帝本纪》云:黄帝"以师兵为营卫,官名皆以云命,为云师。置左右大监,监于万国。万国和,而鬼神山川封禅与为多焉。……举风后、力牧、常先、大鸿以治民。顺天地之纪,幽明之占,死生之说,存亡之难。时播百谷草木,淳化鸟兽虫蛾,旁罗日月星辰水波土石金玉,劳勤心力耳目,节用水火材物。有土德之瑞,故号黄帝"。意即作为部族首领的黄帝,开始建立起亲兵卫队,以保卫安全并加强自己的实力,他设立各种官职,用四季云气变化名称来命名,军队也称作云师。他设置左、右两个监察机构,以监督各部落首领是否有违规行为。各部落和谐相处,他就经常祭祀各地山川神灵以安定群众心理。他派遣风后、力牧、常先、大鸿四人负责处理民间事宜。他顺应四时季节的变化,探讨阴阳运行的规律,了解养生送死的制度,考察权力存亡的道理。他努力发展经济,按季节播种农业作物,驯养鸟兽家畜,并观察日月星辰的变化,研究水流、土石、金玉的性能,劳心劳力,增加财富;勤俭节约,避免浪费。他是中华大地上养育出来的一位杰出领袖,被群众尊称为黄帝。《国语·鲁语上》:"黄帝能成命百物,以明民共财,颛顼能修之。"作为黄帝族的后裔,颛顼在黄帝发展经济、革新制度的基础上,适应社会发展需要,对意识形态进行了重大改革。《国语·楚语下》:"及少皞之衰也,九黎乱德,民神杂糅,不可方物。夫人(韦昭注:夫人即人人)作享,家为巫史。……颛顼受之,乃命南正重司天以属神,命火正黎司地以属民,使复旧常,无相侵渎。是谓绝地天通。"意即在颛顼以前,全社会人人都可为巫,都有资格通达上天神灵,都可借传达神的旨意宣传自己的意愿。但是现实的人际之间,随着私有制的产生,贫富已有差别,社会地位分了等级,因此人们之间的意愿也必然互相矛盾,彼此冲突,从而在整个社会思想领域造成混乱,难辨是非。为此,颛顼从维护部族统治集团利益出发,规定只有名叫作"重"的巫师或者颛顼本人才有资格通达上天神灵,下传神灵旨意;又规定只有名字叫作"黎"的巫者或者颛顼本人才能祭拜地神,表达民意。他声称这是以往常规,不可互相侵袭,从而断绝了人人都能传播天地神灵旨意的权利。颛顼的这个改革,实质上就是要把以他为代表的部族统治集团的思想,变成全社会的统一思想,它符合当时所形成的以私有制为主体的经济基础的需要,符合建立在等级和阶级关系基础上的社会新秩序和人们意识形态的统一稳定的需要,应是客观上有利于当时社会进步的举措。形势发展到尧的时期,随着社会的稳定,制定新的历法以发展以农业为主的经济。《尚书·尧典》云:尧"乃命羲和,钦若昊天,历象日月星辰,敬授人时……帝曰:'咨!汝羲暨和,期三百有六旬有六日,以闰月定四时,成岁,允厘百工,庶绩咸熙。'"意即尧乃派遣世代祭祀天地神灵的重、黎部落后裔羲、和二人,恭敬上天神灵,根据上天日月星辰运行变化,制定出正确的节气历法,传授给人民群众,按照季节时令从事农业生产。经过实践证明准确无误之后,尧又教导羲与和说:望你们以三百六十六日为一周期,每三年再置一闰月,以推定春夏秋冬四季成一周岁,并据此规定百官的职责,使其都能做出好的成绩。帝尧禅让与舜之后,舜又进一步加强了制度的建设。《史记·五帝本纪》云:舜命"皋陶为大理,平,民各伏得其实;伯夷主礼,上下咸让;垂主工师,百工致功;益主虞,山泽辟;弃主稷,百谷时茂;契主司徒,百姓亲和;龙主宾客,远人至;十二牧行而九州莫敢辟违;惟禹之功为大,披九山,通九泽,决九河,定九州,各以其职来贡,不失厥宜"。意即舜任命皋陶负责刑法,他审判公平,人们钦佩;任命伯夷主管礼仪,人们互相谦让,上下有序;垂主管工程,工匠们都作出了成绩;益管理山泽,山岭水泽都得到开辟;弃主管农业,庄稼生长茂盛,丰收可期;契主管教化,人们和睦相处,相亲相爱;龙主外事,宾至如归;十二州的地方长官尽职尽责,各个地区没有人敢于违抗逃避。当然禹治水的功劳最大,各地的山泽河流都得到治理,划定九州边界,各州官员用本地特产缴纳贡赋。另外,舜还对他们"三岁一考功,三考绌陟"。意即每三年考察一次他们的成绩,根据三次考察成绩对他们贬降或提级,从而使整个部族议事会成为分管各种社会事务的中央权力机构。《史记·五帝本纪》又云:舜"肇十有二州",即打破以血缘关系为基础的部落住区,开始建立以地缘关系为基础的十二个行政区域,其行政区划首长称为"牧",直接执行舜的命令,从而加强了以舜为首领的中央机构权力。

综上所述,可知以黄帝为首的五帝,率领广大部族群众,克服自然灾害,努力发展经济,在经济基础、上层建筑和意识形态领域进行了一系列重大改革,为我国以相对统一的中央王权为特征的新型国家政权夏王朝的建立奠定了牢固的基础;这是一个继往开来的社会大变革时代,也是一个值得我们后人努力传承的开拓创新的时代。

(原载《华夏文明》2020 年第 2 期)

中原地区从古国到王国的演进概论

"古国"一词是前辈学者苏秉琦先生提出的史学概念,其文化内涵是指"高于部落以上的、稳定的、独立的政治实体"①,这种"政治实体"戴向明先生又称为"雏形国家"②,它是人类历史从原始社会步入文明时代的重要的过渡阶段。这个历史阶段早已引起学术界的重视,并提出各种名称对此加以概括。摩尔根将其称为"部落联合"阶段,马克思称为"部落融合"阶段,塞维斯称为"酋邦"阶段,苏秉琦先生称为"古国时代"。笔者认为,根据中国文献记载的传统称呼,应称为"部族"或"部族方国"阶段。③

恩格斯说:"国家是文明社会的概括"④,意即国家政权的出现是人类进入文明时代的主要标志。在我国具体历史条件下,从部族方国进入文明时代的标志就是夏王朝的建立。夏王朝是我国历史上出现的第一个具有中央王权性质的国家政权。它的建立,标志着我国若干万年的原始社会至此结束,数千年的文明时代自此开始,这是我国社会发展史上的一个转折点。夏王朝所创造的夏文化主体,就是现今学术界所称的二里头文化,其中作为王都的二里头遗址以其规模之大,文化内涵之丰富,在迄今发现的早于二里头文化的所有文化遗存中是前所未有的,在同时期的所有二里头文化遗存中也是独一无二的。王都是国家政权的重要载体,二里头遗址的发现,充分体现着我国历史上的部族方国时代至此结束,夏王朝作为我国历史上第一个中央王权性质的国家政权正式出现。

夏王朝具有建立在农业经济基础之上的、世袭制的、政权和族权牢固结合

---

① 苏秉琦:《中国文明起源新探》,生活·读书·新知三联书店,1999 年,第 131、138 页。
② 戴向明:《中国史前社会的阶段性变化及早期国家的形成》,《考古学报》2020 年第 3 期。
③ 郑杰祥:《略论五帝时代》,《华夏文明》2020 年第 2 期。
④ 马克思、恩格斯:《马克思恩格斯选集》第 4 卷,人民出版社,2004 年,第 176 页。

的、崇尚礼制的、相对统一的中央王权的基本特征,这些基本特征在部族方国时代已经迅速滋生和发展。根据《史记》记载,在夏王朝之前,我国历史中曾存在着黄帝至尧舜禹时代,也可称为以黄帝为首的"五帝时代";从考古学上说,大约相当于中原地区(指狭义的中原地区即今河南地区)仰韶文化晚期和河南龙山文化时期,应当就是我们所称的部族方国时代或五帝时代。当时的中原地区,气候温和,土壤松软而肥沃,极适宜于人们从事农业生产。文献记载与现有的考古资料证明,这里的人们早已从事以农业为主的生产劳动,过着以农业为主的经济生活。《史记·五帝本纪》记载:黄帝任部族首领之时,他在经济上首先率领群众"治五气,蓺五种,抚万民,度四方"。《集解》引郑玄曰:"五种:黍、稷、菽、麦、稻也。"即根据季节气候的变化,种植五谷,规划四方土地以使群众生活安定。尧继任首领之后,继续"数法日月星辰,敬授民时"。《正义》释此说:尧根据季节变化,慎重地教导群众春季种植粟谷,夏季种植黍菽,秋季种植小麦,冬季劳动收获。《史记·夏本纪》记载禹在治理洪水的同时,仍然"卑宫室,致费于沟淢","令益予众庶稻,可种卑湿",即自己的住室修建得十分简陋,把剩余物资用来修筑灌溉庄稼的田间水渠,又令伯益向群众发放稻种,在低洼的田野里种植稻米,发展农业生产。《论语·宪问》也说:"禹、稷躬稼,而有天下。"即二人亲自耕耘农田,种植庄稼,因而被广大群众拥戴为首领。当时的人们重视农业,也被考古资料所证实。考古工作者在中原地区所发现的新石器时代原始文化遗存中,出土的生产工具皆以农业生产工具为主,而且在郑州大河村、洛阳孙旗屯、渑池仰韶村、驻马店杨庄、淅川下集等诸多仰韶文化晚期和龙山文化遗址中,都发现有粟和稻的遗物,①充分说明当时的中原地区原始农业早已成为社会经济的主体。

《史记·五帝本纪》云:"自黄帝至舜禹皆同姓,而异其国号。"说明从黄帝到舜禹,都是源于同一族属,只是以后各自建立了自己的方国政治实体,互相之间有着密切的血缘关系,从而为夏王朝及其以后的历代王朝的世袭制奠定了根基。《五帝本纪》又云:黄帝又"置左右大监,监于万国"。帝舜时也是"众民乃定,万国为治"。《左传·哀公七年》也说:"禹合诸侯于涂山,执玉帛者万国。""万国"言其众多之义,众多方国之中,当也存在着不同血缘关系的政治实体。

---

① 郑杰祥:《新石器文化与夏代文明》,江苏教育出版社,2005年,第134、260页。

古人早已认识到"男女同姓(结婚),其生不蕃"(《左传·僖公二十三年》)的道理,故《五帝本纪》云:黄帝"娶于西陵氏之女"。《正义》:"西陵,国名也。"其子"昌意娶蜀山氏女",其后人"帝喾娶陈锋氏女"等,西陵氏等都应属于与黄帝族不同血缘关系的部族,也都建有自己的方国政治实体。这些众多的部族方国,占据着一方土地,部族方国首领对内作为血缘亲族的族长,管理着同族的民众,对上则类似于后世的地方官员,在一定程度上听从黄帝等首领的差遣,并时而聚会,共商"国事",从而在黄帝所辖范围内形成一个政权与族权相结合的相对统一政体。

随着生产力的发展,社会财富有了越来越多的剩余,这些剩余财富逐渐被氏族、部落和部族各级首领所占有,于是氏族成员之间出现了贫富分化,私有制由此而产生。在当时的历史条件下,贫者卑贱,富者尊贵,整个社会开始分化为贫贱、富贵等不同的群体。为了保护和占有更多的财富,富贵家族采取各种措施让全社会承认这种分化的客观现实,并使之制度化,最终导致礼制的产生。《史记·五帝本纪》记载舜任职首领之时,命"伯夷,以汝为秩宗"。"伯夷主礼,上下咸让"。《集解》引郑玄曰:"主次秩尊卑",《正义》引孔安国云:"秩,序;宗,尊也。"由此可知,伯夷所主管的礼制的实质就是维护等级制度下的平和社会,既要人们遵守客观存在的各阶层富贵、贫贱、有尊有卑的社会秩序,又要求人们下对上要尊敬,上对下要和睦,互相礼让,使社会安定存在下去。

私有制的产生,激起人们的贪欲,一些富贵家族为了维护和扩大既得利益,开始把充分民主的为全民服务的部族会议,逐渐改造成为强权机构,并建立自己的亲兵卫队,对内保卫自身安全,对外掠夺强取。《史记·五帝本纪》记载早在黄帝时代已是"诸侯相侵伐,暴虐百姓",其中"炎帝欲侵陵诸侯",又云"而蚩尤最为暴"。《新唐书·党项传》记载当时处于部族方国阶段的党项族也是"以姓别为部,一姓又分为小部落,大者万骑,小数千,不能相统……而拓跋最强……然好为盗,更相剽夺"。为了保卫自己的安全,于是防卫性环壕、城堡开始产生。《史记·封禅书》云:"黄帝时为五城十二楼。"《事物纪原》引《黄帝内传》云:"帝既杀蚩尤,因之筑城阙。"《世本·作篇》云:"鲧筑城。"《初学记》引《吴越春秋》云:"鲧筑城以卫君,造郭以守民。"《太平御览》卷一九二引《博物志》云:"禹退作三城,强者攻,弱者守,敌者战。"考古资料证明,在仰韶文化和龙山文化时期的中原地区确已开始出现多座城址。中原地区的城址是在环壕聚落的基础上发展起来的,早在裴李岗文化时期,人们已开始在自己的聚落周围挖筑壕沟,以防御水灾与野兽的侵袭,同时,他们逐渐认识到把挖出的土堆积一旁,也可起到防御作用,于是建起了围墙,同时也逐渐质变为以防御外敌侵犯为主的城堡。到仰韶文化中晚期,考古工作者仍在河南的淅川沟湾,洛阳王湾,巩义双槐树、荥阳青台、汪沟、郑州大河村等遗址发现有环壕聚落遗存。① 20世纪90年代,在郑州市西北的西山,发现一座仰韶文化晚期城址,这是迄今在中原地区所发现的时代最早的一座古城。城址呈不规则形,南部已被破坏,城墙坐落在挖有倒梯形的基槽之上,残长260余米,宽3~5米,高1.7~2.5米,墙体采用方块版筑法层层夯打而成。城墙外有壕沟环绕,壕沟以内全城面积3万余平方米。西城墙和北城墙发现有城门,门宽10余米。北城门外侧筑有东西向护门墙,护门墙以南发现有道路通向城内。城内西北部发现一座呈扇面形的大型夯土建筑基址,东西长约14米,南北宽约8米。基址北侧有一座数百平方米的广场,这里应是一处部族首领的住地。城内东南部发现多座陶窑遗址,应是当时的制陶手工业作坊遗迹。城外西郊和北郊发现有当时的墓地。② 20世纪初,在淅川县龙山岗也发现一座仰韶文化晚期的城址。③ 进入河南龙山文化时期,中原地区现已发现了10余座城址,从南而北计有淮阳平粮台、郾城郝家台、平顶山蒲城店、新郑人和寨、登封王城岗、新密古城寨和新砦、温县徐堡、博爱西金城、辉县孟庄、濮阳高城和戚城、安阳后岗和柴库等城堡遗址。④ 这些城址继承了仰韶文化时期的筑城技术,多是先挖基槽,在奠实基槽之上层层夯筑高起的城墙。城址周围发现有同一时期的各类遗址,形成该城的中心区位。城址多呈方形,城墙开有城门,墙外挖有城壕,壕间留有通道,便于人们出入。城内发现有大小不同的房基、窖藏灰坑、墓葬及各类遗物等。以登封王城岗城址为例:该城位于嵩山南麓、颍河以北,东侧有一条穿过嵩山的南北大道,直达豫南地区。

---

① 张国硕:《中原地区早期城市综合研究》,科学出版社,2018年,第44页。
② 国家文物局考古领队培训班:《郑州西山仰韶时代城址的发掘》,《文物》1999年第7期;张玉石:《郑州西山遗址发掘的主要收获》,河南省文物考古学会:《河南文物考古论集》,河南人民出版社,1996年,第24~27页。
③ 梁法伟:《河南淅川龙山岗仰韶时代晚期城址发掘收获》,《中国文物报》2013年3月29日第8版。
④ 张国硕:《中原地区早期城市综合研究》,科学出版社,2018年,第15~16页。

考古工作者首先在这里发现一座面积约 1 万平方米的小城,其后又在小城周围发现一座面积约 34 万平方米的大城,两城略有早晚,但皆属于龙山文化晚期,这是中原地区迄今所发现的最大一座龙山文化城址。城址呈长方形,其中小城建筑是先挖倒梯形基槽,在基槽之上层层夯筑建起城墙;大城则是平地起建,即在生土之上或遇有文化层则在挖去熟土之后层层夯筑建起墙体。城外挖有城壕,只是南面和东面为自然河流颍河与五渡河所代替。小城内中西部发现有夯土建筑基址,基址下面发现埋有人骨的奠基坑,显然是一处部族首领的居地。居地周围发现有众多灰坑,有些灰坑可能是一般平民的居住房基。城址内出土有陶器、骨器、蚌器、玉器与残铜片等,[①]玉器、铜器应是部族首领使用的礼器。淮阳平粮台城址是中原地区迄今所发现的一座最为规整的龙山文化城址,该城位于黄淮平原之上,面积约 5 万平方米。平面呈正方形,北偏东 6°,该城址首先用褐色土夯筑墙壁,然后在墙壁外侧堆土,层层夯筑成宽厚的城墙,墙外有壕沟。南北城墙中段开有城门,南门两侧筑有用土坯砌成的门卫房,门前道路下面埋有陶制的排水管道,这些都是以前未发现的创新性设施。城内东侧南部发现有房基,其中 F4 号房基是一座用土坯砌墙的高台建筑,应是部族首领的住地。该房基近旁 H15 灰坑内发现有铜渣,附近可能有冶炼制作铜器的作坊,城内东南、东北和西南部发现有陶窑,应是当时的手工业场地。[②]

  城堡是凸起的防御建筑,是古代最先进的防御体系。龙山文化时期出现了中原地区第一次建城高潮,现已发现了 10 余座城址,实际上远不止这些,但该数量已是仰韶文化时期的数倍。城堡群的出现,反映着当时的敌对集团攻伐不已,征战连绵,整个社会出现混乱局面。社会混乱影响着各地人们之间的互相交流,破坏着生产力的发展,造成社会各个阶层的不安。为安定社会秩序,以黄帝为首的部族集团努力削平这些内乱。《史记·五帝本纪》云,当时"诸侯相侵伐,暴虐百姓……于是轩辕乃习用干戈,以征不享,诸侯咸来宾从"。"炎帝欲侵陵诸侯,诸侯咸归轩辕。轩辕乃修德振兵……以与炎帝战于阪泉之野。三战,然后得其志。"又云:"蚩尤作乱,不用帝命。于是黄帝乃征师诸侯,与蚩尤战于

---

  ① 河南省文物研究所、中国历史博物馆考古部:《登封王城岗与阳城》,文物出版社,1992 年;北京大学考古文博学院、河南省考古研究所:《登封王城岗考古发现与研究》,大象出版社,2007 年。
  ② 河南省文物研究所、周口地区文化局文物科:《河南淮阳平粮台龙山文化城址试掘简报》,《文物》1983 年第 3 期。

涿鹿之野,遂禽杀蚩尤……天下有不顺者,黄帝从而征之,平者去之……置左右大监,监于万国。"从而使社会恢复到安定局面。到了舜的时期,舜对原有的部族议事会加以进一步改造,各部落首领分工任职,统一服从舜的调遣;舜将所辖各地划为行政区域,由当地强势部族首领担任行政长官。这些首领尽职尽责,做出了很好的成绩。《史记·五帝本纪》云:舜任"皋陶为大理,平,民各伏得其实;伯夷主礼,上下咸让;垂主工师,百工致功;益主虞,山泽辟;弃主稷,百谷时茂;契主司徒,百姓亲和;龙主宾客,远人至;十二牧行而九州莫敢辟违;唯禹之功为大,披九山,通九泽,决九河,定九州,各以其职来贡,不失厥宜……舜乃豫荐禹于天,十七年而崩……诸侯归之,然后禹践天子位"。意即分工任职的皋陶主管法律,执法公平,人民佩服;伯夷主管礼仪,各阶层互相谦让;垂主管工程,工匠们皆做出成绩;伯益主管山泽,山泽得到开发;弃主管农业,庄稼茂盛,五谷丰收;契主管教化,大众和睦相处;龙主管外事,远地方国首领皆来请服;各地行政首长也认真负责,无人违规。其中禹的功劳最大,他负责治理洪水,安定社会,分别各地行政区划,划定的各地向中央缴纳的赋税合情合理。于是整个社会相对稳定统一,舜乃预先推荐禹继承自己的大位,各族首领对此皆衷心拥护,无有异议。禹继承大位之后,继续加强以自己为主的部族行政权力,《大戴礼记·五帝德》云:禹"举皋陶与益以赞其身,举干戈以征不享不庭无道之民,四海之内,舟车所至,莫不宾服"。意即禹任命皋陶、伯益协助自己,率领军队讨伐无道无德的人们。于是各地的人们都尊敬并服从于禹。再者,正如恩格斯所说:"构成这种权力的,不仅有武装的人,而且还有物质的附属物,如监狱和各种强制机关。"①舜、禹的时候又设立刑狱等强制机关,《新语·道基》又云:"皋陶乃立狱制罪,悬赏设罚,异是非,明好恶,检奸邪,消佚乱,民知畏法。"意即皋陶作为法官开始建立监狱,惩罚罪犯;有赏有罚,以此辨别好坏是非,并检察邪恶,消除放荡行为,使广大群众都敬畏法律的威严。《史记·夏本纪》又云:皋陶"令民皆则禹,不如言,刑从之"。意即皋陶命令群众皆以禹的言行为榜样,如有违背,就用刑罚处治。据此可知,舜、禹时期军队的建立、法律机构的设置以及皋陶、伯益等一系列官吏的出现,完全改变了部族议事会的性质,造就了"雏形国家"的具体形态。禹更以此为基础,根据当时社会发展的需要,开始打破传统的禅让制,

---

① 马克思、恩格斯:《马克思恩格斯选集》第4卷,人民出版社,2004年,第170~171页。

让自己的儿子启继承首领大位。秦嘉谟辑补《世本·纪》云:"禹崩,子帝启立。"《帝王世纪》云:禹"始纳涂山氏之女,生子启,即位"。《孟子·万章上》又云:"禹荐益于天,七年,禹崩,三年之丧毕,益避禹之子于箕山之阴。朝觐讼狱者不之益而之启,曰:'吾君之子也。'讴歌者不讴歌益而讴歌启,曰:'吾君之子也。'……启贤,能敬承继禹之道。"《史记·夏本纪》又云:禹"以天下授益……及禹崩,虽授益,益之佐禹日浅,天下未洽。故诸侯皆去益而朝启,曰:'吾君帝禹之子也。'于是启遂即天子之位,是为夏后帝启"。启在众人拥戴之下,登上王位,继承父业,开拓创新,以自己的贤明才干,顺应历史发展的潮流,削平有扈氏叛乱,开启后世历代王朝世袭制的先河,建立起我国历史上第一个相对统一的中央王权性质的夏王朝国家政权,推动了我国古代社会进入新的文明历史时期。

(原载《华夏文明》2020年第11期)

论禹、戎禹和九州的关系

禹是夏部族的首领和夏王朝的奠基者,禹的居邑和夏族起源地密切相关,禹的主要活动地域也是夏部族生活的中心区。先秦史书多记有禹治理九州的事迹,《左传·襄公四年》引《虞人之箴》云:"茫茫禹迹,画为九州。"《山海经·海内经》云:"帝乃命禹卒布土以定九州。"《楚辞·天问》云:"鲧何所营?禹何所成?……九州安错?川谷何洿?"王逸注:"言九州错厕,禹何所分别之?"《左传·宣公三年》云:"昔夏之方有德也,远方图物,贡金九牧。"杜预注:"使九州之牧贡金。"春秋前期的《叔夷钟》铭云:"咸有九州,处堣(禹)之堵(土)。"《尚书·禹贡》更记载着禹治理九州的详细经过和九州的范围,说治理的结果是"九州攸同,四陾既宅,九山刊旅,九川涤源,九泽既陂,四海会同。……东渐于海,西被于流沙,朔南暨声教,讫于四海。禹赐玄圭,告厥成功"。显而易见,禹治九州,应当实有其事。但是,禹所治理的九州不可能像《禹贡》说的那么大,实际上当时的九州,要比《禹贡》九州的范围小得多。

《左传·昭公四年》司马侯对曰:"四岳、三涂、阳城、大室、荆山、中南,九州之险也,是不一姓。"这六山的地望就构成了古九州的大致范围。阳城山所在,杜预注:"在阳城县东北。"西晋阳城县在今河南省登封市告成镇。1977年,考古工作者曾在这里发现一座古代城址,城内出土有戳记"阳城仓器"文字的战国陶器可为确证①。城址以北山岭起伏,就是古代的阳城山。《水经·洧水》云:"洧水出河南密县西南马领山。"郦道元注:"水出山下,亦言出颍川阳城山,山在阳城县之东北,盖马领之统目焉。"此山正位于新密市西南二十余公里。大室所在,按古"大""太"相通,大室山就是太室山,杜预注:太室山"在阳城县西北"。即今河南省登封市的中岳嵩山,位于阳城山西北十余公里。二山地处伊洛盆地

---

① 河南省文物研究所等:《登封王城岗与阳城》,文物出版社,1992年,第212~220页。

通往淮河平原的要冲,为古代九州的一处险要地带。三涂所在,杜预注:"在陆浑县南。"《水经·伊水注》:伊水"径其下历峡北流,即古三涂山也"。熊会贞疏:三涂山"在今嵩县西南十里"。《大清一统志·河南省·河南府》山川条下:"三涂山在嵩县西南。"清代嵩县即今河南省嵩县,古陆浑县即今嵩县东北的陆浑镇,三涂山当在今嵩县西南约5公里邓岭一带。四岳所在,按四岳当即太岳,前人论之甚详,①兹不赘述。太岳,我以为当即《山海经·中次六经》中的岳山,②后世曾称为岳顶山,《太平寰宇记·补阙》:"寿安县岳顶山在县西南。"《大清一统志·河南省》河南府山川条下:"岳顶山在宜阳县西南,峻极不可攀跻。"宋代寿安县、清代宜阳县即今河南省宜阳县,岳顶山今仍称岳山,位于宜阳县西南木柴关一带,此山南距三涂山二十余公里,是豫西山区通往伊洛盆地的门户,因此构成古代九州的又一险要地带。荆山所在,顾颉刚先生以为在今河南省灵宝市西的阌乡镇一带,③兹从其说。中南山所在,按中南山又称终南山,就是现在的秦岭,④横亘于陕西全境,其东端为太华山,又东与荆山相近,地当关中盆地通往中原大地的咽喉要道,潼关、函谷关皆在其间,也是古代九州的又一险要地带。由上所述,可知这六山都位于今河南西部以及豫、陕交界一带,禹所治理的九州也是我国最早的九州应当就在这一地区。

禹所治理的九州既然在这一地区,这里也应就是早期夏族活动的中心区。《国语·周语上》:"昔夏之兴也,融降于崇山。"韦昭注:"崇,崇高山也;夏居阳城,崇高所近。"《汉书·武帝纪》:元封元年"春正月,行幸缑氏……翌日亲登嵩高……以山下户三百为之奉邑,名曰崇高"。《汉书·地理志·颍川郡》崈高县下班固自注云:"武帝置,以奉太室山,是为中岳。"颜师古注:"崈,古崇字。"《后汉书·孝灵帝纪》:熹平五年"复崇高山名为嵩高山"。《大清一统志·河南省》河南府山川条下:"嵩山在登封县北,古曰外方,又名崇高,亦曰太室,其西曰少室。"可知崇山就是现在的嵩山,属于秦岭东延的支脉,位于今河南省登封市北,古称太室,又称中岳,我国古代夏部族就兴起于此山周围。夏部族的祖先鲧和禹,史书又称为"崇伯鲧"(《国语·周语下》)和"崇禹"(《逸周书·世俘解》),

---

① 徐旭生:《中国古史的传说时代》(增订本),文物出版社,1985年,第122页。
② 郑杰祥:《夏史初探》,中州古籍出版社,1988年,第67页。
③ 顾颉刚:《史林杂识·瓜州》,中华书局,1963年,第47页。
④ 顾颉刚:《禹贡注释》,《中国古代地理名著选读》第一辑,科学出版社,1959年。

这说明他们曾是崇山也即是嵩山地区的部族酋长,该族当然也是居住于崇山即嵩山地区的主要居民,正如徐旭生先生所说:"崇伯鲧的氏族所在地在嵩山脚下当无疑问。"①崇山就是古代九州之一险的太室山。因此,夏部族也无疑应是生活于九州地区的主要居民。

但是根据文献记载,生活在九州地区的早期居民,并不仅仅是夏部族。夏部族最早聚居于九州东部的太室山区,而在九州的西部则生活着姜戎部族,他们被冠以地名,被称为"九州之戎"。《左传·哀公四年》:"楚人既克夷虎,乃谋北方。……蛮子赤奔晋阴地。司马起丰、析与狄戎,以临上雒……使谓阴地之命大夫士蔑曰:'晋楚有盟,好恶同之……'士蔑乃致九州之戎,将裂田以与蛮子而城之,且将为之卜。蛮子听卜,遂执之。"杜预注:"九州戎,在晋阴地陆浑者。"晋之阴地所在,《左传·宣公二年》:"夏,晋赵盾救焦,遂自阴地,及诸侯之师侵郑。"杜预注:"阴地,晋河南山北,自上洛以东至陆浑。"高士奇《春秋地名考略》卷四云:"晋上洛,今西安府洛南县;陆浑,今河南府嵩县。其地南阻终南,北临大河,所谓河南山北也。……今卢氏县有阴地城,即命大夫屯戍之所。"清代洛南县,即今陕西省洛南县;陆浑即今河南省嵩县以北的陆浑镇;卢氏县,即今河南省卢氏县。由此可知,"九州之戎"分布的地区,当在今陕西省洛南以东至今河南省嵩县一带,这里正是古代九州的西部地区。由于这里地处伊洛河的上游,因此这里的戎族又被称为"伊洛之戎"(《左传·僖公二十一年》)。前人多认为这里的戎族是东周以后从河西瓜州一带迁徙而来的,其实早在西周时期这里已居住着戎族,《左传·僖公二十二年》云:"初,平王之东迁也,辛有适伊川,见被发而祭于野者,曰:'不及百年,此其戎乎!'""被发祭野"本是戎族的习俗,可见戎族本是这里的土著,从瓜州迁来者只是戎族的一部分,被称为"陆浑戎"。另外,这里的戎族又被称为"西戎",《山海经·中次二经》云:"又西三百里曰阳山……阳水出焉,而北流注于伊水。……又西二百里曰昆吾之山,其上多赤铜。……又西百二十里曰蓁山,蓁水出焉,而北流注于伊水。"郭璞注:昆吾山"出名铜,色赤如火,以之作刀,切玉如割泥也。周穆王时,西戎献之,《尸子》所谓昆吾之剑也"。"昆吾之剑"当出于昆吾山区,"西戎"也当居于昆吾山区才能获得"昆吾之剑"。昆吾山位于阳山和蓁山之间,毕沅《集解》云:"阳山当在今

---

① 徐旭生:《1959年夏豫西调查"夏墟"的初步报告》,《考古》1959年第11期。

河南嵩县","蕤山,山当在今河南卢氏县西南",可知古昆吾山当在今河南嵩县和卢氏县之间的伊水沿岸,古代的西戎最早当居住于这一地区。戎族,姜姓,故史书又称他们为"姜戎",该族最早生活于四岳山区,因而他们自称为四岳后裔。《左传·襄公四年》范宣子对戎子驹支说:"'来,姜戎氏。……'(戎子驹支)对曰:'昔秦人负恃其众,贪于土地,逐我诸戎。惠公蠲其大德,谓我诸戎是四岳之裔胄也。'"《国语·周语下》也说:"祚四岳国,命以侯伯,赐姓曰姜,氏曰有吕。……申、吕虽衰,齐、许犹在。""四岳"也就是"大岳",故《左传·庄公二十二年》又云:"姜,大岳之后也。"《左传·隐公十一年》又云:"夫许,大岳之胤也。"《诗经·大雅·崧高》云:"崧高维岳,骏极于天,维岳降神,生甫及申。"毛传曰:"崧,高貌。山大而高曰崧。"孔颖达疏引刘熙《释名》曰:"崧,竦也,亦高称也。"是崧岳也即大岳、高岳之意。甫族也就是吕族,申、吕二族皆姜姓,足证姜戎族是起源于大岳山区。如上文所述,大岳应当就是《山海经·中次六经》中的岳山,也就是《大清一统志》中所说"峻极不可攀跻"的岳顶山,位于今宜阳县境,地处伊、洛河之间,正是"伊洛之戎"也即"九州之戎"的聚居区。因此,姜戎族起源于大岳山区,也就是起源于九州地区。《国语·周语下》还记述禹治洪水时,有"共之从孙四岳佐之",韦昭注云:"共,共工也。"说明共工是姜戎族的一位著名首领,后来该族曾以他为名而被称为"共工氏"族。《国语·周语上》云:"共工氏之伯九有也,其子曰后土,能平九土,故祀以为社。"《礼记·祭法》又云:"共工氏之霸九州也,其子曰后土,能平九州,故祀以为社。"这也说明以共工为首的姜戎族曾是九州地区的主要居民。

这里的戎族又被称作蛮族,故"九州之戎"又被称作"蛮氏"和"蛮子"(《左传·哀公四年》)。"蛮""苗"一声之转,故又称"有苗"(《尚书·吕刑》)。《左传·成公六年》云:"伊洛之戎陆浑蛮氏侵宋。"杜预注:"蛮氏,戎别种也。河南新城县东南有蛮城。"《汉书·地理志·河南郡》新成条下班固自注云:"蛮中,故戎蛮子国。"《大清一统志·河南省》河南府古迹条下云:"蛮城在今汝州西南。"清代汝州即今河南省汝州市,古戎蛮子国当在今汝州市西南。此地近伊洛,当为"伊洛之戎"的一支或其别称。《山海经·西次二经》云:"又西二百里,曰蔓渠之山……伊水出焉。"毕沅《集解》云:"即闷顿山,在今河南卢氏县东南百六十里。"《水经·伊水》云:"伊水出南阳鲁阳县西蔓渠山。"杨守敬疏引阎若璩云:"伊水出卢氏县东峦山,一名闷顿岭(钱坫云"蔓渠即闷顿,声相近"),在今县东南百六十里。"清代卢氏县即今河南省卢氏县。按"蔓"与"曼"音同相通,《左传·昭公十三年》:"蔓成然故事蔡公。"《史记·楚世家》又写作"曼成然"是其证。"曼"与"蛮"也是音同相通,《左传·哀公四年》:"晋人执戎蛮子赤。"《公羊传》又写作"戎曼子赤"是其证。因此伊水发源的蔓渠山也可作蛮渠山,在今卢氏县东南约80公里。《水经·伊水注》又云:"伊水又与蛮水合,水出卢氏县之蛮谷,东流入于伊。"熊会贞疏:"今蛮谷岭,在嵩县西。"清代蛮谷岭今称蛮峪,在嵩县西南约10公里。以上所述蛮谷、蛮水和蔓渠山等地名,都可能是古代蛮族的聚居区。

姜戎族的一支后来向南发展,最初到达了南阳盆地。《史记·齐太公世家》云:"太公望吕尚者,东海上人。其先祖尝为四岳,佐禹平水土,甚有功,虞、夏之际封于吕,或封于申,姓姜氏。"《汉书·地理志·南阳郡》宛县下班固自注云:"故申伯国,有屈申城。"王符《潜夫论·志氏姓》云:"四岳伯夷,为尧典礼。折民惟刑,以封申、吕。……或封于申,申城在南阳宛北序山之下。"《国语·郑语》记郑恒公问史伯曰:"谢西之九州何如?"韦昭注:"谢,宣王之舅,申伯之国,今在南阳。"三国时的南阳,即今河南省南阳市,这里称为"九州",应当就是姜戎族南迁带去的名称。姜戎族的另一支向西发展到关中盆地,他们称之为"骊戎""犬戎"(《史记·周本纪》)、"陆浑之戎"(《左传·僖公二十二年》),总称之为"西羌"。《后汉书·西羌传》云:"西羌之本,出自三苗,姜姓之别也。"还有一支向北发展,到达以晋南为中心的今山西地区,他们称之为"姜戎",又称之为"燕京之戎""余无之戎""北戎"(《后汉书·西羌传》引《竹书纪年》)和"茅戎"(《左传·成公元年》)等。古"姜""羌"一字,故羌戎部族在殷墟卜辞中多称为"羌"和"羌方"。殷墟卜辞所记商王与羌方交战次数频繁,战争规模很大,所获羌俘也最多,可见羌方曾是商王朝的劲敌。据陈梦家先生的考证,武丁卜辞所记与羌方交战的商王朝的部族方国"或在晋南,或在河内附近",推测当时的羌方应分布在晋、陕交界一带。① 李学勤先生又指出:商王廪辛时代对外最大的一次战争是对羌方的一次战争,当时的羌方应分布在"东起今河南辉县,西至山西西南隅及其以西,太行山以南,黄河以北"范围之内,②也就是以晋南为中心的地区。

---

① 陈梦家:《殷墟卜辞综述》,科学出版社,1956年,第281~282页。
② 李学勤:《殷代地理简论》,科学出版社,1959年,第36页。

姜戎族向东与居于嵩山地区的夏部族为邻。其实追溯起来,夏戎两族本是同源,最早都是少典氏族的后裔。《国语·晋语四》云:"昔少典娶于有蟜氏,生黄帝、炎帝。"韦昭注:"少典,黄帝、炎帝之先。"少典族发展到黄帝和炎黄的时候,开始形成两个独立的分支。黄帝族发展到鲧和禹的时候,形成为夏部族,《史记·夏本纪》云:"夏禹,名曰文命。禹之父曰鲧,鲧之父曰帝颛顼……禹者,黄帝之玄孙而帝颛顼之孙也。"炎帝族发展到共工和"四岳"也即大岳的时候,形成姜戎部族,《国语·周语下》云:"有夏虽衰,杞、鄫犹在;申、吕虽衰,齐、许犹在……皆黄、炎之后也。……其兴者,必有夏、吕之功焉,其废者,必有共、鲧之败焉。"韦昭注:"鲧,黄帝之后也;共工,炎帝之后也。"又云:"姜,四岳之先,炎帝之姓也。炎帝世衰,其后变易,至四岳有德,帝复赐之祖姓,使绍炎帝之后。"《左传·昭公十七年》:"炎帝,神农氏,姜姓之祖也。"夏、戎两族之间既友好合作又时有冲突,《国语·周语下》记载禹治水时有"共之从孙四岳佐之,高高下下,疏川导滞",协助禹治理洪水。结果两族都受到上天嘉奖,夏族"祚以天下,赐姓曰'姒',氏曰'有夏',谓其能以嘉祉殷富生物也"。羌戎族则"祚四岳国,命以侯伯,赐姓曰'姜',氏曰'有吕',谓其能为禹股肱心膂,以养物丰民人也"。《尚书·尧典》和《史记·五帝本纪》皆记有驩兜推荐共工、四岳推荐鲧的故事,说明两族的关系曾是相当密切的。但是两族也发生过激烈的冲突,《淮南子·本经训》云:"共工振滔洪水,以薄空桑。"高诱注:"滔高浑厍,以害天下者。"空桑所在,《水经·伊水注》云:"涓水又东南注于伊水,昔有莘氏女采桑于伊川,得婴儿于空桑中,言其母孕于伊水之滨……"古代伊川在今河南省伊川县一带,空桑位于伊河上游,共工在这里振滔洪水,必然危害夏族所居的伊洛河下游地区,结果双方发生冲突。《荀子·议兵》云:"禹伐共工。"《战国策·秦策》云:"禹攻共工。"《荀子·成相》又说:"禹有功,抑下鸿,辟除民害逐共工。"禹在攻伐共工的同时,还与三苗进行了战争。《墨子·非攻下》云:"昔者三苗大乱,天命殛之……禹亲把天之瑞令,以征有苗。……禹既已克有三苗,焉磨为山川,别物上下,卿制大极,而神民不违,天下乃静。"通过这一系列的战争,夏族逐步统一了九州地区,并加速了与该地姜戎族的融合,由于这种融合,姜戎族也把禹奉为自己的首领,故《史记·六国表》云:"禹兴于西羌。"《吴越春秋·越王无余外传》云:禹"家于西羌"。《后汉书·戴良传》云:"大禹出西羌。"《太平御览》卷八十二引《尚书纬·帝命验》:"修纪……生姒戎文禹。"注云:"禹生戎地,一名文命。"《潜夫论·五德志》云:"修纪……生白帝文命戎禹。"禹出"西羌"又名"戎禹",大约都是在禹统一九州、姜戎族把禹奉为首领之后产生出来的传说。从夏部族方面说,禹也曾把姜戎族的首领益作为自己的助手和接班人,《墨子·尚贤上》云:"禹举益于阴方之中,授之政,九州成。""阴方"即上文所说的阴地,益既被举"于阴方之中",可知他应是姜戎族人。按,益,《尚书·舜典》称作"伯益",《史记·秦本纪》又称作"伯翳",他是秦人的祖先。《国语·郑语》云:"嬴,伯翳之后也。"《汉书·地理志序》又云:"嬴,伯益之后也。"王国维《观堂集林·秦都邑考》云:"秦之祖先,起于戎狄。"狄也是戎族的一支,这说明伯益是戎族的后裔。《史记·太史公自序》云:"维秦之先,伯翳佐禹。"《论衡·逢遇》又云:"禹王天下,伯益辅治。"伯益佐禹处理政事,甚有成绩,故又被禹推荐接替自己的职务,《孟子·万章上》云:"禹荐益于天,七年禹崩;三年之丧毕,益避禹之子于箕山之阴。"正是由于夏戎两族关系密切,禹才得以统一和治理九州地区。

以禹和益为首领的夏、戎两族,共同开发了古代九州,从而使这里在中原大地中率先进入文明时期。如上文所述,这个九州应当就在现今河南省的西部地区。禹和益都是我国原始社会末期的历史人物,他们都是中原古代文明的奠基者。从考古学上讲,禹和益所处的时代,大约属于中原地区龙山文化时期。众所周知,在这个时期,豫西地区分布着"王湾类型"和"三里桥类型"两个龙山文化类型。王湾类型文化遗存主要发现于伊、洛、涧水下游和颍、汝河的上游一带,其分布范围大致是以嵩山周围为中心,东起郑州、西至洛阳新安、南到襄县、北到黄河北岸的豫西偏东地区。王湾遗址一期遗存,属于当地典型的仰韶文化;二期遗存的文化内涵,呈现着从仰韶向龙山文化过渡的性质,它表明王湾类型是从当地仰韶文化直接发展而来的;王湾三期文化,是王湾类型发展的繁荣和鼎盛阶段。考古工作者通过对汝州煤山遗址的发掘,知道煤山遗址的一、二期属于王湾类型的晚期;王湾类型最后发展为二里头文化。参考碳十四所测定的年代(经过树轮校正)王湾类型的早期年代(济源苗店遗址 JMT[6]层)为公元前 2740±135 年;其中期年代(王湾遗址三期 H79)为公元前 2390±145 年;其晚期年代(汝州煤山遗址 F6 上)为公元前 2005±120 年。据此可知,王湾类型的存在年代大约在公元前 25 世纪到前 20 世纪之间。

由于王湾类型的分布地域及存在年代与上述记载的夏部族和夏王朝的活动中心及存在年代基本符合,因此自 20 世纪 50 年代以来,许多学者都把王湾类型的龙山文化作为探索夏文化的主要对象。有些学者认为王湾类型应当属于夏文化,也有些学者认为该类型的中晚期或其晚期应当属于夏文化,而它的早中期或其早期,则应当属于夏族进入夏王朝以前所创造的文化,即所谓"先夏文化"。总之,王湾类型属于古代夏人所创造的文化,即夏族文化这个命题,在当前的学术界可以说已经基本上达成了共识。

三里桥类型的文化遗存主要分布于渑池县以西的河南西部地区。渑池以南的嵩县、卢氏、栾川等地,因没有正式发掘,情况不明,但从考古调查的资料来看,也应属于三里桥类型的分布区域。三里桥类型与陕西"客省庄类型"文化和晋南龙山文化相比,其文化面貌虽然有区别,但是大同小异,总的来看应属于同一个文化体系,可见这个文化的分布地域还是相当广大的。三里桥类型源于庙底沟二期文化,该文化又称早期龙山文化;庙底沟二期文化含有较多的仰韶文化因素。由此可知,三里桥类型也是在当地仰韶文化的基础上发展起来的一种龙山文化遗存。三里桥类型发展的去向不明,从地层关系上看,它被二里头文化所叠压,在三里桥类型之后,豫西地区广泛分布着的是二里头文化遗存。由于三里桥类型的分布地域和相对年代与上述记载的姜戎部族的活动地域和存在年代基本符合,因此我们认为三里桥类型的文化遗存可能就是姜戎部族文化,简称为"姜戎文化"。在豫西地区三里桥类型的文化被二里头文化所取代,应当就是以禹为首的夏部族统一九州之后,这里的姜戎部族迅速接受了夏文化的明显反映。但是在晋南地区,二里头文化并没有完全取代这里的文化,而是和它相融合,形成一种"东下冯类型"文化,它反映着在夏王朝及其以前,晋南地区也曾是姜戎族的聚居区;直至西周初年,周人统治这里的时候,仍然要"启以夏政,疆以戎索",可见这里姜戎族的文化和风俗是相当强大的。

(原载《中原文物》1997年第3期)

禹娶涂山氏地望及其历史文化新探

夏禹娶涂山氏女娲(又名女娇、女骄)一事,文献多有记载。《尚书·皋陶谟》云:禹曰"娶于涂山,辛壬癸甲"。《孔传》曰:"涂山,国名……(禹)辛日娶妻,至于甲日,复往治水,不以私害公。"《世本》云:"禹娶涂山氏女名女娲,生启。"《史记·夏本纪》载:"禹曰:'予辛壬娶涂山,癸甲,生启,予不子。'"《正义》曰:"禹辛日娶,至甲四日,往理水。及生启,不入门,我不得名子,以故能成水土之功。《帝系》云:'禹娶涂山氏之子,谓之女娲,是生启。'"《夏本纪》又云:"夏后帝启,禹之子,其母涂山氏之女也。"《吴越春秋·越王无余外传》曰:"禹三十未娶,行到涂山,恐时之暮,失其度制……因娶涂山女,谓之女娇。"涂山氏族以居于涂山地区而得名,其地所在,前人所说不一,①近代以来,以闻一多先生为代表的诸多学者认为涂山即三涂山,位于今河南省嵩县境。《左传·昭公四年》司马侯曰:"四岳、三涂、阳城、大室,荆山、中南,九州之险也。"杜预注:三涂"在河南陆浑县南。"顾颉刚先生"以为涂山即是三涂山的简称"②。钱穆先生云:三涂在"今嵩县西南……禹娶涂山氏女传说,当指此"③。《楚辞·天问》曰:"禹之力献功,降省下土方,焉得彼涂山女,而通之于台桑?"闻一多《疏证》云:"涂山本即三涂,在今河南嵩县"。又云:"三涂即涂山本地,在今河南嵩县。"④笔者认为,闻一多等先生所说甚是,兹略加论述如下:

《吕氏春秋·音初》云:"禹行功,见涂山之女,禹未之遇而巡省南土。涂山

---

① 方向东:《大戴礼记汇校集解》引傅逊云:"旧云涂山有四:一、会稽(按:今浙江绍兴市境);二、渝州巴南旧江州(按:今四川重庆市渝北区境);三、濠州(按:今安徽怀远县境);四、当涂县(按:今安徽当涂县境)。"中华书局,2008年,第763~764页。
② 顾颉刚:《论巴蜀与中原的关系》,四川人民出版社,1981年。
③ 钱穆:《史记地名考》,商务印书馆,2001年,第241页。
④ 闻一多:《天问疏证》,生活·读书·新知三联书店,1980年,第46页。

氏之女乃令其妾待禹于涂山之阳。"陈其猷《新校释》云："行，巡视也。'禹行功'，犹言禹巡视治水之功也。……《尔雅·释言》：'遇，偶也。''禹未之遇'犹言禹未与之成匹偶也。"①此文意谓夏禹从原住地出发视察南部领土，治理洪水，中途路过涂山即三涂山区，与该地女娲相恋，又继续南行治理洪水，涂山氏则在这里等待禹的归来。夏部族是生活于嵩山地区的原住居民，古本《竹书纪年》云："禹都阳城。"《世本》云："夏禹都阳城。"《国语·周语上》曰："昔夏之兴也，融降于崇山。"韦昭注："崇，崇高山也。夏居阳城，崇高所近。"《太平御览·地部》嵩山条下又引韦昭注云："崇、嵩字古通用，夏都阳城，嵩山在焉。"《史记·夏本纪·正义》云："阳城县在嵩山南二十三里。"古代阳城、嵩山主峰皆在今河南省登封市境。阳城一地春秋时期属于郑国，《史记·郑世家》云：郑君乙"十一年，韩伐郑，取阳城"。战国属韩，《史记·秦本纪》云：秦昭襄王五十一年"将军摎攻韩，取阳城"。秦王朝在此设置阳城郡，汉代为颍川郡阳城县，武周万岁登封元年（696）改称告成县，今在河南省登封市告成镇。20世纪70年代，考古工作者在这里发现一座春秋战国至秦汉时期的城址，而且在城内还发现有战国时期的"阳城"陶文，②确证这里就是春秋战国至秦汉时期的阳城。与此同时，考古工作者还在该镇西侧王城岗上发现一座河南龙山文化晚期的城址，即学术界所称的"王城岗遗址"，分析其文化内涵可知，这处遗址属于河南龙山文化的王湾类型遗存，该类型应是夏部族所创造和遗留下来的物质文化主体。参考碳十四测定，这座遗址晚期年代为公元前2030年至公元前1965年。③ 根据文献记载，夏禹的活动年代，正是在公元前1965年左右。古本《竹书纪年》云："禹立四十五年。"文献记载夏禹时期有五星聚会的天文现象。《太平御览》卷七引《孝经钩命诀》云："禹时五星累累如贯珠，炳炳若连璧。""有学者计算出在公元前1953年2月26日有一次很好的五星聚会……公元前1953年2月中旬至3月初，在黎明时分的东方地平线上，土星、木星、水星、火星和金星排成一列，在2月26日，五大行星之间的角距离小于4度。这种奇异壮观的天象，很可

---

① 陈其猷：《吕氏春秋新校释》，上海古籍出版社，2011年，第342页。
② 河南省文物研究所等：《登封王城岗与阳城》，文物出版社，1992年，第203页。
③ 夏商周断代工程专家组：《夏商周断代工程1996—2000年阶段成果报告》（简本），世界图书出版公司北京公司，2000年，第79页。

能在古人记忆中流传下来,因此可以作为估定夏代年代的参考。"①天文学家测定的禹时五星聚会的年代,即夏禹活动的年代,与王城岗城址存在年代基本符合,当前学术界据此多认为这座城址就是文献所记禹所都居的阳城,应是可信的。由此可知,不论夏人是否认为禹所都居的地方就在当时的阳城,而战国时期的人们已明确认为禹所都居的地方就在战国时期的阳城。现今既在这里发现了全国唯一的一座明确无误的春秋战国时期的阳城故址,在其近郊又发现与夏禹基本同时期的河南龙山文化晚期城址,所有这些足以说明文献所记禹所都居的阳城应当就在这个地区,夏禹从原住地"巡省南土"应当就是从这里出发的。

夏禹"巡省南土"路过涂山氏居住的涂山即三涂山所在。《逸周书·度邑解》记载武王对周公曰:"我南望过于三涂,我北望过于有岳。"黄怀信等《集注》引潘振云:"三涂山,在今河南府嵩县西南"②。《左传·昭公十七年》中记载:"晋侯使屠蒯如周,请有事于雒与三涂。"杜预注:"三涂,山名,在陆浑南。"《大清一统志·河南省》河南府嵩县条下:"汉置陆浑县……金天德三年,更名嵩州……明洪武二年,改州为嵩县,属河南府,本朝因之。"清代嵩县,即今河南省嵩县。《水经·伊水注》:"伊水历崖口,山峡也。……历峡北流,即古三涂山也。"熊会贞疏:山"在今嵩县西南十里"。此地东北距古代阳城约百公里,夏禹"巡省南土"途中,当与"涂山氏之女"相遇于此地。

夏禹巡省的"南土"又称"南国""南邦",《诗经·大雅·崧高》云:"亹亹申伯,王缵之事。于邑于谢,南国是式。王命召伯,定申伯之宅。登是南邦,世执其功……王遣申伯,路车乘马。我图尔居,莫如南土。"毛传曰:"谢,周之南国也。"于省吾先生释云:'南土'犹言'南国',《诗·崧高》之称南国、南邦、南土,一也。《中甗》:'王命中先省南国',《陶斋》所载《玉刀铭》:'令大保省南国''南国'犹云'南土'也。"③"南土"应是与"中土"相对而言的,"中土"又称"土中",是指国家的政治中心即王都所在的王畿地区。周人的"中土"所在,《水

---

① 夏商周断代工程专家组:《夏商周断代工程1996—2000年阶段成果报告》(简本),世界图书出版公司北京公司,2000年,第80页。
② 黄怀信等:《逸周书汇校集注》,上海古籍出版社,2007年,第514页。
③ 陈其猷:《吕氏春秋新校释》引,上海古籍出版社,2011年,第342页。

经·洛水注》云:"《周书》称周公将致政,乃作大邑成周于中土,南系于洛水,北因于郏山,以为天下之大凑。"杨守敬疏:"原书作'土中',孔晁注:'王城也,于天下土为中',则作'中土'为是。"《左传·昭公二十六年》曰:十一月"癸酉,王入于成周"。杜预注:"成周,今洛阳。"西晋洛阳即今河南省洛阳市。成周为西周王都所在,故称之为"中土"。申国正位于中土成周的南方。《诗经·大雅·崧高》孔颖达疏引杜预云:"申国在南阳宛县,是在洛邑之南也。"王应麟《诗经地理考》亦云:"申国,今邓州南阳县。"宋代邓州南阳县即今河南省南阳市。《国语·郑语》记郑桓公问史伯:"谢西之九州,何如?"韦昭注:"谢,宣王之舅,申伯之国,今在南阳。"《水经·淯水注》载:淯水"又南径宛城东,其城,故申伯之国,楚文王灭申以为县也。秦昭襄王使白起为将,伐楚取郢,即以此地为南阳郡,改县曰宛"。杨守敬疏:"秦宛县属南阳郡……即今南阳县治。"清代南阳县即今河南省南阳市。这里因位于西周中土成周的南方,故称为"南土"。周人所称的"中土""南土"可能是继承了夏人的传统地域观念。《史记·周本纪》周武王谓周公曰:"自洛汭延于伊汭,居易毋固,其有夏之居……营周居于雒邑而后去。"《索隐》:"言自洛汭及伊汭,其地平易无险固,是有夏之旧居。"根据历年来的考古调查和发掘,这里分布着河南龙山文化王湾类型遗存,如上所述,该类型应是夏部族所创造和遗留下来的物质文化遗存。特别是在其东侧的伊洛河北岸(今偃师市境内),还发现一座具有王都性质的二里头文化遗址,学术界公认该遗址应属夏王朝后期的王都遗迹,说明这里早已是夏王朝王畿即"中土"所在地。文献记载周人的"南土"也曾是夏人的"南土",《史记·货殖列传》曰:"颍川、南阳,夏人之居也。"《汉书·地理志》中记载:"颍川、南阳,本夏禹之国。"夏族"有南氏"又称"有男氏",因受封于"南土"而得名。《史记·夏本纪》曰:"禹为姒姓,其后分封,用国为姓,故有夏后氏、有扈氏、有男氏……"《索隐》:"《系(世)本》:'男'作'南'。"《世本·氏姓篇》云:"姒姓,有南氏。"秦嘉谟《辑补》又云:"案'南'与'男'古音同,故《世本》或'南',或作'男',《史记》亦作'男'也。"夏族"有男氏"也称"有南氏"。有南氏立国所在,《逸周书·史记解》:"昔有南氏有二臣。"《水经·江水注》中记载:"江水又东径江陵县故城南……秦昭襄王二十九年,使白起拔鄢郢,以汉南地而置南郡焉。《周书》曰:南,国名也……按韩婴叙《诗》云,其地在南郡、南阳之间。《吕氏春秋》所谓'禹自涂山巡省南土'者也,是郡取名焉。"黄怀信等《逸周书汇校集注》引陈逢衡云:"《楚地记》云:'汉江之北为南阳,汉江之南为南郡者是。'"①秦代南郡位于今湖北省襄阳至江陵一带,与河南南阳地区相接,"南阳""南郡"因为这里古称"南土""南国"而得名。这里北距三涂山百余公里,应当就是夏禹"巡省南土"的地域。综上所述可知,夏禹从登封阳城出发,路过嵩县三涂山,"巡省南土",即今南阳地区,是完全正常的行程,闻一多等先生释"涂山本即三涂,在今河南嵩县",也应当是完全正确的。

《史记·外戚世家》云:"自古受命帝王及继体守文之君,非独内德茂也,盖亦有外戚之助焉。夏之兴也以涂山。"涂山氏女娲与禹成婚之后,居于嵩山阳城,全力支持大禹为民治理洪水的工作。《列女传》云:"启母者,涂山氏长女也,夏禹娶以为妃。既生启,辛壬癸甲,启呱而泣,禹……三过其家,不入其门。涂山独明教训,而致其化焉。"使禹得以无后顾之忧,全力以赴地"勤劳天下,日夜不懈"(《吕氏春秋·古乐》)。为治理洪水,"禹八年于外,三过其门而不入"(《孟子·滕文公上》)。《帝王世纪》曰:"阳城有启母冢。"《汉书·武帝纪》云:元封元年"朕用事华山,至于中岳,获驳麃,见夏后启母石"。注引"应劭曰:启生而母化为石。文颖曰:在嵩高山下"。至今这里仍保存着传说性的"启母石"文物遗迹。

(原载《华夏文明》2017 年第 4 期)

---

① 黄怀信等:《逸周书汇校集注》,上海古籍出版社,2007 年,第 1027 页。

甲骨卜辞中的"⛢示"即"禹示"新探

殷墟甲骨卜辞记有"⛢示",其辞云:"辛酉卜,宾贞:勿于⛢示?"(《续》3·1·1)"⛢示"之"⛢",又写作"⛢"(《合集》17051)、"⛢"(《合集》14353)与"⛢",①罗振玉释此字为"它",《说文·它部》"它,虫也。"罗氏据此又云:"'它'与'虫'殆为一字"②;叶玉森先生释为"蚕",认为"蚕示,乃祀蚕神"③;陈梦家先生释为"它示",认为"它示"指商朝"旧臣"④;张政烺先生也释为"它示",认为"它示"是指商朝"直系先王(大示)以外的先王,即过去甲骨学家所称'旁系先王'"⑤。闻一多释此字为"'禹'之初文",闻先生文云:"初期文字往往一字数义数读,后世更于其形体亦各加区别,故古者一字,往往当于后世数字。即就'⛢'之一形言之,或为虫,或为它,或为蟲,或为蜀,或为蚰,或为蜎,或为禹,其流万端,其源则一而已尔。学者若狃于近习,一概以虫若它释之,则拘于谨矣。金文《秦公簋》'禹'字作'⛢',从'⛢'从'⺈','⛢'其本形,'⺈'即又,象人手执之,与'⛢'加'⺈'作'⛢'同意。'⛢'之本形既只作'⛢',则'⛢'于此即'禹'之初文。'⛢'与'⛢'同,此从'⛢'从'⛢',当即'齲'字。……《释名·释疾病》:'齲,齿朽也,虫啮之齿缺朽也。'《篇海》有'齱'字,云:'齿病朽缺也',丘主切,即齲之异文,从虫从齿,与契文合,尤为此字当释'齲'之切证。'齲'一作'齱',亦可证此'虫'即'禹'之初文"⑥。裘锡圭先生也认为"甲骨文里有一个写作'⛢'

---

① 于省吾:《甲骨文字诂林》,中华书局,1996年,第1776页。
② 于省吾:《甲骨文字诂林》引,中华书局,1996年,第1782页。
③ 张政烺:《释它示——论卜辞中没有蚕神》引,《古文字研究》(第一辑),中华书局,1979年。
④ 陈梦家:《殷虚卜辞综述》,科学出版社,1956年,第462、460页。
⑤ 张政烺:《释它示——论卜辞中没有蚕神》,《古文字研究》(第一辑),中华书局,1979年。
⑥ 于省吾:《甲骨文字诂林》,中华书局,1996年,第2151页引。

'🦗'等形的字(以下隶定为"虫")……云梦睡虎地一一号秦墓所出竹简有'禺'字……甲骨文'虫'字应该就是'禺'的初文。容庚先生指出：'甲骨文🦗,金文作🦗,后渐变为🦗,为🦗。''🦗'演变为'禺',跟'🦗'演变为'萬'同例。……(🦗)字所从的'🦗'后来也演变为'禹',跟字的演变如出一辙"①。

今按：闻一多、裘锡圭二位先生所说甚是。《说文·内部》云："禹,虫也。"段玉裁注："夏王以为名。"朱骏声《说文通训定声》云："虫者,蛇之总名。"闻一多先生认为"虫、龙同类"。"🦗"字当即文献所记应龙之象形,而在古代传说中,禹就是应龙的化身。《国语·周语下》：禹治洪水"高高下下,疏川导滞"。《韩非子·五蠹》："中古之世,天下大水,而鲧、禹决渎。"《楚辞·天问》："应龙何画？河海何历？"王逸注："有翼曰应龙。……禹治洪水时,有神龙以尾画地,导水所注当决者,因而治之也。"《广雅·释鱼》："有翼曰应龙。"《文选·答宾戏》曰："应龙潜于潢污……不睹其能奋灵德,合风云,超忽荒而躔昊苍也。姑夫泥蟠而天飞者,应龙之神也。"李善注引项岱曰："天有九龙,应龙有翼。"吕延济注云："应龙,有翼之龙也。"闻一多《天问疏证》云："古称鱼鬣亦曰翼,《文选·高唐赋》'振鳞奋翼',注曰：'翼,鱼腮边两鬣也。'"又云："禹治水有应龙画地之瑞……则应龙画地即禹'决渎'之蓝本,而龙即禹之化身。……古'禹'字作🦗,从🦗(虫)、从🦗(手)执之,虫(虺)、龙同类。……凡此并为应龙即禹之佐证"②。殷墟卜辞"🦗"字应是"腮边两鬣"的应龙的象形,应为"禹"字之原始文字。《仪礼·乡射礼》："龙首,其中蛇交。"郑玄注："蛇、龙,君子之类也。"贾公彦疏："《易》云：'龙战于野,其血玄黄。'郑注云：'圣人喻龙,君子喻蛇',是蛇、龙总为君子之类也。"《淮南子·览冥训》："服应龙。"高诱注："驾应德之龙。"由此可知,禹因平治水土、为民除害而有功于社会,古人早已将其喻为神龙,视为道德高尚的圣人。

殷墟甲骨卜辞所记"🦗示",当即"禹示","示"即宗庙神主,卜辞所记"禹示"当即商人祭祀夏部族祖先神主禹的活动。《礼记·祭法》云："夫圣王之制祭祀也,法施于民则祀之,以死勤事则祀之,以劳定国则祀之,能御大灾则祀之,能捍大患则祀之。"意即凡是勤劳国事、为民抵御大灾大难的先人们,都应对其

---

① 于省吾：《甲骨文字诂林》引,中华书局,1996年,第1778~1780页。
② 闻一多：《天问疏证》,生活·读书·新知三联书店,1980年,第28~30页。

进行祭祀。这个礼制在商代已经实行,文献记载和殷墟卜辞表明,商人不仅对本族祖先,而且对有功于商王朝稳定发展的异族功臣都进行隆重的祭祀,《尚书·盘庚》记商王盘庚对众臣们说:"兹予大享于先王,尔祖其从与享之。"意即我在隆重祭祀先王的同时,你们的祖先,也将随同享受隆重的祭祀,这些配享的臣子当中当然也包括异族出身的大臣。例如伊尹又名伊挚,《帝王世纪》说他是黄帝族战将力牧的后裔,曾辅助成汤等商初国王,为建立和巩固商王朝做出重大贡献。《楚辞·天问》云:"初汤臣挚,后兹承辅,何卒官汤,尊食宗绪?"王逸注:"伊尹佐汤命,终为天子,尊其先祖,以王者礼乐祭祀,绪业流于子孙。"殷墟卜辞确实记有商人"以王者礼乐"为伊尹建立宗庙进行隆重的祭祀,并将他与商王祖先合祭,如卜辞云:

  丁酉贞:侑于伊祊?《合集》32802

  丁丑卜:伊尹岁三牢。丝用。《合集》32791

  辛巳贞:以伊示《合集》32847

  ……黄尹百牛《合集》3489

  占曰:其卫于黄示?《合集》6354

  癸巳贞:有彳伐于伊,其又大乙彡。《合集》32103

  囗丑贞:王令:伊尹……取祖乙鱼?伐告于父丁、小乙、

    祖丁、羌甲、祖辛?《屯南》2342

"侑""岁""以""卫""彳""伐""又""彡""取""告",皆祭名。祊,杨树达先生释云:"祊即是庙"①。又云:"黄尹"为"寅尹","寅尹殆即伊尹也"②。郭沫若先生释云:"黄尹即阿衡,伊尹也"③。常玉芝先生又云:"'黄尹''伊尹'只是在不同的历史时期中出现的不同称谓而已",实是同指一人,④可知"伊示""黄示"皆为商人祭祀伊尹的宗庙神主。商王一次竟用上百头牛祭祀伊尹,而且还将其与先王大乙(成汤)等多位祖先合祭,足见商人对外族功臣伊尹的崇敬之心。又如河族祖先"河",文献又称"河伯",曾为协助商族转危为安做出过重大贡献,今本《竹书纪年》云:"殷侯子亥宾于有扈(原文作"易",从《楚辞·天问》,

---

① 杨树达:《积微居甲文说·卜辞琐记》,中国科学院,1954年,第26~27页。
② 杨树达:《积微居甲文说·卜辞琐记》,中国科学院,1954年,第26~27页。
③ 郭沫若:《卜辞通纂》,科学出版社,1982年,第314页。
④ 常玉芝:《商代史·商代宗教祭祀》,中国社会科学出版社,2010年,第416页。

"有易"当作"有扈")而淫焉,有扈之君绵臣杀而放之。故殷上甲微假师于河伯以伐有扈,灭之,遂杀其君绵臣。"《山海经·大荒东经》又云:"王亥托于有易(扈)、河伯仆牛,有易(扈)杀王亥,取仆牛。"郭璞注:"言有易(扈)本与河伯友善,上甲微殷之贤王,假师以义伐罪,故河伯不得不助灭之。"文献记载商族先公王亥被有扈氏杀害,其子上甲微借助河族力量剿灭有扈氏,以报杀父之仇,商人对河族的帮助铭记于心,因此也为河族祖先建立宗庙,对其进行隆重的祭祀,并且将他与商族祖先合祭,特别是与王亥、上甲微等商族祖先合祭,例如卜辞云:

贞:于南方将河宗?十月。《合集》13532

庚子卜,争贞:其祀于河以大示至于多毓?《合集》14851

燎于河、王亥、上甲十牛,卯十牢?五月。《合集》1182

辛巳卜,贞:来辛卯酚河十牛、卯十牢?王亥燎十牛、卯十牢?上甲燎十牛、卯十牢?辛巳卜,贞:王亥、上甲即宗于河?《屯南》1116

辛未贞:叀上甲即宗于河?《屯南》2272

"将""祀""燎""卯""酚",皆祭名,"大示""多毓"皆指商族先祖。王震中先生认为,这些卜辞记载是"商王刻意将上甲与河或者是王亥、上甲与河安排在一起祭祀,又特别占卜王亥、上甲是否即于河宗或是否唯有上甲即于河宗,这些都说明王亥、上甲与河有着特殊的关系,这种特殊关系即起因于:先是'王亥托于有易(扈)、河伯仆牛',后来上甲微'假师河伯以伐有易(扈),灭之'"①,从而使商族转危为安。商族对河族的帮助很感激,因此也为河族祖先建立宗庙,对其进行隆重的祭祀。

与伊尹、河伯相类,文献多记商人对夏族祖先大禹的贡献也怀着崇敬之心并广为颂扬,《诗经·商颂·长发》云:"洪水茫茫,禹敷下土方。"意即洪水泛滥成灾,漫流无边无际,大禹治水成功,分划出九州大地。《商颂·殷武》又云:"天命多辟,设都于禹之绩。"意即上天安排众国君,建都于禹所治理的大地之内。春秋时期《叔夷钟》也云:成汤"咸有九州,处禹之堵(土)"。说成汤建立的商王朝政权就位于禹所治理的九州大地之上。《史记·殷本纪》引《汤诰》云:"古禹、皋陶久劳于外,其有功乎民,民乃有安。东为江,北为济,西为河,南为淮,四渎已修,万民乃有居。"意即古有大禹、皋陶,四处奔波,为民操劳,民心得以安

---

① 王震中:《商代史·商族起源与先商社会变迁》,中国社会科学出版社,2010年,第35页。

定;他们治理了黄河、淮河,疏浚了江水、济水,使广大群众有了稳定的居室处所。商王成汤在建立商王朝政权伊始,就告诫众臣要以大禹等人为榜样,"有功乎民",为民众的安居乐业做出贡献。商人对禹的功绩如此重视,也必然对他进行祭祀,如上文所引《尚书·盘庚》记载盘庚曾对众臣们说:"兹予大享于先王,尔祖其从与享之。"这些众臣之中就包括夏族大臣,《尚书·多士》云:"夏迪简在王庭,有服在百僚。"孔颖达疏:"夏之诸臣蹈道者,大在殷王之庭,有服行职事在于百官。"刘起釪先生引王先谦《尚书孔传参正》云"夏之人有进择在(殷)王庭而大用者,有服事在百官而小用者",意即商人虽然推翻了夏王朝,但仍选拔能干的夏族遗臣任职于商王朝。这些任职于商王朝的夏族诸臣祖先当然也同样随同商王祖先享受着商人的祭祀,上引卜辞所记"禹示"(《续》3·1·1)即其一例。卜辞还记有商人将禹与本族祖先合祭的活动,如卜辞云:

……辛、祖丁一牛?禹(𧻚)羊?二告。《合集》672正

庚申卜:酒自上甲一牛?至示癸一牛?自大乙九示一牢?楀示一牛?《合集》22159

贞:元示五牛?禹(𧻚)示三牛?《合集》14354

第一辞"辛",可能指"祖辛",祖丁的父亲,二人都是商王朝的直系先王。祖辛、祖丁既然都是具体的人名,"𧻚"就不应解为人称代词的"它",也不可能指为商族"旁系先王"的集合庙主,而应是具体的人名,应当释为"禹",此辞全文意即商王卜问用一头牛祭祀先王祖辛、祖丁,并用一只羊祭祀禹是否吉利。第二辞"楀示"之"楀",张政琅先生释为"柁",认为"柁示"即"它示",①我们这里释为"楀","楀示"就是"禹示",此辞全文意即商王卜问用一头牛祭祀上甲、报乙、报丙、报丁、示壬、示癸六位先公,用一头"专门圈养以供祭祀用的牲品牛"②祭祀大乙、大丁、大甲、大庚、大戊、仲丁、祖乙、祖辛、祖丁九位先王庙主,用一头牛祭祀禹示庙主,是否吉利。《诗经·小雅·十月之交》:"楀维师氏",郑玄笺:"楀,氏名。"孔颖达疏:"楀氏维为师氏之官。"西周楀氏当即古代楀即禹的一支后裔。第三辞全文意即商王贞问用五头牛祭祀元示庙主,用三头牛祭祀禹示庙主是否吉利。"元示"是指商族的哪些祖先,当前学术界意见尚不一致,或认为

---

① 张政琅:《释它示——论卜辞中没有蚕神》,《古文字研究》(第一辑),中华书局,1979年。
② 常玉芝:《商代史·商代宗教祭祀》,中国社会科学出版社,2010年,第14页。

"元示当指上甲"①,或认为"元示即上甲、三匚、二示之集合庙主之称"②,或认为当指"直系先王"③。今按以上意见均有可商。卜辞记有"六元示"(《合集》14829、14830),可知商人所祭的"元示"并非专指先公上甲。卜辞又云:"贞:元示三牛,二示三牛。"(《合集》14822)卜辞所记二示多指示壬、示癸,④是商王朝开国君主成汤的祖、父,此辞二示也当指示壬、示癸,据此推测"元示"庙主或不指为"上甲、三匚、二示之集合庙主"。卜辞又云:"辛巳卜,大贞:侑自上甲元示三牛,二示二牛,十三月"(《合集》25025),常玉芝先生认为卜辞文句在"上甲"之前加有"自"字,其下当有省略,⑤其说可信,例如卜辞云:

辛亥卜:毛上甲牛、三匚羊、二示牛?

辛亥贞:毛自上甲、三匚羊、二示牛?《合集》32349

上、下两辞相比,下句卜辞上甲前面多一"自"字,上甲后面则省略一祭品名,上辞全文意即商王在辛亥日卜问用一头牛毛祭先公上甲,用一只羊毛祭先公匚乙、匚丙、匚丁,用一头牛毛祭先公示壬、示癸,是否吉利。下辞全文当释为商王在辛亥日贞问各用一只羊毛祭先公上甲与匚乙、匚丙、匚丁三位先公,用一头牛毛祭示壬、示癸二位先公,是否吉利。与下辞文例相同,(《合集》25025)卜辞当标点如下:

辛巳卜,大贞:侑自上甲、元示三牛、二示二牛、十三月。

此辞全文意即商王在某年十三月辛巳日占卜,一个名叫大的贞人负责贞问:各用三头牛侑祭先公上甲、庙主元示,用二头牛侑祭先公示壬、示癸,是否吉利?由此推知,商人所祭祀的"元示"庙主当不是指上甲。《说文·一部》云:"元,始也。"据此我们认为商人祭祀的"元示"庙主可能指商族近祖先公上甲以前的远祖先公集合庙主。卜辞记有"上示"(《合集》102),可能专指商族近祖先公上甲,他是商族第一位以天干命名的近祖先公。卜辞记有"大示"(《合集》10111),当指商王朝开国君主大乙及其以下的直系先王。⑥至于卜辞所记的"小

---

① 陈梦家:《殷虚卜辞综述》,科学出版社,1956年,第460页。
② 徐中舒:《甲骨文字典》,四川辞书出版社,2005年,第3页。
③ 张政烺:《释它示——论卜辞中没有蚕神》,《古文字研究》(第一辑),中华书局,1979年。
④ 姚孝遂:《殷墟甲骨刻辞类纂》,中华书局,1989年,第400页。
⑤ 常玉芝:《商代史·商代宗教祭祀》,中国社会科学出版社,2010年,第364页。
⑥ 常玉芝:《商代史·商代宗教祭祀》,中国社会科学出版社,2010年,第373页。

示"(《合集》557），则是指商王朝直系先王以外的"诸旁系先王"①集合庙主。总之，从上引卜辞所记"禹示"庙主曾与商族远祖先公、近祖先公及多位直系先王庙主合祭分析，足见商人认为商王朝虽然是在推翻夏王朝的基础上建立起来的，但是对于夏族祖先大禹治理洪水、安定民心的贡献仍然怀着崇敬之心。文献多记有商人颂扬大禹，同时也祭祀大禹，殷墟卜辞所记"✲示""✲示"，应释为"禹示"，当是商人祭禹活动的真实记录。

(原载《殷都学刊》2018年第1期)

---

① 姚孝遂等：《小屯南地甲骨考释》，中华书局，1985年，第26页。

夏王朝的建立与我国古代文明的形成

"文明"作为一个时代概念,其形成的标志,当前学术界意见尚不一致,①我们信从恩格斯的著名论断:"国家是文明社会的概括"②,即国家政权的出现是人类进入文明时代的主要标志。有据于此,我们认为在我国具体历史条件下,夏王朝是我国历史上出现的第一个国家政权,因此它的建立,标志着我国若干万年的原始社会的结束,数千年文明时代的开始,这是我国社会发展史上的一个转折点。夏王朝的历史状况,文献记载明确,不过皆为后人的追记,所幸的是通过考古工作者的不断努力,发现了二里头文化。该文化主要分布于以今河南伊洛河流域为中心的地区,其分布地域和相对年代均与文献所记夏王朝的政治中心和存在年代大略相符,所以该文化至少某些期段应当属于夏文化,这在当前的学术界已经基本上达成共识。特别是位于该文化分布中心的二里头遗址,其规模之大,文化内涵之丰富,在现已发现的所有二里头文化遗址中,不仅是独一无二、无与伦比的,而且在所有古代文化遗址中,也是前所未有的,其性质正如主持该遗址的发掘者许宏先生所说:二里头"夯土基址、铸铜作坊、与祭祀相关的建筑、各类墓葬的钻探和发掘,以及青铜礼器、玉器、漆器、白陶器、绿松石器、海贝等奢侈品或远程输入品的出土,都进一步显现了二里头遗址不同于一般聚落的都邑文化的重要内涵"。又说:"二里头遗址拥有目前所知我国最早的宫室建筑群和宫城遗存、最早的青铜礼器群和最早的青铜冶铸作坊。它是当时中国乃至东亚地区最大的聚落,也是迄今为止可以确认的中国最早的王国都城遗址。"③《水经·巨洋水注》引《汲郡古文》云:"太康居斟寻,羿亦居之,桀又居

---

① 李学勤主编:《中国古代文明与国家形成研究》,云南人民出版社,1997年;许顺湛:《五帝时代研究》,中州古籍出版社,2005年。
② 《马克思恩格斯选集》第四卷,人民出版社,1977年,第172页。
③ 许宏:《二里头遗址发掘和研究的回顾与思考》,《考古》2004年第11期。

之。"《尚书序》又云："太康失邦，昆弟五人，须于洛汭。"二里头遗址正与文献所记斟寻地望相近，时代相符，因此它应当就是夏都斟寻的遗迹。都邑作为王都，伴随着国家政权的产生而产生，是国家政治、经济和文化的中心，是聚落发展的最高形态，也是社会进入文明时代的一个重要的物化表现。二里头遗址作为"中国最早的王国都城遗址"，说明文献记载中的夏王朝是我国历史上最早出现的国家政权。

　　从野蛮时代进入文明时代，从原始氏族制度过渡到国家政权的建立，这是人类社会发展史上一个伟大的转折，它经历了从量变到质变的漫长过程。形成文明的各种因素，包括金属冶炼、兴建城堡、社会分化、创建礼仪制度以及含有文字性质的符号等，早在野蛮时代的原始氏族时期就已经孕育着、萌生着，正是中原地区的人们通过艰苦劳动，吸收并融合周围各族文化精华，逐渐克服野蛮，创造文明，从而推动着当时的社会迅速地迈入文明时代的门槛，在这里最早建立起夏王朝国家政权。

　　但是，这个历史转折也是一场剧烈的社会变革，变革内容就是新旧社会的交替，它充满着先进和落后、前进和倒退的尖锐而复杂的斗争，这种斗争最高形式就是战争。文献所记"轩辕之时，神农氏世衰，诸侯相侵伐，暴虐百姓"；黄帝"与炎帝战于阪泉之野"，又"与蚩尤战于涿鹿之野"（《史记·五帝本纪》），"共工与颛顼争为帝"（《淮南子·天文训》），又"与高辛氏争而王"（《国语·周语下》韦昭注），"尧战于丹水之浦，以服南蛮，舜却苗民，更易其俗"（《吕氏春秋·召类》），"禹亲把天之瑞令，以征有苗"（《墨子·非攻下》），都是这个时期发生的战争。《吕氏春秋·荡兵》云："兵所自来者久矣，黄、炎故用水火矣，共工氏固次作难矣，五帝固相与争矣。"说明这个时期的战争是相当频繁的。频繁的战争迫使住地相近的同姓或异姓部落和部落联盟进一步合并，组成一个规模更大、联系更加紧密的以血缘和地缘关系为基础的共同体以取代往日的部落联盟，这种新的共同体我们称之为"部族"。各部族首长已经蜕变为贵族，由他们所组成的原是代表全体成员利益的各层组织，正在迅速转化成为维护贵族集团利益的强制性权力机构，这种权力机构就是未来国家政权的雏形。不过这个时期的私有财产属于动产与部分不动产，多数不动产例如土地则仍属于集体所有。民主制虽然遭到迅速破坏，但仍未彻底破坏，如主要首领的继任人还是实行着"禅让"制，有关民生大计的治水等工程也需要在一定范围内协商解决。长期的战争对社会造成重大破坏，要求统一和安定已经成为大势所趋，适应当时社会发展的需要,由是产生了夏王朝国家政权。

夏王朝在中原地区部族组织的基础上发展和转化而来,从而形成了自己鲜明的特点。

第一,夏王朝是我国历史上第一个建立在农业经济基础之上的国家政权。众所周知,古代中原地区的人们自新石器时代以来,一直从事着以农业为主的生产活动,过着以农业为主的经济生活。被驯化的动物只是作为家畜而存在,家畜饲养业在农业经济中始终处于附属的地位,这里不存在从事畜牧业的族群,也不存在以畜牧经济为主的历史阶段。由于人们以农业经济为其主要生活来源,久而久之,就把土地和粮食奉为神灵,进行崇拜,我国古代把祭拜土地和粮食的神灵称为"社稷",也简称为"社"。《礼记·月令》载:仲春之月"择元日,命民社"。郑玄注:"社,后土也,使民祀焉,神其农业也。"《白虎通·社稷》云:"人非土不立,非谷不食。土地广博,不可遍敬也,五谷众多,不可一一祭也。故封土立社,示有土也;稷,五谷之长,故立稷而祭之也。"《史记·封禅书》:"自禹兴而修社祀……郊社所从来尚矣。"可见夏人是很重视祭祀社神的。进入阶级社会以后,上自国王,下至平民,凡有人聚居的地方都建有社坛以祭祀社神,《礼记·祭法》云:"王为群姓立社,曰大社,王自为立社,曰王社;诸侯为百姓立社,曰国社;诸侯自为立社,曰侯社;大夫以下成群立社,曰置社。"郑玄注:大夫"与民族居,百家以上则共立一社,今时里社是也"。国王所建的大社位于都邑以内,《逸周书·作雒解》云:"乃建大社于国中。"孔子云:"殷因于夏礼,所损益,可知也。周因于殷礼,所损益,可知也。"(《论语·为政》)周人建大社于"国中"当是继承夏商制度而来。《尚书·汤誓序》云:"汤既胜夏,欲迁其社,不可,作《夏社》。"可知夏都以内同样是建有大社的。夏人重视祭社,是他们"神其农业"的反映,夏都建有大社,祭社作为制度从夏人开始,而且在现已发现的所有二里头文化遗址中所出土的生产工具都以农业生产工具为最多,这些都充分说明夏王朝是建立在农业经济基础之上的国家政权。

第二,夏王朝是我国历史上第一个君主世袭制的国家政权。《礼记·礼运》引孔子云:"唐、虞禅,夏后、殷、周继。"《史记·夏本纪》云:"(禹)以天下授益……禹子启贤,天下属意焉。及禹崩,虽授益,益之佐禹日浅,天下未洽。故诸侯皆去益而朝启,曰:'吾君帝禹之子也。'于是启遂即天子之位,是为夏后帝启。"《战国策·燕策》云:"禹授益而以启为吏。及老,而以启为不足任天下,传之益也。启与支党攻益而夺之天下,是禹名传天下于益,其实令启自取之。"古本《竹书纪年》又云:"益干启位,启杀之。"这些记载虽不完全一致,但都清楚地说明一个历史事实,那就是禹"不传于贤而传于子",从夏王朝开始,"大人世及以为礼"(《礼记·礼运》),世袭制取代禅让制而正式确立起来。"夏传子,家天下",夏王朝的世袭制开我国后世历代王朝王位继承制之先河,我们说夏王朝是我国历史上的第一个国家政权,王位世袭制的确立就是其中的一个重要标志。

第三,夏王朝是我国历史上第一个政权和族权相结合的国家政权。农业生产是一种周期较长的生产活动,春耕、夏耘、秋收、冬藏,终年勤劳,周而复始。这样的生产方式要求劳动者必须过着定居的聚落生活,而且在古代生产工具和技术比较原始的条件下,还要求人们必须以某种关系结成集体从事劳动,才能有所收获。在我国古代中原地区,人们就是以血缘关系为纽带结成同姓群体,过着聚族而居的定居生活。进入阶级社会以后,虽然各个同姓族群内部分化为贫富贵贱的阶层和阶级,但是并未彻底破坏血缘纽带,血缘亲族组织仍然普遍地存在着。《尚书·尧典》云:"克明俊德,以亲九族。"孔传曰:"上自高祖,下至玄孙,凡九族。"所谓"九族",就是指以血缘关系为纽带结成的众多同姓族群。随着夏王朝国家政权的建立,夏部族首领转化成为国王,他所在的姒姓贵族被称为王族。夏王既是国家元首,又是王族的族长,由他分封自己的子女及其亲属担任多数地方的各级行政长官,《史记·夏本纪》云:"禹为姒姓,其后分封,用国为姓,故有夏后氏、有扈氏、有男氏、斟寻氏、彤城氏、褒氏、费氏、杞氏、缯氏、辛氏、冥氏、斟氏、戈氏。"这些都是姒姓贵族的支族,他们被夏王分封于各地,建立起附属于中央的方国政权,从而构成由中央到地方的政权和族权牢固结合的统治体系。同姓族群有一个共同的祖先,维护本族的团结,念念不忘祖先的恩德,由此产生对祖先的崇拜,所以上自国王,下至平民,都建有宗庙或祠堂作为祭祀祖先的场所。宗庙又简称作"宗",《说文·宀部》:"宗,尊祖庙也。"《孝经·丧亲章》:"为之宗庙,以鬼享之;春秋祭祀,以时思之。"古人对宗庙的修建极为重视,《礼记·曲礼》云:"君子将营宫室,宗庙为先。"国王的宗庙建于王宫的近旁,《周礼·春官·小宗伯》:"掌建国之神位,右社稷,左宗庙。"同书《考工记》又云:"匠人营国……左祖右社。"郑玄注:国都"王宫所居也。祖,宗庙"。贾公彦疏:"言'王宫所居也'者,谓经左右前后者,据王宫所居处中而言之,故云王宫所居也。"宗庙之所以居于如此重要的地位,因为它不仅仅只是单纯祭祀祖先的场所,而且也是国王兼宗族长在这里处理政务和族务的地方,正如杨宽先生所说,"宗庙在宗族中具有礼堂的性质","族中的重要礼节和政治上的重大典礼都要在宗庙举行","所有政治和军事上的大事都到宗庙请示和报告",之所以要这样,就是"因为宗主不仅是宗族之长,而且是政治上的君主和军事上的统帅。这样在宗庙举行典礼和请示报告……其目的,就在于借此巩固宗族的团结,巩固君臣的关系,统一贵族的行动,从而加强贵族的战斗力量和统治力量"①。二里头夏都遗址宫城内发现有1号、2号大型宫殿建筑基址,我们认为1号建筑基址应即夏人的王宫所在,2号建筑基址应即夏人的宗庙所在。② 如果此释不误,则二里头夏都遗址1号、2号大型宫殿建筑基址的发现,正是夏王朝政权和族权牢固结合的物化表现。

第四,夏王朝是一个崇尚礼制的国家政权。礼制是社会制度的重要组成部分,是人们需要遵守的社会行为规范,它主要属于观念形态的范畴。一定的观念形态是一定的社会经济和政治的反映,同时又服务于一定的社会经济和政治,社会形态不同,作为观念形态的礼制内容也各异。礼制的内容主要体现在人们的言论和行为之中,同时也体现在一定的物质形态方面,这些体现着礼制的物质形态,人们通常称之为礼器。我国古代礼制的本质是"明贵贱,辨等列",使人们"皆有上下之宜,不得奢侈僭伪",这显然是为统治阶级服务的。"礼"作为一种制度,当产生于夏代,《礼记·礼器》云:"三代之礼,一也,民共由之,或素或青,夏造殷因。"孔颖达疏:"夏造者,往来之礼虽同,而先从夏始,故云夏造也。"《论语·为政》云:"殷因于夏礼,所损益,可知也;周因于殷礼,所损益,可知也。"是知古人都认为礼制创始于夏代,商、周及以后的礼制,都是在夏礼的基础上有所损益、继承和发展起来的。关于夏代礼制的内容,由于年长久远,已不得其详,《论语·八佾》记孔子说"夏礼吾能言之",他也只能说个大概。《礼记·表记》记孔子云:"夏道尊命,事鬼敬神而远之,近人而忠焉;先禄而后威,先赏而后罚,亲而不尊。"意即夏礼的实质是遵从君主的政教,崇奉鬼神,但敬而远之,待人亲切而忠厚,重俸禄而轻威严,重奖励而轻处罚,亲近人而不过分宠信。由此看来,当时的整个社会尚带有一些朴实而平和的气氛。夏礼的一些具体内

---

① 杨宽:《古史新探》,中华书局,1965年,第174页。
② 郑杰祥:《新石器文化与夏代文明》,江苏教育出版社,2005年,第408~416页。

容可以从现已发现的考古资料中显现出来,《礼记·礼器》记载古代有"以大为贵""以高为贵"的礼制,现已发现的二里头夏都遗址是整个二里头文化中最大的遗址,建筑于台基之上的大型宫殿基址也是当时最高最大的居处,说明夏代王都是按照礼制建造起来的都邑。二里头遗址贵族墓葬出土的鼎、爵、斝、盉等青铜器,是迄今发现的我国最早的青铜礼器群,也显然是按照当时的礼制铸造出来的。上述所有这些都说明夏代是一个崇尚礼制的社会,夏王朝是我国历史上最早创建礼制的国家政权。

第五,夏王朝是我国历史上第一个相对统一的具有中央王权性质的国家政权。如上文所述,夏王朝建立以前的中原地区,部族林立,征战不已。各部族为了保卫自己的安全,纷纷建立起防御设施,于是城堡群应运而生。《礼记·祭法·正义》引《世本》云:"鲧作城。"《太平御览》卷一九二引《博物志》云:"禹退作三城,强者攻,弱者守,敌者战,城郭,禹始也。"我国的城堡建筑出现甚早,到了鲧和禹的时期,中原地区随着社会矛盾的加剧,各部族纷纷建造起城堡。众所周知,考古学上大约属于这个历史阶段的河南龙山文化时期,现已发现了平顶山蒲城店①、登封王城岗②、新密古城寨③、郾城郝家台④、淮阳平粮台⑤、辉县孟庄⑥、安阳后冈⑦、温县徐堡⑧、博爱西金城⑨和濮阳戚城⑩等 10 座城堡,当然实际数量远不止于这些,但 10 座之多,已是前所未有的现象,这是中原地区历史上出现的第一个建城高潮阶段。各个城堡之间规模虽有大小,但其文化内涵没有太大的差别。城堡是突起性的防御设施,是当时最先进的防御体系,每座

---

① 河南省文物考古研究所:《河南平顶山蒲城店遗址发掘简报》,《文物》2008 年第 5 期。
② 北京大学考古文博学院等:《登封王城岗考古发现与研究》,大象出版社,2007 年。
③ 河南省文物考古研究所等:《河南新密市古城寨龙山文化城址发掘简报》,《华夏考古》2000 年第 2 期。
④ 河南省文物研究所等:《郾城郝家台遗址的发掘》,《华夏考古》1992 年第 3 期。
⑤ 河南省文物研究所等:《河南淮阳平粮台龙山文化城址发掘简报》,《文物》1983 年第 3 期。
⑥ 河南省文物考古研究所:《辉县孟庄》,中州古籍出版社,2003 年。
⑦ 胡厚宣:《殷墟发掘》,学习生活出版社,1955 年,第 72 页。
⑧ 张丽芳:《河南焦作许堡发现龙山文化城址》,《中国文物报》2007 年 2 月 2 日。
⑨ 王青等:《河南博爱西金城遗址发掘取得重要成果》,《中国文物报》2008 年 1 月 23 日第 2 版。
⑩ 马学泽:《河南濮阳戚城遗址文物调查取得重要收获》,《中国文物报》2008 年 4 月 9 日第 2 版。

城堡都应是部族的防御中心,同时也是部族统治集团的活动中心和权力中心。城堡群的出现,说明当时的中原地区正处于社会剧烈动荡的多权力中心的时代。各个部族统治集团以城堡为中心,拥有一定数量的人口,控制一定范围的土地,在城堡以内建立一些手工业作坊,以满足他们物质生活的需要;进行宗教活动,以提高本部族的凝聚力。而为了加强部族的管理,也需要在这里建立一些机构,如需要建立各级首领的议事和决策机构,为执行这些决策而建立的办事机构,为发展生产而建立的经济机构,为进行战争而建立的军事机构,为进行祭祀而建立的宗教机构以及一些管理公共设施的机构等。这一整套机构为未来国家政权的建立奠定了基础,成为未来国家政权的雏形,形成一个独立和相对独立的政治实体。不过随着经济和文化的发展,各部族之间的接触和联系日益密切,人们要求统一和安定生活的愿望也与日俱增。适应这种社会发展的需要,夏部族的首领大禹"东教乎九夷"(《墨子·尚贤》),南"征有苗"(《墨子·兼爱》引《禹誓》、《战国策·魏策》),西"逐共工"(《荀子·成相》《路史·后记》),又"攻曹、魏、屈骜、有扈,以行其教"(《吕氏春秋·召类》)。他的儿子启削平内乱,终于统一了以中原为主的广大地区,建立起中央王朝——夏王朝。从考古学上观察,作为夏文化的二里头文化,主要来源于河南龙山文化,又大大高于河南龙山文化,特别是偃师市的二里头遗址,其规模之大,文化内涵之丰富,在考古学文化史上,既是前所未见的,又是在所有二里头文化遗址中独一无二的。正如主持该遗址的发掘者许宏先生所说:"它是当时中国乃至东亚地区最大的聚落,也是迄今为止可确认的中国最早的王国都城遗址。"这个现象所反映出来的社会意义笔者认为是非常重要的,河南龙山文化时期诸多并立的城堡在这个时期纷纷消失,它意味着部族割据的分裂局面已经结束,而高踞于各文化遗址之上的唯一的一座具有典型意义的二里头王都遗址的出现,又意味着这个时期中原地区统一局面的形成,控制这个地区的中央王权已经确立起来。当然这个时期还存在着不少的同姓和异姓部族方国,但已与前代的各自为政、互不统属的部族方国有着本质上的不同,他们都是附属于或受封于中央王朝,与中央王朝保持着政治上的分封关系、经济上的贡纳关系或者血缘上的宗法关系,是夏王朝统辖下的地方性质的政权。对于分布于夏王朝周围的先商、先周等异姓部族方国,他们对夏王朝虽然或附或叛,但都承认夏王朝是唯一的中央王权,他们希望可以取代夏王朝而建立起新的中央王权,但是不可能再去建立另一个同时并存的中央王权。由于中原地区在夏王朝建立以后的相当长的时期内是经济和文化最为发达的地区,因此它形成一种强大的凝聚力和向心力,久而久之就在世世代代广大人民群众的心目中形成这样一种思想观念,那就是愿意统一,心向中央,只承认一个统一的中央王权。即使是在分裂割据时期,每个有见识的统治集团都自称是正统的唯一的中央王权,也都在努力地消除割据,直到建立起新的统一的中央王权。数千年的中国古代史,统一局面是长久的,分裂局面是短暂的,这段历史就是开始于夏王朝的建立。

综上所述,我认为建立在农业经济基础上的、世袭制的、政权和族权相结合的、崇尚礼制的、相对统一的中央王权的形成,是夏王朝国家政权所具有的五个显著特点,也是我国古代早期国家政权产生的五个显著标志。从这个意义上说,夏王朝是我国历史上出现的第一个具有典型意义的国家政权,也是我国正式进入文明时代的开端。

(原载《中国古代文明与国家起源学术研讨会论文集》,科学出版社 2011 年出版)

"甘"地辨

《尚书·甘誓》是研究我国夏代初期历史的一篇重要文献。《甘誓》其文，《尚书》今、古文以及《墨子·明鬼》等篇都把它称为夏书，虽然已经不是夏人原来的著述，但它是出自先秦时期的记录殆无疑问，因此仍然具有较高的史料价值，也历来为研究夏史者所重视。

《甘誓》所反映的夏初社会政治、经济和历史地理方面的情况，近人已有论述，①而意见多不一致，其中甘地所在就是一个尚在讨论中的问题。甘地地望的确定对于研究夏王朝初期活动范围及其与周围部族方国的关系具有重要的意义。但在这个问题上历来存在着两种不同的意见：传统的说法认为甘地当在今陕西省西安市鄠邑区内，另一种说法则认为在今河南洛阳市西南。② 笔者按：上述二说均值得商榷。我们认为"甘"地既不应在鄠邑区，也不应在洛阳市西南，而实应在今河南郑州以西的古代洰水沿岸。兹作《"甘"地辨》以申述其理由如下，不当之处，请同志们批评指正。

《史记·夏本纪》云：夏后帝启立，"有扈氏不服，启伐之，大战于甘，将战，作《甘誓》"。《尚书序》又云："启与有扈氏战于甘之野，作《甘誓》。"可知甘地是夏王朝讨伐有扈氏的一个重要战场，其地理位置必在作战双方活动中心的范围之间，或者至少也在其附近而不会离得太远。因此，要探讨甘地所在，就应当首先弄清楚夏王朝的统治中心和有扈氏的聚居区域各在什么地方，否则就会漫无边际，无从下手，使问题难以获得解决。

关于夏部族的活动地域，史书多记在今河南西部以及山西西南部的黄河两

---

① 顾颉刚、刘起釪：《〈尚书·甘誓〉校释译论》，《中国史研究》1979年第1期；李民：《〈尚书·甘誓〉所反映的夏初社会——从〈甘誓〉看夏与有扈的关系》，《河南文博通讯》1979年第4期。

② 顾颉刚、刘起釪：《〈尚书·甘誓〉校释译论》，《中国史研究》1979年第1期；李民：《〈尚书·甘誓〉所反映的夏初社会——从〈甘誓〉看夏与有扈的关系》，《河南文博通讯》1979年第4期。

岸。《国语·周语上》:"昔夏之兴也,融降于崇山",《御览》卷三十九"嵩山"条引韦昭注:"崇、嵩字古通用。夏都阳城,嵩山在焉。"可知崇山就是现在的嵩山,位在今河南西部的登封、新密和伊川县之间,北近伊洛平原,南临颖汝河谷,主峰在今登封市境,古称太室,又称中岳,我国古代夏部族就兴起于此山周围。夏部族的祖先鲧和禹,史书又分别称"崇伯鲧"(《国语·周语下》)和"崇禹"(《逸周书·世俘解》),也说明他们曾是居住于崇山即嵩山地区的古老部族酋长。又古本《竹书纪年》说:"禹居阳城"。《孟子·万章上》:"禹避舜之子于阳城"。《史记·封禅书·正义》引《世本》:"夏禹都阳城"。阳城所在共有四说:(1)山西晋城阳城说(《路史·后纪》卷一二注)。(2)山西翼城阳城说(《历史语言研究所集刊》第五本第一分册载丁山《由三代都邑论其民族文化》)。(3)河南浚仪(今开封祥符区——笔者注)阳城说(《太平御览》卷一五五引《世本》)。(4)河南登封告成阳城说(《孟子·万章上》赵岐注、《史记·夏本纪·集解》、《左传·昭公四年》杜预注、郦道元《水经·颖水注》)。但是前面三说文献记载较少,也没有考古资料佐证,唯有告成阳城一说,不仅文献记载较多,而且1977年我们在告成镇的东北隅确实发现了一座春秋战国至汉代的古城遗址,①特别是在城内还发现带有"阳城"字样的战国陶文。② 这就确证先秦诸书所说的禹居阳城应在今登封市东南的告成镇附近。告成镇北距嵩山主峰二十余里,恰在夏部族起源的地域之内,因此史书所记禹以阳城为活动中心是可信的。《穆天子传》云:"丙辰,天子南游于黄室之丘……乃□于启室。"郭璞注:"疑此言太室之丘嵩高山,启母在此化为石……故其上有启室也。"但丁山先生以为"黄室"应据《文选》改为"黄台",说"洧水出于阳城山,与黄水所出之太山,正是一脉,而黄、阳二字,古音同部,意者洧、黄之间,即夏后启故居"③。即使依据丁山先生意见,夏启故居虽不在太室山上,而洧、黄之间也应在嵩山东麓,这说明夏部族至启的时候其活动中心仍在嵩山以南的颖水河谷及其东面的洧水沿岸地区。又许慎《说文·夂部》云:"夏,中国之人也。"这里所说的中国,即指国家的中心

---

① 中国历史博物馆考古调查组、河南省博物馆登封工作站等:《河南登封阳城遗址的调查与铸铁遗址的试掘》,《文物》1977年第12期。
② 高成:《春秋战国时期古阳城遗址的发现》,《光明日报》1978年1月27日第3版。
③ 丁山:《由三代都邑论其民族文化》,《历史语言研究所集刊》第五本第一分册,中华书局,第90页。

地区。古代中国所在,西周初期的青铜器《何尊》铭文云:"佳王(成王)初鄦(迁)宅于成周……佳珷王既克大邑商,则廷告于天,曰:'余其宅兹中或(国),自之(兹)辥(乂)民.'"①成周在今洛阳市东郊汉魏故城一带,背靠邙山,面临伊水,正处于伊洛平原之上,这就是西周初期人们所称作的中国所在。《史记·周本纪》载武王谓周公曰:"自洛汭延于伊汭,居易毋固,其有夏之居。"可见三千年前的周人已把伊洛平原称作"中国",而且明确认为这里就是当年的"有夏之居"。《史记·夏本纪·正义》又引:"《汲冢古文》云:'太康居斟寻,羿亦居之,桀又居之.'《尚书》云:'太康失邦,兄弟五人须于洛汭.'此即太康居之,为近洛也。又吴起对魏武侯曰:'夏桀之居,左河、济,右太华,伊阙在其南,羊肠在其北.'又《周书·度邑篇》云:武王问太公'吾将因有夏之居',即河南是也。《括地志》云:'故鄩城在洛州巩县西南五十八里,盖桀所居也.'"巩县正处伊洛河滨,所有这些材料都说明,夏王朝自太康的时候起,其活动中心已移至今伊洛平原。另外,《左传·定公四年》又说:"周公相王室,以尹天下。……封唐叔……命以唐诰,而封于夏虚,启以夏政,疆以戎索。"但是周人这里所说的"夏虚",并不一定就是古代夏部族的发祥地,它很可能是夏王朝灭亡后夏人的故墟。综上所述,我们认为古代夏部族最初当兴起于今嵩山周围,以后辗转迁徙于伊洛平原之上。夏王朝灭亡,其后裔又渡河北上定居于今山西南部地区。终商朝一代,夏人虽逐渐同化于当地部族,但到了西周初期这里还保留着他们的习惯和风俗,并且遗留下不少他们的遗迹,这些遗迹周人称作夏虚。

夏王朝早期政治中心既已明确,而有扈氏所在地望也须加以论定。有扈氏故地东汉以前未能确指,自东汉班固撰《汉书·地理志》,始在"右扶风·鄠县"条下自注说:"鄠,古国。有扈谷亭。扈,夏启所伐。"以后马融、许慎以及郦道元等皆从其说,认为有扈氏故国就在西汉扶风郡的鄠县,即今陕西省西安市西南的鄠邑区境。不仅如此,马融又进一步推断夏与有扈"大战于甘"的甘地当在有扈氏南郊,就是说也在今鄠邑区境内。但是此说自唐孔颖达以来已不断被质疑(《尚书·甘誓》孔疏),近人顾颉刚等同志更明确指出有扈氏故地不在陕西省西安市鄠邑区境内,而应在"今河南郑州北黄河北岸的原武一带"②。按:顾说

---

① 唐兰:《何尊铭文解释》,《文物》1976年第1期。
② 顾颉刚、刘起釪:《〈尚书·甘誓〉校释译论》,《中国史研究》1979年第1期。

甚是。首先,陕西扈地虽然东汉以来诸家多主此说,但在东汉以前特别在先秦诸书中这里没有见到有关扈地的任何记载,这个说法是很值得怀疑的。其次,如上所述,夏王朝的早期政治中心是在今嵩山地区,此地西距陕西省西安市鄠邑区上千里,交通不便,因此即使关中平原上有扈氏发动叛乱,对于以农业为经济基础的夏王朝来说也是鞭长莫及,无能为力。正如顾颉刚先生所说:"根据当时民族活动情况考察",甘地及有扈氏所在也"很难说在陕境"。与此相反,今原武一带的古扈地,不仅先秦诸书多有记载(《竹书纪年》,《左传》庄公二十三年、文公七年、文公十五年、文公十七年),而且也见于殷墟卜辞(王国维《观堂别集·殷墟卜辞中所见地名考》),就是说远在商代已经存在。有据于此,陈梦家先生也曾推断说:"今原武县(今原阳县原武镇——笔者注)西北有扈亭故址,当郑县(今郑州市——笔者注)之北。庚申卜辞《粹》300 和《前》2.4.8 并有'才雇卜'之辞,而后者'才雇卜''才河卜'相次,故知'雇''河'皆滨河。雇为夏代的诸侯,《商颂·长发》:'韦、顾既伐,昆吾、夏桀'。所伐之韦、顾皆在黄河以北的豫北地区,韦在滑县东境,而顾即《世本》'有扈氏与夏同姓'之'扈'。"① 有扈氏是否与夏同姓虽然当前尚在讨论之中,但今原武一带为夏有扈氏故地可说是能够成为定论的。

有扈氏故地既然不在陕西省西安市鄠邑区境内,则甘地在鄠邑区南郊之说也就难以自圆其说。无论是居于中原地区的夏王朝或者是有扈氏都没有跑到关中平原兵戎相见、大动干戈的必要。我们认定夏王朝的统治中心在今嵩山地区周围,又认定有扈氏故地在今原武镇以北,而把甘地摆在今洛阳市西南也同样值得商榷。如上所述,双方"大战于甘"的甘地必在夏王朝和有扈氏双方势力范围之间,也就是说在今嵩山周围和原武地区之间。而且根据夏王朝处于进攻、有扈氏处于防御的双方作战态势,甘地应在有扈氏南郊不远。而今洛阳市西南既在嵩山地区以西,距原武一地更远,如果认为甘地就在这里,其与当时的形势全不符合。因为地处东方的有扈氏不可能也没必要穿越嵩山地区西去进攻夏王朝,夏王朝在这里也决然找不到一个有扈氏来进行决战。那么甘地究竟在何处?我们认为以地望推之,应在今原武镇以南,至少也不会距此太远。

《吕氏春秋·先己》云:"夏后伯启与有扈战于甘泽而不胜……期年而有扈

---

① 陈梦家:《殷墟卜辞综述·方国地理》,科学出版社,1956 年,第 305 页。

氏请服。"《后汉书·冯衍传》云:"讯夏启于甘泽兮,伤帝典之始倾。"陆德明《经典释文》又云:"甘,水名。"可见双方大战于甘水或甘泽沿岸,甘地也当以地傍甘水或甘泽而得名。《周礼·职方氏》:"河南曰豫州,其山镇曰华山,其泽薮曰圃田,其川荥、雒,其浸波、溠。"郑玄注云:"波读为播。"许慎《说文解字·水部》:"潘,一曰水名,在河南荥阳。"吕忱《字林》也说:"播水在荥阳。"播与潘,古通用,是知古代河南荥阳确实有潘水,潘水所在,《汉书·地理志·河南郡》:"荥阳:卞水、冯池皆在西南。"徐松《新斠注地理志集释》云:"《水经注》以卞水为即晋楚战于邲之邲,考《书》'荥、播即都',古文作荥、波,吕忱曰'播水在荥阳',以《说文解字》证之,则应作潘字也。播、波皆借字耳,古声潘、播相同,潘、波相转,故并得通用;卞为弁字之俗,潘、弁亦声之同,卞、邲又声之转。旧汴水出今荥阳县南大周山,合京、索等水,至中牟县入河。"今按潘、卞古音同属双唇音,阴、阳对转,声同通用,故《汉书·杜邺传》:"卞和献宝,刖足愿之。"而《汉书·古今人表》又称作"潘和"可证。汴水所在,谭其骧同志注云:"卞,东汉后作'汴',一作'汳'。卞水本是一条发源荥阳西南,东北流数十里即注入济水的小水,故汉志只说在西南,不著首尾。"①这条发源于荥阳西南的汴水实际就是古代的潘水无疑。又《尚书·禹贡》:"荆、河惟豫州。伊、洛、瀍、涧既入于河,荥波既猪,导菏泽,被孟猪。"孔颖达正义:"沇(济)水入河而溢为荥,荥是泽名。……郑云'今塞为平地,荥阳民犹谓其处为荥泽,在其县东',言在荥泽县之东也。"顾颉刚同志注云:"波,《史记·夏本纪》作播,一本作潘,司马贞《索隐》说:'播是水播溢之义'。播、潘、波音同字通,潘即回流、水溢的意思,《列子·黄帝》:'鲵旋之潘为渊',注:'潘,回流也。'《管子·五辅》:'决潘渚',注:'溢也',是水溢成渊渚叫潘,荥潘即荥泽"②。荥与潘意思相通,荥潘之泽也可简称作潘泽,而上述潘水和潘泽其实就是泔水和泔泽。

许慎《说文解字·水部》:"泔,周谓潘曰泔。从水,甘声",《广雅·释器》又云:"泔,澜也。"玄应《一切经音义》卷五九引《说文》云:"泔,潘也……江北名泔,江南名潘也。"《仓颉篇》也说:"潘,泔汁也。"是知潘与泔意思相同,古可通

---

① 谭其骧:《汉书·地理志选释·河南郡》,《中国古代地理名著选读》第一辑,科学出版社,1959年,第66页。

② 顾颉刚:《禹贡注释》,《中国古代地理名著选读》第一辑,科学出版社,1959年,第23页。

用,因此存在于古代荥阳地区的潘水和荥潘在周代以前原应被称作泔水和荥泔,甘与泔,音同相通,就是说应被称作甘水和荥甘,而地傍甘水和荥甘之泽的地区也应被称为甘地。此地北距原武镇的有扈氏故国仅数十里,西傍邙山岭,东邻圃田泽,这个自然条件适合成为古代有扈氏的南方门户,也是它的一条生命线。有扈氏与南方的夏王朝地域相接,距夏都阳城仅仅百余里,可说正处于夏王朝的"天子脚下",它在这里发动叛乱,对于夏王朝无疑是一个严重威胁,它遭到夏王朝的讨伐是势所必然的。有扈氏正是在这里和夏王朝一战而败,成为夏之与国。所有这些都说明,夏与有扈"大战于甘"的甘地,据文献记载或依当时的形势,既不应在陕西省西安市鄠邑区境内,也不应在洛阳市西南,应在今郑州市以西的古荥甘之泽和甘水沿岸。

(原载《中国史研究》1982年第2期)

释商

商族何以称商？什么是商字本义？这些问题历来众说纷纭，迄今未能定论。许慎《说文解字》卷三上："商，从外知内也。从㕯，章省声。"又云："㕯，言之讱也。"认为商字本是讱于言而明于行者，让人从字形了解其内在之意。但众所周知，殷墟卜辞中迄今尚未发现章字，难以证明商字上部所从之立就是章字之省；而且一期卜辞所记商字下部又多不从口（见《甲骨文编》第93页），就是说原非㕯字，可知许氏所释商字本义与早期卜辞商字字形不符，因而是不足为据的。近世学者始据出土甲骨文、金文资料探求商字本义，有释商为"赏"之假借字者，①有释商"象架上置物之形"者，还有释商象于穴居之上置以商人所崇拜的玄鸟鸟冠之形者；②朱芳圃先生又释商为置烛薪于底座上以象征商人祭大火星宿者；③等等。我们认为以上各说，唯朱说近是，但仍不确切；确切地说商之本字应即从冂、从辛，其本义应象古人于高台之上观测和祭祀大火星宿之形。卜辞、金文商字有写作 丙（《佚》518）、丙（《商敲殷》）者。犹存有星宿象形之古意，兹略述理由如下，请予批评指正。

商字本字，早期卜辞写作 丙（《甲》727）、丙（《甲》1225），从冂、从辛，辛也声，象冂上置辛之形，是一个形声兼会意字。辛字既为商字声符，也兼有义意。辛、䇂二字本义，许慎《说文》卷三上："䇂，辠也。"《说文·辛部》又云："辛，秋时万物成而熟。金刚味辛，辛痛即泣出。从一、䇂，䇂，辠也。"又云："辠，犯法也。从辛，从自。言辠人蹙鼻苦辛之忧。"许氏此释颇为迂曲难解。郭沫若先生《甲骨文字研究·释支干》申述此说，以为辛、䇂同字而异者，两字乃古代曲刀之象

---

① 李孝定编述：《甲骨文字集释》卷三，第663页。
② 王玉哲：《商族的来源地望试探》，《历史研究》1984年第1期。
③ 朱芳圃：《殷墟文字释丛》卷上，中华书局，1962年，第36页。

形,是古代黥刑工具,辛、辛字既为黥刑工具的象形,故得引申而为皋愆犯法之义。朱芳圃先生则以为辛、辛同字,而"辛即薪之初文,象形"。他又说古代薪有两种用途:一为烧柴,用以取热;二为烛薪,用以照明。① 今按以上二说皆不可据。甲骨文辛、辛字初形作ᛉ(《林》2·27·14),又写作平(《余》1·1)和ᛞ(《明藏》362)、ᛞ(《后》下:34·5),以其所象之形判断,既非薪烛,也非曲刀,而应为大火星宿之象形。

"大火"又称作大辰,是我国古代二十八宿中的著名星座。《公羊传·昭公十七年》:"大辰者何？大火也。大火为大辰。"大火所指何宿,历代说解颇不一致。《左传·襄公九年》"心为大火",以大火为心宿。宋人朱熹指为尾宿,陈祥道指为房宿,清人清懋岭指为氐、房二宿,近世竺可桢先生指为心宿二,他认为《尚书·尧典》四星中之火星"房、心、尾并举"。② 郭沫若《甲骨文字研究·释支干》也以为房、心、尾三宿古人最早视为一体,称蝎星,以后才一分为三。今按蝎星即中国古代所称的"大火",当为房、心、尾三宿的合称③。《尔雅·释天》:"大辰,房、心、尾也,大火谓之大辰。"邢昺疏:"大辰,房、心、尾之总名也。"郝懿行《尔雅义疏》引李巡曰:"大辰,苍龙宿之体,最为明,故曰房、心、尾也。""大火"以心宿为主体,此宿因位于东宫苍龙的中心部位而得名。心宿三星,其中心宿二星为一等亮星,明亮发红,古人又称此星为"火"。房宿四星与心宿相近,也比较明亮,故古人往往将房、心连称,《史记·天官书》:"东宫苍龙、房、心。心为明堂……房为府,曰天驷。"《春秋说题辞》又云:"房、心为明堂,天王布政之宫。"房宿在湖北曾侯乙墓出土的星象图中又称作方宿,方、旁古同字,是房宿当即旁宿,旁宿即旁居心宿一侧之宿。尾宿九星,位于心宿另一侧,形似尾巴,故称尾星,是大火星宿的重要组成部分。《周礼·考工记》:"龙旂九斿,以象大火也。"郑玄注:"大火,苍龙宿之心,其属有尾,尾九星。"由于心宿位于大辰的中心部位,最为明亮,故后人往往又单称此宿为大火或大辰,郝懿行《尔雅义疏》云:"既言大辰房、心、尾,又言心为大辰者,心三星最明大,举头即见,故《诗》屡言三星皆谓心也。"不过在商代,二十八宿体系尚未形成,对于东方七宿所构成的苍龙

---

① 朱芳圃:《殷墟文字释丛》卷上,中华书局,1962年,第36页。
② 竺可桢:《论以岁差定〈尚书·尧典〉四仲中星之年代》,《竺可桢文集》,科学出版社,1979年。
③ 郭沫若:《郭沫若全集·考古编》第一卷,科学出版社,1982年,第247页。

形象也没有一个明确的概念。因此构成苍龙形象的房、心、尾三宿名称是否已经出现还不能确定。虽然如此,在公元前 2000 年左右,当被后人称作房、心、尾三宿每年季春三月初昏见于东方地平线上的时候,生活于北纬 35 度左右的黄河中下游地区的人们首先观测到其中发红的心宿二,他们称之为"火",其次也观测到房、心、尾三宿明亮的整体形象。房、心、尾三宿的整体形象古代巴比伦人认为像个蝎子,故天文学上称之为天蝎星座,在我国春秋战国时代则称之为"大火"或"大辰",而在商代,根据卜辞字形判断,或当称之为辛或䇂,兹将这三宿在星空中的排列形象图示如下:

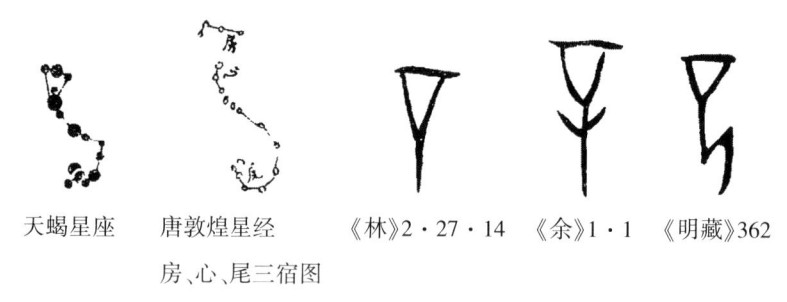

天蝎星座　　唐敦煌星经　　《林》2·27·14　《余》1·1　《明藏》362
　　　　　　房、心、尾三宿图

由上图所示可知,房、心二宿之排列形象恰与卜辞丫字即原始的辛字字形非常相近。只是为刻写方便,各星圆点都以相连线条表示之,后来为突出心宿二,于该星又特刻出一横线作丫以示其光芒四射之意;而房、心、尾三宿之排列图象,又恰与卜辞字形非常相近。这并不是偶然的巧合,它表明辛、䇂的原始字丫很有可能就是后世称作房、心、尾三宿整体的象形。商人据此创造出辛字,"大火"星宿在商代或当称为辛星。

辛、䇂既为明亮发红的"大火"星宿三象形字,其本义当为火,因此它也具有燃烧、烧烤、发红、明亮之义。例如薪字意为砍伐木材用作燃料,《礼记·月令》:季秋之月,"草木黄落,乃伐薪为炭"。炭即燃料。薪之本字则为新,《说文·斤部》:"新,取木也。"段玉裁注:"取木者,新之本义……从斤、木,辛声。"早期卜辞新字则写作(《林》2·7·7),从斤,从辛。象以斤取辛之形,而不从木,可知古人早已认为辛即为火,故借用来造出原始的新字。只是久而久之,辛字火意渐失,后人才增加木旁形符以构成现在的新字。再如炽字,《说文·火部》:"炽,盛也。"又有曝晒炽热之意,《列子·汤问》云:"阳光炽烈,坚冰立散。"又有烧烤之意,《左传·昭公十年传》:"及丧,柳炽炭于位。"杜预注:烧炭"以温地也",炽(熾)之本字则为戠。《说文·戈部》"戠,从戈从音",而不释其义。今按,戠、甲骨文写作👲(《后》下20、13),从戈、从▽,▽为辛字之初形,由此可知戠之原始字乃是以辛为意符,而只有辛意为火,才有可能孳乳为炽热、烧烤之义的炽字。

辛、辛字本义为火,从而引申为具有红色、明亮、威猛和神圣之义。如犇字,《玉篇》云:"赤牛也。"骍,《广韵》云:"马赤色也。"《诗·鲁颂·駉》:"有骍有骐"。《毛传》曰:"赤黄曰骍。"孔颖达《正义》:"骍为纯赤色。"《礼记·郊特牲》:"牲用骍,尚赤也。"犇与骍偏旁皆从辛,可知辛具有红色之义。又如章字,《广韵》云:"章,明也。"《尚书·尧典》:"平章百姓"。《孔传》曰:"章,明也。"《易·丰·六五》:"来章有庆"。王弼注:"章,显其德也。"《国语·周语》:"其饰弥章"。韦昭注:"章,著也。"金文章字写作🔯(《乙亥殷》),从辛、从日,指事字,是辛本为明亮义,又加日以示其明亮显著也。再如言字,《说文·言部》:"言,直言曰言。……从口辛声。"甲骨文言字写作🔯(《拾》14·10)或🔯(《甲》499),从口、从辛,辛也声,是一个形声兼会意字。但言之本义许慎所释较为笼统,今按,辛既有明亮之义,是言字象以口吐辛,其本义当为说明自己意见以使人了解明白也。又如龙,甲骨文写作🔯(《戬》43·1),象形字。凤,甲骨文写作🔯(《菁》5·1),象形字,二字皆象头上戴辛之形,戴辛之义,前人虽有说解,皆不可从。今按,龙为古代神化之蛇。《说文·龙部》云:"龙,鳞虫之长。能幽能明,能细能巨,能短能长,春分而登天,秋分而潜渊。"朱芳圃先生则以为龙即蟒蛇也,即古代巴蛇的神化。朱氏《殷周文字释丛·释龙》引"章炳麟曰:《说文》:'巴,虫也。或曰食象蛇也,象形。'《山海经》曰:'巴蛇食象,三岁而出其骨。'则巴蛇为本义。(尔雅)《释鱼》:'蟒,王蛇。'《说文》无蟒,盖本作莽。古音莽如姥,借为巴也。郭璞《图赞》曰:'惟蛇之君,是谓巨蟒,少则数寻,大或百丈。'惟百丈故能食象。……蟒之即巴明矣。其说是也。余谓龙,神化之巴也。头上戴辛者,初民视巴为神物,故以烛薪之辉煌象征其威灵也"。朱说近是。但辛之本义不为烛薪,烛薪之火无辉煌可言。辛本有火红明亮之意,故龙首戴辛正表现其威灵辉煌之象也。凤,也为古代神化之鸟。《说文·鸟部》云:"凤,神鸟也……五色备举。出于东方君子之国,翱翔四海之外。过昆仑,饮砥柱,濯羽弱水,莫(暮)宿风穴,见则天下安宁。"商人也把凤看成天帝的使者,如卜辞云:"于帝史凤?二犬"(《通》398)。商人由于视凤为神鸟,故使凤字象首戴辛,有神圣明亮之义。

由于辛、辛字具有红色、明亮之义,因此又进一步引申为具有美观、装饰之义。如竞(競),《说文·誩部》:"强语也,一曰逐也。"《左传·襄公十年》:"师竞(競)已甚",杜预注:"竞(競),争也。"甲骨文竞字写作羿(《前》5·41·4),会意字,正象二人头上戴辛以竞(競)相比美之意。又如妾,甲骨文写作羑(《后》上6·3),象女子头上戴辛之形。《说文·辛部》云:"妾,有辠女子,给事之得接于君者。"朱芳圃《殷周文字释丛·释妾》又云:"余谓妾象女子头上戴辛,辛与辛同;辛,爨薪也。《书·费誓》:'臣妾逋逃'。郑注:'臣妾,厮役之属也。'《史记·张耳陈馀列传》:'有厮养卒。'《集解》引韦昭曰:析薪为厮,炊烹为养。盖古代战争时俘获异族之妇女,使之服析薪炊烹之役。故造字象之。"以上二说,一释妾为有罪女子,一释妾为战争女俘,皆不可据。今按,妾指低贱女子乃后起之义,并非妾字本义。根据卜辞记载,妾是商代先王法定配偶的一种名称,与其他先王诸妇享有同等的祭祀。如卜辞云:"虫于王亥妾"(《藏》206·2),"寮于王亥母"(《乙》6404);"虫于示壬妾妣[庚]"(《续》106·1),"虫于示壬妻妣庚"(《乙》1916);"王宾示癸奭"(《后》上1·8)。陈梦家先生据此指出:"卜辞中先公先王配偶的称谓,有母、妾、妻、奭四种。由此可证母、妾、妻、奭均是同义,王亥之配或称母或称妾,亦可为证。"[①]可知妾在商代属于贵族妇女,毫无地位卑下之意,因此妾之头所戴之辛,既非刑具,也非薪柴,实为一种装饰品,借以增其姣好美观之意。

辛、辛字本义既为火,火给人带来光明和温暖,也是人们赖以生存的重要保证,因此又引申为具有主宰、治理之义。如辞,《说文·辛部》:"辞,讼也。"金文辞辛字多写作"司"(见《金文编》卷十四),盖古辛、司二字音、义相同,故相通用。钱坫《说文解字斠诠》云:"辞之言治。应作讼,此即治狱字,故云讼。"《金文诂林》卷十四行高田忠周云:"按《说文》:'辞,讼也……盖讼争必有司理之。从司当兼声与义也。"可知辞之偏旁从辛、从司皆有治理之义。再如宰字,《说文》卷七下:"宰,辠人在屋下执事者。"此释不确。《周礼·天官·序官》:"乃立天官冢宰"。郑玄注:"宰,主也。"《公羊传·僖公九年》:"宰周公者何?天子之为政者也。"何休注:"宰犹治也。三公之职号尊名也,以加宰,知其职大尊重。"

[①] 陈梦家:《殷墟卜辞综述》,科学出版社,1956年,第486~487页。

宰也是古代的一种官名,卜辞云:"壬午,王田于麦录,获商戠兕,王赐宰丰寢……在五月。隹王六祀肜日。"(《佚》426)《蔡殷》云:"王若曰:蔡,昔先王令汝作宰,嗣王家。"可知宰之本义当为主宰、治理,毫无"皋人在屋下执事者"之义。《说文诂林》卷七上张云敖云:"(《说文》)又谓'宰,皋人在屋下执事者。从宀,从辛。辛,皋也,或有驳之者云:天官冢宰帅其属以宰邦治。贰之则曰小宰。又有宰夫掌治朝之法,即下至里宰亦皆以贤能升进。训皋之说甚碍于理。"这个辩驳是正确的。宰字甲骨文、金文写作𠕋,象置辛于室内正中,辛之本义不当训为皋,而当训为治,宰字以辛为意符,因而其本义当训为主宰、治理为是。

当然,火虽然能给人带来光明和温暖,但如果失去控制,也会给人造成痛苦和灾难。因此有时辛、辛字又具有辛苦、皋愆之义。不过,如上所述,甲骨文、金文中偏旁从辛、从辛之字,多具有燃烧、发红、明亮、美观、神圣和主宰、治理之义,而无有辛苦、皋愆之义者,是知辛苦、皋愆乃后起之义,非其本义,辛字本义实当为火,它进一步证明甲骨文商字上部所从之辛,原是后世称作大火星宿的象形字。

甲骨文商字下部所从之冂,即丙字初文,甲骨文中习见(见《甲骨文编》卷十四),兹不赘举。丙字本义,徐中舒先生以为象穴居之形,又说:"穴,甲骨文作冂,象以土覆盖梁木之上。"①其说甚是。《说文·穴部》云:"穴,土室也。"《墨子·辞过》:"古之民未知为宫室时,就陵阜而居,穴而处。"《诗·大雅·绵》:"陶复陶穴,未有家室。"《毛传》曰:"陶其土而复之,陶其壤而穴之。"郑玄笺:"复者,复于土上,凿地曰穴,皆如陶然。"段玉裁《说文解字注》:"毛(传)之陶其土,陶其壤,盖读陶为掏。郑(玄)则云皆如窑然,特此为异耳。汉时陵墓筑封土谓之复土,义与此复土小异,要亦上覆之言耳。"甲骨文丙字写作冂,正象自然形成或人工筑成的陵阜高丘,上部平整成台,侧面掏土成穴室之状。《说文·丙部》云:"丙,位南方,万物成,炳然。阴气初起,阳气将亏,从一入门,一者,阳也,丙承乙,象人肩。"是说丙字本象一个炳然突出的物体,上部平整象人肩,正面有门入阳气。许氏的这个解释虽然受阴阳家的影响,但对丙字字形的解释基本上是正确的。由此可知,商本字当是从丙、从辛,辛也声。丙象内部掏土成穴的高台,辛象后人所说的大火星宿,商字构形是以辛置丙上,其本义当为古人于高台

---

① 徐中舒:《怎样考释古文字》,《出土文献研究》第一辑,文物出版社,1985年,第214页。

之上观测和祭祀大火星宿之形。

古人之所以要观测和祭祀"大火",不仅是其明亮发红而引人注目,更重要的它还是我国古代中原地区据以观象授时的标准星座,观测它的出没运行可推算四时季节的变化,从而对安排我国古代农业生产和人们的生活有着重大作用。《公羊传·昭公十七年》:"大火为大辰,伐为大辰。"何休《集解》:"大火与伐,天所以示民时早晚,天上所取正,故谓之大辰。辰,时也。"徐彦疏引"李氏(巡)曰:'大火',苍龙宿之心,以候四时,故曰大辰",可知这里所说的"大辰"也说是"大时","大时"即重要的时刻之意,"大火"称作"大时",是因为它的出没运行,成为人们判定四时季节变化的标准,因此古人非常注意观测它的出没运行。《左传·昭公十七年》:"火出,于夏为三月。于商为四月,于周为五月,夏数得天。"夏人把"大火"开始昏见于东方定在季春三月,是比较符合季节变化的实际情况的。《周礼·夏官》:"季春火星始见,出之以宣其气,季秋火星始伏,纳之以息其气。"《左传·昭公三年》:"火中,寒暑乃退。"《诗·豳风·七月》孔疏引服虔曰:"季冬十二月平旦正中,在南方,大寒退;季夏六月黄昏火星中,大暑退,是火为寒暑之候事也。"可见古人一年四季都在观测大火星宿的出没运行。由于大火星宿的出没运行对恰当地安排我国古代农业生产和人们生活具有重要意义,因此,早在原始社会末期,生活于黄河中下游地区的原始部族就设有专职人员以观测和祭祀大火星宿,这种专职人员文献记载称为"火正",或称为"司爟"。《国语·楚语下》云:颛顼"命南正重司天以属神,命火正黎司地以属民"。《国语·郑语》云:"夫黎为高辛氏火正,以淳耀敦大,天明地德,光照四海,故命之曰祝融。"《史记·历书》也云:"少皞氏之衰也,九黎乱德,民神杂扰,不可放物,祸菑荐至,莫尽其气。颛顼受之,乃命南正重司天以属神,命火正黎司地以属民,使复旧常,无相侵渎。"《汉书·五行志》:"古之火正,谓火官也,掌祭火星,行火政。"所谓"行火政",即《周礼·夏官》所说司爟"掌行火之政令,四时变国火,以救时疾。季春出火,民咸从之;季秋内火民亦如之"。具体地说就是准确地测出大火的出没运行,以定四时季节,并且举行"出火""内火"的祭火仪式,合理地安排人们的生产和生活。如果"火正"尽职尽责,"则阴阳调,风雨节,茂气至,民无夭疫",否则"历数失序","祸菑荐至"(《史记·历书》)。可见"火正"一职在以农业为主的原始部族中具有极其重要的地位。根据文献记载,商人的祖先就曾专职负责观测和主祭"大火",敬授农时,而且也是古代中原地区原始部族中著名的"火正"之一。《左传·昭公元年》："昔高辛氏有二子，伯曰阏伯，季曰实沈，居于旷林，不相能也，日寻干戈，以相征讨。后帝不臧，迁阏伯于商丘，主辰，商人是因，故辰为商星。"《左传·襄公九年》："陶唐氏之火正阏伯居商丘，祀大火，而火纪时焉。相土因之，故商主大火。"《国语·晋语四》又云："岁在大火，阏伯之星也，实纪商人。"相土为商人第三世祖，《世本》云："契生昭明，昭明生相土，相土生昌若。"《史记·殷本纪》也说："契卒，子昭明立。昭明卒，子相土立。相土卒，子昌若立。"相土既为昭明所生，又因袭阏伯之职，主大火之祀，昭明、阏伯世系相近，因此丁山先生以为"商丘与商，本为一地；昭明、阏伯，疑即一人"是可信的。由此可知，商人祖先从昭明时起即任职火正，以观测和主祭"大火"而著称于世。

商人由于世世代代以观测和祭祀辛星即大火星宿而著称，久而久之，该族即以于高台之上观测和祭祀辛星即大火星宿的形象造"商"字，而被称为商族，并且把大火星宿也称为"商星"。《春秋·公羊传·昭公十七年》云："大火为大辰"。《春秋·左氏传·昭公元年》又云："故辰为商星。"古人认为"大火"与商星本是一星而异名。卜辞所记无"大火"，也无观测和祭祀"大火"的"火正"，而有"辛德""司辛"等词，它们可能是商代观测和祭祀辛星之职官名称。卜辞云："癸巳卜，辛德允。"(《文》579)德与正相通，如卜辞云："……卜，今春登正土方。"(《续》3·8·9)"壬辰卜，㱿贞，今春王德土方，受祐？"(《续》3·10·1)甲骨文德字作㥁，郭沫若《卜辞通纂》508片释云："盖直之繁文也，古金文德字均从此作。……直者，正也，'值伐'殆犹言'征伐'。"可知卜辞"德土方"即"正土方"，"辛德"亦即"辛正"，"辛正"或即后世"火正"之类的官职。卜辞又云："丁酉卜，大贞：小司辛老，隹丁古八月。"(《林》12·67)"小司辛"一词，有的学者认为是商人对祖妣或对小王后妃的称谓(严一萍《中国文字》第十九期《释小㚸》)，此说可商。"小司辛"一词见于二期卜辞，二期祖庚、祖甲称自己的祖父辛皆为"小辛"，而不称"小司辛"；称自己的诸母辛为"母辛""妣辛"，或"司母辛"，也不称"小司辛"。因此，我们认为"小司辛"可能是商代的一种小臣名称，而不是商人对其祖先的称谓。"司辛"卜辞写作合文"㚸"，司有主持、掌管之义，又卜辞司与祀、祠皆相通，罗振玉《增订殷墟书契考释》卷下云："商称年曰祀，亦曰祠；《尔雅·释天》：'商曰祀'。征之卜辞，称祀者四，称司者三。曰'惟王二祀'，曰'惟王五祀'，曰'惟王九祀'，曰'王廿祀'，曰'王廿司'，是商称年曰祀,又曰司也。司即祀字。"是知卜辞"小司辛"或如后世"火正""司爟"之类,为掌管和祭祀辛星之职官。卜辞"小司辛老"之"老"或有"死"义,《释名》云:"老,朽也。"又老、考互训,《礼记·曲礼下》:"寿考曰卒。"《尔雅·释诂》云:"卒,死也。"邢昺疏:"老而死从大夫之称"曰卒。卜辞它辞又云:"贞……其艰,二日……小司辛死……八月。"(《掇》2·210)二辞同义,"小司辛老"也即"小司辛死"之义。卜辞称小司辛死时是一个艰难时刻,可知商人认为这是一个不幸的事件。商人也祭祀"小司辛",如卜辞云:"丙申卜,出贞,乍小司辛,更夎,八月。"(《后》下93)"……午卜,大贞,翌夎未屮于小司辛,三牢……"(《续》28·1)卜辞中"乍"有祭义,读为《尚书·顾命》"秉璋以酢"之酢(《甲骨文字集释》卷十二,第3809页),"屮于"即"侑祭于"小司辛之义。古人对"火正"即负责观测和祭祀"火"星者举行祭祀是表示对这一职务的重视和崇敬,这一习俗在古代中原地区流传了很长时间,《周礼·夏官》:司爟"掌行火之政令。……时则施火令,凡祭祀,则祭爟"。贾公彦疏:"则此祭爟,谓祭先出火之人也。"《周礼》中的"司爟",类似于卜辞中"小司辛"之职,"周因于殷礼",周人"祭爟"或因袭于殷人祭"小司辛"而来。商人也经常举行祭辛活动,这在卜辞中多有记载。

  以上所述,未必确切,尚可探讨。总之,我们认为商之本字当是从丙、从辛,辛也声。丙象冈台之状,辛为大火星宿之象形,商字本义当为古人于冈台之上祭祀大火星宿。"大火"即房、心、尾三宿之总名,商代称为辛星,它的出没运行对于划定四时季节、合理安排人们的生产和生活有着极重要的意义,因此古人对于它的观测是极其重视的。文献记载,生活于北纬35度左右的中原地区的商部族,大概是最早注意到"大火"的出没运行与四时季节变化的密切关系,并且以此为根据较合理地安排了人们的生产和生活的部族,从而博得了其他部族的称道和传颂,久而久之就被称为商族。商族者,观测和祭祀大火星宿之族也。商人"祀大火,而火纪时焉",也当以"祀大火"命名焉。

(原载《驻马店师专学报(社会科学版)》1988年第2期)

释滴

滴又称商水,是商代一条比较大的河流,殷墟卜辞多有关于此水的记载(见岛邦男《殷墟卜辞综类》,第280页)。根据卜辞所记,商王在"求年于河"(《南明》456)的同时,还举行"求年于滴"(《掇》1·384)活动,河即黄河,是商代最大的河流,它的安流与泛滥直接影响着商王朝的政治和经济,因此被商人奉为神灵,经常对其举行隆重的祭祀,以袯除灾患和祈求丰收。商人除祭河之外,最为重视者就是祭祀商水。商代河流甚多,商人唯对河与滴举行"求年"的祭祀,可知在商人看来,商水是仅次于黄河的一条神圣的大水。但是后世文献对于商水的记载甚少,《集韵》:"滴,音商,水名。"说得非常简单,又不详其所在,因此在很长的历史时期内未能引起人们的注意。本世纪以来,随着殷墟卜辞的大量出土及对其研究的深入,不少学者对滴水地望及其后世名称进行了认真讨论,并且认识到它是研究商代地理者所必须解决的一个问题,20世纪30年代末和40年代初,葛毅卿和杨树达先生首先提出滴水为后世漳水一说。① 其理由有二:一、卜辞所见水名都在今河南省境,滴水也当在今河南省境,而漳水正是河南最北部的一条河流。二、古商与章音同相通,因此以字音求之,滴水应即现今的漳水,杨氏引"《水经·河水》篇云:'又东北过杨虚县东,商河出焉。'郦注云'一曰小漳河'"。认为这是古商河又称漳河的一个明显证据。20世纪50年代末,李学勤先生对此提出不同意见,他认为根据卜辞所记相连地名的考察,滴水应当就是后世所称的沁水。② 笔者以往也信从此说,但是近读有关资料,了解到卜辞已记有沁水,因此认为商代沁水是否又称作滴水是值得重新讨论的。

---

① 葛毅卿:《说滴》,《历史语言研究所集刊》第七本第四分册;杨树达:《积微居甲文说》,科学出版社,1954年。

② 李学勤:《殷代地理简论》,科学出版社,1959年,第8~15页。

甲骨文"心"与"贝"字形相近,前人往往混而为一,视作"贝"字。郭沫若先生首先将二者区别开来,释𧴪为阺,认作地名(《粹》851)。于省吾先生进一步全面地论述了这个问题,在《甲骨文字释林·释心》中,认为"甲骨文心字作♡,正像人心脏的轮廓形。……甲骨文贝字作⊖,心、贝二字截然不同",二者是不能混到一起的。由于"心"字的考定,于先生由此"解决了一系列旧所误释或不识的心和从心之字",他并据此论定甲骨文还记有沁水。于文云:"甲骨文沁字作⟨心⟩(《甲》二七五),也作⟨心⟩(《京都》三一六六),文残,《甲骨文编》误释为沤。《说文》:'沁水出上党谷远羊头山,东南入河,从水,心声。'《汉书·地理志·上党郡》'谷远,羊头山世靡谷,沁水所出,东南至荥阳入河,过郡三,行九百七十里'。……甲骨文的'□未□鱼□沁□'(《甲》二七五),当系网鱼于沁水之贞。甲骨文沁字也省作心。'贞,涉心,獸'(《乙》六三七七),是说涉沁水从事狩猎。"①今按于氏考证至确。由此可知,殷墟卜辞所记确有沁水,又称心水,而不大可能再称作滴水。

那么甲骨文所记滴水究竟应指后世何水呢?我们认为当即后世所称的清水,古代清水与今卫水基本重合,因此也可说就是现在的卫水。其理由有三:一、《甲骨文编》卷十一云:"滴,殷都附近水名。"此说颇有道理,滴水既与商族和商王朝同名,它必与商族或与商王朝有着密切关系,其与商族有关者,当以商族久居于该水水域,水因族名而被称为滴水;其与商王朝有关者,当以该水在某个历史时期内流经商王朝政治中心区,经常为商人所注目,久而久之被称为滴水。文献记载和考古资料表明,在太行山以东和黄河以北的今豫北平原地区,既曾是商部族的主要活动地域,也曾是商王朝后期的政治中心区。新中国成立以来,考古工作者在豫北平原的漳水流域发现了"漳河型"的先商文化遗存,又在豫北平原的卫水流域发现了"辉卫型"的先商文化遗存,②这些文化遗存显然都是先商居民留下来的遗物和遗迹。众所周知,漳河以南的安阳小屯世称"殷墟",本世纪以来在这里发现了大型的商王陵墓和建筑基址,并且出土了大量甲骨卜辞,足以说明这里曾是一座商代都邑,同时在卫水以北的淇县朝歌世称"商墟",虽然这里考古工作进行得很少,也没有重大发现,但文献明确记载它是商

---

① 于省吾:《甲骨文字释林·释心》,中华书局,1979年,第361~367页。
② 邹衡:《夏商周考古学论文集·试论夏文化》,文物出版社,1980年。

王朝的另一座都邑。《史记·周本纪·正义》引《括地志》云："纣都朝歌在卫州东北七十三里朝歌故城是也。本妹邑,殷王武丁始都之。《帝王世纪》云：'帝乙复济河北,徙朝歌,其子纣仍都焉'。"《后汉书·郡国志·河内郡》云："朝歌,纣所都居,南有牧野"。《汉书·地理志·河内郡》也云："朝歌,纣所都。周武王弟康叔所封,更名卫。"周《康侯簋》："王束伐商邑,祉令康侯啚于卫。"《史记·卫世家》："封康叔为卫君,居河、淇间故商墟。"朝歌以南是著名的商郊牧野,武王伐纣正是在这里决战决胜,诛纣灭商,从而建立起西周王朝政权,所有这些都说明朝歌一地为商代晚期都邑是明确无误的。而史载古代清水正是自西而东流经这一地区。卫水古称清水,清水自隋以后始称卫水。隋炀帝大业四年(608),征发河北诸郡男女百余万开永济渠。西端凿通沁水引黄河水入渠,东北与清、淇二水相接,又东北入白沟,直达涿郡,又称御河,清水自此合入卫水。古代清水源流,《后汉书·郡国志·河内郡》修武县下刘昭注补引《山海经》曰："'太行之山,清水出焉。'郭璞曰：'修武县北黑山,亦出清水'。"《水经·清水》云："清水出河内修武县之北黑山。东北过获嘉县北,又东过汲县北。又东入于河。"郦道元注："清水又东与仓水合……(仓水)又东南复出,俗谓之皂水,东南历坶野。自朝歌以南,南暨清水,土地平衍,据皋跨泽,悉坶野矣。《郡国志》曰：'朝歌县南有牧野。'《竹书纪年》曰：'周武王率西夷诸侯伐殷,败之于坶野。'……皂水又东南,入于清水。"由此可知,古代清水既穿过商王朝后期的政治中心区,又是流经商代晚期都邑朝歌南郊牧野而滚滚东去的一条大水,它久为商人所瞩目是不言而喻的,因此从清水所处地理位置上看,它很有可能就是卜辞所记的滴水。二、滴,从水,商声,商与清音、义相近相通。商,属审母三等字,古隶于舌音(见王力《古代汉语》第二册);清属齿音,古音舌齿音近通转(见黄焯《古今声类通转表》第七)。又《吕氏春秋·执一》："耳不失其听,而闻清浊之声。"高诱注："清,商也。"《淮南子·修武训》"清浊之耳听",注："清,商也。"《水经·河水五》："(河水)又东北过杨虚县东,商河出焉。"郦道元注云："商河首受河水,亦漯水及泽水所潭也,渊而不流,世谓之清水。……亦曰小漳河,商、漳声相近,故字与读移耳。"这里"商河""清水""漳水",一水而三名。商、漳音近相通,商水固可称为漳水,商、清音义皆相近,商水当然也可称为清水。由此推测,流经朝歌牧野的清水很有可能在商代曾被称为滴水。三、从卜辞相连地名看,古代清水与商代滴水地望符合。如卜辞云：

王其田,涉滴至于殷亡戋?《合集》28883

卜辞殸与殷(《前》2·44·1)同字,为磬之古字,也为陉之古字。陈梦家先生释云:"《说文》磬之籀文作殸,古文作硜。殷、陉古音同,《说文》:'陉,山绝坎也','峄,谷也'。《广雅·释山》:'陉,阪也'。《尔雅·释山》:'山,绝陉'。太行山首始于河内,北至幽州,凡有八陉,而在河内者谓之太行陉,《元和郡县志》:'怀州河内县太行陉,在西北三十里。'《左传》隐十一与郑人向、盟、州、陉、隤、怀之陉,即此,约在今沁阳县以北三四十里清化镇一带。"①陈说甚是,卜辞殸地当即春秋时的陉地,位于今河南博爱县清化镇地区。此地北接太行山麓,南临河内平原,西北直接通向羊肠阪,当即古代太行陉之所在。卜辞又称此地为京(《文》758)、为麓(《外》434),可知此地为太行山下一处丘陵高地,与现在清化镇地形基本符合。卜辞屡记王涉滴至于此地田猎,是此地必距滴水不远,而今清化镇正位于古代清水以西,《水经·清水注》云:"清水又东南流,吴泽陂水注之,水上承吴陂于修武县故城西北……(陂)西则长明沟入焉。"《大清一统志》怀庆府"山川"条下云"长明沟水在河内县城东北与河分流,经清化镇南,又东经武陟县北",可知清化镇位于清水支流长明沟水以北,东距修武县约30公里,与清水距离也大致如此,商王田猎多从王都出发,必须渡过滴水才能到达陉地,陉既为清化镇之所在,显然可见卜辞滴水即后世的清水。

乙丑卜行贞:王其爰舟于滴亡灾?□□卜,行贞:王其田于宁,亡□□□八月。《后》上15·8

可知宁地距滴水甚近,是商王的又一个田猎地,而根据文献记载,古代宁地正位于清水沿岸。宁地今称修武,位于今河南修武县城。《水经》云:"清水出河内修武县之北黑山。"郦道元注:"清水又东南流,吴泽陂水注之,水上承吴陂于修武县故城西北。修武,故宁也,亦曰南阳矣。……余案《韩诗外传》言武王伐纣,勒兵于宁,更名宁曰修武矣。魏献子田大陆,还卒于宁是也。"杨守敬疏引《左传·定公元年》杜注云:"宁,今修武县,近吴泽。"可知修武在商代原称为宁,也当为卜辞所记的宁地,西周初始改称修武,春秋时期兼称南阳,而修武一名沿用至今。此地正位于古代清水南岸,卜辞所记"步于滴……田于宁"之滴,与清水地望恰相符合。

---

① 陈梦家:《殷墟卜辞综述》,科学出版社,1956年,第261页。

丁亥卜,古贞:庐㱃于滴?《乙》7336

于省吾《甲骨文字释林·释㱃》云:"庐字作𢊁,象鹿首戴角形。甲骨文以庐为地名。"释为鹿。又云:"甲骨文㱃字应读为汩没之汩。……甲骨文的'庐汩于漳(𣳡)'和'庐不汩于漳',是贞问庐地是否为漳水所陷没言之。"①今按于先生释庐为鹿、释㱃为汩可信,但释鹿为沙鹿邑,释滴为漳水则有待商榷。卜辞这里所记滴水未必就是漳水,所记庐地也未必就是沙鹿邑。称沙鹿为邑仅见于《春秋公羊传·僖公十四年》,左氏、穀梁二传则皆释为山名,《春秋经·僖公十四年》:"秋八月辛卯,沙鹿崩。"杜预注:"沙鹿,山名。阳平元城县东有沙鹿土山,在晋地。"《左传·僖公十四年》云:"秋八月辛卯,沙鹿崩。晋卜偃曰:'期年将有大咎,几亡国。'"杜预注:"国主山川,山崩川竭,亡国之征。"《穀梁传·僖公十四年》云:"秋八月辛卯,沙鹿崩。林属于山为鹿;沙,山名也。"是知沙鹿一地当为山名,并非邑名,而且其地为晋地,似与漳水无涉,与卜辞"庐汩于滴"的记载是难于互证的。我们认为卜辞这里所记滴水应指清水,鹿地应指浊鹿比较恰当。《水经·清水注》云:"清水又东南流,吴泽陂水注之,水上承吴陂于修武县故城西北……陂在浊鹿城西,建安二十五年,魏封汉献帝为山阳公,浊鹿城即是公所居也。"《元和郡县志·怀州》修武县条:"浊鹿故城在县界东北二十三里。"浊鹿城正位于清水西侧吴陂北岸,若清水指为滴水,则此鹿地地望与卜辞所记恰相符合。鹿地卜辞又称"鹿𠂤"(《乙》718),可知是一处高地。鹿地又是商代一处重要地方,卜辞记有商王曾在此作邑即"作邑于鹿"(《乙》3212),曾经常出入于此地,如"贞王往,出于鹿"(《存》1·616)、"往于鹿,五月"(《六》124),因此对此地靠近清水而是否会被淹没非常关心,浊鹿故城正靠近清水、吴陂,每逢多雨水涨,受淹是不言而喻的。由此推测,卜辞所记"庐汩于滴"可能即指后世的浊鹿和清水。

于滴王逆以羌?王于宗门逆羌?《甲》896

王于南门逆羌?《南明》730

李学勤先生据此指出:"由异文可知宗门即南门,就是商庙的正门。据《逸周书·世俘解》及残盂鼎铭周庙的正门也称为南门。商王逆羌之地或在宗门或

---

① 于省吾:《甲骨文释林·释㱃》,中华书局,1979年,第421页。

在滴,是商庙与滴相去不远。"但是其地不应"近于商的边界"。① 我们认为商庙当在商都朝歌,而滴水也即朝歌以南的清水,如上所述,朝歌既为商都,则必建有宫室宗庙。《史记·殷本纪》:纣"厚赋税以实鹿台之钱,而盈钜桥之粟。益收狗马奇物,充仞宫室"。《逸周书·克殷解》:"周车三百五十乘陈于牧野……商师大败……周公把大钺,召公把小钺以夹王,泰颠、闳夭皆执轻吕以奏王。王入,即位于社太卒之左,群臣毕从。"《逸周书·世俘解》:"(武)王不革服,格于庙,秉语治庶国。"《史记·周本纪》云:"武王至商国,商国百姓咸待于郊。"《正义》:"谓至朝歌。"又云:"其明日,除道,修社及商纣宫。……(武王)既入,立于社南大卒之左,(左)右毕从。"凡此宫室社庙,毫无疑问皆指朝歌而言。虽然这里记载的是商末的建筑,但在此以前当已有之,因为这是作为王都必有的建筑。由此我们认为卜辞记"王于宗门逆羌""王于南门逆羌"的宗门或南门,应当就是商都朝歌社庙的宗门或南门。众所周知,商王所逆之羌,就是商人从西方俘获来的羌族俘虏,商王既然首先贞问在滴水渡口逆羌是否吉利,而后才贞问在宗门逆羌是否吉利,是知商人把羌俘送王都必先渡过滴水,而且这个滴水渡口当在商庙南门以南,这个相对位置是明确的。根据这个相对位置,卜辞所记滴水所在,正是后世清水所流经的地区。《水经·清水注》:"自朝歌以南,南暨清水,土地平衍,据皋跨泽,悉埒野矣。"《后汉书·郡国志》云:"朝歌,纣所都居,南有牧野。"刘昭补注:牧野"去县十七里"。《尚书·牧誓》伪《孔传》曰:牧野"在纣近郊三十里"。《说文解字》作"七十里"。由此可知古清水距朝歌最多不过数十里,它和卜辞所记滴水的地望是恰相符合的。

综上所述,我们认为卜辞所记滴水应是横贯于商朝后期政治中心区域的一条大水,滴水称商当与此有一定关系。古商与清音、义相近,可相通转,故商水也可称为清水。

卜辞所记与滴水直接有关的几个地方都分布于文献记载的清水沿岸或其附近,而与漳水、沁水相距较远,因此,显而易见,卜辞所记滴水既不应是漳水,也不应是沁水,而很有可能就是后世的清水。

(原载《殷都学刊》1988年第2期)

---

① 李学勤:《殷代地理简论》,科学出版社,1959年,第10~11页。

古商丘地望在濮阳

商丘在殷墟卜辞中又称作"丘商"和"兹商"(《合集》776),它是商代一个很重要的地名,在商族历史上也居于重要位置。但是对于这个地名,前人虽有论述,但却多语焉不详,关于它的地望,更是意见不一。

一、商族命名起始于商丘

商族命名与商丘一地有着密切的关系,《左传·昭公元年》说:"昔高辛氏有二子,伯曰阏伯,季曰实沈,居于旷林,不相能也,日寻干戈,以相征讨。后帝不臧,迁阏伯于商丘,主辰,商人是因,故辰为商星。"《左传·襄公九年》又说:"陶唐氏之火正阏伯居商丘,祀大火,而火纪时焉。相土因之,故商主大火。"这是两条关于商族形成过程最早而具体的文献记载,它主要说明商族原是帝喾高辛氏族的后裔,最早或不称商,到了尧的时候,该族首领阏伯被任命为"火正",负责在商丘地区观测和祭祀大火星宿的工作,久而久之,该族就被称为商族。商字本字,甲骨卜辞写作"丙""丙",从丙,从丫、辛,丙象高台祭坛,丫、辛即辛字,辛字独体字卜辞又写作弓,当为大火星宿的象形字。大火星宿在天文学上一般指东方苍龙七宿中的心宿二,但在古代也有把房、心、尾三宿合称为"大火"者,《尔雅·释天》云:"大辰,房、心、尾也,大火谓之大辰"。邢昺疏:"大辰,房、心、尾之总名也。"郝懿行《尔雅义疏》引李巡曰:"大辰,苍龙宿之体,最为明,故曰房、心、尾也。""大火"以心宿为主体,此宿因位于东宫苍龙七宿的中心位置,故称为心宿。由于心宿位于大辰三宿的中心位置,最为明亮,故后人也有单称此宿为"大火"或"大辰"者,郝懿行《尔雅义疏》云:"既言大辰房、心、尾,又言心为大辰者,心三星最明大,举头即见,故《诗》屡言三星皆谓心也。"这个解释概括了古人对"大火"或"大辰"含义的两种看法。房、心、尾三宿连接起来,西方人认为形状像个蝎子,因此西方天文学上又称之为"天蝎星座",在我国古代则称之为"大火"或"大辰"。《公羊传·昭公十七年》说:"大辰者何?大火也。"何休注云:"辰,时也。"称作"大火",是取此星宿火红的颜色;称为"大辰",是把它的出现作为时令季节变化的标志。大约在公元前2000多年以前,生活于北纬35度黄河中下游地区的人们,在黄昏时刻发现明亮发红的大火星宿出现于东方地平线上的时候,很快就感觉到气候变暖,春回大地,从而预知新的一年的农业生产季节即将到来。这对于主要从事农业生产的人们来说,是关乎一年生计的重大问题,于是人们在长期的生产和生活实践中,逐渐认识和掌握了大火星宿的出没运行和气候变化之间的关系,并派专人负责观测它的出没运行情况,以便正确地安排自己的生产和生活。把它的出现奉为神灵,举行隆重的祭祀,同时在广阔的原野上放火烧去枯萎的荒草,以备春耕播种。正如气象学家竺可桢先生所说:"对于这些古代最早的农民来说,春季或生长季节的来临等这种知识乃是生产上急切所需要的。对于华北尤其如此,那儿的冬季更长、更冷。当公元前二至三千年时,天蝎座的中央部分,包括心宿二——中国的'火'星(按:此星古名"火"或"大火")——约于春分昏见,这成为一个大的时节。一个特任的官吏守望着这个星宿在东方地平线上的出现"①。这个"特任的官吏"就是我国古代所称的"火正",阏伯就曾担任"火正",他曾以观测和祭祀大火星宿而著称于世,他所观测和祭祀大火星宿的地方,就称为商丘,居住于该地以他为首领的部族,后世就称为商族,古商字从冏、从辛,辛字的单字在甲骨文中皆写作辛,当为大火星宿的象形,卜辞商字有时又写作商,加上了两个星的符号,尤足以证明它是大火星宿的象形,可见商字本字当是在高台祭坛上置以大火星宿之形,是个会意字,即在高台上祭祀大火星宿的形象,所以说商族就是祭祀大火星宿之族的意思。兹将房、心、尾三宿图与卜辞商、辛二字字形排列对照如下,以供参考:

---

① 竺可桢:《竺可桢文集·二十八宿的起源》,科学出版社,1979年。

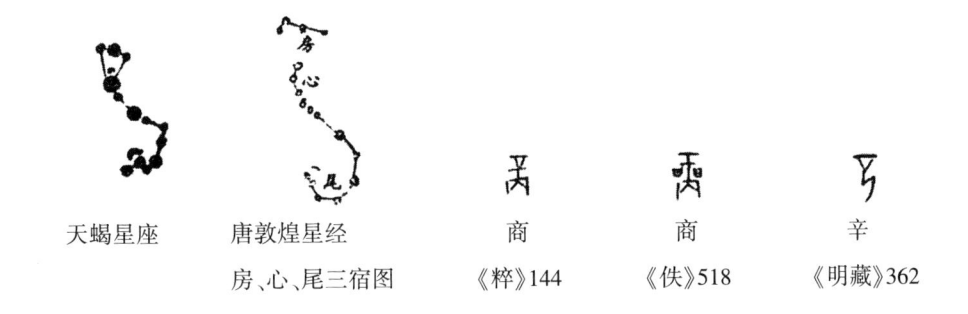

| 天蝎星座 | 唐敦煌星经
房、心、尾三宿图 | 商
《粹》144 | 商
《佚》518 | 辛
《明藏》362 |

二、关于商丘的地望

商族聚居的商丘所在地望，历来有两种说法。其一是在今河南商丘市，这种说法最早见于《左传》，《左传·昭公十七年》云："宋，大辰之虚也。"春秋宋国在今河南商丘市，鲁人梓慎认为那就是天上大辰星宿对应地上的分野区。东汉班固对此说得更为明确，他所著的《汉书·地理志》说："周封微子于宋，今之睢阳是也。本陶唐氏火正阏伯之墟也。"汉代睢阳即今河南商丘市，他认为那就是古代阏伯所居的商丘，后世不少学者多承此说，直至现今仍称作商丘市。其二是在今河南濮阳市境，这种说法最早也见于《左传》。《左传·僖公三十一年》云："冬，狄围卫，卫迁于帝丘，卜曰三百年。卫成公梦康叔曰：'相夺予享。'公命祀相，宁武子不可，曰：'鬼神非其族类，不歆其祀，杞、鄫何事，相之不享于此久矣，非卫之罪也。"春秋卫国所迁的帝丘即今河南濮阳市，相为夏王朝的第五代国王，他曾迁都于帝丘。帝丘在其他文献中又称作商丘，古本《竹书纪年》说："帝相即位，处商丘。"《竹书纪年》是地下出土的战国时期的考古资料，比《左传》记载更为可靠，因此，《左传》所说的"帝丘"应是"商丘"之误，"帝丘"本来应称作"商丘"。东汉末期皇甫谧《帝王世纪》也说："帝相一名相安，自太康已来，夏政凌迟，帝相为羿所逼，乃徙商丘。"因此，后世不少学者都认为濮阳的商丘才是阏伯所居的商丘。《帝王世纪》又说："《世本》云：'契本居蕃，相（土）徙商丘'，本颛顼之虚，故陶唐氏之火正阏伯之所居也。故《春秋传》曰：'阏伯居商丘，祀大火，相因之，故商主大火谓之大辰'，故'辰为商星'，今濮阳是也。"《水经·瓠子河注》云："河水旧东决，径濮阳城东北，故卫也，帝颛顼之虚。昔颛顼自穷桑徙此，号曰商丘，或谓之帝丘，本陶唐氏火正阏伯之所居，亦夏伯昆吾之都,殷相土又都之。故《春秋传》曰'阏伯居商丘,相土因之'是也。"杨守敬《水经注疏》云:濮阳故城"在今开州西南三十里"。清代开州即今河南省濮阳县,濮阳故城在今濮阳县西南的故县村,《水经注》以为那里就是商族先祖阏伯、相土所居的商丘。

  以上所述前人关于古代商丘所在地望的两种意见,笔者认为当以第二种意见为是,即古代商丘当在今河南濮阳县境。至于今河南商丘市的商丘,应当就是殷墟卜辞中的宋地,如卜辞云:"于宋之戈"(《南无》500),也就是说早在商代后期此地称为宋地。到了西周初年,这里仍然称作宋地,《史记·宋世家》云:"周公既承成王命,诛武庚,杀管叔,放蔡叔,乃命微子开代殷后,奉其先祀,……国于宋。"这里所说西周王朝封殷王朝后裔微子"国于宋"而不说"国于商",可知周人只知这里为宋地而不知这里也是商地。但是以微子为首的商遗民迁来之后,他们一方面仍然自称为商人,一方面为怀念故土,把新居宋地又称作商地,正如岑仲勉先生所说:"商族既被战胜者周族将他们迁往东南,他们于是把旧日主要的地名都带到新迁的宋国",这有如"南朝时代有所谓侨州,……许多北方人民跟随着东晋南迁,所住地方仍依他们的旧日家乡来命名,比如打冀州南迁的叫作南冀州,打雍州南迁的作东雍州。又如近世英国约克郡(Yorkshire)迁居美洲的人,叫他们的住地作新约克(New York)。这种把旧居的地名移作新居地名的习惯,古今中外,大致相同"①。这个意见是很有道理的,因此,今河南商丘应是西周以后的地名,就是说它是商人迁去以后才有的名称,而不大可能是商代及其以前的名称。

  与上述商丘相比,今濮阳境内的商丘则显得更加古老,首先根据文献记载,《左传》和古本《竹书纪年》都说夏王相曾居于卫地商丘,这说明早在夏王朝时期,这里已称作商丘。再者根据殷墟卜辞资料,到了商代后期,商人仍视商丘(卜辞称之为丘商)为神灵,并多次在这里祭祀神祖。如卜辞云:"甲午卜:燎于丘商"(《合集》7838),燎为祭名,即在丘商用火烧柴祭祀神祖之意。"己丑卜,㱿贞:㞢于丘商?四月。贞:勿㞢于丘商?……壬寅卜,㱿贞:不雨?惟此商有作祸?贞:不雨?不惟兹商有作祸?"(《合集》776)㞢为祭名,此文意即商人于某年四月㞢祭丘商以祈求降雨,并反复卜问天不降雨是否为丘商神灵降下的

---

① 岑仲勉:《黄河变迁史》,人民出版社,1957年,第92页。

灾祸,如此种种。可见到了商代后期,丘商一地仍受到商人相当的尊崇。关于卜辞中丘商的地望,可从下述卜辞加以推测,其辞云:"壬子卜,㱿:㞢于丘商?勿㞢于丘商?改豖于洱?勿……于洱?癸丑卜,㱿贞:遘受年?二月。贞:遘不其受年?贞:悖受年?贞:悖不其受年?二告。贞:蜀受年?贞:蜀不其受年?"(《甲骨文合集》9774)这几个与丘商有关的地名所在,经我们考证:洱即后世的祢地,在今山东省东明县东,此地西北距濮阳县约40公里,东南距商丘市约110公里;遘地即后世的郈地,位于今山东省成武县西,此地西北距濮阳县约100公里,西南距商丘市约70公里;蜀地即后世的蜀地,位于今山东省汶上县西南,此地西距濮阳县约100公里,西南距商丘市约160公里;悖地即后世的贝丘,位于今山东省临清市东南,此地西南距濮阳县约130公里,距商丘市约250公里。这几个地方分别位于濮阳县的东南、东方和东北方,半环形围绕濮阳县而存在,而都位于现商丘市以北偏远。相比之下,这几个地方与濮阳县的关系密切一些。因此,从与丘商同版卜辞的几个地名来看,商代商丘当在今河南濮阳县境,而不应当在商丘市境①。

另外根据考古调查,今河南濮阳县发现有不少新石器时代和商周文化遗址,其中以位于濮阳县东约7公里的高城遗址最为重要。《中国文物地图集·河南分册》第301页云:高城遗址"经钻探,遗址覆于地表6米以下,面积约100万平方米,文化层厚1—3米。包含物有龙山文化黑陶薄胎豆,黑陶碗、罐等残片,周代灰陶矮足鬲、粗绳纹罐等器物。据传,这里是卫国晚期都城帝丘"。《濮阳市郊区考古调查简报》又云:"高城遗址,据文献记载,是上古时代颛顼的都城。经实地调查,高城村以西以北地面下5米左右有大面积文化层,在附近约10000平方米范围内,当地农民打井,都发现了深灰土文化层,包含物有龙山文化、二里头文化和周代遗物……紧靠高城村北首地面下约3米处发现东西向夯土墙,夯土相当坚硬。"(《中原文物》1986年第4期)这是一处在整个濮阳市迄今所发现的面积最大、内涵最为丰富的古代文化遗址。此地过去曾被称作昆吾城,而根据文献记载和考古资料,实际上应当就是古代的商丘,《左传·哀公十七年》:"卫侯梦于北宫,见人登昆吾之观。"《说苑·敬慎》云:"卫迁于商丘。"此商丘历商族阏伯、相土两代聚居于此,不

---

① 郑杰祥:《商代地理概论》,中州古籍出版社,1994年,第20~24页。

仅留下了丰富的文化遗存,也留下了生动的文化传说,《史记·殷本纪》司马贞《索隐》云:"曰:'昔陶唐氏火正阏伯居商丘,相土因之',是始封商也"。商族正是在这里开始了自己历史的新纪元。

(原载《龙乡寻根》,河南教育出版社 1996 年出版)

释亳

《说文·高部》云:"亳,京兆杜陵亭也。从高省,乇声。"此释不确,乇音宅、音磔,与亳声相去甚远,明显可见,亳字不当从乇得声。今按亳字在三期以前的卜辞中多写作󰀀,三期以后特别是在五期卜辞中皆写作󰀀,可知󰀀就是亳字的初文。初文󰀀字当从高省、󰀀声,󰀀字甲骨文、金文或写作󰀀(见《甲骨文编》,《金文编》卷六),实即丰字之本字。五期卜辞云"在󰀀师贞"(《撫续》175),于省吾先生释此字为绊,晚周陶文"蔞阳南里人絆"之絆又写作󰀀是其证。① 《说文·生部》云:"丰,草盛丰丰也,从生,上下达也。"󰀀字正象草木挺拔茂盛之形,当即丰之本字无疑。丰与豐,古今字,《小尔雅·广言》:"丰,豐也。"《诗经·郑风·丰》:"子之丰兮"。《毛传》曰:"丰,豐满也。"郑玄笺:"面貌丰丰然豐满。"《后汉书·匈奴传》:"豐容靓飾,光明汉宫。"沈约《少年新婚诗》又说:"丰容好姿颜。"故商承祚先生《说文中之古文考》云:丰"即豐之本字"②。黄盛璋先生也说:"丰、豐音、义并同,丰即豐之初文。"③ 都是完全正确的。

丰又孳乳为封字,甲骨文封也写作󰀀(《佚》426)和󰀀(《甲》2902),金文中又加寸写作󰀀(《召伯簋》),《说文·土部》云:"封,爵诸侯之土也,从之、从土、从寸……圭,古文封省。"圭正是󰀀字之隶定。郭沫若《甲骨文字研究·释封》云:"封乃古人之经界。……古之畿封实以树为之也,此习于今犹存,然其事之起乃远在太古,太古之民多利用自然林木以为族与族间之畛域,西方学者所称为境界林者是也。封之初字即丰,周金有'康侯󰀀作宝鼎',即武王之弟之康叔封,亦即许书训'草盛丰丰'之丰……󰀀即以林木为界之象形。"其说甚是。丰之孳乳

---

① 于省吾:《甲骨文字释林》,中华书局,1979 年,第 148 页。
② 商承祚:《说文中之古文考》,上海古籍出版社,1983 年,第 115 页。
③ 黄盛璋:《大豐殷铭制作的年代、地点与史实》,《历史研究》1960 年第 6 期。

为封,取古人常以茂草为居住边界标志之意。《小尔雅·广诂》:"封,界也。"《周礼·春官·保章氏》:"所封封域"。郑玄注:"封,犹界也。"《左传·襄公二十年》:"田有封洫"。杜预注:"封,疆也。"《吕氏春秋·乐成》:"使田有封洫"。高诱注:"封,界也。"凡此皆说明作为茂草的丰又可引申为封界之意。

丰又孳乳为邦字,甲骨文邦字多写作𡇈(见《甲骨文编》卷六),也有将丰释作邦者,卜辞云:"癸亥卜,王其敦丰,叀戊午王受有祐?戈?"(《屯南》2279),姚孝遂等先生释云:"丰即邦字之初形,西周金文始增'邑'作'邦'(《斑簋》)。"① 按邦与封古音、义皆同,本为一字,即皆来源于丰字。刘熙《释名》:"邦,封也。"《说文·邑部》:"邦,国也。"段玉裁注:"邦之言封也,古邦、封通用。"《尚书·康诰序》:"以殷余民邦康叔"。孔颖达疏:"古字邦、封同。"《诗经·商颂·玄鸟》:"邦畿千里"。《文选·张衡东京赋》注作"封畿千里"。《论语·季氏》:"且在邦域之中矣"。《经典释文》云:"邦本作封。"王国维《史籀篇疏证》也说:"古封、邦一字,《说文》邦之古文作𡇈,从屮从田,与'封'字从屮从土均不合六书之旨。屮皆丰之讹,殷虚卜辞云:'贞勿求年于𡇈土'(《前》4·17),𡇈字从丰、从田,即邦字,……籀文封字从土、丰声,与𡇈之从田,邦之从邑同意,本系一字。"② 其说甚是。古文邦、封不分,卜辞𡇈字当即丰字之繁体,卜辞"𡇈社"当即邦社,又卜辞"南丰"(《甲》2902)也当读为"南邦",《诗·大雅·嵩高》云:"王命申伯,式是南邦。"南邦一词正是袭用了商人的成语。与此相类,卜辞所记"二丰方"(《后》1·2·16)、"三丰方"(《后》1·18·2)、"四丰方"(《续》3·13·1),也应释为"二邦方""三邦方""四邦方",而"王其敦丰"之丰,作为具体国名,则应当释为封,封即指古封国,《左传·定公四年》:"分鲁公以大路,大旂,夏后氏之璜,封父之繁弱。"杜预注:"封父,古诸侯也。"《经典释文》云:"封父,国名。"《元和郡县图志·河南道》汴州下"封丘县,紧,南至(汴)州五十里。古之封国,《左传》'鲁封父之繁弱'是也。"《大清一统志·河南》卫辉府古迹条下:"封丘故城,今封丘县治。"清代封丘县即今河南封丘县,卜辞所记"王其敦封"之封国当指此地。以上我们讨论了关于卜辞丰字的几种解释,我们认为此字虽释为封或邦,但都是后起之义,并非丰字本义,丰字本义当是一株茂盛的草的象形,其本字当是《说

---

① 姚孝遂、肖丁:《小屯南地甲骨考释》,中华书局,1985年,第100页。
② 王国维:《王国维遗书》第六册《史籀篇疏证》,上海古籍出版社,1983年,第35页。

文》所记"草盛丰丰"之字。

丰字既为丰字之初形,则卜辞亳字当从高省、丰声,从乇者乃丰字之形讹,不足为据。丰,古音属并纽东部;亳,古音属并纽铎部,亳与丰古音双声,韵也相近,故亳字当从丰字得声。丰字既为亳字声符,也兼会意。《说文·高部》云:"高,崇也,象台观高之形。"《说文·生部》又云:"丰,草盛丰丰也。"段玉裁注:"引申为凡丰盛之称。"亳是商王朝开国君主成汤所建立的第一个都邑的名称,亳社也是商王朝第一个国社,亳字从高、从丰,正显示出亳都和亳社具有盛大和崇高之意。

进入商王朝中期以后,商王虽多次迁都,但故都亳邑仍是商王出入之地,根据卜辞所记,在商王举行的社祭中尤以对亳社的祭祀最为频繁,也最为隆重,如卜辞云:

贞于亳《合集》7841(一期)

癸丑卜其侑于亳社《合集》28106(三期)

其有尞亳社有雨《合集》28108(三期)

戊子卜其有岁于亳社三小牢《合集》28109(三期)

其侑亳社《合集》28110(三期)

亳社叀小牢《合集》28113(三期)

其桒于亳社《屯南》59(三期)

于亳社御《合集》32675(四期)

辛巳贞雨不既其燎于亳社《屯南》665(四期)

癸□贞其……亳……咒……在七……

有祐王《合集》37394(五期)

甲午王卜在亳贞今……

无灾《合集》36555(五期)

上述记载,说明亳社在整个商代后期的商人心目中仍有崇高的地位。商代亳社显然就位于商代故都亳邑。关于商代亳邑的地望,自晋人皇甫谧创"殷有三亳"之说后,后人众说纷纭,至今莫衷一是。确实,自西周以后,各地称亳邑、亳社者甚多,但它们不可能都是商代遗迹。根据文献记载,这些亳邑、亳社大致可分两类,一类是亡国后的商遗民为纪念自己的祖先在自己的新迁地区重新建立起来的。《左传·哀公十四年》说:"薄,宗邑也。"薄与亳相通,此亳位于今河南商丘市北,其实应是以微子为首的商人迁宋以后建立起来的先君宗庙所在,也就是皇甫谧所说的北亳,后来王国维却力主这里就是"商汤居亳"的亳邑。①又《史记·秦本纪》云:"遣兵伐荡社,三年,与亳战,亳王奔戎,遂灭荡社。"《索隐》云:"西戎之君,号曰亳王,盖成汤之胤,其邑曰荡社。"这"成汤之胤"所建的"荡社",《史记·封禅书》又称之为"社亳",《索隐》作"杜亳"也就是许慎《说文》中所说的京兆杜陵亭之亳,司马迁从而误认为这就是"汤起于亳"的亳邑。另外,如丁山先生所说:"《春秋左传》所见的薄、博或蒲的地名,所在皆是,虽不尽是成汤故居,我认为至少是成汤子孙殷商民族所留下来'亳社'的遗迹。"②按丁氏所说虽未必全是,但这些地名中至少有一部分应是商亡以后的"成汤子孙殷商民族所留下来'亳社'的遗迹"。周以后的亳社中还有一类则是周王朝明令各分封诸侯建立起来的。《左传·哀公四年》说:"六月辛丑,亳社灾。"杜预注:"亳社,殷社,诸侯有之,所以戒亡国。"孔颖达疏引《传例》曰:"殷有天下,作都于亳,故知亳社,殷社也。盖武王伐纣,以其社班赐诸侯,使各各立之,所以戒亡国也。"《穀梁传·哀公四年》也说:"亳社者,亳之社也。亳,亡国也。亡国之社以为庙屏,戒也。"范宁《集解》云:"亳即殷也,殷都于亳,故因谓之亳社。立亳之社于庙之外,以为屏蔽,取其不得通天,人君瞻之而致戒心。"这里说的是鲁国的亳社,鲁国有此亳社,其他各国也当有之。这些亳社都是各分封诸侯奉武王之命,或遵照武王遗训新建而成,目的都是将其作为反面教材,以警戒时王不要重蹈商亡覆辙,这些亳社所在地以后也就称为亳地或亳邑。由此可见,文献记载亳地虽多,但大都是西周以后建立起来的,它们不可能都是商代亳邑,更不可能都是汤都的亳邑。

  与西周以后的情况相反,在商代则只有一个亳社,也只有一个亳社所在的亳邑,这个亳邑也就是成汤所都的亳邑。在商代同一期卜辞中,同地异名的现象可能存在,例如一期卜辞的商是指安阳王都,而这个商又称"兹邑",卜辞云:"洹其乍兹邑祸"(《续》4·28·4)。我们知道,洹水是横穿王都商邑而过的,因此洹水所祸及的"兹邑"显然就是指的王朝都邑,可知在当时的商人心目中,商又称为"兹邑",名称虽然不同,指的却是同一个地区。与此相反,异地同

---

① 王国维:《观堂集林·说亳》卷十二,中华书局,1959年。
② 丁山:《商周资料考证》,中华书局,1988年,第26~27页。

名的现象不可能存在,否则就会造成商人的地理观念混乱,看地名,却不知实指哪个地方,因此在商代同期卜辞中或有异地地名部分相同,但总要在某些地名之前加限制性定语以示区别,如一期卜辞中除有"商"地一名外,还有"丘商"(《乙》4518)、"中商"(《缀》148)等,这三者虽都称为商地,但却明显表示出这是三个不同的地方。又如一期卜辞中除有"奠"地一名外,又有"南奠"(《珠》577)、"北奠(《下》24·1)等,这三者虽都称为"奠"地,但后两者加南、北二字,明显表示出这是三个不同的地方。由此可证,在商代同期卜辞中异地完全同名的现象从道理和事实上说都是不可能存在的,而商代各期卜辞中的亳地都单称为亳和亳社,它显然指的是同一个地方,因此后人所谓"殷有三亳"之说当属臆测,是靠不住的。至于商代亳邑即成汤所都的亳邑在什么地方,当前学术界意见颇有分歧,我们还是赞同邹衡先生之说,即郑州商城应该就是成汤所都的亳邑,①其理由主要有以下三点,论述如次:

一、50年代以来,考古工作者曾在郑州发现一座周长近7公里的二里岗文化时期的商代城址,根据历年来的考古发掘所知,它是我国当前所发现的规模最大、时代最早的一座商代城址,而且位于二里岗文化分布地域的中心区,因此被学术界公认为是一座商代前期的都邑。② 参考碳十四的测定,郑州商城的年代为公元前1620年至公元前1595年(经过树轮校正),这个年代和文献记载的商初年代基本相符,据此而论,它最有可能是一座商初成汤所都的亳邑,这个考古学上的坚实证据,是主张汤都南亳、北亳和西亳说者无法比拟的。诚然,西亳所在的今河南偃师市近年来也发现一座二里岗文化时期的商代城址,③但从迄今所公布的考古资料可知,偃师商城的时代与郑州商城约略同时或者稍晚,而其规模比郑州商城小了将近三分之一,仅此而论,偃师商城只能是一座别都重镇,而不可能是王都亳邑,王都亳邑只能是规模最大的郑州商城,这在等级森严的商王朝来说,是毋庸置疑的。

二、50年代初,考古工作者还在郑州人民公园以及西郊的旮旯王等地,发现有殷墟文化一至三期的文化遗物,④这说明郑州商城其时虽已不是王都,但仍有

---

① 邹衡:《夏商周考古学论文集》,文物出版社,1980年,第192~203页。
② 河南省博物馆等:《郑州商代城遗址发掘报告》,《文物资料丛刊》1977年第1期。
③ 中国社会科学院考古研究所:《偃师商城的初步勘探和发掘》,《考古》1984年第6期。
④ 邹衡:《夏商周考古学论文集》,文物出版社,1980年,第192~203页。

商人生活在这里。与此同时,考古工作者还在郑州东南郊的二里岗发现有甲骨文字,①我们知道商代甲骨文字一般被商王所垄断,至少也为王室贵族所独有,二里岗甲骨文字的发现,说明商王统治集团曾在这里居留,它和卜辞所记商王曾侑祭亳社(见上引资料)一事应当有着密切的联系。另外,考古工作者还在商城故址的东北角发现有战国时期带"亳"字的陶印文字和带"亳丘"二字的陶印文字,②这说明当时的人们仍然认为这里是古代亳邑和亳社的丘墟。以上这些考古资料在所谓汤都的南亳、北亳和西亳等地迄今未曾发现,这也为郑州商城亳邑说提供又一个重要证据。

三、关于郑州商城为商代亳邑一说,以往文献记载较少,但有少量文献记载的史料价值却是很重要的。《国语·周语上》:"昔夏之兴也,融降于崇山……商之兴也,梼杌次于丕山……周之兴也,鸑鷟鸣于岐山……"这是说夏、商、周王朝在兴起前夕,其都邑附近皆有山川神主显灵以昭告于天下。关于崇山,韦昭注云:"崇,崇高山也。夏居阳城,崇高所近。"《太平御览·地部四》"嵩山条"又引韦昭注:"崇、嵩字古通用。夏都阳城,嵩山在焉。"嵩山即今河南登封市的嵩山,古称太室,又称中岳;又据考古工作者调查,古代阳城正位于嵩山以南不足十公里处的告成镇,③是知春秋战国时期人们说夏人兴起的阳城就在崇山附近是明确无误的。关于岐山,《史记·周本纪·集解》引徐广曰:"(岐)山在扶风美阳西北,其南有周原。"汉代扶风即今陕西扶风县,西周文王正是在这里"遵后稷、公刘之业,则古公、公季之法",迅速发展壮大起来,并且以此为基础,"明年,伐犬戎。明年,伐密须。明年,败耆国。……明年,伐邘。明年,伐崇侯虎"。从而奠定了东向灭商和建立西周王朝的强大政治基础。近年来,考古工作者在陕西岐山凤雏村发现了宗周宫殿遗址,而且在宫殿甲组建筑基址内发现有大批西周文王至成王时期的西周早期甲骨,④此宫殿遗址正位于岐山南麓周原之上,这证

---

① 河南省文化局文物工作队:《郑州二里岗》,科学出版社,1959年。
② 郑州市文物工作组:《郑州金水河南岸工地发现带字的战国陶器》,《文物参考资料》1956年第3期。
③ 中国历史博物馆考古调查组等:《河南登封阳城遗址的调查与铸铁遗址的试掘》,《文物》1977年第12期。
④ 陕西周原考古队:《陕西岐山凤雏村西周建筑基址发掘简报》,《文物》1979年第10期;《陕西岐山凤雏村发掘周初甲骨文》,《文物》1979年第10期。

明文献所记西周早期都邑就在岐山附近,是确凿无疑的。由此类推,商族兴起的据点即"汤起于亳"的亳邑也必在丕山附近,丕山应当就是大伾。《尚书·禹贡》云:"导河积石,至于龙门,南至于华阴。东至于厎柱,又东至于孟津,东过洛汭,至于大伾。"可知大伾山正位于古代黄河由东向北的转折点上。大伾所在,历来有三种意见,较晚的是晋人臣瓒的大伾可能在黎阳即今河南浚县一说,《尚书·禹贡》孔颖达疏引《汉书音义》:"有臣瓒者,以为……今黎阳县山临河,岂不是大伾乎?"较早的是东汉郑玄主张的大伾在河内修武、武德即今河南武陟、获嘉二县之间一说,《尚书·禹贡》孔颖达疏引郑玄云:"大伾在修武、武德之界。"《水经·河水注五》也引郑康成曰:"地喉也。沇出伾际矣。在河内修武、武德之界,济沇之水与荥播泽出入自此。"最早的应是大伾在今河南荥阳一说,《史记·河渠书》司马迁自序曰"余南登庐山……东窥洛汭、大邳",是知洛汭、大伾相距甚近。洛汭所在,《尚书序》云:"太康失邦,昆弟五人须于洛汭,作《五子之歌》。"《孔传》曰:"太康五弟与其母待太康于洛水之北。"《尚书·五子之歌》又云:太康"畋于有洛之表,十旬弗反。有穷后羿,因民弗忍,距于河。厥弟五人御其母以从,徯于洛之汭"。是知洛汭当在洛水入黄河处,地在今河南省巩义市境,此地东距荥阳大伾仅数十公里,《水经·河水注五》:河水"又东径成皋大伾山下……《尚书·禹贡》曰:'过洛汭至大伾者也。'"古代成皋大伾在今河南荥阳汜水镇西侧,此地与西向的洛汭、孟津、厎柱、华阴共同位于黄河南岸东西一条直线上,又是古代黄河由东向北的一个转折点,与《尚书·禹贡·导河》的记载正相符合,因此《禹贡》中的大伾实指荥阳汜水大伾而非浚县的大伾,顾颉刚《禹贡注释》云:"汉黎阳县在今河南浚县东北,本无大伾的名称,所以臣瓒也不敢确指。唐魏王泰《括地志》,乃说'大伾山,今名黎阳东山,又曰青坛山,在卫州黎阳南七里',山在浚县城西南二里,后人说《禹贡》大伾的遂把臣瓒的疑辞证实起来,群遵《括地志》说,绝弃旧谊,是不对的。《禹贡》大伾山即九曲山,在今巩县汜水镇(郑按:今属荥阳市)西北一里,去洛口仅四十里,所以司马迁亲到其地,把洛汭、大伾连在一起。"[1]顾氏此说是完全正确的。不过,武陟、获嘉大伾一说也不容忽视,郦道元《水经·河水注五》已将此和荥阳大伾合在一起,清人王鸣盛《尚书后案》也主此说,今人王法星又具体地提出荥阳大伾和武陟、获嘉

---

[1] 顾颉刚:《禹贡注释》,《中国古代地理名著选读》第一辑,科学出版社,1959年,第39页。

之间的大伾原是一山的两端,后被古黄河冲断为二,其北端即武陟、获嘉之间的大伾逐渐泯灭无存,此也可备一说。总之,《禹贡》中的大伾应即《国语》中的丕山,其地位于今河南荥阳市或河南武陟县北,二地皆与郑州相距仅数十公里,从这个角度说,郑州商城也应是商初成汤的亳邑,这从文献上为汤都郑亳一说提供了一个重要证据。又《国语·楚语上》云:"昔殷武丁能耸其德,至于神明,以入于河,自河徂亳,于是乎三年,默以思道。"这里所说的河就是指的黄河,或指黄河岸边的河邑,而亳必距黄河或河邑不远。河邑所在,卜辞云:"癸酉卜在巳奠河邑……"(《合集》41754)。巳即古氾字,也即古氾水,《后汉书·郡国志·河南尹》"成皋氾水"条下,王先谦《集解》引《汉书音义》曰:"氾水古为巳,今氾水上源为巳谷。"是知氾水因发源于巳谷才加水旁而被称为氾水。奠,董作宾《殷历谱》、陈梦家《殷墟卜辞综述·政治区域》均释为郊甸之甸,甚是。"巳奠"当指氾地郊区或引申为氾水两岸地区。氾水所在,《山海经·中次七经》:"又东三十里,曰浮戏之山。……氾水出焉,而北流注于河。"《水经·河水注五》:"河水又东,合氾水。水南出浮戏山,世谓之曰方山也。……氾水又北径虎牢城东……氾水又北流注于河。"《大清一统志·河南省·开封府》山川条下:"氾水在氾水县西。"清代氾水县,即今河南荥阳市氾水镇,古氾水今仍称氾水,发源于今荥阳西南浮戏山,向北流经今氾水镇而注入黄河。卜辞所说的"巳奠河邑"应该就位于氾水镇以北的黄河岸旁,此地东距郑州商城约70余里,与《国语》所记武丁"自河徂亳"正相符合,这为郑州商城亳邑一说提供了又一个重要证据。又《春秋经·襄公十一年》:"公会晋侯……伐郑。秋,七月,己未,同盟于亳城北。"《左传·襄公十一年》也说:"六月,诸侯会于北林,师于向。右还次于琐,围郑。……郑人惧,乃行成。秋,七月,同盟于亳。"杜预注:"亳城,郑地。"其地望不详,按《左传》一书所记郑国地名甚多,但杜预所注地望不详的也甚多,亳城就是其地望不详的一个。现在通过考古工作,特别是根据郑州发现的"亳丘"陶印文字,可以知道春秋战国时期的郑国亳地应当就是现今的郑州市,这个亳地正是商代亳邑的丘墟。

关于郑州亳地或亳邑的文献资料,秦汉以后还有些记载,这里不烦赘举。现仅据上述先秦文献记载,再结合考古资料加以综合分析,我们认为,这些已有力地说明,商初成汤所都的亳邑,既不在南亳、北亳,也不在西亳或其他地方,而应就在现今考古所发现的郑州商城地区。

(原载《中原文物》1991年第1期)

"丕山"所在与商都亳邑

《国语·周语上》:"国之将兴……神飨而民听,民神无怨,故明神降之……昔夏之兴也,融降于崇山……商之兴也,梼杌次于丕山……周之兴也,鸑鷟鸣于岐山。"①可见古人已经认识到崇山、丕山和岐山与夏、商、周三族的兴起和建都之地有着密切的关系。崇山所在,《周语》韦昭注:"崇,崇高山也。夏居阳城,崇高所近。"《太平御览·地部》嵩山条又引韦昭注云:"崇、嵩字古通用。夏都阳城,嵩山在焉。"②是知崇山就是嵩山,即今河南省登封市的太室山。夏人所居的阳城就在此山以南,古本《竹书纪年》:"禹都阳城。"③《史记·夏本纪·正义》引《括地志》云:"阳城县在嵩山南二十三里。"④《史记·封禅书》又引《括地志》云:"嵩山,亦名曰太室,亦名曰外方也。在洛州阳城县西北二十三里。"⑤古代阳城县即今登封市告成镇,北距嵩山约10公里。1977年,考古工作者在这里发现一座春秋至汉代的城址,并在城内发现战国和汉代的陶器上印有"阳城"字样的陶文,足证此城就是春秋至汉代的阳城,⑥也是我国迄今所发现的唯一一座春秋至汉代的阳城城址。特别是在该城的西侧,考古工作者还发现了一座大型的河南龙山文化晚期城址,⑦其时代、地望及规模均与文献所记"禹都阳城"相符。就是说不论夏人认为禹所"都"居的地方是否称作阳城,春秋战国时期的人们已经明确认为禹所"都"居的地方就在春秋战国时期的阳城。而今考古工作

---

① 上海师范学院古籍整理组校点:《国语》卷一,上海古籍出版社,1982年,第30页。
② 李昉等:《太平御览》卷三九,中华书局,1960年,第185页。
③ 方诗铭等:《古本竹书纪年辑证》,上海古籍出版社,1981年,第1页。
④ 泷川资言等:《史记会注证附校补》,上海古籍出版社,1986年,第42页。
⑤ 泷川资言等:《史记会注证附校补》,上海古籍出版社,1986年,第782页。
⑥ 河南省文物研究所等:《登封王城岗与阳城》,文物出版社,1992年,第211~318页。
⑦ 北京大学考古文博学院等:《登封王城岗考古发现与研究 2002—2005》,大象出版社,2007年,第64页。

者既在这里发现了全国唯一的一座明确无误的春秋战国时期的阳城城址,又在其近郊发现了一座与禹所处时代略同的龙山文化晚期城址,从而证明《国语》所记夏族兴起于崇山周围是完全符合史实的。周族兴起于岐山也明确无误,《诗经·大雅·绵》:"古公亶父,来朝走马,率西水浒,至于岐下。"①《史记·周本纪》也说:古公亶父率其族众"逾梁山,止于岐下"。《集解》引徐广曰:"'(岐)山在扶风美阳西北,其南有周原。'骃案:皇甫谧云:'邑于周地,故始改国曰周。'"②徐广所说的岐山即陕西省岐山县,以境内有岐山而得名,美阳即今岐山县东侧扶风县的法门寺。考古工作者在今陕西岐山以南即周原地区约15平方公里的范围内,发现有"异常密集"的周代文物遗迹,其中"凤雏村四周为早周宫室(宗庙)建筑分布区。周原考古队在凤雏村西南已发掘出一座早周宫室(宗庙)建筑基址,占地面积约1459平方米,出土了文王、武王时期的卜甲卜骨,其中有字卜甲约一百九十余片。……在扶风云塘村南至齐镇、齐家还发现西周的制骨、冶铜、制陶作坊及平民居住遗址……在岐山贺家村四周、礼村北壕和扶风庄白村附近均为西周墓葬区"。"以上遗迹遗物的分布,说明早周都城岐邑的位置是以今岐山县京当公社贺家大队为中心,西至岐阳堡,东至樊村、齐村,北至岐山山麓,南至康家庄、李村等"③,这些都位于古美阳西北的周原地区。《诗经·鲁颂·閟宫》云:"后稷之孙,实维大王,居岐之阳,实始翦商。"④周族正是在这里兴起发展,为推翻商王朝、建立周王朝奠定了坚实的基础。

至于《国语》所记商族兴起于丕山周围,也应当无疑问。《说文·一部》:"丕,大也。"⑤因此后世又增加一个形容词称"丕山"作"大伾"(《尚书·禹贡》),或"大岯"(《尚书·禹贡》孔颖达疏引李巡)⑥、"大坯"(《尔雅·释山》)⑦、"大邳"(《史记·夏本纪》)⑧。刘起釪《尚书校释译论》:"今人辛树帜先生《禹贡新解》的《禹贡用字涵义》篇中提出新说云:这一伾字,即是《小雅》

---

① 阮元校刻:《十三经注疏·毛诗正义》,中华书局,1982年,第510页。
② 泷川资言等:《史记会注考证附校补》,上海古籍出版社,1986年,第76页。
③ 陈全方:《早周都城岐邑初探》,《文物》1979年第10期。
④ 阮元校刻:《十三经注疏·毛诗正义》,中华书局,1982年,第615页。
⑤ 许慎:《说文解字》,中华书局,1965年,第7页。
⑥ 阮元校刻:《十三经注疏·尚书正义》,中华书局,1982年,第151页。
⑦ 阮元校刻:《十三经注疏·尔雅注疏》,中华书局,1982年,第2617页。
⑧ 泷川资言等:《史记会注考证附校补》,上海古籍出版社,1986年,第38页。

'如山如阜'的阜,因为伾与阜古音是通的。果尔,这种伾就是《禹贡》作者用以写地貌的名称。可知伾这一地貌同于冈阜之类,说成山亦不远失。"①据此理解,"大伾"就是一座高大如山的岗阜,"丕山"就是一座类似岗阜的山头,含义是相同的。其山所在,计有三说,《尚书·禹贡》云:黄河"东过洛汭,至于大伾"。孔颖达疏引郑玄云:"'大伾在修武、武德之界。'张揖云:'成皋县山也。'"孔本人则赞成臣瓒之说:"今黎阳县山临河,岂不是大伾乎?瓒言当然。"②这三说所言大伾的位置皆在今河南省,汉代修武县即今河南省获嘉县,武德在今河南省武陟县东侧;三国时期的"成皋县山"在今河南省荥阳市汜水镇;西晋"黎阳县山"在今河南省浚县。其中当以大伾在荥阳汜水一说最为有据,顾颉刚先生对此有着详细的论述。顾氏文云:"郑玄说大伾山在修武、武德间,即今河南武陟、获嘉之间,在黄河北岸,是使人怀疑的。《汉书》臣瓒注说:'今修武、武德无此山,成皋县山又不一成;今黎阳山临河,岂是(大伾)乎?'不知一成再成,本无定说,(《尚书·禹贡》)伪孔安国传说'山再成曰伾',就与《尔雅·释山》不同。汉黎阳县在今河南浚县东北,本无大伾的名称,所以臣瓒也不敢确指。唐魏王泰《括地志》,乃说'大伾山,今名黎阳东山,又曰青坛山,在卫州黎阳南七里',山在浚县城西南二里,后人说《禹贡》大伾的遂把臣瓒的疑辞证实起来,群遵《括地志》说,绝弃旧谊,是不对的。"又说:"大伾山所在,《水经·河水》篇:'河水又东过巩县北'。《注》说:'河水东径成皋大伾山下……成皋县之故城在伾上,萦带伾阜,绝岸峻周,高四十许丈'。又《水经·济水》篇说:'济水东过成皋县北'。《注》说:'晋《地道志》曰:济自大邳入河,与河水斗,南泆为荥泽'。又说:'济水东合荥渎,渎首受河水,有石门,谓之荥口,盖故荥播所导自此始。门南际河,有阳嘉三年故碑云:伊、洛合注大河,南则缘山,东过大伾,回流北岸,其势郁蠓涛怒,湍急激疾,一有决溢,弥原淹野。'成皋县故城,在今河南巩县东(郑按:今属荥阳县)汜水镇西北,汜水镇即旧汜水县,山亦在汜水镇西北黄河南岸,有大涧九曲,又名九曲山,山东即汜水入黄河处。《史记·太史公自序》(郑按:引自《史记·河渠书》)曾说'东窥洛汭、大伾',知古人自司马迁及后东汉阳嘉河臣,皆以大伾近洛汭,即汜水九曲山,下至晋朝的人并守不变。……大伾山即九

---

① 顾颉刚、刘起釪:《尚书校释译论》,中华书局,2005年,第788~789页。
② 阮元校刻:《十三经注疏·尚书正义》,中华书局,1982年,第151页。

曲山,在今巩县(郑按:今属荥阳市)汜水镇西北一里,去洛口仅四十里,所以司马迁亲到其地,把洛汭、大伾连在一起,后人把'至于'两字看成是遥远相接的意义,所以错了。这是说黄河自孟津县东经巩县,流过洛水的北面,到汜水镇西北的大伾山。"①

按,顾先生所说甚是。东汉末年郑玄云"大伾在修武、武德之界",晋人臣瓒则"以为修武、武德无此山也",二人生活年代相距不过百余年,其间也未见这里有自然环境发生异常变化的记载,事实证明臣瓒所说正确,至迟到汉晋,这里并未发现有山。当然郑玄作为一代经学大师,所说也未必全是无中生有,根据现代学者的勘察,在"南起武陟县城北,经获嘉县郇封村,穿越新乡市区北中部后,再现于东北郊定国村一带",存在有一个长条形岗地,当地称郇封岭。"该条形岗地的形态表明,可能是一禹前故道或自然堤"。这条岗地的形成甚为古老,"经采样(TL)测试,其绝对年龄为 0.9—1.0 万年"②,延续至今仍称为"岭"。或者正是这个"长条形岗地",后来被郑玄误认为是《禹贡》所记的"大伾",不过这些普通的"禹前故道或自然河堤",在黄河下游地区不止一处,不能视为黄河流程中阶段性的标志,因此它不可能是《禹贡》所记的"大伾"。至于浚县的大伾山,只是晋人臣瓒所起的新名,在此以前此山则一直被称为"黎山"。《水经·河水》:河水"又东北,过黎阳县南"。郦道元注:"今黎山之东北故城,盖黎阳县之故城也。"杨守敬疏:"在浚县东北。"③清代浚县即今河南省浚县,西汉至宋称黎阳县。《汉书·地理志·魏郡》黎阳县下颜师古注引晋灼曰:"黎山在其南,河水经其东。其山上碑云:县取山之名,取水之阳以为名。"④西汉黎阳县即因其县境有黎山而得名,黎山山名的出现当然远在西汉以前。《史记·楚世家》:"纣为黎山之会,东夷叛之。"钱穆先生释云:"《汉志》魏郡黎阳,晋灼曰:'黎山在其南。'……今河南浚县东南二十里。"⑤据此可知,此山在先秦时期至西晋以前,皆称作黎山,并无大伾山的名称,《禹贡》所记大伾显然也不可能是指此山。而

---

① 顾颉刚:《禹贡注释》,《中国古代地理名著选读》第一辑,科学出版社,1959 年,第 39 页。
② 蔡呈海:《黄河下游悬河形成与环境演变》,《黄土黄河与黄河文化》,黄河水利出版社,1998 年,第 112~113 页。
③ 杨守敬:《水经注疏》,江苏古籍出版社,1999 年,第 415、393~407 页。
④ 《二十五史》第一册,上海古籍出版社,1994 年,第 516 页。
⑤ 钱穆:《史记地名考》,商务印书馆,2001 年,第 298 页。

与此山相比,位于荥阳市的大伾山则得名甚早,西汉司马迁经过实地调查,明确认为这就是《禹贡》所记大伾山。其实此名不仅见于《尚书·禹贡》,殷墟卜辞、西周金文已有记载,西周《竞卣》铭文云:"隹伯犀父以成师即东命,伐南夷,正月既生霸辛丑,在㠱。"《鄂侯驭方鼎》铭文云:"王南征,伐角僪,唯还自征,在坏。"王国维跋云:"此鼎第二行有'坏'字……此系地名,其字从'土'下加'丿',不可识。曩见日本住友氏所藏一卣云:'隹伯犀父以成自即东命伐南夷,正月既生霸辛丑在㠱。'惟小篆从'土'之字,古文多从'自',如'城'字,《虢中敦》作'𩫖'……'坏'与'㠱'同为南征所经之地,则坏即'㠱'字,亦即'坏'字,《说文》:'坏,丘再成者也。'则大伾之山以再成得名,此'坏'殆即'大伾'欤?自'成自'而东过大伾,此敦记王还'在坏',而鄂侯驭方觐王,则鄂之国境亦可推测矣。"①这里所说的"成师(自)"即成周之师,西周"成周"王城位于今河南省洛阳市区;西周鄂地所在,《史记·楚世家》:熊渠立"中子为鄂王",《集解》引《九州记》曰:"鄂,今武昌。"②在今湖北省武汉市区。因此王国维认为自成周向东路过的大伾、周王从鄂地返回成周路过的"大伾",就是指位于今荥阳市的"大伾"。吴其昌《竞卣》释文也以为"㠱"即"坏"字,在此铭文中为地名,其地所在,"今以准望及声类求之,其地盖即今之成皋也。《禹贡》:'导河……东过洛汭,至于大伾',《史记》作'陫',《(经典)释文》作'岯',《说文》作'坏'。……《水经·河水注》曰:'又东过成皋县北',郦注:'河水又东径成皋大伾山下……成皋县之故城在伾上。'孙星衍曰:成皋故城今在河南氾水县西一里大伾山上。按成皋故城,正当此卣之'㠱'矣。"吴先生在释《鄂侯驭方鼎》铭文中又说:"'坏'即下《竞卣》之'㠱',故地即后世河南成皋县之大伾。自江汉之间归于成周洛阳,则其道必经成皋之大伾,乃至合事理者也。"③古代成皋即今荥阳市氾水镇。由此说明,早在西周时期,"大伾"已是王都成周东侧的一处重地。商代也有"伾"地,殷墟卜辞云:"贞:乎从奠取伾、㪉、嵒三邑?"(《合集》7074)丁山先生释云:"奠为郑,奠氏当即后世所称的郑氏。"殷墟卜辞记有"子郑"(《合集》3195甲),当即商王子封于郑地而得名,郑地所在,丁氏认为应是古本《竹书纪年》所

---

① 王国维:《鄂侯驭方鼎跋》,《观堂集林附别集》,中华书局,1959年,第1194~1195页。
② 泷川资言等:《史记会注考证附校补》,上海古籍出版社,1986年,第1003页。
③ 吴其昌:《金文历朔疏证》卷五、卷四,北京图书出版社,2004年,第453~454、387页。

记"郑父之丘",位于今河南新郑市区,"然则'郑父之丘',正因商朝的王子郑居此得名"。又说"坯即《禹贡》的'至于大伾'",其地"近于郑父之丘",①因此商王命令从郑所取的"坯"等三邑,都是距郑不远的地区。按,丁氏所说,可信可从。殷墟卜辞屡记商王朝贵族"入坯""乃入坯"的活动,②可知远在商王朝时期,位于今河南省荥阳市区,已经存在有"坯"地。当然,《禹贡》的作者之所以把"大伾"选为黄河流程中一个重要的阶段性标志,并不仅仅因为它得名甚早,主要还是因为这里是黄河从西向东而转向东北的一个转折点。原来古代黄河西向东流到今荥阳大伾山时,面临着古代广武山(今称邙山)和其北敖山的阻挡,开始折而流向东北,经今武陟县南侧、东侧和获嘉县的东侧,进入华北大平原。③ 所以《尚书·禹贡》说:"导河积石,至于龙门,南至于华阴。东至于厎柱,又东至于孟津,东过洛汭,至于大伾。北过降水,至于大陆。"《孔传》曰:"至于大伾而北行。"④《水经·河水》又说:河水"又东过成皋县北……又东过荥阳县北……又东北过武德县东"⑤。三国时期的荥阳县即今郑州市古荥镇,位于古成皋即今汜水镇东北,这些记载都比较真实地描述了古代黄河的流程。《尔雅·释山》:"山:三袭,陟;再成,英;一成,坯。"郝懿行《义疏》引《周语》云:"'梼杌次于丕山。'韦昭注:'大邳山在河东'。是邳、丕同。"⑥古字丕与伾、邳音同相通,显而易见,《周语》所记"丕山",就是《禹贡》所记"大伾山"。三国时期作为行政区划的河东郡郡治在今山西夏县安邑镇,位于晋南地区,这里虽然山岭众多,但无一称作大伾山者,因此韦昭所说的"大邳山在河东",应是指古黄河的东岸或东南岸。这与张揖所说"成皋县山"、《水经》作者所说河水"又东过成皋县北"同指一地,他们都认为《国语·周语》所记"丕山"和《尚书·禹贡》所记"大伾",就是指位于今河南省荥阳市的大邳山。

---

① 丁山:《甲骨文所见氏族及其制度》,中华书局,1988年,第87~89页。
② 中国社会科学院考古研究所:《殷墟花园庄东地甲骨》第137、458片,云南人民出版社,2003年。按,此两片卜辞中的"坯"字,原书作者释为"怀",卜辞中"山"与"火"字形混而不分,作为地名,此字当释"坯"为是。
③ 此段古黄河的流向参见中国历史地图集编辑组《中国历史地图集》第一册,中华地图出版社,1975年,第15~21、33~34图。
④ 阮元校刻:《十三经注疏·尚书正义》,中华书局,1982年,第151页。
⑤ 杨守敬:《水经注疏》,江苏古籍出版社,1999年,第415、393~407页。
⑥ 郝懿行:《尔雅义疏·释山》,上海古籍出版社,1983年,第2页。

《国语·周语》所记丕山地望既定,商族也必当兴起和建国于此山周围地区,从20世纪50年代以来,经过几代考古工作者的努力,已在西距此山约40公里的今郑州市区发现一座商代早期城址,这就是学术界所称"郑州商城"。该城有内城、外郭两重城墙,内城面积约300万平方米。"在商城内外,发掘出了许多商代二里岗期的灰坑、水井、房基、墓葬和祭祀窖藏坑等遗迹。"例如在内城的东北隅发现有众多的大型建筑基址,应是当时的王宫、宗庙分布区;内城的南郊和北郊发现有铸铜作坊遗址,西郊发现有制陶作坊遗址,北郊还发现有制作骨器的作坊遗址;在其东北郊的今白家庄一带、东南郊的今杨庄一带、南郊的今烟厂一带、西郊的今杜陵和铭功路一带,都发现有当时的墓地;在其东南郊、西南郊和西北郊发现有三座青铜器窖藏坑。在这众多的遗址中,"出土了数万件商代二里岗期的陶器、石器、骨器、蚌器、青铜器、玉器、硬陶器、原始瓷器、象牙器、金器与卜骨、卜甲等遗物,还有三片刻字骨。由此证明,郑州商城遗址是一处具有重要历史价值的商代大型遗址"①。学术界公认这是一座商代前期王都的遗迹。郑州商城是我国迄今所发现的商王朝时代最早、规模最大也是文化内涵非常丰富的一座王都遗址。邹衡先生认为它就是商代最早的王都亳邑,②夏商周断代工程专家组也说:"郑州商城和偃师商城基本同时或略有先后,是商代最早的两处具有都邑规模的遗址,推断其分别为汤所居之亳和汤灭夏后在下洛之阳所建之'宫邑'亦即'西亳'的意见具有较强的说服力。"③笔者完全同意以上论断。这进一步证明《国语·周语》所记正确,就是说早在先秦时期,人们已经明确地认识到到商王朝兴起和建都之地当在丕山即今河南荥阳大伾山的周围地区,郑州商城作为商代最早的王都亳邑正位于此山东侧不远的地区。

(原载《中国历史文物》2010年第6期)

---

① 河南省文物考古研究所:《郑州商城·前言》,文物出版社,2001年,第2页。
② 邹衡:《郑州商城即汤都亳说》,《文物》1978年第2期。
③ 夏商周断代工程专家组:《夏商周断代工程1996—2000年阶段成果报告(简本)》,世界图书出版公司,2000年,第72页。

玄鸟新解

《诗经·商颂·玄鸟》云:"天命玄鸟,降而生商,宅殷土茫茫。"郑玄笺:"天使鳦下而生商者,谓鳦遗卵,娀氏之女简狄吞之而生契。"商族为玄鸟所生,后世史家或以为是"虚妄之言"(《论衡·奇怪》),但《商颂》本是商人后裔、春秋时期宋国贵族祭祀祖先时的庙堂乐歌,其歌词内容决非向壁虚造,而是必有所本,从现代民族学的角度来看,我们知道宋人所言不虚,所谓玄鸟正是古代商族所崇拜的图腾。

图腾崇拜是普遍流行于原始社会中的一种习俗,是原始人自然崇拜的产物。在母系氏族社会时期,"民知其母不知其父"(《商君书·开塞》),原始人认为妇女生育子女不是与男性结合而生,而是与本族图腾相接触的结果。《诗经·大雅·生民》说:"厥初生民,时维姜嫄……履帝武敏歆,攸介攸止,载震载夙,载生载育,时维后稷。"所谓"履帝武敏歆",《春秋元命苞》解释说,就是周人始祖母姜嫄"履大人迹"而生了后稷,这"履大人迹",据近人考证,就是由于姜嫄踩着大熊的足迹而生了后稷,因而认为周族原是以熊为本族崇拜的图腾。① 在我国现代少数民族中也有这样的传说,例如:"云南哀牢山彝族信仰龙图腾,龙又生活在水中,水里的石头被看作是龙的象征物。妇女洗澡时要坐在石头上,或者把衣服放在石头上,有时在岸边岩石上刻足印,妇女也要踩着,这样才能生育子女。"② 又如傈僳族以虎为图腾,传说该族古代"有一个姑娘上山砍柴,途中遇虎,虎变为美男子,二人通婚,生育了虎氏族"。③ 凡此种种,都和古代商族的祖先契是由其始祖母简狄吞食鸟卵而生的传说基本相同。显而易见,《商

---

① 孙作云:《周先祖以熊为图腾考》,《开封师范学院学报》1957年第2期。
② 宋兆麟等:《中国原始社会史》,文物出版社,1983年,第469页。
③ 宋兆麟等:《中国原始社会史》,文物出版社,1983年,第473页。

颂》所说"天命玄鸟,降而生商",正是说明商族以玄鸟为自己崇拜的图腾。

但是,玄鸟指何鸟,历来说法不一。多数说法认为玄鸟就是燕子。《说文·鸟部》云:"燕,玄鸟也。"《尔雅·释鸟》云:"燕燕:鳦。"郭璞注:"《诗》云:'燕燕于飞',一名玄鸟,齐人呼鳦。"《吕氏春秋·音初》:"有娀氏有二佚女,为之九成之台,饮食必以鼓,帝令燕往视之,鸣若谥隘,二女爱而争搏之,……燕遗二卵,北飞,遂不反。"高诱注:"天令燕降卵于有娀氏女,吞之生契。《诗》云'天命玄鸟,降而生商',又曰'有娀方将,立子生商',此之谓也。"《楚辞·天问》云:"简狄在台,喾何宜?玄鸟致贻,女何嘉?"王逸注:"玄鸟,燕也。"《史记·三代世表》引《诗传》曰:"汤之先为契,无父而生,契母与姊妹浴于玄丘水,有燕衔卵堕之,契母得,故含之,误吞之,即生契。"《淮南子·修务训》高诱注也说:"契母有娀氏之女简翟也,吞燕卵而生契。"等等。是知传统的说法多认为玄鸟就是燕子。但近代学者又有指玄鸟为凤凰者。《楚辞·九章·思美人》云:"高辛之灵盛兮,遭玄鸟而致诒。"《楚辞·离骚》又云:"凤凰既受诒兮,恐高辛之先我。"郭沫若《屈原赋今译》说:"玄鸟受诒即凤凰受贻,受、授省,诒、贻通,知古代传说之玄鸟实是凤凰也。"① 闻一多《离骚解诂》也说:"彼言玄鸟致诒而此言凤皇受贻,是凤皇即玄鸟也。"② 因此他认为商族以玄鸟为图腾也即以凤凰为图腾。③ 有些学者据此指出古代燕与凤凰应有着密切关系,《尔雅·释鸟》云:"鹢凤,其雌皇。"《说文·鸟部》又说:"鹢,鹢鸟也,其雌皇。从鸟、匽声,一曰凤皇也。"姜亮夫《屈原赋校注·离骚第一》认为《诗》《天问》言玄鸟,《吕览》言燕,此处言凤凰,其实一也。燕国燕字,金文多作匽,若郾。"④ 闻一多也认为"燕、鹢音同,燕之通郾,犹经传以宴、燕通用,金文燕国字作匽若鹢也,鹢即燕,是凤凰即玄鸟。"⑤ 袁珂《中国古代神话》也说:"所以在同一作者(按:即屈原《楚辞》)记述简狄吞燕卵生契的同一故事里,《天问》作'玄鸟',《离骚》作'凤凰',可见凤凰就是玄鸟,也就是燕子。"⑥ 可知他们认为玄鸟、凤凰都是由燕子演化而来,三者

---

① 郭沫若:《屈原赋今译》,人民出版社,1953年,第112页。
② 闻一多:《离骚解诂》,上海古籍出版社,1985年,第50页。
③ 闻一多:《离骚解诂》,上海古籍出版社,1985年,第50页。
④ 姜亮夫:《屈原赋·离骚校注》,人民文学出版社,1958年,第101页。
⑤ 闻一多:《离骚解诂》,上海古籍出版社,1985年,第50页。
⑥ 袁珂:《中国古代神话》,中华书局,1981年,第144页。

指的是同一种鸟类,也就是指的现实中的燕鸟。

我们认为把玄鸟指为凤凰或燕鸟的说法是值得讨论的。作为商族图腾的玄鸟,到底指的现实中的什么鸟,不能单凭文献进行推测,主要应当依据古文字资料去加以探讨。早在 20 世纪 60 年代,胡厚宣先生和朱芳圃先生依据卜辞所记商人祭祀先公王亥之亥字头上冠以鸟形,曾经指出"王亥之亥而从鸟,乃商族以鸟为图腾之确证"①。这个发现是非常重要的。因为它不仅确证了商族以鸟为图腾,而且从亥字头上所从之鸟字形象还可揭示出商族之图腾玄鸟到底是一种什么鸟的象形。卜辞所记王亥之亥从鸟的资料已发现 10 条之多,而各期鸟的形象则有所不同。正如胡先生所说:"王亥之亥,祖庚或祖甲时作䰜。廪辛时作䰜,亥上的鸟字从又,又即手,为《山海经·大荒东经》'有人曰王亥,两手操鸟'传说之所自出。康丁时作䰜䰜䰜,亥上之隹从山MM,象冠形……到武乙时则作䰜䰜,亥上所从的鸟,简化为隹字。王亥的亥字,上端所从,先从鸟鸾,次作崔萑,最后作隹。从祖庚到武乙,五六十年之间,由象形而字化,由繁而简,由鸟而隹,其发展演变的痕迹,灼然可见。"②今按,胡先生所述王亥之亥字头上鸟形各期变化规律极其精当,但是我们也由此可以看出,各期卜辞所记王亥所从鸟字构形既非凤字,也非燕字,而应是另外一种鸟的象形。大家知道,甲骨文凤字已有定形,多写作䰜,或写作䰜(见《甲骨文编》卷四),而无一有像王亥之亥字头上所从之鸟形者;又卜辞燕字,《甲骨文编》列入附录,岛邦男《殷墟卜辞综类》第 239 页所收燕字也已定形,皆写作䰜或䰜,象燕鸟鼓翼双飞之形,也与王亥之亥字头上所从之鸟形大不相同。既然大不相同,则王亥之亥字头上所从之鸟显然并非燕鸟;既然不像凤字,则王亥之亥字头上所从之鸟当然也非凤凰。因此,如果说王亥之亥字头上所从之鸟为商族图腾鸟的象形,那么,从文字学的角度来看,商族就不可能是以燕鸟或凤鸟作为本族崇拜的图腾。

卜辞所记王亥之亥所从鸟既非凤字,也非燕字,但它必有所象,我们据其字形推测,认为它很有可能就是古鸡字之象形。许慎《说文·隹部》云:"鸡,知时畜也,从隹,奚声。籀文鸡从鸟。"卜辞鸡字早期多作独体象形字,写作䰜,如卜

---

① 胡厚宣:《甲骨文商族鸟图腾的遗迹》,《历史论丛》第一辑,中华书局,1964 年,第 131~159 页。朱芳圃:《殷周文字释丛》,中华书局,1962 年。
② 胡厚宣:《甲骨文所见商族鸟图腾的新证据》,《文物》1977 年第 2 期。

辞云："……卜,争贞,令毫宁鸡贝?"(《掇》2·59)或写作🐦,如卜辞云："……吉鸡用,五月。"(《佚》740)晚期多加奚声为形声字,写作🐦,如卜辞云："王其田鸡?"(《粹》976)或写作🐦,如卜辞云："贞,王田于鸡,往来亡灾?"(《佚》547)罗振玉《增订殷墟书契考释》云："卜辞中诸鸡字皆象形,高冠、修尾,一见可别于他禽;或增奚声,然其他半仍是鸡形,非鸟字也。"其说甚是。卜辞鸡字突出了鸡的高冠、修尾、昂首鸣叫状,正作雄鸡之象形。而卜辞王亥之亥字头上所从之鸟,除四期已简化为佳字外,其二、三期均作高冠、修尾和昂首之形,就是说和卜辞鸡字非常接近,兹将卜辞鸡字、凤字、燕字与王亥之亥所从之鸟字列表对照如下,以作进一步的说明:

	卜辞亥上所从之鸟与卜辞鸡、凤、燕诸字形对照表				
鸡亥	《京都》3047（亥字残缺）	《粹》51	《库》1064	《虚》738	《宁》1·141
鸡	《掇》2·59	《佚》740		《明藏》787	《前》2·37·2
凤	《铁》97·1	《前》4·43·1	《存》下736	《佚》856	《粹》878
燕	《前》5·2·8·6	《前》6·4·3·6	《前》6·4·4·5	《前》6·4·4·8	《前》5·2·3

从上表所列诸字形可以看出,二期卜辞亥字头上所从之鸟(《虚》738)与《明藏》787鸡字偏旁鸟形颇为相近,均呈昂首鸣叫之状;三期(《宁》1·141)亥字头上所从之鸟与《前》2·37·2鸡字偏旁鸟形也颇为相近,皆作昂首鸣叫并有人以手捉鸟之状;而《京都》3047亥上所从之鸟与《掇》2·59独体象形鸡字除线条繁简不一外,均作高冠、修尾、昂首鸣叫之状,可说几乎是完全相同。但与此相反,卜辞凤字、燕字与亥字头上所从之鸟字构形皆全然不同。由此可见,卜辞王亥之亥字头上所从之鸟实非凤字,也非燕字,而应是雄鸡的象形。既为雄鸡的象形,则卜辞所记王亥之亥字头上所从之鸟如果确证为商族的图腾鸟,那么,《诗·商颂》所说"天命玄鸟,降而生商"的玄鸟,显然应是指雄鸡,也就是说古商族最早应是以雄鸡为自己崇拜的图腾。

商人虽以雄鸡为其图腾崇拜,但殷墟卜辞中迄今却未发现商人祭祀雄鸡的记载,但卜辞中记有商人祭祀彝神的资料,我们认为彝神应是从鸡神演化而来,彝神最初应称为鸡神。卜辞云："贞,帝于西方曰彝……"(《合》261)"乙酉贞,又岁于伊、西彝?"(《粹》195)此条卜辞胡厚宣先生曾先后翻译加考释,并认为其内容和《山海经·大荒西经》"有人名曰夷,西方曰夷"、《尚书·尧典》的"厥民夷"之夷,有着密切的渊源关系。① 卜辞"岁"字为祭名;杨树达先生释"帝于"之帝为禘,为祭名,从而认定卜辞"帝于"四方之某都是商人所祭的四方神名,②因此卜辞所记"帝于西方曰彝""又岁于伊、西彝"之彝,也就是商人所祭的西方神名,这和胡先生的"在《山海经》则以四方之名为神人"恰是一脉相承,可说是确凿无误的。但是以往诸家释者,认定《京津》520 牛胛骨刻辞"西方……风曰彝"一说,多把西方彝神释作风名,这是不恰当的,此点陈梦家先生已有辨正,陈氏文云:"《合》261 是武丁时代的完整龟腹甲,所记录的是卜辞;《善斋》牛胛骨(《京津》520)没有钻凿卜兆,不是卜辞而是抄录四方之名与四风之名的刻辞,后者因系抄录,所以有错误,如将南方、西方的方名与风名互倒。"③陈先生这个判定是完全正确的。彝实为商代西方神名而非风名,因为只有这样才能和后世《山海经·大荒西经》"有人名曰夷,西方曰夷"、《尚书·尧典》"厥民夷"的记载互相连贯起来,否则就相互矛盾,难以贯通。彝为何神?这应从彝字本义上求得说明。《说文·糸部》云:"彝,宗庙常器也。从糸,糸,綦也,廾持米,器中宝也。㐄声。"此释不确。卜辞彝字写作 (《后》2·7·7,另见《甲骨文编》卷13·1),从廾、从鸡。罗振玉《增订殷墟书契考释》云:"卜辞中彝字象两手持鸡,与古金文同,其谊则不可知矣。"徐中舒先生云:"彝见于卜辞及金文者,象双手捧鸡或鸟形。其鸟或鸡有冠、喙、翼、尾、足距。……按彝之所以象双手捧鸡或鸟形者,以宗庙常器中实有象鸡或鸟形之物"④。商承祚先生说:甲骨文、金文彝字"皆象以手持鸡与米而祭,后被以祭器之名"⑤。郭沫若先生又以为"鸡在六畜中应是最先为人所畜用之物,故祭器通用的彝字竟为鸡所专用,也就是

---

① 胡厚宣:《甲骨文四方风名考证》,《甲骨学商史论丛》初集第 2 册;《释殷代求年于方和四方风的祭祀》,《复旦学报》1956 年第 1 期。
② 杨树达:《甲骨文中四方风名与神名》,《积微居甲文说》卷下,上海古籍出版社,1986 年,第 52~57 页。
③ 陈梦家:《殷墟卜辞综述·宗教》,科学出版社,1956 年,第 590 页。
④ 徐中舒:《说尊彝》,《历史语言研究所集刊》第七本第一分册,第 75 页。
⑤ 商承祚:《说文中之古文考》,上海古籍出版社,1983 年,第 111 页。

最初用的牺牲是鸡的表现"①。今按以上诸说彝字甚是,但所说从鸡之缘由皆有可商。卜辞彝字从廾、从鸡,《说文》卷三上:"廾,竦手也。"段玉裁注:"竦,敬也,按此字谓竦其两手以有所奉也。"故卜辞彝字从廾、从鸡,是个会意字,其本义当是奉敬雄鸡之意。雄鸡作为常见的禽类,本可用独体象形鸡字表示之,但它作为被崇拜的神灵,仅用独体象形鸡字就无法表达,因此商人就创造出从廾、从鸡的会意字彝以表达其敬奉鸡神之义。由于彝字的主体结构是鸡字,古代彝、鸡二字意思相近,也往往混用,金文《员尊》《作父丁尊》《𠊱卣》铭文彝字皆写作鸡字是证。据此,我们认为彝字本义应是奉敬鸡神,卜辞所记"帝于西方曰彝""又岁于伊、西彝"的彝神应当就是鸡神。商人以鸡为神,乃是源于雄鸡本是商族崇拜的图腾;以往我们曾主张商族起源于晋西南地区②,此地正位于商王朝的西方,商族虽迁,未忘故土,因此把自己的图腾神奉为主宰西方的神灵。

  关于雄鸡如何又称为玄鸟,文献记载,书阙有间,其演化过程已不大清楚。若从文字学上推测,玄鸟二字可能是从形声字的古鸡字分解而来。卜辞形声字的鸡从鸟、奚声,奚字又往往假借为鸡字,如卜辞云"戊辰卜贞王田鸡往来亡灾"(《前》2·36·6),"壬申卜贞王田奚往来亡灾(《前》2·42·3),"王田鸡"当即"王田奚";鸡与奚同字,指的是同一个地名或同一猎物。鸡、奚通用也见后世文献,《淮南子·道应训》:"于是散宜生乃以千金求天下之珍怪,得骊虞、鸡斯之乘。"高诱注:"鸡斯,神马也。"刘邵《赵都赋》又云:"其良马则飞兔、奚斯。"《淮南子·主术训》:"天下之物,莫凶于鸡毒。"《太平御览》卷九百九十七又引《淮南子》曰:"天下之物,莫凶于奚毒。"凡此都是鸡、奚相通之确证。故许慎《说文·大部》云:"奚,大腹也。"按,奚字本义当为持绳索以拘捕罪人、奴隶之状,许慎为何解为"大腹也"?前人不得其解,唯叶德辉《说文奚字释义》说"按奚即鸡之本字,大腹下当有禽字",最得许氏本意,许慎这里所说的奚字,正是作鸡的假借字来解释,大腹禽正是鸡的形象,鸡与奚在卜辞和后世文献中已互相通用。

  鸡字既与奚字通用,鸡属禽鸟一类,故鸡鸟又称为奚鸟。金文尚未发现单独的鸡字,但发现有大量的彝字,和卜辞彝字从独体象形鸡字不同,金文彝字所

---

① 朱芳圃:《甲骨学文字编》文十三引,商务印书馆,1933年,第3页。
② 郑杰祥:《夏史初探》,中州古籍出版社,1988年,第97页。

从之鸡多写作⿱（见《金文编》卷十三），从鸡食米粒形，从系声，是个形声字。系与奚声同相通，《说文·大部》云："奚，大腹也，从大、系，省声。"《淮南子·本经训》："傒人之子女。"高诱注："傒与系囚之系同，读若鸡。"由此可知，金文形声字鸡字从鸟、从系，系乃奚字之省化或假借，故金文称鸡为奚鸟，也称系鸟。又古文系与玄形、音、义相近相通，系，古音属匣母锡部；玄，古音属匣母真部，系、玄二字声同韵近。《说文·系部》："系，县也。"段玉裁注："（说文）县部曰：'县者，系也。'引申为凡总持之称，故系与县二篆为转注。系者，垂统于上而承于下也。"《释名·释天》又云："玄，县也，如县物在上也。"县即悬之本字，是知系与玄本义相同，皆有悬挂之义。卜辞无玄字，金文玄字写作8（见《金文编》、《金文诂林》卷四），而卜辞、金文孙字偏旁系字也多写作8（见《甲骨文编》、《金文编》卷十二），是知玄与系当为一字，以后才分化为二字。玄与系最初既为一字，而系与奚相通，因而玄与奚也当相通。《抱朴子·应嘲》云："墨子刻木鸡以厉天。"同书《释滞》又云："公输飞木鸢之翩翩。"木鸢即木鸡，此可作为玄与奚相通之佐证。值得注意的是，《西清古鉴》著录有"⿱妇壶"者，诸家多释为"玄鸟妇壶"，而方浚益《缀遗斋彝器款识考释·旅父鼎》条下则释此"为鸡字象形无疑也"。其说可信。此字从鸟，从8，即系字，为声符，借为奚，当为金文鸡字，所以此壶当释为"鸡妇壶"，"鸡妇"即鸡族之女，即以鸡为图腾之氏族之女，或即古商族之女。不过从字形上讲，8字释玄也可通，因为金文玄字正作此形。若读为玄，此鸡字自可分读为玄、鸟二字，而玄与系、奚声义相通，玄鸟即奚鸟，奚又为鸡之借字，因此，玄鸟从字形上说当为形声鸡字之分读，其本义则仍当指鸡。从金文彝字可知，在商末、两周时代，从8、从鸟之形声鸡字比较流行，后世文献所记玄鸟大致来源于此。因此文献所说的玄鸟，追根溯源，应当仍是指雄鸡。

综上所述，我们认为从卜辞王亥之亥字头上所从之鸟与卜辞鸡字构形甚近可知，我国古代商族最早应是以雄鸡为本族崇拜的图腾；从商人年禘祭彝神可证，至商王朝后期仍奉雄鸡为主宰西方的大神。传说商族祖先是由始祖母吞食鸟卵而生，商族就为子姓，其实这鸟卵正是鸡卵。鸡卵在我国又俗称为"鸡子"，可能正是因为商族始祖母吞食鸡卵即"鸡子"而生下商族祖先，因此商族才得以姓"子"。自金文产生玄字以后，由于玄与系、与奚相通用，从而又出现了从8、从鸟之鸡字;而随着社会的发展,鸡本身在人们心目中越来越显得平庸无奇,故商人后裔开始借金文玄字称鸟为玄鸟。因玄字引申为深奥神秘之义,故后人又把玄鸟神化为凤凰,又因为玄字引申为黑色之义,于是人们又把玄鸟指为黑色燕子。其实原始人崇拜的图腾都是自己周围最现实的生物或无生物,开始并没有什么抽象化的神秘意味,凤凰本是神化之鸟,现实中并不存在,所以凤凰不可能为原始商人所崇拜的图腾。以燕子为商族图腾,大概最早是由战国人附会而成,也非商人原意。从卜辞、金文来看,玄鸟当为雄鸡,就是说商人最早当以雄鸡为图腾。

(原载《中州学刊》1990年第1期)

殷墟新出卜辞中若干地名考释

20世纪90年代初,考古工作者在殷墟花园庄东地发现了一座新的甲骨窖藏坑(编号为91花东H3),该坑共出土甲骨1583片,刻有卜辞者579片,时代为武丁前期。① 近年来刘一曼、曹定云同志著文公布了其中23片甲骨卜辞,并进行了详细的考释(《殷墟花园庄东地甲骨卜辞选释与初步研究》,以下简称《研究》)。② 值得注意的是这些卜辞中还记有不少的地名,兹将这些地名及其地望试释如下,不当之处,请方家指正。

昧(㒸)、商(丙)、河(州)、箕(㠱)

丁卜,在㒸:其东狩?一

丁卜,其?一二

不其狩,入商?在㒸。一

丁卜,其涉河狩?一二

丁卜,不狩?一二

不其狩?一

其涿河狩,至于箕?一

H3:126+1547

《研究》云:"㒸,地名。"该字当释为"昧"。昧地所在,前人无释。今按,昧之原字写作㒸(《合集》8064),从0,从未,饶宗颐《殷代贞卜人物考》释此字为"未",兹从其说。未与昧古音同属明纽物部,为双声叠韵字。《释名·释天》:

---

① 中国社会科学院考古研究所安阳工作队:《1991年安阳花园庄东地、南地发掘简报》,《考古》1993年第6期。

② 刘一曼、曹定云:《殷墟花园庄东地甲骨卜辞选释与初步研究》,《考古学报》1999年第3期。

"未,昧也,日中则昃,向幽昧也。"未与昧音、义皆相同,古当为一字。《说文·水部》:"沬,洒面也,从水,未声。"西周初期青铜器《沬司徒簋》《沬伯鼎》铭文之未皆写作"渚",从水,杳声,古字偏旁形符位置不定,可在上也可在下,可在左也可在右。因此,此字实即昧字,未与昧同为一字,铭文此字可作确证。另外,《沬爵》铭文之未又写作"渚",从水,从未,从口,古字偏旁从日之字常有写作口或 0 者,如卜辞"今日"之日(《合集》28796)、旦(《合集》29974)、朝(《合集》23148)、昔(《合集》36317)、暮(《合集》27396)等,从日之字皆写作口或 0,《渚爵》之渚偏旁写作杳,从未,从口,也是一例。由此可知,卜辞昧字从未、从 0 与从日相同,实即昧字之初文,本片卜辞中的未地应当就是昧地。昧与沬、妹古音同,可相假借,《易经·丰卦》云:"日中见沬。"《经典释文》云:沬"《字林》'作昧'。王肃云:音妹。郑(玄)作'昧'。"西周青铜器《盂鼎》铭文云:"女妹辰又大服"。吴大澂《说文古籀补》释云:"妹,古文以为昧字,《释名》:'妹,昧也,犹日始出历时少,尚昧也。'《盂鼎》'妹辰'即'昧晨'假借字。"郭沫若《两周金文辞大系·盂鼎》释文云:"'妹辰'二字旧未得其解,今按昧与妹通,'昧辰'谓童蒙知识未开之时也。"是知古昧地也就是后世的沬地和妹地。沬地所在,《诗经·卫风·桑中》:"爰采唐矣,沬之乡矣。"《毛传》曰:"沬,卫邑。"《经典释文》:"沬,音妹,卫邑也。"《尚书·酒诰》:"明大命于妹邦。"《孔传》曰:"妹,地名,纣都朝歌以北是也。"《水经·淇水注》:淇水"东南径朝歌县北……《晋书·地道记》曰'本沬邑也'"。古朝歌城即今河南淇县县城,它应当就是本片卜辞所记的昧地,后世常称作沬地。

卜辞所记商地甚多,按其性质大致可以分为两类,一类是指商代的王畿,另一类则是指商代的某座居邑。该片卜辞所记当是指某座居邑。卜辞所记商邑所在,主要有两说,其一认为是在安阳殷墟,王国维《观堂集林·说殷》云:洹水南的殷墟,"今龟甲兽骨出土,皆在此地,盖即盘庚以来殷之旧都"。其二认为是在今河南商丘市。① 我们认为早期卜辞中的商邑即指商代王都,也就是现今的安阳殷墟。古本《竹书纪年》云:"自盘庚徙殷至纣之灭,二百(原书作"七百",从赵绍祖《校补竹书纪年》改)七十三年,更不徙都。"《史记·项羽本纪》又云:"项羽乃与期洹水南殷虚上。"《集解》引应劭曰:"殷墟,故殷都也。"又引臣瓒

---

① 王襄:《簠室殷契类纂》,天津市博物馆石印本,1929 年。

曰："洹水在今安阳县北。"卜辞所记商都皆称作商而从无称作为殷者,至后世文献才殷、商混称,是"殷都"也就是"商都"。通过近一个世纪的考古发掘,确凿地证明位于洹水岸边的殷墟就是商代王都的故墟,此地南距淇县城即卜辞眛地约60公里,本片卜辞所记在眛地贞问"不其狩,入商"的商地,应当就是指的今安阳殷墟。

卜辞所记的河多指黄河,少数指的是黄河之神。根据卜辞所记与黄河相联系的地名考证,我们认为商代黄河下游故道当从今郑州折而东北,流经今淇县东侧、濮阳西侧向渤海方向流去。① 古黄河位于淇县城即眛地以东10余公里,本片卜辞所记在眛地贞问"其东狩""其涉河狩",意思是向东涉过黄河去狩猎,这两句的内容应是一致的。

卜辞所记的箕地较多,它是商王朝统治集团的一处重要田猎地。箕与其古代同为一字,《庄子·则阳》云:"不冯其子。"《博物志》卷八又引作"不逢箕子"是其证。所以卜辞中的"箕"地也就是"其"地,后世已演变为淇地。依据本片卜辞文意推断,此淇地当即淇水入黄河处的淇水口,后世又称作枋头城和淇门镇。《水经·河水注》:"河水又东,淇水入焉,又东径遮害亭南,《汉书·沟洫志》曰:在淇水口东十八里。"熊会贞疏引《方舆纪要》:"遮害亭在浚县西南五十八里。"《水经·淇水注》又云:淇水"东南径朝歌县北……淇水又南,历枋堰。旧淇水东南流,径黎阳县(按:即今河南浚县)界南入河,《地理志》曰:淇水出共,东至黎阳入河。《沟洫志》曰:遮害亭西十八里至淇水口是也。汉建安九年,魏武王于水口下大枋木以成堰,遏淇水东入白沟,以通漕运,故时人号其处为枋头"。杨守敬疏:《地形志》"汲郡治枋头",即枋头城。《大清一统志·河南省》卫辉府古迹条下云:"枋头城在浚县西南八十里,即今之淇门渡,古淇水口也。"现今考古工作者在此地西枋头村发现一处商周时期文化遗址,这处遗址东北距浚县城30余公里,西北距淇县城即卜辞眛地10余公里,与本片卜辞所记在眛地贞问"涿河狩,至于箕"即渡河狩猎先到达箕地的地望恰相符合,因此它很有可能就是卜辞所记商代的箕地,即后世称作的淇地。

本片卜辞所记眛地与商邑、淇地以及与黄河相联系,这个联系在以前著录

---

① 郑杰祥:《商代地理概论·关于卜辞所记黄河下游部分河道的探讨》,中州古籍出版社,1994年。

的卜辞中从未见过,可说是一份新的资料,这对论定商代黄河下游的部分故道具有重要的学术价值。

爵(䍘)、录中(䍘中)

戊午卜,在爵:子立于录中口?子占曰:企䍘。一

戊午卜,我人禽?子占曰:其禽。用。在爵。一

H3:985

本片卜辞爵字,《研究》释作"䍘",未必准确。今按卜辞䍘字多写作䍘,偏旁多从又,上面中间无"丁"字符号;爵字写作䍘,偏旁均不从又,上面很多有"丁"字符号,①因而此字当释作"爵"为是。爵地所在,《大清一统志·河南省》彰德府古迹条下:"邶城,在汤阴县东北,周初所分之国……《旧志》:今曰邶城镇,在县东三十里。相近又有爵城。"清代汤阴县即今河南省汤阴县,邶城镇今称邶城村,在今汤阴县东南约 15 公里,卜辞爵地应当就在这一地区。"录中"一地当距此地不会很远,卜辞录与麓相通用,《研究》释此为"中麓","麓中""中麓"都是指被称作"中"地的山坡或高丘地区。汤阴县西南古有"中牟"一地,《左传·定公九年》:"晋车千乘在中牟。"孔颖达疏:此中牟当在黄河以北。《史记·赵世家》:"献侯少即位,治中牟。"《正义》:"荡阴县西五十八里有牟山,盖中牟邑在此山侧也。"高士奇《春秋地名考略》云:"今彰德府汤阴县西五十里有中牟城。"此地东距古爵城约 40 公里,它可能就是卜辞所记的"麓中"或"中麓"一地。

徉(徉)、来麓(麓)

壬申卜,在徉:其钔于妣庚,卻十窜,十龟?用。在麓。一二三

H3:313

《研究》云:"这条卜辞是在徉地卜问钔祭妣庚,但后来在麓地才按照占卜的内容进行祭祀。"可知两地相距不会很远。卜辞徉字,李孝定《甲骨文字集释》卷二释为徉字之繁体,认为后世又简写为徉和羊字,②兹从其说。因此,卜辞徉地即后世的羊地,此羊地当即春秋时期的羊角城,位于今河南省范县东南约 10

---

① 中国社会科学院考古研究所:《甲骨文编》卷五、卷十四,中华书局,1992 年。
② 郑杰祥:《商代地理概论·关于卜辞所记黄河下游部分河道的探讨》引,中州古籍出版社,1994 年。

公里的义和庄一带。①

麓是来麓二字的合文,是卜辞中新出现的一个地名。此地也见于另外一片卜辞,其辞云:

庚卜,在麓:岁妣庚三牡,又鬯二,至卯,卯百牛又五? 一

庚卜,在麓:虫五牡又鬯二用,至卯妣庚? 一二三

庚卜,在麓:虫七牡用,至卯妣庚? 一二

庚卜,在麓:虫五牡用,至卯妣庚? 一二三

H3:113+1518

《释名·释山》:"山足曰麓。"是来麓即来山坡地一带。来山所在不详,按来与黎音同相通,《左传·隐公十一年》:"公会郑伯于时来。"《公羊传》"时来"又写作"祁黎",是其证。是来山后世或已音变为黎山,如果此释不误,则卜辞来麓就是后世的黎山周围地区。黎山所在,《水经·河水》云:河水"又东北,过黎阳县南。"郦道元注引晋灼曰:"黎山在其南,河水径其东。其山上碑云:县取山之名,取水之阳,以为名也。王莽之黎蒸也。今黎山之东北故城,盖黎阳县之故城也。"杨守敬疏:黎阳故城"在浚县东北"。清代浚县即今河南省浚县,黎山今称大邳山,在今浚县南郊,此地东距羊角城即卜辞祥地约90公里,它可能就是卜辞所记的来麓所在地。

剢( )

甲午岁祖甲,牝一,子祝? 在剢。一

乙未岁祖乙,牝,子祝? 在剢。一二

……

丁酉岁妣丁牝一? 在剢。一

乙巳岁祖乙牝,子祝? 在剢。一二

乙巳岁祖乙牝一,子祝? 在剢。三

H3:47+984

庚午卜,在剢:卯子齿于妣庚,[冊]牢,牝,白牝? 用。一二

H3:505+520+1546

---

① 郑杰祥:《商代地理概论·关于卜辞所记黄河下游部分河道的探讨》,中州古籍出版社,1994年。

劊字又写作👁(《合集》)和👁(《合集》24347),象以刀削去带刺物体之形,王襄《簠室殷契类纂》释为劊字,兹从其说。劊地不见文献记载,按劊与剚音义相近,可相通用,劊在月部,剚在质部,质、月韵近,可以旁转(见王力《同源字典》)。《广雅·释诂》:"剚,割也。"《汉书·贾谊传》:"盗者劊寝户之帘。"颜师古注:"劊谓割取之也。"劊与剚意思相同。故《集韵》云:"剚,测纪切。《博雅》:割也,或作劊。"《说文·刀部》:"剚,伤也,从刀,㯥声。"段玉裁注:"(《说文·羊部》)䍽下曰:'蹄皮可以割㯥。'㯥疑剚之误,割剚,累言之也。"㯥实应是剚字之通假字。㯥即漆之本字,《说文·㯥部》:"㯥,木汁,可以䰍物,象形。"段玉裁注:"木汁名㯥,因名其木曰㯥,今字作漆。"《周礼·地官·载师》:"唯其漆林之征二十而五。"郑玄注:"故书漆林为㯥林。杜子春云:'当为㯥林'。"《史记·货殖列传》:"陈、夏千亩漆。"《汉书·货殖传》又写作"陈、夏千亩㯥",是其证。因此,卜辞劊地后世可能已音变为漆地。古漆地所在,《水经·济水注二》:"濮渠之侧有漆城。《竹书纪年》:'梁惠成王十六年,邯郸伐卫,取漆、富丘,城之者也'。"熊会贞疏引《寰宇记》云:"漆城在长垣市西二十里。"宋代长垣县位于今河南省长垣市西南约5公里,古漆城今称作戚城,位于今河南省长垣市约16公里,它可能就是卜辞中的劊地。劊地与雇地相联系,卜辞云:

辛丑卜,行贞:王步自劊于雇无灾?

癸卯卜,行贞:王步自雇于嘉无灾?在八月,在师雇卜。《合集》24347

可知劊地距雇地最多有三日的路程,卜辞雇地当即春秋时期的扈亭,位于今河南省原阳市西,前人论之甚详。[①] 此地东距卜辞劊地即古漆城约60公里,三天之内是可以到达的。

越(👁)

己巳卜,在㺇:庚不雨?子占曰:其雨亡司。用。夕雨。一

己巳卜,在㺇:其雨?子占曰:今夕其雨,若。己雨,其于翌日庚亡司。用。

H3:333

卜辞越字,从👁,从👁,象人一手持钺、一手摆动往前急走之形。👁,于省吾主编《甲骨文字诂林》释作走,兹从其说;👁即钺字之本字。由此可知,此字当从走、

---

① 陈梦家:《殷墟卜辞综述》,科学出版社,1956年,第305页。

从钺,是个形声兼会意字,就是越字之初文。越有强行夺取之义,《尚书·康诰》:"杀越人于货。"《孔传》曰:"杀人颠越人,于是以取货利。"孔颖达疏:"杀害及颠越于人以取货利也。"朱骏声《说文通训定声》以为越字与敓意思相同,可相通假,"敓",即"夺"之本字,《说文·攴部》:"敓,强取也。"段玉裁注:敓"是争敓正字,后人假夺为敓,夺行而敓废矣"。卜辞越字正象人持钺急行前往夺取之形,后世成语"杀人越货"就是"杀人夺货"之义。越地是卜辞中新出现的地名,其地所在,因无与其他地名相联系,不能确指,它或许就是后世称作的越戏方。《逸周书·世俘解》:周武王"乃步自于周,征伐商王纣……吕他命伐越戏方"。谭其骧主编《中国历史地图集》第一册认为越戏方在浮戏山地区①,兹从其说。《山海经·中次七经》:"又东三十里,曰浮戏之山……汜水出焉,而北流注于河。"《水经·河水注》:"河水又东合汜水,水南出浮戏山,世谓之曰方山也。"《水经·洧水注》又云:"洧水东流,绥水会焉,水出方山绥溪,即《山海经》所谓浮戏之山也。"杨守敬疏:浮戏"山在今汜水县南,即密县之西北"。清代汜水即今河南省荥阳市汜水镇,密县即今河南省新密市,是知卜辞越地当在今河南省郑州市以西的荥阳市和新密市之间。

阠(⿱)

乙酉卜:子又之阠南小丘,其⿱获?一二三四五

乙酉卜:弗其获?一二三四五

乙酉卜:子于翌日丙求阠南丘豕,冓?一二三四

……冓阠鹿?子占曰:其遘。一二

H3:52

阠地他辞又称为"阠京"(《合集》8040),是商王朝的一处重要田猎地。此字从阝、从心,卜辞记有心水,如:"贞:涉心……狩。"(《合集》14022)心水当即沁水之省写,阠地应是沁水沿岸的一个地名,它可能就是后世的沁水城。《水经·沁水注》:"沁水又径沁水县故城北,盖借水以名县矣……沁水又东径沁水亭北,世谓之小沁城。"《大清一统志·河南省》怀庆府古迹条下:"沁水故城在济源县东北……《县志》:废城在县东北沁水南、沁台西,今呼王寨城。"又云:

---

① 谭其骧主编:《中国历史地图集·商时期中心区域图》,中华地图学出版社,1975年。

"沁台,《寰宇记》云：在济源县东北三十里，与沁水故城相去五里。"清代济源县即今河南省济源市，古沁水城当在今济源市东北10余公里处，它应当就是卜辞所记的阢地，其东南一侧的沁台，则应是"阢南小丘"的所在地。

六（入）

辛卯宜豕一？在入。一二

H3:450+458

本辞入字，《研究》释作"人"，按卜辞"六"与"入"字形相近，不易区别，但总的说来，早期卜辞六字多写作"入"，入字多写作"入"，本辞入字当释作"六"字为是。"六"地所在，尚未发现与其他地名相系联，不能确指，它可能就是后世的六真山，六与陆音同相通，此山又称作陆真阜。其地所在，《新唐书·地理志》修武县下云：县"西北二十里有新河，自六真山下合黄丹泉水，南流入吴泽陂。"顾祖禹《读史方舆纪要·河南·修武县》云："六真山在县北二十里，下有新河，西流入吴泽陂，《水经注》谓之陆真阜。"《水经·清水注》："故修武城西南……山阳县东北二十五里，有陆真阜，南有皇母、马鸣二泉，东南合注于吴陂也。"吴陂水注入下游吴泽陂，又称为吴泽，也就是春秋时期的大陆泽。《清水注》又云："清水又东南流，吴泽陂水注之。水上承吴陂于修武县故城西北。修武，故宁也……余案，《韩诗外传》言：武王伐纣，勒兵于宁，更名宁曰修武矣。魏献子田大陆，还卒于宁是也。……大陆即吴泽矣。"《左传·定公元年》：魏献子"田于大陆，焚焉。还，卒于宁"。杜预注："疑此田在汲郡吴泽。"孔颖达疏："吴泽在修武县北，'还，卒于宁'，宁即修武城是也。"高士奇《春秋地名考略》云："吴泽陂在修武县北十里，东入获嘉县界为太白陂。"谭其骧主编《中国历史地图集》从其说，把古大陆泽定在今河南省获嘉县西北一带，卜辞所记的"六"地，可能就在这个地区。

以上我们对新出卜辞所记的十余个地名及其地望进行了简单的讨论。其中有些地名是新发现的，有些地名虽然以往已有著录，但是新出卜辞发现了它们之间的联系关系，这有利于进一步论定这些地名的地理位置。这十余个地名的地望虽未必全都位于现今的河南省境内，不过根据现有的文献和考古资料，可知其中的大多数应当位于这个地区。研究这些地名及其地望，对于探讨商代特别是河南地区的历史地理，具有重要的学术意义。

(原载《中州学刊》2003年第5期)

"𦒠"族考

殷墟卜辞有"𦒠"字，或写作"瞿"，卜辞云：

……𦒠……(《合集》18084)

……𦒠……(《合集》18085)

己巳卜：王……瞿？

……于……燎瞿？(《合集》20281)

瞿字隶定作"䀠"或"𥆞"，金祖同《殷契遗珠》释此为"䀠"字，其文云：瞿字"从䀠从人，《说文》无此字。《说文》'瞿'下曰：'鹰隼之视也。''矍'下曰：'隹欲逸走也，从又，持之矍矍也。'徐说'矍是左右惊顾'，又曰'视遽貌'。大其两目，示其目之动作，于人于隹，一也。《说文》有䀠字，音拘，左右视也，疑即此字"①。金祥恒《续甲骨文编》从其说，释作䀠。② 于省吾《甲骨文字释林·释臣》云："甲骨文屡见瞿字，象人纵目以跪。……《说文》：'𦣞，乖也，从二臣相违，读若诳。'又'䀠，左右视也，从二目，读若拘'。其实，𦣞与䀠本系同字，后世分化为二。……总之，䀠象纵目形，纵目使人惊动，故䀠和从䀠之字多含有惊恐之义。"③ 陈炜湛《甲骨文异字同形例》云："臣、目异字同形的现象在偏旁结构中也同样有所反映……《遗珠》五六五之瞿，实象左右视之形，可释𥆞或䀠，亦即

---

① 金祖同：《殷契遗珠》，艺文印书馆，1974年，第39页。
② 金祥恒：《续甲骨文编》3卷，中国台湾大学出版社，1959年，第2页。
③ 于省吾：《甲骨文字释林·释臣》，中华书局，1979年，第311~316页。

䀠。"①李孝定《甲骨文字集释》云："按《说文》：'䀠，左右视也，从二目，读若拘。又若良士瞿瞿。'卜辞从二目，从卩，正左右视之形，小篆省卩耳。"②其说甚是。此字作为名词，于省吾先生以为是一种奴隶的名称，③徐中舒《甲骨文字典》以为是"神祇名"，④《甲骨文字诂林》姚孝遂按语以为"乃祭牲之名"，⑤皆不确。金文也有䀠字，写作 䀠。西周初期《沫司徒疑簋》等铜器群铭文均有 䀠 字，簋铭云：

王来伐商邑，诞令康侯鄙于卫。沫司徒疑及鄙，作厥考尊彝。䀠。

《䀠沫伯疑尊》铭云：

䀠沫伯疑作厥考宝旅尊。

唐兰释 䀠 为䀠，并以为是氏族名⑥，唐说确凿有据。从上引铜器铭文来看，释䀠为族名是正确的。这批铜器出土于今河南省卫辉市、长垣市或辉县固围村⑦，三地相近，古属卫地，䀠族最早可能生活于这个地区。

䀠族名号，后世无闻。按䀠与瞿音、义相同，故相通假。《玉篇·䀠部》："䀠，左右视也，亦与瞿同。"《说文·目部》"䀠"字下段玉裁注："凡《诗·齐风》《唐风》，《礼记·檀弓》《曾子问》《杂记》《玉藻》，或言瞿，或言瞿瞿，盖皆䀠之假借，瞿行而䀠废矣。"《说文·瞿部》："瞿，鹰隼之视也，从隹、从䀠，䀠亦声。……读若章句之句。"段玉裁注："经传多假'瞿'为'䀠'。"《诗经·齐风·东方未明》："狂夫瞿瞿"，王先谦《诗三家义集疏》云："'瞿瞿'者，'䀠'之借字。"《诗经·唐风·蟋蟀》："良士瞿瞿"。《毛传》曰："瞿瞿然顾礼义也。"孔颖达疏引李巡曰："皆良士顾礼节之俭也。"王先谦《诗三家义集疏》云："《说文》：'䀠，左右视也。读若拘，又若良士瞿瞿。'是许读'瞿瞿'即'䀠䀠'也。以'瞿瞿'为俭者心存乎俭，左右顾视，惟恐其行事之有一未合于礼节，是以为良士之俭也。"是知

---

① 陈炜湛：《甲骨文异字同形例》，《古文字研究》第6辑，中华书局。
② 李孝定：《甲骨文字集释》，"中央研究院"历史语言研究所，1965年，第1159页。
③ 于省吾：《甲骨文字释林·释臣》，中华书局，1979年，第311~316页。
④ 徐中舒主编：《甲骨文字典》，四川辞书出版社，1988年，第374页。
⑤ 于省吾主编，姚孝遂按语编撰：《甲骨文字诂林》，中华书局，1996年，第643页。
⑥ 唐兰：《西周青铜器铭文分代史征》，中华书局，1986年，第29页。
⑦ 陈梦家：《西周青铜器断代》，《考古学报》第9册，1955年。

古眲字后世多假借为瞿字,"瞿行而眲废矣"。

但是在古代卫地,没有瞿族生活于这个地区的记载。按瞿与蘧音、义相近,故可相假。《说文·艹部》:"蘧,蘧麦也。从艸,遽声。"徐锴《说文系传》云:"今谓之瞿麦。"段玉裁注引《本草》曰:蘧麦"谓之瞿麦"。《广雅·释草》:"茈葳、陵苕,蘧麦也。"《尔雅·释草》:"大菊,蘧麦。"郭璞注:"一名麦句姜,即瞿麦。"郝懿行疏:"《本草》云:'瞿麦,一名巨句麦,一名大菊,一名大兰。……蘧、瞿、巨、句,音俱相近,巨、句又即瞿之合声"《庄子·齐物论》:"昔者庄周梦为胡蝶……俄然觉,则蘧蘧然周也。"王先谦《集解》引成玄英云:"蘧蘧,惊动之貌。"《太平御览》卷九百四十五《事文部·虫部》引此文写作"瞿瞿然",皆为瞿、蘧二字相假之确证。由此推测,商代眲族很可能就是后世蘧族的祖先。蘧族所在,春秋卫国有蘧伯玉者,《吕氏春秋·召类》云:"赵简子将袭卫,使史默往睹之。……史默曰:'谋利而得害,犹弗察也。今蘧伯玉为相……'"高诱注:"伯玉,卫大夫蘧庄子无咎之子,(名)瑗,谥曰成子。"《论语·宪问》:"蘧伯玉言于孔子曰"。何晏《集解》引孔安国曰:"伯玉,卫大夫蘧瑗。"蘧伯玉为春秋卫国蘧姓贵族,以贤明著称于世,故卫地多留有他的遗迹。《三国志·魏志·中山恭王衮传》:"昔卫大夫蘧瑗葬濮阳"。三国时濮阳即今河南省濮阳县南故县村,为春秋卫国国都。《后汉书·郡国志·陈留郡》长垣县下刘昭注补云:"《陈留志》曰:'有蘧伯玉墓及祠'。"《文选·东征赋》:"到长垣之境界(兮),察农野之居民。……蘧氏在城之东南兮,民亦尚(《水经·济水注》作徇)其丘坟。唯令德为不朽兮,身既没而名存。"李善注:"蘧氏,蘧瑗也。《陈留风俗传》曰:'长垣县有蘧乡,有蘧伯玉冢。'"《水经·济水注》:"濮渠东绝驰道,东径长垣县故城北,卫地也……又有长罗冈、蘧伯玉冈。《陈留风俗传》曰:'长垣县有蘧伯乡……有蘧亭、伯玉祠、伯玉冢'。"熊会贞疏引《魏志·中山恭王衮传》:"伯玉冢在长垣县东。"《大清一统志·直隶省》大名府古迹条下:"蘧伯玉墓在长垣县南十五里,《陈留风俗传》:长垣县有蘧伯玉冢。《寰宇记》:在长垣县东七里,祠在墓侧。《明统志》:在县南十五里。《县志》:在县南八里。"清代长垣县即今河南省长垣市。今长垣市南约5公里的张寨乡邵寨村仍存有蘧伯玉墓,《中国文物地图集·河南分册》长垣县条下云:"蘧伯玉墓在张寨乡邵寨村南。蘧伯玉,名瑗,春秋时卫国贤大夫,与孔子交游甚密。明代赠内黄侯。墓冢高2.50米,面积30平方米。墓前有祠,称内黄侯祠。"附近还存有明代所立"重建蘧贤祠碑"和"重建蘧公伯玉庙碑",①当为蘧伯玉家族的故地。此地位于浚县以南、卫辉市以东,古代皆属于卫地,蘧伯玉既为春秋时期卫国大夫,蘧与瞿、瞿与䀠可相通假,他显然应当就是西周初期䀠族沫邑名叫疑的司徒的后裔。此族见于殷墟卜辞,称为䀠,居于商王朝后期王畿的东侧,常供商王役使,上述卜辞"燎䀠",应即商王以䀠族人作牺牲燎祭神祇;至周人灭商之后,该族旋即降顺周王朝,因而成为两周时期卫国的显族重臣。

(原载《纪念殷墟甲骨文发现 100 周年国际学术研讨会论文集》,社会科学文献出版社 2003 年出版)

---

① 国家文物局主编:《中国文物地图集·河南分册》,地图出版社,1991 年,第 265~267 页。

卜辞所记"㓞"地新探

殷墟卜辞记有"㓞"字(《合集》9339),或写作"㓞"(《合集》17065),二期卜辞又写作"㓞"(《合集》24347),皆象用刀砍刻物体之形,是当时商代一个重要的地名。王襄先生释此字为"剡"①,饶宗颐先生又释为"斫"②,我以前曾从王说,今以为此字当即"㓞"(《合集》14176)字之原始文字,也即"㓞"字之初文。《说文·㓞部》:"㓞,巧㓞也。从刀,丯声。"徐灏《说文解字注笺》:"巧㓞,言其刻画之工也。"戴侗《六书故》云:"丯即契也,又作㓞,加刀,刀所以契也。……古未有书,先有契,契刻竹木以为识,丯象所刻之齿。"朱骏声《说文通训定声》云:㓞字"从刀,从丯,会意,丯亦声,疑即'栔'字之古文"。又云:契"实与'㓞'同字"③。按"栔""契"与"㓞"为同源字,④皆有砍刻之义,《说文·㓞部》:"栔,刻也。"⑤《释名·释书契》:"契,刻也,刻识其数也。"⑥《吕氏春秋·察今》云:"遽契其舟"。高诱注:"疾刻舟识之于此"。陈其猷《校释》:"考《说文》有'㓞'字,《六书正讹》云:'从刀,从丯,象刀刻画竹木以记事者,别作契,后人所加。'其说甚是,则'㓞'为本字,契、栔,皆孳乳字。"⑦朱骏声《说文通训定声》又云:丯"划竹木为识也,刻之为丯。上古未有书契,刻齿于竹木以记事,丨象竹木,彡象齿形。"⑧由此可知,"㓞"是一个形声兼会意字,象用刀刻削竹木等物体之形,以后

---

① 王襄:《簠室殷契类纂》正编第八卷,天津市博物馆石印本,1929年,第21页。
② 饶宗颐:《殷代贞卜人物通考》,香港大学出版社,1959年,第360页。
③ 丁福保:《说文解字诂林》引,上海医学书局石印本,1928年,第1865~1867页。
④ 王力:《同源字典》,商务印书馆,1987年,第483页。
⑤ 丁福保:《说文解字诂林》,上海医学书局石印本,1928年,第1865~1867页。
⑥ 刘熙:《释名·释书契》,上海古籍出版社,1984年,第8页。
⑦ 陈其猷:《吕氏春秋校释》,学林出版社,1984年,第943页。
⑧ 丁福保:《说文解字诂林》引,上海医学书局石印本,1928年,第1865~1867页。

才逐渐被线条化,写成"㓞"字。

《易·系辞》云:"上古结绳而治,后世圣人易之以书契。"①"书"是指书写文字,"契"是指刻画符号,准确地说应是"后世圣人易之以'契''书'",就是说我国古代在未出现文字之前,人们记事的方法首先是"结绳而治",然后发展为在竹、木等物体上刻画符号以备忘,最后才发明了记事的文字。其中刻画符号是文字出现以前原始人普遍采用的一种记事方法,正如唐兰先生所说:"'书'和'契',本来完全是两回事,原始人民,可以没有文字,但往往已经有了'契',如《魏书·帝纪叙》说:'不为文字,刻木纪契而已。'《隋书·突厥传》说:'无文字,刻木为契。'《旧唐书·南蛮传》说东谢蛮也是'俗无文字,刻木为契'。"②到了近现代,我国有些少数民族仍然采用"刻木为契"的方法以记事,如独龙族"凡借钱于人,要打'木刻',借出多少钱,就在木刻上刻出多少缺口;借者还了多少,再削去多少缺口。佤族在双方发生砍头纠纷后,经人调解,如双方同意和解,可约定十二天后举行'剽牛洗手'仪式。当事人为了记着这一至关重要的事件,即在一块竹片上刻上十二个缺口,每过一日削去一个缺口,剩下最后一个缺口的当天,即如约前往约定地点举行仪式"。"景颇族的青年还用刻木相传来表达互相爱慕之情"③。在我国新石器时代的一些遗址中,也发现有类似的遗物,如1976年在青海乐都柳湾马厂类型的墓葬中,就发现有带锯齿的骨片,这些"带锯齿的骨片出土于墓328的长颈彩陶壶内。……共清理出完整的骨片40枚,残断者9枚。骨片大小、形状基本一致,呈长方形。长1.8厘米、宽0.3厘米、厚0.1厘米。在骨片的中部一边或两边刻有三角形锯齿,数目多少不等。在40枚完整的骨片中,其中有35枚为一个锯齿,三枚为3个锯齿,两枚为5个锯齿。其制作方法是先切割骨料,加以磨制,最后刻上锯齿。骨片两端大都呈楔形,似为了便于插在其他东西上而特意磨制的。这些骨片大约是用作记事、记数或通讯联络用的。这种情况和某些兄弟民族以前结绳记事、刻木为信的情况相类似"④。殷墟卜辞"㓞"字偏旁所从之"", ""和"",两侧皆有多少不等的刻齿,上下

---

① 《十三经注疏·周易》,中华书局,1980年,第87页。
② 唐兰:《中国文字学》,上海古籍出版社,1979年,第58页。
③ 宋兆麟等:《中国原始社会史》,文物出版社,1983年,第289页。
④ 青海省文物管理处考古队等:《青海乐都柳湾原始社会墓地反映出的主要问题》,《考古》1976年第6期。

两端或为楔形,或有柄,正像一件"便于插在其他东西上"的竹、木或骨质的片状物体,用刀刻符记事的象形,因而此字应当就是原始的"㓞"字。

卜辞"㓞"地又称"㓞丘"(《合集》8119),是商代的一处重地,商王曾来往于此地,并曾在这里卜问当年的农业收成如何,如卜辞云:

己酉卜:今月丁往㓞?今月丁不往㓞?《花东》146:2、3

癸酉:子炅在㓞,子乎大子御丁宜,丁丑王入?用。来兽自骍。一。《花东》480:3

……卜……旬……十月,在㓞,告。《合集》8120

在十月,在㓞。《合集》24371

□寅卜,争贞:今岁我不其受年?在㓞,十二月。《合集》9668

㓞地也是商王朝贵族祭祀祖先的场所,《花东》卜辞记载商人在这里举行祭祖活动甚多,①兹略举数例如下:

□巳:舌祖乙□牡一?在㓞,裙□。……一。《花东》171:1

甲子:岁祖甲豕,子祝?在㓞。一二。《花东》330

丙申卜:子往㓞,岁妣庚羊一?在㓞。一二。《花东》173:5

丁未:岁妣丁豕一?在㓞。一。《花东》217:1

㓞地作为商王朝的一处重地,其地望所在,可从卜辞所记与此相系联的地名推知其大致范围,卜辞云:

辛丑卜,行贞:王步自㓞于雇无灾?

癸卯卜,行贞:王步自雇于嘉无灾?在八月,在师雇卜。

己酉卜,行贞:王其步自嘉于来……无灾?《合集》24347

甲戌卜:子乎剢嘉妇好?用,在㓞。

丙子:岁祖甲一牢,岁祖乙一牢,岁妣庚一牢,在剢,来自爵。一。《花东》480:5、6

"雇"地所在,诸家所说各异,当以王国维所说为是。王国维《殷虚卜辞中所见地名考》云:"'雇'字古书多作'扈'……然则《春秋》庄二十三年'盟扈'之

---

① 中国社会科学院考古研究所:《殷墟花园庄东地甲骨》(简称《花东》)第六分册,云南人民出版社,2003年。

'扈',殆本作'雇'。杜预云'荥阳卷县北有扈亭',今怀庆府原阳县。"①陈梦家先生也说:"《(水经)河水注》卷五:'河水又东北,径卷之扈亭北。《春秋左传》文公七年,晋赵盾与诸侯盟于扈。《竹书纪年》:晋出公十二年,河水绝于扈,即于是也。'今原武县西北有扈亭故址。"②其地在今河南省原阳市原武镇西北境。"雇"地与河见于同版卜辞,如卜辞云:"壬戌卜,行贞:今夕无祸？在河。……卜,行□:……无□？□雇。"(《合集》24420)益证卜辞中的"雇"地应当就是上述文献所记"河绝于扈"的"扈"地。卜辞记商王于辛丑日自刞地前往雇地,至癸卯日已经到达,知刞地距雇地至多有三日路程。"嘉"字从高明先生释,③其地当即文献所称的嘉陵、柯陵和加陵,《淮南子·人间训》:晋厉公"遂合诸侯于嘉陵"④。《春秋·成公十七年》:"夏,公会尹子、单子、晋侯、齐侯、宋公、卫侯、曹伯、邾人伐郑,六月乙酉,同盟于柯陵。"杜预注:"柯陵,郑西地。"⑤《国语·周语下》:单襄公见晋厉公于"柯陵"。韦昭注:"柯陵,郑西地名也。"⑥《风俗通义·山泽》又引《国语》云:"周单子会晋厉公于加陵。"⑦《尔雅·释地》:"陵莫大于加陵。"郝懿行《义疏》云:"柯陵即加陵,加、嘉古声同,嘉、柯声借也。"⑧三者指为一地。春秋郑国国都即今河南省新郑市发现的郑韩故城,是"嘉陵"一地当位于今新郑市西或西北一带。卜辞记商王于癸卯日自雇地前往嘉地,于己酉日到达,知嘉地东北距雇地至多有六日的路程。卜辞所记"来"地当即春秋时期的"郲"地,又称作"时来""祁黎"和"厘"。《左传·隐公十一年》:"夏,公会郑伯于郲。"同年的《春秋经》又云:"夏,公会郑伯于时来。"杜预注:"时来,郲也。荥阳县东有厘城,郑地也。"⑨《公羊传·隐公十一年》:"夏五月,公会郑伯于祁黎。"何休注:祁黎,《左氏》作'时来'"⑩。《水经·济水注》:"济水又东南径厘

---

① 王国维:《观堂集林》,中华书局,1959年,第1155页。
② 陈梦家:《殷墟卜辞综述》,科学出版社,1956年,第305页。
③ 高明:《古文字类编》,中华书局,1980年,第333页。
④ 《诸子集成·淮南子·人间训》,上海书店,1991年,第307页。
⑤ 《十三经注疏·春秋左传》,中华书局,1980年,第1921页。
⑥ 《国语·周语下》,上海古籍出版社,1982年,第89页。
⑦ 应劭:《风俗通义·山泽》,中华书局,1981年,第467页。
⑧ 郝懿行:《尔雅义疏》,上海古籍出版社,1983年,第10页。
⑨ 《十三经注疏·春秋左传》,中华书局,1980年,第1735页。
⑩ 《十三经注疏·春秋公羊传》,中华书局,1980年,第2210页。

城东。《春秋经》书'公会郑伯于时来',《左传》所谓'厘'也。京相璠曰:今荥阳县东四十里,有故厘城也。"①晋代荥阳县即今郑州市古荥镇,"厘城""时来"即卜辞"来"地,当位于今古荥镇的东侧,南距卜辞"嘉"地 40 余公里。卜辞"剌"地也是商王的田猎之地,如卜辞云:"戊辰卜,□贞:王其田于剌,无灾?"(《合集》24459)其地所在,陈邦福先生云:"福谓'田剌'正'田索'之繁文,旁从刀有刈艸为绳之谊,与《说文》'索'字下'艸有茎叶,可以作绳'之义亦合。然卜辞'索''剌'各有专谊,'索'为祭名,'剌'为地名。……考《左·昭五年传》云'子太叔劳诸叔索氏',杜注:'河南成皋县东有大索城'。"②西晋成皋县即今河南省荥阳市汜水镇。兹从其说。《水经·济水注》:"索水又北屈东径大索城南。《春秋传》曰'郑子皮劳叔向于索氏',即此城也。晋《地道记》所谓京有大索、小索亭。"③《史记·项羽本纪》:"(楚)与汉战荥阳南京、索间。"《正义》引《括地志》云:"京县(故)城在郑州荥阳县东南二十里……荥阳县即大索城,杜预云成皋东有大索城。又有小索故城,在荥阳县北四里。京相璠《地名》云:'京县有大索亭、小索亭,大、小索氏兄弟居之,故有小、大之号。'"④唐代荥阳县即今河南省荥阳市,正位于古成皋县东,应当就是卜辞所记的"剌"地。另外,"剌"地与"鬥"地也见于同版卜辞,如卜辞云:"庚辰卜,宾贞:朕刍于鬥?贞:朕刍于丘剌?贞:朕刍于丘鬥?贞:朕刍于剌?"(《合集》152)商王同时卜问前往鬥地刈草吉利还是前往剌地刈草吉利,鬥地所在不详,可知二地必相近。卜辞又记商王曾在鬥地祭祀黄河,如卜辞云:"乙巳卜,争贞:燎于河,五牛?沉十牛?十月,在鬥。"(《合集》14553)说明"鬥"地与"剌"地皆当与黄河相近。上述文献所记大索城、小索城西北距黄河十余公里,益证这里应当就是卜辞所记的"剌"地。卜辞记商王室贵族子某于甲戌日在"𢦏"地占卜,又于丙子日在"剌"地占卜,知𢦏地距剌地至多有三日的路程。近年来考古工作者在山东济宁兖州区李宫村和济南大辛庄发现有商末周初铸有"剌"字铭文的青铜器,⑤发掘者认为,这些发

---

① 杨守敬等:《水经注疏》,江苏古籍出版社,1999 年,第 676 页。
② 于省吾主编:《甲骨文字诂林》引,中华书局,1996 年,第 3211 页。
③ 杨守敬等:《水经注疏》,江苏古籍出版社,1999 年,第 664 页。
④ 《二十五史》第一册,上海古籍出版社,1994 年,第 38 页。
⑤ 郭克煜等:《索氏器的发现及其重要意义》,《文物》1990 年第 7 期;王兴华等:《2010 年度济南大辛庄遗址第二次考古发掘取得重要收获》,《中国文物报》2011 年 4 月 15 日第 4 版。

现"对于研究商代末年征夷方战争的地点及路线,提供了新的实物及文字资料"。但是众所周知,济南大辛庄遗址西距古黄河 60 余公里,兖州区李宫村西距古黄河约 100 公里,看来这两个地方都不大可能是殷墟卜辞所记的"剌"地。《左传·定公四年》:封鲁公"殷民六族,条氏、徐氏、萧氏、索氏⋯⋯。"山东发现的索氏青铜器,当为周初被封于鲁地而从荥阳迁去的索氏之遗物。总之,从上述卜辞所记可知,剌、雇、嘉、来、刲五地相距不远,都当位于古黄河以南今郑州附近的地区。

"刲"地地名,不见文献记载,它可能就是后世的"蔡"地。按古字偏旁形符可以省减,故卜辞"刲"字又写作"丰",如卜辞云"丁酉卜:今夕□往丰?一"(《花东》335:1),"丰"(丰)即"刲"(刲)字之省写。《说文·艸部》:"蔡,艸丰也。"段玉裁注:"丰、蔡叠韵。"同书《丰部》又云:"丰,艸蔡也。"段玉裁注:蔡与丰"叠韵互训"①。朱骏声《说文通训定声》云:蔡"古书多以丰、以芥为之"②,是卜辞丰地即刲地后世可能已音变为蔡地,若此释不误,则此蔡地当即周初蔡叔度的始封地。《史记·管蔡世家》云:"武王已克殷纣,平天下,封功臣昆弟。于是封叔鲜于管,封叔度于蔡;二人相纣子武庚禄父,治殷遗民。"③管叔所封的管地,文献多记在今郑州市管城回族区,但经过多年的考古调查和发掘,这里迄今并未发现西周时期的文化遗迹,更未发现这个时期的城墙,因此实不可能是西周管国的所在地;而在郑州市西北郊的今石佛镇一带,却发现有众多的西周文化遗址。④《左传·宣公十二年》:楚师"次于管以待之"。杜预注:"荥阳京县东北有管城。"⑤清人张调元在其所著《京澳纂闻》中说:"晋以前之管,在今郑州西北二十里石佛集。代移物换,遗迹罕存,惟石佛集北石佛寺中,有宋庆历八年幢子,石刻云:'奉宁军管城县管乡'云云。宋以前此为管乡,其地正在京县城东北,则其为古管国明矣。"⑥现有的考古资料证明,张氏的这个判断基本上是正确的,古管国当位于今郑州市石佛镇或其周围地区。近年来考古工作者在石佛镇及

---

① 段玉裁:《说文解字注》,上海古籍出版社,1981 年,第 40、183 页。
② 朱骏声:《说文通训定声》,中华书局,1998 年,第 677 页。
③ 《二十五史》第一册,上海古籍出版社,1994 年,第 191 页。
④ 张松林:《郑州市西北郊区考古调查简报》,《中原文物》1986 年第 4 期。
⑤ 《十三经注疏·春秋左传》,中华书局,1980 年,第 1880 页。
⑥ 张万钧校注:《嘉靖郑州志校释·注释》,郑州市地方志编纂委员会编印,1988 年,第 1 页。

其周围老鸭陈、须水镇、沟赵乡和古荥镇等地,"发现有典型西周遗存的遗址7处,7处西周遗址规模均较大,多在10万—30万平方米,个别遗址超过50万平方米,这些遗址集中分布于50平方公里之内,形成一个集中的西周早期文化遗址群区"①,这里很可能就是古管国的中心区。

蔡叔所封的蔡地当距管地不远,近世杨宽先生说:"武王克商之后,所以要把他的弟弟管叔封在此地,作为监督原来商代王畿的殷贵族的'三监'之一,正因为此地处于商代王畿的边缘,是个战略要地,是个军事重镇,便于就近进行监督。当年武王还曾亲自多次来到此地主持政务。《逸周书·文政篇》载:'惟十有三祀,王在管,管、蔡开宗循王。''惟十有三祀'是克商后二年,'开宗'是说开启宗庙迎接,'循王'是说遵照王命办事。为什么蔡叔会和管叔一起'开宗循王'呢?朱右曾说:'蔡叔食邑,疑即今大名府长垣县之祭城……'按《后汉书·郡国志·河南尹》:中牟县下,有管城,又有蔡亭,说明管、蔡原是邻近的两个邑。《括地志》(《史记·周本纪·正义》引)说:'故祭城在郑州管城县东北十五里……'蔡叔原来封在管的附近,后来因蔡叔参与三监叛乱,改封蔡仲到上蔡的。"②按"蔡"与"祭"古音同属齿音月部,可相通假。《左传·隐公元年》:"祭仲曰:'都城过百雉,国之害也'。"《易林》"祭仲"作"蔡仲"③;《墨子·所染》"幽王染于傅公夷、蔡公谷",孙诒让注引毕沅曰"蔡一本作祭"④,是其例证。故蔡地、蔡城古多称作祭地、祭城。不过杨宽先生所说管叔封地是指在今郑州市管城回族区,蔡叔封地是指位于今郑州市东北的祭城。其实根据文献记载,在今郑州市郊区古代有着两个"祭"地,其一就是上引《括地志》所说"在郑州管城县东北十五里"的祭城,此地当为周公之子的封地,《春秋经·隐公元年》:"祭伯来。"杜预注:"祭国,伯爵也。"高士奇《春秋地名考略》卷五云:祭国是"周公第五子所封,地在东周畿内。《后汉志》:中牟有蔡亭,蔡与祭通,今在开封府郑

---

① 张松林等:《西周管邑管城与管国》,《郑州文物考古与研究》,科学出版社,2003年,第1496页。
② 杨宽:《中国古代都城制度史》,上海人民出版社,2003年,第37页。
③ 高亨纂著:《古字通假会典》,齐鲁书社,1989年,第648页。
④ 《诸子集成·墨子闲诂》,上海书店,1991年,第8页。

州东北一十五里"①。《逸周书·祭公解》:"王若曰:祖祭公!"孔晁注:"祭公,周公之后。"朱右曾《逸周书集训校释》云:"祭公食邑在河南管城(辖区),今郑州地。"②《穆天子传》卷五:"祭公自圃郑来谒。"郭璞注:"郑有圃田,因云'圃郑'。谒,告也。"③古代圃田泽位于今郑州东郊,祭公的封地祭城正位于古圃田一带,他也正是从自己的封地"圃郑"去拜谒穆天子的。《水经·济水注二》:濮渠"又东径胙亭东注。故胙国也。富辰所谓邢、茅、胙、祭,周公之胤也"。杨守敬疏:祭"在今郑州东北"④。上述文献皆称周公之子的封地在郑州东北郊的祭城,清代称之为祭伯城,即现今的祭城镇。另外,在今郑州西北郊区还有一个"祭"地,《穆天子传》卷五:"夏,庚午,天子饮于洍上。……丁丑,天子里甫田(郑按:"甫田"即"圃田")之路。……庚寅,天子西游,乃宿于祭。"王贻樑等合撰之《穆天子传汇校集释》引丁谦云:"《春秋释例》:'祭城在河南,上有敖仓',为今汜水县北境,与本文'西游'合。《一统志》云:在郑州西北约十五里,敖山东麓。"⑤谭其骧先生主编的《中国历史地图集》据此将西周最早的祭地即蔡地定位于今郑州市西北郊区郑庄一带,⑥是比较符合史实的。此地位于古敖山东麓,黄河南岸,南距石佛镇即古管地约 12 公里,显然应是蔡叔度最初的封地。《逸周书·作雒解》:"周公立,相天子,三叔及殷、东、徐、奄及熊盈以略。……(周公)将辟三叔,王子禄父北奔,管叔经而卒,乃囚蔡叔于郭凌。"孔晁注:"郭凌,地名。囚,拘也。"黄怀信等合撰的《逸周书汇校集注》引潘振云:"郭,虢也,东虢国,今荥阳县,属河南开封府。"又引陈逢衡云:"降辟,致法也。北奔,败北也。经,自缢也。郭凌,《(尚)书·蔡仲之命》作'郭邻'。……《周礼·六遂》:'五家为邻'。《左传·定(公)四年》:蔡,'蔡叔以车七乘,徒七十人'。是盖予以五家五百亩之入以养此七十人,故谓之邻;以其附近城郭仍在蔡境内,故谓之

---

① 高士奇:《春秋地名考略》,《文渊阁四库全书》176 册,中国台北商务印书馆,1986 年,第 490 页。
② 黄怀信等:《逸周书汇校集注》(修订本),上海古籍出版社,2007 年,第 924 页。
③ 王贻樑等:《穆天子传汇校集释》,华东师范大学出版社,1994 年,第 251 页。
④ 杨守敬等:《水经注疏》,江苏古籍出版社,1999 年,第 710 页。
⑤ 王贻樑等:《穆天子传汇校集释》,华东师范大学出版社,1994 年,第 258~268 页。
⑥ 谭其骧主编、中国历史地图集编辑组编:《中国历史地图集》第一册,地图出版社,1975 年,第 15~17 页。

郭邻。"①"郭凌"就是后世所称的虢国、虢亭，其地所在，《汉书·地理志·河南郡》荥阳县下颜师古注引应劭曰："故虢国，今虢亭是也。"②《后汉书·郡国志·河南尹》：荥阳县"有虢亭，虢叔国"③。《水经·济水注》："索水又东径虢亭南。应劭曰：荥阳，故虢公之国也，今虢亭是矣。司马彪《郡国志》曰：县有虢亭，俗谓之平咷城。"④汉代荥阳县城即今郑州市西北的古荥镇，今据考古调查，古平咷城位于古荥镇以西广武镇南城村一带，"城址平面呈长方形，南北长约900米，东西宽约700米……地面散存较多的春秋、战国、汉代的陶鼎、盆、罐、豆及筒瓦、板瓦残片，陶罐上发现'平兆用器'戳记⑤。"平兆"即"平咷"的简写。据此可知，这座城址就是平咷故城，即虢国、虢亭故城，也应当就是周初蔡叔度被囚禁于此的"郭邻"或"郭凌"。此地东北距郑庄村即古蔡地约5公里，正位于当时的蔡国境内，这就进一步证明，蔡叔度的始封地应是位于今郑庄村的古蔡地。值得注意的是，考古工作者还在这里发现有商、周两个时期的文化遗址，该遗址位于"郑庄村村西、枯河南岸的二级台地上，遗址东西长300余米，南北宽200余米，总面积6万余平方米。该遗址文化层堆积2—4米不等，遗存有灰坑、房基、陶窑和墓葬等。地面上散落有大量陶片及大量石质生产工具、蚌器等"⑥。该遗址东北距商代雇地、西南距商代剌地各约14公里，它很可能就是早期卜辞所记商王及贵族经常往来的"玒"地。此地背倚黄河渡口，西傍敖山东麓，东、南临豫东平原，地势险要，又有着深厚的文化底蕴，因此进入西周初期，立即成为蔡叔度受命监视殷商遗民的始封地，春秋已降，转而成为郑国大夫祭仲的封邑。

(原载《中国国家博物馆馆刊》2013年第3期)

---

① 黄怀信等：《逸周书汇校集注》(修订本)，上海古籍出版社，2007年，第517~518页。
② 《二十五史》第一册，上海古籍出版社，1994年，第515页。
③ 《二十五史》第二册，上海古籍出版社，1994年，第829页。
④ 杨守敬等：《水经注疏》，江苏古籍出版社，1999年，第665页。
⑤ 郑州历史文化丛书编纂委员会：《郑州市文物志》，河南人民出版社，1999年，第152页。
⑥ 张松林：《郑州市西北郊区考古调查简报》，《中原文物》1986年第4期。

附录

郑杰祥论著目录

1.《南阳新出土的东汉张景造土牛碑》,《文物》1963年第11期。

2.《河南现存的汉碑》(与吕品先生合作),《文物》1964年第5期。

3.《河南新野发现的曾国铜器》,《文物》1973年第5期。

4.《河南省襄县西周墓发掘简报》,《文物》1977年第8期。

5.《河南新野古墓葬清理简报》,《文物资料丛刊》第2期,文物出版社,1978年。

6.《二里头文化商榷》,《河南文博通讯》1978年第4期。

7.《河南龙山文化分析》,《开封师院学报(社会科学版)》1979年第4期。

8.《河南潢川发现一批青铜器》(与张亚夫先生合作),《文物》1979年第9期。

9.《陈胜墓地考略》(与魏自亮先生合作),《河南文博通讯》1980年第2期。

10.《夏部族起源的探讨》,《河南师大学报》1980年第3期。

11.《商汤都亳考》,《中国史研究》1980年第4期。

12.《试论大河村类型》,《中国考古学会第三次年会论文集》,文物出版社,1981年。

13.《后李商代墓葬族属试析》(与李伯谦先生合作),《中原文物》1981年第4期。

14.《〈鹳鱼石斧图〉新论》,《中原文物》1982年第2期。

15.《"甘"地辨》,《中国史研究》1982年第2期。

16.《夏文化探索讨论综述》,《先秦史研究动态》1983年第2期。

17.《卜辞所见亳地考》,《中原文物》1983年第4期。

18.《屈家岭文化渊源试探》,《楚文化研究论文集》,中州书画社,1983年。

19.《〈夏文化探索〉讨论介绍》,《中国史研究动态》1984年第2期。

20.《关于偃师商城的年代和性质问题》,《中原文物》1984年第4期。

21.《试论夏代历史地理》,《夏史论丛》,齐鲁书社,1985年。

22.《关于王城岗城堡的性质问题》,《中州学刊》1986年第2期。

23.《试论博物馆的科研管理问题》,《河南省博物馆学会纪念文集》,1986年。

24.《释"家"兼论我国家庭的起源》,《中州学刊》1987年第2期。

25.《释礼、玉》,《华夏文明》第一集,1987年。

26.《释滴》,《殷都学刊》1988年第2期。

27.《释商》,《驻马店师专学报(社会科学版)》1988年第2期。

28.《二里岗文化的发现和研究》,《中原文物》1989年第1期。

29.《谢邑考》(与任崇岳、艾延丁二先生合作),《南阳师专学报》1989年第2期。

30.《建国以来的夏文化探索》,《中原文物》1989年第3期。

31.《玄鸟新解》,《中州学刊》1990年第1期。

32.《释亳》,《中原文物》1991年第1期。

33.《关于二里头文化的性质问题》,《中国文物报》1991年9月8日第3版。

34.《商代四方神名和风名新证》,《中原文物》1994年第3期。

35.《关于郑州商城的定名问题》,《中州学刊》1994年第4期。

36.《关于偃师商城的几个问题》,《中原文物》1995年第3期。

37.《中原地区仰韶文化的发掘和研究》,《中原文物》1996年第2期。

38.《古商丘地望在濮阳》,《龙乡寻根》,河南教育出版社,1996年。

39.《论禹、戎禹和九州的关系》,《中原文物》1997年第3期。

40.《论早商文化商村遗址》,《武陟文史资料》(四),1997年。

41.《殷墟卜辞所记商代都邑探讨》,《甲骨文发现100周年学术研讨会论文集》,台湾文史哲出版有限公司,1998年。

42.《商代杞国考》,《杞文化与新泰》,中国文联出版社,2000年。

43.《许族渊源考述》,《根在箕山——许由与许氏文化研讨文集》,中国文联出版社,2000年。

44.《二里头二期文化与"后羿代夏"问题》,《中原文物》2001年第1期。

45.《手铲释天书——与夏文化探索者(郑杰祥)的对话》,大象出版社,2001年,第225—241页。

46.《濮阳西水坡发现蚌砌龙的重大学术意义》,《龙文化与现代文明学术讨论会论文集》(一),中国经济文化出版社,2003年。

47.《莒族探源》,《莒文化研究文集》,山东人民出版社,2002年。

48.《殷墟新出卜辞中若干地名考释》,《中州学刊》2003年第5期。

49.《关于河南龙山文化时期的社会性质问题》,《考古学研究》(五),2003年。

50.《探索夏文化述要》,《中国上古史研究专刊》,中国台湾兰台出版社,2003年第3期。

51.《"𢎥"族考》,《纪念殷墟甲骨文发现100周年国际学术研讨会论文集》,社会科学文献出版社,2003年。

52.《磁山文化与我国北方原始农业》,《磁山文化研讨会论文集》,2004年。

53.《伏羲氏的历史地位》,《伏羲与中华姓氏文化》,黄河水利出版社,2004年。

54.《有关鬼谷子的几个问题》,《鬼谷子文化研究文集》,陕西旅游出版社,2004年。

55.《试论姑蔑历史文化问题》,《姑蔑历史文化论文集》,2004年。

56.《郑州商城在中国都城发展史上的地位》,《郑州商都3600年学术论文集》,中州古籍出版社,2004年。

57.《二里头遗址新发现的一些重要遗迹的分析》,《中国·二里头遗址与二里头文化国际学术研讨会论文集》,科学出版社,2005年。

58.《炎帝与羊头山》,《炎帝文化论文集》,中华书局,2005年。

59.《黄帝与嫘祖》,《黄帝故里故都在新郑——〈黄帝故里故都历代文献汇典〉学术研讨会论文集》,中州古籍出版社,2005年。

60.《简论炎帝的有关问题》,《炎帝与民族复兴》,陕西人民出版社,2006年。

61.《黄帝与夏族的起源》,《炎黄汇典·文论卷》,吉林文史出版社,2002年。

62.《传承尧文化》,《光明日报》2006年12月20日第10版。

63.《求实创新　探索前进——学习邹衡先生的治学精神》,《中原文物》2006年第2期。

64.《中原地区古代国家的起源和形成特点的探讨》,《中原文物》2006年第4期。

65.《这里是中原古代文明的摇篮》,《古都郑州》2006年第4期。

66.《郑州商城的定名及其存在年代新探》,《考古学研究》(六),科学出版社,2006年。

67.《与山河同在　共日月长存——陈胜与陈胜墓地考略》,中华诗词出版社,2006年。

68.《尧都平阳及其历史业绩》,《临汾尧文化高层论坛论文汇编》,2007年。

69.《商汤伐桀路线新探》,《中原文物》2007年第2期。

70.《傅说的历史功绩》,《中华傅圣文化研究文集》,文物出版社,2007年。

71.《郑韩故城在中国都城发展史上的地位》,《河南博物院建院十五周年论文集》,大象出版社,2007年。

72.《关于郑韩故城一些问题的讨论》,《郑韩故城与溱洧水研讨会文集》,2008年。

73.《二里岗甲骨卜辞的发现及其意义》,《中原文物》2008年第3期。

74.《关于小双桥遗址出土青铜建筑饰器功用的探讨》,《古代文明研究通讯》,2008年。

75.《颛顼的伟大历史业绩》,《颛顼帝喾与华夏文明》,河南人民出版社,2009年。

76.《殷墟卜辞"小臣皁"与商代傅说》,《中国历史文物》2009年第3期。

77.《辉卫型文化与王亥服牛》,《中原文物》2009年第5期。

78.《大汶口陶文"炅"字试析》,《莒文化研究专辑》第二辑。

79.《试论裴李岗文化》,《论裴李岗文化》,科学出版社,2010年。

80.《新蔡的由来及其在蔡国历史上的地位》,《黄河科技大学学报》2010年第4期。

81.《郑州商城社祭遗址新探》,《中原文物》2010年第5期。

82.《"丕山"所在与商都亳邑》,《中国历史文物》2010年第6期。

83.《郑州商城瓮棺葬死者身份探析》,《考古学研究》(八),科学出版社,2011年。

84.《夏王朝的建立与我国古代文明的形成》,《中国古代文明与国家起源学术研讨会论文集》,科学出版社,2011年。

85.《登封王城岗小城基槽发现记》,《古都郑州》2011年第3期。

86.《热爱中原乡土 献身考古事业》,《河南文物工作》2011年第3期。

87.《郑州人民公园地区商代墓地族属试探》,《考古学研究》(十),科学出版社,2012年。

88.《隐身鬼谷处 胸怀济世情》,《石泉鬼谷子文化论文集》,2012年。

89.《卜辞所记"高"即嵩山新探》,《2012年中华之源与嵩山文明论坛论文汇编》。

90.《卜辞所记"剢"地新探》,《中国国家博物馆馆刊》2013年第1期。

91.《周初铜器铭文"王在阑师"与"王祀于天室"新探》,《中原文化研究》2013年第4期。

92.《试论望京楼城址》,《嵩山文明研究通讯》,2013年。

93.《郑州商城在早商时期的核心地位》,《古都郑州》2014年第3期。

94.《清华简〈楚居〉所记楚族起源地的探讨》,《中国国家博物馆馆刊》2015年第1期。

95.《"禹都阳城"与大禹精神传承探讨》,《中国大禹文化》2015年第15期。

96.《中原地区古代文明形成特征探讨》,《中华之源与嵩山文明研究》第二辑,2015年。

97.《试论小双桥遗址的性质问题》,《古代文明》(十),上海古籍出版社,2016年。

98.《新砦遗址和夏代"启室"》,《新砦遗址与新砦文化研究》,科学出版社,2016年。

99.《禹娶涂山氏地望及其历史文化新探》,《华夏文明》2017年第4期。

100.《甲骨卜辞中的"𠂤示"即"禹示"新探》,《殷都学刊》2018年第1期。

101.《洼刘遗址族属新探》,《华夏文明》2018年第6期。

102.《河南是中国考古学的故乡》,《华夏文明》2019年第1期。

103.《略论五帝时代》,《华夏文明》2020年第2期。

104.《夏文化论文选集》,中州古籍出版社,1985 年。
105.《炎黄汇典·文论卷》,吉林文史出版社,2002 年。
106.《夏文化论集》,文物出版社,2002 年。
107.《夏史初探》,中州古籍出版社,1988 年。
108.《商代地理概论》,中州古籍出版社,1994 年。
109.《新石器文化与夏代文明》,江苏教育出版社,2005 年。
110.《郑州商城与早商文明》,科学出版社,2014 年。